《大公报》全史
（1902—1949）

吴廷俊 / 著

第一卷
报史（下）

复旦大学出版社　商务印书馆

第三编 新记公司中兴『大公』与新记《大公报》
（1926年9月—1949年6月）

所谓"新记"是指新记公司，该公司是由吴鼎昌、胡政之、张季鸾三人分别以资金和劳力入股组建的一个新式报业出版公司，新记《大公报》就是指由这个公司经营出版的《大公报》，其起止时间为1926年9月1日至1949年6月17日。新记《大公报》二十三年的历史以三位创业者从报馆相继离去为标志，分为前、中、后三个时期。具体而言，从新记公司成立、报纸续刊至1935年12月吴鼎昌离职为前期，此后至1941年9月张季鸾病逝为中期，最后至1949年4月胡政之病逝、6月17日《〈大公报〉新生宣言》发表为后期。新记《大公报》是老《大公报》发展的鼎盛期，也是它的转折期和结束期。

《大公报》副刊《史地周刊》第一百四十六期(1937年7月23日)报影

导言　新记登场

1926年在老《大公报》的历史中绝对又是一个值得纪念的年份。这一年6月，吴鼎昌、胡政之和张季鸾三人联合，吴以资金，胡、张以劳力入股，组成新记公司，从王景杭手中盘购《大公报》的全部资产，使之起死回生，并把它推向自身发展的新阶段。

一、三人聚首

关于胡、张、吴三人在天津相聚续刊《大公报》一事，胡政之有两段记叙文字。1943年9月5日，他在《回首一十七年》中说：

> 民国十五年夏，我因事旅行天津，张季鸾先生适亦在焉。我住日租界熙来饭店，张先生住息游别墅，相去不远，每日过从，必自《大公报》馆经过，张先生辄励我收回老巢，恢复旧业。后来商之于吴达诠先生，表示赞成，愿任筹款之责。①

1946年9月1日，又在《社庆日追念季鸾先生》中说：

> 是年（民国十五年）夏，与张季鸾先生同旅天津，时我办国闻通信社，而季鸾适无事，常偕过日租界旭日街本报社址，为之感喟，因相约设法盘收复刊，与吾等老友达诠先生相商，由其独任筹款之责，而我与季鸾分任经理与编辑事务。言论则由三人共同商讨意见，分任主撰。②

两段文字的记述，内容完全一致，三人相聚相商的过程清楚明了：胡政之、

---

① 胡政之：《回首一十七年》，《大公园地》1943年9月5日第7期。
② 政之：《社庆日追念季鸾先生》，《大公报》（沪版）1946年9月1日。

张季鸾天津相遇,路过昔日威风而今日关张之《大公报》馆门前,不禁感喟系之,相约"盘收复刊",并将此事商量于吴鼎昌,吴不仅表示赞同,而且愿任筹款之责。

(一)张季鸾"巧遇"胡政之

1920年8月,胡政之告别《大公报》,从天津回北京,9月到林白水主持的《新社会报》任总编辑,然而因与林意见不合,次年6月旋即离京并南下上海,创办国闻通信社。1921年8月17日,胡政之以"胡霖政之"之名在上海《新闻报》上刊登一则广告称:

> 当兹世界改造潮流方急之时,国中凡百事业胥待刷新,而国民喉舌之新闻界自亦有待于改进。不佞业报界有年,不自揣其能力,窃欲于报界革新事业稍效绵薄,现集合同志开办国闻通信社,设总社于上海,各省要埠陆续筹设支社,将欲搜求各地各界确实新闻汇集发表,藉供全国新闻家之取择,俾真正舆论得以表现,斯则区区之微志也。总社已设在上海英界派克路三六三号。一俟布置就绪,即日发刊社稿,如承各处通函赐教,乞径寄本社为荷。谨此露布,敬希公鉴。①

虽然与创办日报相比,创办通讯社经费成本不高,但是以胡政之当时的个人收入看,要独立支撑一家发稿遍及全国南北的通讯社还是不大可能。事实上,国闻通信社的创办是有政治背景的:在直皖战争中失败的皖系残部企图东山再起,于是就联络南方国民党和北方的奉系军阀,组成一个临时的"反直同盟"。这个同盟以上海为联络中心,为了政治斗争的需要,决定共同出资成立一个通讯社即后来的国闻通信社作为宣传喉舌。由于这个同盟中皖系残余最为活跃,所以国闻通信社的主持人便由该派系来决定。而此时的胡政之,一方面与皖人有较深的关系,另一方面进行过一系列引人注目的新闻活动,尤其是以《大公报》总编辑身份采访巴黎和会之举,使他成了主持国闻通信社的最佳人选。由于国闻通信社的主要经济来源系浙江军阀卢永祥,因此经理部门由卢的亲信石小川主持,胡政之只负责编辑部门的业务工作。胡政之在《新闻报》上刊登的那则《国闻通信社开办预告》即是"招兵买马"之举。

---

① 胡霖政之:《国闻通信社开办预告》,《新闻报》1921年8月17日。

国闻通信社于 1921 年 9 月正式成立。胡政之按计划先在北京、天津、汉口成立分社,然后陆续在北京、天津、沈阳、汉口、长沙、重庆、广州、贵阳、福州、郑州、梧州、哈尔滨等地聘请特约访员。总社业务人员除胡政之外,主要还有李子宽等人。分社中北京分社的力量最强,其骨干成员先有杜协民,后又增加金诚夫。1924 年 12 月,胡政之举家迁至北京东城喜鹊胡同十号(国闻通信社北京分社内),将主要精力放在北京分社,并有以北京分社取代上海总社的打算。由于胡政之经营得法,加上员工努力,国闻通信社每日发稿量很快由最初几千字增加到上万字,还增加了英文、日文稿件。该社的稿件不仅为国内各大报广泛采用,而且被美联社、路透社、法新社等一些西方国际通讯社和日文报纸采用,一跃成为当时中国最大的民营通讯社。

然而胡政之并不以此为满足,尤其不满于通讯社只能给各报社供稿,而自己不能发表言论,于是 1924 年 8 月 3 日,他又在上海创办了一家新闻期刊《国闻周报》。胡政之在发刊词中说:

> 吾人从事通信社事业者因执业之便利上,得以根据事实,秉独立之观察,发自由之意见,固与原有之业务无关,而其批评与主张自亦足以供公众参考或促成舆论之用。此同人所由于通信社之外,更力合作于《国闻周报》之刊行。盖仍本乎改造新闻事业之精神,欲于创造真正舆论上多效一分棉力。①

《国闻周报》为十六开本,每期平均五十页,设"时论""专论""通讯""一周述评""掌故""诗海""文艺"等栏目。这年 9 月,浙江发生齐(燮元)卢(永祥)战争,结果卢永祥失败,与卢永祥有关的人员自行离开,胡政之一人掌握了国闻通信社和《国闻周报》,按照一套人马两块牌子的方式运作。

虽然胡政之居于北京,主要掌管国闻通信社北京分社的业务,但是他还时不时到天津,其中或有寻访《大公报》馆旧址的行动。可以想象,"大公"情结当仍对他产生着影响。

而与在津老友张季鸾的交往,则成为了上述情结付诸行动的一大契机。

张季鸾,名炽章,字季鸾,笔名一苇、榆民、记者、老兵等,原籍陕西榆林,1888 年生于山东邹平。榆林在陕西北部,人多习武,张氏先世亦皆为武官。

---

① 《发刊辞》,《国闻周报》第 1 卷第 1 期,1924 年 8 月 3 日。

张季鸾父亲张楚林，字翘轩，少时弃武学文，在总兵刘厚基和知府蔡兆槐的栽培下考取进士。这在榆林近百年的历史上乃破天荒之事。张楚林为报答刘厚基、蔡兆槐的恩情，曾在家中设二人牌位，令子孙后代祭祀，这种封建主义的报恩思想对张季鸾的影响很深。张楚林虽中进士，但官运不济，以知县分发山东后，二十多年中居官时间仅六七年，且两次被革职，至1901年病死济南时，家中已一贫如洗。张楚林死时张季鸾才十三岁，其母王氏领着张季鸾兄妹三人扶柩归葬。王氏是一位慈祥而坚强的女性，自身承担艰难家计，令张季鸾早出游学。由于操劳过度，王氏1904年告别人间时，年仅三十七岁。

张季鸾幼年聪敏，延榆绥道陈兆璜爱其才、怜其贫，召入道署，令其与子共读；1902年又出资送至咸阳醴泉烟霞草堂读书。在烟霞草堂讲学的刘古愚老先生是陕西的一位关学大师，教学注重史地。在刘古愚教导下，张季鸾读《明通鉴》《文献通考》，并抄读《文献通考序》《方舆纪要序》，由此打下中国史地知识的根基。第二年，刘古愚赴甘肃讲学，张季鸾也考取了三原宏道高等学堂，在这里学习了两年多后，于1905年考取官费留学日本。张季鸾到日本后，先入东京经纬学堂补习日语，旋即升入东京第一高等学校攻读政治经济学，至1911年学成回国。张季鸾回国之时，正值武昌起义爆发，同盟会员于右任创办的《民立报》正红红火火，因而一到上海，他便应邀到《民立报》工作，成为于右任之臂助。

胡政之与张季鸾虽同为留日学生，但留日期间两人不相识。他们的初识是1911年在上海的社会学家康心孚家，此后多有联系。1912年1月，中华民国临时政府在南京成立，由于右任举荐，张季鸾到南京任临时大总统府秘书，并参与了《临时大总统就职宣言》的起草工作。4月1日，孙中山先生辞去临时大总统职务，张季鸾也离开了总统府，结束了他一生中极为短暂的政界生涯，回到上海与于右任、康心孚、曹成甫创办上海民立图书公司。公司成立后，胡政之曾在这里当过日文翻译，这是胡政之与张季鸾两人第一次共事，时间很短。

1913年初，张季鸾、曹成甫离沪北上，创办北京《民立报》，同袁世凯作斗争。2月宋教仁案发生后，舆论哗然，张季鸾即在北京《民立报》上为"宋案"慷慨执言。4月，张季鸾又访得袁世凯与英、法、德、日、俄五国银行团签订的《善后借款合同》，并把它披露在上海《民立报》上，在国内引起了又一场轩然大波，成为孙中山发动"二次革命"的重要缘由之一。7月初,袁世凯查封了北京《民立报》,逮捕了张季鸾、曹成甫。曹成甫瘐死狱中,张季鸾经康心孚等人多方周旋营救,于10月获释并返抵上海。张季鸾这种持正不阿、不为权奸胁诱所动的大无畏精神,当时在报界传为佳话。

张氏返回上海时,胡政之已受聘担任《大共和日报》总主笔,张季鸾即被延至该报任国际版主编。因康心孚任上海中国公学学长,张季鸾、胡政之亦皆兼任该校教员,张教日文和外交史,胡教法律。

1915年,康心孚改任北京大学教授,张季鸾也随之辞去上海中国公学的教职;6月《大共和日报》停刊,张季鸾和康心如在上海创办《民信日报》继续反袁斗争,不久因经费困难而停刊。1916年,袁世凯在一片唾骂声中死去,张季鸾又和康心如赴北京加入政学会机关报《中华新报》,张出任总编辑,并兼上海《新闻报》驻京通讯员。1918年,《中华新报》因发表段祺瑞政府"满蒙四路"中日借款的消息,被京师警察厅以"破坏邦交,扰乱秩序,颠覆政府"等罪名予以查封,康心如、张季鸾被捕入狱,经营救获释。张季鸾出狱后,于1919年再次返回上海,出任政学会在上海的机关报上海《中华新报》的总编辑。

《大共和日报》停刊后,胡政之则北上吉林任法院推事,后辗转北京、天津多年,至1920年离开《大公报》后又回到上海发展事业。由于国闻通信社、《国闻周报》与上海《中华新报》馆址相互为邻,胡政之与张季鸾两人也因此居家同里。如是者有年,彼此交往增多,了解益多,交情日厚。

1924年冬,上海《中华新报》因经营不善而停刊,张季鸾失业。胡政之曾邀其主持《国闻周报》笔政,但张以"一星期写一篇文章,不过我的瘾"为由未就任。1925年春,张季鸾再次来到北京,经河南军务督办胡景翼推荐任陇海铁路会办。上任不久,张因不习惯机关生活而辞职,于1926年初来到天津,住息游别墅,无固定工作,间或写点评论、访些新闻,投到上海的报社。综合来看,此时的张季鸾正处于人生低谷。

这段时间,胡政之与张季鸾仍保持着交往,1932年12月张季鸾对此曾记叙道:

> 民国元年,予与胡政之兄同服务于上海民立图书公司。二年,余由北京出狱归上海,落拓无聊,政之时主《大共和日报》,余遂亦任译员。复同于中国公学授课。民五以后,又同在华北报界。八年,余再居上海,主《中

华新报》，政之亦自欧洲归来，创设国闻通信社。馆址为邻，而居家同里，如是者且四五年。殆十三年冬，余失业北来，而政之先亦移居北京，仍朝夕过从。①

可以想象，两人的"朝夕过从"必然包含了对未来事业的讨论，甚至已然涉及胡政之的"老东家"《大公报》的兴废问题。而两人另一位同行兼共同好友邵飘萍1926年4月在北京的遇害，应当也对张季鸾、胡政之的新闻理念产生了不可忽视的影响。

邵飘萍，浙江金华人，1886年生，与胡政之、张季鸾为同代。邵氏是近代中国新闻史上不可多得的全才，尤以采访著称，常能访到独家新闻。他从事新闻工作14年，采写了许多重大新闻，具有代表性的有"金法郎案"、府院之争等。张季鸾、胡政之对邵氏钦佩之至，邵氏对胡、张也是推崇有加。

张季鸾与邵飘萍1916年相识于北京，那时张任《中华新报》总编辑，邵飘萍被《申报》聘为驻京特派记者。邵飘萍的采访艺术令张季鸾惊叹不已："飘萍每遇内政外交之大事，感觉最早，而采访必工。北京大官本恶见新闻记者，飘萍独能使之不得不见，见且不得不谈，旁敲侧击，数语已得要领。其有干时忌者，或婉曲披露，或直言攻讦，官僚无如之何也。自官僚渐识飘萍，遂亦渐重视报纸，飘萍声誉，以是日隆。"还说："中国有报纸五十二年，足当新闻外交而无愧者仅得二人，一为黄远生②，一即邵飘萍。"③1919年五四运动爆发，邵飘萍因积极参加这场反帝爱国运动而触怒皖系军阀政府，他的《京报》被查封，本人亦避走上海。此时，张季鸾任上海《中华新报》总编辑，适逢大阪《朝日新闻》聘请他赴日工作，为了保护邵飘萍免遭迫害，张将赴日工作机会让给了邵。此后，又设法帮助邵的如夫人④自上海乘船抵达大阪。次年皖系军阀政府垮台后，邵飘萍返回北京复刊《京报》，继续坚持反帝、反军阀的立场。然而其行为再次触怒掌控北京政权的奉系军阀，最终在劫难逃，于1926年4月26日遭奉系军阀杀害。

---

① 张季鸾：《〈国闻周报〉十周纪念感言》，《国闻周报》第10卷第1期，1933年1月1日。
② 黄远生，本名黄远庸，江西九江人，中国近代著名报人。先后在《申报》《时报》《东方日报》《亚细亚报》等近代中国报刊任特约记者或撰述，同时为《东方杂志》《论衡》《国民公报》等报刊撰稿，1915年10月因反对袁世凯帝制活动而避居海外，于当年12月25日在美国旧金山遇刺身亡，年仅30岁。
③ 《本报二次停刊之纪念》，《京报》1929年4月24日。
④ 此位如夫人即祝文秀。

胡政之与邵飘萍相识亦久,邵飘萍遇害时,胡政之正在北京,他恨自己无力救出这位年纪比自己仅大三岁却已誉满新闻界的朋友,于邵飘萍遇害后立即撰文《哀飘萍》,刊于《国闻周报》,称邵氏遇害"诚十五年来中国新闻界空前之惨事也"。"(黄)远庸凶死于美洲,飘萍被杀于京师。十五年中,报界两大人才,胥不得其死,斯尤吾业之不幸。"他深情回忆邵飘萍与他自己及张季鸾三人之间的相识相知:"飘萍与吾相识近十年,各有事业,过从甚稀,然心心相印,咸以建树互励。飘萍在所著《新闻学》中,于吾与吾友张一苇(张季鸾),特多奖进之辞。又尝相对太息于中国报业之不振,以为如吾三人能合力从事一报,庶几可发挥若干理想。"①对飘萍的遇害,胡、张二人应当是深感遗憾,"为报界惜此奇才"的。

　　对邵飘萍的上述怀念,引出了另外一个更大的话题:既然三人"合力从事一报"已无机会,那么何不二人"从事一报"? 张季鸾趁机劝说胡政之"收回老巢,恢复旧业"。

　　当然,张季鸾鼓励胡政之"收回老巢"、恢复《大公报》,自然也有自己的考虑,即为自己也营造一个安身立命之所。早在日本留学时,张季鸾便对办报产生了浓厚的兴趣。1908年编辑陕西留日同学会出版的《夏声》是他从事新闻工作的起点,他以"少白""一苇"为笔名在《夏声》上多次发表论文,在留日学生圈中就小有名气。回国之后,如前所述,张季鸾先后编辑、主编过上海《民立报》、北京《民立报》《民信日报》《中华新报》、上海《中华新报》等。虽然报馆由于政治或经营上的问题一个接一个地倒闭,然而他对办报的兴趣依旧有增无减。1925年友人好意推荐他任陇海铁路会办,这在当时是有名的"肥缺",别人求之不得,然而他到任不久便拂袖而去,宁愿闲居津门,足见其志趣及心性。而以后的事实也证明,张季鸾鼓励胡政之"收回老巢"并与之同办《大公报》,的确成了他"永久的事业",十六年后,他是在《大公报》总编辑的位置上撒手人间的。

　　胡政之、张季鸾两人,一个是川客,一个是陕人,然年岁、经历又何等相似。两人都出身于官宦家庭,幼年都随父在他乡漂泊有年;两人都早年丧父,尝到了人生最痛苦的滋味;两人都怀抱报国之志留学东洋,却于同年回国后都报国无门。在日本,两人都非新闻专业出身,但回国后都一直从事新闻工作。两人都才华横溢,勤勉奋发;两人都年届不惑,事业上却屡遭挫折。对此,张季鸾亦

---

① 胡政之:《哀飘萍》,王瑾、胡玫编:《胡政之文集》(下),天津人民出版社2007年版,第1130页。

曾感叹说:"二十年来,同业友人,或死或散,或改业为官吏,其惨者,殉身国事,不可复见。独与政之踪迹不离,亦都不改事业!"①也正因此,这两位经历相似、志趣相投的报人在机缘巧合下走到一起,《大公报》的重生也正式被提上议事日程。

(二)找达诠兄去!

当时中国的政治局势也为两人合力办报创造了相应的条件,即至1926年,中国近现代史上的"南北朝演义"已接近尾声:

在南方,孙中山创立黄埔军校后,广东革命政权的腰杆子迅速硬起来,在连续平定了商团事变(1924年10月)、陈炯明叛变(1925年1月)、杨(希闵)刘(震寰)叛乱(1925年2月)之后,广东革命政权初步得到巩固。1925年7月1日,国民政府在广州正式成立;8月,国民政府所辖的军队统编为国民革命军,实现了军政统一;10月,国民革命军消灭了陈炯明、邓本殷等盘踞在东江一带的粤系军阀,实现对广东的统一;1926年3月,广西宣布接受国民政府的领导,革命政权实现对两广的统一,为国民革命的更大发展创造了后方基地。

在北方,"北京政变"后,作为一个过渡性政权,冯、段、张三方势力组织的北京临时政府对各方缺乏控制力,导致北洋军阀各派系为争夺地盘开展了一系列的混战。混战的结果是段祺瑞的临时执政府于1926年4月被推翻,皖系彻底崩溃。北方各省陷入张作霖、吴佩孚、孙传芳等奉直军阀割据的局面,北京政权则由奉系操纵。

全国广大民众,无论是南方还是北方,都强烈要求国民政府派兵北伐,结束北洋军阀的统治。1926年6月5日,国民政府任命蒋介石为国民革命军总司令;7月1日发布北伐动员令;7月9日国民革命军在广州举行誓师大会,并制定了集中优势兵力,各个击破敌人的作战方针;先以主力指向两湖战场,并派两支部队警戒闽、赣;待主力消灭吴佩孚势力并占领长江中游后,再集中兵力攻占东南各省,消灭孙传芳的势力,控制长江下游;最后向北推进,消灭奉系张作霖的势力。

奉行着孙中山先生遗嘱精神"革命尚未成功,同志仍须努力"的南方国民

---

① 张季鸾:《〈国闻周报〉十周纪念感言》,《国闻周报》第10卷第1期,1933年1月1日。

革命军将士斗志昂扬,挥戈北上;为了守住各自的老巢,吴佩孚、张作霖亦已在"讨赤"的旗号下联合起来。南方剑拔弩张,北方磨刀霍霍,国民政府与北洋军阀势力的决战到了最后时刻。

对于此种现状,"眼观六路、耳听八方"[①]的张季鸾自然清楚,并有理由认为这正是办报的大好时机。况且天津靠近北京,政商两界人士云集,新闻来源多,新闻需求量大;国闻通信社和《国闻周报》两个机构又集中了一批可用之人,也确实为《大公报》的续刊创造了条件和基础。

天时、地利、人和,"万事俱备,只欠东风",那就是经费。与办通讯社或周刊杂志不同,办大型日报需要足够的周转资金。胡、张二人此时皆缺乏资金,因而引入二人的另一位共同友人吴鼎昌也便顺理成章了。

吴鼎昌,字达诠,笔名前溪,祖籍浙江吴兴,1884年出生于四川成都,和胡政之是半个老乡。1901年获官费留学日本,先在东京预备学堂修业,后毕业于东京高等商业学校,1910年学成回国。吴鼎昌在日留学期间,领头组织过一个小团体,一度加入过同盟会,不久退出。回国后,又参加留学生归国考试,获得进士出身,任翰林院检讨。经人介绍,先后任东三省总督署度支、交涉两司顾问和本溪湖矿务局总办。1911年8月出任大清银行总务长,不久转任大清银行江西省分行监督。辛亥革命后,于1912年1月参与中国银行的筹备事务,2月被任命为中国银行正监督,发行第一批中国银行钞票。同时吴鼎昌又与研究系发生了联系,1913年熊希龄组阁,梁启超为币制局总裁,任吴为造币厂监督。袁世凯死后,吴鼎昌又和皖人接上关系,于1917年平息张勋复辟后,成为安福系重要成员,出任段祺瑞内阁财政次长兼造币厂厂长,并奉命接管张勋爪牙、河南督军张镇芳独资创办的盐业银行,成为总经理。1922年,吴鼎昌发起由盐业、金城、中南、大陆四家银行创办的"四行储蓄会",并设立"四行准备库",吴鼎昌被推为储蓄会的主任。吴鼎昌热衷于政治,善于利用政界关系抬高自己在金融界的地位,又利用在金融界的实力作为爬上更高政治地位的资本。怎奈1926年4月段祺瑞临时执政府彻底倒台,吴鼎昌也失去政治靠山,只得以金融界巨头的姿态在社会上露面。

吴鼎昌与胡政之在日本留学时相识。两人虽为同学,但吴热衷于政治活动,胡则一心向学,故而此时交集应当不多。回国后,吴鼎昌投身财、政两界,

---

① 吴冷西:《忆毛主席》,新华出版社1995年版,第166页。

爬到了社会的上层,而胡政之投身新闻界,很不得志。1924年第二次直奉战争后,北洋军阀的统治呈土崩瓦解之势,而南方革命声势高涨,吴鼎昌为把"北四行"的势力向南方伸展,时常到上海走动。这时胡政之的国闻通信社和《国闻周报》由于资金短缺而几次拟停办,吴鼎昌则慷慨解囊,每月津贴几百元,使这两个机构得以维持,吴、胡两人的往来也由此渐多起来。当然,吴鼎昌经济上支持胡政之也绝非"白给",他经常以"前溪"为笔名在《国闻周报》上发表有关经济方面的文章,俨然一个"经济学者"。

其实,吴鼎昌本人对新闻事业亦颇感兴趣,他曾经对人说自己立志办三件事:一是开一个报馆,二是办一个储蓄会,三是设一家国际化的大饭店,以替代上海的外商饭店①。作为其"东京留学时代之友"的张季鸾亦称吴鼎昌自民国以来虽"投身财政经济界",但"对于新闻事业,见解独卓,兴趣亦厚,以为须有独立资本,集中人才,全力为之,方可成功"。并且,吴与胡、张两人还于1924年曾在上海商议创办新闻事业,"并日报、周报、通信社而一之"②。这一计划后因《中华新报》停刊、张季鸾北上而搁浅。

当胡、张二人向以在野之身卜居天津,除盐业银行总经理一职外无他事可干的吴鼎昌提出续刊《大公报》的想法时,吴鼎昌当然是求之不得。于是三人迅速达成一致,并形成了将《大公报》从房产、设备到招牌全盘接过来由三人续办的构想。

二、"四不"方针

决定续刊《大公报》后,首先即需要确定办报方针。胡政之、张季鸾在报界摸爬滚打多年,吴鼎昌虽然没有亲自办过报,但是对当时报界情况也是很熟悉的,都深知办报方针对于办报成功与否的重要性。王芸生、曹谷冰在《1926至1949的旧大公报》中也说:新记公司经营的《大公报》"所以能够在经济上发展企业,在政治上传播影响,并且经过战时辗转播迁成为一家全国性的大报,首先是它有一些'带迷惑性的方针'"。所谓的"带迷惑性的方针"③,就是指"四

---

① 王芸生、曹谷冰:《1926至1949的旧大公报》,《文史资料选辑》第25辑,第7—8页。
② 张季鸾:《〈国闻周报〉十周纪念感言》,《国闻周报》第10卷第1期,1933年1月1日。
③ 王芸生、曹谷冰:《1926至1949的旧大公报》,《文史资料选辑》第25辑,第44页。

不"方针。

(一)"四不"的提出

"四不"即"不党、不卖、不私、不盲",是吴、胡、张为续刊《大公报》提出的一种与众不同的办报方针。

吴、胡、张是十分看重这个办报方针的。《大公报》续刊出版之前,他们在《国闻周报》刊登《大公报》续刊启事时,就对此作了大肆鼓吹。《大公报》续刊第一天的1926年9月1日,报纸发表署名"记者"的文章《本社同人之志趣》,又专门且郑重其事地提出这个"四不"方针,并逐条进行释述:

> 第一不党。党非可鄙之辞。各国皆有党,亦皆有党报。不党云者,特声明本社对于中国各党阀派系,一切无联带关系已耳。惟不党非中立之意,亦非敌视党系之谓。……吾人既不党,故原则上等视各党,纯以公民之地位发表意见,此外无成见,无背景。凡其行为利于国者,吾人拥护之;其害国者,纠弹之。勉附清议之末,以彰是非之公,区区之愿,在于是矣。

照文章的解释,"不党"包括四层含义:(1)《大公报》与各党阀派系没有任何联系,今后也不发生任何联系;(2)面对各党阀派系及其斗争,《大公报》不中立、不回避、不袖手旁观,而要发表意见,表明态度,但同支持者不与之结亲,同反对者不与之结仇;(3)对待各党阀派系一视同仁,无亲无疏,发言不带成见,以国家利益为标准,一时一事,是是而非非;(4)站在纯公民地位上发表意见,力争反映舆论,代表民意,以明是非于天下,彰公道于人间。

> 第二不卖。欲言论独立,贵经济自存,故吾人声明不以言论作交易。换言之,不受一切带有政治性质之金钱补助,且不接收政治方面之入股投资是也。是以吾人之言论,或不免囿于智识及感情,而断不为金钱所左右。

所谓"不卖",就是不以言论作交易。"不卖"的实质是保证言论独立,不为金钱所左右;"不卖"的具体做法是不收政治性质的外股,不受带政治性的资助,使报纸的言论与实际政治不发生直接联系。

> 第三不私。本社同人,除愿忠于报纸固有之职务外,并无私图。易言之,对于报纸并无私用,愿向全国开放,使为公众喉舌。

《大公报》的"不私",就是不以报纸谋私利,不使报纸为私人所操纵、所利用;《大公报》要成为全国民众发表意见的喉舌。

第四不盲。不盲者,非自诩其明,乃自勉之词。夫随声附和,是谓盲从;一知半解,是谓盲信;感情冲动,不事详求,是谓盲动;评诋激烈,昧于事实,是谓盲争。吾人诚不明,而不愿自陷于盲。

文章认为,"不盲"就是对问题独立思考,对事理洞悉透彻,遇事变头脑冷静,辨是非实事求是,达到不盲从、不盲信、不盲动、不盲争。张季鸾又认为,"不盲"是办报的一种最高境界,《大公报》提出"不盲",并非自诩清明、已经完全做到了这一点,而只是一种"自勉之词",力争做到。

文章最后评论说:"以上四者,为吾人志趣之大凡。"①这里所谓"吾人"非专指新记《大公报》创始三人中的某一人,而是指吴鼎昌、胡政之、张季鸾三人及今后在《大公报》的所有同人②。并且这个"四不"方针也不是吴、胡、张三人一时的心血来潮,而是他们投身报界或眼观报业十余年之经验、教训的总结。

吴鼎昌、胡政之、张季鸾三人合作接办《大公报》时,都已年届不惑,吴四十二岁,张三十八岁,胡三十七岁。尤其是胡政之、张季鸾在报海挣扎十多年,尽管他们使出了全身的本领,事业仍多以失败告终。原因虽然是多方面的,但主要一条是,他们投身的都是背靠甚或依附于近代中国政党或派系的新闻机构,这些新闻机构缺乏应有的独立性,大都是随着政党的兴衰而兴衰。

对此,张季鸾、胡政之通过自己的亲身经历,体会很深。早在1923年,张在《〈新闻报〉三十年纪念祝词》中就曾指出:"中国报界之沦落甚矣,自怀党见,而拥护其党者,品犹为上;其次,依资本为转移;最下者,朝秦暮楚,割售零卖,并无言论,遑言独立,并无主张,遑言是非。"他赞扬《新闻报》"独能发挥其在商言商之主义,不求津贴,不卖言论,不与任何特殊势力缔结关系,惟凭其营业能力,步步经营,以成今日海内第一之大报,此诚难能而可贵也"③。胡政之则说得更为明确:

中国素来做报的方法有两种:一种是商业性的,与政治没有联系,且

---

① 记者:《本社同人之志趣》,《大公报》1926年9月1日。
② "四不"应当为吴、胡、张共同思考的结晶。如《本社同人之志趣》1926年9月1日发表时署名"记者",以及多年后胡政之编辑《季鸾文存》时未收入本文,也可视为一种侧面证明。
③ 张季鸾:《〈新闻报〉三十年纪念祝词》,《季鸾文存》第二册,大公报馆1947年版,附录第3页。

以不问政治为标榜,专从生意经上打算;另一种是政治性的,自然与政治有了联系,为某党某派作宣传工作,但是办报的人并不将报纸本身当作一种事业,等到宣传的目的达到了以后,报纸也就跟着衰歇了。①

吴鼎昌从日本留学归来后,沉浮于财、政两界,多年的政治风云使他既懂得了掌握一份报纸对于赢得政治资本的重要性,又懂得办好一份有影响、有地位的报纸需具备的一些必要条件,那就是必须有充足的资金,使报馆经济独立,以保证前方发言记事的独立性。

由于见解相同,故三人在商讨续刊《大公报》的办报方针时就很容易统一意见。而这个"四不",与其说是他们三人当时共同研究的结果,不如说是他们亲身感受或亲眼观察中国报界经验教训的总结。

中国资产阶级近代报纸是肩负着历史使命来到人世间的。在辛亥革命时期,革命党人创办的报纸在推翻封建统治的斗争中发挥了枪炮不可替代的作用。然而民国成立后,在政党政治的气候下,各种各样的政党如雨后春笋般出现,为了政党争夺议会和政府机构中权力的需要,五花八门的政党报纸应运而生。这些政党报纸与民国前的政论报纸有着质的不同,完全成了政党争权夺利的舆论工具,除唇枪舌剑的无聊争论之外还经常伴以人身攻击、互揭隐私、互相谩骂,甚至发展成为殴人毁报的武斗。这些行径使得曾经在反对封建统治斗争中叱咤风云的资产阶级政党报纸威信扫地,同时也给革命事业造成了重大损失,加速了革命成果得而复失的进程。在袁世凯当政时期对新闻事业摧残之后,中国报界更是进入到一个"堕落时期":当时除了袁世凯的"御用报纸"外,还出现了一大批"奴才报纸"。所谓奴才报纸,是那些既不依真理事实,亦无宗旨主张,暮楚朝秦,唯以津贴为向背的报纸——今天张军阀给钱,就替张军阀说好话,明日李军阀给钱,就为李军阀唱赞歌。一般商业性报纸,如《申报》《新闻报》则抱着"惹不起,躲得起"的态度,提出"经济独立""无偏无党"的消极的八字办报方针,远离政治是非,靠念"生意经"求生存、图发展。

在这种情况下,新记《大公报》提出"四不"办报方针,在当时报界,确有振聋发聩的作用,确"为中国报界辟了一条新路径"②。

"四不"办报方针的提出意义重大。它不仅从根本上否定了为党派私利争

---

① 胡政之:《在重庆对编辑工作人员的讲话》,《大公园地》1943年12月21日第9期。转引自胡玫、王瑾编:《回忆胡政之》,天津人民出版社2009年版,第193页。
② 胡政之:《在重庆对编辑工作人员的讲话》,《大公园地》1943年12月21日第9期。

吵不休乃至堕落的资产阶级政党报纸,否定了以金钱为向背的奴才报纸,同时也以其具体的、积极的内涵区别于商业性报纸"经济独立""无偏无党"的八字办报方针。新记《大公报》之所以能够进入到一个新的发展高度,成为中国报界的一时之选,乃至在世界报界争得一席之地,根本原因就在于这个办报方针。

(二)"四不"的执行

王芸生、曹谷冰在《1926 至 1949 的旧大公报》中说:"这'四不'的标榜,后来实践证明是虚伪的。"①

王、曹二人用"标榜"和"虚伪"将"四不"全盘否定,是那种特殊年代的极左思潮使然,不应过于深究,但是在"拨乱反正"后的今天,就必须予以"正本清源"。

一般而言,"标榜"是指提出某种好听的名义加以宣扬,实则隐含了"自我夸耀"之意。然而如果从构成词组的字面意思理解:"标"者,显示、表明也;"标榜",其本意有"揭示""公开表明"之义。吴、胡、张在报纸上郑重其事地提出"四不",从前者看略显偏颇,从后者看则的确如此。胡政之自己论述提出"四不"时,就明确地使用"标出"一词②。吴、胡、张在报纸上公开揭示"四不",请读者监督执行,而后来的实践也证明,在《大公报》续刊出版的全过程中,"四不"不仅仅公开揭载表明,而且作为自己的办报方针,被切实贯彻在报馆的内部管理和报纸发言记事的实践中。

1."四不"在内部管理上的运用

关于"不党",据王芸生、曹谷冰讲,新记《大公报》社内部有一个不成文的规定:凡有党籍的人(包括国民党员和共产党员)概不录用,甚至连国民党中央政治学校和中央大学的毕业生也不录用,也禁止本社成员加入任何党派和政治组织。张季鸾一生为新闻记者,没有加入任何党派,自前述短暂的早年从政生涯后也没有再做过官。早在日本留学时,当同乡好友井勿幕征询他是否有意加入同盟会时,他当即表示没有这个想法,说:"我是一个文弱书生,立志要

---

① 王芸生、曹谷冰:《1926 至 1949 的旧大公报》,《文史资料选辑》第 25 辑,第 44 页。
② 在《回首一十七年》中,胡政之说:"民国十五年九月一日的发刊辞,标出不党、不私、不卖、不盲四点,乃是张先生的手笔而为吴先生与我所赞同者。"参见胡政之:《回首一十七年》,《大公园地》1943 年 9 月 5 日第 7 期。

当好一个新闻记者,以文章报国。我认为,做记者的人最好要超然于党派之外,这样,说话可以不受约束,宣传一种主张,也易于发挥自己的才能,更容易为广大读者所接受。"①胡政之更是如此,留学日本期间一心向学、无心问政。有人劝他关心政治、加入党派,他回答说留学是为了多读点书。六年中,他每日都要进两个学校拼命读书,学习外语。回国后,为了谋生四处求职,虽然因"安徽情结"而与皖人或安福系中人走得近一些,但始终没有加入安福系。他一生以办报为职业,尤其是1926年以后,一门心思只想使《大公报》的事业获得发展。至于吴鼎昌,在1935年底参加蒋介石的"人才内阁",当上国民政府的实业部长时,便登报辞去社长职务,以昭示《大公报》的"不党"形象。此后,他虽然还是《大公报》的大股东,但实际上不干预社务,尽管《大公报》的任何重大事变胡、张都报告于他,但他也仅表示"知道了",很少表明自己有什么意见。而对于国、共两党乃至一些帮派势力在社内的地下活动,《大公报》管理层亦十分警惕,甚至对有这种嫌疑的人,毫不客气地予以开除或想办法除名。比如20世纪30年代初期,天津馆的外勤课主任张逊之,不仅是国民党特务,而且还是帮会头子,混到了"开山门、收徒弟"的地位(外勤记者李树芬就是张的门徒之一)。胡政之得知后,认为此人社会关系十分复杂,弄不好,很可能会出乱子,因而在南下创办上海版之前,果断而巧妙地辞退了李树芬,逼走了张逊之②。

关于"不卖"和"不私"的实践,早在新记公司成立之初,吴、胡、张即"约定五事",其中第一、二条规定,不向任何方面募款,不担任任何有俸给的公职。后来《〈大公报〉职员任用及考核规则》也规定:"创办人及专在本社服务不兼社外有给职务者为社员。"《〈大公报〉同人公约》又规定:"本社职员不兼任何社外有给职务,并不得经营抵触本社利益或影响社誉之业务。"关于"不得兼职"这一点,据王芸生、曹谷冰讲,还有个补充解释,即不包括被选为人民代表或在学校兼课,所以张季鸾、胡政之得于抗战时期和战后相继兼任国民参政员,曾任《大公报》编辑主任的张琴南得兼任燕京大学新闻系教授。王、曹亦称,这项规定在他们身上也得到了相当认真的贯彻:曹谷冰曾经谢绝过重庆市参议员的提名,王芸生亦曾经谢绝过陈诚要他兼任国民政府政治部宣传处长的邀请。据说胡政之在1948年还曾拒绝过出任国民政府行政院长的试探性邀请。关

---

① 徐铸成:《报人张季鸾先生传》,生活·读书·新知三联书店1986年版,第36页。
② 参见曹世瑛:《从练习生到外勤课主任》,周雨编:《大公报人忆旧》,中国文史出版社1991年版,第135页。

于不得经营抵触本社利益或影响社誉之业务的规定,也得到相当认真的贯彻:1944年桂林撤退时,有人假借搬运《大公报》桂林馆器材的车辆运私货、做生意,被发觉后,经理部几个主任级职员被开除,编辑部也曾经开除过一个接受国民党地方官员实物津贴的特派员。

新记《大公报》在几十年的历程中,一直坚持不收外股,不受带有政治性的资助。1928年,针对有人以《大公报》名义"向政教等界有所予求",胡政之等人当即在报上刊登《本报同人启事》,严正指出:"本社系营业独立性质,不受何方津贴补助,亦不添招新股。本社同人向以办报为职业,不兼任政治上任何职务,不作求官求差之任何活动。"并告知读者,对这类"招摇欺诈"的行为,"希勿受其愚,并盼随时通知本馆调查根究"①。1939年,重庆馆遭敌机炸毁,处境十分困难,当时重庆各报联合向国家银行贷款,唯有《大公报》没有参加。1943年2月,桂林各报联合电请国民党中央转饬国家银行给予信用贷款,《大公报》桂林版亦发表声明,表示不参加。有人说,1945年初胡政之直接向蒋介石密函申请,用四百万法币按官价标准购买了二十万美元外汇,这实际是索贿,是胡政之与蒋介石做的"一笔大交易"。但是亦有对此观点的反驳说:"《大公报》是一家私人经营的报纸,资金来源都是民族资本,从未接受任何政治集团的津贴和资助,在抗战胜利前夕,为发展战后大公报事业,按当时官定牌价购买到20万美元用来购置印刷设备,以填补在抗战时期转辗搬迁时的设备损失,这纯属商业行为,完全不是接受国民党的津贴或资助。"②这次"官价购汇"是一笔带有政治性的交易,还是正常商业行为,乃至是胡政之作价"出卖"《大公报》?有关这个问题,包括《大公报》馆同人和研究者之间一直存在不同的看法③。但是有一点可以肯定,即胡政之购买二十万官价美金后,《大公报》的记事与言论没有实质性的变化,如果说有些变化,那也是因为抗战形势变化而引起的,而不是二十万美金所致。这些变化的详情,可见本书中有关该报对内政、外交的言论与记事的叙述。笔者认为,二十万官价美金一事如果说有问题,那至多也只能算是胡政之利用参政员的身份可以接近蒋介石的便利,抓住即将赴美参加旧金山会议的时机,为《大公报》谋的一次"私利"。

新记《大公报》1926年续刊时,股本是吴鼎昌一人筹措的五万元,股东名单

---

① 《本报同人启事》,《大公报》1928年9月16日。
② 袁光中:《〈大公报〉的经营管理》,周雨编:《大公报人忆旧》,第21页。
③ 参见俞凡:《新记〈大公报〉再研究》,中国社会科学出版社2016年版,第251—256页。

分别为：吴鼎昌、盐业银行、中南银行、大陆银行、久大公司、永利公司、经济研究会以及范旭东、张伯苓、周作民等。至1948年香港版复刊时，新记公司共有资本六亿元，共六万股，分属四十八位股东。其中，金钱股东除吴鼎昌外，只有李国钦和王宽诚两人。李国钦是旅美爱国华侨，1945年6月胡政之在美国订购新式印报机等设备，所持二十万美元不够，于是接受了李入股美金五万元。王宽诚为港人，1948年3月胡政之到香港复刊港版，赔累甚巨，于是接受王入股美金两万元。四十八位股东中，胡政之、张季鸾为劳力股，曹谷冰等二十七人为劳绩（荣誉）股，根本不参与分红。股东最大者为吴鼎昌，持有九千七百五十股，其次为胡政之的七千五百股，再次为张季鸾的五千股，而社外股东最大者李国钦也只有五千股。因此，不存在社外股东左右报纸言论的问题。故1941年《大公报》荣获美国密苏里大学新闻学院奖章时，胡政之、张季鸾对美国广播致辞时表示，由于报馆多年实行不接受投资、不作政治活动的原则，所以能确保言论的独立：

> 《大公报》最初实际资本，只华币五万元，我们向不接受投资，因为怕股东干预言论。同人相约不作政治活动，不求权势财富，亦不求卖名。若入政界，则辞去报馆职务。我们社长吴君鼎昌因为国难参加政治，对本社即立时辞去职务。我们多年实行这两点，所以确能保持独立的言论。我们对全国任何个人或党派并无说好或说坏的义务。除过良心命令以外，精神上不受任何拘束。我们在私的意义上，不是任何人的机关报，在公的意义上，则全国任何人，甚至世界任何人，只要在正义的范围，都可以把《大公报》看做自己的机关报使用。①

2."四不"在言论、记事上的运用

老《大公报》社评委员李纯青先生说："不论新闻采访或评论，我不知有一事一字来自《大公报》以外的指示、暗示或操纵。我问《大公报》旧同事，皆如此说。"②的确，新记《大公报》的言论或记事，都是《大公报》人用自己的脑子思考、用自己的手写出来的。对此，胡政之说得更具体："我们自来论事，都力求深刻切实，决不随俗唯否，纵因此干冒危险，受人攻击，亦所不辞。"他举例说：

---

① 《自由与正义胜利万岁！——本社对美国广播致辞》，《大公报》（渝版）1941年5月15日。
② 李纯青：《为评价〈大公报〉提供史实》，周雨编：《大公报人忆旧》，第306页。

> 在北方的反动潮流中,我们敢于同情革命;济南惨案发生,报馆在日租界,我们敢于揭布蔡公时被害的消息。这都是几经研究而后决定的态度。九一八事变后,平津沪许多同业都曾主张过要对日宣战,我们虽然责骂日本无所不至,却始终不曾拿出要打仗的主张。……因此,一时引起学生们的不满,但我们置之不顾。民国二十二年,天津事变起,本报在日本机关枪包围之下,无法出报,仓皇迁移法租界。当时社会各界预料我们对日论调必然要硬化。我和张先生商量了一晚,反复斟酌国家利益,认为战争的准备差的还远,宁可把事业毁了,我们也不应当人云亦云地轻言开战。因此依然保持在日租界出报的态度。当时很怒恼了许多热血青年,甚至有东北学生在本报馆的后门抛掷炸弹,恐吓我们。……我们只知道国家民族的真正利益,不知道有报馆的利益;纵然因此而毁了事业,也是我成我毁,心安理得,我们不能但为多卖报而媚世取宠……这是不盲主义的最高表现。①

《大公报》记事发言,持独立思考的态度,不受外界干扰,不媚世俗、不媚金钱、不媚权势,这种"不盲主义"的"最高表现"保证了"四不"办报方针在记事与发言中的贯彻,以及在版面上的体现。

三、"五事"约定

(一) 约定的提出

办报方针确定了,接下来则要决定组织机构,制订章程与规则。据胡政之事后说:

> 我等三人决议之初,约定五事:(一)资金由吴先生一人筹措,不向任何方面募款。(二)我等三人专心办报,在三年内大家都不担任任何有俸给的公职。(三)我和张先生以劳力入股,每届年终,须由报馆送与相当股额之股票。(四)吴先生任社长,我任经理兼副总编辑,张先生任总编辑兼副经理。(五)由三人共组社评委员会,研究时事问题,商榷意见,决定主

---

① 胡政之:《回首一十七年》,《大公园地》1943年9月5日第7期。

张……三人各各不同时从张先生。①

"五事"约定,十分重要。条款虽简单,内容却很丰富,它决定了即将诞生的新记公司的机构性质、内部运作、人员分工及其责、权、利。

第一条,资金筹措。"资金由吴先生一人筹措,不向任何方面募款。"这是他们总结民国以来报纸办不好、报馆"活"不久的教训后提出的。吴鼎昌曾说,民国以来,"一般的报馆办不好,主要因为资本不足,滥拉政治关系,拿津贴,政局一有波动,报就垮了"②。针对这种情况,他打算"拿五万元开一个报馆,准备赔光,不拉政治关系,不收外股。请一位总经理和一位总编辑,每人月薪三百元,预备好这两个人三年薪水,叫他们不兼其他职务,不拿其他的钱"③。三人续刊《大公报》时,吴鼎昌便将早已有的想法付诸实施,一人负责筹措资金。具体而言,准备同四行储蓄会商量,从经济研究经费中拿出五万元,以供续刊《大公报》之用,这就使续刊出版《大公报》在经济上有了坚实的基础和可靠的保障。

第二条,专心办报。"我等三人专心办报,在三年之内大家都不得担任任何有俸给的公职。"这就是说报馆里的人,无论是做经营的还是做报纸的,皆要专心做事,心无旁骛,要把办报当作一项事业来做。为保证胡政之、张季鸾专心办报,吴鼎昌提议,他自己有资产,不在报馆支月薪,胡政之、张季鸾每人每月领薪水三百元。这样的月薪在当时算高收入,可以保证胡、张全心投入办报而无后顾之忧。

第三条,股份持有和报馆性质。三人成立《大公报》新记公司,吴鼎昌以资金入股,胡政之与张季鸾以劳力入股,"每届年终,须由报馆送与相当股额之股票"。这一条规定不仅规定了吴、胡、张三人的股份持有和利益分配,更重要的是规定了新记《大公报》馆的性质,是一个以股份制"公司"名义经营的报馆。股份制的《大公报》新记公司是一个现代企业,虽然它的股本少、规模小,但在中国报界还属破天荒的事。

第四条,职务分工。吴鼎昌任社长,胡政之任经理兼副总编辑,张季鸾任总编辑兼副经理。这种分工是基于三人各自的专长。胡政之事后回忆说:

---

① 胡政之:《回首一十七年》,《大公园地》1943年9月5日第7期。
② 王芸生、曹谷冰:《1926至1949的旧大公报》,《文史资料选辑》第25辑,第8页。
③ 王芸生、曹谷冰:《1926至1949的旧大公报》,《文史资料选辑》第25辑,第8页。

> 我和张先生都是十足的书生,不喜为企业的经营,因为我管过多年的事务,比较容易找到帮手,所以推我作经理,其实并不合于个性。在这时间,吴先生对于事务,尤其是会计方面,替我设计了许多。我们事业之所以能有今日,最初立法周密,计算精确,实一主要因素,而其根基实在是吴先生创造下来的。①

由于吴鼎昌一人负责筹措资金,并且贡献办报主张,加上他的驾驭能力,社长(老板)非吴莫属。胡政之文笔和经营皆能,经营更强,尤其是手中掌握着国闻通信社和《国闻周报》两家媒体,其中不乏办报高手,调度起来十分顺手(事实上,新记《大公报》的"开国五虎大将"②均来自这两个机构),因而总经理位置当然是胡政之的。张季鸾文史功底深厚,文笔一流,而且"为人外和易而内刚正,与人交辄出肺腑相示,新知旧好,对之皆能言无不尽。……采访所得,常可达到问题之症结"③,也便顺理成章地担任报纸总编辑一职。

第五条,言论写作。《大公报》本来就是以政论著称的"舆论重镇",张季鸾、胡政之又本来就是著名的现代文人,他们续刊《大公报》本就意在"文人论政",所以社评写作特别重要。社评不代表个人,而代表报社,所以三人约定,言论主要由总编辑负总责之外,还成立社评委员会。开始阶段,"由(吴、胡、张)三人共组社评委员会,研究时事问题,商榷意见,决定主张",还特别规定:"文字虽分任撰述,而张先生则负整理修正之责,意见有不同时,以多数决之,三人各各不同时从张先生。"

(二) 协定的遵守

胡政之在叙述"五事"约定后,强调说:"这差不多是我们创业时的宪法。"④这说明了"五事"约定的严肃性。既然是"宪法",就得遵守,任何人不得逾越。

这"五事"约定至今没有看到书面记载,并且约定中没有制约性条款。可见这只是一个"君子协定"。但是,吴、胡、张三人都很好地遵守了这个约定。这方面的内容,在前面的"四不"实行的论述中,已有涉及,此处不赘。与"四

---

① 胡政之:《回首一十七年》,《大公园地》1943年9月5日第7期。
② 指王芸生、李子宽、金诚夫、何心冷、杜协民五人,此五人皆为吴、胡、张之下新记《大公报》创办初期报馆经营和采编业务的主要负责人。
③ 政之:《社庆日追念张季鸾先生》,《大公报》(沪版)1946年9月1日。
④ 胡政之:《回首一十七年》,《大公园地》1943年9月5日第7期。

不"方针一样,报馆的后来人是从吴、胡、张三人的言行中、从他们为人处事的表现上,看到和读懂这"五事"约定的。由于吴、胡、张很好地遵守了自己制定的"宪法",所以报馆其他人也很好地遵守了这一报馆"宪法",也许其中很多人根本就不知道有此五条"宪法",然而上行下效,使之成了报馆里每个人的一种习惯并自觉遵守,保证了新记《大公报》事业的快速发展。

虽然在往后的办报实践中,吴、胡、张在诸多问题上曾经出现过不同的看法,甚至矛盾与分歧,比如1936年对创设沪馆、创办沪版的问题,张季鸾和胡政之之间就发生了严重分歧。至全面抗战爆发后,张季鸾带着一支人马由沪至汉再至渝,跟着国家的政治中心不断转移;而胡政之则从沪至港,再从港撤至桂,走的是一条远离国家政治中心的办报路径。更不必说,胡政之对张季鸾与政府之间过于密切时有微词。但是这只是事业发展思路上的分歧,而不是根本矛盾。因而即使存在上述分歧,他们在工作中仍能够相互信任,相互支持,共同维持《大公报》事业的发展。这方面,许多回忆文章都有很多很生动的记载,胡政之自己更是将张季鸾与他自己的办报路径形象地比喻成"车之两轮"。

纵观胡政之、张季鸾还有吴鼎昌的一生,他们都可谓正人君子,其言行均具君子风范。他们不为名利明争暗斗、相互拆台、相互诋毁。对此,胡政之的总结可谓到位:

> 中国人向来最不容易合作,而"文人相轻",尤为"自古已然"。吴、张两位先生同我都是各有个性,都可说是文人,当结合之初,许多朋友都认为未必能够长久水乳,但是我们合作了多年,精诚友爱,出乎通常交谊。所以然者,各人都能尊重个性,也就能够发挥个性。吴先生长于计划,我们每有重大兴革,一定要尽量地问他的意见。我是负责经营,张先生绝对的信赖我,让我能够事权统一,放手办事。张先生长于交际,思想与文字都好,我们也都是尽量让他发挥他的能力。这样在互相尊重的中间,所以在二十年间,才能够由一个地方报办成一个全国性报,而且在国际上多少得了一点地位。①

吴鼎昌、胡政之、张季鸾聚首天津卫,三人在续刊《大公报》的问题上"志同道合",并且经过认真商讨,提出"四不"办报方针,成立股份制的《大公报》新记公司,并为公司运作"约定五事",这些均是新记《大公报》走向成功的前提。

---

① 政之:《社庆日追念张季鸾先生》,《大公报》(沪版)1946年9月1日。

第一章
浴火重生——新记前期的《大公报》
(1926年9月—1935年12月)

吴鼎昌、胡政之、张季鸾三人组建的《大公报》新记公司从王景杭手中盘购《大公报》馆,并于1926年9月1日续刊出版,《大公报》由此开启了"新记历程"。

从1926年9月到1935年12月吴鼎昌加入国民政府之前,是《大公报》"新记历程"的前期,胡政之称之为"创业"期。这个时期,吴鼎昌、胡政之、张季鸾按照事先约定"专心办报",并且三人分工合作、各展所长、各尽所能,《大公报》馆如同一架"三套车",平稳而又快速地驶上事业发展的"新"轨道。

对创业期的事业发展情况,胡政之在《回首一十七年》一文中,用四句话进行概括:"共同负责"(指社评写作)、"奔走南北"(指新闻采访)、"稳扎稳打"(指企业经营)、"绝不随俗"(指发言记事的态度)。

一、"三套车"平稳上轨道

(一)《大公报》续刊出版

吴鼎昌、胡政之、张季鸾三人"五事"约定后,《大公报》续刊的筹备工作便紧张地开始了。

有人说,新记《大公报》的成功,靠的是吴鼎昌的资金、胡政之的组织、张季鸾的文章。这话是不错的:吴鼎昌负责筹措的五万元分两次到位,既使胡政之的筹备工作得以按期进行,也使《大公报》续刊后的出版有了足够的经济保障。

至于筹备工作情况,胡政之后来回忆道:"收买《大公报》,由我出面与旧股东接洽,一面邀约旧同事王佩之先生再作冯妇,召集原有职员工友,分任筹备。"①

购买《大公报》馆事宜,胡政之直接出面找报馆旧主人王景杭接洽。由于报馆已关闭,王景杭也无意再行经营,因此胡政之没费多少口舌,便以一万元成交,购下了《大公报》馆的产权及报名。

在报馆人事和组织架构上,胡政之首先找到原《大公报》馆副经理王佩之,诚聘他为新记《大公报》馆的副经理,然后委托他召集原有职员曹乃武、陈树桐等人分别担任筹备事宜。

王佩之,河北文安人,早在英敛之时期就进入《大公报》馆,直到王郅隆时期,一直担任行政工作,是名副其实的《大公报》老人。王佩之与胡政之是老熟人,在新记《大公报》草创期间,他在经营方面又协助胡政之做了大量工作,不仅负责召回旧部,而且参与筹创谋划,四处奔波,劳心劳力。正如胡政之在《回首一十七年》中说的:"《大公报》初创时,经济当然困难,一切节省,绝对不敢浪费。感谢前任津馆副经理王董事佩之先生的帮忙,营业基础,在短短一年半中间,即已奠立。"②在另一处还特别提到:"(开办一年)收支相抵,其间发行之推动,广告之招揽,赖佩之兄之协赞,历尽艰难,渐达顺境。"③1936年9月1日,新记《大公报》续刊十周年,沪馆在徐园举行纪念会,张季鸾在酒席间特别说起"熙来谈话"的事,即胡政之、张季鸾与王佩之在天津胡政之下榻的熙来饭店商议《大公报》续刊事宜的一场谈话,当时有记者来给胡、张、王拍摄合照,称"熙来三友"④。可见胡、张两人均很看重王佩之在新记《大公报》续刊之初的重要性。

为续刊《大公报》的需要,胡政之将《国闻周报》从上海迁至天津,成为《大公报》的附属机构;国闻通信社的北京、上海的分社及以后相继设立的汉口、沈阳等分社也成为《大公报》的采访机构。胡政之直接从这两个机构选调人员组成《大公报》的经理部和编辑部。

最早调入编辑部的为何心冷和杜协民。何心冷1922年由李子宽介绍进

---

① 胡政之:《回首一十七年》,《大公园地》1943年9月5日第7期。
② 胡政之:《回首一十七年》,《大公园地》1943年9月5日第7期。
③ 政之:《社庆日追念张季鸾先生》,《大公报》(沪版)1946年9月1日。
④ 《本报复刊十周年纪念会昨在徐园举行》,《大公报》(沪版)1936年9月2日。

入国闻通信社,其人有清晰的头脑、强敏的记忆、明快的手笔,每逢上海各界开会,他前往采访,全凭脑力,回社后一挥而就,记载无误。甚至有坊间传闻称,每次重大集会,只要有何心冷在场,各报记者纷纷退出说:"何心冷来,回头看国闻社的稿子吧!"他为国闻通信社在上海开创局面出力甚大。1924年,胡政之创办《国闻周报》,从封面题字、广告撰文以至于版面补白,一切打杂零活差不多是由何氏一人承包。他分管文艺稿件,在周报第一、二卷中,几乎每期都有他的文章。新记公司成立后,胡政之认为续刊《大公报》可以发挥何心冷的才能,于是将他从上海调至天津参与筹备。在筹备期间,何心冷是最为活跃的人之一,跑前跑后,见事就干。他思维敏捷,常能提出好建议,而胡政之对他的建议基本都予以采纳。新记《大公报》创刊后,何心冷负责本市新闻、副刊,兼任采访主任。

杜协民是南开大学第一届毕业生,著名经济学家何廉的学生,经人介绍进入国闻通信社北京分社。新记公司成立后,胡政之将其调到天津参加《大公报》续刊准备工作。新记《大公报》出版后,杜协民负责经济新闻与体育新闻。

新记《大公报》最初的编辑部只有张季鸾、何心冷、杜协民三个人,可谓简单到了极点,也可谓精干到了极点。1933年何心冷病逝后,杜协民在悼念他的文章中回忆当年创业的情景说:"民国十五年八月十五日,《大公报》由新记公司接办。他由上海来,我从北平来,都是在报馆担任编辑事务。……那时编辑部只有三个人,季鸾先生又要作社评,又要发稿子,又要照顾各版的新闻;心冷是发副刊的稿子……忙的连饭都不想吃!"①

驻外地机构则都是三块牌子、一套人马、一人负责,全权管理。《大公报》创业之初,除组建天津总部外,还加强了上海、北京两个办事处,办事处主任分别由李子宽和金诚夫担任。

李子宽与胡政之的关系极深,为创建和发展国闻通信社和《国闻周报》立下了汗马功劳。早在1920年胡政之主持北京《新社会报》编辑部工作时,李子宽就是他的部下。胡政之与林白水意见不合,决定另谋出路,当有人举荐他出任国闻通信社总编辑时,李子宽也追随他一道南下到了上海,成为国闻通信社的开创元老。1924年卢永祥战败,国闻通信社失去经济来源之后,是李子宽向胡政之建议增设广告部,代各报招揽广告,以折扣补充经费的亏空,使国闻通

---

① 协:《悼心冷》,《大公报》1933年11月12日。

信社得以勉强维持。之后,又是李子宽建议他创办国闻通信社附属机构《国闻周报》,使胡政之有了发表言论的阵地。新记公司成立后,《国闻周报》迁至天津,留下李子宽在上海独当一面,支撑国闻通信社。

金诚夫也是胡政之的老部下,是李子宽中学、大学同学,由李子宽介绍进《新社会报》编辑部。胡政之、李子宽南下办国闻通信社,金诚夫同到上海,由胡政之介绍到《新申报》任地方版编辑。1925年国闻通信社北京办事处主任另有他就,胡政之请金诚夫回来任北京办事处主任。新记公司成立后,仍以金诚夫为北京办事处主任。

所以,王佩之、李子宽、金诚夫、何心冷、杜协民有新记《大公报》"开国五虎大将"的称谓。这五个人中,何心冷于1933年10月英年早逝;杜协民于1936年由张季鸾介绍出任重庆《国民公报》总编辑,离开了《大公报》,抗战后期从政;王佩之、李子宽、金诚夫第一批获得报馆赠予的特殊劳绩股权(此外还有曹谷冰、许萱伯两人)。其中,王佩之在抗战爆发、津馆关闭后离开了《大公报》馆;金诚夫1935年12月被从政任实业部长的吴鼎昌要走,担任他的机要秘书,1938年8月港版创刊时又回报社,历任港馆、桂馆、津馆经理及总管理处副总经理;李子宽一直服务于《大公报》社,历任沪馆经理、董监事联合办事处总书记等。

在组织班子的同时,报馆还增添了一些必要的设备、器材,如安装电力马达,添加铜模新字等,并购买了一批白报纸。这一工作,除了胡政之和经理部同人具体办理之外,吴鼎昌发挥的作用甚大。胡政之说:"吴先生对于事务,尤其是会计方面,替我设计了许多。"①王芸生、曹谷冰说得更具体:"在业务方面,他(吴鼎昌)主要掌握经营方针和购存外币事项。因为购纸价款是报社的大宗支出,印报用的是洋纸,纸价涨落主要随外币汇率的变动而变动,拿捏不好,便招损失。吴鼎昌原习商业,又是银行老板,对世界贸易和金融市场的情况较胡政之、张季鸾等熟悉。怎样购储外币,何时向银行结汇,都由吴考虑决定,也从未失败过。"②当时,一切精打细算,勤俭节约,不敢多用一人,不敢多花一文,不敢多购一物。必要设备器材及白报纸的添置、购买仅花去一万元左右。

至于工厂的人员则几乎全是原《大公报》的一套人马。

---

① 胡政之:《回首一十七年》,《大公园地》1943年9月5日第7期。
② 王芸生、曹谷冰:《1926至1949的旧大公报》,《文史资料选辑》第25辑,第37页。

8月25日,胡政之、张季鸾在旭街21号二层楼大办公室召集参与筹备的编、经两部同人开会,检查各项筹备工作落实情况,讨论今后的社务工作,并着重就续刊出版事宜集思广益。

至1926年9月1日,"三个月间,诸事就绪"①,新记《大公报》在天津日租界旭街四面钟对过电话总局450号原馆址续刊出版。

续刊第一天的报纸署号8316号,报头依然用原"大公报"三个字,报头下特意标明"本馆创始自前清光绪二十八年即西历一千九百零二年",以表明该报历史。

新记《大公报》续刊号出二大张八版。第一版上半版登《本社启事》《〈大公报〉续刊辞》和署名"记者"的《本社同人之志趣》,下半版登广告。《本报启事》共五条,前两条介绍本报性质、宗旨和创设的主要栏目,后三条介绍本埠及外埠读者订阅本报的方法,以及报纸派送方式。《〈大公报〉续刊辞》则写道:

> 韩非子曰:"古者苍颉之作书也,自环者谓之私,背私者谓之公。公私之相背也,乃苍颉固已知之矣。"本报以大公名者已二十五年。立言之道,勿待申说,时迁事异,责在今人。会当续刊之始,重申顾名之戒,特表韩子之言,冠于篇首。今后社会所以相背者若何,莫可前知;吾人所以自环者若何,当期先免而已。②

续刊之始,重说"大公",以期与社会勉,并自勉之。

《本社同人之志趣》是新记《大公报》第一篇论述办报思想的文章,是理解和研究新记《大公报》历史的"纲"。该文首先指出了中国新闻事业失败的历史与原因:"通观国中,除三数(报)社外,大抵呻吟憔悴于权力、财力两重压力之下,岌岌不可终日。"然后,基于报纸"履行天职"的要求,揭出"四不",即"不党""不私""不卖""不盲"。这篇文章发表时署名"记者",表明其思想不仅仅是代表总编辑张季鸾个人,而是吴、胡、张三人之共识,是三人共同研究提炼而成,表达了"本社同人的志趣"。胡政之后来说:"民国十五年九月一日的发刊辞,标出不党、不私、不卖、不盲四点,乃是张先生的手笔而为吴先生与我所赞同者。"③

---

① 胡政之:《回首一十七年》,《大公园地》1943年9月5日第7期。
② 《〈大公报〉续刊辞》,《大公报》1926年9月1日。
③ 胡政之:《回首一十七年》,《大公园地》1943年9月5日第7期。

第二版上半版在"两湖战事牵动东南"的大标题下汇志九则"本报特讯",报道武岳战事,其中有胡政之以"冷观"为笔名发来的"北京特讯"《武汉告警中之大局写真》。第二版下半版及第三版上半版为国内外短讯,下半版为广告。第四版为"经济与商情"专版。

第二张第五版为广告专版。第六版为各地通信版,刊"长沙通信"《岳阳战事之因果观》、"南昌通信"《备战中之赣省形势》、"北京通信"《北京教育界之一线生机》、"郑州通信"《郑州的鸦片》、"上海通信"《沪廨交涉始末记》等。第七版上半版载"本埠新闻",下半版载广告。第八版上半版为副刊《艺林》,下半版载广告。

新记《大公报》一出版,的确给人以耳目一新的印象。从版面到内容,不仅不同于几个月前停刊的王记《大公报》,而且明显地区别于同一时期的其他报纸。当时一般报纸的内容比较贫乏,版式呆板,铅字字体单一。而新记《大公报》内容比较丰富,不仅有锋利的言论,而且有丰富而快速的新闻,版式活泼,铅字字体大小多样。新记《大公报》出版后,在京津地区免费送阅两天,广泛征求意见,从第三天起收费订阅。

据当事人回忆,新记《大公报》馆开张之初,馆内活力四射,每人每天从早到晚,紧张而繁忙。

早晨,印刷厂的机器刚刚停止转动,胡政之就到报馆里来了。一则,他的家眷依然在北京,只身一人在天津,没有任何家事拖累;二则,吴鼎昌虽然是社长,但报馆具体工作全部放手让胡政之抓,从不掣肘,胡又兼任副总编辑,所以编、经两部的人事进退、日常工作安排都由他负责,因而在馆中获"胡老板"之称号。

胡政之到报馆后的第一件事是巡视经理部,了解报纸的发行情况和广告情况,尔后上二层楼看报。据《大公报》老人忆述,胡政之是报馆看报最多的人。还说,胡公看报是一多、二比、三找。"一多"是指翻阅报纸的种类多,天津的《益世报》《庸报》《商报》,上海的《申报》《新闻报》《时事新报》,津、京、沪的英文报纸,日本的《每日新闻》《朝日新闻》《读卖新闻》以及国内的一些其他地方报纸等大约几十种;"二比"是指胡政之看报时,将各种报纸相互比较,通过比较学习各报的长处;"三找"是在各报中找出可供参考的采访线索,及时向驻外地记者发出采访指令。

下午大约二时,总编辑张季鸾一般会来到报馆。张氏到馆后,首先看当天送来的经济行情,以便从公债涨落、外汇升降中判断国内政局变化的动向,接着翻阅报纸。张氏看报,既不如胡氏那样多,也没有那样认真、仔细,他只看标题,以便发现重大时事动态与线索。三至四时是张季鸾会客的时间。当时报馆有一间不大的会客室,几乎为他独用。他有很强的交际才能,"眼观六路,耳听八方",在同友人与来访者的交谈中,捕捉到重大的新闻线索和社评话题。四时至五时,张季鸾在编辑部主持编辑会议,在一般情况下,副总编辑胡政之在处理完其他日常事务之后也会准时赶来参加。会上,首先是胡政之、张季鸾对当天京、津、沪各报言论、新闻的内容和版面安排进行评价,取众家之长;接着对编辑人员分配工作,安排出当天报纸版面的基本轮廓;最后,还要分析时局变化的动向,估计可能会发生的重大新闻,预选配合的资料。

晚上是报馆最繁忙而紧张的时候。八时许,吴鼎昌、胡政之、张季鸾先后来到报馆编辑部。吴鼎昌白天在盐业银行上班,晚上必到报馆来,这一段时间,吴鼎昌对报馆工作也是兢兢业业的,他除了在业务上拿捏经营方针和购存外币事项外,晚上还要与胡政之、张季鸾分析时局,讨论社评写作,有时还亲自动手写关于经济方面的社评。九时,上夜班的人都准点上岗,吴、胡、张三人的交谈也随之告一段落,编辑部内开始进入紧张状态。四面八方的专电稿纷纷飞来,各位编辑按下午编辑会议的布置进行处理。吴、胡、张三人或写社评,或指导处理稿件,或考虑重要新闻的标题。十二时,吴、胡、张往往与同人共进由报馆免费供应的夜宵。夜宵后,吴鼎昌、胡政之离开报馆回家休息,张季鸾则一人留下,或动笔写社评,或修改、润色吴、胡两位写的社评稿,最后审阅几个重要版面的大、小样,直到拼版付印。他每晚工作到次晨二三时,有时通宵达旦。写社评是张季鸾的"绝活",其绝有三:一曰"快",即速度快;二曰"新",即观点新颖,见解深刻,对时局变化判断准确;三曰"能长能短",即根据版面的大小决定行文的长短。张季鸾写社评的"三绝"是因为他具备三项深厚的基本功:一是文史知识基本功,张季鸾少年师从刘古愚,熟读经史,打下了深厚的文史功底,加上他惊人的记忆力,故对中外重要的文史知识都牢记于胸;二是文字语言基本功,张季鸾不仅熟读诗书,聪颖过人,而且在长期办报实践中笔耕不辍,因而驾驭文字的能力很强;三是交游善言基本功,交游广、朋友多、信息灵,对时事了如指掌,对事变判断准确,因而写起文章来游刃有余,不仅速度快、观点新,而且行文灵活,或旁征博引,或单刀直入。张季鸾的文笔再加上吴、胡二位的协助,泼辣、深刻的言论便成了新记《大公报》的特色之一。

创业时期的社评主要由张季鸾及胡政之、吴鼎昌"承包",开始叫"论评",并署名。1926年9月8日起改称"社评",仍署名。至当年11月7日起取消署名,以示社评代表报社的观点。对此张季鸾解释道:"名誉心本来是好事,但容易转到虚荣。以卖名为务,往往误了报人应尽之责。我们于民十五年接办《大公报》时,决定写评论不署名,也含有此意。本来报纸的言论与个人言论性质不同,而在当时,我们也有务求执笔者不使人知之意。我们的希望,是求报纸活动,不求人的活动。"①

编辑部朝气勃勃,经理部更是团结奋斗。初创之时,经济十分困难,除尽量节省外,还要千方百计扩充财源。在胡政之的策划下,王佩之带领经理部同人想尽了办法。例如续刊之初,报纸版面广告少,甚至连戏院、电影院都不肯前来刊登广告,因而经理部每晚派人到各戏院门口去抄写次日的戏码,免费刊登三个月;商业广告少,就采取各种办法劝广告公司来包寸数,七折优惠,每三个月或半年才增加包价一次。后来东北韩奇逢的乌鸡白凤丸广告以占半个版面的位置刊出后,引起广告客户扩大版面的想法,对《大公报》的广告业务起了较大的促进作用。

随着报馆业务日益扩展,吴鼎昌、胡政之、张季鸾亦十分注重引进人才、建设队伍和健全机构。不少有抱负、有才智的青年人走进了《大公报》馆。这一时期入馆的重要骨干有许萱伯、蒋逸霄、杨历樵、曹谷冰、曹世瑛、孔昭恺、李清芳、袁光中、王文耀等,他们有的是从国闻通信社和《国闻周报》调配进来的,有的是从外面调入的,还有的是通过招考练习生进来的。

许萱伯与李子宽、金诚夫为北大同学,初为北京国闻通信社记者,1928年调入天津《大公报》馆工作,为要闻版编辑。此人心细绵密,沉默谦和,文笔至佳。1929年3月,许升任编辑主任,1935年9月改任副经理,历任津馆经理、汉馆经理、港馆经理兼编辑主任,1938年9月因喉结核症在港病逝,年仅四十三岁。

蒋逸霄1927年1月从南开大学毕业,1928年进入《大公报》,为新记《大公报》第一位女记者。初任采访本埠新闻的外勤记者,不久任副刊《家庭与妇女》主编。

杨历樵从圣约翰大学毕业后到天津南开学校教授英文,外语功底极好,1927年4月进入《大公报》任英文翻译。此人中文也极有根底,1931年"九一八

---

① 张季鸾:《无我与无私》,《季鸾文存》第二册,附录第20页。

事变"以后开始执笔写有关国际问题的社评,成为第一个打破社评由吴、胡、张三人"包办"局面的人。杨历樵长期担任翻译主任,先后在津馆、沪馆、港馆、桂馆、渝馆工作过。1948年,随胡政之赴香港复刊港版并任编辑主任,后病逝于香港。

曹谷冰,张季鸾好友曹成甫之子,由张季鸾抚养长成,送入上海同济大学读书;1919年被揽进上海《中华新报》当编辑,1923年2月赴德国留学,1927年5月回国,进天津《大公报》馆,担任本市新闻版编辑,驻北京特派员,驻南京特派员,后调至经理部,历任汉口馆经理、重庆馆经理、总管理处副总经理、代总经理、总经理。

曹世瑛、孔昭恺两人是1928年9月《大公报》第一次招考练习生时被录用入馆。曹世瑛自进馆至1959年基本上一直在《大公报》工作,历任津馆、沪馆、港馆、桂馆、渝馆编辑、记者,抗战胜利后任津馆外勤课主任,对《大公报》作出重大贡献,并于1948年1月第四批获劳绩股权。孔昭恺自进馆后亦一直在《大公报》工作,历任津馆、沪馆、汉馆、渝馆编辑、编辑主任,抗战胜利后任津馆编辑主任、驻南京办事处主任。《大公报》新生后,又任编辑主任、副总编辑,直至1966年该报停刊。

此外还有1927年进馆的李清芳和1928年进馆的袁光中、王文耀,三人都是经理部的重要骨干,进馆后跟着报馆辗转于津、沪、汉、港、桂、渝各地,勤勤恳恳,努力工作,成绩卓著。

人员在逐渐增加,机构也逐步健全。这一时期,新记《大公报》馆的组织机构基本上定型。大体如图3-1所示:

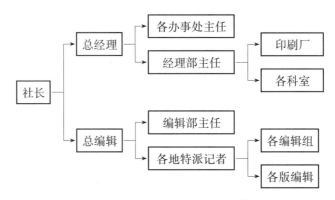

图3-1 新记《大公报》馆组织机构图

以后相继建立起来的各分馆,其组织机构也基本上如此。多年来,《大公报》的传统做法是在编辑部选用骨干担任经理,经理秉承总经理的指令办事,有人事权、财务权和经营权。经理熟悉前方的采编业务,使编辑、经理两部的工作协调运作。这种管理方式比一般商业报馆总经理当家显得更科学。

驻外办事处方面,除原有的北京、上海外,1927年又增设汉口、沈阳、哈尔滨三处,同时在不少地方还设立分销处。

有赖于吴鼎昌、胡政之、张季鸾三人率先垂范,编、经两部同人齐心协力,新记《大公报》续刊后事业发展十分迅速。续刊之初,报纸销数不足两千份,每月广告收入仅二百元左右,月结算亏损三四千元。次年4月,报纸销数增至五千八百多份,广告收入增至一千元上下,赔累之数逐月减少。至5月,经过增加报价,收支实现平衡;8月起月有盈余;到1927年底,报纸销数达一万两千份,广告收入达三千二百元。从1928年元旦起,报纸扩充篇幅,每天出两张半十版;9月1日起,每天出三大张十二版,销数达一万三千份左右。

新记《大公报》声誉日隆、事业日兴,在月结算有盈余之后,一方面实践年终送股之约,一方面添置设备。1927年年终,胡政之、张季鸾开始得到报馆送予的劳力股股票;1928年底,曹谷冰、李子宽、金诚夫、王佩之、许萱伯等一批重要干部首次获报馆赠予的劳绩股权。

吴、胡、张天津相聚,新记公司应运而生,不但使一度关闭的《大公报》馆起死回生、重新开张,而且仅用两年时间就奠定了该报牢固的基础,使报纸销数迅速增长,影响迅速扩大,从天津走向华北,成为北方的舆论重镇。

(二)《大公报》发满万号

新记《大公报》通过两年起步、奠基之后,便着手扩大业务、发展事业。1928年底,经张季鸾居中介绍,报馆从《新闻报》馆买进了美国制造的一部旧轮转印报机。1929年元月,印刷厂告别了平板印报机,改用进口的轮转印报机,当年报纸销数增至两万多份,广告收入每月六千多元。由于印刷设备的改进,先是营业部扩大营业范围,对外承印各种印件,后于年底成立"出版部"代印出版书籍、扩大经营范围。1930年6月,印刷厂又换用新字排版,报纸减少篇幅而不减少内容,年底销数最高达三万份,全国有代销点二百九十三个,广告收入每月八九千元。1931年2月,报馆又买进德国制造的高速轮转印刷机一部,并采用铸双版付印,每日报纸销数达五万份,每月广告收入过万元。

吴鼎昌、胡政之、张季鸾认为，《大公报》在北方站稳脚跟后应逐渐打开南方市场，扩大报纸在南方的影响。为此于1929年3月新设南京办事处，从北平调金诚夫任主任，并派曹谷冰到北平接替金的工作。

事业迅速发展，喜事接踵而至。1931年5月22日，《大公报》迎来了它创刊以来的空前盛典——发满一万号。为了促进办报事业更进一步发展，吴鼎昌、胡政之、张季鸾利用这个机会，好生地做了一次"广告"。

早于1931年初，报社就向海内外征文，从3月起，各类纪念文章、贺词、贺诗纷纷寄到。《大公报》第一万号共出六大张二十四版，其中用三大张专门刊登纪念文章。

第一版上半版刊登张季鸾写的"社评"《本报一万号纪念辞》，首先从中国近代史的苦难背景回首本报三十年的刊行历程："此三十年来，中国受内忧外患猛烈之压迫，旧秩序已崩溃，新改革未成功，国民苦痛烦闷挣扎奋斗之状，实表现于社会一切方面。本报诞生成长于此时代背景之下，而前后同人复同为亲身经历甲午、庚子以来之痛史者。"再从报刊的社会责任角度总结《大公报》"言论报国"传统的形成经过："近代国家，报纸负重要使命，而在改革过渡时代之国家为尤重。中国有志者知其然也，故言论报国之风，自甲午后而大兴，至庚子后而极兴。"撰此社评，"诉诸全国读者诸君"，重申"言论报国"的办报宗旨，"四不"之同人志趣，并希望全国读者努力合作、同情与援助。随后从报纸与舆论的关系角度申述办报理想："盖同人始终抱一理想焉，以为舆论之养成，非偶然也；必也集全国最高智识之权威，而辩论，而研究之，最后锻炼而成之结晶体，始为舆论。"并"敢望全国之政治家、教育家、各种科学之专门家及各种产业之事业家，凡所欲言，可在本报言之！其互辩者，在本报辩之！凡在法律所许范围以内，同人必忠实介绍，听国民为最后之批判；期以五年十年，中国将能形成真正之舆论"①。

下半版刊登长篇纪念文章《从一号到一万号》，叙述《大公报》三十年的简史。

第二版一整版，在"从一号到一万号《大公报》之缩图"的标题下刊登照片十七张。上半部有"过去之主办人英敛之、王祝三、柴敷霖"及"现在之主办人吴达诠、胡政之、张季鸾"照片，下半部为各时期的工作照片。

---

① 《社评·本报一万号纪念辞》，《大公报》1931年5月22日。

《大公报》发行满一万号纪念征文收到的贺信、纪念文章,不仅数量多,而且级别高。从国内看,发来纪念文章的政府要员有国民政府主席蒋介石、陆海空军副总司令张学良、监察院长于右任、司法部长王宠惠、外交部长王正廷、交通部长王伯群、驻美公使伍朝枢、驻德公使蒋作宾等,著名教授、学者有胡适、陈振先、蒋廷黻、郭定森、杨振声、陈衡哲、凌叔华等,社会名流有梅兰芳、程砚秋等,另外代理立法院长邵元冲、胡汉民还发来题词。从国际来看,有比利时总理亨利·戛斯,日本外务大臣币原喜重郎、大藏大臣宇桓一成,德国外交总长库尔修斯,法国前总理赫里欧,美国远东司司长韩倍克,美国密苏里大学校长威廉等人的文章和贺信。

蒋介石在为《大公报》一万号纪念作的《收获与耕耘》一文中给该报以很高评价,称《大公报》"改组以来,赖今社中诸君子之不断努力,声光蔚起,大改昔观,曾不五年,一跃而为中国第一流之新闻纸"[①]。

在国内征文方面,胡适尽力不小,他除自己撰文外,还四处为《大公报》说项。在《后生可畏》一文中,胡适肯定了《大公报》的成就,并提出希望说:"在这个二十世纪里,还有哪一个文明国家用绝大多数人民不能懂的古文来记载新闻和发表评论的呢?"[②]对此,张季鸾在当日第十九版发表的《一万号编辑余谈》中谦虚地接受,说:"适之先生嫌我们不用白话文,所以我们现在开始学着写白话文。"[③]三年后,《大公报》开设"星期论文",发表的第一篇文章就是胡适写的《报纸文字应该完全用白话》。胡适对《大公报》的发展、对白话文运动确实作出了贡献。

增刊上除了刊登国内外政界、学界、社会名流的纪念文章、贺词、题词之外,还在"读者批评与希望"的大标题下,用近七个版的篇幅选登读者的贺信约二百五十篇。

《大公报》发满一万号纪念活动,既是一次对外的"广告",也是一次对内的"检阅"。新记《大公报》续刊之初,编、经两部筚路蓝缕,以启山林。两年的创业起步,人员逐渐增加,再经过两年多的发展,更有一批有志于新闻业的青年人进入《大公报》馆,编、经两部及工厂共有干部工友二百多人。虽然对满足一份现代大报的要求而言还是很不够用的,但是这支人数不多的队伍是团结的、

---

① 蒋中正:《收获与耕耘》,《大公报》1931年5月22日。
② 胡适:《后生可畏》,《大公报》1931年5月22日。
③ 《一万号编辑余谈》,《大公报》1931年5月22日。

敬业的、肯干的、能干的。对于同人的敬业精神和工作业绩，张季鸾在《一万号编辑余谈》中做了充分的肯定，并特别叙述了许萱伯、杨历樵、杜协民、曹谷冰、金诚夫、李子宽、王芸生等人的辛劳。

许萱伯进入《大公报》馆后，由于能力强、工作好，于1929年3月升任编辑主任，这是新记《大公报》首设这一职位，许萱伯是第一个担任该职务的同人。

曹谷冰1931年3月奉社命前往苏联采访，6月底回国。曹氏在苏联的三个多月间，进行了大量的采访活动，除发专电外，还写了二十篇"旅俄通信"和多篇游俄印象记。这些通讯发表后，在读者中引起了强烈反响，后由《大公报》出版部辑成《苏俄视察记》出版，行销甚广。《大公报》发满一万号时，他正在苏联。

"开国五虎大将"之一的杜协民于1929年底由编辑部调往经理部，任会计主任。会计主任是报馆中的重要岗位，掌握着整个馆内的经济机要，一般由可靠的骨干担任。又由于当时报馆人手少，杜协民白天做会计，晚上到编辑部发稿子，非常辛苦。

王芸生，原名王德鹏，1901年生于天津。他出身贫寒，自学成才，1926年开始从事新闻工作，1928年出任天津《商报》总编辑，因屡次评说《大公报》社评的论点，于1929年6月为张季鸾看重而揽入《大公报》，历任津版编辑、编辑主任、沪版、汉版、渝版编辑主任，1941年张季鸾逝世后接任总编辑，与曹谷冰一道成为新记《大公报》第二代的领班人。《大公报》发满一万号时，他为《国闻周报》的编辑。

这一时期进馆的重要骨干除王芸生外，还有徐铸成、赵恩源、费彝民等。

徐铸成，1927年底进入北京国闻通信社工作，任抄写员、记者。1929年11月调天津《大公报》馆，历任津版编辑、外勤记者、驻汉特派员、沪版要闻编辑、港版编辑主任、桂版总编辑、渝馆《大公晚报》主编。抗战胜利后任沪版总编辑，1946年离开《大公报》进入《文汇报》任总编辑。

赵恩源，1930年自燕京大学新闻系毕业后即入《大公报》，成为该报社第一位新闻科班出身的报人，历任津版、汉版、渝馆编辑。他忠实勤奋，始终如一，抗战期间尤著辛劳，抗战胜利后任津版编辑主任。

费彝民，1930年进入《大公报》，"九一八事变"后任驻沈阳记者，1932年回天津，历任津馆总稽核、沪馆社评委员。抗战期间离开《大公报》，滞留上海，1948年随胡政之参加复刊《大公报》港版工作，并被任命为社长。

在此纪念报纸发行满一万号之际,吴、胡、张检阅这支规模不大但能量很大、战斗力很强的队伍,对未来充满了信心。张季鸾《一万号编辑余谈》第一次在报上公开介绍报社内部的工作情况,字里行间洋溢着一种自豪感。

《大公报》一万号的发行数比平日猛增几倍。从21日正午十二时起到次日正午十二时,工厂的印报机响彻昼夜。从22日早晨四时起就有读者来报馆买报,六时起开始拥挤起来。据统计,当日报纸单在天津市面上零售就达四千六百多份。

纪念《大公报》发满一万号专刊,是该报创刊以来前所未有的盛会。然而报人们何曾想到,盛会之后却有一场严峻的考验等待着他们。

(三)从日租界搬至法租界

就在《大公报》发满一万号、事业突飞猛进之时,1931年9月18日的"沈阳事变"(即"九一八事变")使国家遭受了巨大的灾难。

国家遭难之日,新记《大公报》也承受了它续刊之后的第一场危机。"九一八事变"发生后,吴、胡、张便预感到地处日租界的报馆迟早会出事,于是立即着手另觅新址。他们在法租界电灯房后找到一间纺织厂的旧厂房,正在打扫修葺之中,"天津事变"爆发了:1931年11月8日晚,由日本特务土肥原贤二策动,汉奸李际春等组织便衣队从日租界冲向天津市面,四处骚扰、寻衅闹事。便衣队枪一响,日本驻军随即出动,妄图一举占领天津市。《大公报》馆所在的旭街一带成了日本军队的警备区域,沙包高垒、铁网四布,荷枪实弹的日本兵来往巡逻,气氛十分紧张。

当晚,胡政之、张季鸾和全体内外勤记者、工厂工人都守在被日军封锁的报馆里。11月9日出版的报纸上,只将"天津事变"的消息发布在第四版"本市特讯"栏,且标题为"天津昨夜之惊扰,华界大戒严,十时枪声起,便衣队图扰未成大问题",只说是汉奸便衣队捣乱,对日军出动只字未提,直至11月9日天明报纸已经付印时,报馆四面八方仍被铁网封锁,以致报纸无法送出。甚至随着时间的推移,夜班工友急待进食,熬了一夜的记者们也觉得饥肠辘辘,馆中向不开火、外面交通被阻,一度有断食的危险。幸而有孩童提了烧饼果子沿街叫卖,走到旭街受了搁置,王佩之方才赶紧派人将整篮食物买下,充作同人午餐的食料。

午后,由于市面形势没有好转的迹象,《大公报》馆决定进行撤离,并通过日本驻天津总领事馆取得通行许可,至下午四时许,馆中人员差不多全部安全撤离,然机器铅字、铜模纸张等等,一点都没有运出来。①

9日晚上,胡政之、张季鸾来到吴鼎昌寓所,通宵商讨对策。考虑到日租界的报馆已经无法工作,而法租界的厂房还未修葺完毕,三人经商量决定,先在法租界找地方安放编辑部,在秋山街本报印刷分厂印报。因为秋山街地处日、法租界交界处,日本兵警戒不甚严重,有印报的可能②。

然而报馆搬迁的事在法租界遇到了阻力。10日上午,胡政之亲自到法租界工部局联系,工部局却执意不肯。他事后回忆说,在英国人眼中有高等华人的概念,在法国人眼中没有。加上《大公报》馆原本是从法租界搬到日租界的,现在日本人闹事时方才决定迁回,自然不为法方所喜,以至于"法国办事员的态度很不好"。最后,胡政之找到工部局的负责人,对方才勉强答应。

所幸日租界警察署署长与吴、胡、张相熟,很快给《大公报》馆签发了搬移证明书,还给搬移提供了一些便利条件。《大公报》1906年9月由法租界迁来,在旭街营业已经二十五年,要将二十五年的基业在三五天内完全平安迁移并非一件容易的事。搬迁工作从11日正式开始。胡政之全面指挥,张季鸾不顾体弱多病,亦参加了搬运队伍的行列,吴鼎昌则每晚必到现场。从11日上午至15日整整四个昼夜,报馆同人不眠不息,除三餐进食时间外,几乎全部用于搬迁。

搬迁的艰难之处主要在印刷厂。每天趁上午八时到下午四时日租界凭通行证可以通行的时间,员工们驾着两部汽车、推着五辆板车来往于旭街与秋山街之间,装运机器和物料③。据当事人回忆,印刷厂搬迁,不仅工程量大,而且非常麻烦。"两台轮转印刷机,一大一小,从拆卸到安装好,只用了三四天时间。机器房黄钱发师傅出力甚大;排字房铅字型号多,最怕弄乱,最终还是有条不紊地搬进新址,排字房于潼师傅功劳最大。"④

社会各方面对于《大公报》馆搬迁也给予了积极支持。如搬迁开始的第一天,电话局就为新址接通了电话;第二天供电局就接通了电灯。

1931年11月16日,《大公报》在法租界三十号路161号新址恢复出版了。

---

① 《本报历史的一页》,《大公报》1931年11月16日。
② 《本报历史的一页》,《大公报》1931年11月16日。
③ 《本报历史的一页》,《大公报》1931年11月16日。
④ 孔昭恺:《旧大公报坐科记》,中国文史出版社1991年版,第17页。

由于轮转机尚未安装竣工，复刊之始只能暂时用平板印报机印刷，出报速度大减，只得缩小篇幅，暂出一大张四版。16日的报纸于第一版刊登《本馆迁移新址出版紧要启事》，第二版刊登题为"本报历史的一页"的长文，在"别矣旭街"一节写道："这次搬家，是本报历史中重要的一页。"二十九年前，英敛之创刊《大公报》时，本在法租界六号路，四年后迁至日租界旭街，现在又迁回法租界。二十九年的历史仿佛画了一个圆圈。二十九年前，英氏把报馆设在法租界是因为与法国人有千丝万缕的关系；二十九年后，新记公司将报馆又迁回法租界，却是日本人和汉奸逼迫所致。这一逼一别，无疑使《大公报》人加深了对日本侵略者本质的认识。在"恐怖之夜"一节，文章详细记述了11月8日晚间报馆内紧张的气氛和恐怖的情景；而在"迁移成功"一节，则介绍了搬家过程及其艰难①。

虽然报纸恢复出版了，但是由于印刷厂的旧轮转机没安装好，新购轮转机还没运到，每天用六部平板机同时印报，还是不能满足读者的需要。全馆员工只得一面进行日常工作，一面进行新馆的内部装修和机器安装，劳作终日，毫无暇息，直到1933年2月11日，新购机器才装配就绪，所有事务始恢复正常。次日，《大公报》在头版刊登《本报特别启事》说："本报从今日起用德国名厂新式高速度轮转机印刷，同时增加篇幅，添办各种专门周刊。"第四版头条还刊登照片《本报新置套色高速度轮转机摄影》，以示报馆又有新的面貌。

从此以后，新记《大公报》的事业又翻开了新的一页。

（四）何心冷病逝

法租界三十号路的《大公报》馆比起日租界旭街的旧馆要宽敞得多。据陈纪滢回忆说："法租界三十号路161号，临街是一溜二层灰砖楼房。楼下一边是经理部各部门，一边是材料库。向后走，穿过一条甬道，就是排字房与印刷间，是一座棚子，相当高大。据云，原来这里就是一个大规模的纺织厂。楼上临街有一个通长的厅，就是编辑部所在。"②

工作条件改善了，印刷设备更新了，《大公报》馆事业迅速发展，员工增至三百余人。然而就在这个时候，报馆却再次遭受重大损失——新记《大公报》

---

① 《本报历史的一页》，《大公报》1931年11月16日。
② 陈纪滢：《抗战时期的大公报》，黎明文化事业股份公司1981年版，第416页。

"开国五虎大将"之一何心冷于1933年10月29日病逝。

不仅仅是因为何心冷是胡政之的老部下,更因为何心冷为人任事俱佳,所以"噩耗传来,编辑部笼罩一片愁云"①。30日的《大公报》在第四版刊登《何心冷君逝世》,配发何氏遗像,并追忆道:

> 何心冷君自民国十五年本报复刊,即来社服务,历主本市新闻及小公园编辑,前年一度赴沪,亦为本报撰述通信,去岁回社,仍任本市新闻及小公园编辑。何君才学优长,性情和平,任事勤奋,七年之间,对于社务极为努力。……何君在社服务多年,同人相处,情感极孚,今兹逝世,在本报失一斗士,在同人尤悼惜良朋,各部同人均甚哀感。②

此外,报馆很多同事都写文章悼念何心冷。11月12日,《大公报》第十二版《小公园》为"追悼何心冷先生专号",头条位置刊登胡政之文章《十二年的转变》,首先概括说:"本来我和他(何心冷)有十二年的合作,从服务工作到私人生活,差不多我都居于半师半友的地位。从民国十一年到十四年,他是烂缦天真的小孩子,从民国十五年到民国十七年,他是生龙活虎的大斗士,从十八年到二十年,他渐渐变成颓废消沉的畸人,从二十年一直到死,他简直像神亡气索的病夫了。"接着介绍何氏在办通讯社时表现出来的才干与特殊贡献:"他有清晰的头脑,明敏的手笔,每到上海各界有开会的时候,出去旁听,全凭脑力,回来一挥而就,纪载无误。……国闻社能在上海造成坚实的基础,心冷实与有力焉。"再写何氏办《国闻周报》时所做的建树:"《周报》是从十三年八月三日出的创刊号,从封面题字,广告撰文,以至报内的补白,一切打杂零活,差不多全是他一人包办。我很欢喜我的眼力不差,储才得用;同人们也十二分地承认他的天才,倾服他的文字。在《周报》第一、二卷中,几于每期都有他的著作;小说、电影评论、时装小志,花样翻新,心思百出;同时他对于同人,不忮不求,不骄不慢,充分表现出活泼天真的襟度,所以无论什么人,对他都只有好感的了。"再述其对《大公报》的贡献及给同人的美好印象:"民国十五年九月,我和达诠、季鸾两兄主办本报。我认为心冷更可以发挥他的天才,于是从上海调其来津,帮同筹备。那时他简直是生龙活虎,什么事都帮着我们干,如是者两三年,不但办《大公报》,还要照顾到《国闻周报》;不但管编辑部事,还要管理到发

---

① 陈纪滢:《胡政之与大公报》,掌故月刊社1974年版,第60页。
② 《何心冷君逝世》,《大公报》1933年10月30日。

行印刷,他那和蔼的性情、爽直的言语,不但经理、编辑两部同人和他要好,即是工场的工友徒弟,也都对他亲爱非常。"最后不无惋惜地指出,是"无度无节"的生活方式毁坏了他的健康,"把十二年前天真活泼像一个小天使似的青年,送到垆墓中去了"①。胡政之为自己没能把何心冷"从颓废浪漫中救出来"而"万分遗憾",以后多次对同人讲话,都叮嘱各位注意健康。

此外,"专号"上还发表了何心冷的"未亡人"李镌冰女士和其他几位同人的悼念文章。王芸生还特地把何心冷文章中的妙语警句收集整理,以"心冷语录"为题从11月17日起在十二版《小公园》上连载。

一个员工的去世竟引起如此震动,这一方面说明何心冷个人的能力和才华,以及他对《大公报》事业所做出的贡献确有可圈点之处,他对同人的真诚和热情亦使大家难以忘怀;另一方面也体现了胡政之、张季鸾对人才的看重、对人情的看重。也正因此,新记《大公报》馆能吸引那么多人为它工作,就不足为奇了。

(五) 吴鼎昌辞去社长职务

吴鼎昌出资与胡政之、张季鸾合伙创办新记公司,续刊出版《大公报》的根本目的在于以报纸为凭借,塑造形象,重返政坛。这个目的他本人非常明确,胡政之、张季鸾也是心照不宣。时间进入20世纪30年代,吴鼎昌重登政坛的时机逐渐成熟:一方面是《大公报》续刊成功及其发展,另一方面是吴鼎昌自身的形象塑造基本完成。

1.《大公报》的发展

如前所说,《大公报》续刊大获成功,事业飞速发展,续刊五六年之后,不仅重新成为华北舆论重镇,而且在全国也有较大影响;不仅在读者中享有信誉,而且愈来愈引起国家政要尤其是蒋介石的注意和重视。

1935年,《大公报》在事业发展上有一件大事,就是胡政之于5月至6月率团考察日本报业②。为什么说胡政之此次访日是新记《大公报》历史上的一件大事?要回答这个问题,首先要看看胡政之这次访日的背景是什么、诉求是什么。

---

① 胡政之:《十二年的转变》,《大公报》1933年11月12日。
② 《胡政之先生年表》,王瑾、胡玫编:《胡政之文集》(下),天津人民出版社2007年版,第1175页。

1933年5月中日双方签订《塘沽协定》，结束双方的交战态势后，蒋介石南京国民政府继续执行"攘外必先安内"的国策，对日政策的重点仍寄希望于英美和国联的调解。为了自身的在华利益，英美等西方国家表示愿意扩大对中国的"技术合作"。日本人对此十分警觉，冈田启介内阁依据新的侵华策略①，一面向英美等国家表示抗议，一面对中国政府软硬兼施，在继续施压的同时做出一些所谓"友好"的表示。在这种国际形势下，蒋介石对日本采取"不绝交、不宣战、不讲和、不订约"的"四不"政策，既宣称"日本终究不能作我们的敌人，我们中国亦究竟须有与日本携手之必要"②，又警告日本对中国不可"逼得太紧"，不得无止境地侵占中国领土，在外交上与日周旋。为了回应日本外相所谓中日"共同负担东亚和平及秩序维持之重责"的"期望"，中国政府于1935年2月19日派遣王宠惠访日。一时间，"亲善""提携"成了"中日关系"的热词。

其实，"九一八事变"及其随后发生的一系列事变，使得中国朝野尽知"中日之间必有一战"。目前的这种"亲善"关系究竟能维持多久？狡诈的日本人内心究竟作何打算？这是蒋介石急需了解的问题。他固然有多重途径打探分析，但媒体人士这一条途径仍被放在重要位置。而媒体人士中，最合适的首推《大公报》"三巨头"。通过"送往迎来""欢迎国民党变调""新军阀混战"中倾蒋、支持政府"剿匪"、提出"明耻教战"等几次大的交往（详情见本章第二部分"有关内政的记事与言论"），新记《大公报》此时的"国家中心"论基本形成，吴、胡、张与蒋介石的关系也已经很密切了，他们多次被蒋介石召见咨询各种问题。因为吴、胡、张三人是有名的"知日派"，所以蒋向他们询问对日关系是情理之中的事。加上他们与日本各方面人士有密切联系，所以蒋要打探日本现状及其下一步动作，找吴、胡、张也是合适的。据记载，1934年10月26日，蒋介石与胡政之即有一次会面。蒋、胡这次会面的谈话内容不得而知，但从当时形势分析，应当是有关中日关系的问题。胡政之见蒋后，随即与日本驻天津总领事川越茂商谈访日事宜。由此可以推断，胡政之1935年5月的日本之行，应

---

① 1934年12月，日本冈田内阁制定新的侵华政策，即以扩张日本在华的经济权益为基本宗旨，以"如无诚意即将其赶进不能存在的最后境地"为对南京政府的基本方针，以扶持地方反国民政府势力、使华北"形成不同于南京政权的形势"为扩张手段。
② 徐道邻：《敌乎友乎——中日关系的检讨》，《外交评论》1934年第3卷第11、12期合刊。转引自秦英君主编：《中国现代史简编》，河南人民出版社1987年版，第195页。

当有蒋介石的意思在里面①。如果是这样,那么胡政之从日本回到上海的当日便给吴鼎昌一长函,吴当日将胡的长函转呈蒋介石一事,就顺理成章了。

此外,中日关系将来如何发展,战耶、和耶、不战不和耶,这对报纸如何建言、报业如何发展也是至关重要的。无论是为国家前途计,还是为《大公报》事业发展计,吴、胡、张认为有必要对日本的近况、对日本报业发展的近况做一番实地考察。

既有政府最高当局的意思,又有报馆发展的迫切需要,于是吴鼎昌拍板,由胡政之做一次对日本访问的安排也便确定下来,其任务有二:了解日本政局发展,考察日本报业经营。

于是,1935年5月10日,胡政之率《大公报》馆副经理王佩之、印刷厂主任黄勤法等人从天津出发赴日本。出于对中国舆论的拉拢,再加上胡政之在日本政界和报界的知名度,所以日本方面对胡政之的此次日本之行给予了高度重视,并提供了许多方便②,使胡政之顺利完成了访日日程——在大阪参观了《朝日新闻》《每日新闻》两大报馆,访问了报纸的主笔和编辑主任;在京都参观了印刷所;在东京访问了日本政界、军界要人及大实业家多人;回国前,还向日本方面订购了万能铸字机和职工上下班打卡的时钟。概言之,要考察的都考察了,要采访的都采访了,要打听的也都打听到了,特别是胡政之所访问的日本军政要员,级别之高、范围之广,实属罕见:"说胡此行将日本当时各界要人几乎一网打尽,似乎并不夸张。"③6月8日,胡政之从日本返抵上海,当日便致函吴鼎昌,汇报情况;吴随即将胡政之的长函转呈蒋介石。胡政之的长函详细报告访问日本的行程和感想,内容主要集中在军队和实业界两个方面。这些内容,胡政之在回津后,还通过两篇"社评"向社会公开发表。

6月17日的"社评"《日本的认识》,首先说明他此次访日的目的在于研究日本、了解日本、认识日本:

> 世人恒言"弱国无外交",实则正惟弱国,更需要外交。世人论兵,辄

---

① 对此,俞凡在《新记〈大公报〉再研究》(中国社会科学出版社2016年版)中有类似设想,见该书第153—155页。
② 比如,1935年5月25日,胡政之赴名古屋访问,时任日本外务省东亚局局长桑岛便专电名古屋商工会议长三浦:"友人天津《大公报》社长胡霖氏二十七日访问,请多多关照。"参见俞凡:《新记〈大公报〉再研究》,第150页。
③ 俞凡:《新记〈大公报〉再研究》,第153页。

言"知彼知己",实则外交亦应如是。……中国苦于对日本外交也久矣!……吾人以为中国今日亟务,在能研究日本,了解日本,认识日本,而后更求其对我了解与认识,互正前失,共图挽救,以自拔于东亚两大民族相仇相陷同归于尽之惨剧。记者抱此理想,于上月东游视察,历时一月,兹已返国,综合主要观点,陆续报告国人,以供参考。

接着谈对日本政局的认识,称:"日本政治重心,迄在军部,而军部中心势力,存于少壮军人,此乃事实,无可否认,故吾人欲求认识日本,首须了解日本军人。"文章指出国人对日本军人存在错误认识:"初则轻视,继则厌恨,不敢与之接触,亦不肯考其究竟。"进而指出:"日本军人绝非中国国民心目中之旧式军阀。彼号为少壮派者,初非幼稚新进,乃属中年之人,经过长期教育,对世界大势殊具相当认识,对国家利害非无相当打算。"日本人"有轻视欧美之成见,又逆臆欧洲之必起战争,故亟欲独占东亚霸权,遂思在国防上对中国求得安心立命之点,企获第二次世界大战时之安全保障,其所以一再进迫中国,万般胁逼,底因在此"。最后呼吁道:

> 甚愿国人了然于日本军人今日之地位,憬然于日本改造前途与中国之关系,相与从事实上研究其中心势力的人物与思想,以求发见中日共存之径路,早脱两大民族于相陷相争之浩劫,则不仅知彼知己,大有利于现在将来之外交,且于世界和平、远东福利,所益亦当不少,可断言也。①

18日的"社评"《日本国力的根柢》首先说:"近年日本军人所以敢于强袭猛进,悍然与世界对垒者,其背后当然有所恃而无恐,故考察日本国力的根柢,实为认识日本之又一要点。"接着从日本的国民性、政治与工业三个方面进行分析:"日人性情勇于进取,习于奋斗,争强好胜,急起直追,凡事不落人后……即可证明日本国民不肯下人之气质。此为日本一切改革易于奏效之真因";"日本去封建时代未久,政府人民,距离颇近,关系亲切",以至于民众信赖政府,"此种政治的特点,更为日本国力易于养成之一因";列举了日本实业发达的种种事例后说:"斯诚国家实力之所寄托,欧美各邦大率如是。"②

可以说,胡政之的访日之行,两方面的"任务"都完成了,不仅学习了日本报业的经营经验,订购了先进设备,更重要的是考察了日本政局。其所了解的

---

① 《社评·日本的认识》,《大公报》1935年6月17日。
② 《社评·日本国力的根柢》,《大公报》1935年6月18日。

日本崛起之原因,一方面作为报纸建言之依据,确保今后立言的稳健;一方面供当局制定对日国策时作参考,再次拉近了《大公报》与政府最高当局的关系。此外,还有一个现实的意义,就是为吴鼎昌加入政府增添了一个筹码。

2. 吴鼎昌自身形象的塑造

工于心计的吴鼎昌,时刻不忘重返政坛。他一方面充分利用《大公报》这个平台为自己塑造形象,一方面观察国内外形势变化,注意把握时机。

1931年"九一八事变"之后,民族危机一天天严重,民众抗日救国的热情一天天高涨,作为民族资产阶级的政治代表人物,吴鼎昌有意无意地被卷进了救亡图存的政治运动中。面对日本帝国主义疯狂的军事侵略和日益严重的经济入侵,中国民族资产阶级深感"国将不国,遑论其他",因此纷纷要求一致对外、抵抗侵略。在这股抗日潮流中,中国民营报界的表现也很突出,其中史量才进行社会活动和领导《申报》改革,使其名声大涨,这对吴鼎昌是一种启示。

诚然,吴鼎昌的政治进步性远远赶不上史量才,此时的《大公报》也尚不能与《申报》比肩,但是他毕竟长期混迹官场,政治经验远在史量才之上。于是他抓住时机,围绕着"国难当头,停止内战"这个主题开展一连串政治活动,并且取得相当的成功。1932年4月25日,吴鼎昌到南京逗留五日,其间采访了汪精卫、蒋介石、何应钦、陈铭枢、陈果夫、张道藩等国府要人,然后偕《中央日报》的王芃游杭州西湖,于5月4日到上海。吴鼎昌到沪的第二天,正是"一·二八事变"后中日淞沪停战协定签字的日子,《中日停战协定》中的投降主义条款引起了上海和全国人民的强烈不满,广大民众猛烈抨击蒋介石"攘外必先安内"的方针。史量才领导的"上海市民地方维持会"活动也正处于火热状态。吴鼎昌于是应邀到维持会发表演讲,称国内民生状况已朝不保夕,若再有内战促其崩溃,必回演历史上之惨剧,"赤眉、黄巢、张献忠、李自成往事"不难再出现于全国。吴鼎昌此次来沪的主要任务就是与在沪的全国商业联合会、上海市商会、银行公会、钱业公会等团体领导商量,筹备成立"废止内战大同盟",并为该同盟起草了章程。吴鼎昌回天津后,又在南开大学讲演,阐述"废止内战大同盟"的宗旨,并报告筹办经过,以"废止内战"运动领导人的形象出现在北方。

既有经济学者的身份,又有政治活动家的形象,既有盐业银行和"北四行"的经济实力,又有《大公报》的舆论阵地,吴鼎昌越来越受到蒋介石和国民政府的注意。这年7月,蒋介石在庐山牯岭约见吴鼎昌。吴鼎昌在庐山住了一个星期,与蒋介石进行了多次晤谈,其观点和才干受到蒋的赏识。11月,吴鼎昌以金融界企业家的身份进入蒋介石的国防设计委员会。因政治活动中心南移，当年年底，吴鼎昌将在北平住了七年之久的家搬到上海。为了照顾银行业务和报社工作，这一时期他只身来往于沪、津、平三地。

蒋介石的赏识使吴鼎昌重登政坛的夙愿眼看快要实现了，欣喜之中，他对于从政前景难免忐忑。1934年初，他以"前溪"为笔名在《国闻周报》发表一篇诗作《赠张季鸾》，向张季鸾问策。诗曰：

久交谁能忘其旧，深交谁能忘其厚。
我何与君两忘之，日见百回如新靓。
我今露顶君华巅，依然当时两少年。
君缀文章我敲诗，我把酒盏君操弦。
平生忧患忘何早，乱世功名看亦饱。
七载津沽作汝阳，天下人物厌品藻。
江南江北江湖多，几时投笔买笠蓑。
嗟予作计止为身，问君上策将如何？①

吴鼎昌此举一方面固然体现了他不安于现状却又对前景感到不安的情绪，同时也是因为他深知张季鸾与蒋介石接触较多，对国民政府内部的状况比较了解，因而就"投笔"之事征求张的意见。吴鼎昌在诗中说自己平生忧患早已忘记、功名利禄已经厌倦，津沽办报七载（指从1926年接办《大公报》到1932年底举家南迁，其间约七年），旁观宦海沉浮，变幻莫测；现在外敌入侵，北方沦陷，而南方湖多水静，不如投笔披蓑，执杆湖边。其实，吴鼎昌对"忧患"未忘，"功名"更未"看饱"，"投笔"是真，"买笠蓑"是假，"换紫袍"是真。对吴鼎昌的问话，张季鸾当时没有正面回答，或许他深知，吴鼎昌同自己、同胡政之不一样，其志在仕途，并且在政界也确实可以有更大的作为。张季鸾也曾经在蒋介石的面前揄扬过他②，因此用不着正面回答。

张季鸾的不明说就是最明确的回答，这一点吴鼎昌当然心知肚明。1935年华北事变后，中国的民族危机更加严重。蒋介石在对中国共产党和工农红军进行了五次"围剿"后，打算调整内政，加强经济建设以做好对日战争的准备，于是亲任行政院长，组织"人才内阁"，内定吴鼎昌为实业部长。

---

① 前溪：《赠张季鸾》，《国闻周报》1934年第11卷第1期。
② 孔昭恺：《旧大公报坐科记》，第57页。

"入阁"之前,吴鼎昌于是年10月集合平、津、沪、汉金融工商界首脑人物三十四人,组织了一个"赴日经济考察团",自任团长,到日本考察,俨然中国金融工商界的领袖;回国不久便于12月12日到南京走马上任。当日,《大公报》在第二版刊登《〈大公报〉社新记公司启事》说:"本社社长吴达诠先生顷来函向董事会辞职,经开会照准。在新任社长未推定以前,其职务暂由董事会各董事共同负责代行。特此通告。"①

　　为送吴鼎昌重新入仕,张季鸾12月13日在《大公报》上发表"社评"《政府改造之时局的意义》,说现在的政府"可谓最强有力之政府""代表举国一致之政府",因为有党外专家学者参政,由蒋介石主政,"就咋日行政院各部人选观之,张公权、吴鼎昌二氏,以非党员之财界重镇,参加国务,此为从来所无"。上年初,吴鼎昌以诗提问,现在张季鸾以"社评"作答。因此,这篇社评不仅是张季鸾、胡政之及《大公报》对吴鼎昌的"欢送词",而且是张、胡二人为吴鼎昌准备的送给蒋介石政府的"见面礼",其中对新政府恭维有加。"社评"末段论及政府改组"所谓时局的意义,可以二语尽之。即证明国难紧迫万分,已到最后阶段,同时可知当局诸人,定有挽救国难之共同的愿力与决心是也"②。

　　虽然吴鼎昌任新记《大公报》社长职不到十年,如果算到1932年底搬家至上海,他专心办报的时间只有七年,但是他对新记《大公报》的贡献却是巨大的。这一点,前面已有详论,此处不赘。这里要补充的一点是,吴鼎昌没有把《大公报》看成自己的私有财产,离开时走得干脆,登报辞职后便再也不过问报馆事宜,即使报馆的人有大事向他汇报,他也不发表任何意见。这种"提得起,放得下"的心态实在难能可贵。而吴鼎昌入主实业部,更是"假日照常到部,有事办事,无事看书",逆风而行,抵制当时南京高官们"上海度周末"的歪风③。抗战时期他出任贵州省主席职,也颇有建树,尽展自身"能吏"之才。这些不在本书论述之列,故从略。

　　另外值得一提的是,在《大公报》馆的人事问题上,吴鼎昌入阁之时,将擅长交际、能言善道、性格圆通、与政界要人多有交往的《大公报》驻南京办事处主任金诚夫带走担任机要秘书,留下的空缺由曹谷冰从北平来接替,曹的北平办事处主任一职则由报社老记者汪松年替补。

---

① 《〈大公报〉社新记公司启事》,《大公报》1935年12月12日。
② 《社评·政府改造之时局的意义》,《大公报》1935年12月13日。
③ 孔昭恺:《旧大公报坐科记》,第59页。

(六)"立言难"

新记《大公报》创业十年间,"报纸销得,也受重视,在社会各方庇护之下","俨然是中国大报之一"①,但在发展过程中,同样遇到阻力重重、困难种种。最困难的是"立言难"。续刊不久,吴鼎昌执笔专门写了一篇题为"难言"的"社评",尖锐指出:"立言之难,古今同慨",而现今立言之难,更难于古代立言之难②。

1. 何以难?

(1)"两姑之间难为妇"

续刊之初,中国正上演着现代版的南北朝大戏。北方号正统,南方称革命。北方的报纸只能说南方的坏话,南方的报纸也只能说北方的坏话,否则便将大祸临头。

1926年9月17日,张季鸾在题为"赤化与反革命"的"社评"中写道:"新闻界在今日,可谓无立足之地矣。"何以言之?在北洋军阀组织的所谓"讨赤联军"的控制范围内,凡报上所载事实不利于军阀者,就加以"赤化"的罪名;而同时在广东革命政府控制范围内,凡报上所载事实不利于国民政府者,就加以"反革命"的罪名。甚至在同一地点,"当北军掌权,则受赤化之嫌,及南军到来,又蒙反革命之祸。如最近汉口之《大汉报》其一例也"。文章指出,本来报纸所载对当局利与不利,在于事实,如有对当局不利的事实,应当"察其来源",辨其"是否捏造"。而"今日军人之通弊,在不愿使人民自由考量,决择从违,而欲以征服之道行之"③。

好不容易盼到"北伐告成""全国统一",天真的报人们一度以为,国家会从此进入和平建设的道路,国民政府也会如同西方英、美等民主国家的政府那样实行民主政治,广开言路,报界也便可以享受言论自由,大有用武之地了。没想到讨伐旧军阀的战争刚停,新军阀之间的混战又起。北平、南京、福州、广州四处扯旗,军阀政客占地为王;讨伐通电你来我往,城头王旗变幻莫测。在这种政局之下,办报依旧为难。《大公报》用"两姑之间难为妇"这句俗话恰当地说出了此时中国报界的艰难处境。

---

① 张季鸾:《我们有甚么面子?》,《国闻周报》第12卷第4期,1935年1月21日。
② 前溪:《社评·难言》,《大公报》1926年9月27日。
③ 《社评·赤化与反革命》,《大公报》1926年9月17日。

1930年3月,上海《时事新报》报道祥生工厂闹工潮的新闻,根据上海当局的新闻检查令被撤销了,临时以广告补白,这便触怒了工人,报馆被捣毁。《大公报》抓住这件事,发表王芸生所写的短评,对这种"两均不可与均无不可"的社会现实进行抨击。短评首先说,上海《时事新报》日前被人捣毁,被捣的原因,据传系为未登祥生工厂工潮的新闻,以致触动工人之怒。唯据该报陈述,工潮新闻系奉当局的检查命令而被撤销,临时以广告补白。报馆因服从当局的命令,而遭社会之怒,真可谓不白之冤,站在同业的观点上,更是万分同情。

"服从命令,违反命令,两均不可。"实是今日中国新闻事业的写真。上海如此,各地亦然。如同近来时局中的电报战,公平的办法,自然是两面一齐登。但事实上竟不可能!而且瞬息万变,诡谲莫测,在时间与空间上,时价俱各不同。现在认为对的,一忽儿就错了,这里认为满意的,那边又吹了胡子。于是命令与警告齐飞,扣报及停邮并作。在这时的新闻事业,物质上蒙种种的损失,精神上更受莫大的痛苦!但是我们眼看着枪尖上挑着青天白日旗的武装同志们,大得其所哉。今天掏出这个委任状来,通电就职;明天又拿出那个宣言来,通电响应。说他生张,未必便是熟李,翻手为云覆手雨,左盼右顾,"均无不可"。政府对于他们,却只有敷衍拉拢,观望他们的颜色,而对懦弱无力的新闻记者,却是动辄得咎,所以"均无不可"是军爷们应享的权利,而"两均不可"却是赐给新闻记者的公道!①

各路军阀,占山为王,一手遮天,对于其管辖地区报纸的生杀予夺全凭一句话。"顺我者昌,逆我者亡",一看报纸不顺眼便立刻责令停版、封报捉人,摧残言论,无所不用。如重庆市代理市长石体元不仅滥捕记者,甚至把记者捉去打军棍。四川军权最大,官威最重,四川报界受摧残也最烈。平时如此,一到战时,两军对峙,报纸更是左右为难,苦不堪言。

尽管《大公报》力图左右逢源,但还是惹来麻烦:1930年4月,正值蒋、冯、阎、李中原大战紧锣密鼓酝酿之时,《大公报》4月4日发表一篇题为"时局揭幕后之不明点"的文章,对阎、冯、李联合讨蒋提出三点质疑,站在"正统"立场上指出阎、冯、李通电讨蒋"不合法",并说如此讨蒋,"各业人民,未免惶恐矣!"23日,晋阎北平警备司令李服膺、北平市长张荫梧便派交际处长陈子宽向《大公

---

① 《短评·两均不可与均无不可》,《大公报》1930年3月12日。

报》提出严重警告,声言《大公报》"自某时期起接受蒋之贿赂,故自某时期以来,言论记事皆偏袒蒋介石,每天刊登南京新闻,而于北方重大情事每简略报道。又常有攻击阎总司令之言论记事,对蒋绝不攻击。讨蒋消息,尤少记载"。还说,"本司令部将来认为须执行干涉时,即不宣布理由,实行干涉云云"。对此,《大公报》于4月24日发表《本报特别启事》,软中带硬地声明称:"查本报自有其历史,同人自有其人格。独立营业,海内共知;贿赂津贴,向所不受。"并"愿向全国读者声明,本报绝不变其独立公正之立场,决无受任何方面贿赂津贴之情事。地方政令虽愿遵守,至于官厅谅解与否,只有听其自然。特此声明。幸爱读诸君共鉴之。"①无独有偶,在北平警备司令部提出警告的同日,《大公报》在长沙也被扣上"反动"帽子,被当权者全部扣留:"据长沙通讯报告,最近到湘的本报,全被扣留,而被扣的理由,便是'反动'两字;至于怎样的反动,照例是不宣布理由的。"②

同样的一张报纸,在南方被视为"反动","全被扣留,又于北平遭干涉。国乱政纷,自由扫地"。对此,《大公报》主持人十分恼怒,于4月25日专门发表题为"诉之公众"的社评,向"海内外爱读者"倾诉衷肠。在重申本报的"四不"方针和营业性质后,重点倾诉当下的艰难处境:

> 年来因本报比较的能以真确消息、公正主张贡献社会,故南北各埠,莫不欢迎……(然而)有时甲地视为不合则扣留数日焉,又有时乙地视为不合复扣留数日焉。吾人本是一张白纸,检查者则以主观利害异其判断。阅者关心时局,渴想新闻,未经收到,辄来责言。而分销处迫于需要,请求加发,不计损失。……迄至最近,始因见报即扣,而断然停发,营业上损失之巨,言之可慨。乃北平方面竟又有所误会,吾人诚不知南认为不合,北认为碍眼,中间将有何路可使吾人步趋也。③

因报馆地处阎锡山的管辖范围之内,《大公报》从此不得不减少南京方面的新闻,增加了关于冯、阎活动的报道。5月11日,蒋介石下达总攻击令,中原大战爆发。为了了解和报道战况,《大公报》几次遣特派记者赴平原禹城、津浦路、平汉陇海路、河南境内视察战况,还分别采访在前线的阎锡山、冯玉祥等将

---

① 《本报特别启事》,《大公报》1930年4月24日。
② 《短评·以一贯驭矛盾》,《大公报》1930年4月23日。
③ 《社评·诉之公众》,《大公报》1930年4月25日。

领,及时发回专电、快讯报道战事进展情况。整个中原大战期间,《大公报》要闻版头条几乎全部是关于反蒋军队的活动的专电。

中原大战甫告结束,《大公报》便于11月7日发表题为"停止检查新闻"的"短评",诉说了新军阀混战时期报界所受的痛苦:

> 这半年中,新闻界的苦痛真受够了,前日有位上海的同业和记者说道:"南方报界好比挨打挨怕了的孩子,见了大人便吓得发抖。即便是个天才,也给弄成低能儿了。"这话多么沉痛?北方报界,恰恰在两大对抗势力的夹攻中间,说出话来,不是得罪这边,便是得罪那边。打出电报不是被这边扣留,就是被那边没收。论他的地位,比什么"两姑之间难为妇"还要难处。……报界的烦恼,简直是哑子吃黄连,有苦说不出。①

(2) 严酷的新闻检查

北伐告成,全国统一之初,蒋介石考虑到自己政权未稳、羽翼未丰,对报界采取了若干"宽容政策"。比如1929年9月16日,南京国民政府通令:"凡新闻纸之一切检查事宜,除经中央认为有特殊情形之地点及一定时期外,一律停止。"12月27日,蒋介石以国府主席身份"专电"《大公报》,并转全国报界,表示要唤起舆论:"自十九年一月一日为始,望报界对于党务、政治、军事、财政、外交、司法诸端,以真实之见闻,作翔实之供献。"并煞有介事地发通电,开放"言禁",召开记者招待会,欢迎报界"善意之批评"。在这种情况下,民营报纸也着实热闹了一阵子,评论政局,指点时事,似乎很想有所作为。在这一番热闹中,新记《大公报》的"表演"最为投入,不仅为南京政府提出了许多政见,而且就政府如何处理好与报界的关系上也贡献了一些意见。

然而,当蒋介石一个一个地收拾了地方实力派、政权稳定之后,他对新闻界就不客气了。尤其是"九一八"和"一·二八事变"之后,面对人民群众抗日救亡的怒吼与他的"不抵抗政策"的矛盾,他便以国难当头为借口,制定种种严厉的法规法令,在全国重新实行"新闻统制"。不仅如此,1933年之后,又推行事前预防的新闻检查制——1933年4月,国民党中央执行委员会批准《上海市新闻检查所暂行组织条例》,把新闻检查制度化;9月,国民党中央常委会通过了《修正重要都市新闻检查办法》,并决定在一些重要都市设立新闻检查所,实

---

① 《短评·停止检查新闻》,《大公报》1930年11月7日。

行新闻检查;10月,制订了《新闻检查标准》,把对新闻的限制更加系统化。这就大大增加了新闻出版事业发展的困难。对蒋介石国民政府严厉的新闻统制,尤其是残酷的新闻检查,《大公报》不断发文予以斥责。

1930年7月15日,发表题为"报纸如何可以为民众说话"的"社评",在引称了西方英美等国的法律家对于言论自由的观点和这些国家有关的法律后说:"惜乎国民党执政以还,摧残言论,压迫报界,成为一时风气,方法之巧,干涉之酷,军阀时代,绝对不能梦见。"①九日后,又发表"社评"《言论自由与立言之态度》说:"近年政治上最大之失着,为锢闭思想,干涉言论,以致士气消沉,人心萎靡。当局者但求一时的耳根清净,而不知影响所及,得不偿失。"②

1933年5月29日,《大公报》在题为"如此检查新闻!"的"社评"中说:"向来每值军事外交吃紧时期,官方例有检查新闻之举,然大抵有害而无益。"尤其是对于国人办的报纸的检查,规定得既严又细,而对外国人办的报纸则听之任之,这种检查方式危害更大:

> 中外新闻机关不一,消息采集,来源各别,政府之力,仅能干涉中国通信社及报纸,其于外人所办者则无法取缔,于是杂然并呈之真确消息与无稽异说,几成外报及外人通信机关之专利品。外人莫辨真伪,宣腾广远,无奇不有,中国方面则形格势禁,闭聪塞明,或掩耳盗铃,自相欺饰。其事徒堕报业之信用,而流言怪谣,反致不胫而走,既害国家,同时亦陷政府自身于不利……

文章最后指出:"干涉舆论,取缔新闻……此事关系甚大,办理最难,当轴要人只知钳制言论,便利一时,而不知对外既不能同样取缔,自身又缺乏统一组织,将欲执行得当,绝对无有是理。"③

1935年7月,南京国民政府立法院将1930年颁布的《出版法》重新修订,规定了更严厉的批准制度。随着新《出版法》的修订,对各项与新闻出版相关的部门法规也做了更加严厉的规定。对此,《大公报》发表"社评"指出,"中国就新闻统制言,实际情形已视新《出版法》为甚,如邮电检查之严,新闻禁扣押之细,停邮、停电之酷辣,实新闻界所最感苦痛者,新《出版法》中竟无一言使之

---

① 《社评·报纸如何可以为民众说话》,《大公报》1930年7月15日。
② 《社评·言论自由与立言之态度》,《大公报》1930年7月24日。
③ 《社评·如此检查新闻!》,《大公报》1933年5月29日。

合理化、合法化，反将许多监督干涉之权，公式地授诸组织欠缺完全之地方官厅"。①

新闻检查法本来够"恶"，加上新闻检查官员的"坏"，就使得报纸生存环境更为艰难。《大公报》"社评"指出，由于新闻检查制度自身的严苛和检查人员的乱作为，全国报界已经被折磨成为"病态"：

> 身受者惶惑，旁观者危惧，恶意构煽者尽可弄术策以避免注意，其怀诚献替者，转多顾虑，不敢申论，相与失望抑郁，思想苦无出路，于是一部分托为幽默讽讪之辞以自见，满幅阴森酷刻之气，蔚成作风，市井相尚，而坦率光昌之正当主张，经世爱国之建设文字，反几几乎绝迹于论坛，此诚国民精神之病态，尤属国家莫大之危机。②

1935年1月，《大公报》及上海日报公会等向国民党五中全会电呈有关改善新闻检查的意见。24日，中常会议决规定：凡对于党政设施有事实之根据，而为善意之言论者，除涉及军事或外交秘密或妨害党国大计者，均得自由刊布之。对此，《大公报》于25日发表"社评"说："昨日中央决议之原则，符于保障言论自由之旨。"然而，一经新闻检察官的"吹毛求疵，附会周内"，"中央爱护言论自由之盛意，将实际不能表现"。文章还指出，有些官吏没有言论自由的观念，执行检查时"自始存苛责挑剔之念，或不明保障言论自由为各级政府本身固有之职责，仿佛以严重取缔为当然"，并进一步指出，由于这样的新闻检查，使得报人畏首畏尾、胆战心惊，使政府允许的新闻批评和舆论监督不能正常开展："中央决议，只禁止泄露国家机密，或抵触主义，实则业报者触犯此类问题甚少。而在中央允许范围以内之事，求皆为自由之批评或纪载，则亦奇难。譬如揭发贪污，指摘劣政，中央原则上并不禁，然业报者之勇敢尽职，则甚不易，此无他，畏祸故也。"③

《大公报》还特别指出，由于地方官员的专制，地方报纸受害更重："中国各省地方报的一个普通现象，是对于本省事，最不批评，并且少纪载。……遍看中国都会报与地方报，几乎找不出一个贪官污吏。越大官，越没错。难道中国

---

① 《社评·新〈出版法〉的再检讨》，《大公报》1935年7月30日。
② 《社评·统制言论之合理化》，《大公报》1934年10月4日。
③ 《社评·关于言论自由》，《大公报》1935年1月25日。

政治,真清廉了吗?""各地方报的同业们,小公务员也惹不起,何况大官?"①地方官员雅量趋零,完全听不得一点不同意见。稍有表达不同意见文字之发表,报纸和报人就会遭殃,封报抓人之事时有发生,更有甚者则惹杀身之祸。1933年1月,江苏镇江《江声日报》编辑刘煜生就因为在该报副刊《铁犁》刊登几篇短篇小说,文中有"奴隶们争斗吧,一切旧的马上都被冲倒,时代已敲起丧钟,一切眼看就要葬送"等句子,而被江苏省政府主席顾祝同以违背《出版法》为名下令拘押,又依据所谓《危害民国紧急治罪法》将其枪杀。对此,《大公报》发文指出,刘煜生案不仅说明了当局"不仅不守法不尊法,而更在于割裂法律,以意创造(罪名)",而且暴露了地方官员"宛若通俗说部上'八府巡按'之所为,几集军政法诸权于一身"②,无法无天,任意妄为。

2. 怎么办?

虽然办报难,但是报纸还得办下去;虽然立言难,但是报纸还得发言,不然要报纸又有何意义?《大公报》的主持人认为,愈是专制国度,愈需要报纸传播民主意识;愈在多事之秋,愈需要报纸传播新闻,满足民众的需要;愈是政局复杂多变,愈需要报纸揭载评论,引导社会舆论。因此,有责任感的报人必须排难以进,砥砺前行,勇敢发言。

《大公报》认为,报纸要发言,首先应营造一个良好的发言环境:

(1)"开官智",向各级当权者灌输"言论自由"思想,使其养成"言论自由"意识。《大公报》认为,中国经过几千年的封建专制,整个社会,尤其是当权者完全缺乏"言论自由"思想和意识,对新闻批评、舆论监督持天然反感和抵触情绪。为使"有政权者对言论自由有初步的认识",《大公报》便发文予以开导。如1930年4月26日发表的题为"对于言论自由之初步认识"的"社评",提出两点"望有政权者略省察焉":

> 第一,有政权者应承认中国有独立的言论界。中国政界有力者因习于中国向来鲜有独立言论,故有一最谬误的习惯,即抹杀独立的言论界之存在。易言之,根本不认识言论界之职务,亦不认识言论界人之地位是也。盖充此曹之意,以为言论界者仅为附属政权军权而存在之一种职业团体,从事其间者,无独立之意见,亦无独立之生活,故殊不应有独立主张

---

① 《短评·保护舆论令》,《大公报》1935年2月16日。
② 《社评·民权保障与司法独立》,《大公报》1933年2月10日。

之权利。是以此等人之所期待于言论界者,为当然一切顺应治者而移动。治者东则俱东,治者西则俱西。……此等人根本错误,在不认识言论界本为国家应有的一种独立的职业,并非天然应为治者之应声虫,更不认识言论界中尽有几许不求荣利忠于职业之人。……

第二,有政权者应承认言论界有主张批评之自由。言论自由内容,即主张批评之自由,此在任何政体之下,皆相当存在。今为革命民国,人民当然享有此项自由。……政见之批评,则任何时代,皆应为完全自由之事也。

最后强调说:"就治者言,毋宁有得人民批评之必要,倘治者不认识此点,将欲专听歌颂之词,否则施以压迫,是在政治上为自杀之道。"①

《大公报》还特别注意对宣传部官员进行此种常识教育。

国民党当政后,动辄以"反动宣传"为由对报纸言论横加干涉。为了维护报纸的正当发言权,1929年上半年,《大公报》和国家管理言论的最高机构国民党中宣部之间进行了一场不大不小的论战,在论战中对宣传部官员进行常识教育。

1929年1月10日,国民党中常会颁布《宣传品审查条例》,共十五条,规定凡反三民主义之宣传,均定为"反动宣传",应加以取缔。12日,《大公报》发表题为"中央之宣传品审查条例"的"社评",首先说:"前日中央党部常务会议议决《宣传品审查条例》十五条,此为一般言论界关系重大之问题。其内容如何,亟待讨论。"进而指出,该条例规定"含混不明",运用起来必然"纠缠无已"。社评详细照录了条例第五条规定,即凡有下列性质之宣传品为"反动宣传品":(一)宣传共产主义及阶级斗争者。(二)宣传国家主义、无政府主义及其他主义而反讦本党主义政纲政策及决议案者。(三)反对或违背本党主义政纲政策及决议案者。(四)挑拨离间分化本党者。(五)妄造谣言以混乱视听者。文章对此评论称,倘照此执行,"则国内言论界惟有钳口沉默,方得免于反动之咎矣"。文章最后总结道:"察自党国训政以来,国事不良现象之一,为言论界少生气,对政府用人行政,皆少批评,此等沉默的服从,殊非革命建设时代所宜有。"②

---

① 《社评·对于言论自由之初步认识》,《大公报》1930年4月26日。
② 《社评·中央之宣传品审查条例》,1929年1月12日。

1月25日，国民党中央宣传部在南京召开第四次记者谈话会，中央宣传部部长叶楚伧在会上点了天津《大公报》的名，说该报发表批评《宣传品审查条例》的"社评"，认为"本党无党义的标准及统一的理论"，在根本上确是一种错误[1]。随后，中央宣传部又致函《大公报》，说《大公报》社评对《宣传品审查条例》之解释是一种误会。从"错误"变为"误会"，口吻稍有缓解。然而《大公报》认为这不是误会，更不是错误，而是根本分歧，并以"中宣部为指导全国言论之最高机关"，来函"不仅关系本报，而且关系到全国报界"为由，于2月3日在"中宣部致本社书"标题下刊登中宣部来函全文。

《大公报》认为，按照宣传品检查条例，将凡是看不顺眼的都划为反动、列为禁止，必然会导致全国报纸皆"钳口"不言，即使有言，也只能是"众口一词"，说些当政者爱听的话，这是宣传部门的严重失职。造成这种失职的主要原因，是宣传部门的官员缺乏对宣传的基本常识。于是发文对他们进行"开智"教育，使之认识什么是"宣传"，如何正确地进行宣传；什么是"反动"，如何区别"不满"与"反动"。

何谓"宣传"？《大公报》说："宣传者，公布之义也。故其根本义，为宣布事实而传达之。"这里说得很清楚，宣传的根本之义在于把事实宣布出去并使之达于广大民众，关键词主要有两个："宣布"和"事实"[2]。要做好宣传，必须注意以下几点：

其一，全面宣达，既要扬善，也要揭恶。既然宣传是"宣布事实"，那么"凡宣布皆事实，一也；凡事实皆宣布，二也。前者为有善始扬，后者为有恶不隐"。因此，做宣传不可像目前的宣传这样，只扬善，不揭恶。只扬善不揭恶即是在欺骗民众："是以扬善的宣传，亦曰扬其事实而已。事实进步一分，则宣传收效一分。反之徒扬而无善，是欺民也，而民终不受欺矣。吾人故愿为宣传政策定一界说曰，有善而扬之，有恶而无隐。若反其道而行之，无善而徒扬，有恶而皆隐，天下缄口，而人民离心，终至虽宣传而无人倾耳！"[3]

其二，要联系社会实际，有的放矢。"蒋主席训话，谓宜注意社会实际的宣传，至哉言乎！注意实际，则宣传得其道矣。"[4]《大公报》希望报界遵照蒋氏上

---

[1] 《南京专电·中央宣传部第四次记者谈话会》，《大公报》1929年1月26日。
[2] 《社评·论宣传》，《大公报》1929年6月8日。
[3] 《社评·论宣传》，《大公报》1929年6月8日。
[4] 《社评·论宣传》，《大公报》1929年6月8日。

述指示，密切关注社会实际，尤其是一些严重的社会问题。如果报纸不注重社会实际、不依据事实说话，只是根据上面口径"统一"作宣传，"言论一律，纪事亦一律"，那样危害极大："其一，宣传过于统一严整之结果，人民神经，久而麻痹，反使宣传失效；其二，报纸专为政府作宣传机关之结果，全国言论界，单调化，平凡化，根本上使人民失读报之兴味，最后足使报纸失其信用。由前者言，政府之不利也，由后者言，报纸之不利也，可谓两失之矣。"①

《大公报》还指出，国民党中央宣传部将凡是不符合所谓"三民主义"的言论，均打为"反动"言论，划为"禁止"之列的做法，更为荒唐。宣传部门的官员根本不懂"反动"一词的含义，更不明白"反动"与"不满"是有本质区别的。1929年9月17日，《大公报》发文对"反动"的概念进行界定，并将"反动"与"不满"进行比较辨析，说报人的责任是为政府纠偏，为社会领航。从政治制度的发展来看，"凡一种政制，断不能尽满人之意，在成功之政府且然，况如中国。经丧乱之后，在草创之时，用人行政，多少不当，外交内政，多少难关，各社会人士之怀挟不满者，当然甚多。然不满与反动，两事也"。进而指出：反动是逆历史潮流而动，是破坏性的；而不满是要改变现状，则是建设性的。人民关心政府的工作，关心国家的命运，看到政府在政策上有某项失误，产生不满，进而积极指出，希望政府纠正；看到政府某个官吏渎职甚至腐败，损害了国家利益，损害了政府形象，产生不满，进而予以揭露，希望政府惩处，以上两者当然是建设性的而非破坏性的。即使有些不满情绪过于偏激，也只有让其宣泄，因势利导。是以正确的"为政之道，利在使多数因某项政策某种官吏而不满于政府者之意思，有随时发泄之出路。民意既发泄矣，政府应从者从之，即万一政府不从，而民意既已发舒，怨毒自然减少。大多数人之意思既平和表现，则少数煽动者，将无所施其伎俩焉"。让"不满者"有所发泄，既可帮政府改进工作，又可使社会消除不稳定因素，这是"言论自由之妙用也"②。

（2）改变现行新闻体制。国民党在全国实行"一党专政"，对政府进行"训政"，国家成为"党国"，对新闻事业，提出"党化新闻界"，这是当时中国新闻宣传痼疾之所在。1929年底，《大公报》借蒋介石以国府主席身份表示要唤起舆论之机，对国民党的这种新闻体制提出尖锐批评："查党国对言论界之过

---

① 《社评·国府当局开放言论之表示》，《大公报》1929年12月29日。
② 《社评·国府停止检察新闻令》，《大公报》1929年9月17日。

去……完全置全国言论界于党部指导管理之下,而绝对统一之。……是以此种制度下之报纸,其职责乃完全为当局作政策之宣传,不复含自由宣达民隐之意也。"①进一步指出,在国民党法西斯主义的思维模式下,"中国一部分官吏,误会治者之地位,几等于神圣不可侵犯,故各省报纸,对于政治问题几完全不许批评。易言之,只许事事称颂,时时迎旨,不喜稍持异议。此项风气,党国之下,似较昔年尤盛。而各地有权者,更刻舟求剑,横行干涉焉,此革命后最可骇怪之现象也"②。《大公报》认为这种专制新闻体制必须改变:

> 向使国民党采取开放言论政策,使全国报界皆得为党国之诤友,对党部或民众团体之工会、商协、农协、学生会等等,予报界以充分纠察规劝之自由,则一方面可使党部不致变成衙门,党员不致化为官僚,或沦为暴民,而一般民众亦至少不致对党部及其指导下之民众团体,有恐怖、厌恶、忌避、冷淡、隔膜等种种心理。于党于国,固大有益,即于办党之领袖与党员之个人,亦可以保全不少。③

(3) 改善新闻统制。《大公报》也认识到,在国难时期,报人不可奢谈绝对"新闻自由",要求政府放弃新闻统制是不可能的。当下要讨论的只是希望政府改善一下新闻统制方式,条款不要过于苛刻,并探讨"统制之方法与程度,如何为合理"一些,"统制后之言论自由如何得到保障"等问题。为此,《大公报》语重心长地说:"夫统制与自由有时似相反而实相成,言论尤然,盖不特防民之口,甚于防川;过事遏抑,徒贾民怨,而言论自由,善用之可以传达民隐,发泄民情,防弭革命而为国家之安全瓣,英人于此,最能运用。"④

为使政府改善新闻统制,《大公报》认为必须正确处理"干涉言论"与"取缔新闻"之间的关系。如果说对于新闻信息,在某些特殊时候,政府对涉及国际外交、军事机密的新闻报道实施某些必要的管制,是应该允许的话,那么统制言论就说不通了:禁止言论,就是禁止思想,禁止思想,就是反人类,因为人与其他动物的本质区别在于人有思维、能思想。发表言论是报纸的主要任务之一,从不同的角度提出不同的看法、发表不同的观点,是一份报纸的灵魂。统制报纸言论就是在扼杀报纸,这是任何民主国家都不能允许的。吴、胡、张等

---

① 《社评·国府当局开放言论之表示》,《大公报》1929年12月29日。
② 《社评·对于言论自由之初步认识》,《大公报》1930年4月26日。
③ 《社评·报纸如何可以为民众说话》,《大公报》1930年7月15日。
④ 《社评·新出版法的再检讨》,《大公报》1935年7月30日。

人续刊出版《大公报》,旨在凭报立言、以言论报国,但是国家立言环境太坏,说话环境反不如前朝,"虽依时立言,勉效清议,然亦有时不能言所欲言,或竟不免言所不欲言",因此,《大公报》同人感到十分痛心与不安。1931年5月22日,趁《大公报》发满一万号之际,发表"社评",集中地抒发了这一沉痛感受:

> 清末南北著名报纸,民国后多受压迫而夭折,新兴报纸处高压之下,亦鲜能发展。报狱叠兴,殉者无数。其规模宏阔之报,或庇外力以营业,或藉缄默以图全,近十余年来,除革命机关报之非商业性质者外,求如清末报纸之慨然论天下事者,反不多见。现在同人等之投身报界也,早者始于辛亥之役,其晚者亦多逾十年以上。浪迹南北,株守徒劳。故于十五年天津反动政治最高潮之时,更毅然接办本报,再为铅刀之试,期挽狂澜之倒。岁月匆匆,又数年矣!而所谓言论报国者如何?际兹纪念,悲愧交并矣。①

1934年12月,《大公报》在国民党四届五中全会期间发表了一篇题为"为报界向五中全会请命!"的"社评",进一步申述了对新闻统制的态度:"我们对于近几个月来的'统制新闻',根本不反对,因为我们知道,国家到了这宗地步,报界责任负得很重,而且在内外情形万分复杂的现状之下,报纸采用新闻、报告消息,的确有十二分审慎的必要,我们应当以整个的国家利益为前提,不能毫无顾忌地登载,但是我们把'统制新闻'和'统制言论'不一定看成一件事。我们以为'统制新闻'目下或者在实际上还有其必要,'统制言论'却实在可以不必,而且不该。"这就是《大公报》著名的"统制新闻"尚允许,"统制言论"实不该的主张。为何"统制言论"不必不该?"社评"说:"因为报纸言论,是他的灵魂,理应让他自作主宰,自负责任,如果他的言论,触犯法律,害及国家,尽可依法检举,照律惩罚,万不宜在言论未发之先,加以束缚,在言论已发之后,任意苛责。"②

《大公报》还指出,即使是特殊时期可以统制新闻,但是政府和执行机构必须依法办事,不能让新闻检查官随心所欲、为所欲为:"检扣新闻,原则上本应限于影响公安或牵涉重大外交之紧急事项,不得滥用其权。"③同时,为了国家

---

① 《社评·本报一万号纪念辞》,《大公报》1931年5月22日。
② 《社评·为报界向五中全会请命!》,《大公报》1934年12月10日。
③ 《社评·本报解除停邮处分》,《大公报》1935年12月12日。

和民族利益,在执行新闻检查时,报界与政府要密切合作:"当此国难严重关头,吾人所至诚希望者,为政府与言论界同在一条战线上,密切合作。"如何"密切合作"?"最要之点,为各守法律范围,而有互相尊重之善意。此守范围与存善意二义,殆为成立合作之根本前提也。"①

此外,《大公报》认为,政府不可以借特殊时期,以实行统制新闻之名,搞"新闻封锁"。1936年6月,《大公报》在一篇"社评"中指出,即使外敌入侵,政府对新闻报道实行"封锁主义"也是十分有害的:

> 吾人实痛感国家日入于非常之危遇,挽救之道,惟在齐一民志,是则必须赖有聪明健全之舆论;而舆论养成,必须自明晓事实起。国民耳目闭塞,仅由外字报中寻求一知半解,如此国家,安有舆论?且此种现象,徒使国民致疑政府缺乏担当难局之勇,同时使民气萎缩,失判断之能力,其弊害不可胜言也。

《大公报》因而提出,应该以"暴露主义"代替"封锁主义",并要求政府"不论关于外患或内忧,皆尽量宣布事实,并随时表示政府之态度意见。对于报纸纪载错误者,随时告以事实,使其更正"②。

总之,限于国难形势,《大公报》虽不反对国民政府实行新闻统制,但又不满于野蛮统制之现实,因而不断地呼吁和强烈地要求改善现实中恶劣的新闻统制和新闻检查,以做到新闻统制的合理进行;同时,《大公报》从根本上反对统制言论、禁止言论,呼吁政府给予并保障报界的言论自由。这就是《大公报》在救亡期间对"新闻自由"的基本态度,这一态度在抗战全面爆发后,有更明确的表现。

二、有关内政的记事与言论

1948年3月,胡政之在《〈大公报〉港版复刊辞》中说:

> 同人等负责经营(本报)则始于民国十五年九月,彼时,正是国民革命军由广东出兵北伐的时候,而北方完全在军阀控制之下。我们排除万难,

---

① 《社评·关于言论自由》,《大公报》1935年1月25日。
② 《社评·论统制新闻》,《大公报》1936年6月9日。

赞助革命,及至国民党北伐成功,东北易帜,完成统一,内战复起。……在循环内战当中,我们不知道受过了多少诬蔑,但是,我们本着国家至上、民族至上的信念,发挥和平统一的理想,终至于统一告成。①

胡政之这段话,从大的方面看,基本准确描述了新记《大公报》前期国内时政方面记事立言的状态。

(一) 有关北伐武汉的记事与言论

历史上的很多巧合是那样地耐人寻味,比如吴鼎昌、胡政之、张季鸾在北方续刊出版《大公报》,与它今后"效力"的南方国民政府的北伐准备工作几乎是同步开展的。1926年6月,吴、胡、张三人在天津成立新记公司,国民政府则在广州通过"出师北伐案"。9月1日,新记《大公报》续刊出版,也就是在这一天,北伐军分三路向中南重镇武汉逼近。新记《大公报》这份文人办的报纸、这份以论政著称的报纸,甫一续刊就碰到国民政府北伐这样一件大事。

北伐旨在"剿灭卖国军阀之势力","建立一个人民的统一政府"。在中国现代史上,这是一场革命的战争。刚刚续刊出版的新记《大公报》对这场战争的认识,经历了一个从反对到拥护的过程。

1. 呼吁停战

续刊之初,《大公报》第二版(要闻版)的头条几乎全部是关于北伐的新闻报道,刊载的论评也多数是关于北伐的。然而谈到北伐,《大公报》首先不是问战争的性质,而是一味加以反对,呼吁双方停火。

如9月1日要闻版头条,在"两湘战争牵动东南"的大标题下详细报道"武岳战事":(一)孙传芳投入漩涡;(二)张作霖将入助吴;(三)江潮汹涌之一瞥。并配发孙传芳和吴佩孚照片。同日"北京特讯"栏刊登胡政之署名"冷观"的通讯《武汉告警中之大局写真》,文中称"后方如无问题,吴子玉或可保守;广东即有变化,依旧是民党势力"。②

9月2日,《大公报》一版刊登三篇"论评"讨论北伐战事。一篇是吴鼎昌以"前溪"为笔名写的《战卜》,该文为北伐定调,说这些年来,军阀混战,正义与非正义不明,人们的神经也被混战搞麻木了,"无论谁何之胜负,概熟视若无睹"。

---

① 《社评·〈大公报〉港版复刊辞》,《大公报》(沪版)1948年3月20日。
② 冷观:《北京特讯·武汉告警中之大局写真》,《大公报》1926年9月1日。

认为北伐战争，"战亦如是，不战亦如是……战胜亦如是，战败亦如是"，北伐与否实无所谓；胜败如何也无所谓，所以最好是双方停火，平息战端①。

另一篇没有署名的"论评"《劝南北猛省》，正式向交战双方发出希望南北停火的呼吁。文章首先说："西北一役，黄河流域之精华，荡然以尽，直鲁豫陕晋甘察绥八省区，皆已惨不可闻。今武汉告警，东南战事又起，岂南北诸将，必欲拼尽全国而后已耶？"并说，战争双方并无正义与非正义之分，既不是为"争主义"，又不是为争正统，无非是为争地盘、争权利。然后分析道，国民党没有力量统一全国，北洋派想消灭国民党"亦为梦想"。因此，在力量彼此相当的情况下，南北应该停战，否则"长此以往，同归于尽而已"。而战争中最可怜的还是"我善良无辜之四万万人民，被陷于此国际的怒涛之中，漂没浮沉，终于一亡"。文章最后呼吁南北诸人"于此时悬崖勒马，自救以救国"②。

还有一篇是署名"榆民"的"论评"《嘉使团中立》，称赞北京公使团电令驻汉各国领事，对于战争严守中立的做法："善哉斯言，诚吾民所乐闻矣！"③

三篇"论评"，一个主题：劝南北猛醒，止戈熄火，停止内战。这一主题在以后几天继续得到申论：

9月3日，张季鸾又以"记者"为名发表"论评"《南征北战可以已矣》，再次呼吁双方"化除陈见，推诚协商"，实行政治解决④。

9月4日，张季鸾再以"榆民"为名发表"论评"《回头是岸》，要求南北军人不要再"被人利用"，使"同胞至残"，而应"舍武力而谋和平，回头是岸"⑤。

新记《大公报》之所以不辨是非，不分正义与非正义，一味呼吁南北停火，大概是出于两点考虑。其一是吴鼎昌、胡政之、张季鸾对交战双方都不满意，既反感北洋军阀的残暴统治，又不欢迎得到苏联和中国共产党援助的国民党政府统一全国。因而，吴鼎昌的"战卜"只说了些人心向背决定战争胜负的话：人心向背难明，战争胜负难卜。其二是出自一种基本的民本主义思想：连年军阀混战，今天你打过来，明天他打过去，相互残杀，遭殃的还是老百姓。因此《大公报》呼吁停战，很大程度上喊出的是饱尝战乱之苦的下层民众之心声。吴鼎昌在"社评"中引用晋文公的话"吾闻战胜能安者唯圣人"，指出不论谁打

---

① 前溪：《论评·战卜》，《大公报》1926年9月2日。
② 《论评·劝南北猛省》，《大公报》1926年9月2日。
③ 榆民：《论评·嘉使团中立》，《大公报》1926年9月2日。
④ 论者：《论评·南征北战可以已矣》，《大公报》1926年9月3日。
⑤ 榆民：《论评·回头是岸》，《大公报》1926年9月4日。

胜谁,都应该使老百姓安居乐业;而报纸"劝南北猛省"立论的根据亦是"西北一役,黄河流域之精华,荡然以尽,直鲁豫陕晋甘察绥八省区,皆已惨不可闻",希望挑起"东南战事"的南北诸将不要"拼尽全国",给人民留点生活的空间。

然而无论《大公报》怎么"劝南北猛省",呼吁"南征北战可以已矣",表面上是呼吁双方停战,实质上是站到历史潮流的对立面反对北伐。

2. 反对"赤化"

《大公报》反对北伐并不是要维持反动和腐朽的封建军阀统治,其实质上是反对改组后的国民党,亦即反对"赤化"。

吴鼎昌、胡政之、张季鸾对孙中山先生实行"联俄、联共、扶助农工"的三大政策、改组国民党是持反对立场的。在9月4日的《回头是岸》一文中,张季鸾正式亮出"反对赤化"的底牌,说孙中山改组的国民党"标明'以党治国',及国际共产党之入党,与夫亲俄色彩之浓,宣传工潮学潮之烈,此皆吾人所反对者"①。

9月5日,吴鼎昌以"前溪"为笔名写的"论评"《注意国内与国际之变化》,进一步阐明反对"赤化"的理由:"彼蒋军(北伐军)之来,有赤俄为之扶持,有青年为之宣传。国际之势力竞争与国内之思想战争兼而有之。"进而说:"连年以来,各国操纵内争之黑幕,或将成事实之公开。假赤化之内争,竟或变为真赤化之外战,皆在吾人忧虑之中。"这就给改组后的国民党之"赤化"倾向加了第一条"罪状":引来外国的干涉②。

9月13日,张季鸾以"记者"为笔名写的"社评"《时局杂感》,又给改组后的国民党之"赤化"加上第二条"罪状":"一党专制"。说国民党效法苏联,欲将全国置于一党专制之下,指出:"(此种行为)殆万不可能,纵曰能之,亦无良果。"③

11月22日,《大公报》的"社评"《汉口制造工潮之危机》又给北伐军、"赤化"加上第三条"罪状":破坏生产,蛮不讲理。文章指责汉口"工会招牌林立","要求增资减时,而以纠察队督其后,一不如请,强迫罢工。……党军之愚,一至此乎!"并说:"此风日长,百业将停,苏俄一千九百二十一年经济恐慌现状,必将发现于中国。"④

---

① 榆民:《论评·回头是岸》,《大公报》1926年9月4日。
② 前溪:《论评·注意国内与国际之变化》,《大公报》1926年9月5日。
③ 《社评·时局杂感》,《大公报》1926年9月13日。
④ 《社评·汉口制造工潮之危机》,《大公报》1926年11月22日。

更有甚者,张季鸾把"赤化"说成是"国耻"。1927年1月6日,他在《明耻》一文中列举"国耻"之五种表现,在分析"蒙耻"之由来时说:一方面是"民国以来之握政权者,与夫统兵者谈政者,不能代表民族争独立,争自由,争平等,政党不能为国民奋斗,国军私有,民治沦亡";另一方面是"孙中山晚年之亲俄,与夫许多有用青年抛弃学业,致死弗悔者"。并提出:"速举国一致,共为新中国建设之奋斗。对外求独立平等,对内实行法治,则赤化之问题自消。"①

3. 观点的变化

随着北伐的进展、政局的变化,《大公报》对待北伐军、对待国民党的态度在发生着变化。1927年元旦,广州国民政府北迁武汉,旧历新年刚过完,胡政之便启程南游汉、沪,亲自考察了"饮马长江"的北伐军和北迁武汉的国民政府。他沿路考察,不断给报社发消息、特讯;北归后于1927年3月6日至9日在报上发表了四篇《南行视察记》,详细报道了在汉口、上海的见闻,流露出他对北伐军和国民政府的某些好感:

其一,说北伐军不仅善打仗,而且善宣传,宣传效果极佳:"我们一到汉口,最触目者为宣传品。"宣传品不仅种类多,而且印制精美,宣传效果较好。"打倒帝国主义""打倒资本家"等口号洋车夫和小孩子都可以叫得出:"两个七八岁小孩各持竹竿,追赶一条狗,甲嚷着'打倒吴某某啊',乙嚷着'打倒×××啊'",惹得满街的人都笑了。

其二,说北伐军控制下的武汉,中国人扬眉吐气。"在汉口最痛快的是英租界工部局插上青天白日旗,中国士兵在各租界可以武装行走。"②

其三,说国民政府的要员精神境界高,称他们"在一种严格的规律之下工作"。他们"要融合名家、法家、墨家三种精神来改造中国,他们好讲澈底的理论,不许模棱含糊,这是名家道理;整齐严肃,讲究党纪,这是法家理想;生活简单,吃苦耐劳,这是墨家精神"。

其四,说南方国民政府在军事、外交上取得了很大成绩。"南方军事,成绩昭著","南方外交的成绩,为天下共见",但同时也指出了其政治上的不足:"政治方面缺少事务人才。"

---

① 《社评·明耻》,《大公报》1927年1月6日。
② 1927年1月3日汉口英租界水兵在驱逐集会群众时刺死刺伤多人,引发中国民众强烈愤慨。1月5日在中国共产党的领导下,武汉群众驱逐英国巡捕,占领汉口租界,国民革命军随即进驻租界,并通过与英国的谈判,于1927年2月19日成功签订《收回汉口英租界协定》。收回汉口租界与同时期收回九江英租界的运动共同构成北伐期间反帝运动的重大胜利。

其五,说国民党内部分为左、右两派①。

应该说,胡政之南游的所见、所闻、所感,为《大公报》在重大历史转折关头的建言和整体办报方向找到了根据。3月12日是孙中山先生逝世两周年,《大公报》发表"社评"《孙中山逝世二周纪念》,文章赞扬孙中山,称:"他那宽厚博爱的性格,艰苦卓绝的精神,高远敏锐的眼光,都不失为伟人之特征,可为后人景仰之模范。最可令人想念者,便是他四十多年前后一贯努力于中国民族解放运动的一点。"尤其是对孙的"联俄"政策作了新的解释:"(联俄)不外两种意思。一是仿照俄国成法……一是利用俄国扶助弱小民族独立的政策,联络他们,企图革命容易成功。就和土耳其利用俄国,恢复独立一般。"并辩解道:"若说他甘心叫苏俄来宰制中国,这是断断没有的事。"这篇出自胡政之手笔的"社评"是这一阶段《大公报》政治观点进步的表现,以后也常用来作为新记《大公报》"敢言"的例证。如张季鸾1941年5月16日在为庆贺本报获密苏里大学新闻学院奖章的重庆新闻界集会上说:"民十六,三月十二日纪念孙先生二周忌之文,忆为胡政之君执笔,声明赞同孙先生之联俄政策,当时天津为张宗昌范围,而报馆地址在日租界,故可称为勇敢。"②1943年9月胡政之在《回首一十七年》中也说:"在北方的反动潮流中,我们敢于同情革命。"当就是指这篇"社评"。诚然,胡政之写的这篇"社评"对孙中山进行了赞扬,赞同他为之奋斗的事业,这是个进步;但是,胡政之"同情革命"是有限度的,对孙中山的赞扬也仅限于"联俄"政策。须知孙中山的"联俄、联共、扶助农工"三大政策是一个整体,有一个中心,就是依靠共产党、依靠工农进行革命,而胡政之将"联俄"与其他两项割裂开来,排斥共产革命、排斥工农群众,把"联俄"说成仅仅是利用俄国,显然歪曲了孙中山的本意。时隔不久,蒋介石发动"四一二反革命政变",大举"清共",《大公报》赞同"反共"时,又说孙中山先生晚年"急于要及身成功,不惜服下这剂猛药",即提出"联俄、联共、扶助农工"三大政策,并请来了共产国际的代表,引来了这个"世界的捣乱鬼"——共产主义。因此,我们既要肯定此时《大公报》对孙中山的赞扬、对国民政府态度的转变,又不能予以过高评价。

随着对北伐军和国民政府好感的萌生,《大公报》对北洋旧军阀的看法也

---

① 冷观:《南行视察记》,《大公报》1927年3月6—9日。
② 《本报答词》,《大公报》1941年5月16日。

开始发生明显改变。

　　1926年12月1日,张作霖在天津蔡家花园就任安国军总司令,标志着第二次直奉战争后各方势力对北京政府的争夺以直系告败、奉系获胜而告终。次日,《大公报》的报道称,奉张行安国军总司令就职式,其中"可注目之点":一是吴佩孚不在内,二是通电中无"讨赤"字样。奉方要人告外报记者,所以未用"讨赤",盖为将来应付时局留有余地①。4日,《大公报》发表著名"社评"《跌霸》,为被北伐军打败的吴佩孚和直系军阀"送终"。说"吴氏所恃者惟其本身或其一系之武力,又除武力外,更无所事",故此一败,"终于一蹶不可复振"。并下结论:"综论吴氏之为人,一言以蔽之,曰有气力而无知识。"②

　　北伐战争的节节胜利,推动了南方工农运动的迅猛发展。1926年10月和1927年2月,上海工人阶级为配合北伐,发动两次武装起义,都遭到军阀孙传芳的残酷镇压。对孙的野蛮行为,《大公报》予以严厉谴责。1927年2月20日至23日用大量篇幅报道上海工人罢工的情况,并连续发表"社评"对此进行评论。22日的"社评"《论上海罢工》指出:工人罢工,一方面是一种时代潮流,一方面是生活贫困所致,因此对工人罢工不能像孙传芳那样,出动士兵"大肆杀戮"③。23日的"社评"《毋嗜杀》指出,像孙传芳这样"割据称兵"的军阀,其所作所为,"既叛圣贤之训,又背宪政之理","肆行威福,蹂躏人权,嗜杀为快"④。3月4日的"社评"《两年来东南时局之回顾》,历数了孙传芳自1924年冬"由闽而浙"以来的所作所为,指出他是两年来东南战事的"发难之人"⑤。3月5日,距北伐东路军进入上海前十七天,《大公报》发表"社评"《北洋系之末路》,判了整个北洋军阀的"死刑"。文章说:北洋系发端于李鸿章,始大于袁世凯,袁死,系内自相残杀,吴佩孚、孙传芳为北洋系仅存的两支派系⑥,及吴败于武汉,孙丢了杭州,北洋系末日至矣。并指出:"彼北洋者,以军队供其私利之用,其不能自存也固宜。"⑦

　　3月下旬,奉系在北京借"党案"大肆逮捕学生,25日,《大公报》发表题为

---

① 《张作霖统率安国军》,《大公报》1926年12月2日。
② 《社评·跌霸》,《大公报》1926年12月4日。
③ 《社评·论上海罢工》,《大公报》1927年2月22日。
④ 《社评·毋嗜杀》,《大公报》1927年2月23日。
⑤ 《社评·两年来东南时局之回顾》,《大公报》1927年3月4日。
⑥ 《大公报》此处所指"北洋军阀",系以清末"小站练兵"形成的"北洋新军"为基础形成的军事集团,因此发端于东北巡防营的奉系军阀未被列入。
⑦ 《社评·北洋系之末路》,《大公报》1927年3月5日。

"北京逮捕学生事"的"社评",历数北洋各派军人乱杀无辜的罪行,并说孙传芳"最恶":"尤惨者为前次上海罢工之大杀无辜。有身怀商品传单而被杀者,死者力辨非工潮传单,而兵士则答以'我不识字'。如此暴虐,亘古未闻"。文章劝告奉系,"若为取缔思潮、矫正风气,而取缔矫正之道,要在施民治,泯不平,非刑威所能济矣。且扬汤止沸,徒增加社会之不安已耳"①。

（二）有关蒋、汪"清共"时期的记事与言论

1. 责骂其人与支持其行

1927年春,国共联合进行的北伐战争在广大工农群众的大力支持下,顺利地完成了第一、二阶段的任务,消灭了吴佩孚、孙传芳两支军阀势力,控制了长江中下游,国民政府北迁武汉。革命形势迅猛发展,严重地威胁到各帝国主义在长江中下游的利益,它们一方面进行武力干涉,一方面运用"和平"手段,在革命阵线内部进行分化和拉拢,于是,蒋介石、汪精卫违背孙中山先生的遗愿,于当年春夏之季,分别在上海、武汉先后发动"清共""分共"的反革命政变,大肆屠杀共产党人和工农革命群众。

当此之时,《大公报》对蒋介石、汪精卫个人的看法是不好的。1927年11月4日和12月2日,《大公报》分别发表了两篇颇有影响的"社评",一篇题为"呜呼领袖欲之罪恶",是骂汪精卫的;一篇的题目是"蒋介石之人生观",是骂蒋介石的。

《呜呼领袖欲之罪恶》用很大篇幅历数了汪精卫自4月上旬从欧洲回国以来反复无常的举动,总结称:"综汪氏本年四月以降之个人言动,矛盾变化之多,殆中外古今政治家所罕见。"最后揭穿汪精卫反复无常的实质:"特以'好为人上'之故,可以举国家利益、地方治安、人民生命财产,以殉其变化无常、目标不定之领袖欲,则直罪恶而已。"②十一年之后的1938年12月,汪精卫为领袖欲所驱使而出卖国家利益、民族尊严,堕落成为汉奸卖国贼,这恰说明《大公报》在识人上尚有些先见之明。

《蒋介石之人生观》是为蒋、宋婚事而作。北伐军控制长江中下游后,蒋介石的过度张狂引起国民党内元老们的不满,在汪精卫等人的逼迫下第一次下

---

① 《北京逮捕学生事》,《大公报》1927年3月25日。
② 《社评·呜呼领袖欲之罪恶》,《大公报》1927年11月4日。

野。之后,他于1927年9月来到日本,一方面研究日本国情及对华政策,争取日本政府的支持,以助他重新上台,一方面到神户的有马温泉晋见在那里疗养的宋太夫人,请其允诺与宋美龄的婚事。对于这桩婚事,虽然蒋介石一再说"并非政治结婚",但实际上可谓蒋介石政治生涯中的一件大事。

但对于蒋、宋婚事的政治意义,《大公报》根本没有看到,或是不愿阐明,只是从人生观的意义上将蒋介石劈头盖脸地骂了一顿。还在蒋决定向宋美龄求婚消息传出时,《大公报》就发表"社评",指责蒋"本为寒士,近年稍露头角,抛弃妻妾,追求新欢","断难逃清议之讥弹"①。12月1日,蒋介石和宋美龄在上海举行婚礼的当日,蒋介石发表题为《我们的今日》一文,说"彼奔走国事以来,常于积极中忽萌退志,前辈常询何日始可安心工作,当时未答。今可圆满答复,即确信自今日结婚后,革命工作必有进步,即从此始可安心尽革命责任;彼深信人生若无美满姻缘,一切皆无意味"②。次日,《大公报》即发表《蒋介石之人生观》,抓住蒋的这番"高论"从人生观上进行批判。文章首先从普遍人生之意义上分析说:

> 恋爱者,人生之一部分耳。若谓恋爱不成,则人生一切无意义,是乃专崇拜本能,而抹杀人类文明进步后之一切高尚观念。……夫文明人所认为之人生意义,一言蔽之,曰利他而已。盖人生至短,忽忽数十春秋,与草木同腐。以视宇宙之悠久,不啻白驹之过隙。然而犹值得生存者,则以个人虽死,大众不死故。所以古今志士仁人之所奋斗者,惟在如何用有涯之生,作利人之事,而前仆后继,世代相承,以为建筑文明改善人类环境尽力。行此义者,为人的生活;不然,为动物生活。得恋爱与否,与人生意义无关也。

蒋氏谓"得恋爱始能工作,失恋爱则意志颓然",此"大误"也。

接着从革命者的人生意义上批判道:

> 吾人所万不能缄默者,则蒋谓有美满姻缘始能为革命工作。夫何谓革命?牺牲一己以救社会之谓也。命且不惜,何论妇人?……呜呼!尝忆蒋氏演说有云:"出兵以来,死伤者不下五万人。"为问蒋氏,此辈所谓武装同志,皆有美满姻缘乎?抑无之乎?其有之耶,何以拆散其姻缘?其无

---

① 《社评・离婚与再嫁》,《大公报》1927年10月3日。
② 《蒋介石的〈我们的今日〉》,《大公报》1927年12月1日。

之耶,岂不虚生了一世?累累河边之骨,凄凄梦里之人,兵士殉生,将帅谈爱,人生不平,至此极矣。呜呼!革命者,悲剧也。革命者之人生意义,即应在悲剧中求之。乃蒋介石者,以曾为南军领袖之人,乃大发其欢乐神圣之教。夫以俗浅的眼光论,人生本为行乐,蒋氏为之,亦所不禁。然则埋头行乐已耳,又何必哓哓于革命?

最后文章说:"甚矣!不学无术之为害,吾人所为蒋氏惜也。"①《大公报》这篇"社评"从人生观的角度对蒋介石的痛斥,可谓淋漓尽致!

然而《大公报》虽然对蒋介石、汪精卫个人斥责之、谩骂之,但对他们进行的"清共""分共"行动却十分赞同。

首先,对蒋介石、汪精卫在上海、武汉发难反共,《大公报》予以积极报道。4月7日,要闻版中部显著位置大字标题刊登"上海专电":"确息,蒋对共产党本决心取缔。"从此一直至16日,《大公报》每天刊登"上海专电"报道"上海事变"的消息。9日,要闻版第二条以大字标题"汪蒋等最后之议决案"报道了汪蒋等人议决的取缔共产党的几条办法。13日,要闻版第一条报道《上海缴纠察队械》。16日,要闻版在"上海党军之清党运动"标题下报道蒋介石到沪后,着手清党运动,甚为积极之态,对于有共产党派意味之党员,尤加取缔。

7月中,汪精卫在武汉进行"分共",《大公报》也及时进行报道。7月17日,要闻版第二条为《风云变色之武汉》;19日要闻版二版头条为《长江局势又一变》,称汉宁间空气"顿缓和",并报道了何键在汉实行反共的行为;21日要闻版头条为《武汉反共后之新形势》。8月3日要闻版头条为《武汉政府不容共》。

其次,发表言论,对蒋介石、汪精卫"清共""分共"的行为明确表态"支持"。4月18日发表"社评"《沪商与时局》,借商团之口表示了其对蒋介石"反共"支持的态度:"昨日沪电,上海六十商业团体致电南京,声明与三民主义相始终云云。"说上海商界"袒蒋反共","为当然之事"。此外,还声称共产党提出打倒资本家,不符合中国实际,因中国资本主义不发达,共产革命条件不成熟,"共党在毫无经济余裕之社会,专欲赖桍腹无智之农工为政治斗争,甚或即梦想劳农独裁政体实现,是视天下事太易矣"②。

可以看出,《大公报》此时赞同"清共"的态度是由前一阶段反对国民党"赤

---

① 《社评·蒋介石之人生观》,《大公报》1927年12月2日。
② 《社评·共产党在华失败之批判》,《大公报》1927年7月1日。

化"的思想演化而来的。

2. 赞同"清共"与反对屠杀共产党人

《大公报》虽然支持蒋介石、汪精卫的"清共""分共"行动,但是反对他们大肆屠杀共产党人。

面对蒋介石举起屠刀,对共产党人进行凶恶残杀的行径,《大公报》连续发表"社评"表示反对。如4月29日的"社评"《党祸》说:

> 观南方近日之党祸,吾人对于所谓宁、汉两派实不胜愤懑之意。盖残杀之事,今才发端耳。……宁沪所标榜之反共,吾人姑不论政策,而论蒋介石之责任。孙中山末年之联俄容共,孰倡之? 蒋倡之。孰执行之? 蒋行之。故共产党之发展,蒋实为第一责任人。然爱之则加诸膝,恶之则投诸渊,前后之间,判若两人。且取缔则取缔已耳,若沪若粤,皆杀机大开,继续不已,是等于自养成共产党而自杀之。无论事实上理由如何,道德上不能免其罪也。

文章最后说,"夫新中国之建设,终须赖全国有志青年奋斗,而非自私自利之寄生阶级所能办,则对于各方杀机之开,势不能不大声疾呼,极端抗议。南方所谓领袖人物,首应切悔"①。

4月28日,中国共产党主要创建者李大钊被北洋军阀政府绞杀在北京西交民巷京师看守所内,《大公报》得知消息后,于5月1日在国内要闻版转引国闻通信社消息,报道《李大钊身后萧条》云:"李大钊处决,妻女当晚释放……(李)生前唯知努力学问,不事生产,平素又极简朴,故境况萧条。现李妻卧病,医药之资无出。李之棺枢回籍及遗孤抚恤等,更谈不到。"字里行间流露出对死者生前品质的赞许和身后萧条的同情。

5月21日,湖南长沙发生"马日事变",驻防长沙的国民党军将领许克祥在湖南镇压工农运动,长沙城里枪声不绝,每天都有工农革命者数十人遭杀害;至6月,惨剧遍延全省,三湘四水,血雨腥风。对此,《大公报》于6月18日发表"社评",首先说:"湖南近况,绝可痛心……今者又滥杀农会,流血全省,寻仇无已,事之至此,唐生智首负其责②。"针对白色恐怖与日俱增,残杀事件遍及全

---

① 《社评·党祸》,《大公报》1927年4月29日。
② 许克祥系国民革命军第三十五军第三十三团团长,因该军系由唐生智第八军第二师扩编而成,《大公报》于是将许氏所为归责于唐生智。

国,《大公报》7月30日发表"社评"《党治与人权》,从保护人权的角度再次呼吁停止"军治杀人":"上海、广州大清党之时,杀人殊多,犹可诿为非常之变。今历时数月,而恐怖未减,上海特务处,常有刑人之事。所犯罪状,概不宣布,杀者何人,亦秘不宣。"文章主张实行法治,保护人权,称若"长此用军法杀人",必将"陷于专制政治之途"①。

3. 提出别样的"反共"理论

为了给自身支持"清共"而又反对屠杀共产党人的态度寻得支持,《大公报》还在报道与评论中提出自己的一套"反共"理论。

第一,反共者须深入透彻地了解共产主义。在《大公报》看来,现在中国"只有一方面从理论上比平泛的三民主义还要研究出建设中国的新经济原理;一方面从事实上消弭政治经济社会各方面病因……否则,这一把大火,终要燃烧起来,尽管你军阀也好,财阀也好,官僚也好,政客也好,终有一天,叫你有权无所施,有钱无所用,有术无所投,连根溃崩,同归于尽"②。

为不至于"同归于尽",《大公报》趁报道苏联纪念十月革命十周年之机发表文章,一方面对列宁、对共产主义理论进行评论,一方面呼吁中国的反共者真正去了解共产主义。1927年11月8日的"社评"《中国与俄国》指出,中国境内"赤化"与"反赤""反共"双方的斗争只是皮毛之争,双方对于列宁主义、共产主义都没有从学理上去研究过。文章认为"赤化者"的宣传无真知灼见,"反赤化者"则徒出以"高压猛烈之手段"大肆杀戮,致使不少青年"昧然丧失性命"。因此文章建议,"无论正反两方,均当考究其理论、取证其事实,无取乎肤浅之宣传,必须有深切之研究",不要盲目地"自相残杀,永无止息"。27日的"社评"《反共须知》更是明确主张:反共须研究"马学",即共产主义理论。文章首先以世界上"反共最力"之英国、日本为例,说明政府对于有碍的思想,不能以高压手段简单禁止。在英国"公然准开设以'共产主义'为名之书肆,印售共产学说书籍","学校中研究经济学、社会学学子,更莫不以马学为必读之书"。在日本,"马克思《资本论》,数年中已三译,始译者为高畠素之,改译者为新潮社,新译者为河上肇与宫川实,且以廉价发行,政府不禁。以马学知名之河上肇博士,任国立京都帝国大学教授有年,至今

---

① 《社评·党治与人权》,《大公报》1927年7月30日。
② 《社评·如何对付这个世界的捣乱鬼》,《大公报》1927年5月9日。

无恙。学校中热烈研究马克思主义者,亦公然无讳焉"。文章由此引申说:"夫社会上无论何种主义,苟与现政府不合,认为危险者,执政者固皆可禁止之。然可禁止者事实,不可禁止者思想。易言之,主义之事实发生,政府应予严惩,主义之思想讨论,政府应予放任,或且进而提倡之",以"期是非之明确,免社会之盲从也"①。

第二,反共的第一条件是改良政治。1927年7月8日,《大公报》发表"社评"指出,中国历代思想本与共产主义不相干,但是这几年共产主义在中国之所以能快速发展、为广大群众所接受并随之行动,其主要原因在于中国"政治不良,经济困难"。文章因而提出:"反共第一条件,在改善社会环境,釜底抽薪,消弭隐患,若纯恃高压,恐徒为共产党添宣传资料耳。"②11月9日在题为"反共宜注意改良政治"的"社评"中,更是明确地说:"反共反赤者之责任,在保障人民财产营业自由,非依法律不逮捕处罚。大兴宪政,尊重民权,发达产业,便利交通。此而不能,则共不共,反不反,一而已矣。"③由于"反共"既不得其法,更不得其要,所以,自南方反共、北方讨赤以来,形势丝毫未见"好转"。尤其在讨赤中,人民仅得到了"八个字"——"兵灾匪祸,家破人亡",而当官的得以"逐步往上升"④。

此外,《大公报》特别强调,国民党不可一面"反共绝俄",一面在党的组织、党与国家的关系方面仿照苏联:"国民党既排斥共产党之根本理论,而徒学其一党专政,是诚画虎不成之流矣。抑观国民党今日所谓专政,反类于义大利之法西斯蒂。"⑤

质言之,《大公报》赞同蒋介石、汪精卫的"清共""分共"行动,这是它资产阶级本性的必然表现;而它反对滥杀共产党人、工农革命者,其中又包含了若干人道主义精神。它主张思想开禁,提倡要深入了解、研究"马学",主观上仍是为了"反共";但它认为共产革命学说被民众接受,其原因在于民众生活太苦,主张改良政治、发展经济、铲除社会病因,是很有道理的。随着土地革命战争的发展,《大公报》这一套别样的"反共"理论之后得到了进一步的发挥。

---

① 《社评·反共须知》,《大公报》1927年11月27日。
② 《社评·联俄与反共》,《大公报》1927年7月8日。
③ 《社评·反共宜注意改良政治》,《大公报》1927年11月9日。
④ 《社评·讨赤利益》,《大公报》1927年12月7日。
⑤ 《社评·从共产党到法西斯蒂》,《大公报》1927年12月24日。

（三）有关"北都易帜"时期的记事与言论

1928年上半年是中国政局变化的重要时期，民族矛盾、阶级矛盾、南北政府的矛盾、国民党内部各派系的矛盾错综复杂。蒋介石、汪精卫相继"清共""分共"之后，国共分道扬镳，由联合转为对抗。1927年8月1日南昌起义和9月9日秋收起义之后，中国共产党在江西建立了红色根据地，并拥有了自己的军队——中国工农红军，从此，中国出现两极对立的政治势力，即以蒋介石国民党为代表的大地主大资产阶级势力和以共产党为代表的工农劳苦大众势力。在国民党内部派系斗争中，蒋介石击败汪精卫，于1928年1月复职，随后根据国民党二届四中全会的有关决议，南京国民政府以蒋介石为国民革命军总司令，以蒋介石、冯玉祥、阎锡山、李宗仁分别为国民革命军第一、二、三、四集团军总司令，举行"第二次北伐"，并于6月初逼近北京，张作霖见大势已去，决定放弃北京，退走东北，京津相继为国民党和平接收。6月15日，南京国民政府宣布"统一告成"，北洋军阀在中国的统治至此结束。

在这一时期，新记《大公报》的新闻、言论归纳起来，分为三个层面：表明政治理想，欢迎国民党"变调"，巧妙"送往迎来"。

1. 表明政治理想

新记《大公报》自1926年9月1日续刊到1927年底，每天在显著位置报道国内外重大新闻，并发表"社评"对国内外重大时事进行评论、表明看法，但一直没有正面地、系统地表明自己的政治主张和政治理想。1928年元旦发表的《岁首之辞》则是该报第一次公开表明政治理想的文章。

轰轰烈烈的国共合作所进行的北伐战争打到长江，却因蒋介石、汪精卫的"清共""分共"半途而废；吴佩孚、孙传芳的主力虽被消灭，但奉系军阀的统治还在北方苟延残喘，南北对峙的局面没有结束。而国民党内部却已矛盾重重，宁汉之争在前，粤宁之争于后，"清共""分共"之后的国民党变成了一伙"新军阀"，混战的端倪已经显露。作为民族资产阶级的"代言人"，又有强烈爱国之心的《大公报》在1928年到来之际，认为有必要表明自己的政治理想。因此，文章首先说："吾人于举国呻吟苦痛之中，与我全体国民共迎此民国纪元第十七度之岁首，怆怀既往，憧憬未来，谨贡数言，交相勖勉，兼以宣布吾人之根本旨趣焉。"并在接下来阐述几个观点：

其一，"辟悲观之说"。文章指出，当下冒出的悲观说，是考察少数几位知名人士的所作所为后得出来的,因而是不正确的。大混战中,"凡失败者,个人已耳,非民族全体也"。并且,考察局势,不能"以仅考察少数知名之人,而不知真正之潜势力,在于多数无名之辈故也"。

其二,"释改革之说"。"中国之改革潮流,非偶然也。盖根据民族生存的要求,而迎纳现代世界文明的要素,抒为情绪,积为信仰,而群力以赴之,诚当然必至之趋势,虽欲抑止而不能者也。"并且,改革必须是全面的,不能是片面的:"夫解放之义有数方面焉:曰民族解放,脱外人压迫而完成国家独立之义也;曰群众解放,普及文化于最大多数之社会下层,使之平等参政、享经济的自由是也;曰女性解放,使自古于教育上、财产上无均等权利之女性享平等待遇之义也;最大曰思想解放,则排斥对于一切迷信与拘束,使人类自由探讨真理之义也。"

其三,"斥复古说"。文章指出,"中国每值时局悲观,辄闻复古怀旧之声"。这是对中国的所谓"古"缺乏正确认识。中国"古代政治学,简言之,为帝王学,盖教人以治人之道。然治人者不从其道,则无以匡救之。是以……秦汉以后……内忧外患,不绝于史,斫杀相乘,永无进步。今日所见之军阀割据,自历史言,乃中国常事"。因而,复古倒退于事无补,断不可行。

最后,"社评"提出"吾人之根本旨趣":

> 夫中国改革既有绝对必要,而改革之大义曰解放创造,非复古,亦非俄化,则大体之国是可定矣。此无他,对内厉行民主政治,提倡国民经济,采欧美宪政之长,而去其资本家专制之短;大兴教育以唤起民众,争回税权以发达产业;对内务求长治久安之规模,对外必脱离不平等条约之束缚。①

张季鸾写的这篇《岁首辞》值得重视,它是继1926年9月1日续刊时发表的《本报同人之志趣》之后,又一次表达"同人旨趣"的文章。上篇《志趣》以"四不"方针作为办报的根本原则;本篇《旨趣》是宣布政治理想,作为发表言论的根本立场,与前篇《志趣》一样,可视作研究新记《大公报》史的"纲"。

首先,这篇《岁首之辞》所表达的情绪是积极的、进取的。它认为悲观之说没有道理,并且看到了中国的出路在广大民众之中;它认为复古之说没出路,

---

① 《岁首之辞》,《大公报》1928年1月1日。

批判了传统儒家为统治者制定的愚人、驭人之术；它倡导改革，全面理解改革，希望经过改革实现民族解放、群众解放、女性解放、思想解放，并认为"思想解放"为最大之解放。

其次，这篇《岁首辞》明确地宣布了该报的政治理想，即"非复古"，"亦非俄化"：既不主张搞共产主义，也不同意搞专制主义，而是主张宪政，并且特别指出不是照搬"欧美宪政"，而是"采欧美宪政之长，而去其资本家专制之短"。不论这种理想在当时是否能实现，但它为《大公报》往后的言论立下了一个标准，凡是符合这一目标的就赞同，否则就反对。因此不难理解，为何在国共斗争中，它站在国民党一边反对共产党；在民族矛盾面前，又表现出高昂的爱国主义热情和坚定的抗日立场；而在对待国民党政府的态度上，它一方面拥护之，一方面又猛烈地抨击它的无能、专制、黑暗与官员的腐败。

2. 欢迎国民党"变调"

1927年"四一二"之前，国民党是一个革命政党，它执行孙中山"联俄、联共、扶助农工"的三大政策，使得国民革命迅猛发展，但《大公报》却对它不仅不感兴趣，反而加诸种种"罪名"。虽然随着北伐的推进，《大公报》对北伐军和国民政府的看法有所变化，但是对国民党的整体看法一直很不好，直到1928年初还发文指出北伐军到了武汉、南京之后，国民党依旧问题多多，主要有二："第一……少数负责要人，日倾心于党内政权之竞争，国利民福，置诸脑后，水深火热，似不关心。""第二……国民党以一党专政，而本身基础，尚不能确定……普通智识阶级之于国民党，盖已愤怒填膺，不仅失望而已也，抑国家危状，今在极点。"因而希望国民党早定国是，以求统一，不然"大祸将至矣"①。

而1928年2月2日至7日，国民党二届四中全会在南京召开，会议通过了"整理党务""完成北伐""改组国民政府"等项决议，完全背叛了孙中山的"三大政策"，并进一步确立了蒋介石在国民党各派系中的优势地位。《大公报》及时报道了会议召开及闭幕的消息，并于9日、13日发表两篇"社评"《宁会宣言之感想》《再评宁会宣言》，对会议发表的《全党宣言》予以充分肯定。

《宁会宣言之感想》说："南京会议，七日闭幕，其最可注目者，自为其全党宣言。"称这个"宣言较之五年来之任何表示为低调、为切实际"，并将其上升到观念层面加以肯定："夫为政贵实行，低调不足为害。"所谓低调，即"完全抛弃

---

① 《社评·今后之国民党》，《大公报》1928年1月5日。

联俄容共后之一切理论,而归于原始的三民主义之下"①。

《再评宁会宣言》除对南京国民政府的内政外交政策表示完全赞同外,还开始向它建言,希望国民党开放党禁、广开言路:"军事告终之后,凡无害公安、光明正大之异党行动,宜充分许其自由,而任何方面健全公正之批评与忠告,尤应放任容纳,不加干涉。"②

《大公报》对国民党的态度,对南京国民政府的态度,就这样以国民党二届四中全会"变调"为契机,很快地发生了根本性转变。

3. 巧妙"送往迎来"

1928年6月初,国民革命军逼进京津,张作霖于6月3日离开北京,次日在皇姑屯被日本阴谋炸死。奉军由关内撤退,国民革命军先后进入北京、天津,并以阎锡山为京津卫戍区总司令,至此"北伐告成",北京、天津挂上了青天白日旗。

对于北方政权的更替,《大公报》的新闻和言论不仅十分活跃,而且采取了一系列举动,巧妙地送走了旧统治者,热情地迎来了新当权人。

为了详细了解政局的变化,在国民革命军逼近京郊之时,胡政之于6月1日由津至京。他一眼看出,都门人心惶惶,奉军大势已去。2日下午五时许,胡政之访奉军将领杨宇霆于安国军大元帅府春耦斋,询之以东三省善后问题。从杨宇霆处,胡政之知道了张作霖退出关外的决定,胡政之还在会谈中劝告杨宇霆说,为东北三省计,奉系宜隶于统一政府之下③。

随后,胡政之在北京进行了一系列的采访活动,将访得的消息陆续传回报馆,及时见报。

6月3日,《大公报》二版刊载《张作霖出京详报》。6月5日二版《沈阳站头之大炸弹案》报道张作霖所乘列车遇险;另报道北伐军消息,称蒋介石自石家庄回南京,令阎锡山主持京津。6月8日,国民革命军进入北京,6月10日《大公报》二版刊登胡政之发来的"北京特讯"《北都易帜记》,发"送往"之声;"通讯"《第三集团军入京记》和附载的"京津卫戍总司令阎锡山""(河北省主席)商震"照片,及同日发表的"社评"《阎锡山就京津卫戍之任》,则作"迎来"之始。"社评"在叙述了阎锡山于民国成立后的特殊经历后,提出希望:"望阎氏深感

---

① 《社评·宁会宣言之感想》,《大公报》1928年2月9日。
② 《社评·再评宁会宣言》,《大公报》1928年2月13日。
③ 《杨宇霆谈时局》,《大公报》1928年6月3日。

责任之重大,永忆军民之牺牲,自此以往,永远努力为新民国之柱石,以辅助全国三民主义的建设之成功。"①6月11日,《大公报》又就蒋介石日前"呈辞国民军总司令及军委会主席"一事发表"社评"《论蒋介石辞军职事》,这是继《蒋介石之人生观》之后又一篇关于蒋介石的"社评",而这一篇一反前篇"骂"的基调,以赞许为主。文章说,一旦军事收束,所有军权交还政府,蒋介石的行动有利于"除去军阀""实现民治"。又说,蒋氏辞军职,"吾人观之,亦嫌稍早",但还是表示:"蒋氏此呈,可谓实获我心者矣。"②6月12日,国民革命军进入天津,次日《大公报》发表题为"国民革命军占领天津"的"社评",先叙述此时国民党的势力范围,接着夸耀自身的远见,说"自革命军兴,吾人即断言旧势力不足与抗衡"。其实,北伐军到了武汉时,《大公报》还在说国民党无力量统一全国,无力量消灭北洋派,并"劝南北猛省",呼吁"南征北战可以已矣",这些话此时却都忘记了。文章最后对国民军占领天津表示欢迎③。第二版刊登消息《守涿名将警备天津》,并配发傅作义的照片。6月14日,第二版刊登胡政之写的通讯《阎白访问记》,详细报道了他12日下午三时在北京铁狮子胡同卫戍司令部访问阎锡山,并于同日下午五时在香厂东方饭店访问白崇禧的情况,文中对这两位国民军的将领赞赏不已。6月15日,又发表胡政之写的通讯《再度访阎记》。至此,《大公报》成功结交上了主要的新当权者,对蒋介石、阎锡山、白崇禧、傅作义都不同程度地唱了些颂歌,说了些颂词。

胡政之北京之行,代表《大公报》初步完成了"送往迎来"的任务:送走了张作霖和奉军,迎来了阎锡山、白崇禧和国民党军。6月16日回到天津后,胡政之于17日在报上发表"社评"《从北京到天津的印象》,作为他北京之行的总结。胡政之写道:

> 北京日前奉晋替代,改旗易帜的时候,记者恰恰躬逢其盛。除掉三两夜特别戒严、行路不便之外,真可算匕鬯不惊,市廛无扰。直到现在,攘往熙来,恢复原状。除掉街上多几件中山装,拜客变成早衙门之外,又几乎一切如常,了无异状。这样的革命,真是中外罕见,许多畏惧革命、反对革命的人,到此都觉从前之畏惧与反对为多事。

---

① 《社评・阎锡山就京津卫戍之任》,《大公报》1928年6月10日。
② 《社评・论蒋介石辞军职事》,《大公报》1928年6月11日。
③ 《社评・国民革命军占领天津》,《大公报》1928年6月13日。

然而,这里所谓的"革命"已与蒋、汪"清共""分共"之前的"革命"有了质的变化:南京国民政府组织"第二次北伐"完全是代表大地主大资产阶级的利益,与北洋军阀的统治在本质上相差无几,所以变动不大。胡政之意在恭维国民革命军纪律严明,却无意中道出了这样一个秘密。胡政之又写道:"这固然由于地方维持得法,也由于主持其事者稳健和平,所以能以黄老之道,行改革之业。北京市民,真是何修而得此!"①又一次恭维了阎锡山本人。

胡政之刚回天津,便传来了蒋介石要北上的消息,为了采访这一重大事件,了解新的最高统治者的态度,以确定今后的方针,张季鸾出马了。

张季鸾先到北京,又于6月21日晚再由北京登车南下见冯玉祥。张季鸾与冯玉祥有旧交,与冯的西北军也有些老关系。22日夜到新乡后,适逢冯玉祥到辉县百泉养病去了。于是24日张季鸾在新乡给报馆发来专电,报道了冯在辉县休养和日内将偕蒋同行北上等消息,随后又于26日赶往百泉访问冯玉祥。28日,《大公报》上刊登了张季鸾发来的专电《百泉访冯记》。7月1日凌晨,蒋介石、李宗仁北上的专列到达郑州,冯玉祥到郑迎接,张季鸾同往。经由冯玉祥介绍,张季鸾初识蒋介石,而后冯玉祥因病未能与蒋同行北上,张季鸾则随蒋的专列一同进京。值得一提的是,车上有国民革命军总司令部秘书长邵力子、总参议张群、国民党中央党部秘书处书记长陈布雷等人,这些人皆为张的老朋友,故一路交谈甚欢,所得情况甚多。

7月3日,蒋介石、李宗仁的专列进入北京,《大公报》当日发表题为"欢迎与期望"的"社评",欢迎蒋介石与李宗仁北来京城。文章首先颂扬蒋"为功之大":"蒋君自清季献身革命事业,出死入生,到底不懈。"说他在广州时与孙中山"共患难","大义大勇,不愧为革命英雄";其后,"由闽返粤,驱逐陈部,手练新军,平定两粤";"两年来,旌旗北指","卒成北伐之业"。最后评价其"坚定果敢之处,实近代军人所仅见","为功之大,更足钦仰"。此时,张季鸾完全忘记了他七个月之前在《蒋介石之人生观》中痛骂蒋介石的那些话。文章其次颂扬李宗仁,说他"统一广西,助平粤乱,沟通湖广,西征北伐,功绩最多";"而其雅度雍容,善持大体,值疾风暴雨之时,如山岳屹然不动;潜移默化之中,造福党国,厥功尤伟"。接着向蒋、李提出,希望他们不仅做"革命之伟人",更应做"建设之志士",不仅为"能征惯战之名将",更应做"热心裁兵"之良吏,并希望他们

---

① 《社评·从北京到天津的印象》,《大公报》1928年6月17日。

在"革命成功"之后,克服"褊狭性","兼容并包,罗致最富","集中海内人才","披荆斩棘,共同建设"①。应该说,《大公报》此文对新统治者虽不乏颂词,但其提出之希望,立足于建设、立足于和平,是有见地的。

7月6日,蒋介石、冯玉祥、阎锡山、李宗仁、白崇禧等人到西山碧云寺告祭孙中山灵位,《大公报》当日发表"社评"《今日碧云寺之祭告大典》,在歌颂了孙中山的功德和蒋、李、冯、阎之后说:"吾人切望蒋冯阎李白诸公,勿以军事小成为满足,更当以先生之人格为模范,勉自修养……协力同心,整顿军队,改良政治,裁减冗兵,统一财政,促成强固有力之中央政府而躬自拥护之,造就可以平等之国际资格而努力改进之。"②在国民党军入主北京、天津后,《大公报》一方面竭力与新统治者改善关系,一方面向他们提出注重建设的希望。

北伐告成后国家政局将如何发展,这是总编辑张季鸾最关心的问题。蒋、冯、阎、李在北京碧云寺祭告孙灵之后,蒋等即返南京参加国民党二届五中全会。张季鸾先搭交通部部长王伯群的车到了开封,又搭乘冯玉祥的专列南行,于8月1日到南京,并在那里逗留了近一个月。时值国民党二届五中全会召开之际,党政军要员云集南京,张季鸾利用这个机会同蒋介石等要人作了较为广泛而深入的接触,并于8月27日至9月3日在报上连续发表了六篇《新都观政记》和三篇《京沪杂记》,敲响了新记《大公报》拥护国民党政府的开场锣鼓。

1928年9月1日,是新记《大公报》续刊两周年纪念日,吴、胡、张借此机会发表"社评"《本报续刊二周年之感想》,向南京国民政府表明自己的态度:"盖本报公共机关也,同人普通公民也,今后惟当就人民之立场,以拥护与赞助国民政府之建设,而同时对于各方施政,亦愿随时随事致其坦直无私的批评。"③这一天第一版,在报头下用广告形式巧妙地表明了"送往迎来"的政权交替:"最伟大最雄壮之北伐军军事大影片《蒋介石北伐记》,加映沈阳站惨变新闻《张作霖被炸》。"《大公报》版面上对政权的"送往迎来",实际上是思想上的"送旧迎新"。所谓"旧"就是"北洋政府",而"新"就是以蒋介石为首的南京国民政府。在他们眼中,这一五权体制框架下的政权代表了"新国家",并认为"新国家至急之要务,自在经济建设"④。

---
① 《社评·欢迎与期望》,《大公报》1928年7月3日。
② 《社评·今日碧云寺之祭告大典》,《大公报》1928年7月6日。
③ 《社评·本报续刊二周年之感想》,《大公报》1928年9月1日。
④ 《社评·建设事业中之铁路问题》,《大公报》1928年10月12日。

（四）有关新军阀混战的记事与言论

"莫道枫林红似火，一叶落地知秋来"。1928年春，南京国民政府组织"第二次北伐"，将北伐军分为四个集团军，由蒋、冯、阎、李分任总司令时，《大公报》主持人已对这样的军队格局有一种不祥的预感，认为分裂是早晚的事，混战或许不可避免。于是在北伐军逼近京津、北伐即将告成时，《大公报》即与上海报业公会联合发起"裁兵运动"，并于6月25日至29日连续五天发表同一主题的社评①，对此主张加以论述，表示："吾人不敏，愿以裁兵运动之马前卒自效。"希望全国人民以公正无私的精神，"引军政要人于正路"，使军阀在中国"绝种"；并希望国民党"全力鼓吹裁兵，催促裁兵，监督裁兵"，提高党权，以打倒军阀；还希望国民政府抓紧时机，"利用国民舆论，用快刀斩乱麻的手段，一鼓作气，把军队整理裁汰"。前述7月6日的"社评"《今日碧云寺之祭告大典》中，在对蒋、李、冯、阎等人赞颂后，也向他们提出一个重大的现实问题：整顿军队，裁减冗兵，防止新军阀的产生。

然而，终究不出《大公报》所料，全国统一之日正是新军阀面目暴露之时。为了摸清各派系的底细，1928年12月张季鸾再次南下，又在南京住了一个月，其通过亲身所见所闻，已经感觉到了混战的危机，并在通讯中形象地写道：

> 各军事领袖之出身经历与夫其思想志趣，本自不同……全靠一块国民党金字招牌，笼罩一起，同床共被，本是一件极难之事。……苟无绝大利害冲突发生时，自可相安于无事，至于绝大利害冲突之事是否发生，目前毫无所闻。将来又谁能断定？唱空城计戏词中有曰："望先帝大显威灵。"吾人对于军事问题之将来，亦唯有向空中默祝曰"望先总理大显威灵"而已。②

虽然，《大公报》和全国各界一再呼吁"裁兵"，但是各路军事领袖置若罔闻，士兵数有增无减。1929年1月蒋介石在南京召集全国编遣会议，通过了一系列裁军方案。然而蒋氏此举，实有其自己的算盘：一方面裁汰地方部队，一方面把全国军权收归中央，掌握在他自己手中。这就势必引起李、冯、阎等人

---

① 《社评·裁兵运动》，1928年6月25日；《社评·国民裁兵运动——全国商民速发起裁兵协会》，1928年6月26日；《社评·裁兵与国民党》，1928年6月27日；《社评·裁兵与国民政府》，1928年6月28日；《社评·裁兵与长官、士兵》，1928年6月29日。
② 《南行记者杂录（续）》，《大公报》1928年12月11日。

的不满。随着蒋、李、冯、阎等新军阀之间的矛盾激化,最终酿成了一连串的混战。

新军阀混战,对于新记《大公报》来说是一场新的考验。此时这张民营报纸正完完全全处于"民间"状态:在安福系倒台后,吴鼎昌已是多年的在野之身,与新的政治中心还没有挂上钩;胡政之虽然与东北军有联系,但张学良到底是长期归顺蒋,还是另起炉灶,此时尚不得而知;张季鸾同冯玉祥与西北军关系较深,但他又结识了蒋介石,而蒋介石处处以"正统"形象出现,致使其陷于关系深的非"正统","正统"的关系尚不深之尴尬境地;更为严重的是,吴、胡、张与阎锡山都没有什么交情,但《大公报》馆恰地处此时阎所管辖的天津;更不必说,蒋、冯、阎、李的角逐,最终谁胜谁负还是个未知数。在这种情况下,报纸的新闻与言论更加需要报馆主持人,尤其是笔政主持者有独立思考的精神和灵活变通的能力。

综观《大公报》在新军阀混战时期的记事和言论,其立场和态度大致可归纳为:反对战乱、拥护正统、敷衍局面。具体而言:为使民众免除痛苦而反对战乱,为使刚刚统一的国家避免分裂而拥护正统,为使自身生存下去而不得不敷衍局面。

1. 有关蒋桂战争中的记事与言论

蒋桂战争是国民党新军阀混战的第一战。李宗仁、白崇禧领衔的桂系在西征唐生智和北伐张作霖的过程中,势力迅速扩大,一度驻军两湖、河北,并控制广西。蒋介石为防止其尾大不掉,采取了一系列的限制和瓦解措施,包括重新起用桂系劲敌,收买桂系将领李品仙,驱白崇禧于河北,扣桂系盟友、粤系将领李济深于汤山,拉省府主席鲁涤平于湖南。桂系看到形势危急,决定先发制人。1929年2月19日,以李宗仁为主席的武汉政治分会做出决定,撤免鲁涤平湖南省主席兼十八师师长的职务,任命何键为湖南省政府主席,并以鲁不服决议为由派兵追剿,从而重新控制了湖南,造成所谓"湘案"。3月18日,《大公报》发表"社评"《湖南善后问题》,在回顾了"自民国以来,湖南问题往往为时局关键"的历史后指出:"吾人鉴于本案危险性之依然存在,为巩固和平统一之计,甚望党国当局对湖南善后,慎重处理",千万不要"使湖南又成导火线"[①]。这里很清楚地表达了两个观点:其一,视蒋介石为"党国当局"、为中央;其二,

---

① 《社评·湖南善后问题》,《大公报》1929年3月18日。

尽量避免战端,维护国家的"和平统一"。3月20日,又发表"社评"《时局杂感》,进一步申述了反对军阀混战的观点。文章在列举了近来社会上出现的若干"实有可忧者"后指出:"昔年军阀时代,今日联乙倒甲、明日联甲倒乙之阴秘与不测的现象,又发生于革命的统一政府之下。"最后正告各派系,不要使"国民根本上对政局失信仰、绝希望"①。

3月26日,蒋介石军事部署已经就绪,即下令讨伐桂系。次日《大公报》发表过时之"社评"《政局之根本救济》说:"本文既上版,得京电,讨伐令已下。事已至此,惟盼军事速告一段落。"②28日,蒋介石抵九江亲自督师,蒋桂战争正式打响。由于采用武力和收买相结合的方式,何键、李明瑞及武汉驻军要员纷纷倒戈,蒋介石得以"兵不血刃而定武汉"。4月5日《大公报》要闻版头条报道:"武汉军总退却,胡、陶下野,退兵鄂西,关键在李明瑞反正。"次日发表"社评"《武汉收复与永久和平》说,蒋介石收复武汉,"可谓奇速,弥足庆幸"。其中"收复"一词就已表明《大公报》的正统立场。文章要求桂系"自承错误,束身司败,勿再负固称兵,延长战祸,使湘粤桂复起问题,将致愈陷愈深"。又对蒋劝诫道:"在政府方面,惩前毖后,尤应惕厉儆悚,速谋结束战局,凡事宽大处置,勿再扩展范围。"最后提出了保持永久和平的办法,即摧毁军阀政治,否则"一方面打倒旧军阀,一方面新军阀即代之以兴"③。

《大公报》提出了摧毁军阀政治以维护和平的命题,显然是对的,但这一方案没把蒋介石派系纳入军阀之列,而作为"政府"对待,故当日要闻版头条对蒋介石抵汉口做了这样的描述:"蒋于海陆军簇拥中昨日下午六时抵汉口,市面安谧,毫无纷扰,胡陶残部急退长沙。"并配发蒋的戎装半身照。又于4月14日发表题为"桂系失败之教训"的"社评",用对比的方式进一步扬蒋抑桂,称蒋战桂为"讨",桂系为"逆部",其首领为"阀魁";把战争结束快、伤亡少全归功于蒋介石,说他身上显示了"党国之威灵"和"主帅之谋略"。最后呼吁,在民主组织未完成之前,应采用各种措施,从"精神上物质上,真形成巩固之中央"④。4月23日再次发表"社评",具体论述如何树立中央威信,指出,一方面要地方拥护中央,一方面中央须自立威信。中央如何自立威信?"吾人惟望当局诸公以身

---

① 《社评·时局杂感》,《大公报》1929年3月20日。
② 《社评·政局之根本救济》,《大公报》1929年3月27日。
③ 《社评·武汉收复与永久和平》,《大公报》1929年4月6日。
④ 《社评·桂系失败之教训》,《大公报》1929年4月14日。

作则,法行自近,严贪佞之诛,重秩序之教,纳万众于轨纪,使社会生活咸有保障,而政府威信亦由此乃得确立",此其一;"化私为公,举天下兵权收之于中央","尽祛东南军备,而以重兵移之国防地带",此其二。"如是,中央威信乃可发挥而光大。"①这里所谓"中央",当然是指蒋介石和南京国民政府。

2. 蒋冯战争的记事与言论

蒋桂战争接近尾声,桂系之败已成定局,西北军首领冯玉祥自知战火将烧到家门前,于是收缩鲁、豫兵力,以免造成战线过长,成被动挨打之局面。对待冯玉祥,蒋介石较为慎重,没有马上付诸武力,而是一方面摆出高姿态电请冯进京供职,并言绝不至为李济深(遭软禁)之续;一方面利用冯的部下不愿回西北过艰苦生活的心理,在冯军中收买了韩复榘、石友三,分化了刘镇华、杨虎城、马鸿逵等人。冯玉祥仍不就范,蒋介石即授意国民党中常会于1929年5月23日作出决定,开除冯的党籍,次日,国民政府免去冯玉祥本兼各职,并下达讨伐令。5月25日,《大公报》在要闻版头条报道:"(南京国民政府)拟分南北中三路进讨,宁官方公布韩复榘投诚。"当日发表题为"讨冯令下"的"社评",首先说:"国府之下令讨冯,可谓去夏统一告成后之第一重大变动。为党国平和,诚属不幸,而事既至此,惟望解决从速,勿令全国陷于大乱。此凡热望和平统一之国民当抱有同感者也。"在叙述冯玉祥的出身、崛起及同国民党的关系时说:"是以就过去观之,党化的北洋余孽之中,冯殆有较深之历史者也。"这是张季鸾在蒋介石的面前替冯玉祥说项。文章还从另一个角度说,西北大旱已逾一年,当局从未发放大批赈款赈粮,冯玉祥也未以西北公款购买赈粮,西北人民命运最薄、境遇独苦,因此呼吁:"战端一起,惟盼就近解决,此所谓最小限度之希望也。"②这是张季鸾为家乡父老百姓请命。

蒋、冯两军对垒之时,阎锡山却从中"动作",既媚蒋压冯,又拉冯抗蒋。至5月底,"中央不血刃而定河南",冯决定"通电下野"。6月初,冯应阎之邀赴晋,被阎软禁于五台县建安村。

为了了解阎、冯两家动向,《大公报》选派崭露头角的徐铸成为特派员,几次前往太原采访。据徐铸成回忆:"1929年初夏,我第一次采访政治新闻……了解阎(锡山)、冯(玉祥)联合反蒋的曲折变化。"③徐铸成第一次太原之行在

---

① 《社评·中央威信与拥护中央》,《大公报》1929年4月23日。
② 《社评·讨冯令下》,《大公报》1929年5月25日。
③ 徐铸成:《报海旧闻》,上海人民出版社1981年版,第147页。

1929年6月24日至29日,此行的主要目的是为了了解冯、阎间的关系究竟如何。他到太原后,持张季鸾的私人信件找到冯玉祥的代表李书城。李对阎、冯的关系分析得很深刻:

> 目前,还谈不上坦率合作。阎百川(锡山)把冯焕章(玉祥)请来,是作为他对付蒋的一个手段的。好比把一只老虎关在笼子里,对蒋暗示,"你不满足我的要求,我就要把老虎放出来了"。果然,这一着很灵,老蒋把钱和枪支送来了不少,也对阎的部下封官许愿。但是,这样的日子不会太长,不久总会有变化的。①

8月1日,蒋介石在南京召开全国第二次编遣会议,讨论实施军队编遣的具体方案。阎锡山预感到蒋介石要对他采取行动,遂打算与冯约定联合反蒋。为了了解事态发展,徐铸成于7月底第二次到太原采访,此次他见到了冯玉祥。此时的阎锡山虽然打算与西北军联合,但依然没有解除对冯的软禁。故徐在通讯《闲静之晋祠》中写道,冯见人"不谈政治",说自己因病,急于"出洋息养"。10月初,冯玉祥的西北军由潼关出兵讨伐蒋介石,兵分三路向河南进攻。11日,蒋介石通电讨冯,两军鏖战月余,各有胜负,然阎锡山自食诺言,按兵不动,致使西北军孤军作战,加上冯玉祥不在军中主持,西北军协同不好,于11月底大败,退守潼关。

蒋冯战争告一段落,又发生了第二次蒋桂战争,至此次战争又告结束后,12月16日《大公报》发表题为"未来之军事善后如何"的"社评",对即将过去的一年中发生的两次蒋桂战争和一次蒋冯战争作了总结。文章首先指出,混战局面出现的根本原因,是军阀政治没铲除,军队有增无减。接着对新军阀的政客面目进行揭露:

> 许多军人,其头脑之复杂,较所谓政客者尤甚。纵横捭阖,观望徘徊,其伎俩既极巧滑之能事,态度则呈闪烁之奇观。昔有所谓"游泳宦海"之说,今则可易为"游泳军海"之新名词。此等人,主义不足使之动心,纲纪不足使之知畏,感情信誓亦一切不足范围其行动。除赤裸裸的趋利避害以外,无规范,无信仰,利害时变,故态度亦时不同,所以使战乱延长。

这里所谓"军阀"当然是指李、冯、阎之流,不包括蒋,故最后"为挽回之计",向

---

① 徐铸成:《报海旧闻》,第149页。

蒋(政府当局)提出两点建议:"第一,先望政府当局,不惟注意战时,并须预计善后,对于扩张军队编制事,迅速截止。……第二,愿诉诸全国舆论,凡国民各界,应以种种有形无形之方法,援助态度坚决、行动一贯、有爱国诚意之人,而反对投机取巧、言行矛盾之分子。"①这表明《大公报》完全是站在蒋介石的南京国民政府方面讲话的。

3. 蒋冯阎中原大战的记事与言论

由于军阀政治的贯彻,各方没有也不可能切实裁军,"致战事既了,军额反增",这不仅使政府军费负担过重,而且"渐成尾大不掉之势"。蒋冯战火硝烟未散,将冯阎"中原战事行将爆发"②。1930年一开春,中原大地便充满了火药味,更大规模的战争大有一触即发之势。

在上年的混战中,蒋介石连连得手,阎锡山看到自己行将成为蒋介石打击的主要目标,于是一方面与冯玉祥达成谅解,一方面对蒋介石先发制人,于1930年2月10日通电谴责蒋介石,称"武力不足以统一全国",表示"愿与钧座(蒋介石)同时下野"。《大公报》对此不以为然,14日全文发表了阎电,并于次日发表针对该电的"社评"《民众观点上之时局》,指出时局混乱不是一二人的进退可以解决的,问题的症结在于各方政治道德败坏:"凡百政治,悉建于虚伪的基础上,不特尔虞我诈,敌友无常,政治道德,堕至零点。"接着进一步分析道:

> 中国今日政治败坏,原因固多,而人物与制度,实应分负其责任之半。自袁世凯阴谋帝制,广置私兵,政权军权,渐成混一。袁死以后,内战不止,系由军权畸重,政附于军所致。……孙中山先生建制岭南,数年之间,历受滇、桂、粤诸军之挟胁,因而疾首痛心于武人之不可以依赖。卒乃效法苏俄,另立新规,以军属党、以党治军。北伐成功,殆受斯制之赐。……不幸国民党立法虽佳,而施行渐懈,于不知不觉中间,党政军权集中一人,政治上缘是消失其牵掣闪避之种种作用。

因此,文章提出:"与其臧否人物、拘泥迹象,犹不如从制度上着眼,妥为支配……以政治军,以党御政,军政党权,各有专属,中央地方,循名核实,分工合

---

① 《社评·未来军事善后如何》,《大公报》1929年12月16日。
② 《社评·时局之因果》,《大公报》1929年10月14日。

作,共负责成。在国家足以弭乱源,在个人足以全功名。"①

其实,国民党时期的政治与北洋军阀时期几乎完全一样,即军阀操纵政权,"党政军权,不仅是集于一人",而且是"集于一军人",致使民国成为"军国"。就在阎锡山"蒸电"发表的当日,国民政府五院院长联合发表了《告全国军人文》,严厉指出,由于许多军人不视"军队为国家之武力",而"视为个人之私产",致使当下"军界风气,今已坏到极点"②。铲除军阀政治,依然为当下亟务。3月11日,《大公报》发表题为"军国下之呻吟"的"社评",对军阀政治的危害进一步提出批评:

> 中国现状,事实上军国也,非民国也。国家一切收入,用于军队,一切权力,握于军人。当局者之钩心斗角,为应付将领;国民之提心吊胆,为畏惧战事。交通何以阻,商业何以停,苛捐杂税何以不能减除,一切建设何以不举办,一切的一切,皆因军队多故,因将领把持故,因国家运命操诸若干军人之手故。试放眼一看,举国之现状,党在那里?民在那里?政治经济在那里?法律纲纪在那里?再退几步言,政客官僚在那里?一言蔽之,惟见赤裸裸的军队专政而已。……有若干人者,以军队为资本,以政局作交易,翻云覆雨,玩弄其间,朝秦夕楚,莫知究竟,于是政局常不定,乱机常不息。四万万人民所托命之国家,竟如陷于潮流汹涌之中,潮之所趋,一切随之。国民毫不能自主,全国百业之人,只是日瞻望军人颜色,窥其喜怒,察其动静,研究其言论,揣度其行为,以卜国家地方一时之安危。

这篇抨击军阀政治的"社评"写得可谓痛快淋漓,且文章最后还不忘建议:"政局略一稳定,必须拿定决心,立时大举编遣,澈底的将军队淘汰一番。"③

蒋介石集团名曰"中央",实际上也是一个军阀政治集团。因而,利害关系使得一些反蒋派系纷纷云集在阎锡山周围,暂时形成了一个政治上、军事上的反蒋联盟。3月15日,冯、阎、李三个集团的五十七名将领,由鹿钟麟领衔发布反蒋通电,共推阎锡山为"中华民国陆海空军总司令",冯玉祥、李宗仁、张学良为副总司令。4月1日,阎、冯、李分别通电就职,正式打出讨蒋大旗。4日,《大公报》发表"社评"《时局揭幕后之不明点》,从政治、法理、性质等三个方面说明

---

① 《社评·民众观点上之时局》,《大公报》1930年2月15日。
② 《社评·五院长告全国军人文》,《大公报》1930年2月12日。
③ 《社评·军国下之呻吟》,《大公报》1930年3月11日。

阎、冯、李通电讨蒋的"不合法性"。这篇"社评"明显是站在南京国民政府和蒋介石的立场上质问阎、冯、李,加上一贯的亲蒋言论与记载,引起了北平反蒋势力的不满。4月23日,北平警备司令李服膺、市长张荫梧警告《大公报》,称其接受蒋之贿赂,因而言论记载均偏袒蒋介石,若不改正,必将随时予以干涉。《大公报》为了表明其公正独立、没有接受任何方面的贿赂,于25日专门发表"社评"《诉之公众》,重申"四不"办报方针。不过,终因报馆地处阎锡山的管辖范围之内,《大公报》从此减少了有关南京方面的新闻,增加了关于冯、阎活动的报道。

虽然《大公报》对反蒋活动的报道和评论,从数量上看有所增加,但是从语气上看都是一些应付之作。1930年3月,汪精卫由香港派陈公博到北方活动,冯、阎、李也想借用汪在国民党内的地位扩大反蒋的政治力量。7月13日,在北平中南海召开了"国民党中央党部扩大会议预备会",会议通过的联合宣言指责蒋介石为背叛党国的败类、国民的蟊贼。次日,《大公报》发表题为"扩大会议之发轫"的"社评",完全是说了一些不痛不痒、可有可无的话。7月23日,汪精卫过津抵平,《大公报》当日要闻版头条是《汪在津不多勾留,自舟中来电嘱勿铺张欢迎》并配发汪的照片,第二版发表题为"汪精卫北来之感言",说像汪这样的有资历、有才学、有威望的领袖人物在南京不被重用,实在可惜。这表面上为汪鸣不平,实则其中有若干讥讽意味。9月1日,"扩大会议"通电公布"北平国民政府"大纲,推定阎锡山为"主席"。9日,阎锡山、汪精卫、谢持在北平就任"北平国民政府委员"之职,《大公报》对此发表的"社评"《当局诸公勉之可矣》也是敷衍之作,说当天是以阎锡山为主席的"北平政府"成立第一日,"尚无多可论,惟主席阎君于前晚抵平时,对报界曾发表八字之方针曰'公平内政,均善外交',其词甚精,涵义定富。"接着就此八字敷衍成篇。为了避免麻烦,文章称阎锡山北平政府为"新府",称蒋介石南京政府为"宁府"。

中原战场炮火连天,"新""宁"两府对台唱戏,东北军首领张学良则坐山观虎、隔岸观火。《大公报》敏感地意识到,决定中原战场胜负和"新""宁"两府命运的人物是张学良:此时的张学良好比一个砝码,他倒向哪一边,哪一边就胜。为了了解张学良的动态,胡政之决定再次出关。

从1928年9月到1930年9月,胡政之利用与东北军的特殊关系三次出关采访,均获得重大收获。1928年9月下旬,胡政之第一次出关,访问张学良等人,探询东北的军事与外交政策,然后遍游奉、吉、黑三省,得知张学良已决定易帜,只因为日本干涉暂未实现。这次东北采访中,胡政之在报上发表了九篇名为"东北之游"的通讯,10月18日还发表了一篇题为"东北之游以后"的"社评",对东北易帜暂未实现作了三点说明。1929年上半年,中苏间发生中东路交涉案,胡政之于7月下旬再次出关,从8月1日起在《大公报》上连续发表五篇题为"再游东北"的通讯,详细报道中东路交涉的情况。而眼下蒋冯阎大战难解难分之际,胡政之第三次出关。

1930年9月17日,张学良在东北边防司令长官公署单独接见了胡政之,并明确告知自己准备通电进关。胡政之立即用事先约好的暗语将此消息电告张季鸾:"请汇三百元。"天津《大公报》馆的张季鸾当天就收到这则决定阎、冯失败命运的绝密消息,而阎、冯驻天津代表贾敬德、薛笃弼直到第二天被"送客"时还蒙在鼓里。9月18日,《大公报》要闻版头条刊登专电:《东北对时局态度揭开,根据三月东电呼吁和平》,并配发张学良半身照片。19日,要闻版头条为张学良的拥蒋通电,同日发表题为"时局感言"的"社评",从民众利益立论,表扬张学良拥蒋通电之举:"抑就目前而论,民众利益之最大者,在销灭战争,其次亦须先恢复小康,与民休息,盖战祸太巨,且虑其长,故凡足以缩短战祸者,民众之利也。延长分崩者,民众之害也。昨日张学良氏一电,对目前罢战,想有重大效果,是则与民众利益一致之事矣。"[①]

张学良拥蒋通电发表后,中原战场形势急转直下,阎军退出平津,冯军沿陇海路败退,进入湖南的桂军也败退广西。随着阎、冯、李军事上的失败,"北平国民政府"也宣告破产。阎锡山撤出平津后,张学良进关接管,9月21日《大公报》发表"社评"《天津之平和接防》,对去来双方都说了些歌颂的话,确保两不得罪:

> 此次张学良氏,巧电主和,进兵关内。……自政局言,自为一大变动。就天津论,亦为关系全市安全一大事件。乃连日情形,晋方拱手相让,辽方礼貌而来。……现在服务天津之军政当局,旧俱工作于第三集团军,前年战后受命而来,居今追溯,恰逾两岁。……军纪概属良好,行政亦颇谨慎,官民相安,两年一日。……(大战爆发)半年来,前方演空前之血战,后方秩序,仍能照常,则天津军政人员之努力,有足多者。迨近日时局急转,此间当局,仍能善尽职责,毫不规避,将负责至最后之一小时,然后平安撤

[①] 《社评·时局感言》,《大公报》1930年9月19日。

去。此种忠于职务的精神,当尤为市民今后所纪念者也。……东北军前年出关以后,编制组织,俱有更张,统一以还,改称边防军,职司防边。去岁抗拒强俄,即该军之一部,牺牲壮烈,国民痛之。此次遣派入关之诸旅,固皆训练节制之师;而办理行政方面者,又咸料为最熟悉津埠情形之有力人员。故接收之后,吾人深信其必能保障全市安宁,渐谋各项建设,而有以慰津民之望。①

次日,《大公报》又发表"社评"《东北军与中国大局》,从历史到现实,又将进关接防的东北军好好地夸奖了一通:"今东北地位,诚哉不失为时代之骄子。"②

10月3日,蒋介石以混战中胜利者的姿态电请南京国民政府大赦政治犯、军事犯,电文称应遵照古训"以德服人"。《大公报》便抓住此语于10月6日发表题为"论以德服人"的"社评",向蒋介石和南京政府说了一番"知心话",并于训诫中贡献了一套治国之策。文章首先说:"自人民地位言之,所谓遵博爱之遗教,弘开国之规模,安反侧而定人心,塞乱源而固国本,立言正大,义至可取,而所谓应'以德服人'一语,尤为不磨之论。"接着将"北伐"与"战冯阎"作了对比,认为前者"何其易",后者"何其难"。原因在于北伐时"人心服",而近两年以来,人心不尽服。由此向当政者献言道:"吾人所望于一切负责当局者,即深切体会以德服人之古训,尤先了解'德'之解释。""吾人之见,以为德之为义,绝非指对于若干特殊人物之宽仁有恩而言,乃为对于全国人民之诚信而言。"并且指出,当下之中国,只有以"革命的道德"才能"服人心而绝内乱"。关于"革命的道德",文章解释称:"何谓革命的道德?即实践一切对国民之约言,实行革命的政治,屏弃一切旧式策略术数,泯绝一切自私自利野心,躬率全国,质朴诚恳的向建设之途勇进。至于廉洁守法,用人公正,更不待论。诚如是,则人心服矣。"③在向胜利者献策之余,10月27日,《大公报》又发表"社评"《论西北善后》,以辩证观点对失败者说了几句"宽心话":"凡兵争之结果,应有胜败。……既有胜败矣,则败者自处之道,宜为认败服输。如此始可免更甚之失败,且可望转为未来别种途径之成功。"据此,"为阎冯计,惟有认败服输,解放其军队与地方人民,俾国家先恢复小康,阎冯等以在野之身,静观政治之进行,

---

① 《社评·天津之平和接防》,《大公报》1930年9月21日。
② 《社评·东北军与中国大局》,《大公报》1930年9月22日。
③ 《社评·论以德服人》,《大公报》1930年10月6日。

庶几乎为善处逆境之道"①。

从1928年9月到1930年11月的两年多时间中,国民党内部各派系为了权力再分配进行了一场又一场激烈的斗争,政坛上口诛笔伐,战场上烽火硝烟,令人眼花缭乱。《大公报》在这场错综复杂的斗争中,其新闻与言论有时不免有应付局势之嫌,但是基本立场和政治思想是明显的,且是一致的,就是维护"正统"。而《大公报》心目中的正统,就是蒋介石及其南京国民政府。

(五) 有关"剿匪"的记事与言论

经过一连串的混战,蒋介石击溃李、冯、阎等地方实力派,在形式上实现了全国的统一。于是他便集中兵力,于1930年12月开始对中国共产党领导的中国工农红军进行大规模的军事"围剿"。对于蒋介石"围剿"红军这一行为,不必讳言的是,《大公报》的态度是"支持"的。

在政治观点上,新记《大公报》继承了王记《大公报》的"惧赤""防赤"和"反赤"的观点。如前所述,新记《大公报》续刊之初之所以排斥北伐军和南方国民政府,是因为他们认为那是一股"赤化"势力,称"彼蒋军之来,有赤俄为之扶持",同时"其中共产派一部分专以煽动工潮、利用学界,使中外人士重足而立,咸感不安",②甚至将"赤化"视为中国的"国耻"。不久,蒋介石、汪精卫"变色",国民党则由"赤"变"白",《大公报》对蒋介石、国民党也随即转变态度。但是,中国共产党坚持共产主义信仰,坚持走十月革命道路,尤其毛泽东等人将马克思主义理论同中国具体实际相结合,走农村包围城市、武装夺取政权的道路,在农村建立革命根据地,更加引起《大公报》主要领导人的不满和恐慌。

比如从1927年8月到1930年11月底,《大公报》关于"剿共""剿匪"的记事与言论频频出现在版面上,并且频率越来越高,"专电""通讯""调查""短评""社评"等各种新闻手段几乎全部运用。据不完全统计,这段时期,《大公报》版面上关于红军活动的记事与言论共有头条专电十三则、通讯七篇、调查两篇、社评十二篇、短评六篇。在这些报道和通讯中基本上都是对中国共产党的污蔑之词。

尤其是中原大战结束后,胡政之南行采访,通过陈布雷的关系,于1930

---

① 《社评·论西北善后》,《大公报》1930年10月27日。
② 前溪:《论评·注意国内与国际之变化》,《大公报》1926年9月5日。

11月20日见到蒋介石时,曾当面进言"剿共"事,蒋介石皆以为"然",全盘接受。关于这次会见的情况,胡政之在11月28日发表的通讯《新都印象纪(二)》中作如是描述:

> (上午九时,胡政之在陈布雷的陪同下赴蒋介石的私邸谒见)蒋氏出,与余握手为礼,状极谦和,略询天津情形,记者与谈大局,蒋莞尔笑曰:"战事告终,今后建设,端赖全国智识阶级群策群力,共谋进行,报界亦与有重责也。"余乃进言曰:"今日急迫应办之事,莫过于剿除'匪共'。"蒋曰:"然,吾将不日躬往汉口策画也。"余曰:"'剿共'之事,军事与政治宜并重……"蒋曰:"然。吾此次将以汉口为中心,布兵兜剿,务令消灭,决不以赶走为止"……记者与辞,蒋握手道再见,送出大门而退。综观蒋氏态度,出语甚少,而听话颇凝神注意。据布雷先生言,蒋乃刚毅木讷一路人,居恒沉默寡言,与之语,辄□唯不绝,以致见者往往畏惧不得罄其辞,蒋于此受亏不少,今日发言之多,乃仅见之事也。①

《大公报》领导人对"剿匪"的态度由此可见一斑。

九一八事变和一·二八事变相继爆发后,蒋介石国民党政府不顾民族危亡,又以大量的兵力对红色根据地和工农红军先后发动了两次大规模的军事"围剿",即第四、第五次"围剿"。在民族矛盾日益激化的形势下,《大公报》依旧支持蒋介石对共产党和红军的"围剿",在记事和言论上也步步跟进,可谓助纣为虐。

不过《大公报》毕竟是一张民营的文人报纸,它一方面积极支持蒋介石国民政府对共产党和红色根据地进行军事"围剿",另一方面也提出了若干有别于国民党政府的观点。归纳起来,主要有两点:

其一,"与其言剿匪,尚不如言讨贪"。《大公报》虽然不赞同共产党的主张,但它又认为所谓"共祸"之产生,是由于国民党政府腐败,各级官吏贪污腐化、逞凶肆虐、作威作福所造成的。掌握政权、军权诸人,政界之利弊莫知,地方之疾苦不晓,左右近习,多以搜刮剥削为能事,闹得民不聊生、怨声载道,造成了"共匪"滋生蔓延的环境。因此,"剿匪"之本在于彻底改变这种环境,即建设廉政,铲除贪污,改善人民生活。

---

① 《通讯·新都印象纪(二)》,《大公报》1930年11月28日。

如1931年7月29日的"社评"明确指出,要消除共产党的影响,必须与贪官污吏作斗争。"中国久称病国",在于"承袭专制之余毒,而步武欧美之奢华,官吏贪污,军人跋扈,过于任何时代,人民竭尽脂膏以奉少数人,而犹不足,政窳民贫,至今而极焉,而国际的经济侵略复日甚,赤白夹攻,近愈猛烈,此诚内忧外患危急存亡之秋也"。进而指出,"中国不幸,官吏风气太恶,一切祸源,由此而生"。故而必须"与一切腐败作殊死战,由此以生新血液、新生命"①。

其二,"绝对'剿匪'"与"相对反共"。《大公报》认为,"'剿匪'与反共两事也","'剿匪'为绝对的,反共则相对的"。对那些组织武装的真"匪","占据城邑,抗拒政府,杀戮普通人民,破坏房屋财产,此任何政体之国家所不能容。……中国需要和平统一的生存,苟威胁此根本条件者,惟有以兵力临之。纵彼等有充分的政治色彩,亦不得不剿……别无讨论之余地也"。"'剿匪'者,以其匪故而剿之。只问匪不匪,不论共不共。反共者,反其有破坏之行动。苟无所行动,而止于主义之研究或同情,则惟有以思想辩论纠正之,同时并可以采取其优点以为我用。""具体言之,如苏联书报及各国研究共党问题正反两面之著作,凡有社会科学讲座之学校,皆不必禁读,教授讲师,且可指导学生研究并纠正之。"②九一八事变后,在民族矛盾上升的时候,《大公报》根据"相对反共"理论,又提出以"开放党禁"的主张:"即无论操任何政治经济主张之党派,凡不以武装暴动为手段者,概许其有结社之自由,庶几可以弱赤化暴动之根基,而防杜其蔓延。"③

一般看来,《大公报》提出"剿匪与反共两事也"的观点是荒谬的、站不住脚的。但另一方面他们又提倡学习苏俄经验,提倡研究共产主义学说。如《大公报》于1931年3月派曹谷冰赴苏联采访。曹氏在苏三个多月,进行了大量采访活动,除发专电外,还写了二十多篇旅俄通讯和多篇旅俄游记,比较全面、客观地报道了苏联社会主义建设的成就。曹谷冰旅俄通讯亦由《大公报》出版部辑成《苏俄视察记》出版发行,颇受中国读者欢迎。

1931年4月,在中国驻德公使蒋作宾经苏联归国之际,《大公报》特别发表题为"舍短取长"的"社评",论述如何向苏联学习的问题。文章首先说:"蒋公使作宾上月十六日离俄时,语本报特派员,俄人建设精神,殊堪重视,国民应多

---

① 《社评·论消毒》,《大公报》1931年7月29日。
② 《社评·剿匪与反共》,《大公报》1931年2月28日。
③ 《社评·如何结束共乱?》,《大公报》1933年4月2日。

加研究;前日抵哈尔滨发表谈话,复称俄人节衣缩食,兴国创业。我国亟宜舍短取长。"文章接着列举了国民应注意的数点:苏联军队不军阀化,不个人武力化;中央地方政府不军权政治化;苏联党政干部不贪污、不腐败;文武高官不营私致富、置产发财等。而尤以最后者为"中国今日最应研究之点也",中国"目前贪官污吏之多,纵着手建设,如何方可有良好成绩? 凡此皆中国国民今日之真正烦闷,须为当局严切注意者也"。文章最后特别指出:"抑国人勿存因噎废食之见,以为研究苏联建设,足为中国所谓共党者张目……"①

尽管"党国当局"不可能取苏联之长,但《大公报》对苏联建设成就,尤其是廉政建设成就的肯定是真切的。依照取苏联之长的主张,《大公报》经常刊登有关介绍苏联成就的文章,如1932年9月6日第四版"专载"《苏俄之国防运动》(日本笠原幸雄著,敬慈译),文前译者按:"最近苏俄国民,缩衣节食,踊跃输将,以充实国防。返视我国弥复可悲! 日本武官笠原幸雄近著《苏俄国防运动》一文,对于苏俄充实国防方策,叙述颇详,足供我国救国运动之指南针,特择要译述如次,以供国人之参考。"②10月12日第一版刊登广告,推荐刚从苏俄归国的王印川著《苏联五年计划奋斗成功史》,赞其曰:"苏联民族奋斗建设之精神跃然纸上。"当年11月7日是苏联"十月革命"十五周年,《大公报》是日发表题为"苏联十五周年"的"社评",热情歌颂苏联十五年来所取得的成就和苏联人民艰苦建国的精神:

> 苏联革命之始,无不料其脆弱,亦无不诅其夭亡,然而苏联竟能挣扎于外患内忧交迫之中,奋斗于工农经济建设之路,遇穷则变,因变而通,而五年,而十年,而十五年,今已居然成一基础巩固之新兴大国。昔之咒诅或鄙视之者,转而为惊讶或羡慕,至少已不否认其国家之继续性。且也各国方困于失业及生产过剩,而苏联独无失业,无过剩,而五年计划,而第二五年计划,蹲踞欧亚,睥睨寰中。虽极端反对苏联政体之人,至是遂亦不能不认识其建国之努力。

并劝谏本国政府与人民:

> 中国当局与人民更有应注意考求者,则中国亦革命新邦,而成绩显然甚少。中国环境,自有其特殊困难,非苏联之比,然苏联之创造精神,究足

---

① 《社评·舍短取长》,《大公报》1931年4月26日。
② 敬慈:《苏俄之国防运动》,《大公报》1932年9月6日。

供吾民之参考。近时国人皆已注意苏联五年计划,则应知此大规模事业之背后,赖有精神力为之推动。苏联政制不可学,亦不能学,顾对于其国执政者之廉俭勤劳,与人民同甘苦,掌政权十五年而无腐化之名,则至宜借镜,以资勉奋。①

同时,《大公报》认为公开研究、自由讨论马克思主义,可以阻止别有用心者对青年进行秘密煽惑,因此还时常刊登一些外国学者研究马克思主义、研究共产主义学说的论文,并主张"自由研究与讨论"马克思主义:"盖共党所以易'煽惑'青年者,徒以秘密故也。假若马克思全集、列宁丛书,人手一编,则亦无可奇异矣。再广读各国评论马克思、列宁之书,更不觉新颖矣。若夫公开讨论,自由研究,则迷信之发生愈难矣。"如此一来,"共党问题并不足虑"②。

(六) 有关"救亡"的记事与言论

所谓"救亡"即"救亡图存","拯救国家危亡,谋求民族生存"。鸦片战争后,中国陷于内忧外患的境地,在外国列强气势汹汹的武装侵略面前,清朝统治腐败无能,只能割地赔款。许多有识之士感觉到中华民族面临着亡国灭种的危险,于是发出"救亡图存"的呼喊③。自维新运动以后,每一场政治改良运动都属于救亡图存运动的范畴。本节的"救亡"专指日本侵略者1931年制造"九一八事变"后至1937年卢沟桥事变之前中国人民所进行的"救亡"运动。

对于广大民众掀起的"救亡"浪潮,《大公报》的态度是很明确的:理解、支持,但是不能仅凭感情行事,必须诉诸理性。

1. "明耻教战"——"九一八事变"后的救亡记事与言论

1931年"九一八事变"后,日军仅用五天时间便轻而易举地占领了我辽、吉

---

① 《社评・苏联十五周年》,《大公报》1932年11月7日。
② 《社评・北方共党问题》,《大公报》1929年4月20日。
③ 有关"救亡"言论的提出者,学界众说纷纭。有论者认为,1895年严复在《救亡决论》中最先喊出了"救亡"口号,提出"物竞天择,适者生存"的生物进化规律同样适用于解释人类历史的发展,根据这个规律,中国如果拒绝变革,就将被先进的西方民族所淘汰。也有研究者说,革命报人、同盟会会员天僇生在《论小说与改良社会之关系》一文中首先完整提出"救亡图存"的口号:"夫救亡图存,非仅恃一二才士所能为也;必使爱国思想,普及于最大多数之国民而后可。"(《月月小说》第一卷第九期)

两省,而中央和地方当局均抱"不抵抗主义",一味寄希望于国联调停。日寇的疯狂进攻和政府的"不抵抗主义"形成对比,使得全国民众的爱国心受到严重刺激,尤其是青年学生热血沸腾。9月28日,南京学生冒雨向政府请愿,群情激愤之下竟"攒殴"外长王正廷致其重伤。次日,《大公报》发表"社评"说:"昨日攒殴外交部长之事,言理则违法,论情则可矜。"但是又说,从精神上讲,"则等于殴大家,并殴自己",并劝各界人士,尤其学生诸君,痛切注意:"中国因无国防而受外患,今因蒙外患而倡战争,此在逻辑上陷于矛盾。夫假令日军长此侵凌,相迫不已,则以悲壮决心为最后自卫,理所当然,事亦必至。然倘如外交手段犹有可用之余地,则宜扶助政府进行,勿加以过重压迫。"①呼吁保持"镇静"。

随着日寇的不断入侵,民众的"抗战"呼喊与政府的"不抵抗主义"之间的对立情绪越来越严重,从北到南,从学生到市民,到处都洋溢着抗战的呐喊,舆论界也很快被卷进来,平、津、沪有不少报纸明确表态,积极支持广大群众抗日救亡的要求,有的甚至主张立即对日宣战。《大公报》几句"镇静"的呼吁似乎不大起作用。

怎么办?吴鼎昌、胡政之、张季鸾这三位负责任的爱国报人陷入纠结:作为"向导民众"的报纸,当务之急是应该拿出一种积极的主张,提炼出一种精神,既能使民众过于愤激的情绪趋于"镇静",又能启发全体国民攒起劲头、做持久抗战的准备。作为"爱国派"和"知日派",他们认为从国家利益、民族利益出发,每个爱国者必须力主救亡,力主抗战;然而面临的敌人相当强大,且气势汹汹,中国却是虚弱到了极点——连年军阀混战,国力、民力丧失殆尽,加上水旱灾害,全国饿殍遍地,死气袭人,人民求生存而不可得,哪来力量抵抗强敌?且全国上下一盘散沙,有钱阶层醉生梦死,置民族存亡于不顾。"九一八事变"爆发前夕,《大公报》在"社评"中就指出过:

> 夫中国国民之力量诚弱矣,然假令一切有组织、有计画、有实行决心,则力虽弱犹足以有为;所痛者,无组织、无计画,亦无实行决心。全国社会,澈上澈下自利自私。昔庚子之变,联军入北京,而上海依然笙歌澈夜,论者耻之,然今日亦复如是。当江淮大灾,数千万同胞无食无家之时,而上海北平之跳舞场,红灯绿酒,拥抱为欢,听爵士乐,作狐步舞者,亦固皆

---

① 《社评·王外交部长殴伤事件》,《大公报》1931年9月29日。

中国人也。①

他们感觉到，不抵抗，就是当亡国奴，死路一条，当然不可取；然而立即宣战，又无取胜之把握，如把握不好会招灭顶之灾难。那么明智的选择只有一条，那就是像越王勾践那样，"十年生聚，十年养成"。

吴、胡、张经过一番思考和讨论，意见趋于成熟。据一些《大公报》老人回忆，10月上旬的一天，张季鸾、胡政之召开了"一次前所未有的编辑会议"②，经过研究，确定了以"明耻教战"为今后记事立言的方针。10月7日，《大公报》发表题为"明耻教战"的"社评"，正式揭载了这一方针。

"社评"首先赞扬青年学生因"九一八事变"而激发起来的愤激之情及表现出的壮烈行为。接着提出一个重要命题，即"明耻"："对外抗争……尤有一重要工作，谓宜由全国上下，澈底明夫国耻之由来，真切了解国家之环境，实际研讨雪耻之方案。易言之，昔人所谓明耻教战者，今则明耻更较教战为尤亟。"何以这样讲？"自前清海通以还，门户洞开，迭遭外侮"；"一入民国，国耻愈多，兴奋一时，酣嬉永岁"，"究其原因，实由国人知耻不真，觉悟不诚。不观今日国难方亟，而号为政权在握者，乃迄不肯立泯猜嫌，共图挽救"。因此"宜唤起其知耻之念，较之青年之军事训练，尤为急迫之需要"。而如果全国上下都"能知新旧国家耻辱之症结，洞察夫今昔彼我长短之所在，即可立雪耻之大志，定应敌之方策。全国立志，必有能矣，人人知耻，斯有为矣。国民有能有为，而仍不足以当外患，古今中外断无是理"。文章最后特别指出，报纸对于民众的教育，如果不权衡得失，一味"好为激刺感情"，"其利在血脉奋张，恣为冲动，其害则客气难恃，久必生懈，历来对外抗争，结果不出此道。虽当局自身，不得免焉。故吾人主张明耻较教战尤亟"③。《大公报》认为，全体国民必须懂得：在敌强我弱的情况下，只有真切了解国家的实际和所处环境，弄清国耻之由来，制定雪耻之方策，下定雪耻之大志，并以卧薪尝胆之精神发愤图强，才能最终把入侵之敌赶出中国。

隔天，又专门发表一篇面向青年学生的"社评"《废学不能救国！》，说："自东事发生，全国青年最感刺戟，东北学子尤受奇殃，平津之间，聚集辽吉避难学

---

① 《社评·本社救灾日之辞》，《大公报》1931年9月1日。
② 孔昭恺：《旧大公报坐科记》，第25页。
③ 《社评·明耻教战》，《大公报》1931年10月7日。

生,已逾千人,留日学生,闻亦多数罢学归国。此外,南北各大学有因请愿而休学者,有以兵操而停课者,南京中央大学学生二千余人,且一再赴国府请与主席谈话焉。"《大公报》认为,其心情当然是可以理解的,但是无论情形如何,这些举措均不可取。因为这样做,"虚掷青年宝贵之光阴则一,事关国家永久命脉,窃愿社会各方面领袖人物与青年本身,权衡轻重,严重注意"。因而报纸劝告学生说:"须知废学断断不能救国,大好光阴,稍纵即逝,为国为己,得不偿失。"总而言之,"青年爱国,必须谈书","学生救国,不宜废学"①。

11月8日,"天津事变"发生,《大公报》毅然搬出日租界后,虽然"仇寇"之情又平添几分,但仍然坚持宣传"明耻教战"。国际联盟于10月24日通过决议督促日本从中国撤兵,然日本侵略军置若罔闻,侵略愈加扩大;国联反而转向退缩,仅以派遣调查团敷衍。在这种情况下,《大公报》11月22日发表"社评"《国家真到了严重关头》,仍然说:"在今日而号召宣战,却适中日阀之陷阱……为自卫计,须普遍的唤起人民之觉悟与认识,痛念祖国时时可陷于危亡,加紧的由军事上、财政上、工业上准备守势国防,同时求友于世界。"②文章的中心思想是反对开战,主张普遍唤起人民的觉悟,加紧守势国防的准备,排除万难,以求自卫。

在全国民众群情激愤、倡言抗战成为潮流的形势下,《大公报》的"明耻教战"无异于"逆行"之举,势必招来激烈反对。

10月9日,《大公报》馆收到由北平读者寄来的署名"东北留平同乡反日救国会"的油印品,题为"警告天津《大公报》",性质类似传单。其上写道:"此次日本出兵事变发生,贵报持论,日见离奇,或多词意模棱,或多为消缓国人心理之议,而新闻纪事,亦似有同一态度。论者或以为贵报处日租界中,环境恶劣,不得不尔。或直有讲贵报系受日人金钱收买,甘为作伥。"因此,"敬敢提出警告,以请注意:国难方殷,时机日迫,有希图个体利益而罔顾国权者,即为全国民之公敌;有为威势所胁而隐忍屈服者,则为民族之莫大卑辱。凡此皆全国民众之所难容者,尚请贵报善惜令誉,为国家争正义,为民族伸气节"。因系"传单",无从置复,《大公报》遂特将其于10月10日第四版中间加框全文刊登,并加编者按语道:"本报复刊以来,已逾五年,言论纪事,一以忠实负责……事业

---

① 《社评·废学不能救国!》,《大公报》1931年10月9日。
② 《社评·国家真到了严重关头》,《大公报》1931年11月22日。

之信用愈久，同人之人格愈益彰著。凡属本报之读者，胥有深切之认识。右纪传单，愿以质之公众，听凭判断，同人不避也。"①

在11月22日的"社评"发表后，《大公报》社又收到读者赵默佑的一篇长函，向"《大公报》主笔先生"谈了五点意见：一批驳"不抵抗主义"；二认为中国对日本迟早必战，应早下决心；三说"战乃图存，不战必亡"；四勿以"国宝偏论"麻痹青年；五勿再以"危邦弱国无外交论"鼓动政府一味哀求国联②。26日，《大公报》在第四版全文刊载了赵函，并就此发表了题为"转祸为福在共同努力！"的"社评"，借回答赵函之机申论了反对开战的理由，提出了"备战"的选择和应付目前紧要外患的态度。文章首先说："吾人愿全国亲爱同胞注意者，此'一战'二字之观念，须亟纠正。现代战争其发动为全国之动员，其目的为最后之胜利。故一旦宣战，须战至最后，须决心战一二年或数年。'一战'二字不能适用。如此大战，当然须准备。既未准备于事前，当然须亟准备于事发之后。吾人前论谓今日不可宣战者，指此而言也。"说到"备战之道"，认为主要在于"消除内忧，唤起民众"。关于"消除内忧"，社评认为"此无他，今当国家真正严重关头，政治上必须有非常改革，以应此奇变"，具体而言，就是"执政之国民党本身宜迅速统一"，"开放党禁，邀集一切有爱国心而无暴动破坏行为者共同合作"。"社评"驳斥"战亦亡，不战亦亡"这种"不祥之心理"后说："中国必须由自卫中求出路，能自卫而后能得兴国，而后能求胜利。然同时自卫之实行，则不能不出于整个的政略，知彼知己知世界，军事战与外交战须同发挥其最大效能，缓急进退之间，皆以军事的原则支配之，然后能持久，能转危为安。"③这篇出自张季鸾手笔的"社评"写得言辞恳切、语重心长，切合当时中国的实际情况，驳斥了若干感情用事的主张，确立起"举国合作"、对日"持久抗战"的"整个政略"。

12月，面对上海、南京、北平学生高涨的请愿风潮，《大公报》连连发文，直接面对学生讲解"明耻教战"的对日"政略"。5日的"社评"《学生请愿潮》首先说："青年爱国，热诚请愿，其心诚可嘉，其方法则殊不能得社会多数赞同，于实际亦无利益。"接着说："中国对日，非准备顽强之持久战，不能望出死入生，青年也者，固今后持久战之斗士也。""如果轻泄其气，耗用其力，卷入'请愿团'

---

① 《敬请读者公判》，《大公报》1931年10月10日。
② 《赵默佑君致本报书——战乃国存，免亡惟战》，《大公报》1931年11月26日。
③ 《社评·转祸为福在共同努力！》，《大公报》1931年11月26日。

中,仅发挥些须'请愿热',停课废学,全国皇皇,是敌人未来摧毁我之抵抗力而我乃自杀其持久战之新斗士,此直国家之大损失,抑亦对日作战之白牺牲也,祛虚就实,为国自勉,社会盖厚望之矣。"①7日的"社评"劝请愿学生不要受"少数带政治意味之分子"的挑唆,"丁兹国步艰危之际,推翻政府,无裨外交,掀起战端,徒重国难。……此种明明违反民族利益、断送国家运命之事",希望学生"诉之理智","辩其得失","宜速行反省"②,立即中止其请愿活动。11日的"社评"再次规劝"有政治色彩之青年",在外患紧迫之时应拥护政府,"争言论自由,发挥政见"。目前的这种废学示威活动,"应以此为止"③。

此后,凡是在重要时间点,《大公报》都要在"社评"中提醒国人"知耻"之由来,立"雪耻"之志向。1931年12月31日,《大公报》在题为"送民国二十年"的"社评"中言:"奇痛巨耻危险暴露之民国第二十年,尽于今日,然国家之痛与耻及其危险,则不与今日以俱尽。国民于送此不幸之民国二十年,更须决心担负今后一切之危险,以勉求纾痛雪耻之道。"④1932年9月18日,在《国丧纪念之辞》中说:"我政府人民,将于此(九一八)国丧周岁纪念之日,敬谨哀悼一年来各地死难之军民同胞,并互相砥励,期尽其救国雪耻之重任。"⑤1934年元旦,《大公报》在《迎年之辞》中沉痛地说:"大中华民国,自今年陷入一种新的地位,即国际公约,对我失效,而我复不能自保其领土!是以严格言之,中国今年实已非完整之独立国!……中国民族之耻辱与危险,过去二年间仅开其端,倘不真诚努力,则今年及其后,将耻辱愈甚,危险愈烈!"⑥

除了发表"社评"外,胡政之、张季鸾还围绕"明耻教战"采取了一系列相应举措,其中最重要的有以下几项:

其一,指派汪松年、王芸生负责编辑甲午以来日本侵华史和中国对日屈辱史,让人民从近代史上了解外侮之由来以"明耻"。这一工作的成果就是后来由王芸生独立完成的《六十年来中国与日本》。该著作从1932年1月11日起在《大公报》第三版"本报特辑"专栏连载,影响很大。后辑卷出版,张季鸾为之写的序言道:"吾侪厕身报界,激刺尤重,瞻念前途,焦忧如焚。以为救国之道,

---

① 《社评·学生请愿潮》,《大公报》1931年12月5日。
② 《社评·愿青年勉抑感情诉之理智》,《大公报》1931年12月7日。
③ 《社评·上海之严重学潮》,《大公报》1931年12月11日。
④ 《社评·送民国二十年》,《大公报》1931年12月31日。
⑤ 《国丧纪念之辞》,《大公报》1932年9月18日。
⑥ 《迎年之辞》,《大公报》1934年1月1日。

必须国民全体先真耻真奋,是则历史之回顾,当较任何教训为深切。因亟纂辑中、日通商以后之重要史实,载诸报端,欲使本报读者抚今追昔,慨然生救国雪耻之决心。"

其二,从1931年12月4日至9日,每天在第二版、三版刊登熊佛西写的剧本《卧薪尝胆》,并将本应在副刊连载的剧本提到社评版、要闻版连载,其寓意不可谓不明。

其三,请著名军事家蒋百里先生主编增辟《军事周刊》,专门刊登军事知识,以向国民"教战"。此点本章第五节将有详述,这里从略。

通过"社评"的申论和相关措施的实施,胡政之、张季鸾"明耻教战"的"救国之道""自卫之策"也产生了一定的影响。对《大公报》的这段历史,胡政之在1943年所写的《回首一十七年》中总结说:

> 九一八事变后,平、津、沪许多同业都曾主张过要对日宣战,我们虽然责骂日本无所不至,却始终不曾拿出要打仗的主张。这并非我们不赞成,而是重视放出此最后一张牌的时机,不愿轻于道破,叫敌人早下决心。因此一时引起学生们的不满,但我们置之不顾。民国二十二年,天津事变起,本报在日本兵机关枪包围之下,无法出报,仓皇迁移法租界。当时社会各界预料我们对日论调必然要硬化。我和张先生商议了一晚,反复斟酌国家利害,认为战争的准备差的还远。宁可把事业毁了,我们也不应当人云亦云地轻言开战。因此依然保持着在日租界出报时的态度。当时很怒恼了许多热血青年,甚至有东北学生在本报馆的后门抛掷炸弹,恐惊我们。①

《大公报》"明耻教战"之"对日政略"的确立与揭载,历来被列为《大公报》"罪行"之一,甚至说这是张季鸾受蒋介石指使的结果,具体而言,是蒋介石委托于右任打电报请求张季鸾帮助宣传"缓抗"一事。亲历此事的《大公报》老人孔昭恺在《旧大公报坐科记》中回忆当时的情况写道:

> 九一八事变后,群情激愤,要求抗日呼声四起。《大公报》连续发表几篇社评说现在不能打,"未堪为孤注一掷"。要求"忍辱负重","准备守势国防,同时求友于世界"……《大公报》这种论调,人们认为实际上就是蒋

---

① 胡政之:《回首一十七年》,《大公园地》1943年9月5日第7期。

介石的不抵抗。九一八事变后的一个晚上,我帮着翻电报,看到一封于右任给张季鸾的电报,原文已记不得,确有"缓抗"字样。于为南京监察院长,张的同乡耆宿,与张凤有交谊,他这时候给张电报,是否他个人之意,或受人请托,不得而知。①

青年学者俞凡认为,有无请"托电",尚查无实据,《大公报》的"明耻教战"与蒋介石的"缓抗"更可能是一种"暗合"②。其实有无"委托"、是谁的意思,这些都不重要,重要的是"明耻教战"方针自身的内涵。笔者以为,《大公报》的"明耻教战"与蒋介石的"缓抗"在形式上有某些相似之处,但内涵上完全不同:蒋介石"缓抗"的内涵是"攘外必先安内",是先消灭共产党,再抗击日本人;而《大公报》的"明耻教战"内涵是宣战之前要充分发动民众,以在精神上、物质上做好充分准备,而一旦宣战,就必须战到胜利为止,其用"明耻"以"教战",落脚点在"教战"。应该说,这种见解在某些方面是符合当时中国实际的。

2. "死里求生"与"上层误国"——"一·二八事变"时的救亡记事与言论

1932年"一·二八事变"发生后,驻上海的十九路军在总指挥蒋光鼐、军长蔡廷锴、淞沪警备司令戴戟指挥下,英勇奋起抗战,在中国军队反侵略史上写下了可歌可泣的一章。上海各界民众不仅从道义和物质上支持十九路军,而且纷纷组织各种义勇军、敢死队,直接参与抗击日军的斗争。日军除用飞机在上海狂轰滥炸之外,还继续增兵至七万,企图强行占领上海。

事变发生后,《大公报》一方面向日寇提出严正抗议,一方面向国民指明沪战前景,以坚定上海军民抵御日寇的信心:"时至今日,已无所谓局部问题之解决。我全国同胞从此只有一条路——死里求生!"并说:"沪案证明中国虽欲对日本屈辱求免,亦不可得。""四万万中国民族,已到生死主奴之最后关头。"并坚定指出:"全国国民于此,有应切切牢记之一要义:中国之兴国御侮,绝对有把握,日本军国主义者,断不能亡我。……国民须知,中国不孤立!正义不灭亡!"③进而论述"上海战事"的意义和军民应有之态度:"上海诸将士,数日来抗日守土,直接保全东南,间接即所以维持东北,其功诚不可谓小。""中国之奋勇自卫,实即唤起同情,打破外交僵局之必要手段。故吾人认定上海战事直接影响东北外交,间接影响世界大局者。"同时,向民众提出要求:

---

① 孔昭恺:《旧大公报坐科记》,第25页。
② 俞凡:《新记〈大公报〉再研究》,第106页。
③ 《社评·全国同胞只有一条路》,《大公报》1932年2月2日。

凡我国民,在此千钧一发之时,益不可不奋起为守军之后援,其法:(第一)督促政府,多派援军,优予接济,使守土各军,再接再厉,不屈不挠。(第二)牺牲一隅,所全者大,国民宜鼓励上海各界,忍痛抗战,勿轻听外人调停,漫言妥协,以致东北无救,前功尽弃。(第三)监督政府,坚持正义,力挽国权,非得有力之保证,有利之条件,不能开始为东北问题之交涉。①

激励军民投身战场,狠狠打击日寇,是《大公报》在淞沪抗战时期的主要工作。从1月29日战事开始至3月5日中国军队撤出上海的一个多月,《大公报》要闻版"专电"几乎都有有关上海的消息,并主要报道军民抗战的英勇事迹,如2月2日"上海专电"称"慰劳品山积。粤汇四十万劳军。我军作战忠勇。伤兵裹创即上防线";2月5日"上海专电"称"吴淞炮台安闸北战事烈。我军沉着应战,日军攻淞中伏。闸北大火燃烧,日本又沉一舰";2月6日"上海专电"载"日军进攻连日被挫,我军守土奋勇却敌";2月9日要闻版头条报道"日海军总攻吴淞未得逞,我军沉勇应战大获胜利";2月21日报道消息称"日军自昨晨猛烈总攻,我军沉勇击退之","十九路将士通电,怀必死之心";等等。

此外,报纸还发表大量鼓舞军民抗战勇气的言论:

2月9日的"短评"赞扬道:"中国军队,这一星期在吴淞上海间的苦战,表现了中国军人的人格,教全世界认识了现代中国国民的精神! 这种牺牲,真是有莫大价值的。"说:"中国现在的军队,本来能战,一般军官兵士,本来有热烈的爱国心和牺牲精神,从士气上说,比任何国家,绝无逊色。"特别指出:"十九路军实在可钦佩,但任何军队,都一定和十九路军能一样的奋斗,日本军阀太看中国军队不起了,这一次要教它认识一下。"②

18日的"社评"《新中国历史之第一页》则称赞上海"守土卫国之武装勇士",用他们的血肉之躯,揭开"新中国历史第一页"③。

3月1日的"社评"《国民永远勿忘此战》称赞说:"十九路军与其援军某某部队,以三数万人,抗强敌之攻击,昼夜暴露于大炮炸弹之下,受陆海空三方之压迫,日复一日,旬复一旬……其丰功伟烈,诚可动天地而泣鬼神也。"④

3月2日,中国军队撤离上海,《大公报》于次日发表题为"勿悲观!! 勿气

---

① 《社评·上海战事之重要性》,《大公报》1932年2月9日。
② 《短评·沪战牺牲有莫大价值》,《大公报》1932年2月9日。
③ 《社评·新中国历史之第一页》,《大公报》1932年2月18日。
④ 《社评·国民永远勿忘此战》,《大公报》1932年3月1日。

馁!!"的"社评",继续为抗战军民鼓劲:"我全国上下,丁兹事变,务勿悲观、勿气馁,必须以持久战之决心,为悲壮牺牲之准备,以求最后之胜利!"①

此外,《大公报》还派遣记者深入战场,发回一篇篇"特写""通讯",赞美抵御日寇的英雄。其主要有:"特写"《决死报国》(1月31日三版),"特写"《首都五万民众挥泪含笑送战士——十九路军出发之前壮烈一幕》《投笔从戎》(2月2日三版),通讯《守沪军抗日记》(2月9日四版),通讯《沪渎鼙鼓录》(心冷,2月14日四版),通讯《淞沪卫国将士浴血抗日记》(3月5日五版)。此外,2月27日还专门用四版上半版的篇幅,在"可敬的抗日将士"的标题下刊登第十九路军总司令戴戟、总指挥蔡廷锴、六十师师长沈光汉、七十八师师长区寿年、六十一师师长毛维寿的照片及在曹家桥之役中我军缴获日本国旗及识别旗的图片。

然而,在军民用生命和鲜血抗击日寇时,再次复出的蒋介石②却依旧把制止日军侵略的希望寄托于国联干预,与日寇一边在军事上抵抗,一边在外交上"交涉"。对此,《大公报》发表言论进行批评。2月16日的"社评"《军事与外交》指责这种"一面抵抗一面交涉"的做法,进退失据,到头来必定误国,希望蒋氏当局"勿差之毫厘,谬以千里"。同时希望汪、蒋、胡、孙等齐赴洛阳开会,共负责任,以"真实的统一",一致对外③。

至1932年4月,由于英国公使斡旋,日寇提出苛刻条件后同意与中国休战;中国外交当局答应日军全部条件,于5月5日双方达成《淞沪停战协定》。按协定,日本撤兵,停止对上海的攻击,但又规定上海为非武装区,中国军队放弃在沪之驻守权、设防权。这简直是欺人太甚,对此,《大公报》在协定签字的第三天即5月7日便发表题为"愿国民清夜自问"的"社评",声声血泪,质问朝野四点:第一,何以四万万之国竟成一等弱国?第二,三十年来志士仁人倡导革命,然何以革而无成?第三,半个世纪以来,渐行欧化,然何以得其粗而遗其精、师其恶而弃其善?何以产生东方伟大文明之宗邦,而其后裔之卑俗不肖至此?第四,政府对自己的致命症,何以熟视无睹?在此四问之基础上,文章总结道:

---

① 《社评·勿悲观!! 勿气馁!!》,《大公报》1932年3月2日。
② "九一八事变"后,在国民党内反蒋派系的逼迫下,蒋介石于1931年12月15日第二次宣布下野。"一·二八事变"后,中日矛盾再度尖锐,蒋介石通电复出,被推举为军事委员会委员长。
③ 《社评·军事与外交》,《大公报》1932年2月16日。

> 夫中国应自问自责之点甚多，要之，可得一个总答案曰：皆少数上层社会之罪。盖其近政权，为治者，或官或商，要处优越地位，其特色为工于自谋，巧于处世，耽于逸乐，患过熟的文明病，直至有清末世，可谓集其大成，此近代革命之所由起也。虽然，因旧习中于一部社会者太深，革命者或转为所化，或受其摧毁，展转至今，其根未拔，此为国事坏败之主要原因。①

应该说，这篇"社评"提出的问题和寻找的原因是准确的，矛头所向也是正确的。

淞沪停战后，中国该怎么办？当日"短评"质问当局道：

> 上海未停战之前，忙会议停战，忙国联，现在停战了，再忙什么？……你停他不停，黑、吉上千万的同胞正在流血，人家拿住满洲、占着上海，自然是一切不忙了，我们呢？难道仅仅专候国联调查团发表报告吗？国家对内外的大计，怎样走，如何行？"长期奋斗"这句话，期一日比一日长了，奋斗在哪里？我们不能不急，不能不催。②

同时，《大公报》还发文对国民党中的"观望派""扯皮拉筋派"予以痛击。指出，在"国家危亡关头"，"国民党之一部分委员在粤或在沪者，以负责之人，不赴洛阳行都开会，而在租界中时发通电，其状如在野派之攻击在朝"。在国民党负责干部中，有些人不以民族大局为重，念念不忘"算彼此个人间之旧账"，"此为最劣之现象，国民所不能忍受者也"。并"警告一般国民党当局，须知中国今日之真实力量，在兵民大群，而不在少数领袖"③，呼吁"我国人，取鉴沪战，亟起主张，责成当局下决心，定办法，立军事之中心，勿徒以事后愤激、局外攻击为能也"④。

最后要指出一点，就是在国难当头，总结沪战教训时，《大公报》仍不忘"警告""共党中之智识分子，在此民族的空前危急之时亟应作根本反省"，并以"剿共"牵扯了政府大部军队、分散了沪战的兵力为由，认为，"当中国民族受暴力摧残之时，共党至少限度，断不可为军事上之障碍"⑤，却"忘记"了是谁首先破

---

① 《社评·愿国民清夜自问》，《大公报》1932年5月7日。
② 《短评·停战后干什么事？》，《大公报》1932年5月7日。
③ 《社评·警告国民党负责者》，《大公报》1932年3月5日。
④ 《社评·宜速确立军事中心》，《大公报》1932年3月10日。
⑤ 《社评·拥护民族利益为一切前提》，《大公报》1932年2月28日。

坏国共合作大局,站到了反动的一方压迫广大民众、屠杀革命者。《大公报》这种"选择性遗忘"实在是为蒋介石国民党政府张目,有违常理。

3. 批评蒋氏的"就地抗战"方针——有关长城抗战的记事与言论

日本侵略势力迅速向山海关内扩张,中国军民奋勇还击,长城抗战正式打响。但是蒋介石正忙于南方"剿共",便向当地守军发出"就地抗战"的指示,空喊抗战,不给前线军队以实际性的支持,致使"就地抗战"只剩下"就地"二字,而"抗战"落空,前方军队因而节节败退,1933年1月山海关失守,3月热河全省沦落敌手。

对于蒋氏"就地抗战"方针,《大公报》在1933年元旦"社评"《迎民国二十二年》中,对"空谈武力收复失地"而不见实际行动的政府当局表示了极大愤慨:

> 吾人只责问中央当局及北方地方当局,是如何抵抗?抵抗开始时,其他各地方当局,是如何接济?……只责问中央及地方当局,究竟贪官污吏,办了几人?私人亲戚,换了几个?苛税恶捐,裁了几种?地方土匪,肃清了几处?"剿匪"善后,办完了几事?党部整理了若干?工潮减少了几何?交通便利了几许?①

1月3日,日军攻破榆城,向关内冲击并占领山海关。当日,《大公报》发表题为"日军又在山海关寻衅!"的"社评"指出,日寇犯关,"华北军民,立在背水之阵"。"请正告我有血气有知觉之华北军人曰:抵抗到底,一雪'不抵抗'之耻!更请正告我爱国家民族之华北民众曰:忍耐奋斗,为国家民族争人格,为吾子若孙留生路!"②5日,《大公报》发"短评"说:"自日阀在榆关无端寻衅……国家领土,任人逐步侵略,和平民众,任人炮轰枪屠,尚复成何国家?"指着当局的鼻子质问道:"政府和守土的疆吏,我们的国家是不是还要存在于天壤之间?对于敌人的压迫,究竟忍受到什么地步?"③6日发表"社评",再次敦促政府表示最后的决心与日本侵略者对抗:"日阀占东三省,犹如毁我一肢体,今则占山海关,而胁天津、北平,此直扑我头颅,击我胸膈,将欲完全致我于死地。若犹踌躇瞻顾,则国家生命已矣!……是以今日之事,存亡已迫眉睫,责任必须自负!此无他,国民政府应代表中国民族,对日本暴阀及世界全人类,公开表示

---

① 《社评·迎民国二十二年》,《大公报》1933年1月1日。
② 《社评·日军又在山海关寻衅》,《大公报》1933年1月3日。
③ 《短评·究竟忍受到什么地步?》,《大公报》1933年1月5日。

其最后之决心,曰:此类武力侵凌,中国不能再受,倘复相逼,决与拼命是也!"①文章写得可谓昂扬慷慨、激动人心!

1月21日,国联第十九次委员会调解失败,日军肆无忌惮地向关内进犯。《大公报》于1月23日、24日连续两天发表"社评",敦促政府必须密切注意日寇新动向,并赶紧考虑抗日救国的第二步计划:"日本侵略必须抵抗,此不足论",要讨论的是如何抵抗②。千万"不要再被动了!"因为以往的"被动","就军事论,只言就地抵抗,并无作战计画"。在此紧急关头,政府"应将中国最后的态度,公开的具体的宣布之。……同时表示:倘长此领土被占,继续受侵,则决计与侵略者拼命","非仅表示决心而已也,中央政府须立时有军事上之总计画而实施之。断不能只以标榜就地抵抗为事,且断不能许现状之长此拖延"③。

2月中下旬,日寇犯关"成功"后,又不断增兵向热河省进犯。《大公报》热切希望中央政府和当地守军汲取榆关抗战失败的教训,打好热河保卫战,杀出一条血路。2月19日,要闻版头条六栏大标题为"全国一致誓保热河!";22日发表"社评"《热河战起》,阐明热河抗战的意义:"我全国国民须知,在此时期,已无他可论,惟有团结与牺牲,为救亡之惟一出路。"并指出,热河一战,"中国与日本所争者,为一死活的根本问题,即中国将为独立完整之国家,抑任令日本分割或征服?此问题解决之枢纽,即在今日"④。2月27日、28日连续发表"社评",对热河抗战中中央、地方及前方将士应负之责进行分析,说"热战"之胜败,"中央须速负全局责任"⑤,前方将士应增强斗志,改变被动局面,部队相互之间也应密切配合,坚决杜绝以往战场上"甲地被人猛攻,乙地却静待敌人进击","战线之不成其为线"的现象⑥。3月1日还专门发表一篇题为"热战意义之重大"的"社评",从地理位置、军事战略、世界影响及国内权利分配等四个方面论述"热河之战"的重要性,以"愿政府及全国军民注意"。文章最后说:"事急矣!此旬日内之形势,关系最重。前线将士,其各感责任之大,努力发挥中国民族之精神!中央当局,其速主持而援应之!定计宜慎而顾虑勿多;步骤

---

① 《社评·政府示最后决心之时至矣》,《大公报》1933年1月6日。
② 《社评·第二步?》,《大公报》1933年1月23日。
③ 《社评·勿被动!》,《大公报》1933年1月24日。
④ 《社评·热河战起》,《大公报》1933年2月22日。
⑤ 《社评·中央须速负全局责任》,《大公报》1933年2月27日。
⑥ 《社评·热河战局之紧要关头》,《大公报》1933年2月28日。

宜坚但时机勿误！中央诸公,其速图之。"①

中原大战后主政华北的张学良本来打算在热河一战中一洗"不抵抗将军"之耻,无奈内部分裂严重,中央无有效支持,加上自己身患痼疾(吸鸦片)等主客观原因,致使热河之战,中国军队接连失败。中日两军"热战接触,五日而失赤峰、凌源",随后"承德弃守"。《大公报》3月5日发表题为"当局误国至何地步！"的"社评"指出："热战发动一星期,而承德失守,此暴露军事腐败至何程度"②。3月6日的"短评"《无穷的悲痛》则讲了一件令人更加痛心的事实——立法院长孙科说,中央初以热河天险,至少可以守二三月,"不意陷落如是之速"。"短评"对此评论道,就孙科言看,"中央就根本不知热河真相,这是何等危险？如何可痛？"③

张学良手握二十万大军,竟然在不到半个月内丢失热河省全部领土,如此败速令朝野震惊。全国上下纷纷要求严惩战败逃跑、损兵折将、失地千里的将领。难辞其咎的张学良向中央请辞,蒋介石就坡下驴,很快准辞并准其出国"考察""治病"。对此,《大公报》3月13日发表一篇题为"行矣张汉卿！"的"社评",说了三层意思。一说张氏解职："张氏自'九一八'以来谤满天下,热战失利,尤受攻击,今于长城各口抗日酣战之机,竟得解除要职,脱身远行,为个人计,不可谓非幸事。"二论张汉卿功过："张氏为人,不矜细行,耽于逸乐,废弛公务,纵容腐化,是其短处；然而爱国家,识大体,在年少时代,即翘然有所表现。"三说鼓励的话："吾人以为张氏方在壮年,今后尽有创造新生命之希望,故更举奉军创造之历史,唤起东北将领之注意,使知封建式的武力集团,有害于国家,无利于个人,实断断不容于今日之时代。"④胡政之是张学良的老朋友,此时文章中所言三点,均为中肯。张学良解职出游欧洲半年后,于1934年1月应召回国,就任"鄂豫皖剿匪副司令",2月27日,《大公报》发表一篇"社评"《张学良再起》,对回国后的他给予较高的评价,说他"健康恢复,学识弥进",希望他在"剿匪军事"和改造军队方面作出成绩⑤。

最终,长城抗战以《塘沽协定》签字而告一段落。协定签字第二天,即1933

---

① 《社评·热战意义之重大》,《大公报》1933年3月1日。
② 《社评·当局误国至何地步！》,《大公报》1933年3月5日。
③ 《短评·无穷的悲痛》,《大公报》1933年3月6日。
④ 《社评·行矣张汉卿！》,《大公报》1933年3月13日。
⑤ 《社评·张学良再起》,《大公报》1934年2月27日。

年6月1日,《大公报》发表"社评"《中日停战协定痛言》,对此丧权辱国的协定表示极度的不满,说"中国历史上从此又增添一种惨痛纪念,此诚国民所应永世勿忘者也",并号召国民认识屈辱所由来,奋发图强,洗涤国耻①。

4. 寻找"抗战大后方"——有关华北事变时的救亡记事与言论

由于置身天津,为了避免不必要的麻烦,1935年华北事变发生时,《大公报》对于日寇和汉奸之猖狂和民众的救亡活动采取淡化处理的方式,而拿出大量版面刊登旅行记者范长江写的"西北通讯",引导全国民众把眼光转向大西北,从侧面继续坚持引导民众的救亡思想。

范长江1909年10月出生于四川内江,青少年时代就追求革命、追求进步。1928年秋,范长江考入中央政治学校乡村行政系,打算"将来在穷乡僻野中建立一个理想的世界"。然而范长江的这一梦想被"九一八事变"打破,他清醒地认识到,只有抗日救国,国家才有出路。1932年初,他离开南京来到北平,进入北京大学哲学系学习,与同学一道积极参加救亡运动,还为北平《晨报》《世界日报》与天津《益世报》等撰写新闻通讯。范长江敏锐地意识到:全面抗战难以避免,而中日一旦开战,沿海一带必不可久守,抗战的大后方肯定在西北、西南一带,因此对这些地方进行考察和研究很有必要。他把自己的想法告诉了胡政之。由于范长江文笔精练、视角独特,此前已经引起了胡政之的注意,故而对范长江的计划深以为然,并且予以积极支持,同意他以该报旅行记者的身份到川南、西北旅行采访,将采访所得撰写成文在《大公报》上发表。

1935年5月1日,范长江随四川工商团离开天津南下,先从塘沽乘海轮经青岛到上海,再从上海改乘江轮溯江而上到重庆并转赴成都。范长江沿途考察,撰写"旅行通信"寄给天津《大公报》馆。自1935年5月10日,《大公报》在第十版(各地新闻版)陆续刊登署名"长江"的"旅行通信"。是日的"编者按"说:"长江君由津赴川南旅行,与本社约定沿途撰述通信,寄本报发表,自本日起继续刊登。"范长江则在"开头的话"中说:"记者此次国内长途旅行,目的在从各方面来表现'现实的中国'。现实的中国整个的在变化过程中,而且正沉沦于破落与痛苦的阶段,自然我们所得的印象,不会是富丽与安舒,即是有一些安乐的现象,它的背后实存在着无限的苦痛与辛酸。"②

---

① 《社评·中日停战协定痛言》,《大公报》1933年6月1日。
② 长江:《旅行通信·塘沽码头》,《大公报》1935年5月10日。

范长江以从天津到成都的旅行采访所获,在《大公报》上共发表了二十一篇通讯。这二十一篇"通讯",可谓二十一幅"正沉沦于破落与痛苦的阶段"的"现实的中国"图画,其中充满了"无限的苦痛与辛酸":塘沽码头上,码头流氓"独占贸易",敲诈勒索;伪满统治下的安东,日伪当局横征暴敛,中国人民不聊生;烟台的警察,无法无天,光天化日之下调戏女学生并枪杀一人,烟台手工业出口日减,金融界渐趋没落;浙江的社会经济出现严重的破产危机,号称"人间天堂"的杭州正沉沦于没落与崩溃的深渊;"一·二八事变"后的上海,经济萧条,工厂奄奄一息;危崖上的重庆,商业畸形、经济衰落;本来安闲优美的成都,由于"剿匪"的影响,碉堡成群,岗哨林立……

范长江原本打算入川后先作环川旅行,然后再入西康。但到了成都后,经友人介绍,参加了胡宗南部队的一个小参谋团,便开始著名的西北旅行采访。范长江的西北旅行采访大致分为四个阶段。

第一阶段:成兰之行。范长江1935年7月14日从成都出发,经江油、平武、松潘、南坪、西固(今属兰州市)、岷县、洮州(今临潭县)、拉卜楞(夏河)、临夏各地,9月2日到达兰州,历时五十日。范到兰州后,写了两篇通讯——《岷山南北"剿匪"军事之现势》和《成兰纪行》。

《岷山南北"剿匪"军事之现势》发表在《大公报》1935年9月13日第三版。这篇通讯首次以比较客观的立场对红军长征的过程和动向作了记述、评论和推断。编辑部还在第四版为这篇通讯配发了一篇题为"岷江军事"的"短评":"本报特约通信员长江,从成都行五十日到兰州,其报告岷江军事形势的一封书,值得大家注意一看。"①《成兰纪行》是一篇长篇通讯,共十九篇,发表在9月20日至11月4日的《大公报》上②。关于这两篇通讯的立场和观点,范长江后来回忆说:

---

① 《短评·岷江军事》,《大公报》1935年9月13日。
② 十八篇报道的篇名与发表日期为:一、《由成都出发之前夕》(1935年9月20日);二、《由成都至中坝途中所见》(9月21日);三、《中坝平谥铺匪区残迹》(9月25日);四、《向岩坝山中土劣横行》(9月27日);五、《可怜焦土一百里》(9月29日);六、《到松潘去!》(9月30日);七、《过大雪山之艰苦》(10月1日);八、《松潘所见藏民情形》(10月2日);九、《松潘章腊之金矿区》(10月7日);十、《藏民之社会经济状况》(10月8日);十一、《自弓杠岭至洮洞村海中旅行见闻》(10月16日);十二、《甘藏边境见闻实录》(10月17日);十三、《甘肃边境极荒凉难行》(10月19日);十四、《甘边农村经济疲敝情形》(10月21日);十五、《洮河上游种族战争残迹》(10月22日);十六、《洮河南岸访问杨土司》(10月25日);十七、《旧城回新教运动,教主马明仁访问记》(10月28日);十八、《由陌务赴夏河途中,拉卜楞之一般状况》(11月2日);十九、《千里长征安抵终点》。

> 这两篇文章如何写法,我是用心考虑过的……在提问题的方式上,在那时的历史条件下,只能用"透露"的方式,还不可能正面叙述。……我那时的立场是停止内战,团结抗日,主要锋芒是反对国民党的一党专政,但也不是主张马上先要消灭国民党。因此,我在这两篇文章中贯穿了这样一个基本观点:国共两党要有平等地位,首先国民党要停止"剿匪"内战,共商抗日大计。因此,我在写作时,正式称中共军队为"红军",提到"剿匪"的地方加以引号,表示对"剿匪"方针的否定。①

第二阶段:陕甘穿梭。范长江1935年9月下旬从兰州出发,途经平凉,于10月中旬到西安;11月2日离开西安,经邠州(今彬县)于11月4日到庆阳;11月9日离开庆阳,再经平凉于11月15日左右返抵兰州;12月3日又从兰州飞天水;12月8日从天水飞西安;12月10日离开西安,仍过天水飞返兰州。两个半月时间,范长江从兰州到西安,或经平凉、庆阳,或经天水,来往穿梭两个来回。这两个多月时间内,共写通讯十一篇(其中一篇是此时所得材料,1936年1月在西宁写成)②。

这一阶段,范长江的采访有一个明显的特点,就是追逐红军长征的步伐。这一阶段所写的十一篇通讯中,直接叙述红军的就有六篇,从篇数讲占50%;十一篇通讯约计三万字,直接叙述红军的约两万两千字,从篇幅讲占73%。

1935年9月18日,即范长江在兰州写成《成兰纪行》的当天,红二十五军胜利到达永坪镇,与陕北红军会师并合编为红十五军团,徐海东任军长,刘志丹任副军长,程子华任政委。范长江得知消息后,立即翻山越岭,及时赶往红军所经各县,并于9月30日在平凉写了长篇通讯《徐海东果为萧克第二乎?》,分析徐海东由陇东进入陕北后之局势。

1935年10月,中共中央与红军陕甘支队到达陕北吴起镇,与徐海东的红十五军团会合,红军长征胜利完成。至此陕甘边区的情况渐为一般读者所瞩

---

① 范长江:《长江自述》,沈谱编:《范长江新闻文集》(下),中国新闻出版社1989年版,第1117页。
② 十一篇通讯按写作时间,罗列如下:一、《徐海东果为萧克第二乎?》,9月30日写于平凉。二、《长安之瞥》,11月2日写于邠州。三、《红军之分裂》,11月5日写于庆阳。四、《毛泽东过甘入陕之经过》,11月6日写于庆阳。五、《陕北共魁刘志丹的生平》,11月8日写于庆阳。六、《陕北甘东边境上》,11月9日写于庆阳。七、《从瑞金到陕边——一个流浪青年的自述》,11月13日写于平凉。八、《松潘战争之前后》,12月10日写于天水。九、《对于西兰公路之观感》,12月15日写于兰州。十、《兰州印象记》,12月16日写于兰州。十一、《渭水上游——空中观察陕甘地形》,1936年1月4日写于西宁。

目。范长江遂于 11 月 2 日离开西安,赶往离红军咫尺之遥的庆阳采访。范长江在庆阳五天,日夜工作,赶写了四篇通讯,全部是关于红军的:

《红军之分裂》分析中央红军与张国焘领导的红四方面军在根本方针上的分歧。

《毛泽东过甘入陕之经过》在叙述了毛泽东统率的中央红军过甘入陕的经过后指出:"毛泽东所统率的八九千人,仍为中央红军的主体。这一部份人的行动,仍代表红军的根本意图。"①

《从瑞金到陕边》追记一个青年红军战士从瑞金到陕甘边区的经过,透露红军长征途中的艰苦卓绝的动人事迹。

《陕北共魁刘志丹的生平》介绍了刘志丹的生平事迹,分析陕北红军深得民心的原因。

另外,写于天水的《松潘战争之前后》系统地报道了红军与胡宗南在松潘一战的经过,并对今后形势进行了预测。

第三阶段,翻越祁连山。范长江在陕甘穿梭采访时,华北形势日益严重。因而,关于新疆以东、外蒙古以南这一与华北平原接壤地区的实况,越来越为留心时局的读者所念系。为了弄清这一地区复杂的民族关系、特殊的社会情形和日渐错综的外交环境,范长江决定进入神秘的青海。他于 1935 年 12 月 17 日由兰州到西宁,更西北经大通、门源,越祁连山至张掖,再西走酒泉,出嘉峪关,历玉门、安西,而至敦煌,随后由原路返张掖,东南往武威,于 1936 年 3 月 11 日到兰州,费时三个月。范长江将三个月所采访的素材,在回兰州后写了三篇"本报特派员西北视察记":

《伟大的青海,是中华民族的一个支撑点》介绍青海的政治、军事、经济情况。

《弱水三千之"河西"》考察河西地区少数民族与汉民族关系的历史,分析该地区惨痛离奇的现状,提请有关方面注意。

《祁连山南的旅行》记叙祁连山南的一般社会的详情。

第四阶段,纵横贺兰山。范长江于 1936 年 4 月 20 日离开兰州,跨越贺兰山,于 5 月 31 日到包头,包头亦为他本次西北旅行的终点。在包头,他以这时收集到的材料写了一篇长篇通讯《祁连山北的旅行》。该文"前言"写道:

---

① 长江:《毛泽东过甘入陕之经过》,《大公报》1935 年 11 月 23 日。

> 《祁连山南的旅行》一文，已经发表一月多了，祁连山北那一块斜长方形的地域里，是什么样的状况，想亦为读者所急欲了解者。记者因旅中少较长之安闲时间，故迟至今日，始能执笔，深为不安。共军近由山西退回陕北，是否有向祁连山南北前进的企图，记者此刻尚无所知，然因共军之移动，此文之披露或更能有供读者参考之意义矣。①

该通讯共十一节，分十四天在《大公报》上连载，介绍了张掖、酒泉、嘉峪关、玉门、安西、敦煌、凉州、武威等地的历史和现状。

范长江完成了西北旅行采访任务后，于6月初到达归绥（今呼和浩特），随即回天津转至上海（当时《大公报》沪版已发行）。他到上海后向胡政之汇报了工作，并于6月19日在上海完成了西北旅行的最后一篇通讯《贺兰山的四边》。该通讯共十九节，记叙了从兰州到包头的沿途见闻，直到7月31日连载毕。

范长江西北旅行采访获得了巨大成功，不仅他自己因此而一举成名，而且《大公报》也因他的通讯而销量大增。

其西北旅行采访成功的原因，一方面固然是由于他个人非凡的才干与勇敢顽强的精神，另一方面《大公报》的支持也是不能低估的。对此范长江自己在回忆录中写道：

> 我去天津找胡政之。……我提出到中国西南西北去旅行，为《大公报》写通讯，又不要他们的出差旅费和工资，只要他们的稿费，对他们也没有什么负担，只要给我一个证件，一个名义，介绍一些地方旅馆和社会关系就行了。胡政之同意了我的要求。……《大公报》那时在全国声望很高，有了《大公报》的正式名义，又经常在报上发表我署名的通讯，还有《大公报》在全国的分支机构可以依靠，虽然我的经济情况那时还很困难，常常捉襟见肘，但我活动的局面已经打开了。②

更为重要的是，旅行采访一结束，《大公报》出版部就将范长江西北旅行通讯的"成兰纪行""祁连山南北的旅行""贺兰山四边"等篇组编成集，附刊地图并插入照片，以"中国的西北角"为书名出版发行，该书一经出版便销量巨大，半年内（1936年8月至1937年1月）便四次再版，范氏亦由此名声日隆。

《大公报》集中发表范长江的西北旅行通讯，回答了全国读者关心的两个

---

① 长江：《祁连山北的旅行》，长江：《中国的西北角》，大公报馆1936年版，第193页。
② 范长江：《长江自述》，沈谱编：《范长江新闻文集》（下），第1115—1116页。

问题：中日一旦开战，西北部能否承担起"大后方"的重任？离开江西之后的红军现在何方？范氏的通讯以第一手的考察资料，不仅明确报告了红军长征抵达陕北的讯息，而且以切实证据展现了当地的风土人情与社会状况，为朝野上下对当地的了解提供了参考。

三、有关外交的记事与言论

1948年3月，胡政之在《〈大公报〉港版复刊辞》中有一段话，对这段时间《大公报》对日关系的记事与言论做了这样的总结：正当中国结束南北战争，统一告成的时候，"不幸而日本野心发作，我们对日本问题平日略有研究，警觉最先，因此最遭日人忌恨。当局为了迁就事实，苦心求和，对我们的危言不尽以为然。民间热心的人又嫌我们的主张过于温和。在这时，立言又陷于困难之境，但我们不顾利害，一本向来爱护国家的初衷，揭发日阀的阴谋，不遗余力，并且臆断日本在北方必有大规模的行动。所以于民国二十五年发刊沪版"①。其实，不仅对日本侵略者是如此，对所有列强侵略皆如此。纵观这段时间《大公报》对外交的记事与言论，其基本态度是：站在民族国家立场上，于外国势力对我国的主权干涉和领土侵略，以毫不留情的抨击和反对，并且表现出鲜明的爱国立场。

（一）"求平等"——对列强的记事与言论

1840年鸦片战争以后，外国列强使用武力或以武力威胁，强迫中国政府与之签订了近四十项不平等条约，这些不平等条约的存在大大损害了中国主权独立和领土完整；同时，列强还在中国沿海和内地的一些通商口岸先后建立了二十七处租界（其中两处为公共租界），对我国主权独立造成的损害显而易见。

从清末始，有识之士便不断呼吁废除这些不平等条约，但由于我国国力太弱，这一呼吁根本无人理睬。1912年，懦弱无能的清政府被推翻、具有现代意义的中华民国成立后，废约和收回租界的任务才被提上议事日程。具有强烈爱国情怀的《大公报》对此予以高度关怀和积极支持。

---

① 《社评·〈大公报〉港版复刊辞》，《大公报》（沪版）1948年3月21日。

1. 废除不平等条约的记事与言论

早在1924年1月30日,中国国民党第一次全国代表大会宣布政纲之外交政策中,第一条便提出:"一切不平等条约,如外人租借地、领事裁判权、外人管理关税权,以及外人在中国境内行使一切政治的权利,侵害中国主权者,皆当取消,重订双方互尊主权之条约。"1925年3月11日,孙中山在所立遗嘱中亦叮嘱后人:"召开国民会议及废除不平等条约,尤须于最短时间,促其实现。"7月1日广州国民政府成立时,其宣言则称:"国民革命之最大目的在致中国于独立平等自由,故其最先着手即在废除不平等条约。"

新记《大公报》主持者曾言:"中国国民革命之对象为打倒军阀与取消不平等条约",而废除不平等条约"较打倒军阀之工作尤为艰巨"①。故而《大公报》对此特别关注,并结合具体事件发表"社评",论述废除不平等条约的重要性、紧迫性。

1926年,《中法越南通商章程》《中日通商行船条约》《中比和好通商行船条约》相继到期,有关"到期修约"的讨论在中国朝野热烈展开。对此,《大公报》续刊出版的第七天,即1926年9月7日,胡政之在题为"比法日三国修订商约问题"的"论评"中说:"中国受不平等条约之束缚,已逾六十年。自前清末季,有识之士,已发为修正恶约、收回国权之议,迄于民国,此论尤为普遍。当局者受舆论之鞭策,信公理之伸张,因有巴黎平和会议与华盛顿会议种种提案。"文章指出,虽连年内战,"然对外力争自由独立,则南北绝无二致",因而呼吁政府和国民"值比法日三国修订商约之期",采取行动,废除不平等条约②。

列强凭借不平等条约在中国享受种种特权,横行霸道,甚至残害国人性命。比如1926年6月至8月的几个月时间,英国商轮和军舰在长江流域万县段寻衅闹事。9月5日,英军舰队变本加厉,开炮轰击四川万县,造成中国军民死伤数以千计、民房商店被毁千余家的惨案。

对此严重外交事件,《大公报》表现出了应该有的民族义愤,9月9日发表张季鸾撰写的"社评"《望英人猛省》,对英人在万县明目张胆地侵犯我国主权的野蛮行径提出抗议。当日发表"时局小言"三则,其中《气令智昏》一则对上海的《字林西报》和伦敦《泰晤士报》等西人报纸公开鼓动列强对中国内政进行

---

① 《社评·中美关税条约签订之后》,《大公报》1928年7月29日。
② 政之:《论评·比法日三国修订商约问题》,《大公报》1926年9月7日。

干涉的荒唐言论,表示愤慨和谴责。

9月15日,《大公报》头版头条在"英舰炮毁万县城"大标题下报道"万县惨案";在"中外报告证明英人责任"标题下刊载中外各报对"万县惨案"的反应。当日"社评"《英舰轰击万县》谴责英军先制造事端,后轰坏城市,杀二千余人,并指出:"今后一切结果之全部责任,英人将自负之矣。"①

19日,二版《英报自述万县大焚杀情况》转引英报报道,称"(万县)城中火彻夜不息","死亡最少五千人"②。《万县案诉诸世界公论》说:"万县案之重大惨酷,日益证明,全国愤慨,达于极点。"③

20日,三版转六版刊登通讯《万县惨案真相渐明》。

27日,二版转六版刊登通讯《万县惨案之大披露》,分六节全面揭露万县惨案的来龙去脉:(一)英商轮浪沉中国木船肇祸;(二)杨森与英国领事两度交涉;(三)可怜万县城民之焦头烂额;(四)全川军民各界一致谋雪耻;(五)惨案后中英两方交涉近状;(六)英轮历次浪沉木船之调查④。

10月6日,《大公报》在"社评"中要求中国政府应该抓住处理"万县案"的时机,"趁英人理屈之时,取回航权"⑤。

同时,《大公报》提醒国人,尤其是当地之执兵权者注意,对英国军舰的犯罪行为表示愤怒、提出抗议、要求赔偿是必须的也是应当的,但是无论如何必须诉诸理性:"必须忍耐持重,勿贻外人以干涉之口实,虽有时负辱含羞,应万勿仓卒偾事。"⑥

华俄道胜银行关闭是当时另一宗重大外交事件。华俄道胜银行是沙俄串通法国,由两国共同出资创立、共同管理的以侵略中国为经济目标的金融机构,该行1895年成立,总行设在圣彼得堡,由俄国掌握着该银行的支配权。华俄道胜银行首先在上海设立分行,至清朝覆亡前夕,又陆续在中国各地设立分行和代理处十多处。十月革命后,该行总行被苏维埃政权收归国有,于是以原巴黎分行为总行,并继续在中国经营。凭借帝国主义在华特权,该行大量发行纸币、代收税款、向旧中国政府提供政治贷款和铁路贷款等,至十月革命前已

---

① 记者:《社评·英舰轰击万县》,《大公报》1926年9月15日。
② 《英报自述万县大焚杀情况》,《大公报》1926年9月19日。
③ 《万县案诉诸世界公论》,《大公报》1926年9月19日。
④ 《万县惨案之大披露》,《大公报》1926年9月27日。
⑤ 《社评·取消不平等条约与内河航权》,《大公报》1926年10月6日。
⑥ 诚:《社评·警告南北军人》,《大公报》1926年9月12日。

贷债款高达库平银一亿数千万两,由此获得巨额利息。1926年巴黎总行因外汇投机失败而进行清理,9月24日单方面电令上海总管理处转令各在华分行于25日闭市。华俄道胜银行所发行的巨额纸币由于无法兑换而皆成废纸,无数中国人因之倾家荡产。同时,华俄道胜银行倒闭时还欠下中国政府巨额公款,亦不予偿还。

针对此事件,9月29日《大公报》二版"北京通讯"栏载《道胜倒闭之中国损失》一文;同日在一版刊登吴鼎昌写的"社评"《道胜银行关闭之感想》,说外国列强在中国开设银行而不受中国法律的限制,"一律听其自由,组织若何,资本若何,帐目若何,变动若何,营业之范围及地点若何,每年之盈余亏损若何,资本者与经理人之变迁若何……皆不过问,随便成立,随便关闭,随便清算……中国人受此类损失者,不可数计"。文章从"中法银行"关闭造成"金佛郎案"写到现今的"道胜银行"关闭,指责"中国政府人物之愚而无知,诚令人骂无可骂,笑无可笑"。文章最后指出:"外国在中国设立之通商机关,政府无特殊之法律,人民无调查之机关,一听自由,危险殊甚。"①因此要求政府考察各国成例,拟定有关法律,以免中国人遭受不应有的损失。

如前所述,1926年中法、中日、中比三约期满,而此时中国受不平等条约之害年深月久,并且取消不平等条约的呼声已成为当时南北共识,《大公报》因此提醒朝野注意,"现中比、中法、中日商约均届期满,正为分别进行改约之极好机会"。并赞扬"年来因广东政府与国民党人对外主张强硬之故,北方外交,受益不少",认为政府如能抓住时机,"除旧布新,决非难事"。

《中比和好通商行船条约》1926年10月27日满期,10月21日张季鸾在题为"不平等条约能否废除,视此一周间民众之努力如何"的"社评"中,要求南北政府必须在10月27日宣布中比通商条约失效,说:"中国受不平等条约束缚,已历八十年。民族兴亡存废之关键,全在此类恶约之能否废除。……如能废弃另订,则可为中国外交开一新纪元。"②并要求全体国民做政府的后盾,并督促政府拿出行动,坚决执行。在这篇"社评"后还加花边刊登《注意》,告知国民最近四项不平等通商条约(中法、中比、中日、中西)到期的确切日子。

此后,从10月23日至11月6日外交部宣布中比商约失效为止,《大公报》

---

① 前溪:《社评·道胜银行关闭之感想》,《大公报》1926年9月29日。
② 记者:《社评·不平等条约能否废除,视此一周间民众之努力如何》,《大公报》1926年10月21日。

除相关报道外,还发表有关"社评"十四篇,对政府予以催促。主要有以下几篇:

10月24日,张季鸾撰写"社评"《解决比约之正当办法》,其中提出以下对政府的外交要求:"第一,宣告比约满期,无效作废。第二,交换公使,依商约而来,约废则使撤,驻京比使,即日改为代表。第三,通告该代表,愿与订立新约;若并此拒绝,则请其归国,以无约国论,以至比国觉悟之日为止。"并希望全国无分阶级、省别,一致迫请北京当局宣布以上办法,"不达不止"①。

26日,张季鸾写的"社评"《软弱无能之政府》,对于北京政府不纳民意而与比政府密谈、准备让步的做法十分不满,斥之为"软弱无能,令人发指"②。

28日,张季鸾写的"社评"《注意自今日起中比关系是否仍根据满期后旧约》,对于北京政府在"比约满期"时不敢宣布比约无效,并且无片言以告人民的行为表示愤怒之极:"请全国人民以后亦不必再主张废除不平等条约以自欺,永为劣等民族,一世乃至万万世可也。"③

在全国民众的再三鞭策下,北京政府不得不于11月6日宣布中比商约失效。《大公报》于11月7日发表题为"中比关系"的"社评",对于北京政府的这一做法表示"十分赞同",并指出一个国家的政府如果不与国民一致,便不足以与国外对抗④。报纸还全文刊登"比约宣布失效"的指令和照会,及"宣布比约失效之顾维钧"的半身照。二版头条刊登《外交部关于交涉终止中比条约的宣言》,并发表署名"冬心"的评论文章,题目为"比约宣布失效的经过"。

1927年5月30日是上海"五卅惨案"两周年,《大公报》借纪念该事件诉说不平等条约给国人造成的伤害。一版刊登《五卅惨迹》,详细回忆惨案前前后后的经过和工人惨遭杀害的情景。同版发表题为"两年前的今天"的"社评",历数自"五卅惨案"以来英国人屠杀中国人的罪行——1925年6月11日的汉口惨案、6月23日的广州沙基惨案、1926年9月的四川万县惨案,还追述了自1918年以来中国人民为废除不平等条约所进行的斗争。文章最后说:"五卅惨案,瞬已两年,爱国运动,谊不容已。血纵易干,心不能死。望我国民,速起!速起!!速起!!!"⑤二版刊登"五卅惨案"照片五幅。

---

① 《社评·解决比约之正当办法》,《大公报》1926年10月24日。
② 《社评·软弱无能之政府》,《大公报》1926年10月26日。
③ 《社评·注意自今日起中比关系是否仍根据满期后旧约》,《大公报》1926年10月28日。
④ 《社评·中比关系》,《大公报》1926年11月7日。
⑤ 《社评·两年前的今天》,《大公报》1927年5月30日。

1928年6月,"北伐大功"基本告成,南京国民政府开始关心修约之事。15日,外交部长王正廷发布文告:"今当中国统一告成之际,应进一步而遵正当之手续,实行重订新约,以副完成平等及相互尊重主权之宗旨。"7月6日,外交部发布《关于重订新条约之宣言》称:"对于一切不平等条约,特作以下宣言:(一)中华民国与各国间条约之已届期满者,当然废除,另订新约。(二)其尚未满期者,国民政府应即以正当之手续解除而重订之。(三)其旧约业已期满而新约尚未订定者,应由国民政府另订适当临时办法,处理一切。"《大公报》对此作积极反应:7月8日二版"上海专电"报道"外部昨日发表修约宣言,分三点";9日二版"南京专电"加框刊登《修约宣言全文》;10日二版"北平电"报道外国对中国外交部《修约宣言》之反响,说"意使表示愿商改约",并特别报道说"日使声称虽满未废",拒绝废约。

在列强尚在犹豫彷徨,特别是日本大加阻止之际,美国率先响应国民政府号召,于7月24日由美国国务卿凯洛格照会中国外长王正廷:"预备以驻华公使为代表,与国民政府依法委派之代表,对于中美间条约关于关税之规定,及时商议,以期缔成新约。"25日,南京国民政府委任宋子文为全权代表,中美双方在北平开始谈判。中美谈判后当天就签订《整理中美两国关税关系之条约》,条约承认中国关税完全自主的原则,两国采取互惠待遇。美国还主动同意派遣代表与国民政府谈判修改其他不平等条约。对此,《大公报》更是持肯定态度,大力赞扬美国政府此举:

7月27日,《大公报》二版头条报道:"中美国交划一新纪元,美派驻华马使开议修约,对关税款项愿即行讨论,英国可望与美同一步趋。"由于美国的带动,其他国家或可望与之步趋。对此,《大公报》当日发表的题为"美国与修约"的"社评"说:"祛除不平等条约之束缚,为中国国民惟一生路。凡我友邦,均当深谅。惟历史悠远,积重难返。如美国之率先表示,愿为中国废除不平等条约运动开一实行之路者,自是难能可贵。"[①]

28日,二版头条载《中美新约一鸣惊人》,宋子文、马慕瑞正式签约,旧约中关税部分已取消。29日的"社评"更是称赞说,在中国废除不平等条约运动中,在"恢复税权法权之独立""谋关税自主"等方面,"首表赞成者只一美国"[②]。

---

① 《社评·美国与修约》,《大公报》1928年7月27日。
② 《社评·中美关税条约签订之后》,《大公报》1928年7月29日。

由于美国的带头，其他列强不得不有所表示，许多国家开始与中国签订新约。1928年，中国外交上"雪崩"似的胜利令蒋介石信心膨胀，遂于1929年4月27日由南京国民政府照会各国，要求废除领事裁判权。对此，各国均找理由予以抵制。6月4日，国民党三届二中全会通过《振刷政治决议案》，决定"于最短期内加紧废除不平等条约之工作，如撤销领事裁判权，收回租界等"。蒋立即饬令行政院、外交部"从速制定履行此案之方案……切实执行"。对此，《大公报》认为废约外交未免进展过速，恐欲速不达，故未加报道，在有关社评中也未置一词，只是在6月10日三版刊登一条"南京专电"，称"全国反日会改为国民取消不平等条约委员会，住（九日）开一次会，选定京、半、津、沪、鲁五地为第一届常委"。12月27日，蒋介石主持中央政治会议讨论外交问题，提出撤废领事裁判权案，决议由国民政府即日发布命令，公布自1930年1月1日起执行。次日，南京政府发布特令："中国自受领事裁判权束缚以来，已届八十余年，国家法权，不能及于外人，其弊害之深，无庸赘述。领事裁判权一日不除，即中国统治权一日不能完整。兹为恢复吾固有之法权起见，定自民国十九年一月一日起，凡侨居中国之外国人民，现时享有领事裁判权者，应一律遵守中国中央政府及地方政府依法颁布之法令规章。"此令确实令国人为之一振。事既至此，《大公报》不能不发言了。它一方面肯定其勇气，一方面给蒋介石涂点"清醒剂"：12月28日，《大公报》要闻版头条对政治会议内容进行详细报道；29日要闻版头条对国府特令予以详载；30日发表题为"领判权宣布撤销"的"社评"说："领事裁判权已于二十八日国府明令撤销，当予侨华外人以一大震动。"但又提醒说："本来此事关系国际条约，国内一纸令文是否便可强外人服我法权，似令人不能无疑。然而国府不顾事实上对外效力如何，毅然决然，正式宣布，其勇猛精进，要不可谓非快举也。吾人对于兹事，平昔主张，迭有发表，大意认领判权为各国在华特殊地位之最后壁垒，含有政治性质，断不致轻于放弃。"再说，"宣告撤销与实行撤销，完全系两件事"，"所谓撤销领判权云云，从令文解释，只为对内之表示。以云实施，且须待办法之公布。至于实施之后，外人能否就范，犹有待于政府与国民之努力。故以云宣告撤销则可，以云实行撤销则犹有待"。文章希望政府冷静下来，对撤销领事裁判权实施办法及各种细节问题进行周密考虑①。31日，又发表一篇题为"废除旧历宜顾实

---

① 《社评·领判权宣布撤销》，《大公报》1929年12月30日。

际"的"社评",说政府几次命令废除旧历改用阳历,可是民间依然用旧历,何也?旧历不悖科学,以此说明废旧换新"宜行之有序"①。明眼人一看便知此文另有所指。

1931年"九一八事变"之后,蒋介石出于策略考虑,暂停废除不平等条约的行动。直到1941年12月太平洋战争爆发后,中国正式对德、意、日宣战,同时宣布"所有一切条约协定合同,有涉及中德或中意间之关系者一律废止","所有一切条约协定合同,有涉及中日间之关系者一律废止"②,中国与日、意、德之间的不平等条约方才随之取消。同时,随着中国在世界反法西斯战争中国际地位的提高,美英基于自身利益主动提出提前废除与中国签订的不平等条约。1943年初,中英、中美废约谈判取得成功,并签订新约。不平等条约的废除基本告一段落。

《大公报》认为,不平等条约的废除,在形式上使中国基本上恢复了作为一个主权国家应该享有的平等和独立的法律地位,这的确是一件大事、好事,然而,中国在世界平等地位实质上的取得,还需要靠我们自己国力的提高。1943年1月12日、14日,该报连发两篇"社评"对此作了论述:

> 中美中英的新约既经缔成,中国已结束了百年的耻辱历史,成为自由平等的国家,中国人也已成为自由平等的国民。……(从此以后)我们必须格外努力自强自立,人人勉作真正自由平等的国民,才能建立一个真正自由平等的国家,也才不负盟邦对于我们的尊重与好意。③

> 中美中英的新约成立,是中国百年来的大事。这两个公道的条约,把"租界""领事裁判权""驻兵权""内河航行权"等各种由不平等条约产生的名词送进中国的博物馆。从兹以后,中国恢复了完整的国权。半殖民地或次殖民地的污辱,付诸历史的长流流去了,自由平等的光辉从晨曦里簇拥而来。……但不宜于作太过轻率的乐观。……我们不能把得自美英的一部分平等,误作中国已得到平等的全部。尤其应该认识要求国家的生存,必须战胜敌人。在我们庆祝平等新约之时,更要提高抗战的热情,加

---

① 《社评·废除旧历宜顾实际》,《大公报》1929年12月31日。
② 见《中央日报》1941年12月10日。
③ 《社评·贺中美中英平等新约,中外关系史上光明的新页》,《大公报》(渝版)1943年1月12日。

倍作抗战的努力。①

由此可见，《大公报》在废除不平等条约的基本态度上是完全正确的——强烈要求废除这些不平等条约，明确支持政府废约的决定，真诚欢迎友邦的鼎力相助；但是，又指出废约是一个国际问题，须待缔约双方达成协议，不是中国单方面宣布取消就能奏效的，并且中国在国际上平等地位的取得，不是靠别人施与，而是要靠我们中国自身的努力以增强国力。

2. 有关收回租界的记事与言论

(1) 关于收回上海公共租界会审公廨的记事与言论

上海会审公廨于清同治七年(1868)在上海英美租界设立，也称会审公堂。会审公廨名义上由中国人管理，实际系由外国人控制，是外国当局干预和控制租界司法审判的工具。1926年5月，淞沪商埠督办公署总办与各国驻上海领事讨论改组上海公共租界会审公廨，8月31日，美国驻上海总领事同江苏省代表签订《收回上海公共租界会审公廨暂行章程》。次年(1927)1月1日上海公共租界会审公廨撤销，成立江苏上海公共租界临时法院兼上诉院。

对于这件事，1927年1月3日《大公报》要闻版"上海专电"报道称"沪公堂元旦形式接收，租界当局仅向中方交印信"。一版发表题为"收回上海会审公廨感言"的"社评"，虽然称上海公共租界会审公廨由中国收回是"新年劈头一件要事"，但是指出："会审公廨之丧权辱国，固为吾人所痛心。然国人须知，国中之有外人租界，租界之有外国警察权，终为国家领土主权之大障碍。公廨者特引而伸之，为扩张外人权力之一作用而已。今即收回公廨，而租界仍旧，工部局巡捕房仍旧，其所挽回之主权，犹甚微末。"因而号召国民继续努力奋斗，"以冀收回租界、光复警权"②。

(2) 关于收回租界的记事与言论

1927年1月初，汉口各界群众为国民政府迁都武汉和北伐胜利举行各种庆祝活动。3日下午，中央军事政治学校宣传队在汉口英租界附近的江汉关钟楼旁讲演时，全副武装的英军水兵冲出租界，殴打刺伤手无寸铁的听讲群众，制造了汉口"一·三"惨案。惨案发生后，在中国共产党的推动下，武汉罢工、罢市、罢课，并于1月5日举行三十万人反英示威大会，会后举行示威游行，喊

---

① 《社评·充实平等的内容》，《大公报》(渝版)1943年1月14日。
② 《社评·收回上海会审公廨感言》，《大公报》1927年1月3日。

出了"打倒帝国主义""收回租界"的口号。中国收回租界运动由此展开。《大公报》对此及时报道,并发表言论予以支持。

1月6日,《大公报》国内要闻版载"汉口中英间大风潮"称:1月3日,汉口有宣讲部员在江汉关前演讲,听者甚众,英水兵阻止群众,当场戮毙二人,打伤多人。随后中国民众、士兵、学生高举旗帜,到英租界抗议示威①。

据次日《大公报》一版刊登的"汉口风潮专电"报道,"各团体议决对英八条,华兵一营入驻英界,五日下午开市民大会"②。华兵开进租界,意味着租界的收回。当日,《大公报》就此事发表题为"解放与报复"的"社评",告知国民应"严切注意"者:"中国对外之国民运动,应牢记一义,为求'解放',非图'报复'","吾国民对外奋斗,其一,应一反过去外人之所为,彼恃强权,我恃公理。其二,应屏绝外人藉口之资,彼虽无理,我不外情"。文章特别指出:"处此万钧一发之际,须大勇,亦须大仁,纵彼有谬举,勿稍存报复之念,泄愤于侨居之平民。所志在于未来,感情不问过去。凡一切过用民气、有违公论的举动,千万避免,谨慎忍耐,以为折冲。"③

继1927年1月汉口英国租界收回后,国民政府又相继收回英国在九江、镇江和厦门的租界。1931年1月15日,又收回比利时在天津的租界。然而收回租界,不是仅仅收回就算了事,收回后还要管理好:国权"如何收回,属外交","收回后如何(管理),属内政",对此问题,1927年1月13日《大公报》发表题为"论收回租界"的"社评"进行论述。文章首先称,"取回租界,易事耳",取回之后的管理则是不容易的,接着就此问题向"爱国之士"提出三条建议:(一)"至少应先期或同时要求同一地点之华界军警司法",不要作"轨外之行动",以免给外人以口实,斥我国人无教养。(二)"至少应先期或同时要求已收回地方,恢复旧日之成绩,更图以后之进步"。(三)"至少应先期或同时要求各方当局,宣誓人权之保障,勿论事实与非事实,军事与非军事,凡住民不经法庭正式手续,不得搜检或逮捕。绝对勿予军警以搜检逮捕之权,务使中国人民在法律保障范围内,得安居乐业之自由"④。16日,在题为"论收回国权与改革内政"的"社评"中,《大公报》进一步论述收回租界后如何加强管理的问题,从"现代国

---

① 《汉口中英间大风潮》,《大公报》1927年1月6日。
② 《汉口风潮专电·各团体议决对英八条》,《大公报》1927年1月7日。
③ 《社评·解放与报复》,《大公报》1927年1月7日。
④ 《社评·论收回租界》,《大公报》1927年1月13日。

家主人"的立场提出应"改革内政,实行法治"。具体应做以下两件事:(一)法权问题,即司法必须独立,废止军事裁判,使人民生命财产受到法律保护。(二)关税问题,即关税必须自主,国家财政要受人民监督,军额军饷要依法支配。总之,罢军政、尊司法、保障人权、取消恶税苛捐,"一面严禁贪污,屏绝豪奢,以厚俸养廉吏,同时广开人民参政之途","如是则国事定矣!"①

至于中国收回全部租界,则是抗战胜利后的事。抗战胜利后,中国作为世界反法西斯战争的战胜国成为联合国创始会员国之一,国际地位空前提升,国民政府顺势宣布收回所有的在华租界和租借地,租界的历史在中国大陆宣告结束。

废除不平等条约也好,收回租界也罢,目的在于求得中国在世界上的平等地位。然而,中国有一个怪现象:一方面要求外国人给我们平等,一方面我们自己不给我们平等。1927年5月20日《大公报》在"社评"中对这种怪现象进行了揭露和抨击:"取消不平等条约"的口号天天在喊,但收效甚微,而不平等待遇的现象在中国普遍存在,而且是中国人自己造成的,无论南北政府,对外国人客气极了,"中国人尽管欺负,外国人不许干犯"。文章举例说:"谁都知道,新闻和通信事业是文化运动中最要紧的工具,有时也是政治运动中狠有力的机关。各国政府对于外国人在他国内宣传,向来是禁制干涉的……只有中国,简直是外国人自由之天地。无论南北,中国人办的新闻通信事业,尽管都受官厅之严重干涉,记者稍不小心,轻则被传,重则送命。一封函电,重重检查,略有主张,左掣右忌。对于外国记者,或外人经营的华字报纸或通信社,却十分优待……外国人尽管造谣言,中国人便真话,也不许你讲。"文章最后总结道:"可见取消不平等条约,先得从中国人'中外不平等待遇'的心理状态取消起。"②

(二)"甘蔗没有两头甜"——有关对苏关系的记事与言论

新记《大公报》出版后,对苏联的看法有好有坏、时好时坏,或好或坏则因时而异、因事而异。始则以"说坏"为主,认为日本和俄国是中国最可怕的两个邻居,并且俄国对中国的危害超过日本:"中俄壤土相接,延亘东北西北,国境

---

① 《社评·论收回国权与改革内政》,《大公报》1927年1月16日。
② 《社评·不平等待遇与不平等条约》,《大公报》1927年5月20日。

千百里间,往往中外杂居,不辨华俄。此种情形,较之中日之间,重要程度,决不相下。"并说十月革命前,俄国武装侵略已对中国造成巨大伤害,革命之后则又增加一巨大威胁,即"思想侵略"①。在相当长一段时间里,《大公报》在考量与苏联的关系时,总是与国内"讨赤""剿共"联系在一起。

1. 有关中东路事件的记事与言论

中东铁路之管理权与归属权是中国与苏联间的一宗悬案。1929年7月初,国民政府东北当局发表通牒,称"苏联的中东路各机关为其赤化中心,依《奉俄协定》之规则,我国于中东路应有收回之权力"。苏俄随即做出回应,表示愿意派员来华"谈判一切问题",并发布公告,历述苏联对华的种种好意,自谓有办法保护俄方权利,建议召集东路问题会议。但是,东北当局坚持收回两个东铁机关,并接收地亩处及机关附属图书馆。于是,7月17日,苏联宣布对华绝交。然而,中国的南京国民政府对此并没当回事,"胡汉民谓仍系恫吓,不致有战争"。实际上,苏联政府宣布断交的同时,已决定采取必要的军事行动,并开始在中苏边境集结军队。中国东北边防军司令长官张学良也动员东北军组成"防俄军"。于是,中苏大规模武装冲突不可避免地爆发,从1929年10月中旬开始持续近一个半月,至11月下旬,由于实力的差距与中方指挥失当,"中俄兵争"以中国东北军惨败结束。

对于此次中东路事件,《大公报》十分关注,及时报道战况,随时发表评论。在东北当局决定收回中东路管理权后,《大公报》立即做出反应,对东北当局的行动完全支持。7月12日要闻版头条《接收中东路电信机关》报道:"哈埠及沿线报房接收完竣;封闭俄员工会并驱逐回国;蒋斌、张景惠等在哈尔滨分别下令执行。"次日,发表题为"中东铁路事件之前途"的"社评",认为中苏合营的中东铁路已成为苏联"赤化魔窟",主张东北当局"维持和平,尊重协定",强行接管中东铁路②。这和东北当局收回铁路机关时所唱的调子几乎一模一样。

当苏联方面宣布对华断交后,胡政之感到了事态的严重性。为弄清此次事件发生的原委及发展趋向,他于7月24日开始续刊《大公报》后的第二次东北之行,进行实地考察。胡政之东北之行后,《大公报》的态度有较大的变化。8月4日的"社评"说,中东路系俄资在我国土地上建筑的,不宜立即收回主权

---

① 《社评·中国与俄国》,《大公报》1927年11月8日。
② 《社评·中东铁路事件之前途》,《大公报》1929年7月13日。

或单独管理,而应有计划有步骤地进行。具体而言,"吾人以为东路今后宜以华人为主而俄人为辅,共同管理之。同时,全路使用华文,使中国技术人才有参加之便利。会计依照国币,使俄人失经济上操纵垄断之机会。而尤要者在办事华员,认真办事,热心研究,将全路情形完全熟习。然后实行收回,单独管理。"这样才能使中东路"收回权利,不成空言。管理路政,确有实力"①。

然而,当俄国军舰进入我国边境混同江时,《大公报》便毫不犹豫地主张予以回击:8月16日要闻版"头条"称:"镇静中之紧张——中央方针不变,辽宁动员六万;自卫不容退让,恐吓决不为动。"并发表"社评"指出,面对"外国侵略行为",必须坚决反击,"守土拒敌",不容含糊:"第一,无论如何,必应守土拒敌。故虽不愿意战,不能不极力御边。苟侵入我境,任何牺牲,应所不辞。第二,应度德量力,自定最后之密用,固不可卑屈,亦勿事虚骄。统筹全盘之利害,决定最后之条件,而相机从速运用之。"②

在蒋介石于18日为俄事再发宣言后,《大公报》于19日发表"社评"进行响应。文章首先揭露苏联的"野蛮行径":"因中东路引起之轩然大波,迩日益形剧烈。俄方狼突豕奔,进退剽忽,劫我粮食,掳我商民,其行动非国际战事之正轨,而为历代胡人扰边之故智。"接着说:"蒋主席前日宣言:'吾人对俄政策在以暴露苏俄侵略为目的。'时至今日,俄方暴露,已达顶点,欺侮我国,已臻极端。"因而希望"当局诸公似宜有具体的考量",并就"如何对待俄国",从战略和战术上谈了一些看法③。

进入9月后,苏军在东西两个战场向东北军频繁发起进攻,而东北军处处被动。中央和东北当局束手无策,决定妥协。《大公报》对此十分着急,发表"社评"指出:"对俄问题,最近又陷于极离奇可耻之局面。""在盛传将发共同宣言和平解决之时,而赤俄军队"向我各处发动攻击,"轰击我城市,炸毁我车站。死伤我人民,狰狞毕露,毫无忌惮"。文章建议道:"事态至此,政府应另定御敌之方针。将一切接洽,暂时搁起,先倾党国之军力,以问俄军侵略华境之责任。东北边防军如不足用,亟应另派重兵出关,凡中国领土以内,不许有苏俄一兵一卒存在。"④随后又发表"社评"责备国民政府在处理外交事务上搞暗箱操作,

---

① 《社评·中俄复交与中东铁路》,《大公报》1929年8月4日。
② 《社评·论镇静》,《大公报》1929年8月16日。
③ 《社评·如何对待俄国》,《大公报》1929年8月19日。
④ 《社评·政府亟应定御俄方针》,《大公报》1929年9月11日。

致使国民无所适从:"国家外交之胜利,首须得国民之拥护。然国民固不能无条件的盲目拥护,必也闻其经过,知其内容,澈底了解本国之理由,与现在之地位,然后能本其爱国之诚,以一致为政府之后盾。"①

在整个事件中,处于劣势的中国军队做了殊死战斗。对战斗状况,《大公报》以"专电"和通讯的方式予以了充分的反映。但是由于中央和地方当局对敌我双方形势的误判,致使战争陡起;而战争爆发后又进退失据,使众多战士流血牺牲,边关居民生命财产亦遭受巨大损失。《大公报》痛心地说:"中俄纠纷自七月十一日因东路问题而爆发以来,迄今已逾百日。东北数千里边陲,胥受暴俄蹂躏,而侨俄同胞所受荼毒,更无待论。"②

战事进入后期,东北军甚至已连招架之力都没有了,只能听俄人摆布。据《大公报》11月29日的要闻版头条——《俄人双管齐下变幻离奇,外交部方对俄提议调查,忽传已承认恢复原状》:"莫斯科发表辽俄交涉经过,传张学良已承认俄方三先决条件,一切恢复原状,俄局长、副局长俱复职。"《大公报》当日"社评"对此痛心地说,在俄军攻击下,中国东北军接受"城下之盟","历时四月,牺牲千万,得此结果,诚堪痛心"③。

之后,完全在苏方主导下,中苏双方签订《伯力协定》,完全恢复中东路由中苏合办的原状,据《大公报》12月24日要闻版头条报道:"(中东路)恢复原状,双方撤兵。东路俄员都复职,一切俄犯都释放,恢复领事,俄新局长即到任。下令撤兵,其余于一月二十五日在莫斯科开正式会议解决。草约签字立时生效。"此时"草约"已经有法律效力,"正式会议"也只是走过场,所以《大公报》于25日发表题为"伯力草约与正式会议"的"社评"说:伯力草约"昨已见报","中俄兵争,至此已见事实的解决"。"本约十条,简单言之,为一切先恢复东路原状。此乃七月风潮起后俄方一贯之主张。故就俄方言,为主张之完全贯澈。""老朋友"张学良闹的这一出"中东路事件",真是叫《大公报》的主持人不便再说什么了。

2. 有关中苏复交的记事与言论

1929年的中东路事件,不仅没有解决中苏历史悬案,反而使得本来紧张的两国关系走向断交。断交容易复交难,况且中东路事件后,中苏两国的关系变得更加敏感,因而复交问题也便更加复杂。

---

① 《社评·国府应发表对俄交涉经过》,《大公报》1929年9月20日。
② 《社评·中俄纠纷如何解决》,《大公报》1929年11月18日。
③ 《社评·呜呼中俄问题果如此解决耶》,《大公报》1929年11月29日。

起初,南京国民政府在中苏复交上抱定两点,即"苏联须立即停止在华之赤化宣传运动;苏联政府须承认外蒙为完全中华民国之一部"①。1931年"九一八事变"前后,尽管中日在东北地区的矛盾日趋激化,但国民政府仍把苏联视作首要"外患"而不改敌视态度。1931年7月初苏联曾通过在莫斯科交涉中东路问题的中国代表莫德惠向国民政府提议恢复邦交。称:"现今日本觊觎满蒙,国境方面中日紧张。当此时机,中国政府何不重订对苏对日政策,采对俄亲善方针而使本国能专心对付日本?果能如此,中国之对日实力必占优势,而造福于今日之中国。"②而国民政府认为:"苏俄为赤色国家,吾国赤害蔓延南北,皆因苏俄所致,故即使其真有亲华之觉悟,我也不应以对俄亲善为旗帜。"由此回绝了苏俄的提议:"苏俄对莫代表之表示,真心不外利用中国。苏俄狡猾,断无轻弃侵略野心之可能。故对莫代表所转告之各种建议,我绝不许可,并应予以反驳。"③

对于此时与苏联复交的问题,《大公报》也认为为时过早,1930年7月至11月发表的两篇"社评",即作如是论。7月8日的"社评"说:"中国现状之下,纪纲瓦解,战乱正盛。内政失控制之力,则外患侵入,其势极顺。假令目前立时成立(中苏)复交之谈判,全国使领,整个恢复,共党活动力,势更增加。"因此认为,在"最短之目前,不宜议此之重大问题也"④。11月13日的"社评"更明确地说,如要中苏复交,则要求苏联"纠正中国共党之错误,停止暴动政策"⑤。这两篇"社评"均是从"防赤化""防共"角度出发,认为不宜立即与苏俄复交。

"九一八事变"后,中国政府高层对于与苏联复交问题开始出现赞成与反对两种意见。持赞成论者以"日本是中苏公敌"为根据,提出"对苏复交"和"联苏制日",把"复交"与"联苏"融为一体。持反对论者认为,必须把"复交"与"联苏"区分开来,即使"复交",也必须以解决三个问题为前提:(一)蒙古问题;(二)中东路问题;(三)共产党问题。

对于这一分歧,此时的《大公报》则认为可以考虑中苏复交。其理由除了

---

① 何汉文编著:《中俄外交史》,中华书局1935年版,第422—423页。
② 《东北政治委员会致蒋介石、中央党部及国民政府电》(1931年7月6日),转引自鹿锡俊:《1932年中国对苏复交的决策过程》,《近代史研究》2001年第1期。
③ 《刘尚清致张学良等电》(1931年7月9日),转引自鹿锡俊:《1932年中国对苏复交的决策过程》,《近代史研究》2001年第1期。
④ 《社评·中俄会议之真相如何》,《大公报》1930年7月8日。
⑤ 《社评·对中俄会议再开之希望》,《大公报》1930年11月13日。

中日矛盾凸显之外,还有报纸自身对苏联的认识有所变化。虽不认同其制度,《大公报》认为,苏联进行经济建设的经验值得学习,所取得的成就值得肯定。"九一八事变"后,《大公报》在一篇"社评"中更是明确提出"内师勾践""外观苏联",说苏联"在四面楚歌之境遇,而能着着实行其工业计画,全国之人,节衣缩食……惟埋头拼命于完成建设之一大事业"①。1932年,在中苏复交前夕,《大公报》的版面上甚至掀起了一场不大不小的学习苏联经济建设经验的运动。此外,他们提出"绝对'剿匪'、相对反共"论,无意中也成为"学习苏俄"和与苏复交的理论依据,同时也与国府上层"赞成论"和"反对论"中的某些主张不谋而合。

1932年12月12日,中苏复交完成。《大公报》对此表示十分赞赏。14日要闻版头条报道称:"远东局面紧张中,中俄邦交宣告恢复,先复通常邦交及派领关系,第二步进行互不侵犯条约。"四版头条刊登专文《中俄邦交之回顾》(此文甚长,至15日续完),详述"中俄关系由亲密而断交及中间经过",并在前言中说:"在暴日凭陵下,中俄邦交宣告恢复,世界历史又展开重要之一页。……东隅已失,桑榆非晚,中俄复好,前途斯远。"②当日还发表题为"中俄复交矣"的"社评",首先肯定说,"中俄恢复国交,业于昨日正式宣布,此中国外交一大事也",并说"吾人四年以来,迭次著论,主张中俄两国不宜长在断交状态,'九一八'国难前后,申说尤力,乃以内外障碍重重,至今日始闻主张之贯澈,回溯旧论,盖不胜其感喟"。接着文章阐述对中苏亲善的感想:第一,"盖以苏俄在世界为翘然独异之国家,中国在国际迄居被压迫之地位,中俄国际利害并无冲突,而东西两大民族之了解与提携,实可构成改造世界大势之一种动力"。第二,自另一方面言之,"与俄亲善,侧重外交,合作提携,旨在建设",与国内共党无涉。同时也"愿党国当轴……仍当内修政治,速救民生,使第三国际无构煽之资料,共产革命无发生之余地,则俄人纵有越轨活动,夫复何惧?"文章最后作结:"要之,中俄关系有不容疏远之运命,今日坠欢重拾,实中国国民之所欣忭,希望继此而将互不侵犯条约及使领互换诸事,迅即商定实施,厚增两国之联络。"③《大公报》出版部还出版《苏俄外交密幕》一书,详述中、日、美和苏联的外交秘事。

---

① 《社评·送民国二十年》,《大公报》1931年12月31日。
② 《中俄邦交之回顾》,《大公报》1932年12月14—15日。
③ 《社评·中俄复交矣》,《大公报》1932年12月14日。

15日又发表题为"国人宜组织赴俄视察团"的"社评",明确提出宜趁中苏复交之际,"组织(各界)赴俄视察团,招致专门人才,一同赴俄研究。一方面调查建设,引为师资,一方面交换智识,俾俄人明了中国之历史民情",使苏俄"扶持中国,无取赤化",指出:"中俄交利而尤有裨于中国之建设事业者也。"①

总体来看,《大公报》对于苏联的看法及处理与苏联关系的主张,虽然依国际国内形势的变化而有所变化,但是有两点没有变,其一是爱国立场,其二是防"赤化"心理。

(三)"仇视"与"慎对"——有关对日关系的记事与言论

20世纪20年代中后期以来,为缓和国内严重的经济危机和转移日益激化的社会矛盾,日本统治者急于从扩大对外侵略、攫取新的殖民地和势力范围中寻找出路。如日本关东军中法西斯分子板垣征四郎即主张,只用外交的和平手段不能达到解决满蒙的问题,只有用军事手段才能达到目的。他们加紧在舆论、组织、人事、经费、兵力部署等方面进行发动侵华战争的准备。从1927年至1935年,日本在中国频频挑起事端,或借机挑衅,或无事生非,制造了多起流血事件。择其大者,有"济南惨案""万宝山事件""九一八事变""一·二八事变""华北事变"等。对日本人挑起的侵略事件,新记《大公报》的态度在渐次变化,由起初"诉之于日本国民之常识",劝导日内阁"良心发现",逐渐变为对日人阴谋的揭露和抨击。

1. 有关济南惨案的记事与言论

1927年3月24日,北伐军进入南京并与外国人发生冲突,发生所谓"南京事件"。在此背景下,1927年5月,日本的田中义一内阁借口保护侨民,决定出兵山东,并且很快占领济南。

《大公报》于5月29日在要闻版以大字刊登"东京专电",报道"日本昨议决出兵济南",称日寇由旅顺驻军抽出两个团,即日由大连装运前往青岛。

5月29日、6月1日、6月4日《大公报》连发三篇"社评",三论"日本派兵济南"之事。这三篇"社评"的基调是驳斥日本出兵理由,规劝日本政府慎重考虑出兵之事。文章称:"济南者,非租界、非海口,更非条约上驻兵之地,故日政

---

① 《社评·国人宜组织赴俄视察团》,《大公报》1932年12月15日。

府此议,较之英军来沪,其性质尤重大而更招疑虑也。"①文章还进一步指出,日方出兵济南的两条理由——"自卫权之发动"和"专以保护侨民为止"是根本站不住脚的②。最后,希望"日本舆论,监督政府,慎重考量","毋使中日国交酿重大之错误",并劝告"日本当局稍忍须臾,免滋误会,即万一自认有出兵必要,亦应以条约所许可地点为限。否则,使两国国民将来感情上生无穷之障碍,数年来双方努力改造之国民的关系,为之逆转,为东亚大局计,殊属不值矣"③。

然而,日本当局不顾"中国全境反对之烈与日本舆论界促田中反省之殷",议决增派驻大连之第八旅团赴青岛,并将青岛派遣军派往济南。《大公报》得知消息后立即在 7 月 7 日要闻版头条加以报道,并发表"社评"揭露说,"田中出兵,果不仅为保侨,而别有政治目的",即"干涉中国内政"。并警告说:"因田中内阁出兵而生国交上之影响,与夫其出兵胶济沿线后,倘干涉中国内政而生之一切责任,日本内阁实负之。"④这项增兵计划终因国内反对派极力阻止和舆论界大力反对而宣布放弃。《大公报》对此在要闻版引用"东方社东京电"做了报道,称:"日兵赴济停止增兵。日本旅部移设济南,外交系反对再出兵,各报抨击亦与有力。"

到次年(1928)4 月,为阻止国民党军"二次北伐",田中内阁于 19 日决议"再度出兵山东",21 日驻天津的三个步兵中队抵达济南,随后又有日军陆续调至,到 28 日驻济日军已达三千余人。日本再度决议出兵山东的消息传来,《大公报》对此高度关注,自 4 月 19 日起连续七天的要闻版头条都是日本再次出兵济南的新闻。并且于 4 月 19 日、20 日、23 日连续发表《论日本再度大出兵》《保侨与出兵》《日本再度出兵之影响》三篇"社评",对日本出兵山东的所谓"理由"进行驳斥,指出日本内阁议决再度出兵山东,就法律言实为侵犯中国主权,就政治言为干涉中国内政。对日本来说,"所成功者一时之示威,所损失者无价之好感",最后"为中日国交与日本国民利益计",规劝日本"友邦人士"三思而行⑤。

可惜"友邦人士"并没有听从《大公报》的劝告三思而行,而是一意孤行,使

---

① 《社评·日本派兵济南》,《大公报》1927 年 5 月 29 日。
② 《社评·再论日本出兵山东》,《大公报》1927 年 6 月 1 日。
③ 《社评·日本派兵济南》,《大公报》1927 年 5 月 29 日。
④ 《社评·日本增兵赴山东》,《大公报》1927 年 7 月 7 日。
⑤ 《社评·论日本再度大出兵》,《大公报》1928 年 4 月 19 日。

事态迅速恶化。5月1日北伐军进入济南时,与在这里构筑工事的日军发生冲突。5月3日上午,日军又不顾国际公法,冲击国民政府驻济南的外交机关,残杀外交特派员蔡公时等十余人,5月8日,田中内阁又调第三师团增援济南,并向北伐军发起进攻,致使中国军民死亡千余人。11日,北伐军被迫撤离济南,绕道继续北伐;日军则在济南城大逞淫威,杀死杀伤中国民众达数千人,酿成"济南惨案"。

对于济南惨案,《大公报》除在要闻版头条连续刊登消息外,还于5月4日、5日、6日连续发表《咄咄怪事》《诉诸中日国民常识》《应竭力避免中日第二次冲突》等"社评"。综观这些报道和言论,固然有对日军的野蛮侵略行为进行揭露,并表示义愤和抗议的一面,但主导面仍是劝告国人冷静、忍耐、息事宁人。

如5月4日的"社评",将日军在济南的野蛮行为定性为"中日大冲突",说"冲突之起,在华方必为极意外之事,且纵衅自人开,苟稍在情理所许之范围以内,蒋氏(蒋介石)当能严令部下力忍息事"①,认为即使是日军寻衅,中国军队统帅也应"严令部下力忍息事"。

5月5日,要闻版头条对5月3日事件的处理,摆出一副"客观报道"的架势:济南事件之华方报告,蔡公时为日兵将鼻割去,因伤毙命,军事高级长官备受侮辱,"迄昨午形势仍严重"。当日"社评"却又说:"吾人处此时机迫切之时,亟愿保持其冷静之头脑,为和平之呼吁。"认为中国处南北两军交战之际,如今又插进一支外军,"本系非常危险之事"。因而"中国国民,亦当冷静自制",并"诉之于日本国民之常识,期将大事化为小事;慎勿遽动感情,别生支节"②。

5月6日的"社评"则对日本内阁喊话,称"田中内阁漠视中国主权,擅为第二次之出兵,其轻侮中国,殆为一般独立国国民所不能忍者,中国国民,竟忍耐之"。并且中国民众"除外交抗议外,对于日本之人士,未尝有非礼之加,对于日本之货物,未尝有排斥之举",这足以证明中国并无排斥伤害日本人士的举动,因此希望日本田中内阁"为中日两国国民及其子孙计","应速停止继续派兵赴济。已派之兵,陆续撤退"③。这三篇"社评",口气之软弱,近乎乞求。

但是日本人并没有因《大公报》的乞求而发善心,国联更没有出面对侵略者予以应有的谴责。"谭延闿以国民政府主席资格,电致国际联盟秘书长,请

---

① 《社评·咄咄怪事》,《大公报》1928年5月4日。
② 《社评·诉诸中日国民常识》,《大公报》1928年5月5日。
③ 《社评·应竭力避免中日第二次冲突》,《大公报》1928年5月6日。

联盟依据国联盟约第十一条,注意日本在山东之军事行动",国联却以国民政府尚未得到承认为由不予理睬。此事令《大公报》十分憋气,说"事急求人,抑何令人齿冷",指出国人宜自谋自强自立之办法,不可"一屈再屈,一辱再辱"①。

5月12日发表的"社评"则具体论述国人何以"谋自强自立之办法"——"一致对内",即"对内政一致努力改革之谓也","一致觉悟,一致奋发,一致趋积极建设,一致自负其应负之责任。勿虚骄,勿颓废,勿复以私害公,勿复先己后国。果大多数如此,则国家难关未有不能渡者"②。

然而对于日军的恣意妄为,中国民众已忍无可忍。《大公报》5月12日要闻版头条《日军昨晨入济南城》载:"济南附近要地全被占领,方振武所部从南门出走",消息传来,全国民众群情激愤,尤其是青年学生,怒不可遏。许多学生高叫着"宁为玉碎,勿为瓦全""战亦亡,不战亦亡,与其不战而已,毋宁战"口号请愿游行。面对如此大局、如此民众,《大公报》在次日的"社评"中只能如此表白心境:"此次发生空前事件,痛心饮泣,力主容忍。以为非自立自强,彻底解决国内政治,不足以保卫邦家,应付外侮。……大凡人必自侮而后人侮之,国必自亡而后人亡之。现在举眼看,世界依旧是有强权无公理的世界,所以国际上任何主张,都须以国力为背景。而现代国际,尤必须科学的智识、物质的后援,方可和人比较短长。"并劝告国人:"国民要想涤除国耻,发扬国光,若不从学问修养上痛下功夫,锻炼能力,结果还只好屈辱复屈辱。虽受亡国灭种之祸,仍算是自作之业,无人怜悯,无人扶助。所以,我们今天与其怨人,不如责己,与其怒号,不如饮恨,与其说空话,不如求实学,化叫嚣为深鸷,屏客气为血诚,既下决心蓄养实力,以图他年之伸,便不妨先下决心,忍辱负重。"进而"奉告爱国青年,勿作无谓之牺牲,勿为无益之悲愤,练成铁的身躯,锻就钢的意志,养得水晶般的智识,不腐化,不恶化,我们不许中国亡,便谁也亡不了中国"③。劝导国民认清危机之局势,下定自立之决心:"国家今日,真可谓在严重时期,兴亡之间,不容一发,而足以定国家运命者,则在吾国民之根本态度,而不在国际困难。"④

至此,《大公报》对日本仅存的一点幻想也全部破灭了,剩下的只有仇恨。

---

① 《社评·国人应谋自强自立之办法》,《大公报》1928年5月11日。
② 《社评·一致对外之声浪不足恃》,《大公报》1928年5月12日。
③ 《社评·敬告爱国青年》,《大公报》1928年5月13日。
④ 《社评·国民须定根本态度》,《大公报》1928年5月20日。

该报在 7 月 25 日的"社评"对中日关系"算总账"中说:"近来对日外交有三要案,一为济案,二为修约,三为驻奉日领劝告张学良阻挠中国统一。济案是非曲直,中日各有伸绌之点。从原则上言,我苟有错,不必怙恶。彼苟有错,亦不能以强权而屈公理。……修约问题,彼不愿议,藉曰开议,亦终徒劳。……东三省乃中华民国之领土,应分应合全在吾民",日人从中离间是徒劳的①。一周后又发表"社评",历数自国民革命军北伐以来日本对中国的屡次干涉和侵略后明确地说:"日本已屡有所取于中国,中国亦屡有所予于日本。自今以往,中国当惟正谊之是守,国权之是保,苟有丧权媚外者,国人当共弃之。"②同时《大公报》又提出,鉴于中日间实力的差距,中国在处理对日关系上不可"以国家作孤注,与彼一战,则终当根据事实,统筹轻重,定方案,分步骤,于经济方面之能忍受者只好忍受,以图政治主权之保全",从而争取最后的胜利③。

有论者认为,济南惨案是日本人制造"九一八事变"的预演。据此,笔者认为《大公报》对待济南惨案的记事与言论,也是其对"九一八事变"记事与言论的"彩排"。

2. 有关万宝山事件的记事与言论

1931 年上半年发生的万宝山事件是日本为侵略中国东北蓄意制造的一起挑拨中朝关系的事件,是日本发动"九一八事变"的前奏。

《大公报》上最早报道万宝山事件是在 1931 年 7 月 3 日。是日要闻版电讯提及"万宝山中鲜农民发生冲突,原因为水闸问题",并叙述事情由来:当年 4 月 16 日,吉林省长春县长农稻田公司经理郝永德租得万宝山村姜家窝堡萧翰林等十二人的旱田五百垧,租期十年。租契订明,此契须于县政府批准后生效。但郝在未履行报批手续的情况下,将所租土地转租给朝侨李升薰等九人,为期也是十年,且租契亦未报县府批准。李升薰等九人是日本驻长春领事田代重德以兴办农场为名从吉林和朝鲜国内诱骗来的一百八十八名朝侨的领头人,自恃有日本人撑腰,便擅自决定将所租旱田改为水田。为灌溉水田,他们便在中国农民田地里开沟挖渠,并建水堰横阻伊通河,使上游低地几被淹没,正常航运被阻。水渠自马家哨口起,至姜家窝堡止,长达二十华里,严重侵害了当地农户的利益。5 月 20 日,马家哨口二百余农民上告此事。吉林省政府

---

① 《社评·中日间最近之三问题》,《大公报》1928 年 7 月 25 日。
② 《社评·中日关系之难境》,《大公报》1928 年 8 月 2 日。
③ 《社评·日本对华政策与中国对日政策》,《大公报》1928 年 8 月 11 日。

第 1273 号《指令》批示:"朝侨未经我当局允许,擅入农村,有背公约,令县公署派员同公安警察,往劝止,令朝侨出境。"朝鲜人随即准备撤走,日本驻长春领事田代重德派遣日本警察到现场加以阻拦。7月1日,中国农民四百余人联合平沟拆坝。翌日日本驻长春领馆闻讯后,派大批军警赶往万宝山非法驻屯,并向毁坝平沟的中国农民开枪射击,酿成冲突。

面对这一明显由日人挑起的争端,日本外务省不仅不认错,还"藉万宝山事件,竟声言将演第二济案。日警派出后将继之以出兵"①。加之别有用心媒体的煽动,此时已处于日本统治之下的朝鲜顿时出现一股排华浪潮:数千朝鲜人手持木棒、铁棍、刀斧到处袭击华侨开办的商店、理发馆和菜园,纵火烧毁中国人住宅,并打死打伤多名华人。中共满洲省委于7月3日发出《为万宝山事件告中韩农民及一切劳苦群众书》,揭露日本帝国主义挑起事端,妄图以武力吞并东北的阴谋,声讨日本帝国主义唆使朝鲜人屠杀华侨制造排华惨案的罪行。7月5日,《大公报》一方面在要闻版载"吉林专电",详细报道事态发展,并于同日发表题为"万宝山事件之严重化"的"社评"指出,日本外相币原喜重郎之所以如此安排,是为了迎合一部分"急进论政客之心理",而"行动脱线"②。

事态还在进一步恶化。7月6日,《大公报》三版"吉林专电"称:"驻吉日领谒省府,要求认赔韩农损失即和解经拒绝,我方坚持日警先开枪,应撤警惩凶。驻长日领事态度仍硬……在万宝山,日兵约百余占宿民家,伊通河渡船全扣留,战壕数里,并埋地雷,充满战气。"7日发表"社评",揭露事件的实质说:"万宝山韩农强辟水田一案,乃日本整个的对'满蒙'政策之新尝试,其非局部问题,突发事件,尤非鲜农责任。日来考察各方情势,已属大明。"③次日,发表"社评"明确指出,朝鲜暴动、大肆杀戮华侨的血腥事件,完全是日方制造的,并望当局确实明了其中内幕,确立应对办法。7月23日,报纸发表题为"万宝山案如何交涉"的"社评"指出:"吉林万宝山事件,以奸民昏吏之勾结,成损害国权之巨案。事发以还,日警武装督工,不啻军事占领。"④纵观《大公报》对于万宝山事件的记事与言论,一改对济南惨案所谓"中立"立场,态度鲜明地站在国人立场斥责日阀。

---

① 《东京电·币原外交无端脱轨!》,《大公报》1931年7月4日。
② 《社评·万宝山事件之严重化》,《大公报》1931年7月5日。
③ 《社评·"知彼知己"》,《大公报》1931年7月7日。
④ 《社评·万宝山案如何交涉》,《大公报》1931年7月23日。

"万宝山案,轩然大波",直到8月上旬"尚无了结之曙光"①。一波未平,一波又起,几乎与万宝山事件同时又发生了"中村事件"②。日方如此三番两次存心寻衅,令《大公报》也无可奈何。9月10日的"社评"《中村事件》即说:在真相未明的情况下,日方"不待华方之正式调查答复,已盛传用兵之声",这就明摆着是"恃强凌弱,逸失国际常轨"③。日阀利令智昏,根本不顾国际常规,肆意挑起事端,终于酿成了"九一八事变"。

3. 有关"九一八事变"的记事与言论

尽管蒋介石抱定"攘外先安内"方针,对日本的屡次挑衅一忍再忍,甚至企图"联日防俄反共",但是日人并不领情,反而在制造一系列"小事件"后,终于忍不住在1931年9月18日制造了震惊中外的"九一八事变"。

是日夜晚,日本关东军炮击东北军驻地北大营并占领奉天,"九一八事变"正式爆发。对"九一八事变",《大公报》及时作了报道。19日三版左下角刊登一则《最后消息》,称:"今晨四时消息,据交通方面得到报告,昨夜十一时许,有某国兵在沈阳演习夜战,城内炮声突起,居民颇不安。铁路之老叉道口,亦有某国兵甚多,因此夜半应行通过该处之平吉通车,当时为慎重见,亦未能开行云。"这则《最后消息》是当时国内报纸关于"九一八事变"的最早报道,完全可称之为"独家新闻"。

"事变"发生时胡政之正在北平,他于19日晨到协和医院访问正在那里休养的张学良,为"事变"发生之后第一个见到张学良的新闻记者。20日《大公报》要闻版头条载:"日军于昨晨突占领沈阳,同时占领长春营口安东,沈阳损失重大,长春死伤众多。我军全未抵抗。中央已提抗议。"并在"北平特讯"中详细报道张学良接受胡政之采访时的谈话:"张于匆忙中语记者曰:'君来为访问沈阳之新闻乎?实告君:吾早已令我部士兵,对日兵挑衅不得抵抗。故北大营我军,早令收缴军械,存于库房,昨晚(即十八日晚)十时许,日兵突以三百人扒入我营,开枪相击。我军本未武装,自无抵抗。'"④同时刊登《张副司令电告

---

① 《社评·万宝山案究竟如何》,《大公报》1931年8月5日。
② 1931年6月26日,在东北从事间谍活动的日军参谋本部大尉中村震太郎等人被当地驻防的中国屯垦军第三团拘获。鉴于证据确凿,按国际惯例,团长关玉衡遂下令将中村等人处决。日本政府隐瞒中村等人在中国进行间谍活动的真相,只公布了他们被中国军队处决的结果,以此扩大事态,煽动侵华的战争狂热,为即将爆发的"九一八事变"做舆论准备。
③ 《社评·"中村事件"》,《大公报》1931年9月10日。
④ 《北平特讯·本报记者谒张谈话》,《大公报》1931年9月20日。

全国》,称"日兵自昨晚十时开始向我北大营驻军实行攻击,我军抱不抵抗主义,毫无反响"①。《大公报》以这则报道揭出了东北当局对日挑衅的态度——"不抵抗主义"。

当日,《大公报》发表有关"九一八事变"的第一篇"社评"《日军占领沈阳长春营口等处》,称"中国夙无国防布置,东北素鲜自卫组织",故"方今巨浸稽天,万民载溺,诚为种种内政不修之大清算,而东北外患之实力发动,卒致不能抵抗,亦为漠视外交国防之总结账":"光绪二十年中日之役,举国主战,李鸿章独请持重,国贼之谤,积毁销骨,迫夫一战而败,忍辱请成,马关一击,几以生命殉国";"中日战后,国力益敝,失地丧权,岁有痛史……国力则已屈气虚极弱之境"。面对日寇无理挑衅和当局的不抵抗,"社评"最后亮出自身态度:"我国国民当此时机,务须共助政府,镇静应付,哀悼死难同胞,警惕未来变局,举国一致,以当大难。"②"共助政府,镇静应付"这两句话是《大公报》对于"沈变"的最初态度。

21日的"社评"则对政府主张的"不抵抗"和本报提出的"镇静"作进一步阐述,认为不抵抗也好、镇静也罢,都需要有一种"特殊的精神"。文章首先说:"此次辽变,祸出非常,国民受此巨创奇痛,必须根本觉悟,以谋挽回,然其道无他,精神能力之表现,为其第一义也。"随后说事变发生后,"全国公私各界,概主镇静与无抵抗之说,此本可耻"。如果不能有"根本之觉悟"激发一种精神,那"镇静"就成了"无耻"的别名,"无抵抗徒乃召亡之口号"。举例而言,"一战"后的德意志忍辱奋发和印度"倡不抵抗主义",靠精神力量努力奋斗,而"感动"英伦社会。就是说,无抵抗不是无所作为,而是要激发一种特殊的精神,隐忍发奋:"夫无抵抗亦须具无抵抗之精神,如德国莱因被占之多少年中,其居民即持无抵抗主义,然其全国之如何关切而悲哀,居民之如何沉着而强项,一切学术工业之事如何百折而不挠。"文章责问道:"吾民自省,能否如德人之举国一致,忍默奋发乎?"③

9月22日,日军轻取吉林省会吉林城。至此仅五天时间,日军便占领了我辽、吉两省。23日,《大公报》要闻版头条报道蒋介石有关对日政策的演说,揭出中国最高当局的态度:暂不抵抗,诉诸国联,称要"暂忍痛含愤待国际公理判

---

① 《北平特讯·张副司令电告全国》,《大公报》1931年9月20日。
② 《社评·日军占领沈阳长春营口等处》,《大公报》1931年9月20日。
③ 《社评·救灾救国》,《大公报》1931年9月21日。

断,如至最后地步已有最后决心"。24日,《大公报》发表"社评",对蒋介石的国防外交方针提出异议:"数日而失两省,而称之曰'不抵抗',曰'镇静',而以诉诸国际联盟与不战公约为目前惟一之表现,此在中国本身,可谓顽钝无聊,无以复加者矣。"文章在嘲笑了国联的无能、公约的儿戏、日本的无赖后,重点论述了中国应抱的态度:"夫养兵百余万,而外患之来,专以不抵抗为标榜,世界自有历史以来,应断无如此无耻之国民。且不抵抗云云,究以何时为止,限度如何?充不抵抗主义之解释,凡日军所到,即我国所失,是最后只有双手奉送全国而后已……"最后向政府进言三点:

> 其一,应向世界明白宣言,中国有自卫其领土之决心,倘此外任何地点再受侵犯,当取自卫手段。同时通令全国负责保护日本侨民,勿滋口实,与积极准备自卫,誓守疆土。其二,对世界宣言,在日本不回复中国领土之完整,使辽吉两省行政机能得以自由行使以前,两国政府无从开始交涉。其三,如果日本能即时回复到条约所许之原状态,则中国中央政府有与商量解决东北中日间种种悬案之准备。至于关于本案直接、间接之种种损失,当然保留其要求赔偿之权。①

国联出面劝告日本退兵,日本不仅不予理睬,还变本加厉,在攻击吉林后,又"大举用飞机在各地破坏,机枪扫射北宁通车毙二命,在通辽帮子锦州乱掷炸弹"②。12月30日,锦州中国驻军不敌敌军海陆空各方面之压迫,向关内撤退,至1932年1月1日全部撤尽。"锦防既撤,三省尽失。"《大公报》对此境况评论道,"严重国难进入新阶段"③。

4. 有关"一·二八事变"的记事与言论

东三省硝烟未散,上海滩枪声又起。1932年1月28日晚,日军毫无理由地分三路袭击驻闸北的中国军队,制造了震惊中外的"一·二八事变"。对于"一·二八事变",《大公报》不仅反应迅速,而且态度十分鲜明。事变次日,报纸即在要闻版头条位置对日寇蛮横无理的态度和存心扩大事态的用心予以揭露:"沪日军占天通庵车站,我军自卫,昨夜半接触。沪市政府承认日本要求,日最后通牒限昨晚六时,昨午已答复四条全承认,(然而)大批日舰续来严重如

---

① 《社评·国联发言后之辽吉被占事件》,《大公报》1931年9月24日。
② 《本市特讯·日军行动愈不可测》,《大公报》1931年9月25日。
③ 《社评·锦防撤退之后》,《大公报》1932年1月3日。

故。"30日要闻版头条对日军的残暴行径继续进行揭露和抨击:"日本毁我经济中心,上海闸北惨化灰烬。一昼夜巷战,飞机肆暴威,居民死伤多,商务书馆焚。"当日发表题为"为公理人道抗议!!!"的"社评",声泪俱下地对日寇的野蛮进行控诉:

> 九一八以来,中国受日本万般欺凌,宛若剥尽衣履,挞诸闹市,岂仅国家之奇辱,实为人类之惨劫,凡我国民,稍有情感知觉者,靡不愤恨填膺,不可终日。然而,忧深思远之士,鉴于国内天灾人祸、财尽民穷,与夫国外之扰攘多事,鲜援寡助,故多主忍辱持重,力求和缓。乃日本得意忘形,愈逼愈紧,既逞凶于东北,复示威于青津,今更轴轳联翩,飞机逐队,进扰六十年来繁荣与兴盛之远东万国公共市场之上海,此其凶横悍鸷之气,诚足以震骇世界!

接着对日本轰炸上海的暴行从公理上、人道上提出抗议,最后表明与日阀抗战到底的决心:

> 日本野心无穷,俨然与世界为敌……其于中国,久已视同无物。故从前尚有屈辱可言,今则屈辱且不可能。……日本军阀已击太平洋大战之吊钟,中华民国四万万民众,惟有应此钟声,冲开血路,效土耳其战后之自拓运命耳!①

从1月29日交战开始至3月5日中国军队撤出上海的一个多月间,《大公报》除在新闻栏揭露日寇的野蛮和残暴罪行外,还发表大量抨击日寇的言论。除1月30日那篇《为公理人道抗议!!!》外,重要的还有:

1月31日的"社评"《轰毁上海之极端的暴行》,具体论述日军对上海的轰炸情况:"(日军)飞机轰炸人口密集之市街,致我闸北繁华,尽付一炬。居民不及逃避而死者,至今不详其数。商务印书馆为纯粹文化事业私人财产,乃竟悍然轰击起火,使损失数百万。此种惨酷灭绝人道之手段,纵在正式交战国之间亦极罕见。"呼吁世界各国从道义和行动上"阻日本之侵略与残暴"。②

2月19日,日军一面准备向我军阵地发起总攻,一面发出"通牒",向我方提出荒谬绝伦的条件:"要求中国军队于本月二十日下午五时前,撤退二十基罗米突(千米)以外,并将一切炮台及其他军事设施一律永久卸除。"《大公报》

---

① 《社评·为公理人道抗议!!!》,《大公报》1932年1月30日。
② 《社评·轰毁上海之极端的暴行》,《大公报》1932年1月31日。

于当日要闻版头条对此予以揭露。次日,要闻版头条继续揭露说:"日牒要求荒谬绝伦,我已驳复,激战即起。日军准备今日总攻! 淞沪空前大战今晨必起!"并刊登了中国外交部的宣言,驳复日牒无理要求,同时为揭露真相,还刊登了《日军通牒全文》。报纸当日发表题为"兴亡歧路生死关头"的"社评",严正指出:"日本于占夺三省、破坏淞沪之后,向中国提出要求,以庚子拳乱之议和条件迫中国,将欲使之废除吴淞要塞,永撤淞沪驻军……此诚加重侵害我主权,破坏我独立,中国苟不甘作亡国之民,当然不能予以承认。"①

2月28日,"英国公使由沪到京,访外长及陈铭枢氏,提议中日在上海休战,大意希望在二月二日国联行政院开会以前,停止战斗,双方军队撤退相当地点,撤退阵地,由第三国分别派员监视"。对此,《大公报》2月29日发表"社评"《上海休战非根本问题》指出,上海休战不能从根本上解决中日问题。中国东三省被日军占领,中国国民断不甘心,一息尚存,"终求恢复失地。中日纠纷,永无了期,上海事件,随时可起,为各国在华营业投资计,亦大为不利。故吾人敢正告我友邦人士曰:公等对日劝告之辞已穷,恫吓之法无效,勿徒运动上海休战,应速根本干涉东北问题,勿仅一时敷衍"②。5月5日,在英国出面调停下,《淞沪停战协定》签字,次日,《大公报》发表"社评",继续斥责日军制造"一·二八事变"之无理,揭露日军在上海的所作所为,"为近代世界历史上空前未有之残酷行为"③。

5. 有关日寇向关内侵犯时的记事与言论

《淞沪停战协定》墨迹未干,日本又把侵略魔爪伸向山海关内,他们不以东三省为满足,企图攻占热河省,使其成为1932年3月成立的伪满洲国的组成部分。1932年7月,日寇便有攻热打算和行动。对此《大公报》予以高度警惕和密切关注。7月6日,《大公报》发表题为"注意热河问题!"的"社评"指出:"近来日本各报多载热河种种消息,日参谋次长真崎前日赴锦州,与日军师旅团晤洽,亦公然发表为与热河问题有关。就日本向例观测,此类宣传,决非无因而至,故今后之热河问题,实值得注意。"④20日要闻版"电话"栏记述:"日军果进犯热河!!! 第二期侵略暴行之开始,敌机轰炸朝阳掷三十弹历半小时。"随后

---

① 《社评·兴亡歧路生死关头》,《大公报》1932年2月20日。
② 《社评·上海休战非根本问题》,《大公报》1932年2月29日。
③ 《社评·上海停战协定签字》,《大公报》1932年5月6日。
④ 《社评·注意热河问题!》,《大公报》1932年7月6日。

一段时间,日军的进攻有所缓和,但是《大公报》依然提醒当局注意"热河形势似缓实紧",日寇已经"明言热河应属伪国"①,贪欲不实现,日本侵略者是不会善罢甘休的。《大公报》呼吁当局一定要认识到:"自去冬占领黑龙江锦州以来",日军攻热,"此为第二期大举侵略之初步"②。

果然,1933年元旦当日,日寇向山海关大举进犯。《大公报》当日要闻版头条提醒当局注意,"献岁声中频传警报,日本决定攻热策略"。随后几日的要闻版头条都是日寇犯关的新闻:1月3日,"榆关战事前晚突发,日方寻衅竟迫我让出榆城,昨晨开炮我军已奋勇抵御";4日,"日军昨晚入榆城,陆海空联合总攻向关内冲击";5日,"榆城全破坏,人民死数千,世界文明人类一齐震惊";6日,"前线无变化,形势仍紧张,外部已照会日使提严重抗议,日方宣传局部谈判绝对不确";7日,"日军昨确击我阵地,榆关日军换防传又继续增兵";8日,"锦州日军续向榆关集中,昨前线无变动,全局形势仍急,政府决就地自卫,但处以慎重";10日,"日军将实行大举侵热省,日阀竟直认侵热为势所当然,秦岛日陆战队登岸似有企图,石河阵线无变动,但前方形势仍紧"。

1月21日,国联十九次委员会调解失败,日军肆无忌惮地向我关内进犯。《大公报》更加密切关注日寇新动向,一再发文敦促政府赶紧考虑抗日救国的第二步计划。如前所说,一方面由于张学良抵抗不力,另一方面由于蒋介石空喊"抗战",不给予前线实际支援,致使前线战争节节失利。加上软弱的国联对日寇缺乏有效的制止,日寇的阴谋又一次得逞,迫使当局于1933年5月31日与之签订屈辱的《塘沽协定》。协定签字第二天,即1933年6月1日,《大公报》发表"社评"《中日停战协定痛言》,指出协定的实质及对中国的危害:协定虽由双方军事当局派代表签订,属军事范围,但"惟核其辞句与意义,充满战胜国对战败国之形式,狰狞面目活跃纸上,故在我当然为败辱的屈服。殊如'挑战'字样之外,更有'扰乱'之语,含义之广,直可使中国动辄得咎;又如彼方得以飞机或其他方法来我指定的地点之内视察,我且须负保卫及予以便利之责,尤为令人难堪。此外蛮横之点,不一其辞"③。

6. 有关华北事变的记事与言论

1934年12月,日本冈田内阁制定了新的侵华政策,即以经济渗透为先

---

① 《要闻·热河形势似缓实紧》,《大公报》1932年7月24日。
② 《社评·日军攻热果已开始》,《大公报》1932年7月20日。
③ 《社评·中日停战协定痛言》,《大公报》1933年6月1日。

导,军事压迫为后盾,政治阴谋活动作配合,将侵略魔爪伸向整个华北地区。在此新政策"指导"下,日寇于 1935 年在华北挑起了一连串的事件:5 月,借口中国方面破坏《塘沽协定》,挑起"河北事件"而强迫中国签订《何梅协定》;6 月,又借中国方面扣留日本特务,挑起"张北事件"(又称"察省事件")而强迫中国签订《秦土协定》;10 月,制造河北"香河事件"而成立以殷汝耕为头目的汉奸政权"冀东防共自治政府";12 月,又迫压南京国民政府设立以宋哲元为委员长的"冀察政务委员会",使华北进入半独立的"特殊化"状态,为日方所控制。日寇精心策划的这一连串侵华事件统称"华北事变"。

由于《大公报》馆身处华北,基于自身安全考虑,对于华北事变的记事与言论采取"淡化"策略,具体表现为少登华北事变的消息与社评,在为数不多的几篇言论中,也尽说些可有可无的话。

如对于河北事件,《大公报》只在 6 月 11 日要闻版头条作了简明报道,说:"日军条件全部承认,国府昨颁睦邻敦交明令。"四版发表一则题为"河北问题"的"短评",也是语焉不详,说:"所谓河北问题,因我方之承认全部要求而小告段落,但详细内容还不大明了。……今番结果,更加倍证明河北是边省了。"①这是指《何梅协定》作为城下之盟,对日军所提条件只能全部答应。

对于张北事件,《大公报》只在 6 月 28 日要闻版头条刊登一则"北平通信",报道"张北事件昨告解决":秦德纯(察哈尔省代理主席)与土肥原贤二(日驻沈特务机关长)签订协定,处分事件责任者,撤换涉事的第一三二师参谋长、军法处长。

香河事件发生后,《大公报》10 月 22 日四版刊登"北平电话"说:"香河暴动,乡民聚众围城,县长避走;参加之日浪人被日宪兵拘捕,闻系白坚武等所主使。"为弄清事件真相,《大公报》曾遣特派记者前往调查过,然而该记者在《香河事件调查记》中也没有说清楚事情真相,只是说:"武宜亭鼓动乡愚造成事变,良民出走,城中陷恐怖状态。"②10 月 26 日的"社评"《香河事件的检讨》,更只是说了几句无关痛痒的话。到了 11 月,汉奸殷汝耕等人在日本特务策动下到天津"请愿",要求"自治",并于 24 日成立"冀东防共自治政府",使冀东二十二县脱离中国统辖,为日本控制。对于这一日本侵略中国的重大步骤,《大公

---

① 《短评·河北问题》,《大公报》1935 年 6 月 11 日。
② 《香河事件调查记》,《大公报》1935 年 10 月 27 日。

报》11月26日的"社评"还说是"中国内政问题""局部问题",天津的事由天津解决,通州的事由河北省解决,不涉及中日两国的事①。不知是"社评"作者装聋作哑、视而不见,还是有苦难言。

"自香河事件以后,日本通信社及报纸,屡传华北五省自治运动之说。"最终,在日本的压力下,蒋介石政府于11月27日撤销北平军分会,改设冀察绥靖公署,委宋哲元为主任。当晚,宋哲元电京辞冀察绥靖主任职。此时已有传闻称日本驻华大使有吉明将于12月1日进一步向国民政府施压。对此,《大公报》在28日第四版发表一篇连标点在内不足八十字的"短评",说宋哲元辞职与有吉进京"是双管齐下,但并非各自为谋,这三几天内进展,值得特别注意"②。文虽不长,但《大公报》显然还是看到了问题的严重性,只是不便言讲而已。果然,在日本人的再次施压下,蒋介石再次妥协,于12月7日决定成立冀察政务委员会,以宋哲元为主任。9日,《大公报》发表题为"今后之冀察时局"的"社评",对以宋哲元为中心的冀察政务委员会旁敲侧击地说:"望宋氏及其干部,念国家之重寄,感来日之大难,此后施政成败,关系国土安危。""俱竭尽智力,为国家保华北,为华北谋进步!"③

《大公报》之所以在华北事变中一反其在"一·二八事变"和长城抗战中的积极态度,而采取这种消极回避、看似冷淡的态度,主要是由所处环境所致。

《大公报》馆虽在法租界,但天津毕竟地处华北前线,日伪汉奸经常在津沽寻衅,宋哲元露骨的新闻封锁政策及明显的亲日态度更使《大公报》的发言处于十分困难的境地。即使《大公报》"遵照"地方当局的指示,尽量减少对华北事变的正面报道、减缓发表表态社评,但还是惹出了一个不大不小的麻烦。1935年12月3日,《大公报》就宋哲元辞冀察绥靖主任一事发表题为"勿自促国家之分裂"的"社评",向宋"进言两点":其一,为公为私,为国家为地方,都不要自促国家之分裂;其二,即使要分裂,宋应以自身名义,公开负责,万勿托词于民众④。这便开罪了宋,他立即下令,从4日起对《大公报》实行停止邮递的处分。所幸这时南京正召开国民党五届一中全会,《大公报》禁邮消息传来,引起了部分代表的气愤,促使会议通过了周佛海等五十二名中央委员提出的《平

---

① 《社评·有吉大使将再入京》,《大公报》1935年11月26日。
② 《短评·时局》,《大公报》1935年11月28日。
③ 《社评·今后之冀察时局》,《大公报》1935年12月9日。
④ 《社评·勿自促国家之分裂》,《大公报》1935年12月3日。

津公安局压迫言论非法扣留报纸,请大会决议转饬行政院立予纠正,并决定开放言论保障新闻报纸办法案》;同时,宁沪各报纸也纷纷发表评论声援《大公报》。宋哲元迫于压力,不得不于12月12日解除对《大公报》的停邮处分。当然,处于此种环境,《大公报》也不便多言,仅于同日发表题为"本报解除停邮处分"的"社评",说了几句"须善体法律之精神""不得滥用职权""对新闻事业须有理解"之类的话。在这一时期处境之困难可见一斑。

四、有关民生民瘼的记事与言论

关心民生民瘼是《大公报》创办者英敛之基于宗教"仁爱"理念和中国古代人本思想形成的一种光荣的办报传统,并经过"王记"传到"新记"。1928年6月,为救助军阀混战中颠沛流离的京津四郊之难民,《大公报》同人成立"《大公报》救灾委员会"时,在《启事》中也说,为社会服务是本报的"天职"。本此天职,《大公报》一方面成立读者服务部,供应读者的精神需要,开辟有关专刊为读者送去各种生活知识,为他们解决各种思想难题;一方面在天灾人祸之时募款乞金,为遭难者、受伤者解决一点物质生活上的燃眉之急。同年9月1日,新记《大公报》在《本报续刊二周年之感想》的"社评"中明确地表明:"盖本报公共机关也。"《大公报》所谓"公共机关"的含义大致有两层:一是公共言论机关,国人有所欲言者,可到该报言之;二是社会服务机关,国人有难、有求,该报有为之解难、服务之义务。

(一)发表言论,为民请命

为引起政府当局、军阀政客和社会各界对社会救助的重视,《大公报》经常发表言论,阐述解决民生、救助民瘼的重要性,希望提高全社会的认知,以求捐助活动更有成效。

《大公报》对军阀政客们说,别为一己一派之私利,也别为权力、主义而你争我讨、连连战争,弄得民不聊生,呼吁"放放手吧,让人民过几天安生日子"。1926年12月14日的"社评"《赤裸裸的生活问题》开头便说:"现在中国的危机,一口道破,就是生活难。""物价一天比一天高,生活一天比一天难。"接着提出一定要解决国人的生活问题:

> 人的根本权利,就是生活。人要争这根本权利,甚么善恶,甚么利害,一概都是不管了的。到了这步田地,任你非常猛烈的枪炮、非常快利的刀矛,是谁也吓不着的,任你如何高远的学说,如何圆满的主张,是谁也骗不着的。孔夫子也好,释迦牟尼也好,耶稣也好,马克思也好,列宁也好,李自成也好,张献忠也好,新也好,旧也好,左也好,右也好,总之贤也要生活,愚也要生活,强也要生活,弱也要生活……

文章最后劝告"当世阔人们,可以让手的时候,让手一点,可以客气的地方,客气一点。安慰些子算些子,缓和一分算一分罢了"。①

1929年北方大旱,地里颗粒无收。社会捐助的粮食堆在上海,却因为新军阀混战、交通阻隔而无法运抵。眼看嗷嗷待哺的北方灾民得不到救济粮,《大公报》十分着急,于8月12日发表"社评"《赈粮车》,指责南京、北平扯皮拉筋,使得上海浦口存放的赈济陕西灾民的救济粮不能运到灾区②。

在《大公报》看来,国民政府既以"革命"自诩,就应把关心民生、救济灾民放在首位:"革命所以异于反革命者,粗言之,一重民一不重民而已。……易言之,党之行动,须事事为民,否则其立脚点根本不存在矣。"针对1928年至1929年北方大灾得不到救济的实例,报纸质问政府道:

> 吾大不解,党国当局何以数月来漠视赈务如是。……去年以来之灾,非寻常偏灾也,其地竟有五六省,其人达四五千万,其情状则饿殍遍野,或至人食人,至弃儿卖女,更属常见,或全家服毒,但求早死。此人间地狱之实现,生民以来之至悲也。且灾之发现,在去年夏秋间,其呼吁求赈也,亦已半年之久。……近日者,各重大灾区传来之呼吁文电,其声日以哀,而其量则日以少,盖死者已成过去。……凡政治应先其所最急。论中国现在,则救灾最急。且在任何时代任何政体之下,皆为最急,况革命时代,则急之又急矣!现在已死者虽已奇多,可救者究尚不少,是以再本其至诚迫切之意以促党国当局,撇开一切,先此最急之政。③

正当北方六省区灾民挣扎在死亡线上时,国民党最高权力机关全国代表大会于1929年3月16日开幕了。《大公报》趁机发表题为"为各省灾民向全代

---

① 《社评·赤裸裸的生活问题》,《大公报》1926年12月14日。
② 《社评·赈粮车》,《大公报》1929年8月12日。
③ 《社评·党国与灾赈》,《大公报》1929年2月20日。

会请命"的"社评"说,"全代会"必须代表民众,为灾民请命:"西北六省区甘陕晋豫察绥,自去夏大旱为灾",而"自去年夏秋以至今日,历时逾半年",政府救济少之又少,广大灾区,"全非人世"。文章呼吁全代会责成国民政府速办三件事:"其一,速正式发行既经议决之公债一千万元,全体买为粗粮,由政府机关之赈灾委员会自行分运各灾区散发。""其二,速使赈灾委员会依前次决议,在全国各大都会克期同时挨户募捐。""其三,前国务会议议决之官吏捐薪充赈办法,克期实行。"文章最后说:"自人民观点言之,今日国家最急最大之事,实莫过于救三千万同胞之生命,使之免死。"①

(二) 采取多种形式关注民瘼

1. 创设临时性的救灾特刊、专刊

《大公报》几乎所有的副刊、专刊上都有反映民生民瘼的文字,其中有文章,有专栏,有专号。如1928年3月3日创刊的《艺术周刊》,从第一期起便陆续刊登青年画家赵望云的"旅行绘画写生",真实描绘民间疾苦,在社会上产生强烈反响②。1933年2月15日创刊的《社会问题》双周刊,其创刊理由就是"看到现阶段的社会里",一切事物多少带着"问题","日常所听到的无非是农村破产,盗匪横行,失业、罪恶等等,都期待着我们去清理和研究"③,所以该刊经常刊登反映民间疾苦的文章。除此以外,《大公报》还根据灾情和救灾需要,临时创设救灾特刊和专刊。

(1) 为救助鲁直灾民,《大公报》1928年6月29日在第九版、十版上设置《救灾特刊》,刊登灾民生活的照片和呼吁赈济的文章。特刊刊头下刊登了一句话:"请到收容所中看看,无论如何硬心肠,也得可怜他们。"在《活流民图缩影》的"前言"中,"记者"写道:

> 在从前直鲁军势力范围内生活的民众,因为万恶军阀的横征暴敛和匪式军人的骚扰蹂躏,都感受非常的痛苦。……自从直鲁孙军节节败退,撤至津郊,于是天津四乡的人民,在遭受横征暴敛的苛政之后,又被蹂躏骚扰了……他们除掉身上穿着一袭破衣而外,什么都没有了。我们觉得难民的救济善后,真是刻不容缓。所以把一幅活流民图的一部分,缩成这

---

① 《社评·为各省灾民向全代会请命》,《大公报》1929年3月17日。
② 《艺术周刊》第一期刊登赵望云旅行绘画写生《疲劳》,载《大公报》1928年3月3日。
③ 《社会问题·编者言》,《大公报》1933年2月15日。

一张特刊,把他们的悲惨痛苦社会,希望引起社会的同情,共同赈济!①

特刊中还刊登有一些口号:"省下一文钱,救得一条命""恻隐之心,人皆有之""谁无父母?谁无子女?谁无兄弟?谁无夫妇?""一枝卷烟抵得几个窝窝头,省将下来救救他们吧""求福不用拜神,只须救济难民""拯灾民于啼号中是吾人之责",等等。

(2) 1928年12月,《大公报》将十版上原来的《公开评论》临时改为《贫民的呼号》,编者说道:

> 入冬以来,本社日接贫民投寄求助函件,为数极多,原拟每日披露若干,只以篇幅有限,未能尽量刊载,兹以积压过多,且多数贫民,待援孔亟,特将《公开评论》周刊暂停,改刊《贫民的呼号》,俾读者得知天津市上贫民之生活状况,同时唤起慈善家之注意,亟谋所以救济之方也。②

《贫民的呼号》每周出版一号(1日、8日、15日、22日),共计出版了四号。

2. 主办或参与举办各种募捐活动

新记《大公报》这一时期主办和参与举办的募捐服务活动,主要包括两类:一是为灾区灾民募捐,一是为前线战士募捐。

(1) 为灾区灾民募捐

据不完全统计,该时期为灾区灾民举办的募捐活动大约二十余次,择其大者有以下四次:

第一次为1929年春为平津市郊贫民举办的慈善演艺会。1929年春冬之交,平津市郊众多灾民生活尤为凄惨。《大公报》社主办"平津慈善演艺会",于2月8日刊登"广告"说:"特恳请中外慈善大家发起慈善演艺会,在平津两地分别举行,所有应需开销,概归本社捐助,其售票收入悉行拨充救济平津贫民之用,拟函请朱庆澜先生经手发放。"③为了义演成功,《大公报》还多次进行鼓动,如2月20日二版刊登《本社启事》:"本社主办之平津慈善演艺会,前昨两晚在北平举行,承中外各界热心赞助……再者所入券款,一俟汇算,当作详细报告,至在津继续举办日期,亦俟筹备就绪,即将披露。"④5月10日刊登《本社慈善

---

① 记者:《救灾特刊·活流民图缩影》,《大公报》1928年6月29日。
② 《贫民的呼号·编者志》,《大公报》1928年12月1日。
③ 《本社主办平津慈善演艺会》,《大公报》1929年2月8日。
④ 《本社启事》,《大公报》1929年2月20日。

演艺会分配款数报告》:"本社主办之平津慈善演艺会,所集款项六千一百二十元七角,业经与华北赈灾会朱子桥先生商妥,分拨平津慈善机关,该款已于昨晨全数送交,请朱君代为分拨矣。"①

第二次为1930年为陕灾赈款举行"宣传周"。早在1929年秋季,《大公报》就开始发表言论为西北灾区呼吁。9月21日的"社评"《为陕甘灾民呼吁》说:"陕甘灾情,在过去三个月间,达于历史上空前未有之悲惨状态。据最近报告,秋收约有数成希望,然未收获前,不能救死。既收获后,亦不过略减中产之死亡率。至一般小产及无产者,严冬将届,衣食两无,西北数千里仍全然一地狱状态,立待政府与全国各界之大规模救济者也。"文章呼吁政府与社会各界"必须从速救济:(一)速大规模集赈款赈粮赈衣,速全力通商运。(二)速散放大宗麦种。(三)速解决驻军问题","三事同为重要,第三事尤要"②。10月6日的"社评"《速解放西北灾民》中着重论述解决驻军问题对救西北灾民的重要性:"最近一两月尤甚,各县知事之向民间派粮,竟有及于升斗之微者",就是为了交军粮,"续命之粮日以少,而供应之命反日以紧","重灾区之数百里间,竟尚驻有十数万之军队。此辈之食,何从得?将仍取诸此垂尽之灾民乎?"文章指出:"假令军队移出十万人,则灾区负担可以较现在减少十分之七八。……所谓解放灾民者,此意是也。"③

到1930年,灾情越发严重。春夏之交,陕西大旱,赤地千里,哀鸿遍野,饿殍相藉。慈善事业家朱庆澜、李晋等人赴陕地作实地考察后,于5月8日自西安电津,为关中灾民向平津各界求助;次日《大公报》立即在第十一版头条位置以"最后五分钟"为题全文刊登了朱、李二氏西安来电,并在第二版发表题为"朱庆澜等为陕灾之呼吁"的"社评"作为响应:"尤望年来毫未尽力之金融实业各机关,发挥一次恻隐,表现一次力量,克日响应朱李来电,慨捐巨款。其次望始终努力之各慈善机关或个人,认为此为最后关头,再为灾民努力一番。"④

灾情益重,募款事急,朱庆澜、李晋从西安赶到平津为陕西灾民作最后呼吁。5月10日,《大公报》要闻版中间显著位置在"三块救一命!!!"标题下发表李晋在北平请求各界援助陕西灾民的谈话;次日在第七版又发表"短评"《速救

---

① 《本社慈善演艺会分配款数报告》,《大公报》1929年5月10日。
② 《社评·为陕甘灾民呼吁》,《大公报》1929年9月21日。
③ 《社评·速解放西北灾民》,《大公报》1929年10月6日。
④ 《社评·朱庆澜等为陕灾之呼吁》,《大公报》1930年5月9日。

陕灾!!!》,指出陕灾到了最后关头,"'三块钱救一命'之工作,尤须立即举办,而不容须臾缓","平津人士急应激发同情心,各就所能,以事输将"①。

为了有效地筹募捐款,《大公报》决定自5月12日起举办"《大公报》救济陕灾宣传周"活动。"宣传周"开始后,《大公报》每天第一版在大字标题"为救陕西灾民敬诉于本报读者之前——数百万同胞生命最后五分钟,三元钱救一命,希望各界捐助"下刊登劝募文字。此外,"宣传周"内每天都发表"社评"劝赈救灾。

在"宣传周"启动当日的"社评"《为陕灾致最后之呼吁》中说,报纸已记"陕灾惨状多矣",这里再次作最后的呼吁②。13日的"社评"《各尽我之救命责任》,将天灾与人祸联系起来,用人道主义谴责嗜杀成性的"军爷们":"当陕人最后挣扎之际,中原大战又将开始。战区遍数省,动员达百万,同胞斫杀之剧,迫近眉睫。而主持杀人者,且以人民膏血易来之飞机炸弹,屠杀无辜。如斯之政府,如斯之领袖,将如之何使之觉悟其本身之责任。"最后气愤地说:"以今日之情势论,我等无拳无力之辈,事实上已不能遏止杀人之战,而陕西同胞实尚能救,故杀人由他去杀,救命则我来救。"③14日的"社评"《各竭其力,各尽其心》动员人人发动"恻隐之心",积极捐赈④。15日的"社评"《陕灾之造因及目前之转机》认为,中原大战为陕北灾区救命之转机:"盖因中原战争之故,西北数十万大军咸过潼关而东之,减少与灾民夺食之饿虎。"⑤16日的"社评"《陕灾宣传周之精神》论述陕灾宣传活动的教育意义:本次读者为陕西二百万垂毙灾民解囊相助,踊跃而普及,证明"本社之所以敢发起此陕灾宣传周者,岂仅在物质一点,尚另有其精神存在。……宣传事实,劝人捐助,在现实的社会教育上,有无上之价值"⑥。17日《善机已动,诸君努力》称,"我们发起陕赈宣传周",已经测验出社会上"救人的人"比"杀人的人"更有勇气,因而"盼望各界有力者迎着这般热烈的潮流,鼓着勇气,努力劝化,至少要把从来军阀们只知酿乱捣乱造灾加灾的戾气,压它一压"⑦。18日的"社评"《陕赈宣传周结束之声明》报

---

① 芸:《短评·速救陕灾!!!》,《大公报》1930年5月11日。
② 《社评·为陕灾致最后之呼吁》,《大公报》1930年5月12日。
③ 《社评·各尽我之救命责任》,《大公报》1930年5月13日。
④ 《社评·各竭其力,各尽其心》,《大公报》1930年5月14日。
⑤ 《社评·陕灾之造因及目前之转机》,《大公报》1930年5月15日。
⑥ 《社评·陕灾宣传周之精神》,《大公报》1930年5月16日。
⑦ 《社评·善机已动,诸君努力》,《大公报》1930年5月17日。

告"宣传周"的成效:一周中,募捐救灾款七万多元,捐赠者数千人(后又有人陆续捐赠。此次劝募,共收捐款十余万元),更重要的是,此足见"中国人心之不死"。①

《大公报》举办的陕灾赈款"宣传周"活动,声势较大、效果较佳,物质精神双丰收,不仅为救济陕西灾民募得一笔不小的资金,而且国民在募捐活动中也受到教育,同时对报纸在社会上的影响、在读者中的声誉,也是一次极好的检验。

第三次为1931年为鄂皖水灾发起"救灾日"。1931年夏天,全国各地遭受大水灾,地处长江中下游的湖北、安徽等省灾情特别严重。为救济鄂、皖等省水灾中的受难同胞,《大公报》于8月中下旬开展了比上年救济陕灾声势更大的劝募活动。

自8月初起,《大公报》便开始大量报道灾情。为了解灾情,报社一方面特派记者赶赴上海、南京等处视察,一方面指示驻汉记者加强灾情报道。8月8日第四版刊登了驻汉记者发来的快信《一片汪洋万家号啕,汉口之空前大水灾》,详细报道了汉口灾情,称"居民皇皇栖止无所,饥肠待哺,洪流滔滔,全市街巷均可行舟"。其前言声泪俱下地写道:"记者深感回天术疏,援手力薄,睹闹市之洪流,仰彼苍而洒泪,对我漂没栖止失所之被难同胞,千言万语,迸集五衷,由博反约,亦只'痛心'两字而已。"②是日的第四版,还在"各省水灾概况"标题下报道了长江沿岸及江南十省的受灾情况。8月9日,《大公报》发表"社评"《东南水灾之严重性》,阐明了这场大水灾对国计民生两方面造成的巨大损失③。8月14日,又发表题为"大水后之防疫问题"的"社评"。8月16日要闻版头条载:"全国忧惶中之武汉两城运命:武昌大堤溃决全城陷水,省政府水深两尺人民无饮料,汉华界水深丈五人民在屋顶待救"。

百年未遇的水灾、空前巨大的浩劫,极大地激发出《大公报》同人的社会责任心,"《大公报》水灾急赈委员会"迅速成立。8月20日是《大公报》为鄂、皖等省水灾劝募捐款开始之日。这一天报纸第一版以特大字刊登题为"代鄂皖等省水灾被难同胞求救!"的告示,说:"本年鄂皖等省大水为灾,武汉要埠成为泽国,江淮流域一片汪洋,同胞被难者数千万人,实为百年未有之浩劫,救援赈

---

① 《社评·陕赈宣传周结束之声明》,《大公报》1930年5月18日。
② 《一片汪洋万家号啕,汉口之空前大水灾》,《大公报》1931年8月8日。
③ 《社评·东南水灾之严重性》,《大公报》1931年8月9日。

济,刻不容缓。"①这篇情真意切的文字,充满了《大公报》同人对灾区人民真挚的同情之心。第二版"社评"《请求全国读者捐赈!》写道:"连年天灾人祸之后,而突然复遭遇此次空前之水灾,灾情报告,愈来愈重,愈令人悲伤恐怖,不可须臾安。"②"社评"写得声泪俱下,令人动容。第三版即要闻版也以头条位置刊登《沿江三千万灾民待赈》,报道鄂、皖等省灾民的苦难状况。

随后连续数天,报纸继续发表有关救灾的"社评"。8月21日的"社评"《救人自救,救灾救心》列举事实,说明"今日弥天浩劫,实为历年种种恶因之结晶"。指出,多年来,全国上下因循懈惰,不图建设只谋权力,希望误国害民者"各各应忏悔"③。8月26日,《大公报》准备以发起"救灾日"的方式将鄂、皖等省水灾劝募捐款活动推向高潮。是日,第一版用特大字标出"惟能救人乃为真道德,愿读者一致奋起!!!"并在第二版发表题为"本报发起'救灾日'运动"的"社评",阐明报馆发起"救灾日"运动的理由和做法。"社评"说,为了表明"首自牺牲、以身作则",本报"决以九月一日即本报复刊五周年纪念日,定为'《大公报》馆救灾日',所有本报是日营业应收之报费广告费,概行牺牲,全部捐出,并纸张油墨各种垫办之成本,亦不复收回,以示决心。此外,各部工作同人各按薪工数目捐出三十分之一为基本数,其自愿多捐者听,悉数加入助赈之内"④。救灾日(9月1日)当天,《大公报》全日营业收入一千八百四十元九角四分全部捐出;报馆全体同人的捐款也大大地超过了规定数额;甚至工厂全体工友也从微薄的收入中捐款共计九十六元八角。据9月2日第二版《本报救灾日收款报告》载:"昨为本馆'救灾日',承各界热忱赞助,连同本馆所捐发行广告两部全日收入及本馆全体同人捐款共三千二百六十元八角四分,合计共收一万余元。"并用整版篇幅刊登社会各界人士姓名及捐款"详细数目"。这些数字表明,《大公报》社及报社同人的社会服务精神和"仁人之心",不仅是"说说"或要求他人去做,而是从自身做起,甚至做得比他人更好。

此外,为了极大地唤起社会各界人士的同情心,令其踊跃输将,《大公报》还采用各种方式进行鼓动,主要有"征求水灾特稿"和"刊登标语口号"两种。

"征求水灾特稿"的作用有两点:其一,此次水灾范围过大,一般人多注意

---

① 《代鄂皖等省水灾被难同胞求救!》,《大公报》1931年8月20日。
② 《社评·请求全国读者捐赈!》,《大公报》1931年8月20日。
③ 《社评·救人自救,救灾救心》,《大公报》1931年8月21日。
④ 《社评·本报发起"救灾日"运动》,《大公报》1931年8月26日。

通都要埠,其偏僻小地之惨况则报社无法调查,因而由各界热心人士将自己所得情况告诉报社,"以便尽量揭载,为民请命";其二,此次受灾各地,军政商学各界不乏勇于救灾之仁人义士,全国读者将搜集到的事实告诉报社,"以便刊载","公开表扬,以昭激励"。

"刊登标语口号"是指从8月24日起,《大公报》每天在第七版通栏以大字刊登一条富有情感的标语口号。如8月24日刊"请你想想浸在水中的难民,你不去救,指望谁救?"26日刊"数千万水灾难民,生无安身之所,死无葬身之地,鹄待赈济,岂容观望?"27日刊"未受灾的人们别忘了灾区同胞的水牢生活"。30日刊"救人一命胜造七级浮屠,行善获福乃一定不移的因果律"。31日刊"见死不救,于心何忍?厚殖自封,决非所以处乱世之道,愿资产家猛省!"9月10日刊"灾民曰:'事急矣!势迫矣!伊何人斯,解衣衣我,推食食我?'"9月13日刊"见一叶落而知天下之秋,我等家居尚觉寒凉,灾民露宿何堪设想?"这些标语口号,有直呼式,有启发式,有说理式,有反诘式,有第三人称式,有第二人称式,还有第一人称式,有普遍号召的,也有专对某个阶层。总之,呼者谆谆,凡有人性者听后都会被感动。

这次为鄂、皖等省水灾的捐款劝募活动进行了整整一个月,8月19日发动,20日正式代收捐款,到9月20日止,除报馆自己捐款外,共收社会各界捐款总共二十余万元。

《大公报》此次为鄂、皖等省水灾捐款劝募活动,除了声势浩大、以身作则等特点外,还有一个显著特点,就是把"救灾与救心"结合起来,企图通过救灾活动使国民心理为之一变。特大水灾发生后,日寇趁机发难,制造"九一八事变",天灾人祸一齐降到了中华民族的头上。《大公报》认为,在如此深重的灾难面前,中华民族的每一个国民如果没有非凡的精神支柱,是难以承受如此大的打击的,又何谈复兴建国?因此,《大公报》这一次"做救灾文章",实质上是做深刻的"救国文章",以刷新国民的精神面貌。救灾募捐开始的第二天即8月21日,《大公报》"社评"的题目便直截了当地喊出"救人自救,救灾救心"的口号,提出社会各界人士一面从物质上救济灾民,一面从精神上拯救自己,并要求上自当局,下至国民,通过救灾检讨过失,启发良知,自此以后把国家建设"别划一重天地"①。8月30日,《大公报》发表"社评"《为大水灾告全国学生》,

---

① 《社评·救人自救,救灾救心》,《大公报》1931年8月21日。

希望全国学生在新学年开始的时候,人人都该"抱定一种新觉悟":

> 觉悟已身为危急被难民族之一分子,同时为肩负复兴建设责任之一分子!自兹以往,应立新志气,养新精神;所有怠惰浪漫消沉敷衍之习,完全一扫!加倍的勤学问,加倍的练身体,加倍的俭费用,加倍的惜光阴!其心理状态,应如临阵士兵,如服丧子弟,如狂风怒涛中之舟子,如暗夜沙漠中之旅人。其戒慎!其紧张!其决心奋斗!一切无益之事,如跳舞演戏种种费时耗财之娱乐,俱自动废止!……我全国数百万在学之男女青年,果能因此民族的大灾大难之打击,而有上述之心理的革命,中国之兴,犹有望也!①

9月1日,《大公报》为"救灾日"发表的"社评"《本社救灾日之辞》,更明确地向全国同胞,尤其军政界、经济界、知识界提出了"惟一希望":"心理上起大革命,实力上为总动员。"并阐述道:

> 何谓心理的大革命?即各各觉悟过去中国之政治、之教育、之工商企业、之军队内容,半为亡国的,非兴国的。腐败、消沉、凌乱、脆弱,制造一切人祸,而不能抗一切天灾。于内忧且无力自解,于外患更束手待毙。……凡立国之民族,皆有其道,中国近世,则无其道。然非果无也,有之而不实行,口尧舜而行盗跖,故国家衰弱至此。一旦遇意外之灾变,更完全暴露无能,而惨剧之展开,遂不可收拾矣。挽救之道,第一在大家心理革命!从此全国军政界、经济界、智识界,忏悔过去而努力将来。勤俭廉洁,拼命劳动,以恢复发达全国之生产力为第一目标。……何谓实力的总动员?……所有全国有形无形之力量,皆用于此一大计画之上,全体紧张,一致劳动,中国前途之惟一出路系焉,此实力总动员之义也。②

劝募活动告一段落之日,正值"九一八事变"发生,辽、吉沦陷,国难猝临时,《大公报》9月21日便发表了题为"救灾救国!"的"社评",提出了"民族建国,精神的势力与物质的势力同样重要"的命题,指出在物质势力弱小的情况下,急需刷新国民之心理、振奋国民之精神,举国一致,奋发图强,以救民族于将亡,挽国家于既倒③。

---

① 《社评·为大水灾告全国学生》,《大公报》1931年8月30日。
② 《社评·本社救灾日之辞》,《大公报》1931年9月1日。
③ 《社评·救灾救国!》,《大公报》1931年9月21日。

第四次为1935年为江河水灾求赈。1935年,正当日寇铁蹄伸向华北之际,长江、黄河又发大水,入夏以来,长江泛滥在先,黄河决口于后,灾情之惨、灾区之大,实所罕见。《大公报》本着服务社会的宗旨,又一次发动求赈活动。8月8日在第一版刊登《本报为江河水灾求赈启事》说:"全国各界尽多乐善好施之士,若荷援助,共襄义举,则仁慈所被,灾黎受惠多矣。"①

为以身作则计,《大公报》已在发布求赈启事的前一天即8月7日,将本社同人捐助的一千三百余元分别电汇鄂、鲁。

然而,由于种种原因,此次求赈募款不是很理想。8月20日,《大公报》又一次发表"社评"《望大家负起救灾责任!》,到8月23日也只收款一万四千多元;于是24日再一次发表"社评"《为救灾事再告全国读者》作再次呼吁。《大公报》此次发起的赈灾募捐至1936年2月8日止,前后整整半年,共收捐款十万余元。此次乞赈集款数虽然不多,但《大公报》急人之难、助人为乐的精神为读者再度肯定。

此外,《大公报》为了广泛了解民生困难,还专门设立"通信科",负责处理读者来信,并开辟"读者投书"专栏刊登读者来稿。很多民间疾苦就是通过"读者投书"传递到了报馆主持者耳中。

(2) 为前线战士募捐

这一时期《大公报》为前线战士发起的募捐主要有两次。

第一次是为慰劳淞沪抗日军队募捐。1932年初淞沪抗战打响后,《大公报》一方面从精神、道义上予以支持,一方面代收捐款,从物质上给予一定的援助。《大公报》代收慰劳上海抗日军队捐款从1月31日起至6月10日止,共收款十五万余元,绝大部分通过银行分批电汇给十九路军,以示慰劳。5月28日,在苏州举行追悼淞沪抗日阵亡将士大会,《大公报》一方面派记者朱永康代表前往致祭,一方面将所剩一万元通过交通银行免费电汇苏州,交蔡廷锴、张治中两军长作抚恤阵亡将士遗族之用。《大公报》还发起过"代收救济沪战伤兵捐款"活动,此项捐款至6月14日止,共收四千五百零四元零七分四厘。报馆还代收过救济伤兵捐款,并发起过为战区灾民乞赈募捐,前者共收捐款四千五百零四元零七分四厘,后者共募得捐款九千八百五十六元九角四分四厘。

---

① 《本报为江河水灾求赈启事》,《大公报》1935年8月8日。

第二次是为长城抗战伤亡将士募捐。1933年初,长城抗战爆发后,《大公报》积极为伤亡将士发起募捐。1月9日发表"社评"《发起抚恤守关伤亡官兵之意义》说,此次山海关之战,"我守城官兵,乃被置于必然牺牲之地","而不屈不挠,亦忠亦勇","或死或伤,与城同尽,壮烈悲惨,兼而有之"。"凡有民族国家意识之一般人,其自身无直接御侮救国之能,则对我忠勇将士,舍身尽职者,义应救济其家庭,或慰安其本人。""本社因此意义,发起募捐,将以此测验社会之同情心,与夫古人所谓燕赵多悲歌慷慨之士者,今昔相较何如也?"[1]此次募捐,据1月17日第二版的《报告》,共收洋一万零四百五十九元二角二分五厘,收衣物七件。

五、副刊、专刊与特刊

王记时期,胡政之进行报纸版面改革、设置各种栏目,把《大公报》推入现代进程中。发展到新记时期,版面改革进一步深化为副刊、专刊和特刊,并成为《大公报》的一个显著特色。从1926年9月到1935年12月的新记前期,《大公报》副刊、专刊与特刊经历了一个从创始到发展的过程。

(一)社内、社外结合,副刊、专刊齐全

1. 从《艺林》到《小公园》

综合性文艺副刊的创设是《大公报》续刊初期最重要的版面变化。

1926年9月1日,即新记《大公报》续刊的第一天,便在第八版上半版创设了由何心冷主编的综合性文艺副刊《艺林》。在《艺林》第一期上刊登了何心冷写的《我们说些什么》,其中谈到《艺林》的内容,何心冷说:"除掉长篇、短篇小说和有趣味的诗词、笔记、戏剧、电影的批评、奇奇怪怪的消息之外,还加些流行的时装或是社会的写真";"国家大事固然要说说,就是里巷间的琐事……免不了要说上几句,这么着,读者看了既觉得报纸的确和自身有密切的关系,就是我们说的也觉得说得有些意思,不至于白费了"[2]。一个月之后,应读者的要

---

[1] 《社评·发起抚恤守关伤亡官兵之意义》,《大公报》1933年1月9日。
[2] 《艺林·我们说些什么》,《大公报》1926年9月1日。

求,《艺林》的篇幅由半版扩展到一整版。

1927年3月7日,另一个综合性副刊《铜锣》在第八版创刊,亦由何心冷主编,《艺林》则移至第五版。在《铜锣》的第一期上,何心冷写的《第一下》揭示了该副刊的创设主旨:"大家打盹的打盹,睡觉的睡觉,木铎声音太低,惊不醒他们,我们只好在他们耳朵旁边打铜锣,难道还能装睡?"即希望读者大众,不要对国家大事麻木不仁。9月1日新记《大公报》续刊一周年之际,《艺林》改名《副刊一》,《铜锣》改名《副刊二》,仍皆由何心冷主持。两个副刊刊发的内容亦作了适当的分工:《副刊一》偏重文艺,专载含有意味之小说、诗文,还另辟了"谈话室"专栏,刊载隽永之小品文字;《副刊二》偏重综合性,开辟各种各样的专栏近十个,专载含有新闻性、趣味性的稿件。

1928年元旦,何心冷将原《副刊一》《副刊二》合并,创办《小公园》。《小公园》也成了新记《大公报》连续出版时间最长、在读者心中影响最大的综合性文艺副刊。《小公园》第1号发表了何心冷署名"园丁"的文章《我们的公园》说:"我们的公园,没有杰阁崇楼,只有几间茅屋。没有嶙峋怪石,只有几块破砖。没有飞瀑流泉,只有一湾活水。没有珍禽异兽,只有在天空里飞翔着的鸟儿。大人先生们有的是大厦高堂,一瞧见这园门以内一片茂草,早就不屑一顾。但是,我们本来也不敢屈驾,生怕滑滑的泥会沾污您的白底靴,乱草里的荆棘会碰疼了您的嫩肉皮,反而弄成个恭敬不足,得罪有余。"这段文字表明,此副刊不是面向"大先生们"创设的,而是将视野转向了底层的劳苦大众:"我们的公园,本来是为需要精神上得到安慰的人们而设的,'门虽设而常开',爱什么时候进来都行,只要能使大家安安静静的领略一些自然的趣味,不求其他。"①该副刊直到1935年8月31日终刊,历时七年又八个月。

七年多时间中,《小公园》主编几经变化:1931年1月5日,何心冷因要专心处理《摩登》周刊的稿件,便改由徐凌霄编辑。1932年4月,何心冷又一度重接《小公园》的编辑工作,但因身体不支,胡政之决定由曹世瑛协助,至次年2月,《小公园》完全由曹世瑛独立主持。曹世瑛进馆后,先做练习生的工作——译电文,再做外勤员、外勤记者、编辑,1930年在胡政之的大力支持下考入南开高中半工半读。"九一八事变"之后,他因为参加学校的抗日救亡运动,于1933年初被学校开除,回馆主编《小公园》。不久,曹世瑛奉命到北平办事处工作,

---

① 园丁:《小公园·我们的公园》,《大公报》1928年1月1日。

《小公园》又依次由吴砚农、陈纪滢、冯叔鸾、萧乾等人接编。

虽然主编更换频繁，但是在这里还得强调一下何心冷作为新记《大公报》综合性副刊主编与《小公园》创办者的开拓作用。

前文已经述及，何心冷天资聪颖、多才多艺。他跟着胡政之干过通讯社、编过杂志，但都难以充分发挥自身的才干，而编辑报纸副刊却令他如鱼得水、如虎进山。他作为新记《大公报》综合性副刊的创始人和开拓者，育《艺林》，敲《铜锣》，耕耘《小公园》，几乎把所有的精力和心血都投入到了副刊园地里。同时，他还主持过《儿童》周刊、《电影》周刊和《摩登》周刊的编辑工作，并因此在20世纪20年代末30年代初一度成为天津的名人。据前天津《商报》编辑吴云心说："天津市民尽有人不知道《大公报》有张季鸾，但不知何心冷者甚少。"《大公报》老人曹世瑛则补充说："何心冷在天津出名的另一个原因是他的书法，他临摹魏碑，清秀潇洒。《大公报》代印名片，样本中有何心冷手书的一种，大受赏识，称为'何心冷体'。"①

何心冷编辑副刊最大的特色就是突出其趣味性。在《艺林》发刊词《我们说些什么》中，何心冷即强调其刊登的诗词、笔记、戏剧电影批评乃至"奇奇怪怪的东西"都要"有趣味"。《艺林》改成《副刊一》后专载小说、诗文，他因而更强调"题材不论新旧，趣味务求浓郁"。《小公园》创刊时，在刊图下，何心冷亦声明，《小公园》的稿件"第一要紧的是有趣味"。此外，《铜锣》改成《副刊二》专载具有新闻性的稿件，亦强调其趣味性。

的确，打开《大公报》看何心冷编的副刊，其内容往往多姿多彩、趣味横生。本来趣味性便是报纸副刊的基本要求，而何心冷的趣味性独具一格，在轻松的趣味中，酸甜苦辣俱全，嬉笑怒骂并用，喜爱憎恶齐发。为了"趣味浓郁"，何心冷匠心独运，在副刊编辑上采取了一系列举措：

一是设立趣味性栏目。单看《铜锣》改《副刊二》所设栏目，便可见一斑："渤海波光"专载天津富有趣味性之轶闻纪事，"世界珍闻"搜集各国奇闻逸事，"科学谈话"专载科学之小新闻，"趣话"搜集各种诙谐笑谈，"运动"记体育界之消息，"电影消息"介绍国内外、本外埠各种电影消息，"游艺消息"专载各学校团体游艺纪事，"戏剧"专载关于戏剧之批评与介绍。再看何心冷自己在《小公园》上开辟的小品文栏目则更有意思：1928年6月开设的"烽尾"、1928年7月

---

① 曹世瑛：《从练习生到外勤课主任》，周雨编：《大公报人忆旧》，第128—129页。

开设的"镰刀"、1928年8月开设的"仙人掌"、1928年9月开设的"三言两语"、1932年5月开设的"园丁的话"、1932年6月开设的"马后炮"、1932年7月开设的"吗啡针"、1932年8月开设的"冷话"、1932年9月开设的"闲话"、1932年10月开设的"发牢骚"等。这些栏目内,每天刊载小品文一则,短短几句俏皮话,言有尽而意无穷,给人留下深刻的印象。正如他去世后徐洌在悼念文章中讲的:"说来我与何君是尚未见过面的朋友,可是在精神上我早已认为他是我的最亲爱的朋友了,这不消说,因为他的'马后炮'放得震天的响,'吗啡针'扎得疼人,'冷话'说得俏皮……这是近几年来读过《小公园》的人当有同样的感触。"①

二是编撰趣味性文章、图画。有一段时间,何心冷兼编《儿童》周刊,他虽然年过三十,但童心未泯,用他对孩子们的爱心,把《儿童》副刊编得颇为活泼有趣。为了增进孩子们对自己的了解,何心冷甚至还于1928年5月13日在《儿童》上发表了《我是怎样的一个人》,以作自我介绍:"我知道,今天一定有许多小弟弟、小妹妹要谈论着:'不知道现在这个大孩子是个什么样子?'省得你们猜了,我的模样儿就是像图上那样子。"②并附上自画的人头漫画像。《儿童》副刊上刊登的大多是孩子们自己的作品,体裁有儿歌、笑话、儿童画等,就连每期的刊头,也都是一幅儿童照。照片上的儿童大都憨态可掬、活泼可爱,再配以"神气十足""看他胖不胖""正襟危坐"等说明,更是锦上添花。如1931年10月15日刊登了一幅照片《姐姐睡着了》,照片上一个小女孩正在看护摇篮中的小弟弟,摇他睡觉。小弟弟正睁大眼睛、手舞足蹈地玩着,坐在摇篮边的姐姐却歪着头睡着了。当睡的没睡,不当睡的却睡了,一动一静,令人莞尔。

如果说《儿童》副刊上的文字、图画是"活泼有趣"的,那么《小公园》上的文章却是"尖刻有趣"的。请看1928年8月1日的一则《仙人掌》:

> 只要提到"外国人",什么都是好的。没智识的这样想,有智识也这样想,所以中国人办的报上的真实消息倒没人注意,而外国人的报纸上的谣言,却信以为真,一般民众如此,所谓官也者,也是如此。
>
> 明明是中国人,而坐的汽车上硬扯上外国旗,招摇过市,自己以为是莫大的光荣似的。这种事情那一天都能碰到几个。

---

① 徐洌:《永远不能会面了!——悼何君心冷》,《大公报》1933年10月31日。
② 心冷:《儿童·我是怎样的一个人》,《大公报》1928年5月13日。

这种观念不革除,那么你索性自己承认是个猴子,随人家的便去耍着顽吧。①

这则讽刺盲目崇洋媚外的文章,现在读起来,仍觉含意隽永。

应该指出,何心冷主编副刊的趣味性,并不是一味插科打诨的庸俗低级趣味。孟超在谈到报纸副刊的趣味性时曾指出:"我深以为副刊应该注重趣味,同时却又感到趣味与无聊的不同。"②曾编辑过《小公园》的陈纪滢更明确地说,《小公园》既注重文艺性,更注重综合性;既有为专门家预备的,更有为一般读者预备的:"它是大多数读者兴趣(非低级的)的所在,谁也可以看得懂,并且人人需要它。"③这既是对《小公园》特点的概括,也是对何心冷副刊编辑特色的中肯评价。何心冷编辑副刊,文章体裁不论新旧,既讲文采,又讲趣味。旧体文章以趣味为主,或以小见大,或意在言外,每于笑谈中有发人深省的妙趣;而新体文章又多以写实和阐发义理为主,一语中的,尽情写来,读后使人自然产生种种感想。

2. 专门性副刊

与综合性副刊面向具有不确定性的广大读者不同,专门性副刊则面向专门的读者群。

《白雪》是新记《大公报》的第一个专门性副刊,于1927年元旦创刊,每逢周六出刊,由"白雪文艺协会"编辑。在第一期上,编者在《发刊小引》中说:"严冬的夜里,北风呼呼的刮着,洁白的雪花,纷纷下落,仿佛要遮盖了这丑恶的世界。""四五个朋友","生在民不聊生的中国",感到了"人生的悲哀",于是做个"效颦的东施",成立了个"白雪文艺协会",借《大公报》一块地方办一个文学刊物,做一点于国家有利的工作④。"白雪文艺协会"是几个有正义感的文学青年成立的一个临时性的小团体,其创办《白雪》周刊的宗旨也是积极的,就是用文学来抨击这个"罪恶的世界",反映"人民的悲哀",同时表达他们美好的向往,希望有朝一日,像"白雪"一样纯净的社会会降临人间。"白雪文会"的组成人员多迷于演剧,有时大家选上一个剧本,每周排演一次,自演自看,过过戏瘾。因此,《白雪》上发表的作品也以剧本为主,如第一期上刊登的是蒋逸霄写的反

---

① 园丁:《小公园·仙人掌》,《大公报》1928年8月1日。
② 转引自王文彬编:《中国报纸的副刊》,第34页。
③ 转引自王文彬编:《中国报纸的副刊》,第38页。
④ 《白雪·发刊小引》,《大公报》1927年1月1日。

映青年应正确对待爱情、财富、荣誉的独幕剧《剧后》;第二期又发表凝云根据乐府诗改编的《孔雀东南飞》。由于《白雪》上一般只限于发表"文会"成员的作品,无稿酬,所以只出了六期便停刊了。《白雪》虽然出版时间不长、影响不大,但它为《大公报》创设专门性副刊开了一个头。

1927年2月11日,第二个专门性副刊《家庭与妇女》创刊,由《大公报》女记者蒋逸霄主编。第一期上刊《我们的旨趣》说:"我们觉得在现代社会中,有多数人感觉到家庭间精神上的痛苦,我们又感觉到有多数的女子太不担负家庭的责任,因此造成了许多难于申诉的家庭间的隐痛。""我们觉得在这样枯寂的社会里,足以安慰我们的,只有美满的家庭。那么家庭中应当怎样的造成一个美满的环境?"对此,该刊表示:"希望尽我们一份棉薄的力量,向每个家庭贡献一些小小的意见而已。"①《家庭与妇女》始为半月刊,1928年1月起改为周刊,1930年9月一度停刊,至1933年9月起又复刊。

《电影》是新记《大公报》创办的第三个专门性副刊,于1927年2月15日创刊,由何心冷兼编。在第一期上刊《编者敬告读者与作者》写道:"(一)我们看见天津一般社会对于电影的狂热,所以有《电影》之刊。""(二)我们这小小的《电影》,是想给电影观众一些辨别电影好坏的帮助,所以希望作者多赐些不含有'捧'的性质的稿子。"②《电影》始为旬刊,9月起改为周刊。

第四个专门性副刊《戏剧》于1927年9月13日创刊,始为不定期刊,次年元旦改为周刊,由民初著名记者和报刊剧评专栏作家徐凌霄编辑,每期稿件亦由徐氏在北京编好后寄到天津。

前述《儿童》特刊是新记《大公报》第五个专门性副刊,于1927年11月9日创刊。在第一号上刊出署名"一个大孩子"的《起头的几句话》说:"现在的小孩子,都是国家未来的主人,儿童教育,是怎样要紧的事,东西洋各国对于这个事,是怎样的注意;一切设备又是怎样的完全。提起了我们中国,真是叫人短气!叹息!"文章在列举了中国在儿童教育方面存在的问题后说:"本社几个大孩子因见到这个地方,遂大胆的、赶忙的来办这个《儿童》特刊,供给他们些校外读物。第一目的,先引起小孩子看报的兴趣。"③《儿童》特刊始为不定期刊,次年元旦改为周刊。该周刊1928年5月起由何心冷兼编,20世纪30年代初

---

① 《家庭与妇女·我们的旨趣》,《大公报》1927年2月11日。
② 《电影·编者敬告读者与作者》,《大公报》1927年2月15日。
③ 一个大孩子:《儿童·起头的几句话》,《大公报》1927年11月9日。

由何心冷之妻李镌冰女士编辑,一度成为《大公报》最受欢迎的专门性副刊之一。

1928年1月2日,《文学副刊》创刊出版。该副刊由清华大学著名教授吴宓主编,故编辑部通讯处设于北平清华大学内,每期稿件在北平编好再寄往报社。该副刊是《大公报》唯一一个具有浓厚学院气的副刊,每期一整版,多为文学界大师们的宏论。该副刊直到1934年元旦出至第三百一十三期才停刊。

同年1月6日《大公报》又创办了《体育》周刊。第一号上刊有署名"记者"的《本刊的旨趣》,称中国青年的体质比外国的差太多了,"外国——尤其是欧战以后——无一不极力提倡体育……我们设这个体育周刊,盼望能多少增加青年体育的兴趣","盼望凡看《大公报》的诸君,都成了运动家,都养成健全的身体,都成就伟大的事业"[①]。

3月3日,《艺术周刊》创刊。第一号上刊登署名"记者"的《本刊缘起与宗旨》说:"本刊最要紧的宗旨,是从根本上去整理,切切实实地下一番功夫去研究,把高尚的、优美的提倡起来,使一般人确实的知道真善美的意义与价值;一面把卑劣的、丑恶的消弭下去,不使他遗毒社会,堕落人心,引导公众的眼光到高尚的路上去。"[②]《艺术周刊》由萨空了主编。萨氏是我国现代著名新闻工作者,由于其时任北平《世界日报》编辑,故每期《艺术周刊》的稿件亦在北平编好之后寄来报社。

经过一年多的努力,《大公报》的专门性副刊已初具规模,除《白雪》已于1927年2月19日停刊之外,剩下七个副刊均为周刊,于每周固定时间、固定版面轮流刊出,其顺序如次:星期一,《文学副刊》;星期二,《电影》;星期三,《戏剧》;星期四,《家庭与妇女》;星期五,《体育》;星期六,《艺术周刊》;星期日,《儿童》。

新记《大公报》这一时期的专门性副刊,无论是社内编辑的,还是约请社外人士编辑的,都有两个明显的特点:大众性与知识性。

所谓"大众性",一是指读者面宽,《大公报》初步创设的七个专门性副刊,其读者的涉及面从儿童到成年人,从男性到女性,从文学工作者、艺术工作者到电影爱好者、戏剧爱好者、体育爱好者以及影院工作者等。七个专门性副刊

---

① 记者:《体育·本刊的旨趣》,《大公报》1928年1月6日。
② 记者:《艺术周刊·本刊缘起与宗旨》,《大公报》1928年3月3日。

中,除《文学副刊》学院气息比较浓、以刊登长篇宏论为主外,其他的都属普及型刊物,面向一般读者,因而注重文章的短小、语言的通俗,有些如《儿童》《家庭与妇女》所刊文章多是口语化的表述,使文化水平低的人也能读懂。

所谓"知识性",即指内容而言,每个副刊上的文章大都是面向广大读者或特定读者,传播他们所需要的、感兴趣的知识,有些文章甚至可以说是"讲义"式的。如《电影》周刊上,何心冷举办"电影常识"讲座,进行"好影片与好音乐"的讨论,建议新开影院该如何建设,以及介绍外国影星;刊登"名作介绍""影评"等。又如《戏剧》周刊上,徐凌霄向广大戏迷介绍京剧各派特点,讲解戏剧的有关知识和欣赏戏剧的有关常识,并刊登一些短小而有趣的戏剧作品。至于《家庭与妇女》则尽是有关妇女生活和家庭生活的小知识,如"产妇的调养法""婚后须知""如何教育子女""煤气中毒之人工解救法""烹饪常识"以及"发型""时装"等。此外,《体育》周刊上也多为运动知识介绍,并且经常请体育专家讲解"泅泳术""溜冰术""骑车术""射击术""台球术"以及体育馆的建筑、体育设施的添置等。

需要说明的是,新记《大公报》专门性副刊的这两个特点,在当时那种民族矛盾、阶级矛盾都十分激烈的年代,在广大劳苦大众生活在水深火热的岁月,价值仍相当有限:副刊的立足点尚没有站到引导广大读者关心国家存亡、社会进步上来,而只是局限于一般知识的传播,并且其传播对象多为城市中等生活水平的读者和家庭。如在《妇女与家庭》中,甚至还刊登过《猫狗卫生法及其疾病的治疗法》《短毛猫之分类及其比较点》等文章,其读者对象可谓完全是"贵妇人"了。《家庭与妇女》上还发表文章,声称有知识、有能力、有精神,从事"妇女运动"的妇女只是极少数,绝大多数妇女把家庭管好就行了,教育好子女,照顾好丈夫,不让他们染上坏毛病,造成一个美满的家庭环境,就算尽到责任了。这种妇女观与英敛之时期的女子教育观是一脉相承的,即主张妇女解放、女子受教育,但是不主张女性精英化,虽在一段时间中有其进步价值,但在20世纪30年代仍提倡此说,便难免有落后之嫌。此外,其他副刊的宗旨也基本上局限于"修身""养性""长知识"等,其境界不算很高。

虽然如此,与同时代南方一些大报的副刊比较而言,《大公报》副刊仍有相当的可取之处:20世纪20年代末,上海几家大报中,《申报》由史量才购下后,和《新闻报》一道靠念"生意经"求生存、图发展,因此其副刊也完全以招徕读者、扩大销量为目的,从而成为"鸳鸯蝴蝶派"的领地;《时事新报》为吸引读者,甚至让一些奸杀、恋爱、绑票的文字充斥版面。相比较而言,《大公报》的副刊无论是综合性的还是专门性的,其立意仍以提升读者修养、传播各类新知为主,是有益无害的。

新记《大公报》专门性副刊的这两个特点,是它所处的特定历史条件和地理环境所决定的。当时,南方国民政府与北方军阀政府的斗争处于最后关头,由于自身生存的需要,《大公报》在正张上巧妙地"送往迎来",在副刊上也只能是少谈时局,多谈生活,尽可能开设离政局远一些的专门性副刊,登一些知识性的文章。而且,报纸刚刚续刊,经济实力有限、销量不多,因而根基不牢、腰杆不硬,由于生存和发展的需要,《大公报》也要尽量少惹麻烦,甚至正张上要骂人,也只是拣"死老虎"(吴佩孚)骂,拣那些离得远的、"吃不着我"的"老虎"(蒋介石、汪精卫)骂,副刊上自然也只能围绕中下层群众的生活问题打转,这样的副刊读者读着高兴,也不会有什么风险。而像《文学副刊》《艺术周刊》上一些高雅宏阔的文章也有读者,《电影》《戏剧》更受戏迷、影迷们的欢迎。可以说,副刊为《大公报》续刊后打开局面确实出力不少,正如曹世瑛说的那样:"新记《大公报》只用了两年时间就站稳脚跟,原因很多。它的专电、通讯、社评、标题、拼版,以及医学、戏剧、艺术、妇女、儿童等周刊,都是重要的因素,副刊《小公园》也起了重要作用。"①此外,为了配合正张的内容,《大公报》在这一时期还开始创办一些临时性的特刊。比如1928年7、8月间"北伐告成"之后,正张上登消息、发社评,呼吁裁军,发起"国民裁兵运动"。为了配合这一宣传,7月13日至8月3日《大公报》在第九、十版先后出了四期《裁兵特刊》,用大量篇幅刊登社会各界对裁兵的意见,比较有力地助推了报纸正张所载观点在社会上的传播。

(二)好花合时而发,百花齐放斗艳

春兰秋菊,夏荷冬梅,美酒年深则香,好花合时而发。报纸的副刊不能仿酒,而应效花,应随着时代的需要而创设与变化。自1929年始,新记《大公报》的副刊又开创出了一个新的局面。如果说奠基时期的副刊是以"妇女"、"儿童"、看"电影"、听"戏剧"、逛"公园"为主,以讲究趣味性、娱乐性取胜的话,那

---

① 曹世瑛:《从练习生到外勤课主任》,周雨编:《大公报人忆旧》,第128页。

么1929年以后的副刊则是以"时代性"著称,即根据国家、民族、时代的需要而创设与变化。就专门性副刊而言,在此后的八年间,直接因国事和时势的要求而创办的就有近二十个,包括《科学周刊》《市政周刊》《社会研究》《医学周刊》《政治副刊》《读者论坛》《社会科学》《现代思潮》《世界思潮》《社会问题》《经济周刊》《军事周刊》《文艺副刊》《明日之教育》《乡村建设》《图书周刊》《史地周刊》《艺术周刊》《县政建设》等。对于这一时期《大公报》副刊的发展,陈纪滢回忆说:"《大公报》开辟各种学术性副刊,是全国所有报纸最成功的一家,直到今天似乎没有一家报刊堪与媲美。"①陈氏所言,即主要是指这一时期的专门性副刊,他的话虽然有夸张之处,但也从一个侧面说明了《大公报》副刊的作用与影响。

1. 好花合时而发

(1)《科学周刊》《市政周刊》与《医学周刊》的创设

这三个专门性副刊都是于1929年创设的。国民革命军"北伐告成",《大公报》和其他一些民间报纸一样,满以为"关内肃清,关外合作,全国军事似可告一段落;五院成立,训政开始,全国政治亦似可竖一起点。今后内外上下,得专从事于建设事业。新国家之前途,若将有无穷之希望矣"②。故而,这三个副刊皆可视为《大公报》渴望和平建国的产物。

《大公报》认为,和平建国首先必须靠科学。所以它克服重重困难,七年当中三创"科学"副刊,其用心良苦可见一斑。1928年底,《大公报》与清华大学有关教授商定编辑"科学"副刊。1929年1月9日,由夏坚白等人编辑的《科学周刊》创刊,第一期刊登的《发刊辞》写道:"政治革命已告一段落,以后建设事业百端待举,但最重要的是增进我们的国力。我们要不遗余力的提倡物质文明……要自己创制物质文明,就非从根本上下手不可,我们要提倡科学。"③并引用法国微生物学家路易斯·巴斯德的话做刊头语:"在我们这个时代,科学是国家兴盛的灵魂,各种进展的有生命的渊源……真正领导我们向前进步的,只有科学的发明和应用。"该周刊具有两个特点:

其一,注重科学的普及。在《发刊辞》中,编者明确提出了"以普及科学为主"的办刊宗旨。为了体现这一宗旨,该刊用较大的篇幅开设两个专栏:"读者

---

① 赖光临:《七十年中国报业史》,台北"中央日报"社1981年版,第115页。
② 《经济政策与建设事业》,《大公报》1928年9月23日。
③ 《科学周刊·发刊辞》,《大公报》1929年1月9日。

问答"专门解答读者有关科学常识的问题;"科学小问题"刊出编者提出的若干小问题,供读者思考,并在下期登解答。如1929年5月22日第二十期上,该专栏就提出了有关电的八个小问题。在该周刊出满一年后的1930年2月5日,编者又在《今后的本刊》中再次强调"以后的本刊应该从普及一方来着想"①。

其二,在科学论文方面译文多于撰文。尤其是一些理论性比较强的文章,多为译文,如《生命之神秘》《宇宙论》《空间、时间与相对论》等。

然而不知什么原因,该刊于1930年5月28日出版第六十五期后无疾而终。"九一八事变"和"一·二八事变"之后,国难日益严重,而国力反而更为衰弱,提倡科学、发展经济以增强国力成为当务之急。1933年初,《大公报》又与"二二社"(国立北平研究院)和"三二社"(天津国立北洋工学院)协商,请这两个单位再次主办"科学"副刊。3月3日,由地矿专家雷孝实主编的《科学周刊》复刊。雷孝实在《发刊辞》中说:"吾国谈提倡科学之日久矣",但成就不多;"本刊之作,假日报广播之能力,以唤起社会之注意,一面发表专家论著,以供同志之钻研,一面介绍科学常识,以增社会之兴趣"②。据此,他所编辑的《科学周刊》一方面发扬了夏坚白编辑的《科学周刊》注重普及科学、介绍科学知识的长处,另一方面更注意发动国内尤其是北平、天津两个研究院的专家学者撰写科学论文。

为增进社会对科学的兴趣,向社会普及科学知识,雷氏所编《科学周刊》设有"杂俎""科学珍闻"专栏,这两个专栏文字简洁、容量较大。同时,其所刊登的科学论文有一个突出的特点,是注重国内科学家自己的实验成果的公布与交流,因而论文具有较大的实用价值。比如水利专家张含英发表的一系列治理黄河的科学论文,以及土木建筑专家李书田等人的论文,都是理论和实践的结晶,是他们科学实验的成果。同时,《科学周刊》上的学术论文内容涉及面较广,包括理化、生物、天文、土木、地质矿物、机械工程、农林水利、无线电应用等,为读者提供了更为广阔的科学视野。

"二二社""三二社"的科学家们认为,"周刊之间,六日始出一期,不克随时编印带时间性之科学佳作,又以定期刊行,殊觉呆滞,且篇幅有限,每致遗珠之憾"③。所以《科学周刊》1934年9月14日出版第八十期后便停刊了。一年半

---

① 《科学周刊·今后的本刊》,《大公报》1930年2月5日。
② 《科学周刊·发刊辞》,《大公报》1933年3月3日。
③ 《科学周刊·休刊辞》,《大公报》1934年9月14日。

的时间很短,八十期的篇幅不多,但其为促进国内的科学研究交流、为增进社会对科学的兴趣的确起到了较大的作用。

雷编《科学周刊》停刊后,一段时间内《大公报》上缺少这方面的专门性副刊。1936年上半年在一次编辑部的会议上,张季鸾满怀情感地讲了这样一番话:"现今世界为科学世界,此无疑之论也。吾人试一考国际动态,无论为军事的、政治的或经济的,无一不直接的或间接的受科学权力之支配。处兹突变时代,生存竞争,至为剧烈,以个人论,苟无丰富之科学知识,即不免为时代落伍者,就国家论,无发皇之科学,则不足以立国……吾国科学晚兴……强邻逼处,任凭宰割,至可痛心。"①因此,再设"科学"副刊刻不容缓。为了避免受制于人,经过一番紧张的筹备,《大公报》自行编辑的《科学副刊》于1936年7月11日创刊出版。

自编《科学副刊》为半月刊。在第一期上刊登的《发刊旨趣》中,编者引用了张季鸾在编辑会议上的讲话后说:

> 本报对于提倡科学,素具热诚,凡有关科学新闻、论著,常不惜以显著地位,充裕篇幅,揭载日报,并曾两次委托公私团体,代编《科学周刊》,惟以人事沧桑,变化靡常,致刊而复辍。但科学重要,与时俱增,默察我国"此时""此地"之需求,仍有本素来宗旨,毅然决然重新刊行《科学副刊》之必要,为惩前毖后计,决改由本报自行编辑,特约专家撰述论文,欢迎各方投稿。

在谈到创刊目的和编辑方针时,编者进一步说:"本刊主要目的,在灌输科学知识于一般民众。因势利导,俾养成人民崇好科学之心理,于潜移默化中,增进国人之科学修养,所以补社会教育之不足,系为大众着想,非为专家而设。编辑取材,以能适合一般读者之程度为标准。"②因此,自编《科学副刊》一个十分显著的特点,就是比前两次更强调科学普及。

这一特点表现在两个方面。其一,专家撰写的论文不是如雷编《科学周刊》上的学术论文或实验报告,而是一些科普论文,如动物学家冯焕文写的《通讯鸽的科学饲养训练和医疗》《产卵鸡的科学饲养与医疗》,气象专家希平写的《怪雨释》《谈谈同温层》等。其二,开设种种便于科普宣传的专栏,比如"科学书报"介绍国内外出版的科学书籍和报刊,"科学拾零"介绍国内外重大科学成

---

① 《科学副刊·发刊旨趣》,《大公报》(津版)1936年7月11日。
② 《科学副刊·发刊旨趣》,《大公报》(津版)1936年7月11日。

果,"科学常识"介绍一些与人们日常生活有关的科学知识,"科学进步"介绍国内外科学发明,"科学新闻"报道国内外科学界的新闻等。无论是专家写的论文,还是专栏上刊登的文章,其文字都是深入浅出、富于情趣,以通俗的笔墨叙述较深的学理、介绍科学思想、解释科学现象,因此很受读者欢迎,也得到广大科学工作者的大力支持。创刊一年之中,共收到外界投稿一百七十多篇,特约稿尚未计算在内。鉴于普及科学知识的重要性,兼为不负各界人士对该刊的赞许及期望起见,从1937年7月起,《科学副刊》由半月刊改为周刊,每逢星期一在津、沪两版同时出版。可惜的是,全面抗战爆发后,随着《大公报》津版、沪版的停刊,《科学副刊》也被迫停刊了。

《市政周刊》创刊于1929年1月12日,是新记《大公报》创设的第一个直接有关建设的专门性副刊。对于为何要首先创设这样一个专刊,《市政周刊》第一期上刊登的《本刊的旨趣》回答道:

> 市仿佛是一个国家的缩影,除掉外交、军政、海关、铁道、邮电等数项,属于中央政务范围,为市政府权限所不及外,其他的政务,差不多都包括在市行政范围以内。更就行政上的区分言,中央政府的政令和一切设施,是多半间接及于国民的,市政府的政令和设施是完全直接及于市民的,所以市政二字与市民有极大的关系。
>
> 大凡社会的进步,都是先都市而后乡村的,要是都市没有进步,乡村便决不会有进步;换句话说,都市没有进步,国家社会全部便不会有进步的,所以市政二字与国家社会有极大的关系……本刊的旨趣,一方在讨究市政建设之计划,凡是有利于市民,有益于国家的,务竭全力促其成功。一方报告一切关系市政的法令规程于市民,遇必要时,更加以浅显的说明,使市民了解市政当局的措施,然后市政建设才能顺利进行。①

《市政周刊》的内容主要有两个方面:其一是讨论市政建设计划,比如刊登在华法籍教师邵可侣介绍世界城市建设发展概况的讲演稿《城市之发展概要》、武汉市卫生局局长兼市立医院院长李博仁的长篇文章《都市卫生》等;其二是报告一些市政的法令规章,例如《上海特别市政府收用土地暂行条例》《自来水标准检验法》《房屋高度之规定》等。同时,副刊还经常发表一些有关市政

---

① 《市政周刊·本刊的旨趣》,《大公报》1929年1月12日。

建设和市民生活常识性的文章,治安、交通、饮水、用电等方面都有涉及。《市政周刊》的创办固然反映了《大公报》对于都市建设的热情,无奈当时无论是南京中央政府还是各个地方政府,其精力和财力都没有运用于此,"市政建设"尚没有提到日程上来,《市政周刊》关心的人不多,所起的作用也不大,因而创刊半年后便由周刊改为《市政月刊》,不久停刊。

与《市政周刊》不同,《医学周刊》则越办越发达。《医学周刊》于1929年7月3日创刊,始为半月刊,四个月之后于11月2日(即第九期)起改为周刊,直到抗战全面爆发后,因报纸困难,缩减篇幅,才同其他专门性副刊一起停刊。《大公报》津版停刊前出版的《医学周刊》最后一期为第四百零六期,是抗战全面爆发前《大公报》连续出版时间最长的一份专门性副刊。

《医学周刊》由丙寅医学社编辑,该刊的成功是丙寅医学社与新记《大公报》相互支持、完美结合的结果。丙寅医学社在日报上办周刊,开国内风气之先。医学的重要性国人皆知,医学刊物也颇受群众欢迎,但真正舍得拿出版面来办医学专刊的报纸不多,新记《大公报》是为数不多的一家。正如主编陈志潜在《医学半月刊》发刊号上刊登的《发刊漫谈》中所说的,丙寅医学社的这个医学副刊,"始而《世界日报》,最近《新中华报》,现在又到《大公报》"①。一开始,丙寅医学社应《世界日报》之约,在该报上出版了医学半月刊,1928年夏季,《世界日报》以"国民革命成功",忙于登载政局消息,对于副刊、周刊主张节省篇幅,将原有的整版减为半版,丙寅医学社同人颇为不满,几经交涉无效,只得离开《世界日报》,转移到《新中华报》。未几,《新中华报》内部组织变更,对于副刊、周刊一律取消,于是丙寅医学社《医学半月刊》"同归于尽"。随后,医学社终于与《大公报》一拍即合,在该报上出版《医学半月刊》,整版篇幅,四个月后又改为周刊。

《医学周刊》之所以受欢迎,有三个主要特点:

其一,重视医学知识的普及。刊物基本上没有学院气,一般不登学术性论文,而几乎完全是向读者宣讲医学常识的文章,介绍常见病、多发病的预防与治疗。那时,痨病(即结核病)是威胁人民生命最常见又最危险的疾病,《医学周刊》上关于此病的预防、治疗讲得最多,几次出版"痨病专号"。其他如介绍"伤风的传染与预防、治疗方法""伤寒、霍乱、痢疾的预防方法""猩红热预防方

---

① 《医学半月刊·发刊漫谈》,《大公报》1929年7月3日。

法""麻疹的预防方法"等,颇受读者欢迎。同时,编辑还经常征求读者意见,改进编辑工作。如有一段时间,《医学周刊》上开展有关"新旧医学"的讨论,"新医派"与"旧医派"由问题的争论发展到相互攻讦,引起读者反感,编辑听取读者意见后很快制止了这种不良现象,把讨论引导到相互取长补短的正确轨道上来。

重视医学知识的普及还体现在刊物形式上。《医学周刊》上开设了各种小专栏,如"医学小问题"在尽可能的范围内,给读者解答关于医学卫生知识方面的问题;"学校卫生"专门给在校学生及其家长介绍有关保健知识;"婴儿卫生"专门给年轻父母介绍育婴卫生常识;"医界新闻"专门报道医界动态。

其二,打破一般专门性副刊只是单一刊登有关专业知识文章的模式,除以主要篇幅刊登医学知识的文章、报道有关医界新闻外,还经常发表言论,做到"言论""知识""新闻"三结合。《医学周刊》上常出现"短评""漫谈""闲话""风凉话"之类的言论栏目,篇幅短小、内容活泼,且不乏深刻。如1932年春有人倡议在上海建筑一个所谓"国医馆",以弘扬中医"国粹",把中医推崇到无以复加的地步,借以反对西医。2月17日出版的《医学周刊》第一百二十七期发表"漫谈"《国难与国医》,对这种狭隘的观点进行了讽刺:救治现代战场上的伤员"绝不是太极八卦等国医"所能奏效的①。1933年2月21日出版的《医学周刊》第一百七十九期上刊登"短评"批评中国一些守旧的"名流文人"不相信科学,反对验血、反对解剖,甚至宁死不肯打针、不肯动手术的顽固态度②。

其三,与时俱进,充满了强烈的爱国主义感情。对于一个专门性副刊来说,做到这一点是难能可贵的。"九一八事变"和"一·二八事变"之后,《医学周刊》经常发表言论,要求医务工作者要有民族责任感和社会责任感,鼓励医护人员和医校的学生勇敢地走上前线,当战地医生、战地护士,鞭挞那些只把医术作为换钱的手艺而不愿以国家培养的医术服务战士、回报国家的可耻之徒,并常常报道那些在火线上救死扶伤的医护人员的英雄事迹。如1933年3月,中华红十字会华北救护队奔赴前线后,《医学周刊》连续四期刊登多幅救护队在前线工作的照片,对这些医护工作者表示敬意。周刊还大量发表有关战地救护、军中疾病防治知识的文章,如《军人的环境与健康》《战争期中应有的

---

① 《漫谈·国难与国医》,《大公报》1932年2月17日。
② 《短评·萧伯纳的医学观》,《大公报》1933年2月21日。

细菌知识》《军队的普通卫生法》《军中传染病的预防》《战地救护知识》等。

(2)《摩登》的创设

接二连三的新军阀混战粉碎了人们对南京国民政府的若干幻想。民国变成了军阀之国,广大人民在战乱和动荡中呻吟。混沌而黑暗的社会现实使人民群众尤其是广大青年感到苦闷、彷徨,对许多问题百思不得其解,于是由失望发展到绝望。

《大公报》看到青年人的这样一种思想状况,认为有必要予以开导,于是创办了一个名为"摩登"的周刊,用以答复青年读者的投函。

《摩登》周刊于 1930 年 11 月 30 日创刊,每逢星期日出版,1931 年 9 月 20 日出版第四十二期后停刊。在第一期上刊登的《开场引子》说明了创刊宗旨:

> 本来,"摩登"就是"时髦"之谓,再讲详细些,是要合乎时代的潮流。现在的摩登男女,只披了一件摩登的外衣,专在形式上用功夫。意志薄弱,怎会不入歧途?经验毫无,焉□不上大当?自然难怪四面八方只听得苦闷的呼声,闹得朝气蓬勃的青年,一个一个垂头丧气,莫知适从。……我们这个"摩登"刊,并不是提倡奢华、指导青年们怎样的去享乐。不过想尽一点微薄的力量,为已经受到苦闷烦恼的青年男女寻一条正当的出路。报纸和社会息息相关,虽说专管人家的闲事,其实也是我们的职责。①

1931 年 5 月 10 日,在第二十三期上刊登的《"摩登"字解》进一步明确地申述了这一宗旨:"'摩登'两字的意义,简截点说,就是当做'现代'讲。……本社设'摩登栏'的宗旨,是为的用诚恳态度,公开讨论现代青年个别的——也可以说是全体的——一些苦闷问题。"②

《摩登》周刊创刊之初,由《小公园》主编何心冷兼编。因投函出人意料地多,何心冷一身二任实在顾不过来,于是从 1931 年 1 月 5 日起,《小公园》交徐凌霄兼编,何心冷专编《摩登》。不久,何心冷身体渐感不支,请假南归休养。从 1931 年 2 月 15 日第十一期起,报社遂另组成一个委员会对读者征询分别负责答复。《摩登》周刊答复读者征询,主要采用重点答复和"简短的答复"两种形式。

1931 年"九一八事变"后,国难空前,《摩登》周刊的主持人认为:"摩登青年

---

① 《摩登·开场引子》,《大公报》1930 年 11 月 30 日。
② 《摩登·"摩登"字解》,《大公报》1931 年 5 月 10 日。

的第一特色,是应该有救国家救民族的至诚,锻炼下一副沉着的精神、丰富的技能、致密的智识,个个能担任一些公共的责任。能如此的,才不愧为现代青年——摩登青年。"并指出,国难当头,"一切个人的烦闷,已有的应该丢开,未来的不要制造。大家心力,应该一齐用到如何救国家、救民族的一个总问题上去!"①故此要求投稿者抛开颓废的、悲观的问题,并准备进一步"充实本栏组织",把《摩登》周刊讨论的问题由主要是个人苦闷转移到救国家、救民族上来。然而,"九一八事变"发生之后,工作千头万绪,报社最终不得不将该刊停刊。9月27日二版刊登的《摩登栏暂行停刊启事》说:"兹以国难方殷,无暇及此,决定自本星期日起,将该栏暂行废止,俟时局稍定,另筹办法,更求改良,以慰读者诸君之望。"②无奈国难愈演愈烈,《摩登》周刊再也没找到复刊的机会。

《摩登》周刊为青年男女解答一切自身需要解答的问题,故凡感苦闷之青年男女,在《摩登》周刊创刊之后,都纷纷投函"求救"。《摩登》周刊所回答的问题涉及的范围极广:恋爱、婚姻、家庭、择业、交友、求学、求医、生子、购物,乃至寡妇改嫁、鳏夫再娶、遗产继承等,无所不有。其中最主要的是前六个方面,何心冷负责编辑的阶段回答的几乎全是这几个方面的问题。《摩登》周刊创刊后的头两周,编辑收到的一百多封信中,有80%以上是询问恋爱、家庭问题的,并且来信大都是"异性的寻求者""对婚姻不满意者"。委员会负责之后,这种情况有所好转,回答的问题中有关求学、择业、法律方面的内容逐渐增多。

对读者提出的问题,除了主要由"记者"出面答复外,为了增强社会效果,编辑还约请社会名人写文章代为解答。如针对青年人普遍存在的"专讲社交、看电影,沉溺快乐生活,充满浪漫思想",而缺乏实干,最易消极、沉闷、悲观的毛病,《摩登》周刊便发表著名学者陈振先教授的信函予以正面引导。陈教授在信中写道:"近时我国青年学子,颇多志气颓丧,觉人生殊无意味者。语云,哀莫大于心死,而身死次之。此种情形,弟甚为青年人惜之,极愿将数年来经验所得,略述梗概,以作志气消沉者精神之药。"编者在按语中称陈教授"才真是'摩登',望全国摩登青年以此为楷模","读了陈先生这封信,应当猛省!应当兴起!"③

《摩登》周刊出版的时间虽然很短,但在读者中产生了强烈的影响,因而在

---

① 《摩登·告本栏投稿诸君及读者》,《大公报》1931年9月20日。
② 《摩登栏暂行停刊启事》,《大公报》1931年9月27日。
③ 《摩登·这才真是"摩登"》,《大公报》1931年2月22日。

其刊行期间,投函越来越多,篇幅也越扩越大:创刊之初占二分之一版,至1931年2月15日起扩至三分之二版,4月26日起再扩至一整版,而青年读者仍嫌不够用,甚至建议可否由《儿童》周二刊"让出一天"供《摩登》周刊用,由此还引起了《儿童》读者的抗议。

《摩登》周刊在短短的四十二期的篇幅中,原文发表青年信函并详细答复信函所提出的问题二百六十六个,"简短答复"栏所回答的问题多达六百多个。给《摩登》周刊写信的读者中,年龄最大的五十七岁,最小的仅十四岁。《摩登》周刊对青年读者所提问题的回答,虽然境界不算很高、尚没有给他们指出一条真正的光明之路,但是对一些青年人处理某些具体问题毕竟给了一些帮助,或者给了一些心情苦闷的青年人若干心理上的安慰,所以还是颇受欢迎的。有的读者说《摩登》周刊是"我们青年男女同胞的尊师";还有一些青年人得《摩登》周刊指导,情感上得到了安慰,计划上得到了帮助,心中疑问解开,走出歧途,步入康道,因而亲自到报社对"记者"先生表示感谢。

《大公报》创办《摩登》专门解答青年读者所提出的问题,这在中国报刊史上实属首创,开中国报纸社会服务版的先河。《大公报》的领导者们,尤其是胡政之对创办《摩登》的态度是十分积极的,先是安排他一手培养起来的何心冷主编,后由他亲自指派人组成委员会负责,并且对版面一扩再扩,格外优待。

继《大公报》创办《摩登》周刊之后,天津《益世报》于1933年11月25日也正式开办"社会服务版",走上了报纸为社会服务的道路。从此,各地报纸的"社会服务版"便纷纷创办,如南京《大华晚报》的"读者服务"(1934年1月)、济南《通俗日报》的"社会服务"(1934年)、安徽《皖北日报》的"社会服务"(1934年)、上海《大美晚报》的"社会服务版"(1938年4月)等。

(3)《军事周刊》《经济周刊》与《图书副刊》的创设

军阀混战枪声未停,外敌入侵烽烟又起,"九一八事变"和"一·二八事变"相继发生,使国家遭受重大外患,《大公报》在正刊上提出"明耻教战""强国御辱"的救国之策,副刊则紧密配合,《军事周刊》《经济周刊》和《图书副刊》这三个专门性副刊就是在这一背景下创办起来的,是"明耻教战"的产物。

《军事周刊》1932年1月8日创刊,由著名军事家蒋百里先生主编。创刊号上刊登的《本刊的旨趣》在谈到创刊背景时说:"国家受了重大外患,被人占领了三省,做报的人,这时候才开始纸上谈兵,犹如亡了羊,才来议论补牢的方法,还说不到补牢,这种现象,根本上就可耻万分。所以我们出这种军事周刊,根本上是增加国耻的一件事。"在论述本刊作用时指出:"在今后这个大奋斗的过程中,军事问题,当然是国民必须准备、必须努力的一个方面,我们因为无国防受了外患,就不能说因为空言可耻而不作研究。""我们想借这个周刊使军界以外的各界人士,狠容易的得到军事常识,感觉国防必要,好一齐努力向光明的出路迈进!"①《军事周刊》以刊登军事专家们研究军事的学术论文为主,论文涉及的面较广,有战略战术方面的,如《海军与国防》(第二十六期)、《现代战争如何构成》(第二十八期)、《海战要义》(第三十八期)、《现代步兵之全副武装》(第五十七期)等;有兵器研究方面的,如《现代兵器及其趋势》(第一期)、《枪炮问题之研究》(第八期)、《防空军械之发展》(第二十二期)等;此外还有涉及战时病疫防治、战地食料、防化防空等知识的;另外亦有较多的文章介绍外国,主要是美、苏两国加强军事国防的经验,如《苏联军备之概论》(第五至七期连载)、《美国政府培植陆军航空人才之写真》(第七期)、《睥睨一世之苏俄军备》(第二十四至二十五期连载)、《大战后美国军用航空进步概论》(第五十三至五十四期)、《苏联战车之近况》(第六十五)、《美国军备概观》(第六十五期)等。

《军事周刊》1933年3月曾一度改为双周刊,9月又恢复成周刊,至12月30日出版第八十九期后停刊。

《经济周刊》1933年3月1日创刊,由南开大学经济学院何廉博士主编。事实上,在此以前何廉已曾两次在《大公报》上创设经济方面的副刊,第一次是1928年到1929年创设《中文统计》月刊,专载经济方面的统计资料;第二次是1930年3月至1931年3月创设《经济研究》周刊,专载我国工商业的调查报告。前两次副刊的学术性很强,而这次创设《经济周刊》的旨趣则有所不同,创刊号上刊登的《本刊之旨趣》写道:"我们现在不但有政治的国难,还有经济的国难。政治的国难大家都感觉到:国土给敌人强占着,人民给敌人屠戮着,国家的主权给敌人蹂躏着。但是经济的国难却没有这样的为大家深切地注意到。……大家却很少感觉到我们的经济已经蒙受着和政治同样深度的国难。"而《经济周刊》就是要通过讨论中国经济状况,使大家感受到这一点。因而,"我们不期望本刊是供少数专家鉴赏的园地,只期望本刊是一般国民通俗

---

① 《军事周刊·本刊的旨趣》,《大公报》1932年1月8日。

的读物"①。

《经济周刊》主要刊登三类文字：第一类是经济研究论文,第二类是经济调查通讯,第三类是经济书刊批评。经济研究论文主要出自一些著名的经济学家之手,如何廉、方显廷、冯华德、吴大业等经常有重头文章在《经济周刊》上发表。论文内容涉及农业、工业、商业、金融、财政等各个领域。调查通讯也都是专家和高校经济学院的学生深入各地考察经济状况的成果,材料丰富生动而具体。书评主要是评价国内外最新出版的经济学专著,以促进经济学的研究。

《经济周刊》在抗战全面爆发后停刊,津版出至1937年7月21日止,共出版二百二十七期。

《图书副刊》1933年9月28日创刊,约请国立北平图书馆编辑,并特约陈寅恪、傅增湘、孙楷第、贺昌群、张其昀、赵万里、缪凤林、王重民、陈训慈、刘节、王庸、向达诸先生担任撰稿。中国是最先发明印刷术的国家,但及至近代反倒成了出版业最落后的国家。图书出版的盛衰也是一个民族精神文化生活力量强弱的表现,因而《图书副刊》的创设就是打算从图书出版方面找出中华民族再生的源泉和优良的种子,并把它培养起来。《图书副刊》"想用一大部分的力量来作中外新旧书籍的介绍与批评,给予一般人以一种书籍选择的标准和常识,并注意于有系统的介绍与批评,以使读者能触类旁通;此外便尽力来传达学术界的消息,使社会上一般人士也能知道中国和他国学术界的轮廓,以及大概进步到甚么程度"②。质言之,通过中外新旧书籍的介绍批评,为读者选购、选阅书籍提供方便,从而提高国民文化水准,增进国民的文化素质。

《图书副刊》在抗战全面爆发后随其他专门性副刊一起停刊,津版至1937年7月22日止,共出版一百九十一期。

(4)《明日之教育》与《史地周刊》的创设

《明日之教育》与《史地周刊》是《大公报》于1934年请社外团体编辑的两个有关教育的专门性副刊。

《明日之教育》由"明日教育社"编辑、中华心理学会创办、北京大学教授刘廷芳为编辑主任,1934年1月8日创刊。明日教育社于1932年春成立,其成员都是在各大学的教育工作者。该社以讨论研究教育为宗旨,曾创办过单独刊

---

① 《经济周刊·本刊之旨趣》,《大公报》1933年3月1日。
② 《图书副刊·卷头语》,《大公报》1933年9月28日。

行的《明日之教育》月刊。如今与《大公报》合作,在该报上出版《明日之教育》周刊。《大公报》和明日教育社都认为,改造和加强教育是救国建国的一条必由之路。救国工作千绪万端,教育却是各种工作的基础,"无有效之教育,则千绪万端,无从下手"。但由于种种原因,"中国今日之教育",实在不能令人满意:制度落后、教材陈旧、教法不科学,严重地影响了学校教育质量的提高。《明日之教育》周刊创设的目的,就是致力于教育研究,"努力去做这极平凡的工作,不回头望后看,双眼向前看,看今日之不满意,要造成一个满意之明日"①。

《明日之教育》的主要内容为四项:一是教育问题之探讨与商榷;二是教育学理与技术之介绍;三是教育现状的专门研究,教育改革实验的报告与评估;四是教育书报、论文及其他相关著述的介绍与批评。

虽然《大公报》与明日教育社用心良苦,并在周刊发行上做出很大努力,但在那种内忧外患交迫、民不聊生的动乱时代,广大青少年衣不蔽体、食不果腹,根本不可能接受现代教育,即使少数青少年能入学受教育,但民族危亡在即,"华北之大,放不下一张平静的书桌",大多也已无法安心读书,在这种情况下又如何创造满意的"明日之教育"?故《明日之教育》周刊在社会上引起的反响并不大,于1937年6月28日停刊,发行的三年半时间内只出版了一百七十八期。

《史地周刊》1934年9月21日创刊,由燕京大学史地教研室编辑,著名地理学家张其昀任编辑主任。创刊号上刊登的《发刊辞》说:"我们盼望本刊的一大部分能够成为中小学的史地教师和学生的读物。对于教师,供给他们以补充的教材;对于学生,供给他们以课外的消遣。"②

每一期《史地周刊》上都充满了强烈的爱国主义精神,这里仅举出1937年7月23日津版出版的最后一期,即第一百四十六期的内容为例。这一期为一整版,总标题是"东三省的鸟瞰",作者为洪思齐、谭桢谋。全篇分五个部分:(一)东三省失地的重要;(二)地理位置和对外关系;(三)东三省的地势和分区;(四)东三省的气候和物产;(五)交通和都市。文中还配发六幅照片,分别为松辽大平原、大兴安岭、东北的大豆、鞍山铁矿、吉林之森林和东北的移民,另有东北三省人文图、东北三省地理图两幅。简单的一期周刊,内涵却十

---

① 《明日之教育·与本刊初次见面的读者谈话》,《大公报》1934年1月8日。
② 《史地周刊·发刊辞》,《大公报》1934年9月21日。

分深刻,它仿佛在大声疾呼:祖国的东三省美丽富饶,但现在日寇在那里掠夺我们的资源、蹂躏我们的同胞,大地在呻吟、人民在受难,我们要发奋,要把敌人赶出去,把失地收回来!

《史地周刊》上的大部分文章都是对青年学生进行爱国主义教育的生动教材。如《北宋学生的抗金运动》(第三期)讲述了中华青年学生反侵略的光荣传统;《大齐傀儡传》(第四期)鞭挞了可耻的汉奸卖国贼;《屈原》(第二十三期)歌颂了在外敌入侵时,誓不投降的主战派……遗憾的是,随着全面抗战的爆发,《史地周刊》亦难逃停刊的命运,于1937年7月结束发行。

2. 百花齐放斗艳

该部分主要介绍《社会科学》《现代思潮》和《世界思潮》三个专业性副刊的创设情况。

作为一份标榜自由与民主的综合性大报,《大公报》一贯反对思想禁锢,主张思想解放,反对思想专制,主张思想开放。其主持者向往西方资本主义国家的民主自由,因而呼吁在中国至少要保证言者无罪,学术研究尤其是社会科学研究无禁区。因此,《大公报》一方面在政治上坚决地反对共产革命,一方面却倡导研究共产主义理论、研究"马学"。它不仅在正刊上这样主张,而且在副刊上也是这样实地进行的:《社会科学》《现代思潮》《世界思潮》等三个专门性副刊就是在这种指导思想下创设起来的。

《社会科学》于1930年6月3日创刊,每周二刊发。当时正值蒋、冯、阎中原大战进行之际,通电漫天,政局混乱。中华民国建立已快二十年了,然而"民国"的影子何在?"宪政"的影子又何在? 先是袁世凯称帝,后有张勋复辟,如今则军阀混战,战乱连年,建设失败,政治、财政、民生诸方面"山穷水尽"。造成如此局面的原因是什么?《大公报》认为:"我们中国到现在政治基础尚未稳固,经济制度尚未建立,社会秩序尚未确定,其原因固然问题很多,然而一般国人对于政治经济与社会诸科学过于忽视,未能出而贡献个人对于稳固政治基础、建立经济制度及社会秩序之意见,不能不算问题中之最大者。"因此,《大公报》主张,介绍各种有系统的知识是定期读物尤其是日报的任务之一,"吾人因鉴于在现在的中国,此种知识之应急于普及地灌输与介绍,故特组织此刊(《社会科学》),由北平北斗社诸君担任主要撰述"[①]。

[①] 《社会科学·本刊发刊之旨趣》,《大公报》1930年6月3日。

《社会科学》的基本内容是两项：一方面剖析中国政治制度、经济制度的现状，一方面大量介绍外国社会政治、经济发展的情况。这第二方面的内容有一个明显特点，就是既介绍资本主义国家的情况，也注重介绍社会主义国家苏联的情况，如《列宁死后苏俄的内外政策》（第三至四期）、《苏俄政府之经济政策》（第十一期）、《宗教在苏俄的地位》（第十三期）、《马克思主义演进的三个时期》（布哈林著，郑林庄译，第三十三期）等。在"书报介绍"专栏中，也注意介绍有关社会主义学说的著作，如《科学的社会主义的基本原理》等。

不过《社会科学》周刊出版时间不长，到年底便停刊了，共出版了六十一期。

《社会科学》停刊九个月以后的1931年9月4日，《现代思潮》创刊了。在创刊号上刊登的《发刊词》首先总结了中国向外国学习的历史，指出以前所走过的路，"在理论上就不会成功的，因为只是整个地搬旁人家的东西"。怎么办？《发刊词》提出了学习哲学的任务，并要从根本做起，说"现在是时候了"，由自然科学转向社会科学，由社会科学转到哲学也就是思想的研究，这就是《现代思潮》创刊的动机①。因此，《现代思潮》上主要是刊登介绍现代哲学思想和哲学流派的文章。《现代思潮》编辑们的用心是好的，似乎也抓住了问题的核心，只是在国难深重之时似乎不太合时宜，因而该刊于1932年6月25日停刊，只出版了四十期便无疾而终，产生的作用甚微。

1932年9月3日，《大公报》又创设《世界思潮》，特请清华大学哲学教授张申府先生主编，每期文字分"论述""翻译""消息""书评""通讯"等五个门类。张申府声称："本刊的旨趣只在新的正的的介绍，旧的歪的的批判，总期使读者们知道些新东西，更期使读者们得到一种正的观点、对的识见。"在谈到本刊介绍批判的态度标准时，张说："我们只是要客观，我们只是要如实，我们只是要脚踏实地、实事求是。"②如果说《世界思潮》对读者、对国家起到了一些帮助作用的话，那正在于它客观地介绍了世界各种哲学科学思想和流派，供广大读者选择和参考。尤其是对西方著名哲学家罗素哲学思想和马克思主义哲学原理的介绍，《世界思潮》是花了较大气力的，不仅刊登介绍研究文章，还直接发表他们的原著，如罗素的《教育与文明》（第七十五、七十六期）、《概然

---

① 《现代思潮·发刊词》，《大公报》1931年9月4日。
② 《世界思潮·本刊的旨趣》，《大公报》1932年9月3日。

与概率》(第八十期)等,又如恩格斯的《在马克思下葬时的演说》(并配发"马克思中年像及签名")、《马克思笔记》以及《写给恩格斯的信(1867 年 8 月 16 日)》(第三十六期)、列宁的《辩证法的一些要素》(第四期)与《战斗唯物论的意义》(第六十二期)等。

同时,《世界思潮》编者还认为,使一个民族得以站得起来的东西,是从外面万万介绍不进来的,必须从本民族找,必须从自己的历史上找,从自身的历史上揭示出中华民族可以自立的东西。因此《世界思潮》也发表了不少研究中国古典哲学的文章。但与介绍外国哲学思潮相比较,对于后者花的精力少些,产生的影响也小些。

《世界思潮》于 1934 年 12 月 27 日停刊,在两年又四个月中,共出版八十八期。

20 世纪 30 年代初期,在中国思想理论界先后发生过关于中国社会性质和中国社会史的论战。《大公报》上《社会科学》《现代思潮》和《世界思潮》等一系列专门性副刊的创设,通过对世界各种哲学思想的评介,对思想理论界正确战胜谬误的斗争是起到一定积极作用的。尤其是张申府主编的《世界思潮》,大量传播罗素的哲学原理和马克思主义的哲学原理。

3. 新陈代谢

随着时代的发展与社会的变迁,《大公报》的副刊也经历了一个新陈代谢的过程,如综合性文艺副刊《小公园》的改造与《文艺》的诞生即说明了这一点。

(1)《小公园》的落伍与改版

报纸副刊奇才何心冷开垦、耕耘的《小公园》在新记《大公报》创业时期的确是万紫千红、春意盎然,吸引了不少的"游人"。至 1933 年何心冷英年早逝后的一段时间内,《小公园》在其他几位"园丁"的经营下,也不失为一个较好的副刊。然而到了国难深重的 20 世纪 30 年代中期,这种以趣味性为主要特征的综合性文艺副刊就显得与时代不大合拍了,尤其是在冯叔鸾接编后,《小公园》更是每况愈下,逐渐失去了当年的活力与吸引力,不仅内容较为陈旧,版面也显得呆板。

《小公园》的落伍使胡政之感到不安和焦急,他急需物色一位年轻人接替"马二先生"(冯叔鸾)主持《小公园》。这时,他通过杨振声、沈从文两位文坛大家物色到了萧乾。

1933 年 9 月,杨振声、沈从文二位先生辞去大学教授职位,在北平从事小学教育工作时,应约为《大公报》兼编专门性副刊《文艺副刊》。《文艺副刊》始为周二刊,1935年1月6日第一百三十三期起改为周刊,每逢星期天出刊。一时间全国文坛的巨匠们纷纷成为《文艺副刊》上的常客,郑振铎、闻一多、朱自清、俞平伯、梁思成、金岳霖、余上沅、杨振声、沈从文、林徽因、周作人、叶公超、卞之琳、谢冰心、林庚等人常有大作和文论在该刊上发表,《文艺副刊》也因此影响很大。

萧乾的第一篇短篇小说《蚕》便是在《文艺副刊》(第十二期)上发表的,时间为1933年11月1日。随后他又发表了《小蒋》《邮票》《邓山东》等作品。当时的萧乾还是燕京大学新闻系的学生。1935年春是他大学生活的最后一个学期,一天,杨振声先生约他到中山公园与《大公报》总经理胡政之见面,在座的还有沈从文先生。通过杨、沈二位的介绍和《文艺副刊》上的作品,胡政之对萧乾早已有所了解,这一次见面更类似于"面试"。而萧乾虽爱好文学,但在择业问题上却向往新闻事业。他认为从事新闻事业可以开阔人的生活视野,可以获得生动的生活感受,还可以搜集到丰富的写作素材,即使"什么也找不到,在这大时代里,我至少曾充当了一名消息传递者"①。因此能够进入《大公报》工作,当然是他求之不得的。与胡政之的这次见面,萧乾不仅表现出了自己的才干,而且展现了一个即将涉世的青年人积极进取的精神,因此两人一拍即合。

萧乾大学毕业后,随即于7月1日到天津《大公报》馆报到。然而等他接过《小公园》的编务之后,立刻发现了一个矛盾:原来的《小公园》是一个以传统曲艺及旧闻掌故为主的副刊,其上还有五花八门的广告,从航空彩券到性药和火车时间表,可谓无所不包。而刊物上登的有关跑马、回力球和围棋等方面的知识他却一概不知。待用的存稿如"七夕考证""小白玉霜的艺术观"和正在连载探讨戏曲源流版本的"剧坛"长文,他既不懂,也不感兴趣。萧乾随即把碰到的矛盾向胡政之报告,而胡政之十分高兴地说:"你觉得不对头,就对头了。我就是嫌这个刊物编得太老气横秋。《大公报》不能只编给提笼架鸟的老头儿们看。把你请来,就是要你放手按你的理想去改造这一页。"并且保证道:"你怎么改都成,我都支持你。"②由此看来,胡政之引进萧乾的主要目的或正在于改造《小公园》。

---

① 萧乾:《我与大公报》,周雨编:《大公报人忆旧》,第163页。
② 萧乾:《我与大公报》,周雨编:《大公报人忆旧》,第168页。

至于大量存稿如何处理的问题,胡政之亦给出了相应解决方案:"总得有个新旧交替的阶段嘛。约好的稿子当然不便于退。这么办吧,你把那些登在刊物上不起眼的位置,登完了为止。你可以在刊物上公布你的新的大政方针。这样,一看换了人,变了样,旧的也就不来了。"①

于是,在胡政之的支持下,萧乾开始对《小公园》进行改版。

1935年7月4日,即萧乾上班后的第四天,便在《小公园》的"园例"栏刊登一篇长文《致文艺生产者》。在文章中,萧乾首先以"过来人"的身份对投稿者表示深切的理解,然后告之本刊的新取稿标准:"文章不像布匹,原没有固定尺度可衡。……但不能衡度并不是马虎。好的文章,像一切好的艺术品一样,一看便能认得出。像尊名窑出的瓷器,好的文章有着一种光泽:也许是一□透澈的思维,也许是奔放的想像,在死的文字丛间焕放着美的光芒。"②

次日,萧乾又在《小公园》中刊布了改版计划。在《计划》中,萧乾首先表示,接编《小公园》并着手改版以来,"获到了十几封仗义的信——答应为本园星期六、日特辑写稿的信",这些人的名不必事先公布;然后告诉读者,他筹备了三个专栏登在每星期的特辑上,分别为"书报简评""文艺新闻"和"读者与编者"。可见萧乾改版《小公园》是从星期六、日的版面开始的,改版的方向是变综合性为文艺性,他"决心要让手里这《小公园》成为千千万万个文艺青年自己的园地"③。8月5日萧乾又进一步补充称,拟再开设三个专栏,分别为"文艺通讯""名著介绍"和"文艺短论"。

《小公园》的改版,在社会上得到了叶圣陶、冰心、周作人、朱光潜、巴金、靳以、师陀、李健吾等一大批名作家的支持,他们经常赐以大作,从而使这个小小的副刊身价倍增。

"读者与编者"是《小公园》改版后最早开设也最活跃的一个专栏。从一开始,萧乾就强调不要让它成为编者的独白:"这是个圆桌,不是个讲台。讨论的范围以文艺问题为主,但也可涉及其他……这是个苦闷年头,谁没有一肚子委屈!这栏一开,我相信年轻朋友们将争先递给编辑他们的'公开状'。"这个专栏一开,编者就在其中与读者讨论"园例"、讨论《计划》,向读者交底说:"编者

---

① 萧乾:《我与大公报》,周雨编:《大公报人忆旧》,第168—169页。
② 《小公园·"园例"·致文艺生产者》,《大公报》1935年7月4日。
③ 《小公园·计划》,《大公报》1935年7月5日。

是个年轻学徒,他脑中还浮着不少年轻人的理想。"①并欢迎年轻朋友投稿,称只要是有创新的好文章均欢迎。相应地,读者来信也十分踊跃,从与编者讨论文艺问题,进一步扩展至讨论升学、恋爱等种种问题。此时的萧乾年轻、有精力、有热情,每天有稿必看。除编辑工作外,他每天要看十万字的来稿,并且做到凡退稿都附一封信,有时一个下午得写上二三十封信。

萧乾另一个花气力较多的专栏是"书报简评"。他在燕大新闻系毕业时的毕业论文题目便是"论书评"。他认为,书评是当时文化界有待填补的空白:"当千万册书每天由印刷机搬到书籍市场去的时候,读者们是多么需要在购买和阅读上的指导啊。书评在中国历史虽极浅短,几年来杂志后面附一篇书评却早已成为极习见的作法了,但截至现在,几番创办一专门的书评杂志的企图莫不失败。……目前,买书者除听凭广告上的吹嘘和一点直觉的判断外,中国读书人几乎成为全然无助的了。"②因而,现在手上有了刊物,萧乾便着力将他的理论付诸实践,大力筹办"书评"栏目。"书评"专栏一直很活跃,据萧乾事后回忆:

> 老舍的《离婚》出版后,没多久我们就评介了。尤其对外国人以中国为题材所写的书,我们一定要评论,要表示态度。像赛珍珠《流犯》(*The Exile*)出版后,李影心立即作了评论。同样,对斯诺的《活的中国》(现代中国短篇小说选),杨刚也作了详尽扼要的评论。此外,还为曹禺的《日出》及孙毓棠的《宝马》,举办过"集体评论"。后来在上海,还连出了几个整版特辑:《作家论书评》、《读者论书评》、《出版家论书评》以至《书评家谈书评》。③

"书评"栏评的是新出版的书,"名著介绍"栏则谈的是中外经典文学名著,其目的是引导文艺青年阅读过去的有定评的名作,以提高自己的文学素养。"名著介绍"栏每篇文章都在两千字以内,扼要介绍作者生平、原作背景、故事梗概及其在文学史上的地位。萧乾呼吁"学者及作家们把他们读陀思妥耶夫斯基、巴尔扎克、狄更斯、哈代、高尔基之后的心得写出来,供广大青年分享"④。

---

① 《小公园·读者与编者》,《大公报》1935年7月10日。
② 萧乾:《我与大公报》,周雨编:《大公报人忆旧》,第171页。
③ 萧乾:《我与大公报》,周雨编:《大公报人忆旧》,第172页。
④ 萧乾:《我与大公报》,周雨编:《大公报人忆旧》第172页。

"文艺新闻"栏报道国内各地的文艺活动,还聘请清华大学的毕树棠、南开大学的刘荣恩二人负责报道海外文艺新闻。

《小公园》改版并经过7月、8月两个月的刊行后,不仅重新活跃起来,而且性质发生了明显变化——先是星期六、日特辑为纯文艺性的,之后每期《小公园》都变成纯文艺性的内容,从而成了一个专门性文艺副刊。至此,《小公园》与《文艺副刊》之间的分工和区别便消失了,于是杨振声、沈从文编辑的《文艺副刊》于1935年8月25日出至第一百六十六期后正式停刊;《小公园》1935年8月31日出刊后相应停刊。两者合并而成的《文艺》副刊诞生了。

(2)《文艺》副刊的诞生

从1935年9月1日起,《大公报》创设《文艺》副刊,每周四刊,分别于星期一、三、五、日出版。《文艺》副刊由《文艺副刊》和改版后的《小公园》合并而成,由萧乾主编。星期一、三、五出版的《文艺》副刊一般刊登一些短小的作品,并开设各种专栏,保持了原《小公园》的风貌;星期日出版的《文艺》副刊则一般刊登名人作品或出版特刊,除前面所提到的有关书评的几个特刊外,还出版过"诗歌特刊""艺术特刊""翻译特刊""教育特刊"等,基本上保持了原《文艺副刊》的风貌。

《小公园》改版与《文艺》副刊出版,不仅是《大公报》副刊史上的一件大事,也是当时文艺界一件值得记叙的事。《文艺》副刊上不仅发表了一批名家的著作,而且还刊登了一些文学青年的"处女作"。一些后来的重要作品如孙毓棠的历史叙事诗《宝马》就是在《文艺》上首先发表的。

萧乾主持的《文艺》副刊还有一个重要的特点,就是它完全改变了冯叔鸾编辑的《小公园》所带有的那种老气横秋的面貌,而是富有较强的时代气息。当然也应该指出的是,对落伍了的《小公园》进行改版是完全必要的,但是将它改变成《文艺》副刊却并非尽善尽美:这样做不仅使在读者中产生很大影响的《小公园》完全销声匿迹,更主要的是使《大公报》从此在较长一段时间内没有综合性的文艺副刊。这对一张大报来讲不能不说是一个缺憾。

对于此种变化,我们不知道胡政之先生作何感想,至少实际主导者萧乾在几年后就明显感觉到了这种缺憾。1939年,萧乾在赴英国之前撰文说:"我时常怀疑,在文艺期刊多于任何期刊的中国,究竟报纸的副刊还应偏向着文艺发展吗?一个专门的杂志自有其选择的读者。如果文艺也可算得专门的话,也自有其选择的读者。但一个报纸的读者却没有那样单纯。他们需要智识甚于表现,智识而且须是多方面的。"① 在这种想法的支配下,萧乾曾在《大公报》港版上创设过综合性副刊《综合版》,力图做到"庞杂、合时,而富教育价值",然而,由于种种原因,效果并不理想。这说明一家报纸尤其是一家有影响力的大报,除创设各式各样的专门性副刊之外,仍必须得有一个较为稳定的综合性文艺副刊。而要办好综合性文艺副刊,恐怕也缺不了像何心冷那样多才多艺、思维敏捷、热心快肠的"杂家"。

---

① 萧乾:《一个副刊编者的自白——谨向本刊作者读者辞行》,《大公报》(港版)1939年9月1日。

第二章
扶摇而上——新记中期的《大公报》
(1935年12月—1941年9月)

1935年12月,吴鼎昌辞去《大公报》社长职务,进入蒋介石的"人才内阁"任实业部长。从此,新记《大公报》进入其发展历史的中期。从组织架构上讲,新记公司掌控下的前期《大公报》馆是吴、胡、张的"三套车",吴鼎昌离去后,胡政之把他与张季鸾主持《大公报》馆比喻成"鸟之双翼,车之两轮"①。质言之,新记中期是胡政之、张季鸾的"双轮车"时代。这种状况一直维持到1941年9月张季鸾病逝②。

一、"双轮车"快速前行

全面抗战打响后,胡政之与张季鸾各带着一路人马发展事业:张氏紧紧追随国家政治中心,从上海到汉口再到重庆;胡氏则远离政治中心,从上海到香港再到桂林。两路人马、两种发展事业的路径,相辅相成,齐头并进,成就了新记《大公报》事业的鼎盛与辉煌。

(一)闯进上海滩

创办沪版、重心南移,是吴鼎昌作为《大公报》社长为报馆事业发展所做的最后一项重大决策:吴鼎昌进入国民政府四个月之后的1936年4月1日,新记《大公报》上海版正式创刊出版。

---

① 《本报全体同人昨公祭张季鸾先生》,《大公报》(渝版)1941年9月16日。
② 中国的新闻事业与政治局势紧密关联,张季鸾病逝时抗日战争还没有结束,故本章有些内容的叙述会向后延展至张季鸾去世后的一段时间。

然而，沪版的筹办经过绝非顺利。1935年2月，张季鸾首先向吴鼎昌、胡政之提出了创设上海馆的建议。他认为"九一八事变"之后，长城内外四省沦陷，日本侵略者的侵华野心有增无减。而1934年底，冈田内阁制定了新的侵华政策，经济渗透、军事压迫、政治阴谋多管齐下，向我华北猛逼而来。至此，平津不保已为迟早之事，故须早作打算，以备不测。胡政之同意张季鸾对于华北局势发展的分析，但他又以为，《大公报》为北方报纸，要"南下"发展，"挤"进上海滩，一则自身"水土不服"，二则必然会碰到阻力。上海是《申报》《新闻报》的"码头"，《大公报》要硬闯进去，恐难立足。因此，胡政之认为此时创设沪馆时机尚不成熟，须从长计议，不可"轻举妄动"。而吴鼎昌已于1932年底搬家至上海，其活动重心也随之南移，所以他对张季鸾的建议颇为赞成，但是又认为胡政之的分析也有其道理，并且《大公报》馆的队伍基本上是胡政之原来国闻通信社和《国闻周报》的人马，胡政之思想做不通，《大公报》"南下"恐很难成功。加之胡、张二人都是有个性的，意见分歧恐一时难以统一，因而主张意见没有统一之前，暂时不要行动。

这是新记公司成立以来，胡、张二人之间第一次发生较大的意见分歧。对于"暂缓"的决定，张季鸾无疑很不高兴：设立沪馆、创办沪版之议，他已考虑再三，怎么是"轻举妄动"呢？事实上他在《国闻周报》1935年第12卷第4期上发表的《我们有甚么面子？》一文中已说得很清楚了：

> 这么多年在天津做报，朋辈们都说是成功，报纸销得，也受重视，在社会各方庇护之下，何尝不俨然是中国大报之一；但在九一八后之中国，清夜自思，事前有何补救？事后有何挽回？可现在四省沉沦，而大报馆还是大报馆，老记者还是老记者，依然照常的做所谓舆论的指导，要用《春秋》论断，除"恬不知耻"四字而外，恐怕任何批评皆不适宜。同时再从一方面讲，这样大报，办得稳吗？老记者的铁饭碗，有保持的把握吗？我敢断言：绝对不稳，毫无把握！甚么理由，大概用不着讲。总括一句话：国家不稳，甚么事业能稳？国家无把握，甚么事业能有把握？……北方有句俗话：不能混。国家现状就是这样，中国人不能混了，以四万万人的大国，落到这种不能混的地步，而我们这样，赖国家栽培，受过若干教育，仗社会优待，吃过多少年饱饭的人，一

面束手无策,一面依旧写些一知半解的文字,号称做舆论的工作,不细想则已,细想起来,焉能不羞愧欲死?①

在张季鸾看来,敌人的魔爪已伸向平津、伸向华北,国家已经很不稳了,再不另作打算恐怕很难"混"下去了。

也就是在这一时期,张季鸾甚至有了离开他一手创办起来的《大公报》而"另谋出路"的打算。1935年3月,张季鸾与吴鼎昌相约同游四川,然而张抵武汉后,吴却因事耽搁,张季鸾便一人于26日从汉口乘邮机飞渝,并在当地受到康心之、康心如的热情欢迎。张季鸾对康氏兄弟谈了他对形势的看法:日本侵略者贪欲无厌,从关外向关内步步紧逼,全面抗战近年必将爆发,而以中国目前国力尚不足与日阀抗衡;抗战开始阶段势必迁都重庆,那时,四川将成为抗战之中心。他进而提出,如果能在重庆创办一份抗战的报纸,那是很能有所作为的。并希望康心之能效法吴鼎昌拿出五万元作资本办一份《国民公报》,自任社长,他愿意西来主持笔政。一则出自友谊,二则出自信任。对张季鸾的提议,康心之积极响应,慷慨应允。"另谋出路"有了眉目,张季鸾心情似乎也好多了。随后,在康氏兄弟的陪同下,张于4月4日飞成都,随后赴灌县参观都江堰,登临青城山,游览缙云名胜,边游玩边商讨办报的具体事宜。

然而张氏这一另谋出路的想法不久便发生变化。4月13日,张季鸾返抵重庆,适逢张学良过渝飞贵阳见蒋介石,因雾中道折回。张立即面晤张学良,商定次日同机飞黔。在贵阳,张季鸾会见了蒋介石,两人就时局的发展交换了看法,15日还曾共进晚餐。或许正是在席间,蒋介石表达了对《大公报》这样有影响力的报纸的重视,从而动摇了张季鸾离开《大公报》的决心。会谈后,为方便起见,张季鸾搭乘张学良专机于16日由贵阳飞渝,17日由渝飞汉。此时张季鸾的心态已与前次离渝时大为不同,当康心之告诉他,筹办《国民公报》一事已经着手进行时,张未再做明确的表示。

张季鸾在汉小住两三天,便乘船顺江东下,到南京、上海盘桓数日,并在上海见到吴鼎昌,详细叙述了他此次四川之行的经过,又申述了他创办《大公报》上海馆的理由,希望吴鼎昌能明确表示支持他的意见。此次,吴鼎昌对张季鸾的方案表示了明确支持,并确定了胡政之与张季鸾二人中,必须有一人留守天津的原则。因胡政之5月10日要率队访日,故张季鸾便于5月2日返抵津沽。

---

① 季鸾:《我们有甚么面子?》,《国闻周报》第12卷第4期,1935年1月21日。

张季鸾返津后,就创办上海版事宜又与胡政之再次交换了看法,但意见依然未能统一。5月中旬,胡政之按期率队赴日本考察去了。6月中旬,胡政之回国,提出了一个创办"研究部"的设想。张季鸾认为,创办"研究部"是有必要的,但首要的是创办沪版。此时因吴鼎昌人在四川,故两人决定待吴氏归津后再行商量。

7月上旬,张季鸾再度离津,作"西北息游"。7月10日到归绥小住数日,旋由大同赴太原。绥远气候凉爽,时令虽在盛夏,而没有盛夏的感觉。承老友傅宜招待,张季鸾居新城农业试验场歇息。老屋一楹,大树数株,檐前听雨,溪边步月,如居山野,如在初秋,数月积郁,得以一洗,心情和身体有所恢复。在太原,张季鸾会晤了阎锡山等政界要人,并重点询问了西北问题,7月底回到天津。

与此同时,吴鼎昌已经出川,经南京返抵天津。8月,吴、胡、张三人终于齐聚,就创办沪版一事进行了多次磋商。最终,由于吴鼎昌明确表示支持张季鸾的意见,胡政之也不再坚持己见,于是三人确定南下发展战略,并立即着手筹备创设沪馆。

此次吴胡张三人意见得以统一,其原因大致有二:其一是客观形势的变化。《何梅协定》的签订使整个华北的国民政府统治名存实亡;《秦土协定》的签订又加重了北方的危机,日本侵略者实际上控制了冀察两省,进而策动华北自治,华北不保已近在眼前。要在天津法租界苟安,维持一份爱国的民间报纸,已成为不可能,报馆重心南移在所难免。其二是吴鼎昌"入阁"已经基本确定,他必须在离开报馆前把报馆今后发展的大政方针确定下来,所以经过几次磋商,三人意见趋于统一,最后由吴鼎昌一锤定音。

南下发展创设沪馆的方案一经敲定,总经理胡政之马上电嘱驻沪办事处主任李子宽着手进行准备;1936年1月,又通知驻汉特派员徐铸成东行,参与上海馆的筹备工作,并派汪松年南下接替徐铸成的职务。张季鸾则修书康心之,说明情况有所变化,不能履约出任《国民公报》总编辑,表示歉意之余,并举荐《大公报》馆的杜协民以代。

李子宽经营《大公报》上海办事处有年,各方面人事都比较熟,所以筹备工作进展得很顺利。胡政之、张季鸾认为,《大公报》南下创办上海馆、出版沪版,不是一般意义上的办分馆、设分版,而是整个报馆重心南移,所以就要集中人力物力,打好闯进上海滩这一"硬仗",只许成功,不准失败。于是他们决定除留少数人维护天津馆的日常工作,以保证天津版照常出报外,其余人皆由他们率领南下。

1936年2月初,胡政之、张季鸾率领大批人马抵沪,亲自指挥沪馆筹备工作。《大公报》总代办部先于2月上旬在上海福州路436号开始营业。2月下旬,《国闻周报》移沪出版发行。接着就是前述4月1日《大公报》上海版在上海法租界爱多亚路181号创刊出版。

沪版创刊号上刊登了张季鸾写的"社评"《今后之〈大公报〉》,其中言:

> 此次本报津、沪同刊之计画,既非扩张事业,亦非避北就南,徒迫于时势急切之需要,欲更沟通南北新闻,便利全国读者,而姑为此非常之一试是也。本报同人认识祖国目前之危机异常重大,忧伤在抱,刻不容纡。回忆十年来服务天津,多经事变,当年中原重镇,今日国防边区,长城在望,而形势全非,渤海无波,而陆沉是惧。尤自去夏以来,国权暧昧,人心忧惶,盖大河以北,四千年来,吾祖先发扬文明,长养子孙之地,今又成岌岌不可终日之势。困难演进至此,已非仅肢体之毁残,而竟成腹心之破坏,此而放任焉,中国之生存已矣!本报同人自惭谫陋,徒切悲悚,惟于萦心焦虑之余,以为挽回危局之道,仍在吾全国各界之智慧与决心,因而痛感负有沟通国民思想感情责任之言论界,此时更须善尽其使命。①

该篇"社评"还重申了新记《大公报》续刊时宣布的办报宗旨及对内对外之基本方针与立场,体现了沪版与津版一脉相承的紧密关系。

上海《大公报》馆的全盘工作由胡政之、张季鸾直接指挥,具体经办人为经理李子宽,编辑主任张琴南,要闻版编辑徐铸成、许君远,各地版编辑吴砚农,本市版编辑兼外勤课主任王文彬,副刊编辑萧乾,可谓兵强马壮。

其中,张琴南、许君远于20世纪20年代在北京《晨报》工作,《晨报》停刊后到天津《庸报》工作,至30年代初被胡政之、张季鸾揽入《大公报》,并成为骨干。张琴南在全面抗战爆发后一度离开,任成都《中央日报》总编辑兼燕京大学新闻系教授;抗战胜利后回到《大公报》,任总管理处副总编辑,主持津版的编辑工作;许君远在抗战后一度任沪版编辑主任。两人都于1948年1月第四批获劳绩股权。

---

① 《社评·今后之〈大公报〉》,《大公报》(沪版)1936年4月1日。

吴砚农早在1928年《大公报》第一次招考练习生时,便和孔昭恺、曹世瑛等人一道考进《大公报》。"九一八事变"后,吴砚农参加中共地下组织,暗中散发抗日救亡传单被租界巡捕发现。为避免祸事,胡政之送他到日本留学,兼作驻日记者;1935年5月胡政之访日时约见他,并要他回国工作。沪馆创设后,吴到上海版任编辑。全面抗战爆发后,吴接受党组织指示随即北上。据徐铸成回忆说,吴为《大公报》馆第一个中共党员。中华人民共和国建立后,吴砚农历任天津市委书记、河北省委书记等职。

王文彬于1935年正式进入天津《大公报》馆工作,接替张逊之担任平津版编辑兼外勤课主任,遂成为骨干。此后王氏历任津版、沪版外勤课主任,驻广州特派员,桂林办事处主任,桂馆副经理,渝版采访部主任等职。抗战胜利后,王文彬任驻南京办事处主任、渝馆经理,1946年9月第三批获公司赠予的劳绩股权。

萧乾如前所述,于1935年自燕京大学新闻系毕业后即进入《大公报》馆,历任津、沪、港版的副刊编辑,旅行记者,驻英特派员。抗战胜利后任沪版、港版社评委员,1946年9月第三批获劳绩股权。

需要说明的是,沪版创刊之初,果真如胡政之所顾虑的那样,碰到了一个不大不小的麻烦:报纸发行头三天,全市各报摊天天无现货,但读者纷纷来电话说根本没有看到《大公报》。原来,每天发行的报纸都被"地头蛇"收去了,你印多少,他收多少,印得再多也到不了读者手中。有人说,这是非常厉害的一着,好比名角登场,大幕拉开,台下全是空座,票是卖出去了,只是没有一张到观众手中,而全被"把头"收购了,腕再大,角再有名,这戏唱与谁听?于是,胡政之只得求救于杜月笙公馆的法文秘书张骥先,请杜老板出面请了一桌酒,上海几家大报的老板们都来了。杜说:"《大公报》已经在上海出版了,有不周之处,请各位多多帮忙。"这才算云开雾散。经历此段风波后,《大公报》在上海得以顺利发刊,并迅速受到读者欢迎,至1936年底,发行量已超过五万份①。

沪馆创办后,津馆只留下少数人坚守阵地,以许萱伯为经理,王芸生为编辑主任。1936年9月,王芸生与张琴南对调。其原因为:张琴南就任沪版编辑主任后,主观上为适应新市场,在报纸标题、版面安排上略显"花哨",与《大公报》原有严肃风格产生冲突,为保持本来面目计,胡政之、张季鸾于1936年9

---

① 徐铸成:《报人张季鸾先生传》,第120页。

月《大公报》续刊十周年纪念活动后将张与王芸生对调。

沪版创刊后,《大公报》在津、沪两地同时刊行,不仅为该报乃至整个中国报界的抗战宣传争取了主动,也使其由一份华北大报跻身为全国性报纸。老《大公报》人杜文思回忆道:"在天津《大公报》,我只是报道了天津纺织工业,这时,在上海我综合报道了《我国纺纱业概况》,立足一市,面向全国。(到上海后)我还写了《从大中华橡胶厂说到中国橡胶工业》、《中国工业的进展及其趋势》、《中国工业的症结》等放眼全国的报道。"①这意味着《大公报》从天津到上海,不仅仅是发行范围的扩大、发行数量的增加,更重要的是报纸的视野、报馆的格局从地方层面提升到了全国层面,正式成为了一份名副其实的全国性大报。更兼津、沪同刊出版,南北同声相应,进一步巩固了《大公报》在国内舆论界的地位。

(二)续刊十周年

1936年9月1日是《大公报》复刊十周年纪念日。这天,津、沪两版同时发表张季鸾写的"社评"《本报复刊十周年纪念之辞》。文章先谈十年来事业的发展:

> 本报于十五年复刊之始,规模狭小,全体职工约七十人,因中途退社及死亡,今在社者三十八人。……现时全体职工增至七百人,仅职员约二百人。十五年九月一日,印行两千余纸,今津、沪合计,逾十万纸。忆复刊第一月总支出,约六千元,今津沪支出,不下十万元。最初印报机为小型平面机三架,今用高速度轮转机。现时全国分销机关,共一千三百余处,除东四省不能寄递外,行销遍于各省。今春感于时势之需要,自四月一日起,于沪津两处刊行,销路愈增。其姊妹事业之《国闻周报》,亦由两千部渐增至两万余部。

文章还特别谈了经济实力的增长:

> 同人自复刊以来,常以本报之经济独立,及同人之忠于职业自勉。此种愿望,幸获有成。回忆十年经过,除第一年入不敷出、耗用股本之外,未几即渐达收支适合。迩来工场设备之发展,皆以营业收入充之。现时工

---

① 杜文思:《四进四出〈大公报〉》,《文史资料存稿选编·文化》,中国文史出版社2002年版,第24页。

场财产,价值约四十万,皆自然发达而来者也。

最后,文章陈述数端体会:其一,勉尽报纸责任。"同人十年来谨服膺职业神圣之义,以不辱报业为其消极的信条。虽技能有限,幸品行无亏,勉尽报纸应尽之职分,恪守报人应守之立场。"其二,同人自信,记事发言,"不敢存成见,有偏私,兢兢自守十年一日"。其三,同人"苟有主张,悉出诚意。国难以来,忧时感事,晨夕不安。但本良知发言,不计利害毁誉,错谬定多,欺罔难免"。并历述尚有未尽责者:第一,新闻报道上,"未达万一";第二,尤缺陷者,关于国民经济之记述与主张,"未迈初步";第三,尽国民外交之责,以拥护国家利益方面,"尤常憾识见不足,或主张不勇";第四,反映民生疾苦、各界烦闷方面,"不免挂一漏万";第五,与各界权威合作、锻炼舆论方面,"未得普遍求教";第六,为社会实际服务方面,"限于人力财力,未能有所发扬"①。

为纪念复刊十周年,报馆还举办两项"为社会实际服务"的活动,即设立科学和文艺奖金,并举办征文活动。当日登的《启事》说:"……兹为纪念起见,特举办科学及文艺两种奖学金,定名为'《大公报》科学奖金'及'《大公报》文艺奖金',由本报每年提存国币三千元,以二千元充科学奖金,一千元充文艺奖金。每年得奖人数,科学拟以一人至四人为限,文学以一人至三人为限。"②

此项活动由胡政之提议,并由萧乾具体执行。据萧乾在《我与〈大公报〉》一文中回忆说:

> 1936年9月是新记公司接办《大公报》10周年,报馆决定大举纪念。7月间,老板(胡政之)一天把我找去,说想以纪念10周年名义,在全国举行一次征文,让我拟个具体办法。……我忽然记起读新闻系时,了解到美国哥伦比亚大学设立了一年一度的普立策奖金,是颁给已出版并有初步评价的现成作品的,比较容易掌握。于是,就向老板建议,仿照哥伦比亚大学办法,设立"大公报文艺奖金"。另外,为了纪念,出版一部《大公报小说选》。他立即同意了,并建议同时设立一种"科学奖金"。③

经过近一年的努力,"《大公报》文艺奖金"和"《大公报》科学奖金"征文分别于次年5月、7月揭晓。

---

① 《社评·本报复刊十周年纪念之辞》,《大公报》(津版)1936年9月1日。
② 《本报复刊十周年纪念举办科学及文艺奖金启事》,《大公报》(津版)1936年9月1日。
③ 萧乾:《我与大公报》,周雨编:《大公报人忆旧》,第177—178页。

"文艺奖金"征文评选结果是：曹禺的戏剧《日出》、芦焚（师陀）的小说《谷》和何其芳的散文《画梦录》获得奖励。萧乾还综合评委们的意见，为获奖者写了简短的评语①。

"科学奖金"征文评选结果是：数学家王熙强（《尤拉氏多项式根之分布》）、化学家刘福远（《中国明矾石化学工业之研究》）、动物学家苗久棚（《南京及其附近数种森林昆虫之研究》）与倪达书（《角鞭毛虫属骨板之形态及腹区骨板之讨论》）、植物学家梁其瑾（《盐酸之反应对于小米种子发芽率之影响及其水份吸收作用原生质之物理与生理性质及呼吸作用之酵素等之关系》）、气象学家魏元恒（《中国北部及中部高空气流与天气》）。另外数学家华罗庚的论文《华林问题之研究》因已获本年中华教育文化基金会甲种补助金，故不另赠予"《大公报》科学奖金"，定为荣誉入选②。

此外，林徽因就两年来《大公报》的《文艺》副刊上发表的作品，编辑而成的《大公报文艺丛刊小说选》，也于这年8月出版。

因为国难方殷，《大公报》续刊十周年纪念日没有出纪念特刊，也没有举办大型纪念活动。当日，津、沪两馆分别举行了简单的"复刊十周年纪念会"，两馆员工服务满十年者共三十八人，各获金质奖章一枚，全体员工每人获铜质纪念章一枚。

值得一提的是，庆祝续刊十周年之后的第二年，《大公报》总编辑张季鸾又迎来了他人生中两件重大的事情：一是"知天命"，二是"得爱子"。1937年3月20日，张季鸾五十祝寿宴在上海新新酒楼举行，"合编辑、经理两部同人加入祝贺者百余人，阖座腾欢，喜气洋溢。同人以张君素爱昆曲，特邀江南惟一昆班仙霓社彩排，来宾来观者甚众"。监察院长于右任手书寿诗贻赠，诗云："榆林张季子，五十更风流。日日忙人事，时时念国仇。豪情寄昆曲，大笔卫神州。君莫谭民立，同仁尽白头。"蒋介石也发来贺电称："先生文字报国，誉满天下，届兹五十初度，希望益完伟业，指导国论，完成复兴。敬祝幸福无量。蒋中正哿（二十日）京。"③五十大寿庆贺不久后的7月2日，儿子张士基出生，这对张季鸾是一个极大的安慰，全面抗战期间，他写信对胡政之说，儿子有了，以后要用全力在汉口办报。可见幼子在张季鸾心目中的位置。

---

① 《本报文艺奖金揭晓》，《大公报》（津版）1937年5月15日。
② 《本报科学奖金揭晓》，《大公报》（津版）1937年7月1日。
③ 《本报张总编辑昨日五十寿辰》，《大公报》（津版）1937年3月21日。

然而续刊十周年纪念结束尚不足一年,寿宴与得子的喜悦尚未散去,张季鸾、《大公报》乃至全中国便不得不面对更为艰巨的挑战与更为深重的苦难。

(三)津版停刊

早在《大公报》沪版创刊当日,张季鸾便在"社评"《今后之〈大公报〉》中说:本报沪版创刊,"既非扩张事业,亦非避北就南,徒迫于时势急切之需要"。日寇侵华贪欲并不以占领东北、控制华北为满足,铁蹄南践,步步紧逼,全面抗战迟早会爆发。以中日两国国力悬殊来看,抗战开始阶段,北方势将不保。这一点,张季鸾、胡政之是很清楚的。所以沪馆开设,《大公报》重心南移,不仅胡政之、张季鸾亲自坐镇上海,而且报馆骨干也差不多陆续出津至沪。

胡政之、张季鸾南下筹备沪馆时,两人都是只身而来,家眷皆留北方。随着沪馆事业的发展和北方形势的变化,1936年下半年,两人都把家眷从北方迁来上海。同时,一批骨干也陆续举家迁居至上海。全馆上下决心从此以上海为中心发展事业,连家眷们都作如是打算,如张季鸾夫人陈孝侠说:"我和季鸾先生结褵,是在民国二十三年的夏天。……结婚不久,我们就搬到天津,阅年又来到上海。本想在上海住下去的,不想次年即有七七事变发生……"①

1937年7月7日卢沟桥事变发生后,日寇于7月28日晚大举进攻平津,天津对外交通断绝,《大公报》天津版只能在市内发行。7月30日,《大公报》上海版发表题为"天津本报发行转移之声明"的"社评",说明天津以外订户的报纸改寄上海版,同时声明三点,其中第二点说:"天津本报决与中华民国在津之合法的统治同其命运,义不受任何非法统治之干涉。万一津市合法官厅有中断之日,则不论其为外国军事占领或出现任何非法的中国人之机关,本报将即日自动停刊,待国家合法的统治恢复之日,再继续出版。"②也就是这一天,日军猛攻天津,中国守军奉命撤退,天津陷入敌手。《大公报》天津版苦苦地挣扎了4天之后,于8月5日毅然停刊。停刊号为12261号。

津馆关门、津版停办,胡政之、张季鸾对此是有思想准备的。7月28日,张季鸾在一篇题为"和平绝望的前一秒钟"的"社评"中就说:"(在)这样紧急关头,譬如我们这样一个民间报纸,便不应当对于国家的方针与行动再作任何主观的主张。

---

① 张陈孝侠:《忆季鸾先生》,《张季鸾先生纪念文集》,陕西人民教育出版社1991年版,第68页。
② 《社评·天津本报发行转移之声明》,《大公报》(沪版)1937年7月30日。

但我们的态度早已决定,就是遵守纪律,而甘作牺牲。"①《大公报》履行了自己的这一诺言,不仅牺牲了津馆,后来又陆续牺牲了沪馆、汉馆、港馆、桂馆。

津版停刊后,根据胡政之的指示,编、经两部同人中部分员工就地遣散,张琴南及曹世瑛等少数编辑同人调往上海,经理许萱伯暂留天津,一方面处理遗留问题,一方面等待下一步行动的指示。

（四）汉版创办

1. 汉版的创办与成功

日寇甫占平津,又谋霸上海。1937年8月9日,虹桥事件②发生,战争呈一触即发之势。胡政之、张季鸾敏锐地感到"上海非可久守",并断定"沪版必将继津版而牺牲",于是决定立即创办汉口版,以从事抗战卫国之宣传。

战事瞬息万变,《大公报》汉版的创办也如打仗一样紧张而有序地开始了:

8月14日,即"八一三"上海抗战爆发的第二天,胡政之一方面致电南京,命令《大公报》驻南京办事处主任曹谷冰火速赶往武汉,着手筹备汉版事宜,一方面致电天津,命令暂留天津待命的原津馆经理许萱伯率领原津馆部分员工南下武汉。

三天之后的8月17日,张季鸾亲自率领沪馆编辑部的孔昭恺、经理部的李清芳等人由上海起程经南京赴汉口。据张夫人陈孝侠女士1946年9月为纪念张季鸾逝世五周年所写的《忆季鸾先生》一文中所回忆的:

> 记得是"八一三"的次日,敌人在上海发动了猛烈的攻势,用尽了一切近代的武器屠杀上海的民众。季鸾先生是新闻记者,关切国家危难,对于国事的注意,也超过常人。为了探听战事的情况,他几乎废寝忘餐,为了报馆的事务,他甚至整整三天不曾回家。更想不到在"八一三"的第四天的早上,他便匆匆地回来,向我和他最心爱的刚满一月的镐儿告别,而踏上了赴汉口的旅途。③

张季鸾起程之日,正值生病,挺身赴国难,难能可贵,带病蹈征途,精神尤

---

① 《社评·和平绝望的前一秒钟》,《大公报》(沪版)1937年7月28日。
② 1937年8月9日傍晚,驻沪日本海军陆战队中尉大山勇夫、水兵斋藤与藏驾车闯入上海虹桥机场警戒区内,与中国士兵发生冲突并被击毙,是为虹桥事件。日方以此为借口向上海大量增兵,并于8月13日悍然挑起冲突,淞沪会战由此爆发。
③ 张陈孝侠:《忆季鸾先生》,李云祯、牛济主编:《张季鸾先生纪念文集》,第68—69页。

佳。胡政之在《回首一十七年》中回忆当年送张季鸾离沪的情景时写道："记得他临行之时，咳咳呛呛，正在患病，力疾而行，绝不躲闪。我送他出门，伤感的和他说道：'《大公报》已与国家镕成一片了，我相信中国抗战，免不了毁灭一下，但是毁灭之后，一定能复兴。本报亦然，我留沪料理毁灭的事，愿兄到内地努力复兴的大业。'"①可见张季鸾、胡政之二人此时已经置个人利益于不顾，所考虑的是国家前途和报馆事业。

张季鸾等人在炮火中乘车离开上海。一路颠簸，车到无锡，张季鸾病情加重，难以继续赶路，只得留下孔昭恺照料，李清芳一人兼程继续赶路。休养数日，张季鸾病情稍有好转，随即上路，及抵南京，遇敌机空袭，驻南京办事处房屋被炸，张等人幸各平安，南京不可久留也不能久留，于是众人只休息一日便渡江北上转陇海、平汉路，于9月初抵汉口。

张季鸾抵汉时，曹谷冰筹建汉馆事已基本就绪。汉馆筹备如此迅速顺利，其功劳仍在胡政之多年的经营。早在1934年张学良在武汉出任"鄂豫皖剿匪副司令"时，哈尔滨原《国际日报》流落到关内来的一批报人便想在武汉创办《大光报》，打前站筹备的是该报社原来的经理赵惜梦。赵惜梦曾兼任过国闻通信社哈尔滨办事处主任，算是胡政之的老部属。赵惜梦来江城办报，人生地不熟，于是求助于胡政之。胡政之与赵惜梦原本关系不错，又看在张学良的面子上，便答应帮助赵在关内重建基业，并指定新记《大公报》"开国五虎大将"之一的王佩之着力相帮，还致电武汉办事处，指示当时的特派员徐铸成予以协助。谁知《大光报》刊行不久便逢全面抗战爆发，不愿继续办报的赵惜梦自愿将设备与房子全部盘给《大公报》。淞沪抗战打响后，胡政之、张季鸾之所以很快决定创设汉馆，除武汉作为此时抗战中心的政治和地理位置外，有现成的房子与设备也是一个重要原因。胡政之在《回首一十七年》中说："八一三沪战既起，我们判断上海非可久守，又认定沪版必将继津版而牺牲，乃洽买汉口《大光报》的机械设备，推张（季鸾）先生于八月十七日携经理、编辑两部同人二三人间道赴汉，主办汉口版。"②可知曹谷冰到汉之前，胡政之已经从赵惜梦手中买下了《大光报》的全部设备和房屋。有趣的是，《大公报》汉馆创设后，赵惜梦进入该报当了一名记者，在抗战期间写了许多战地通讯，成为中国现代新闻史上

---

① 胡政之：《回首一十七年》，《大公园地》1943年9月5日第7期。
② 胡政之：《回首一十七年》，《大公园地》1943年9月5日第7期。

的一名优秀记者。

在"国耻"六周年纪念日,即 1937 年 9 月 18 日,《大公报》汉口版创刊出版。报馆馆址在汉口特三区湖北街宝润里 2 号。汉馆由张季鸾主持,许萱伯任经理,次年 6 月,许赴港治病,曹谷冰继任。要闻编辑由孔昭恺担当,编辑主任始缺,1939 年 1 月王芸生来汉就任此职。汉版创刊号继津版停刊时的署号,为"12262 号",张季鸾在当日"社评"《本报在汉出版的声明》中首先说:"我们原是天津报,从去年四月在津沪两地发行。十余年来,承全国同胞的厚爱,得以成长发达。此次平津沦陷,我们在天津停版了,接着上海战起,上海本报也邮递困难。在这国家兴亡的关头,我们的报,竟不能与全国多数省区的读者诸君相见,这是我们同人非常惭愧的。因此我们决定一面维持沪版,一面在汉口出版,从今天起,在沪汉两地发行。汉口版的号数,是接续天津上月五日停版的号数。"接着向读者说明几点:"第一:我们向来是营业独立的报纸,但经此国难,已经将多年的经济基础牺牲了,天津的机器未得运出来,纸料也缺乏。现时在汉出版,设备简陋,一切不够用,我们希望渐渐的能够充实起来,同时则盼望向来各地爱读本报的诸君,特别原谅,特别援助。""第二:本报遵照中央命令,并实际因纸料的奇缺,每日只出一大张。但我们要竭尽心血,使这一张纸与大家有用。""第三:我们这一张纸,希望全国各界充分利用,恳求智识权威充分合作。"①

《大公报》汉版创刊,收到了康心之、杨耕经、汪孝慈、于右任、冯治安、刘汝明、陈继淹、张伯苓等人的电贺及祝辞。其中于右任的祝辞颇能反映社会各界对于《大公报》坚持续办的态度:

> 当我忠勇将士为国家之独立与民族之生存,浴血苦战,以抗暴敌之际,诸君为国服务,于汉市分社发行新刊,坚举国作战之心,壮前方杀敌之气,至佩至佩。今日为我中华民国之独立的领土主权横被蹂躏之国耻纪念日,六年以来,寇氛益深,偕亡之痛,积于全国。诸君为转战南北之论坛宿将,炳灵江汉,构成新垒,一心一德,再接再励,必将与前方将士同时挺进,共建不世之勋业也。②

汉版从创刊到停刊仅一年零一个月。这一年多的时间是张季鸾最紧张、

---

① 《社评·本报在汉出版的声明》,《大公报》(汉版)1937 年 9 月 18 日。
② 《贺电与贺词》,《大公报》(汉版)1937 年 9 月 19 日。

最辛苦的一段时间。作为汉版全面工作的主持人,张季鸾白天要出外应酬、了解情况,晚上归来要编报撰文,还要兼顾经理部的工作。当时,汉版编辑部虽然有孔昭恺、赵恩源、陈纪滢(客座)等人,但缺少一位主事,亦缺少一个写社评的帮手。所以张季鸾既要管发稿,又要执笔写社评,压力之大可想而知。直到王芸生从沪来汉后,张季鸾的压力才得稍微缓解。为创办汉馆,张季鸾抛家室、离妻儿,只身赴任所;汉版创刊后,他更是带病痛、忘寝食,一手开新天,其劳其累,其辛其苦,可以想见。正如胡政之所说:"汉口开馆……直到了上海报停刊了,王芸生先生到汉口以前,汉口版文章,皆由他(张季鸾)一人执笔,可以说在民十五年后最辛苦的一年。"①1938年10月11日,适为张季鸾癸丑年(1913年)在北京出狱二十五周年纪念日,时于右任亦在汉口,置酒为祝。因念往事,于右任作《双调折桂令》为记:

> 危哉季子当年,洒泪桃源,不避艰难。恬淡文人,穷光记者,呕出心肝。吊民立余香馥郁,说袁家黑狱辛酸。到于今,大战方酣,大笔增援。二十五周同君在此,纪念今天,庆祝明天。②

在这首词中,于右任不仅对张季鸾在汉口的工作予以了高度评价,而且对他的人品也予以了崇高的赞赏。

依靠张季鸾和全体同人的努力,《大公报》汉版获得了极大成功。曹谷冰、金诚夫1946年在《〈大公报〉八年来的社难》一文中谈到汉版时如是说:

> 汉版发行之始,人员极少。社评仅季鸾先生一人执笔。除阐述战事性质,为争取国族生存,不断鼓舞军心民气,余更强调意志集中、力量集中之必要,长期抗战遂成国是,并有次年第一届国民参政会之召集。迨淞沪及首都相继撤守,上海本报自动停刊,王芸生兄于二十七年春偕沪馆一部分同人经香港抵汉,汉馆人力因以充实。乃于经常业务之外,发起救济受伤将士运动,并代收捐款,随时转送红十字会应用,一面在报端披露征信。是年夏,又主办《中国万岁》话剧之公演,售票所入,全部拨作救济受伤将士之需。是时本报以得社会之同情与信任,销数竟达五万三千余份,造成武汉报业史上发行最高之纪录。③

---

① 政之:《社庆日追念张季鸾先生》,《大公报》(沪版)1946年9月1日。
② 于右任:《双调折桂令》,《张季鸾先生纪念文集》,第196页。
③ 曹谷冰、金诚夫:《〈大公报〉八年来的社难》,《大公报》(沪版)1946年7月7日。

2. 汉馆的憾事

然而《大公报》汉版发行期间仍有一件遗憾之事，就是范长江的离开。

长期以来，范长江离开《大公报》成为中国新闻史研究的一个议题，并主要集中在对两个问题的讨论上：一是范长江离开《大公报》的原因；二是范长江离开《大公报》是主动辞职还是被辞退。

对此，1946年范长江在华中新闻专科学校发表讲话时曾称，与《大公报》决裂，是因为胡政之与自己就抗战时期到底应实行各党派"民主"还是"不能民主"问题的争吵：胡当时说"不能民主"，范长江则回应称："不民主，抗战如何抗？"胡称："你是《大公报》的人，要服从报社的主张。"范长江则反驳道："我是短时期的《大公报》的人，但我是长时期的中国人。""（双方）就此闹翻、吵翻。"① 在1957年所写的《要"招"旧〈大公报〉之"魂"么？》一文中，他自述离开《大公报》是因为同张季鸾发生争吵。关于争吵的原因，范长江说自己写了一篇《抗战中的党派问题》，主张各抗日党派"民主团结"，反对"一个党"的主张。张季鸾对此很不高兴，约其谈话，认为作为《大公报》的人，"必须以蒋先生（即蒋介石）的态度为态度"，"以《大公报》的态度为态度"。范长江则反驳说："我是中国人！我要以中国人民的态度为态度！"于是"就离开了《大公报》"②。在1967年写的《我的青年时代》中，范长江不仅重申了离开《大公报》的原因是因为《抗战中的党派问题》一文中观点与张季鸾发生争吵，还补充称与张吵完后，胡政之找他商谈武汉撤退后的采访问题，并答应给他配专车、电台，让他随蒋介石大本营行动，《大公报》所有战地记者归他统一指挥等，但条件是要他必须放弃拥护共产党的主张，完全以蒋介石的主张为主张。范长江"坚决拒绝了他（胡政之）的意见，并立即公开宣布脱离《大公报》"③。

范长江还有几处相关说明，也大同小异。他的说明虽然在细节方面略有出入，但是基本观点是一致的：一是他离开《大公报》主要的或者说唯一的原因是政治观点与报纸主持人相异；二是他离开《大公报》是主动与之"决裂"。

对范长江所说的原因，研究者有赞成的，也有表示质疑的，还有人提出了另外一些看法：

---

① 范长江：《论人民的报纸——1946年初在华中新闻专科学校的讲话》，本刊编辑室编：《新闻研究资料》总第11辑，展望出版社1982年版，第8页。
② 范长江：《要"招"旧〈大公报〉之"魂"么？》，《人民日报》1957年10月7日。
③ 范长江：《我的青年时代》，《人物》1980年第3辑，第104页。

(1)"不愿上夜班被辞"说

陈纪滢20世纪70年代末在台湾《传记文学》上曾刊文记述范长江被辞的情形:1938年徐州突围后,范长江来到《大公报》汉口馆做编辑,刚开始他做的是其他版编辑,不久主动要求做"要闻版编辑",张季鸾答应了。当要闻版编辑是要值夜班的,可是刚值了两个夜班,他就以"我不能这样出卖我的健康"为由不愿干了,为此就和张季鸾发生了争吵,遂被辞退①。

孔昭恺在《旧大公报坐科记》中说:

> 他(范长江)经常晚上到报馆,一来就到总编室和张先生谈话,极少到夜班编辑室,只来过一次。据说,他向张先生要求编报,张先生叫他先试一下,编第三版(要闻与国际、本市新闻)。他编了一个晚上,第二天就不来了。一天晚上,总编室里突然传出激烈争吵声,这是编辑部从来没有的事情。夜班几个人惊呆了,也听不清争吵什么,转天中午遇见谷冰先生,他说张先生通知他,即日辞退范长江。范已离馆。没想到昨夜的争吵发展到这个地步。②

方蒙在《范长江传》中认为除了"政治上的分歧和对立,是促使长江脱离《大公报》的最主要原因"外,夜班问题也是范长江离开《大公报》的一个原因:

> 长江从南昌、长沙回到武汉后,《大公报》编辑部曾安排长江上夜班编报,这是该报培养接班人的一条途径。……而长江没有上夜班的生活习惯,对于编辑稿件,制作标题,拼版,看小样大样等等工作,十分生疏,且无耐心。夜里想睡而不能睡,白天应睡又睡不着。加以处理稿件也有分歧,要写的不让写,要登的不让登。因而使分歧表面化,最后非离开不可了。③

(2)"人事关系紧张被辞"说

该观点认为,范长江主要是与报馆里的王芸生关系紧张,受排挤而辞职。有论者称范长江与胡政之走得近,而王芸生与张季鸾走得近,范长江离开《大公报》是胡政之、张季鸾之间矛盾的结果。持此说的主要是徐铸成,他在《报人张季鸾先生传》中说,他一直对范长江离开《大公报》的原因不解,故在1939年秋到《大公报》港版任编辑主任前,利用与张季鸾对坐谈天的机会向其询问,张

---

① 陈纪滢:《哀长江》,《传记文学》1979年第34卷第5期。
② 孔昭恺:《旧大公报坐科记》,第85页。
③ 方蒙:《范长江传》,中国新闻出版社1989年版,第210页。

季鸾告诉他,"我叫他学写社评,他不满有些稿子给人删改,后来他和某人已极不相容,根据报馆章程,只能忍痛让他走了"。徐铸成还说:"我的想法,还是相信季鸾先生说的,长江之不得已离开,是因为有人嫉妒其能文善'跑',而此人(指王芸生)正在季鸾先生下控制一切……"①

(3)"品德有亏被辞"说

这是周亚军、陈继静在《试论范长江与〈大公报〉的分离》一文中综合陈纪滢和刘汝明的相关记述,总结出的一个说法。陈纪滢在其相关回忆文章中说,范长江指摘编辑部同人删改他的稿件,并与王芸生发生"不甚愉快"的谈话。王称范看话剧时"张口狂笑""浑身乱动"引来观众侧目和嘘声;在察哈尔省组织民团被刘汝明阻止后撰文恶意攻击刘汝明;传言范接受过胡宗南馈赠;等等②。

以上所有观点和看法,似乎都言之有据,然而,都只是就事论事,或者说只看到了现象,没有说到本质。研究范长江最深入的一位青年学者樊亚平教授在他的博士后流动站出站报告《在记者与党员之间:范长江心态研究》中的表述值得注意,即因夜班问题引发的争吵是范长江离开《大公报》的起因,然而他离开《大公报》"绝对不是上不上夜班这么简单",而是长期积累的多种因素共同作用的结果。没有其他因素的共同作用,仅仅因为夜班问题是不可能产生范长江"被迫去职"之结果的。同时,反过来说,若没有因夜班问题引发的争吵这一导火索,其他任何单一因素均不至于使张季鸾做出辞退范长江之决定。在这个意义上可以说,范长江离开《大公报》既是偶然的,也是必然的,是偶然中隐含着必然的一种结果。

西北采访之后,范长江虽然红极一时,但还只是一家民营报纸的一位名记者。1937年2月延安之行后,范长江因报道中共的抗日民族统一战线而受到中共的重视,成为一颗耀眼的新闻明星。全面抗战爆发后,他冒死奔波于各个战场采访,主持中国青年记者学会的各项活动,俨然全国爱国新闻记者的领袖,至此范长江在人生道路上又登上了一个新的高峰。1938年5月下旬,范长江带领几十名从徐州突围回来的记者到达武汉后,《新华日报》社专门为他们举行了隆重的表示欢迎和慰劳的招待会。当时在汉领导中共长江局工作的周

---

① 徐铸成:《报人张季鸾先生传》,第165—166页。
② 周亚军、陈继静:《试论范长江与〈大公报〉的分离》,《国际新闻界》2011年第7期。

恩来虽因公务繁忙未能出席，但专门给范长江写了一封热情洋溢的慰问信，其中言："长江先生：听到你饱载着前线上英勇的战讯，并带着光荣的伤痕归来，不仅使人兴奋，而且使人感念。闻前线上归来的记者正在聚会，特弛函致慰问于你，并请代致敬意于风尘仆仆的诸位记者！"《新华日报》的负责同志博古、凯丰、吴玉章、潘梓年、章汉夫、吴克坚等亦莅临宴会，热情招待客人。宴会后，全体人员摄影纪念，博古、凯丰、吴玉章、潘梓年等都站着，而范长江等从前线归来的记者坐在第一排，真是风光无限①。

鲜花簇拥，美词盈耳，既令人鼓舞，也让人陶醉，范长江在不到三年间影响力迅速上升，其个性中难免出现若干负面因素——锋芒毕露、盛气凌人，不能正确认识自己，不能摆正位置，因而与周围同事关系紧张，致使他难以在原先的环境中再待下去。

还有另外的情况，那就是全面抗战开始后，范长江到前方采访，同彭雪枫等八路军将领建立了密切关系，与延安的毛泽东等党的领导人亦继续保持书信往来，回武汉后同周恩来也有亲密接触，特别是通过主持"青记"的各项活动，范长江与其中的中共党员来往密切。这种情况，不仅与奉蒋介石为抗战领袖的《大公报》主持人立场相异，更是很容易被视为"有组织活动"，超出了《大公报》"不党"的底线。《大公报》内部的中共党员徐盈在中华人民共和国成立后曾有这样的记述：1939年，《大公报》迁重庆出版后，他按照党组织的要求，在重庆继续从事"青记"的活动，《大公报》经理曹谷冰找其谈话，"最后点题说：'听说你在搞青记学会，不能再让范长江的影响继续了，《大公报》就不要再搞了吧。'"②可见，《大公报》高层对范长江的活动是有警觉的，他们不可能让范长江在这里继续待下去。

可以推测，以上两方面的原因促使范长江离开了《大公报》。平心而论，范长江离开《大公报》，对双方都是一大损失。对于范长江来讲，失去了一个施展才华的最理想的平台。虽然他的通讯为《大公报》增光添彩，但毕竟是《大公报》给了他施展才干的机会，他本来可以在这所"大学校"里学到更多的东西，为中国报业的发展做出更多的贡献，为抗战救国发挥更大的作用，但是他失去了这样一个机会。诚然，他政治上的进步是可贵的，也是值得赞许的——他离

---

① 方蒙：《范长江传》，第204—205页。
② 徐盈：《关于组织中国青年记者学会重庆分会的回忆》，范苏苏、王大龙主编：《范长江与"青记"》，北京工艺美术出版社2008年版，第360—362页。

开《大公报》后,领导国新社、《华商报》、新华社的工作,做出了很大成绩。但是《大公报》作为当时的一家影响颇大的民营报纸,如果能在它的版面上宣传抗日民族统一战线的主张,那对于抗战宣传将是事半功倍的事情。范长江没有看到这一点,这说明他政治上还不成熟。据说当周恩来知道他与《大公报》闹翻了的消息后,很是惋惜,对去见他的徐盈等人说,范长江离开《大公报》,看来已经不能挽回了,希望你们继续安心在《大公报》工作,很好地利用这个舆论阵地。对于《大公报》来讲,虽然以后又培养出了一大批名记者,但是像范长江这样"叫得响"的记者尚不多见,这当然也是一种损失。

跟随范长江一起离开《大公报》的还有孟秋江和邱岗,两人都是范长江在西北采访途中结识的朋友,也都是范长江西北通讯的忠实读者,是其聪明才智和吃苦耐劳精神的崇拜者,后经范长江介绍进入《大公报》。全面抗战爆发后,他们分别以"秋江"和"溪映"为笔名在《大公报》上发表了很多著名的战地通讯。孟秋江和邱岗离开《大公报》后,前者进入《新华日报》,后者到八路军总部从事新闻报道工作。

(五)沪版誓不投降

送张季鸾赴汉后,胡政之在上海"料理毁灭的事"。

"八一三"淞沪抗战打响后,上海陷入混乱,工商界暂时不需要登广告,娱乐场所也大都停业,加之各地方的新闻来源断绝,于是上海各大报都纷纷压缩篇幅,如《新闻报》原来每天连本市副刊共出七大张,从 8 月 14 日起压缩为一张半。《大公报》沪版原日出三大张半,抗战开始后改出一大张,由十四版减至四版,另外出临时晚刊半张,合计六版。为了适应变化了的形势,胡政之决定调整编辑部:编辑人员,除编辑主任王芸生外,有徐铸成、杨历樵、许君远、萧乾、章丹枫等,还有从天津来上海的张琴南;采访部门,将通信课与外勤课合并为"通勤课",以范长江为主任,王文彬为副主任,范领导战地采访,王负责上海市区采访。战地记者除范长江外,还有张篷舟(杨纪)、高元礼(高公)、徐盈、孟秋江、陆诒等,市区采访的记者除王文彬之外,还有蒋荫恩、蒋逸霄等。另外,《国闻周报》也改出"战时特刊",由杨历樵主编。

鉴于国家和报馆经济上的困难,对于王芸生倡议的《大公报》馆员工改支"国难薪",即只发给员工工资半数,胡政之亦批示赞同,并通告实行。

淞沪抗战打了整整三个月,到 11 月 12 日,中国军队在付出了重大牺牲后奉命撤离,上海的外国租界进入"孤岛"时期。此后的一个月,虽然公共租界工部局总办发表谈话,警告租界出版的中文报纸立论要更加慎重、平稳,不要"刺激"日方,但是原有各报不仅照常出版,而且照样发表比较激烈的言论,保持爱国的立场。在这种形势下,《大公报》沪版每天仍能在不多的篇幅上发表若干抗战言论,刊载战地记者们冒死采访回来的消息与通讯。

1937年12月13日,南京沦陷,当日上海的日本占领军通知租界各中文报纸自15日起须送小样检查,租界当局向日方屈服,通知各报"一律接受日方新闻检查"。接到日寇要检查小样的通知后,胡政之心情十分复杂:虽然这种情况是他早已料到了的,但是事到临头,辛辛苦苦创建起来的事业又将毁于一旦,内心仍不免悲愤交加。当晚,他召集王芸生、张琴南、李子宽等沪版主要干部商量对策,最终一致表示,宁肯停版也绝不接受检查。胡政之当即决定:《大公报》沪版次日停版。

12月14日,《大公报》沪版发表了王芸生写的两篇"社评":《暂别上海读者》和《不投降论》。在《暂别上海读者》中,王芸生总结了自日军占领上海后《大公报》刊行一个月的原则、经过和停版的原因:

> 国军是在上月十二日完全退出了上海,摆在我们报人面前的有两条路:一是随国军的退却而停版,另一是在艰难的环境下继续撑持下去,尽可能的为我们上海的三百万同胞服务一天算一天,一直尽了我们的最后的力量为止。但有一个牢固的信条,便是:我们是中国人,办的是中国报,一不投降,二不受辱。那一天环境上不容许中国人在这里办中国报了,便算是我们为上海三百万同胞服务到了暂时的最后一天。国军退出后的上海,完全成了一个孤岛,我们在这孤岛上又撑持了三十多天。在这三十多天内,我们继续记载南北各战场的战迹,继续鼓舞国人抗战的决心,关于上海的一切,尤充满了沉痛的篇幅。特殊势力的气焰一天天的增高,租界内中国人的生命财产也一再受到非常的侵犯,我们这个中国人办的中国报,自然也渐渐的不能与特殊势力并存了。特殊势力先接收了我们的新闻检查所,成立了他们的新闻检查机关。这个机关要求我们送报,我们未送;昨天又来"通告",说:"自十二月十五日开始小样子检查,而不经检查之新闻一概不准登载……"我们是奉中华民国正朔的,自然不受异族干涉;我们是中华子孙,服膺祖宗的明训,我们的报及我们的人义不受辱,我

们在不受干涉不受辱的前提之下,昨天的"通告"使我们决定与上海读者暂时告别。①

《不投降论》则表达了《大公报》人对国家的诚挚感情,说:"我们是报人,生平深怀文章报国之志,在平时,我们对国家无所赞襄,对同胞少所贡献,深感惭愧;到今天,我们所能自勉,兼为同胞勉者,惟有这三个字——不投降。"②

沪版停刊后的第二天,胡政之决定:工厂暂时维持;王芸生率编辑部少数同人自沪经港赴汉,充实汉版的力量,战地采访的外勤人员归汉馆指挥;其余员工除留一部分清理善后工作外一律遣散,并发给三个月薪水作为遣散费。主要骨干中,李子宽留沪负责办埋善后事宜;张琴南辗转至四川,1939年一度任成都《中央日报》总编辑,抗战期间一直担任当时迁校到成都的燕京大学新闻系教授,抗战胜利后回《大公报》任总管理处副总编辑;蒋荫恩到《大美早报》;杨历樵赋闲,给《文汇报》写国际问题社论;萧乾辗转至汉口,最后到了昆明;许君远、费彝民滞留上海;曹世瑛到了重庆《国民公报》;徐铸成、王文彬暂时进了上海《文汇报》。这里着重介绍一下《文汇报》的情况。

《文汇报》是几个铁路职员集资于1938年1月25日创办的,因为找了英国人克明(H. M. Cumine)担任发行人,所以能避开日方的新闻检查。该报经理严宝礼将反对日方新闻检查而退出《新闻报》的储玉坤、郭步陶等人都揽进报馆,从而构成了该报的骨干与基础。《大公报》沪版停刊后,一度失业的徐铸成也答应为之写社评。所以该报一经出版,仍能坚持抗日立场,加之内容较丰富,很受读者欢迎。但是《文汇报》馆资金严重不足,集资的七千元远远不够开支,加上克明要价很高,报馆经营十分困难。胡政之得知这一情况后,认为可以与《文汇报》合作,即由《大公报》出资金、出人力,《文汇报》出"洋牌子",在上海出版一张爱国报纸。他在征求徐铸成意见后,派李子宽与严宝礼商谈。商谈很顺利,其结果是《大公报》投资一万元,派徐铸成、王文彬参加《文汇报》馆工作,其中徐主持编辑部,王出任采访部主任兼编本市新闻。那么胡政之为什么不派人参加经理部呢?对此他说:"我们投资的目的不在营利,只要它保持言论态度不变就好了。"③据悉,《大公报》在《文汇报》投资的一万元分别记在李子宽、费彝民和胡政之两个女儿的名下。

---

① 王芸生:《暂别上海读者》,《大公报》(沪版)1937年12月14日。
② 王芸生:《不投降论》,《大公报》(沪版)1937年12月14日。
③ 徐铸成:《报海旧闻》,第277页。

关于胡政之投资《文汇报》一事，据徐铸成说，其中有一段与蒋介石有关的内幕，即《大公报》沪版停刊之后，蒋介石在汉口交给张季鸾两万元并嘱转交胡政之，请他在上海办一张挂洋招牌的报纸。胡政之原打算办一张"法商"报纸，定名《正报》，但法租界公董局不愿得罪日本人，导致计划无果而终。恰逢此时刊登徐铸成社评的《文汇报》出版，于是才有了这个"移花接木"的办法。这样既可以向蒋介石交账，而且投资的一万元，由于言明分别在排印费及垫付白报纸项下扣除（《文汇报》在《大公报》印刷厂印报），所以也无须付出现金，这两万元以后便成了《大公报》香港版的开办费①。

无论这段"内幕"的真实程度如何，但至少可以说明一点：《文汇报》能在"孤岛"上刊行一年多并保持抗战立场，胡政之和《大公报》是做出了贡献的，这包括物资方面的，如提供印刷厂、供应白报纸，也包括资金方面的，即投资一万元，当然还包括人力方面的，即派出骨干徐铸成、王文彬。

随着《大公报》沪版的停刊，《大公报》的附属刊物《国闻周报》亦于1937年12月27日出版最后一期后停刊。这份在中国现代新闻事业史上存在时间相当长（1924年8月至1937年12月）、发行量较高（最高时达二万五千多份）的新闻周刊不仅以其丰富的时事报道和有见地的时事述评见称，而且发表过一些名人名作，如沈从文的著名小说《边城》等。更重要的是，《国闻周报》还培养了一大批有才干的新闻人才，吸引了许多热心的读者，同时为新记《大公报》的创立奠定了坚实的基础。《国闻周报》宣告停刊之前，为配合淞沪抗战，还出版过几期富有鼓动性的"战时特刊"。最终，这份始于上海的周刊，在度过十四个春秋后，又终于上海，共出版四十卷六百七十二期。以后，胡政之先在广州、后在香港试图复刊《国闻周报》，但都没有成功。

（六）港版创刊

《大公报》沪版宁为玉碎，不为瓦全，拒绝日方检查，高呼着"不投降"的口号停刊，展现了中国报纸的骨气。王芸生等人离开上海之后，胡政之一方面指挥李子宽等人处理沪馆的善后，一方面思考着如何创建新的基业。无论是从国家民族利益着想、从抗战需要出发，还是从私人利益乃至从个人安身立命需

---

① 徐铸成：《初期的〈文汇报〉》，吴汉民主编：《20世纪上海文史资料文库》(6)，上海书店出版社1999年版，第70页。

要考量,胡政之都必须创建新的事业。从前者说,《大公报》虽然有张季鸾负责的汉版刊行,但汉口亦非久守之地,再度播迁在所难免;况且面对抗战救国的大业,作为一个有正义感、有爱国心的报人,胡政之也理应做出更大的贡献。从后者讲,张季鸾首倡创建沪馆,及时实行《大公报》重心南移,避免了事业上的损失;上海战起后张季鸾又一次亲赴汉口创建汉馆,以后也必将随着国民政府西迁而创建渝馆——在应变时势、呼救国难、追随政府而实行《大公报》事业转移方面,胡政之虽全力以赴,并在具体工作中表现出了令人折服的指挥才干,但是在决策上,难免有落于人后之感。也正因此,他一方面支持张季鸾所主持的汉版,另一方面也开始设法创建一个由自己全面主持的报馆,作为安身立命之所。

新的基业建在何处?胡政之根据抗战形势的发展,认为建在华南为宜。恰好1937年底上海沦陷后,沿海与内地交通阻隔,《大公报》有一批从国外订购的卷筒白纸压在广州、香港。于是胡政之派张篷舟南下香港,一方面负责卷筒纸的转运,另一方面顺便了解一下香港中文报纸的发行情况。张篷舟,四川成都人,比胡政之小十五岁,算是胡的同乡晚辈,1936年在上海进《大公报》,之后在该报终其一生,历任沪馆、汉馆、港馆、桂馆、渝馆、抗战胜利后的沪馆,以及解放后沪馆、京馆的记者、编辑,直到1965年10月在北京馆退休。

张篷舟1937年底到港后,一面完成胡政之交办的任务,一面继续给汉版写专电和通讯。不久后,胡政之、张季鸾相继飞抵香港进行实地考察,并对在港办报的可行性进行了论证。香港与中国大陆分隔,由英国统治,在这样的环境中办报,利弊都很明显:两人皆对这里人生地不熟,创设新馆,营业上没有把握,亏损在所难免;受异邦法律的束缚,肆应必感困难。但是它地处南疆,为英属地盘,只要日英不发生战事,香港暂时还会是一个平静的港湾。利害权衡,两人最终决定在香港创建《大公报》新馆。胡政之随即决定由张篷舟留港着手港馆筹备的前期工作。

根据胡政之的要求,张篷舟在港主要解决了两大难题:一是办理立案手续,二是租定馆址。为加速港馆的筹建,1938年3月,胡政之留下李子宽在上海处理沪馆善后,率领杨历樵、李纯青、王文耀等人赴香港,亲自领导港馆的筹备工作。

港馆的创建比起汉馆来要困难得多。虽然胡政之亲自出马,照样是关隘重重:英国法律的掣肘以及香港劳工局、卫生局等机关的烦扰,都使筹备工作进展迟缓。直至1938年8月13日,即淞沪抗战爆发一周年纪念日,《大公报》香港版终于与港粤人士见面,创刊号亦接续沪版,署12384号。港馆馆址在香港皇后大道中33号三楼,由胡政之主持。具体人事方面,由从汉赴港治病的许萱伯任经理兼编辑主任,随胡一道自沪来港的杨历樵任翻译主任,李纯青写社评兼日文翻译。不久,胡政之又从昆明召回萧乾任副刊编辑。

港版创刊第一天发表了两篇"社评",一篇为《"八一三"一周年》;另一篇是胡政之写的《本报发行香港版的声明》,该《声明》历述港版创办的动机与展望:

> 我们是天津报。十几年来,南华同胞本来给过我们不少的援助。……自今天起,我们兼发行香港版。此事筹备,已历数月,今天才得与粤港同胞相见。我们此举,纯因广东地位异常重要,中国民族解放的艰难大业,今后需要南华同胞努力者,更非常迫切。所以我们便参加到粤港同业的队伍里面来,想特别对于港粤及两广各地的同胞,与南洋侨胞,服务效劳,做一点言论工作。……今当香港版发行之日,请求香港各界同胞,两广各地同胞,以及南洋一带的侨胞,特别爱护,特别指导,尤其望广州党政军当局常常就近指示我们一些方针。①

虽然胡政之好话说了千千万,然而如当年沪版发行时一样,港版出版的第一天就碰到了麻烦。一是《大公报》非新办报纸,已久负盛名,当地报业怕《大公报》出版后"喧宾夺主",抢了他们的饭碗;二是港人排外心理作祟,因此《大公报》港版一出,就有香港报界雇用的若干孩童前来闹事,他们出言不逊,抢报撕毁,演了一出闹剧。胡政之只得请人出面调解,一场风波才得以平息。

港馆创设之初,干部和骨干尤缺。许萱伯本来身体不好,6月来港本为治病,还勉为其难出任经理兼编辑部主任,报馆干部之奇缺可见一斑。然而更令人意想不到的是,许萱伯在港版创刊仅一个半月后便病逝了。许氏1928年进《大公报》馆,是第一个升任编辑主任,又是第一个由编辑主任改任副经理的同人。他在《大公报》馆服务十年,编辑、经理皆为里手,为报社事业发展贡献突出,其离世对《大公报》是一大损失。

为了事业的发展,胡政之千方百计地组建队伍。他一方面集合旧部,一方面罗织新人。港版创刊后,陆续来港的旧部骨干除萧乾外,还有金诚夫、徐铸

---

① 《社评·本报发行香港版的声明》,《大公报》(港版)1938年8月13日。

成、章丹枫、许君远、蒋荫恩、曹世瑛等,这一时期新入馆并在以后成为骨干的主要有李侠文、马廷栋、杨刚等。虽然处境艰难,但《大公报》港馆内仍得以聚集起一批人才。

金诚夫1935年底跟随吴鼎昌进入政界,任吴的机要秘书;港版创刊后,由胡政之同吴鼎昌商量后,于1938年10月调回《大公报》香港馆接替许萱伯,任经理兼编辑主任。这年9月,曹世瑛从渝来港,负责编国际新闻;11月,章丹枫到港任《大公晚报》编辑。次年初,许君远、蒋荫恩到港,许负责编国际新闻(曹世瑛改编本港新闻),蒋荫恩任要闻版编辑。8月,徐铸成抵港任编辑主任,金诚夫专任经理。

入馆新人中,李侠文为广东中山人,于1938年进《大公报》香港馆,初任翻译,后改任编辑,渐成骨干,后历任桂、渝馆社评委员、编辑主任,抗战胜利后又参加港版复刊工作,1949年后任港馆总编辑兼副社长。马廷栋与李侠文同时进《大公报》香港馆,初任翻译,后任编辑,成熟后历任港版与桂版编辑、驻伦敦特派员,1948年随胡政之参加复刊港版的工作。杨刚为湖北沔阳人,1939年入《大公报》香港馆,历任副刊编辑、驻美特派员,解放前夕策划和领导了《大公报》"新生"。

虽然胡政之费九牛二虎之力,想把港馆办成他事业的基地,张季鸾也大力协助,每年总要来港住一两个月,指点言论,襄赞馆务,但是抗战时期《大公报》港版的事业始终不够兴旺。其中原因很多,主要有两条:

其一,香港是一个商业城市,中外人士在这里穿梭往来,他们出于生意上的需要,对各种新闻,尤其是商业新闻颇感兴趣,但对中国国事不大感兴趣,所以《大公报》这张文人办的政论报纸在这样的环境中难以发挥它的优势,尤其是它的社评在这里始终打不开局面,直到1940年1月下旬独家发表"高陶事件"文件和揭载相关社评后,报纸在港的发行量才有较大幅度的上升。

其二,香港报界情况特殊,报纸的售价和广告刊登费都很低廉,港版每天出两大张共八版,以后又于1938年11月增出《大公晚报》,每天午后亦出两大张。日报与晚报零售价是港洋三仙,每月六毫,包括邮费在内,内地每月法币一元三角;国外每月港币八毫,邮费港币一元五毫。这样的销售价,发行收入既不足以抵偿白报纸价,广告收入也不足以应付各项开支,导致营业始终亏损。

鉴于此种情况,胡政之在港期间也不如以前那样精神抖擞、斗志昂扬了:

他居住于半山的坚道，整天待在家里，深居简出，权力"下放"，经、编两部的工作基本交给金诚夫和徐铸成处理。为了节省开支，1940年胡政之又决定将报馆从热闹的皇后大道中搬至利源东街一幢三层的陈旧木屋——从外表看仿佛是个弄堂里的小报馆。

即便如此，胡政之创设《大公报》港馆仍不失为英明之举。香港馆的创设对于《大公报》的历史甚至对于中国报业至少有三项重大意义：其一，组建了一支可贵的队伍，培养了一批杰出的报人。其二，扩大了《大公报》在海外的影响，正如金诚夫所说："尤可回忆者，世界各地，凡有中国使领馆、中华会馆和中华学校的地方，几乎没有一处不是本报港版的直接订户。这种情况，为国内任何地点办报所未有。"①其三，奠定了《大公报》今后发展的一处长久性基业。

（七）从武汉迁重庆

平津、沪宁相继沦陷后，武汉暂时成为全国抗战中心和文化宣传中心，除了中共的《群众》《新华日报》在此创刊，以及国民党的《武汉日报》《扫荡报》在这里出版外，平津、沪宁许多爱国报刊也在这里复刊，其中著名的有李公朴的《全民周刊》、邹韬奋的《抗战》三日刊（后与前者合并成《全民抗战》）、《大公报》汉口版以及《国民公论》《战斗旬刊》《战时青年》《反攻》等，一时蔚为大观。但是大家心中都明白：武汉地处平原，无险可守，且九省通衢，若日军从东、北两面逼近，三镇亦不免沦陷。

1938年中秋后，日寇逐渐逼近武汉，当局命令在汉新闻机构立即撤离。《大公报》汉馆对撤离一事早有准备，1937年除夕过后，曹谷冰、李清芳便先后奉命到重庆筹备渝馆，经过三个月紧张的工作，建馆事宜基本就绪。原打算武汉撤守前，《大公报》在汉、渝两地同时出版，但鉴于港馆正在筹备中，人力财力所限，只好从1938年9月9日起发行重庆航空版，并在重庆下新丰街19号设立办事处，以便一旦武汉有事，汉馆可随即西迁。所以撤离命令一下，《大公报》汉版随即于10月17日刊登《特别启事》："本报自即日起暂停刊，迁往重庆继续发行。"当日，汉版出版了最后一张报纸，署号12656号。"社评"《本报移渝出版》说："本报汉口版，是继承天津本报而来。……在过去一年多的光阴中，同人等以简陋的设备，单薄的人力，经营汉口本报，印刷既不精，每日出版时间

---

① 曹谷冰、金诚夫：《抗战时期的大公报》，周雨编：《大公报人忆旧》，第15—16页。

亦较迟,而读者一切原谅,曲予爱护,销数仍甚广,不减于天津出版之时。我们对于读者诸君这种热情爱护,真是万分感幸。"并"乘此最短时日之迁徙停刊期间,向武汉及各地读者,重新表明我们的志趣":我们"这些人之可能贡献国家者,只是几枝笔与几条命。我们一年多实在无成绩,但自誓绝对效忠国家,以文字并以其生命,献诸国家,听国家为最有效率的使用"①。

西迁工作紧张而又艰难。大部分器材设备提前装船由李清芳先行押运至宜昌,然后转运入川。10月18日,王芸生率领全体人员乘江华轮溯江而上。张季鸾一人于21日飞渝,曹谷冰则留下处理善后,最终于10月24日搭乘最后离汉的飞机径飞成都。

坐飞机的人比较顺利,坐船的人则遇到了很大的麻烦:武汉撤退时,汉渝间交通异常困难,装运器材纸张的船只行至宜昌,遭敌机轰炸,造成巨大损失。王芸生及随行同人也滞留宜昌,渝版之创刊亦因此而延缓。后来几经周折,好不容易弄到了两张10月27日的机票,王芸生、孔昭恺两人得以先行飞渝,其余人等及器材于11月中旬才陆续抵达重庆。

《大公报》渝馆的地址在重庆下新丰街19号,即原先的汉版航空版办事处,另在中山一路96号设营业部。下新丰街算是渝市人口密集、商业繁盛的区域,那时《时事新报》《新蜀报》《商务日报》等都在这一区域设馆。渝馆由张季鸾主持,经理为曹谷冰,总编辑为王芸生——分馆有总编辑之设,即始于渝馆。经理部主要成员有李清芳、袁光中等人;编辑部主要成员有孔昭恺、赵恩源等人;外勤记者主要是徐盈、子冈等,基本上是汉馆的原班人马。

1938年12月1日,《大公报》重庆版创刊出版,署号继汉版为12657号。当天发表题为"本报在渝出版"的"社评"说:"本报是由汉口迁来的,今天起在重庆继续出版,谨略述我们的趣旨及感想,以求读者鉴察。"在引用在汉口停版时所登"社评"中所述决心后说:"这种决心,以前如此,现在还是这样。我们这一群人,这几枝笔,这一张纸,谨在抗战大纛之下,努力到底,以尽言论界一兵卒之任务。"②

《大公报》渝版创刊不久,正碰上日机对重庆实行大轰炸。由于《大公报》馆地处下新丰街闹市区,遇敌机投弹首当其冲,在1939年"五三""五四"两次

---

① 《社评·本报移渝出版》,《大公报》(汉版)1938年10月17日。
② 《社评·本报在渝出版》,《大公报》(渝版)1938年12月1日。

轰炸中损失惨重。

"五三"轰炸,《大公报》馆首遭摧残,当晚只得借用《国民公报》社编辑部办公,并承该社工厂代印,方于5月4日照常出报,只是减少篇幅,仅出半张。当日"社评"《血火中奋斗》说:

> 本报社址在下新丰街,正是敌机轰炸最烈的地方。特告慰我们的读者,我们虽遭受了损失,但在艰难的情况之下,我们仍照常出版,以表示我们不折不挠奋斗不屈的精神。在这里,我们特别感谢社内外朋友们的救助。在烟火弥漫之中,我们的社员工友都以异常的勇敢,抢救社产,那种忠勇精神,真令人感激落泪。尤其可感的,是社外朋友更表现了"被发缨冠"的义侠精神。同业《新华日报》《新民报》《商务日报》,都有多数同仁来为本报抢救器材,华北同学工作队及防护团在场抢护,华北同学工作队吕君且因此负伤。我们对这许多急难相助的朋友,谨致最诚挚的谢意,对于吕君尤特致敬慰之忱!最后,我们应该特别感谢《国民公报》社暨诸位先生,因为我们的编辑部及工场已不能工作,承《国民公报》借予一切工具及便利,使本报得不间断,照常为国家社会服务,这完全出于《国民公报》之赐!血火中的奋斗,最足锻炼钢铁的意志;危难中的友情,更是表现同胞爱的伟大。①

在"五三"轰炸中,《大公报》工厂被炸毁,工友王凤山被炸身亡。王氏在汉口进入《大公报》馆并随馆入川,平日工作恪尽职守,如今惨死于日寇炸弹下,同人深感痛惜。

不料5月4日敌机复来空袭,致使重庆报业遭受损失者占十分之九。于是军事委员会下令,由重庆十家损失最重的报纸《时事新报》《大公报》《新蜀报》《新华日报》《国民公报》《扫荡报》《中央日报》《商务日报》《新民报》《西南日报》自5月5日起改出联合版,组织联合委员会主持其事,王芸生被推为编辑委员会委员。

至8月13日,联合版停止发行,各报先后恢复单独出报,停刊整整一百天的《大公报》亦于当日复刊。停刊期间,《大公报》抓紧时间,投入大量人力、财力在近郊的李子坝建筑新馆,筹备复刊事宜。此时胡政之恰好在重庆,被炸之善后及新馆之规划,有他主持,进行顺利,故8月13日《大公报》渝版能在新址

---

① 《社评·血火中奋斗》,《大公报》(渝版)1939年5月4日。

顺利复刊。

事实上,出联合版期间各报都在市郊建立新馆:《新华日报》和《中央日报》在化龙桥,《大公报》和《扫荡报》在李子坝。这些地方有高高的山坡,可以挖掘山洞安装机器办印刷厂,排字房、编辑部、经理部则建在山下平地上。诸报馆中,《大公报》馆新址尤佳,"一面是壁立的高山,上接重庆最高峰的浮图关;一面是好多丈的陡坡,下面是滩多水急的嘉陵江"。新馆的建筑虽简单,但实用:"报馆内部有两座楼房,外面一座是经理部……里面一座是编辑部,那座楼房的下层是排字房,二楼是办公室,三楼是宿舍。"①在距报馆不远的左侧山下,凿有两个防空洞,一个安排印报机,一个专供职工防空之用。如果遇到空袭,便在排字房把版排好,送入防空洞打版上机,就能出报。1940年8月30日、9月15日,日机两次轰炸李子坝,《大公报》馆经理部办公楼被炸毁,印刷厂第二车间遭摧残,但报馆用九架印报机在半山腰防空洞印报,使报纸一天也没有停刊,照常出版发行。1941年7月10日,《大公报》馆又遇敌机轰炸,经理部大楼直接中弹,半遭焚毁、半成瓦砾;编辑部大楼亦被震过猛,屋顶裂开。适逢大雨,全体员工雨中露宿两夜,但他们没有被吓倒,利用简陋的设备在防空洞中坚持出报。

一则重庆为抗战首都,是当时政治、经济、文化的中心,二则由于《大公报》在国内早已负有盛名,所以渝版一经创刊,便大获成功。后虽经敌机轰炸,馆舍多次被毁,财产屡受损失,《大公报》渝版依然坚持正常出版,在读者中声誉日增,其销量在重庆各报当中一直处于领先地位。更重要的是,渝馆的创设使《大公报》馆在抗战期间有了一个大本营。

《大公报》渝版创刊后,张季鸾因健康恶化,基本上退居二线,笔政交给王芸生主持。报纸社评,除重大节日或碰到重大问题由张季鸾亲自执笔外,一般都由王芸生撰写或审定。为了养病,张季鸾住在好友康心之建在汪山的别墅里,间或到馆处理一些王芸生、曹谷冰难以处理的问题。另外,每年他还得要飞香港住些时间,一则治病打针,二则指导港版言论。

(八)从香港退至桂林

1940年,日本帝国主义疯狂地推行"南进政策",企图向太平洋和东南亚地

---

① 贺善徽:《渝、津、沪三馆素描》,《大公园地》1947年6月5日复刊第3期。

区扩张。胡政之断定,日寇南侵,香港必将不保,他开始考虑给《大公报》港馆找一处"退路"。

是年冬,胡政之飞到桂林视察,此时的桂林已经成为西南军事、政治、经济、文化的又一中心,虽有敌机常来轰炸,但郊区还较安全。于是他决定创办《大公报》桂林馆。

胡政之将筹建桂林馆的具体事宜交给了以王文彬为主任的《大公报》桂林办事处。沪版停刊后,王文彬和徐铸成一道进入《文汇报》,半年后,王氏奉胡政之调遣,到广州创设《大公报》驻粤办事处。1938年10月广州沦陷后,又被调至桂林组建《大公报》桂林办事处。

此时,桂林市郊比较安全而又近便的地方已被许多单位占用一空。王文彬接受筹建桂馆任务后碰到的第一个困难便是征用房地,幸好第九集团军总司令关麟征将军的驻桂办事处主任胡性安热心相助,答应将该处早已征用的一块地皮转让出来。于是王文彬才在七星岩后的星子岩租定三十七亩荒地作为《大公报》桂馆馆址。

确定馆址后,建馆工作随即紧锣密鼓地进行着。正当王文彬忙得不可开交时,李清芳由重庆调到桂林,主要负责印刷器材的转运和采购。1941年1月,蒋荫恩、李侠文、张篷舟、何毓昌和会计李树藩等四十余人奉命从香港启程到了桂林。

随着馆舍的落成,大批设备、器材从香港陆续运到。星子岩新馆的地理环境很好,傍岩建筑房屋,可利用岩边现成的大岩洞安放印刷机或作防空之用。3月初,胡政之由港飞桂,并在征求同人的意见后,决定《大公报》桂林版于3月15日创刊,同时公布了主要干部的分工:副经理王文彬、编辑主任蒋荫恩、会计李树藩、营业发行李清芳。

桂馆开办之初,真称得上"筚路蓝缕"四字。编辑部只有四个人:编辑主任蒋荫恩、国内要闻版编辑何毓昌、国际要闻版编辑李侠文、地方版编辑兼外勤主任张篷舟(后又兼编文艺副刊)。经理部的人也不多,而任务十分繁重,除日常营业工作外,还要继续馆舍的建筑和装修工作,直到两年后这一工作才告完成。所幸工作环境尚好:办公室、工厂、仓库及一部分员工宿舍成一大四合院,中间空地广植花木,蔚然成林,另外还修有篮球场、足球场、排球场及板羽球场,并备有必要的运动器具,供员工们下班后锻炼身体之用。球场边还辟有菜地,种有各种蔬菜,产品除供馆内同人自食外,还略有剩余出售。昔日荒地,两年变成小镇一般,充分展现了《大公报》人的创业精神和置业能力。

为了解决人手紧张问题,桂版在创刊前曾公开招考过两批职员,其中后来成为骨干的主要有曾敏之、陈凡、罗承勋等。此外,黎秀石也于1943年经燕京大学校友马廷栋介绍进入桂版任国际新闻编辑。

桂版创刊后,颇有销路,数月之后便跃居桂林各报及桂粤湘黔等省第一位。随着桂林市面的逐渐繁荣,报纸广告收入也逐渐增加,因此营业方面也逐渐好转,第一年勉能收支相抵,自第二年下半年起即大有起色,每月略有盈余。

桂馆开张时,本社同人刊物《大公园地》也同时创刊。这是同人总结经验、交流思想、联络感情的一个"小小园地",因而颇受欢迎,投稿踊跃。《大公园地》在桂林前后共出版八期。

1941年12月8日,太平洋战争爆发,13日日军侵占九龙,《大公报》港版发表《暂别香港读者》,宣布停刊。25日,港英政府投降,当时胡政之适在香港,因"无法离去,而又虑敌人的察觉,常于棉袍下襟角内,私藏圆形铜钮扣三枚,万一被敌人发觉,即预备吞服,以免受辱"①。直到次年1月7日,胡政之才得以冒险乘舢板渡海,率领赵恩源(1941年12月奉命从渝馆调至港馆,上班才一周)夫妇等五人步行到惠州,经老隆至韶关入桂。之后,港馆同人金诚夫、徐铸成、杨刚等也分批分道陆续到达桂林。此次转移,从干部、职员到工友、差役共百余人,多数留在桂馆,只有赵恩源等少数被派往渝馆。

1942年2月19日,桂、渝两版都刊登了《本报港版停刊经过》,向国内读者报告了港馆同人在日寇威胁利诱下不屈不挠的精神和逃出罗网回到内地的惊险情景:

> 我们对于港馆前途的危难,本早有预感,所以在一年半前便着手筹设桂馆,俾同人有继续为国服务之岗位;但同时,又因为香港为对外宣传之重点,非至最后,不能放弃,因此,我们明知港馆必遭毁灭,而不能不忍受牺牲,支撑到底。十二月八日,敌寇悍然发动太平洋大战,香港首当其冲,经十八天的抵抗后,终于沦陷!本报同人,与在港侨胞同历艰危困苦,幸而今日已先后脱离虎口,回到祖国怀抱来了,而本报的资产损失,则达二百万以上。……
>
> (九龙弃守后)我们为着要在呼吸还自由以前,赶速对社会作一明白

---

① 金诚夫、曹谷冰:《〈大公报〉八年来的社难》,《大公报》(沪版)1946年7月7日。

之交代，便决定于十三日停刊。……

在停刊那天的社评中，我们郑重和读者告别，说明局势已到最后阶段，黑暗已将笼罩此孤岛，但祖国前途则方日见光明，希望大家能珍重自爱，保持清白，使我们每一个侨胞，于曙光照临此孤岛、欢迎祖国之战士时，衷心毫无愧怍。这几句话，一面是勉励侨胞，同时也正是本报同人的自誓，明白向读者宣誓：我们在任何的磨折威胁下，将决不屈服！

香港于十二月二十五日全部沦陷，敌军的报道部和"兴亚"机关以及汉奸组织的"共荣会"便着手诱胁各报复刊，除《南华》《天演》《自由》三汉奸报不计外，《华侨》《华字》《循环》《星岛》等均先后复刊；那时，我们知道难关已来临，便赶速办理结束，使全体职工能早日冲出魔窟。正在这时候，魔手已向我们伸展了！最初，是由"共荣会"出面，给我们一个"警告"，要我们赶快自动复刊，否则将以"敌性"看待；后来，看到我们置之不理，便由"报道部"直接派人暗中监视我们经理、编辑两部的负责人。一面向我们诱惑，说《大公报》如复刊，不仅财产可全部发还，而且报道部可以借给全部纸张及经济，除必须赞成"大亚洲主义"一点外，可以尊重言论之自由。一面则严词威胁，说他们知道《大公报》是最抗日的报纸，这次他们"不咎既往"，特别给《大公报》一个最后的"机会"，如对此"好意"再不接受，便不能再"宽纵"。我们在此高压下，始终不予答复；幸而我们的同人散居各处，在此期内，先后冒险离港，最后被暗中监视的经理和编辑主任二人，也在一个死一般静寂的清晨，化装了工人，杂在难民群中逃出天罗地网。现在，我们都已平安回抵祖国，分别加入渝、桂两馆工作了。①

港馆人员到来后，胡政之将桂馆的主要干部做了调整，以金诚夫为经理，王文彬仍为副经理，徐铸成为总编辑，原编辑主任蒋荫恩被燕京大学借用出任该校新闻系主任，随后以马廷栋为编辑副主任。

由于人力增强、人员增多，胡政之便决定发行晚刊，定名《大公晚报》。如前述，《大公报》之有晚刊自香港馆始。桂林《大公晚报》1942年4月1日创刊，依然由杨历樵主持编务，至1944年6月27日停刊，共出版两年多时间。

张季鸾虽因健康状况所限，没有到过桂馆，但对桂馆在艰苦中创业很是惦念。桂版创刊之后，他开始一段时间几乎天天发新闻专电，还抱病用"老兵"的

---

① 《社评·本报港版停刊经过》，《大公报》（渝版）1942年2月19日。

笔名写了数篇"重庆通讯",报道国民参政会开幕的情况,对编辑版面亦常常写信指导,兴奋之情可想而知。

(九)荣获密苏里大学新闻学院奖章

正当《大公报》克服重重困难在渝、在港、在桂惨淡经营、努力出版的时候,一个重大喜讯从天而降——美国密苏里大学新闻学院鉴于《大公报》的表现,决定授予该报1941年度荣誉奖章(The Missouri Honor Medal)。密苏里大学新闻学院校友、著名新闻教育家马星野在得知这一喜讯后撰文介绍称:

> 美国米苏里大学新闻学院最近宣布,一九四一年的荣誉奖,由《大公报》代表中国新闻界来接受。这是中国新闻界之光荣,也是中国民族的荣誉。……世界报纸受过米苏里荣誉奖的,在英国有曼彻斯德《卫报》、伦敦《泰晤士报》等。在美国,得奖的较多,如《纽约时报》、布尔顿(波士顿)《基督科学劝世报》(今译《基督教科学箴言报》)均在其列。在东方,日本人的《朝日新闻》同印度的《泰晤士报》(一九三九年),均曾与其荣。中国报纸之得到这个国际荣誉,《大公报》是一个开端。①

1941年4月,胡政之收到密苏里大学新闻学院教务长马丁的信函。马丁在信中写道:

> 《大公报》刊行悠久,代表中国报纸,继续作特著之贡献,对于中国读者之服务,式符新闻学之信条,米苏里大学新闻学院有鉴及此,在教授会议中全体一致议决,将本学院今年颁赠外国报纸之荣誉奖章一枚赠予贵报,并嘱鄙人将该决议案通知阁下,私衷良深庆幸。又本校此项荣誉奖章已定于本年五月十五日在本校举行第三十二周年新闻周时颁赠,敬希派代表一人前来,参加仪式。②

胡政之和张季鸾商量后,决定请中央社驻美办事处主任卢祺新代表前往参加,并代为领奖。

5月15日,即密苏里新闻奖章颁赠的日子,《大公报》渝、港、桂三馆内都充满了喜庆气氛。因为重庆是抗战首都,故渝馆更是热闹非凡。张季鸾这些日

---

① 马星野:《米苏里之荣誉奖》,《大公报》(渝版)1941年4月21日。
② 《美国米苏里新闻学院赠本报荣誉奖章》,《大公报》(渝版)1941年4月18日。

子仿佛特别精神，胡政之也特意赶到重庆主持各项庆典活动。其他人员从曹谷冰、王芸生到每一个职员、工友、杂役，都是面带春风，尽情享受这用汗和血、用无数辛勤劳动所换来的荣誉，都为自己是《大公报》馆的一分子而感到无上的光荣和自豪！

一些知名人士、政府要员、社会团体、新闻界同人纷纷发来贺电、贺函。如《新华日报》的贺联写道："养天地正气，法古今完人"，又一条幅上书"同心协力"四个大字。山东新闻界送条幅，上书"报界之光"。华北战地服务团团长何冰如送条幅，上书"誉荣中外"。陈布雷的贺函写道："《大公报》之耕耘未尝一日或辍，国难以来，流离转徙，社内同人，备历危难，而守此岗位，锲而不舍，精神益奋，宜其十年以后，获此稀有之荣誉。"

当日下午四时，中国新闻学会、重庆各报联合委员会借上清寺国民党中央党部礼堂举行茶会，庆祝《大公报》荣获密苏里大学新闻学院荣誉奖章。到会的有蒋介石代表贺耀祖以及于右任、吴铁城、王世杰、陈立夫、谷正纲、何应钦的代表唐宇纵、美国大使馆秘书赛维思、英国大使馆新闻参赞郝戈登、苏联大使馆武官毕德聂柯夫与新闻专员柯瓦烈夫与沙露诺夫、中国新闻学会理事长萧同兹、重庆各报联合委员会总干事暨中国新闻学会会员陈博生，以及各报社代表何联奎、陈铭德、康心之、潘梓年、赵敏恒等三百余人，盛况空前。

萧同兹主持大会，国民党中央宣传部长王世杰及于右任、吴铁城分别致贺词。张季鸾代表全社同人郑重致谢。然后就《大公报》"文人论政"的办报宗旨和他自己的办报体会作了讲演①。

晚上，李子坝报馆里，同人聚餐，举杯互贺，尽兴而散。

这天《大公报》版面上也充满了喜悦之气。除刊登贺电贺函外，渝、港、桂版在二版都刊登了密苏里大学赠予《大公报》的奖状全文（译文）：

> 在中国遭遇国内外严重局势之长时期中，《大公报》对于国内新闻与国际新闻之报道，始终充实而精粹，其勇敢而锋利之社评影响于国内舆论者至巨。该报自于一九○二年创办以来，始终能坚守自由进步之政策；在长期作报期间，始终能坚执其积极性新闻之传统，虽曾遇经济上之困难，机器上之不便，以及外来之威胁，仍能增其威望。该报之机器及内部人

---

① 《陪都新闻界盛大集会，贺本报获荣誉奖》，《大公报》（渝版）1941年5月16日。

员,曾不顾重大之困难,自津迁沪抵汉以至渝港两地,实具有异常之勇气、机智与魅力。该报能在防空洞中继续出版,在长时期中间曾停刊数日,实见有非常之精神与决心,其能不顾敌机不断之轰炸,保持其中国报纸中最受人敬重、最富启迪意义及编辑最为精粹之特出地位。《大公报》自创办以来之奋斗史,已在中国新闻史上放一异彩,迄无可以颉颃者。①

同日又刊登了张季鸾亲自执笔写的题为"本社同人的声明"的"社评",就《大公报》获奖一事发表了两点感想:

第一,关于中国报业的特色:

> 中国报,有一点与各国不同,就是各国的报是作为一种大的实业经营,而中国报原则上是文人论政的机关,不是实业机关。这一点,可以说中国落后,但也可以说是特长。民国以来,中国报也有商业化的趋向,但程度还很浅。以本报为例,假若本报尚有渺小的价值,就在于虽按着商业经营,而仍能保持文人论政的本来面目。……《大公报》的……股本小,性质简单。没有干预言论的股东,也不受社外任何势力的支配。因此言论独立,良心泰然。而我们同人,都是职业报人,毫无政治上、事业上的甚至名望上的野心。就是不求权,不求财,并且不求名。……我们经营本报十五年,自省积极的尽责太不够,而在消极方面,则差能自守,尚无大过。

第二,呼吁世界正义报人密切合作,制止侵略:

> 中国受侵略业已十年,大规模抗战,业已四年。我们全版图之半,被侵略者蹂躏着,全国到处受着轰炸,平民妇孺天天丧失生命,而日本报纸还说这是"圣战",是"共荣"。完全扯谎,毫不自省。我们因此,在新闻道德的意义上,感觉人类的悲哀。因此不能不呼吁全世界信仰正义与自由的报人,应当努力密切合作,动员全世界爱自由及受侵略的一切民族,用道德的及一切的力量,共同抵抗侵略,以救世界。②

与此同时,胡政之、张季鸾分别以《大公报》总经理、总编辑的身份联名向美国公众发表了题为"自由与正义胜利万岁!"的广播致辞,向美国人民介绍了中国报界和中国报纸的情况。

---

① 《奖状全文》,《大公报》(渝版)1941年5月15日。
② 《社评·本社同人的声明》,《大公报》(渝版)1941年5月15日。

渝馆的庆祝活动告一段落后，胡政之又先后飞港、飞桂，分别主持了港馆和桂馆的庆祝活动。

不久，密苏里新闻奖章寄到重庆报馆，张季鸾嘱将其摆放在经理部楼上客厅中间，供同人瞻赏，不几日就收起来了——对这枚奖章，《大公报》既没有大肆张扬，也没有把它拍成照片刊登在报纸上。

《大公报》以艰苦卓绝的工作精神、坚定不移的爱国立场以及积极进步的办报传统为中国报纸在世界上争得了地位、获得了荣誉，使西方报界对中国报界刮目相看。中国近代报纸产生时间晚，且因政治、经济方面的原因发展缓慢，在国内尚无地位，何谈国际性影响？新记《大公报》以其"四不"方针开辟中国报纸发展的新路径，以其"言论报国"的宗旨树立中国报人工作的新准绳，以其"经、编并重"的管理开中国报界奋斗的新原则，这是新记《大公报》在中国新闻事业史上留下的光辉一页。

（十）总编张季鸾病逝

《大公报》刚刚庆祝了荣获密苏里奖章的巨大喜事，却又遭到了报馆的塌天祸事——总编辑张季鸾于1941年9月6日在重庆病逝。

张季鸾身患肺结核多年，然国事、馆事时萦于怀，不肯休息，对身体损耗很严重。到重庆后，虽说有王芸生、曹谷冰在一线奔忙，然而碰到重大事情还需他拍板定夺。时值国难之秋，这种需要他定夺甚至亲自出面处理的事情总是不断，又哪能有一天清闲？1941年6月以后，张季鸾每日高烧不退，渝馆同人轮流往江南汪山问疾。然而张季鸾不以自己的病重为意，总是对来探望他的人讲一些如何办好报纸的意见，并且不时以字条告王芸生某事宜如何立言。直到8月31日才住进中央医院疗治，延至9月6日上午四时，终不幸逝世，年五十四岁。张季鸾刚"知天命"，正当中寿，本应是激扬文字、评骘时政的年岁，然积劳成疾，终为不治。张季鸾的早逝，是《大公报》的不幸，亦为中国报界的巨大损失。

《大公报》于9月7日第二版下部加黑框发布张季鸾病逝讣告、张季鸾遗嘱以及蒋介石等人的唁电。张季鸾是一个以"言论报国"的职业报人，对于报纸他以身相许，对于国家他以心相随，对于民族他以魂相系，对于读者他以肝胆相照。他学渊识博，文章为时人诵读；他德高望重，人品称报人楷模。正如李侠文在当年写的《季鸾先生的精神》一文最后的挽诗所说："千载事功，曰诚曰敬；一生心血，为国为民。"①他的《遗嘱》正是他人品的写照：

> 余生平以办报为唯一之职业。自辛亥以还，无时不以善尽新闻记者天职自勉，期于国族有所贡献。迨九一八事变后，更无时不以驱除暴敌、恢复我国族之独立自由为念；同时深信必须举国一致，拥护领袖，拥护政府，忠贞自励，艰苦奋斗，始能达此目的。故尝勖勉我同人，敬慎将事，努力弗懈。今届抗战第五年代，胜利在望，而余病势将不起，特重言之。并愿我全社同人，痛感时会之艰难，责任之重大，本此方针，一致奋勉，务竟全功；尤宜随时注重健康，以积极精神，为国奋斗。至关于余子之教养，及家人之生计，相信余之契友必能为余谋之，余殊无所萦怀，不赘言。②

张季鸾逝世后，在中国社会尤其是报界掀起了巨大的悲痛之情，唁电、唁函纷纷而至。

蒋介石的唁电言："季鸾先生，一代论宗，精诚爱国。忘躯积瘁，致耗其躯。握手犹温，遽闻殂谢。斯人不作，天下所悲。怆悼之怀，匪可言罄。"

毛泽东、陈绍禹（王明）、秦邦宪（博古）、吴玉章、林祖涵（林伯渠）致唁电称："季鸾先生在历次参政会内会外，坚持团结抗战，功在国家。惊闻逝世，悼念同深。肃电致悼，藉达哀忱。"

周恩来、董必武、邓颖超等在渝中共领导人亦致唁电称："季鸾先生，文坛巨擘，报界宗师。谋国之忠，立言之达，尤为士林所矜式。不意积劳成疾，遽归道山。音响已沉，切劘不再。天才限于中寿，痛悼何堪！"

此外，发来唁电的还有宋子文、阎锡山、冯玉祥、张治中、傅作义、黄炎培、俞宝澄、俞颂华、李根源、胡适、郭沫若、蒋廷黻、王昆仑、卢作孚、任鸿隽、王造时、潘梓年、吴克坚、熊瑾玎、章汉夫、胡秋原、成舍我、刘百闵、邓友德、仇鳌、史咏赓、马荫良、陈铭德、周钦岳、马星野、李汉魂、程沧波、邵汤修慧、张奚若、邓宝珊、高双成等军政要人及社会名流，以及中国新闻学会、中国青年写作协会和一些报社③。

9月8日，《大公报》渝版发表题为"敬悼季鸾先生"的"社评"，对张季鸾一

---

① 李侠文：《季鸾先生的精神》，《张季鸾先生纪念文集》，第39—41页。
② 《张季鸾先生的遗嘱》，《张季鸾先生纪念文集》，第91页。
③ 参见《唁电、唁函》，李云祯、牛济主编：《张季鸾先生纪念文集》，第95—110页。

生的功绩予以高度评价,称"先生为十足之文人,而其言论行谊,则有国士风。先生之学问见识,高人一等;而热情忠悃,常流笔端"。赞"先生以一身系国家三十年舆论之重,继往开来,堪当中国报界之一代大师。于右任先生谓:'一先生积三十年之奋斗,对国家有大贡献,对时代有大影响,其言论地位,在国家,在世界,并皆崇高。'"夸"先生性和易潇洒,有蔼然仁者之风;而所守不渝,故贞亮冠世。"最后总结称:"先生一生,做人无阙陷,成就迈前贤,今日瞑目,毫无遗憾。"①

9月15日,《大公报》渝馆全体同人在李子坝公祭张季鸾。公祭礼堂的帷中正面悬挂张季鸾先生遗像,旁边挂着胡政之挽联:"十五年协心同力,辛苦经营,报业才树始基,嗟兄早逝;二千里间关转毂,仓皇遄进,死别竟悭一面,悔我迟来。"这幅挽联完全写实——上联回顾十五年来两人同心协力的创业史,下联叙述他从桂林迟到重庆的原因及悔痛心情。胡政之在1946年9月1日纪念张季鸾逝世五周年时写的《社庆日追念张季鸾先生》一文中对此作注解说:"我在八月初接到曹谷冰先生电报,晓得张先生病重,急欲赶到重庆一视,但是飞机订不到,有一次已经到了飞机场,因大水机场淹了,飞机掠空而过,终于失败。后来不得已同李子宽先生乘邮政车经公路前往,九月五日到筑,立即要重庆电话,询问病状,六日因换车停留一日,晚间即接重庆噩耗,三十余年患难至交从此永诀!"②胡政之8日晚才赶到重庆,来不及与张季鸾作榻前永诀,至为遗憾。全体同人的挽联"精神不死,事业永存"则张挂帷外。死者生前友好馈赠之花圈挽联祭帏甚多,排满壁间。张季鸾遗属及胡政之以下员工二百余人参加公祭,胡政之主祭,曹谷冰、李子宽襄祭③。

9月17日,于右任等发起筹集"季鸾新闻学奖学金",为之永远纪念④。

9月26日,上午八时至下午六时,在重庆嘉陵宾馆设张季鸾的灵堂,供社会各界人士寄托哀思。自晨达暮,前来吊奠者约千人。其知名人士有蒋介石、周恩来、董必武、邓颖超、孔祥熙、张治中、陈布雷、杜斌丞、屈武、沈钧儒、康心如、康心之等。蒋介石是下午三时半亲临吊奠的,并赠大花圈一只及挽联一副,上书:"天下慕正声,千秋不朽;崇朝嗟永诀,四海同悲。"周恩来、邓颖超的

---

① 《社评·敬悼季鸾先生》,《大公报》(渝版)1941年9月8日。
② 政之:《社庆日追念张季鸾先生》,《大公报》(沪版)1946年9月1日。
③ 《本报全体同人昨公祭张季鸾先生》,《大公报》(渝版)1941年9月16日。
④ 《于院长等发起筹集"季鸾新闻学奖学金"》,《大公报》(渝版)1941年9月17日。

挽联是:"忠于所事,不屈不挠,三十年笔墨生涯,树立起报人模范;病已及身,忽轻忽重,四五月杖鞋失次,消磨了国士精神。"①

同日,国民政府颁发《褒扬令》:

> 张炽章(张季鸾)学识渊通,志行高洁,从事新闻事业,历三十年。以南董之直笔,作社会之导师,凡所论列,洞中窍要。抗战以来,尤能淬厉奋发,宣扬正谊,增进世界同情,博得国际称誉。此年连任参政员,对于国计民生,并多贡献。兹闻积劳病逝,轸悼殊深,应予明令褒扬,用昭懋绩。②

张季鸾逝世后,全国新闻界首倡将他公葬于陪都重庆。后经张季鸾家属及陕西省各界以将张归葬故乡为请,遂共议定在西安公葬,并由全国新闻界、陕西省各界组成"公葬张季鸾先生筹备委员会",推于右任遥领主任委员,王陆一、张凤翔、王典章等九人为常委,委员四百余人。

次年4月16日,张季鸾灵柩离渝奉移归陕。于右任撰祭文曰:"维中华民国三十一年四月十六日,张季鸾先生灵柩归陕,过金刚坡,监察院审计部同人等谨以鲜花清酒致祭于灵前曰:先生之名,中外宣扬。先生之行,国府表章。先生之嗣,蔚然光昌。先生之柩,安返故乡。先生有灵,来格来享。"③4月29日,张季鸾灵榇抵达西安,陕西省各界人士的代表三千余人于西郊迎候,遂即奉移兴善寺暂厝。

9月5日,"公葬张季鸾先生筹委会"在西安市兴善寺举行公祭张季鸾大会。与祭者三千余人,胡政之代表《大公报》馆全体同人前来吊奠他们尊敬的前总编辑。同日,重庆渝馆同人也在李子坝本馆季鸾堂举行社祭,二百多人与祭,曹谷冰主持,王芸生、李子宽陪祭。

9月6日,"公祭张季鸾先生筹委会"在西安南部竹林寺举行公葬典礼。西安全市下半旗以志哀悼。灵车所经之处,民众夹道迎祭,墓前观礼者众多。

值得一提的是,西安的公祭、公葬活动,蒋介石都亲自参加。当时他正在西北巡视,特意赶到西安来祭奠这位朋友、这位以"文章报国"的"国士"④。

行文至此,应该说明一下,这位曾在1927年撰文将蒋介石骂得狗血喷头的总编辑何以又成了蒋介石的至交好友呢?张季鸾与蒋介石关系的发展大致

---

① 《季鸾先生之哀荣》,《大公报》(渝版)1941年9月27日。
② 《季鸾先生之哀荣》,《大公报》(渝版)1941年9月27日。
③ 《季鸾先生灵榇归陕,昨日下午由渝奉移》,《大公报》(渝版)1942年4月17日。
④ 《季鸾先生昨日公葬,蒋委员长亲颁祭文》,《大公报》(渝版)1942年9月7日。

分为三个阶段：

从 1927 年到 1931 年为第一阶段，此时两人为新闻记者与政界要人之间的一般关系。如前所述，1928 年 6 月，北伐军攻至京津。为采访蒋介石、白崇禧、李宗仁等南军领袖北上的消息，张季鸾从天津出发南下，先到河南辉县百泉采访冯玉祥，并随冯于 7 月 1 日凌晨赶到郑州迎接北上的蒋介石。张季鸾在这里意外地遇见了与蒋同行的国民革命军总司令部秘书长邵力子、国民党中央党部秘书处书记长陈布雷和国民革命军总司令部总参议张群。邵、陈是张在新闻界的至交，张群则是他留日时就熟识的老朋友。经冯、张、邵、陈的介绍，张季鸾与蒋介石第一次"悦然面悟"。在随后的一段时间中，张季鸾在蒋介石等人身上感受到了一股旧军阀身上没有的"朝气"，因而他在《大公报》上发表"社评"，赞扬这些南军领袖，称赞蒋介石"大义大勇，不愧为革命英雄"，"其坚定果敢之处，实近代军人所仅见"①。另一方面，由于蒋介石考虑到北伐甫成，政权未稳，羽翼未丰，还需要报纸尤其是像《大公报》这样有影响的民间报纸为自己说项，因而对张季鸾，不仅没有因此前《蒋介石之人生观》而有不悦之色，反而以礼相待。

在此后的一连串的新军阀混战中，《大公报》的立场和感情都明显地倾向蒋介石，视蒋介石与南京国民政府为"正统"。投桃报李，蒋介石对《大公报》也另眼相看：1929 年 12 月 27 日，蒋以国民政府主席的身份通电全国各家报馆，发出"求言诏书"，该电文的抬头为"《大公报》并转全国各报馆钧鉴"②。蒋介石此电一发，无疑确定了《大公报》舆论权威之地位。因受张季鸾的引荐与影响，蒋介石对吴鼎昌、胡政之也能高看一眼。如 1930 年 11 月 20 日，胡政之趁南行采访之机，通过陈布雷的关系第一次见到了蒋介石。这次接见中，蒋介石不仅对胡政之当面进言"剿共"事全盘接受，而且态度特别友好。当时的情景连陈布雷都感到惊奇，说蒋介石接见胡政之时的"发言之多，乃仅见之事也"③。

1931 年 5 月 22 日，《大公报》发行一万号时，蒋介石送来亲笔题写的《收获与耕耘》贺词，称该报"改组以来，赖今社中诸君子之不断努力，声光蔚起，大改昔观，曾不五年，一跃而为中国第一流之新闻纸"④，为新记《大公报》戴上"第一

---

① 《社评·欢迎与期望》，《大公报》1928 年 7 月 3 日。
② 《专电·蒋通电唤起舆论》，《大公报》1929 年 12 月 28 日。
③ 政之：《通讯·新都印象纪（二）》，《大公报》1930 年 11 月 28 日。
④ 蒋中正：《收获与耕耘——为〈大公报〉一万号纪念作》，《大公报》1931 年 5 月 22 日。

流新闻纸"的桂冠。

从 1931 年到 1936 年底为第二阶段,此时张与蒋的私人关系日益密切。1931 年"九一八事变"后,《大公报》鉴于中日两国国力的悬殊,提出的"忍辱发奋""卧薪尝胆""明耻教战"的"自卫之策",与蒋介石"攘外必先安内"的"缓抗""不抵抗主义"在表现形式上大有相互应和之势,因而在舆论界客观上帮了蒋介石的忙。又由于杨永泰、陈布雷等人"作伐",张季鸾与蒋介石的交往日益密切。蒋数次函请张季鸾到南京面晤,或函件请教有关内政外交问题。如 1934 年 3 月 3 日,《大公报》发表"社评"《读宪法草案初稿》,对宪法草案作了具体批评。蒋介石随即于 27 日电函张季鸾,询问该文作者,并约张"与蒋廷黻同来南昌一叙"①。

张季鸾自幼受儒家思想的熏陶至深至重,"士为知己者死""知恩必报"的观念非常浓厚。他于 1934 年回榆林之后曾撰《归乡记》一文,谈到他的人生观时说:"我的人生观,很迂浅的,简言之,可称为报恩主义。"②他深感蒋介石的"知遇之恩",认为既然蒋"以国士待我",自己当"以国士报之"。"西安事变"发生后,张季鸾同蒋介石的关系又进了一层,他不仅撰文骂张学良、杨虎城为"乱臣贼子",而且时时惦念蒋介石的生命安危。据曹谷冰、王芸生讲,"蒋介石因在西安把腰摔伤,回南京后到溪口养伤,张季鸾又把一个自称年过二百岁的'刘神仙'的膏药遣人送到溪口给蒋敷用"③。

从 1937 年到 1941 年张逝世,为张与蒋关系发展的第三阶段,此时二人携手同心,"共赴国难"。1937 年,张季鸾应蒋介石之邀参加第一次庐山谈话,共商"建国大计",由于"七七事变"爆发而提前返沪。之后,张季鸾成了蒋介石的"私人谋士",并从 1938 年起连任第一、二届国民参政员。张季鸾不仅在报纸上为蒋介石张目,而且还直接参与一些密谋活动。比如,1937 年 11、12 月间,主持《大公报》汉馆的张季鸾曾经由汉口到南京,参与蒋介石同德国大使陶德曼(Oskar P. Trautmann)所谓的"中日调停"秘密交涉,并在"和谣"弥漫于南京、武汉时,在《大公报》汉版上发表题为"最低调的和战论"的"社评";1938 年 1 月,张季鸾因有香港之行,临行前对在汉主持言论的王芸生说:"我这次到香港去,是受蒋先生之托,去向敌人撒一把迷眼的沙子。"他还对王芸生说:"我和蒋

---

① 俞凡:《新记〈大公报〉再研究》,第 136 页。蒋廷黻时任清华大学历史系主任,除为《大公报》《晨报》撰写时政评论外,还与胡适主办政论性刊物《独立评论》,在当时舆论界亦颇有影响力。
② 张季鸾:《归乡记》,《季鸾文存》第二册,大公报馆 1947 年版,附录第 8 页。
③ 王芸生、曹谷冰:《1926 至 1949 的旧大公报》,《文史资料选辑》第 25 辑,第 29 页。

介石先生有交情,你写社评,只要不碰蒋先生,任何人都可以骂。"①据张季鸾的好友康心之回忆说:"他平时向我谈话的时候,对蒋介石是有好感的,是在不知不觉间流露出来的,他提到蒋介石,没有喊过'蒋委员长',更没有叫过'老蒋',总是一口一个'蒋先生'。"②

蒋介石对张季鸾也处处优礼有加。如前文所述,1937年3月张季鸾在上海做五十大寿,蒋介石致电庆贺。1941年9月初张季鸾病危时,蒋介石更曾亲自到重庆歌乐山中央医院探视,并于病榻前与张季鸾握手叙谈。9月6日张季鸾逝世,蒋即发唁电,重提"握手犹温"。9月26日又亲至嘉陵宾馆祭吊。1942年9月,西安公祭、公葬张季鸾,蒋介石虽然公务繁忙,但仍抽时间躬身参与。据1942年9月25日《大公报》的一则"西安通信"记载:

> (九月)五日下午五时,(蒋氏)轻车减从,莅停灵之兴善寺赐奠。……亲手三献祭品,由张佛千先生读祭文,蒋委员长向季鸾先生灵位赐礼,陪祭者随同三鞠躬,默哀三分钟,复奏哀乐,礼成后,蒋委员长进至灵前,手揭灵帏,瞻视遗样;旋就东厢小坐,挽季鸾先生哲嗣士基于膝前,抚摩询问,嘱以好好读书,并对张夫人备加安慰,于居处生活一一问及。小坐约二十分钟返回行辕。行时语政之先生,谓明日有事,不来送殡,日内当往墓地一祭云。十三日下午三时许,蒋委员长偕胡主任宗南莅竹林寺赐祭,礼后俯首哀念,并在墓园徘徊良久。③

张季鸾与蒋介石,一个知名报人与一个炙手可热的政界要人,就其私人关系论,还算有始有终。

(十一)办爱国报纸,做爱国报人

1. 树立"国家至上、民族至上"的办报宗旨

1939年4月15日,是"第二期抗战"④第二次宣传周的教育文化新闻日,重庆市新闻界于当日举行国民公约宣誓。当全市报人宣誓之际,《大公报》发表

---

① 王芸生、曹谷冰:《1926至1949的旧大公报》,《文史资料选辑》第25辑,第29页。
② 转引自曹世瑛:《胡政之与〈大公报〉》,查良镛:《胡政之:一笔一天下,一报一世界》,第98页。
③ 《通信·季鸾先生安葬之时,领袖在陕两度临祭》,《大公报》(渝版)1942年9月25日。
④ "第二期抗战"系1938年11月国民政府军事委员会会议(南岳军事会议)上由蒋介石提出的抗战军事构想。该构想将从"七七事变"到1938年11月武汉会战结束、岳阳沦陷的被动防御阶段称为"第一期抗战",进而将接下来"转守为攻,转败为胜"的时期称为"第二期抗战"。

了一篇题为"报人宣誓"的"社评",在这篇"社评"的结尾处,《大公报》全体同人用铿锵的语言宣誓道:

> 我们誓本国家至上民族至上之旨,为国效忠,为族行孝;在暴敌凭陵之际,绝对效忠于抗战。我们对国家的敌人必诛讨,对民族的败类必摘击,伐敌谋,揭奸计,是我们不敢后人的任务。我们对忠良军民,必敬爱褒扬;对汉奸国贼,必严厉贬责。我们拥护政府抗战建国,服从领袖的领导;但绝不阿谀邀宠,逢迎取媚。我们誓做国家的忠卒,并愿做政府的诤民。我们绝对守法,但对法令范围以内的言论自由,必为最善之使用与尊重,我们不愿侥获法外的便利,同时也不愿见政府弛法以养奸。我们必本威武不屈、富贵不淫、贫贱不移的精神,守分尽职,为社会服务,为国家效忠!①

这段誓词表明了三点:一是"国家至上、民族至上"的办报宗旨,二是做"国家的忠卒""政府的诤民"的言论责任,三是"威武不屈、富贵不淫、贫贱不移"的报人节操。

"国家至上、民族至上"的办报宗旨既是《大公报》强烈的爱国主义精神和坚定的抗战立场在办报思想上的表现,也是其"国家中心"论的政治态度在新闻观点上的反映。

首先,国家危难之际,报纸要与国家休戚与共。抗战一起,国难日重,《大公报》和国家的命运几乎连在一起。如前所述,1943年胡政之回忆1937年8月17日送张季鸾赴汉口创办汉版时曾对他说:"《大公报》已与国家镕成一片了。我相信中国的抗战,免不了毁灭一下,但是,毁灭之后,一定能复兴。本报亦然。"②这是胡政之对《大公报》抗战以来发展历程的真实总结。在这种"同休戚""共命运"思想的支配下,《大公报》在抗战中舍弃了辛辛苦苦创建起来的一个又一个报馆,承受财产上的巨大损失,而维护了国家和民族的尊严。

1937年7月底,日军进攻平津,天津危在旦夕。刊登在沪版上的《大公报》津版发行转移声明中严正指出:"本报同人,分属国民,守法爱国,觉悟此渺小之民间事业,亦完全与国家民族同其休戚。今者国有大难,本报及本报同人义应对国家尽其忠诚,而甘受一切牺牲与祸害。"声明还表示,天津《大公报》与中华民国在津的合法政权同其命运,一旦此合法政权中断之日,便是津版停刊之

---

① 《社评·报人宣誓》,《大公报》(渝版)1939年4月15日。
② 胡政之:《回首二十七年》,《大公园地》1943年9月5日第7期。

时,津版绝不在外国军事占领或非法政权之下出版一天报纸①。8月5日,天津沦陷,《大公报》天津版毅然停版。

12月中旬,上海的日本占领军通知各租界中文报纸送检小样,《大公报》沪馆表现出崇高的民族气节。面对敌人的威胁利诱,坚定地说:我们是中国人,办的是中国报。我们的人,不受异族羞辱,我们的报,不受异族干涉,也绝不与异族"特殊势力"相并存!

1938年8月13日,《大公报》香港版创刊,当日"社评"《本报发行香港版的声明》说:"这一年的严重外患,毁坏了我们国家人民多少事业,本报是民族事业中的渺小一分子,当然亦不能例外。然所幸者,不独心不死,人亦未死。虽然备历艰危,而一枝秃笔,却始终在手不放。"②耿耿丹心,日月可鉴!

1938年10月,日军逼近武汉,《大公报》汉版发表停刊"社评",称"我们的事业财产,大都随着国权的沦落而损失,(我们)这些人之可能贡献国家者,只有几只笔与几条命"③。国家到了这个地步,我们还有什么可顾及的呢?

1941年12月中旬,九龙弃守,《大公报》港版决定自动停刊,全体同人明白地向读者宣誓道:在任何磨折威胁下,将决不屈服!12月底,香港全部沦陷。面对敌人的威胁利诱,《大公报》港馆同人置生命于度外,始终没有屈服。同人历尽艰辛,回到内地,资产损失达两百万元以上。

1944年9月中旬,桂柳保卫战进行到最严峻的阶段,桂林已见不保,《大公报》桂版亦停刊,人员撤离,而房屋、机器及办公家具全部损失。

对此,老《大公报》人李纯青在《为评价〈大公报〉提供史实》一文中说:"《大公报》是一个私营企业……就经济利益言,丢掉一个报馆,重新建立一个报馆,建立之后,又丢掉一个报馆,是极不容易的。《大公报》在抗战中蒙受经济损失而志不馁,不能说没有办报救国或文章报国之志向。"④《大公报》在抗战时期辗转播迁的历程,雄辩地说明了它与国家、与民族是同休戚、共命运的。

在全民族抗击日本侵略者的斗争中,《大公报》绝对忠于抗战国策。"国家至上、民族至上"的办报宗旨体现在每天报纸的版面上,体现在报纸的每篇文章上,更体现在报馆每个同人的实际工作上。

---

① 《社评·天津本报发行转移之声明》,《大公报》(沪版)1937年7月30日。
② 《社评·本报发行香港版的声明》,《大公报》(港版)1938年8月13日。
③ 《社评·本报移渝出版》,《大公报》(汉版)1938年10月17日。
④ 李纯青:《为评价〈大公报〉提供史实》,周雨编:《大公报人忆旧》,第305页。

其次，抗击外敌之时，报纸要"拥护政府，服从领袖"。《大公报》认为，抗战是全民族的事，应该全国统一行动，任何局部的轻举妄动都会给抗战全局造成损失和带来被动，因而军事上和政治上的统一是御侮建国的前提条件。基于这种认识，《大公报》在"西安事变"之后正式提出了"国家中心"论，而在新闻宣传上，《大公报》也主张统一组织、统一思想、统一政策、统一推动。中国长期以来军阀混战，地方割据者占地为王，目无国家法纪，完全无视言论界的独立地位。加之全国无统一的法律，或者各地有军权政权者，各自为政、喜怒无常，捕人封报之事屡屡发生。《大公报》早就多次呼吁，希望改变这种"两姑之间难为妇"状况。现在全面抗战爆发了，整个民族与敌人拼生死存亡之时，如果各地报界没有一个统一的组织，揭载新闻、发表言论没有一个统一的标准，那势必会给抗战事业造成损失。

《大公报》还认为，抗战时期一切应以最高统帅部之意志为意志，故抗战的新闻工作亦必须由统帅部直接指挥，即一切拥护抗战建国的报纸，都必须拥护政府、服从领袖。而《大公报》所谓政府者，即先在南京、后在重庆的国民政府；至于领袖者，自然是所谓"才干与资望举世无双"的蒋介石。1938年1月27日，《大公报》专载文章《今后之战时新闻政策》，其中建议：（一）建立战时统一新闻指挥机关。战时新闻政策之决定与施行，应由总政治部负其全责，如是始能切合战时需要，超越传统鸿沟，而谋在战争中造成舆论一致之阵线。（二）确定新闻政策。新闻政策不能脱离政治而独立，然政治上已定之原则，则必须有机地表现于新闻政策上。原则已定，则应策动全国新闻界为此原则而努力，全国新闻检查所也只能在此原则之下执行其职务①。

最后，战争非常之期，报纸可以容忍新闻检查。如前所述，全面抗战以前，国民党政府就开始实行新闻稿件检查制度，当时《大公报》的基本态度是：鉴于"九一八事变"后国难日益严重，新闻记载应特别审慎的缘故，对新闻检查制度不根本反对；但是指出，新闻检查的方法太坏，随意性太大，检查官的水平太差，态度极恶，故一再呼吁确定范围，放宽尺度，改进方法，依法进行。全面抗战爆发后，国民党政府随即在国统区实行新闻检查制度，并于1939年6月正式成立了"军委会战时新闻检查局"，局长则由军委会办公厅主任兼任，并于各省成立新闻检查处，省以下设立新闻检查室，形成了严密的新闻检查网。对此，

---

① 长江：《今后之战时新闻政策》，《大公报》（汉版）1938年1月27日。

《大公报》开始是持容忍态度的。是年的记者节,《大公报》发表"社评"说:"在民族大战中,我们报人逢着这个节日,实有异常的感奋与惭愧。报人所一向视若生命的是言论自由,但在今日,这问题简直可说是不存在。因为现在我们奋全力拼生死以争的是民族国家的自由,没有民族国家的自由,那里还谈得到言论的自由?所以在今天过记者节,我们第一应为尽力争民族国家的自由而感奋,第二应为自己尽力的不够而惭愧!"①这里提出了一个大前提,即报人视若生命的言论自由应该服从民族国家的自由。全民族抗战期间,举国上下都在奋全力拼生死争民族国家的自由,那么报人的言论自由只好作暂时的牺牲了。

在这个大前提下,《大公报》对新闻界同人说,在抗战非常时期,政府检查新闻,原为不得已,新闻界应体谅国家的利益、政府的苦衷,对新闻检查过程中所出现的问题,要加以谅解。1939年5月5日,《大公报》港版发表张季鸾写的题为"抗战与报人"的"社评"说:"我们这班人,本来自由主义色彩很浓厚的。人不隶党,报不求人,独立经营,久成性习。所以在天津、在上海之时,往往与检查机关小有纷纠,然抗战以后,在汉、在渝,都衷心欢迎检查,因为生怕纪载有误,妨碍军机之故。中央宣传部本是指导报界的最高机关,抗战以来,我们更竭诚接受其指导。"②1941年5月,《大公报》荣获美国密苏里大学新闻学院奖章,胡政之、张季鸾向美国公众发表广播致辞,在谈到中国报界有没有言论自由时也说:"这几年,国家在紧急状态……国民政府在战时所禁止的言论,只有一种,就是破坏抗战的言论。这一点,我们很赞同。因为国家境遇,非常严重,不容社会思想感情的混乱,尤其不容有直接妨害军事利益的思想之传播。我们认为这种禁止,是民族紧急自卫的当然措施。凡是负责的政府,一定这样做,凡是爱国人民,一定同情这样做。"另外,"统帅部现在行着新闻检查,我们在检查的范围、方法上,有时与政府意见不同,但在原则上则认为有检查的必要。同时相信,这种战时制度,在战后一定可以废止"③。

2. 勉尽"国家忠卒、政府诤民"的言责

既然报纸是以"国家至上、民族至上"为办报宗旨的,那么它便必须从国家和民族的根本利益出发尽到报纸的言论责任,并以此为立足点和出发点,确定报纸与政府的关系,确定报纸与政府、社会起冲突时的态度,以及确定加强自

---

① 《社评·祝九一节》,《大公报》(渝版)1939年9月1日。
② 《社评·抗战与报人》,《大公报》(港版)1939年5月5日。
③ 《自由与正义胜利万岁!——本社对美国广播致辞》,《大公报》(渝版)1941年5月15日。

身修养的内容。

(1) 报纸对于政府,应该是"小批评,大帮忙"

《大公报》认为,报纸要做"国家忠卒、政府诤民",就必须确立自身与政府的关系。而"小批评,大帮忙"是《大公报》确定的自己与政府之间关系的准则。多年来,一般人总喜欢用"小骂大帮忙"来概括《大公报》的"亲蒋"立场和做法,并由此而对这份报纸进行全盘否定。虽然如此,《大公报》却并不回避和掩饰这种关系,而是理直气壮地承认,并在其"社评"中加以明确的阐述。历来新闻史家都说,"小骂大帮忙"这一说法出自南洋某家华侨报纸,然而至今没有拿出明确的证据,倒是《大公报》自己将这种意思用"小批评、大帮忙"直言不讳地表达了出来。

1943年10月1日,中国新闻学会第二届年会在重庆举行,《大公报》借此机会发表题为"今后的中国新闻界"的"社评","一谈今后的中国新闻界,为同业勉,更以自勉"。为什么《大公报》突然想到要"一谈今后的中国新闻界"呢?"社评"说:"我们做报的人,每天执笔立言记事,对国运隆替,社会进退关系之大,每不自知其然。……我们若为抗战以来的中国新闻界作一个自我批评,大致可以说是,在精神上确有表现,而在业务上实少进步。这种情形,尤其以后方的报界为然。"既然精神上确有表现,为什么业务上少有进步呢?答案就是中国国民党政府的新闻政策太坏,一个"中央社"成了新闻总汇,所有报纸前来"批发"就是了;一个"新闻检查处"成了新闻标准的最高权威,于是全国的报人,便可"轻松"办报:全国报纸上的文章成了"清一色"的中央社稿或新闻检查处的观点,报界不能发挥自己的主观能动性,不能尽到自己对国家、对民族的言论责任。《大公报》认为:"这自然是新闻界的损失,其实就是国家的损失。"那么,如何使报纸发挥自己的言论责任呢?"社评"说:

> 为国家的利益着想,有人谓报纸对于政府,应该是小批评、大帮忙。假使批评为难,则帮忙时也就乏力。因为在那种情形之下,一般民众以为反正报纸都是政府的应声虫,不会有真知灼见,而国际读者也以为你们的报纸没有独立精神,而不重视,到那时报纸虽欲对政府帮忙,而也没有力量了。本此见解,我们认为政府应该放宽新闻检查的尺度,使报纸渐有活气,一可培植舆论的力量,并可给报界以产生人才的生机。①

---

① 《社评·今后的中国新闻界》,《大公报》(渝版)1943年10月1日。

这段话大概说了这样几层意思：(一)报纸对于政府"小批评、大帮忙"的立足点和出发点,即为国家着想,为政府补台。(二)批评与帮忙之间的关系是批评为了帮忙,且批评本身便是帮忙,批评顺畅,则帮忙有力；批评为难,则帮忙乏力。(三)批评和帮忙的度要掌握好,批评在小的方面、具体事务方面,帮忙在大的方面、根本方面。(四)批评为难,则帮忙乏力的原因是国内民众不信任,国际读者不重视。(五)使批评顺畅、帮忙有力的外部条件为放宽新闻检查尺度,使报纸有活力。

"小批评、大帮忙"既是《大公报》对自身办报实践的总结,也是它对报界与政府之间理想关系的一种向往。自1928年蒋介石"北伐告成、西山祭灵"之后,《大公报》就认定了蒋介石及其国民政府为"正统",为"国家中心"。十多年以来,它与蒋介石、国民政府之间的关系的确是遵循"小批评、大帮忙"的原则进行的,并认为此举既有利于国家、有利于政府,也有利于报纸自身。然而自从张季鸾去世之后,《大公报》与蒋介石政府之间关系日益疏远,并且多次起冲突。《大公报》发表这篇"社评",讲这番话,实际上是趁中国新闻学会第二届年会召开之际,结合自身感想,一述报界与政府之间的合理关系,二泄近年来淤积于胸中的怨气。

(2)"公、诚、忠、勇"

《大公报》认为,报界要称职地做"国家忠卒,政府诤民",必须加强自身的品德修养,确立起立言记事的基本原则。

1937年2月18日,《大公报》的"社评"在讲到享受言论自由与应负之责任时提出："自由之另一面为责任,无责任观念之言论不能得自由。"并进一步指出,言论界享受言论自由,自身的记事发言"要公、要诚、要勇"：

> 苟尽研究之功,谙利害得失之故,而发为诚心为国之言论,而政府犹干涉之,压迫之,此政府之罪。反之,自身研究不清,或责任不明,政府是,不肯说其是,盖欲免反政府者之相仇故,政府非,自亦不敢鸣其非,而惟诿责于干涉之可怕。是自身不尽其责任矣,自由何从保障哉？是以吾人以为言论自由问题之解决,首视言论界本身之努力如何也。要公、要诚、要勇,而前提尤要熟筹国家利害,研究问题得失,倘动机公,立意诚,而勇敢出之,而其主张符于国家利益,至少不妨害国家利益,纵意见与政府歧异,政府亦不至压迫与干涉矣。总之,言论自由为

立宪国民必需之武器,然不知用或滥用,则不能取得之,即偶得之,亦必仍为人夺去。①

1941年《大公报》获美国密苏里大学新闻学院奖章,5月16日,张季鸾在《本报答词》中对青年同行说:办报成功的秘诀很简单,就是"不望成功,准备失败"。如何准备失败?就是"曰忠、曰勇"②。将前面的"要公、要诚、要勇"和这里的"曰忠、曰勇"综合起来,便是著名的"公""诚""忠""勇"四字原则。

所谓"公",就是"动机公"③。张季鸾说,办报者应竭力将"我"撇开,记事立言要客观公正,并做到不以报纸谋私利、不以报纸为私用。英敛之当初以"大公"为报名,就是主张办报记事立言以"公"为首;新记公司"四不"方针中的"不私",也是强调"公"。1941年5月,《大公报》在获得上述奖章后发表的"社评"《本社同人的声明》中说:"我们同人,都是职业报人,毫无政治上、事业上甚至名望上的野心。就是不求权,不求财,并且不求名。"④胡政之、张季鸾在对美国广播致辞中亦说:"同人相约不作政治活动,不求权势财富,亦不求卖名。……我们对全国任何个人或党派并无说好或说坏的义务。除过良心命令以外,精神上不受任何拘束,我们在私的意义上,并不是任何人的机关报,在公的意义上,则全国任何人甚至世界任何人,只要在正义的范围,都可以把《大公报》看做自己的机关报使用。"⑤这就是对"公"的两层含义的最权威解释。张季鸾逝世后,《大公报》在"社评"《今后之〈大公报〉》中,更明确地说张季鸾先生是"办报为公"的楷模,说他"一下手就立志以做报为终身事业,洁身自好,极平凡的、极有恒的做一个新闻记者,以迄于瞑目",树立了报人人格;并说《大公报》馆内"由创办人至一般从业员,皆尽力躲避个人虚名,一切以报为本位。文不署名,人不兼差,惟兢兢业业,平凡做报,报也是平凡前进,而不急于媚众求售,或谄权乞存",并说这成了该报的一种优秀传统⑥。

所谓"诚",即"立意诚"。就是以对国家高度负责的精神和实事求是的态度发表诚心为国的言论。《大公报》指出,诚心与责任同存:"言论界人,自身时

---

① 《社评·论言论自由》,《大公报》(津版)1937年2月18日。
② 《本报答词》,《大公报》(渝版)1941年5月16日。
③ 《社评·论言论自由》,《大公报》(津版)1937年2月18日。
④ 《社评·本社同人的声明》,《大公报》(渝版)1941年5月15日。
⑤ 《大公报》经理胡霖、总编辑张炽章:《自由与正义胜利万岁!——本社对美国广播致辞》,《大公报》(渝版)1941年5月15日。
⑥ 《社评·今后之〈大公报〉》,《大公报》(渝版)1941年9月16日。

时须作为负国家实际责任者,倘使我为全军统帅,为外交当局时,我应如何主张,应作何打算,此即所谓责任观念也。"有了这种责任观念,便可不为不负责的清谈;熟谙利害得失,透彻社会事理,便可发"诚心为国之言论"。《大公报》还指出,诚心与求实相连。分清责任,明辨是非,政府是便是之,使其发扬光大;政府非则非之,责其及时改正。实事求是,是是非非;无论是是,还是非非,皆发之于诚心诚意。相反,如果"自身研究不清,或责任不明,政府是,不肯说其是,盖欲免反政府者之相仇故;政府非,自亦不敢鸣其非,而惟诿责于干涉之可怕",这也是缺乏诚意的表现①。

所谓"忠",即"忠于主张"②,"不盲从,不盲信"。《大公报》屡次宣称,本报是文人论政的机关,而不是实业机关。"使若本报尚有渺小的价值……仍能保持文人论政的本来面目。"③"文人论政""文章报国",报纸就要对国是发表意见,将自己的主张贡献给国家,贡献给政府。因此,报纸一定要锤炼出一定的政见,并且忠于自己的政见。那种报无报格,言无定见,"朝秦暮楚,割售零卖,并无言论,遑言独立;并无主张,遑言是非"的报,张季鸾斥之为中国报界的"最下者"④。

所谓"勇",即"勇于发表","坦白主张,纵使与政府见解或社会空气发生冲突而不辞"⑤。这就是说,勇于发表主张,既要"不畏强权",又要"不媚时尚"。张季鸾说,要做到这两点,必须有"随时准备失败的精神"。只有"时时准备失败,方能做到勇字"。张季鸾具体说道:"报纸失败有两种可能:一为与政府或当地官厅冲突结果而失败,一为与社会空气冲突致销路失落而失败。以本报为例,自十五年开始经营,时时准备此两种失败。"他告诫同人说:"今为此言,乃声明本报在今日虽境遇甚好,得政府与社会之爱护,然心理上仍有此两种失败之准备。"⑥张季鸾逝世后,《大公报》表示:"这一点随时准备失败的精神,本报在过去曾不断有所表现,季鸾先生生前也曾一再以此训诲同人,今后将永为本报'社训',必坚持不坠。"⑦

---

① 《社评·论言论自由》,《大公报》(津版)1937年2月18日。
② 《本报答词》,《大公报》(渝版)1941年5月16日。
③ 《社评·本社同人的声明》,《大公报》(渝版)1941年5月15日。
④ 张季鸾:《〈新闻报〉三十年纪念祝辞》,《季鸾文存》第二册,附录第3页。
⑤ 《社评·今后之〈大公报〉》,《大公报》(渝版)1941年9月16日。
⑥ 《本报答词》,《大公报》(渝版)1941年5月16日。
⑦ 《社评·今后之〈大公报〉》,《大公报》(渝版)1941年9月16日。

(3) 增进"丰富学识",贡献"真知灼见"

1939年4月15日《大公报》的"社评"《报人宣誓》说:"新闻记者这种职业,似乎人人都可以干;但要干得尽职,却不是一件容易事。一个克尽厥职的新闻记者,他须具备几个异乎常人的条件。"①在几个条件当中,很重要的是"丰富的学识"和对国是、对时代的"真知灼见"。

报纸的记事与言论,涉及的面宽,不仅涉及社会的各个方面,而且涉及知识的各个领域。因此,一个合格的报人必须有丰富的学识。报纸每天出版,报道的新闻是新的,论述的时政是新的,因而报人必须与时俱进,有把握时代千变万化脉搏的本领,有对时代潮流本质的真切了解,有对国家政治、经济、文化、军事各项大事的真知灼见。一旦形成主张,铺演成篇并见诸报端,就会对社会舆论、对政府决定产生强大影响。翻开新记《大公报》,它的新闻报道迅速准确,社评的触角不仅伸展到知识的每一个领域、社会的每一个层面、时代的每一根神经、国事的每一个部门,而且分析头头是道、说理精辟透彻,不少地方表现出了一定的预见性。这一切是与《大公报》人尤其是言论的主持者的丰富学识和真知灼见分不开的。

1941年3月16日,《大公报》在"社评"《祝中国新闻学会》中系统地阐述了报人的知识修养对言论报国的重要性。文章首先检讨了近几年来中国新闻界的"不够"和"不对"之处,并清算了几种陈腐落后的论调:(一)军事上,"以空间换时间"的说法,过去曾经有其相当作用,而在今天"却陈了,腐了,不适用了","自今为始,我们的军事意识理论应该是'夺回空间、缩短时间'";又比如,"'消耗战'一词,现在也陈腐不适用了","在今天,我们已不能单讲'消耗战',我们必须能战斗且能胜利,才能保独立求生存"。(二)政治上,大家均宣传"团结"。这种宣传,"最初的短时期未尝不可,而长此呼号'团结',适足彰我们的欠团结,实是国家之羞";又比如,"拥护政府拥护领袖"这类的话,现在也都陈腐得使人不要听,现在应该说"军令政令统一,一国之内不得有两个军令系统"。(三)外交上,过去习闻"正义""公道""集体安全""和平阵线"等名词,这些话都是人家的口头禅,而我们随声附和。随着人家的外交名词旋转,是不能获得成功的。"社评"进一步问道:为什么出现这些"不够"和"不对"呢?主要原因是报人学习不够,没有与时代俱进,缺乏对时代的深刻了解,所以"社评"

---

① 《社评·报人宣誓》,《大公报》(渝版)1939年4月15日。

提出：

> 我们报人应该尽职，应该进步。……我们应该凛然于新闻事业对国运的影响，厚自持，笃自修，不改业，不辍功，以恒久的努力，求日新又新的进步，发展救国救世的抱负。我们绝不可习于简陋，封于故步，必须实践工作，求取进步。我们服务于新闻事业，在抗战现阶段中，我们应该注意一个大新闻，就是何时胜利？应该研究的新闻学，就是怎样胜利？……我们报人怎样才能宣达真相，判断是非，首先要我们报人有知识。在抗战初期，我们还可以用爱国憎敌的热诚纯感来支撑；到今天胜利待争、建国期成之时，时代所要求于新闻记者的，是救国救世的纯诚，尤其是指导时代的真知灼见。这需要研究，需要工作，更需要进步。①

在"社评"作者看来，"丰富学识"和"真知灼见"的关系是：没有丰富的学识，就不可能有指导时代的真知灼见。

3. 修炼"威武不屈、富贵不淫、贫贱不移"的报人节操

《大公报》尤其注重报人的操守，认为一个报人有了丰富的学识，有了对国家、对人类、对自己职业的热爱，还必须以明敏的头脑、热烈的心肠、冰霜的操守，发扬威武不屈、富贵不淫、贫贱不移的勇士精神，兢兢业业地为人类、为国家尽职服务。《大公报》在《报人宣誓》中，对国人作了这样的宣示——无论在何种情况下，都要保持报人节操："与国家同休戚，威利不足以动本报的精神，艰险穷困亦不足扰同人之心志。在平时，我们曾本这种志愿与精神，对国家社会略尽微职。抗战爆发以来，我们始终在抗战大纛之下，挣扎奋斗，以尽言论界一兵卒之任务。"②

（1）抗战报人应到阵前敌后去

1939年9月1日，《大公报》发表题为"祝九一节"的"社评"，将抗战以来的中国报人按其工作环境的难易安危不同分为四等：沦陷区的爱国报人，"他们的凭藉异常薄弱，只靠着钢版蜡纸编印散发，他们的处境尤其艰险，稍一不慎，便有丢失生命的危险，他们的奋斗成绩都是可歌可泣的。故在敌人后方从事新闻工作的，应该是战时的第一等报人。其次是在上海（孤岛）及国外的同业，无国权保护而替国家奋斗，其艰苦忠贞，是异常可佩的。上海沦陷了两年多，

---

① 《社评·祝中国新闻学会》，《大公报》（渝版）1941年3月16日。
② 《社评·报人宣誓》，《大公报》（渝版）1939年4月15日。

孤岛上的言论营垒,始终坚固不拔。敌人威压,租界干涉,最近更加上汪特务的暗杀与收买,而孤岛报人,除了极少数的汉奸败类以外,我们报人都是不为威胁不受利诱的。《大美晚报》的朱惺公先生前夕竟被汪逆派人刺死,朱先生的成仁不屈,是我们报人之荣。""再次是在前线服务的报人,他们躬冒炮火,备历艰险,以极少的物质凭藉,给前线将士及战区同胞以鼓励及安慰,在精神上给抗战增加无限的战斗力,其功至伟。至于我们随着政治中心工作的报人,尽管有的是数经播迁,辗转奋斗,然始终受着政府的直接保护,享着一等便利。尽管重庆常有敌机来袭,间或受到事业的损失,而毕究是安全的。较比以上所举的二种同业,是人任其难,我行其易,人历危险,而我独安。"因此,"社评"希望重庆的报人尤其是"青年报人应大批发动到阵前敌后,从事效果最宏、意义最大的新闻工作"①。在那里,新闻工作的威力可以得到最大限度的发挥,报人的灵魂可以得到最有效的净化,报人的节操可以得到最明显的检验。

在这种思想的支配下,《大公报》把大批记者派往各个战场,让他们在战火硝烟中跑新闻。在整个抗战期间,派遣战地记者的人数、发表战地消息和通讯的篇数,《大公报》在国内报界可谓是首屈一指的;在艰苦的环境中,这些记者经受了考验、得到了锻炼。

(2) 记者应该保持节操

全面抗战爆发后,中国新闻记者虽然绝大多数在与敌寇的抗争中表现了炎黄子孙的骨气,一些记者如朱惺公等面对恶势力,坚贞不屈,但还是有少数报纸和报人当了软骨头,或屈服淫威,接受检查,苟且出版,或出卖灵魂甘当汉奸,为虎作伥。

从报纸的情况看,首先是《新闻报》《申报》这两家鼎鼎有名的商业性报纸的表现,着实令人遗憾:在日本侵占上海时,在《大公报》等大多数报纸为抗拒日寇的新闻检查而纷纷停刊时,《新闻报》为顾全营业,卑躬屈膝地接受了日寇的检查。《申报》虽然开始宣布停刊,但是缺少像《大公报》那种"誓不投降"的凛然之气,在1937年12月14日的停刊启事中只说:"兹因环境关系,自十二月十五日起停刊,特此通告,即希公鉴。"停刊之后,《申报》也一度跟《大公报》一样在汉口、香港先后复刊,但终因没有"辗转播迁,愈挫愈奋"的精神而停刊。至1938年10月10日,《申报》又在上海挂洋旗复刊,倒也能

---

① 《社评·祝九一节》,《大公报》(渝版)1939年9月1日。

进行抗战宣传。但太平洋战争爆发后,《申报》《新闻报》一道被日伪劫持,最终变成了"附逆"报纸。至于其他如《新申报》《神州日报》等汉奸报纸,更令《大公报》不齿。

再从报人的情况看,在日伪子弹和金钱面前,少数报人"下了水",如上海新华艺校校长、老同盟会会员徐朗西做了汉奸报纸《生活日报》社长,原《立报》骨干宋虚白"落水"当了《生活日报》总编辑,原《申报》记者钱华当了《神州日报》总编辑,还有新声通讯社一名记者被敌伪收买后改名换姓参加了日伪组织"兴亚建国运动部",等等。以上情况虽为少数,然影响恶劣。故在1940年9月,《大公报》借纪念"记者节"之名,提出了一个十分严肃的命题:抗战时期,新闻记者要保持节操。9月2日"社评"《记者节》首先说:"说到'记者节',我以为应有两个解释:一个就是'记者的节日',这是因为国民政府于二十二年九月一日颁布了保护新闻事业的法令,以尊重新闻记者的自由。……这是纪念记者之被尊重的一个节日。再一个解释是'记者的节操'。我觉得这后一个解释特别有意义。"接着提出了一个原则性问题:"我们常有一种觉悟,就是要做一个完善的新闻记者,必须由做人开始。个人的人格无亏,操守无缺,然后才算具备一个完善的新闻记者的基础。这个'记者节',乃是新闻记者所应自重的。"并强调指出:"在平时记者应该注重节操,当国家遭逢敌国外患而全力奋战以争取国家民族万世生存之时,我们新闻记者尤其要注意节操。"指出:"当国家危疑震撼之秋,新闻记者的心脏必须较常人坚强,意识必须较常人坚定;当一般人动摇信念,陷溺于灰色观念之时,新闻记者尤须以开廓的胸襟,明朗的笔墨,来扑灭败北观念,增强大家信念。"[①]这是新闻记者的光荣,更是新闻记者的责任!

二、有关内政的记事与言论

(一)西安事变前后的记事与言论

本节所指"西安事变前后",是1936年下半年"华北事变"后至1937年上半年全面抗战爆发前的这段时间。"烦闷燥热天,暴风骤雨前",这段时间中,国

[①] 《社评·"记者节"》,《大公报》(渝版)1940年9月2日。

内外各种矛盾错综复杂,时局瞬息万变。《大公报》对这种局势给予了沉着稳健的反映。

1. 有关绥远抗战的记事与言论

根据1935年日本关东军制定的《对内蒙措施要领》中提出的"扩大和加强内蒙的亲日满区域,随着华北工作的进展,而使内蒙脱离中央而独立"的主张,日本帝国主义在制造"华北事变"之后,又加紧策动内蒙古独立。1936年初,伪蒙古军总司令部成立;5月,伪蒙古军政府成立,并与伪满洲国、冀东伪政府缔结"和约"、扩充军队。同时,日本又策动王英组织"西北蒙汉防共自卫军",伺机向绥远进攻。11月5日,伪蒙军一边向绥远省主席傅作义发出宣战性通电,一边将大批部队开往百灵庙一带。11月15日,王英所部在日本飞机配合下向红格尔图发动攻击,傅作义率部顽强抵抗,打响了绥远抗战。

《大公报》连续几天在要闻版用头条位置报道了绥远战事吃紧的消息。

早在王英向绥远调兵的11月4日,《大公报》要闻版头条便予以报道,称"匪军齐动,绥边吃紧。蒙军大部开往百灵庙一带,伪匪进犯绥北兴和有冲突,傅作义谈决尽守土责任"。8日,要闻版头条继续报道说,"匪军准备大举犯绥:王英匪部一周内集中百灵庙,中日交涉昨日仍甚沉寂"。随后报纸于12日发表题为"守绥远"的重要"社评",首先指出形势的紧张,绥远一战在所难免:

> 近日消息,绥远更增紧张,为虎作伥之大股匪军,刻刻有侵入之危。以势卜之,无论在南京进行中之中日交涉若何结束,有无结束,要之,绥远断不能无事。正如痈疽在身,终必一溃,此无可讳言者也。

接着论及三点:

> 第一,一般中国国民注意绥东形势之程度,远过于对南京之中日交涉。盖以为调整国交云云,多属空言泛论,而绥远问题则目前之实祸,安危之所关。第二,一般国民之中日关系观,最近日趋于最小限,即绝无高调,亦并不讲报复,但一致坚决主张国事不可再误三误,以至于无穷之误。……第三,绥远问题最受全国重视者,非重绥远而轻冀察,故不可误解我国民心理之容忍冀察现状之为"既成事实"也。今日之国民心理,乃认识绥远为北方最后之壁垒,西北数省共同之门户,此而有失,即足导灭亡之祸。故以为守绥远即为守西北,不论有何困难,生何变化,必须善为守护,不使被侵。

之所以说这篇社评重要,在于它的论调与以前相比,有两点明显变化:其一,在日寇进攻面前,中国当局以往多指望通过外交途径解决,现在变为主张在战场上决胜负。从济南事变到"九一八事变""一·二八事变""华北事变",每经过一次外交交涉,国家便蒙受一次耻辱。丧权辱国尚不能满足敌寇贪欲,外交途径已到了山穷水尽的地步。故本篇"社评"指出:"调整国交云云,多属空言泛论。"绥远危机,为目前之实祸,不能指望空言来解决。其二,考虑到中日国力悬殊和必要条件的不具备,"九一八"以来,《大公报》曾提出"明耻教战""卧薪尝胆"的救国之策。然而五年时间过去了,国事一误再误,日阀一逼再逼,因此,《大公报》提出:"不论国力如何及一切条件如何,总之,不堪再蹈五年以来之覆辙,坐看国土之再被削侵。"必须奋起抗战,挽回颓势①。

在此种重在"军事解决"和"无条件抗战"论的支配下,在整个绥远抗战过程中,《大公报》的态度是积极的。从11月16日到25日,几乎每天要闻版的头条都是刊登绥远前线的消息,并发表多篇"社评""短评"。

18日的"社评"《绥远受侵与中日交涉》从军事和外交两方面评述这场抗战:"关于军事者,全责在政府,只要实行,无可讨论,简言之,无论匪军侵扰至何程度,或扩大成何性质,政府须负全责卫土安民,必消灭边患而后已。"关于外交,"今调整之交涉方在进行,而久被垂涎之绥远省果依数月来宣传之程序而开始被侵。在此种事实状态下,而尚饰言调整,空论国交,诚悲惨而无意矣!"简言之,军事上打到底,外交上勿空论。文章结论是:"愿我政府当局,除对于守护绥省一层积极负责外,外交上应先交涉制止侵扰绥省之事。其他一般的或特殊的交涉事项,在绥边恢复常态以前,宜一概缓议。"②可见《大公报》此时的抗敌态度是坚定的、不容商量的。

20日,《大公报》在四版发表一篇"短评",说两日来全国各界民众热烈紧张地捐款援绥的事例从精神上给抗日军民鼓劲:"试看这次援绥大募捐,学生界组织之严密,动作之敏速,态度之慎重,都是向所罕见的。……以北方论,这种青年心理,已构成了坚固的精神国防线,这是不可忽视的事实。"③

21日,《大公报》又发表两篇"短评",一篇《前方将士的精神》正面赞扬抗敌将士:"过去一周中,绥远前线将士,在零下十二度的寒威下,在雪深三尺的战

---

① 《社评·守绥远》,《大公报》(津版)1936年11月12日。
② 《社评·绥远受侵与中日交涉》,《大公报》(津版)1936年11月18日。
③ 《短评·坚固的精神国防线》,《大公报》(津版)1936年11月20日。

壕中,与敌人拼命,为国家守土,彭毓斌师长和兵士们竟至三日夜不眠,眼红声哑,而精神仍甚奋发。这种强毅忠勇的精神太令人感动了!"①另一篇《匪军犯绥受打击后》则提醒"国人在这存亡关头,须准备长期的奋斗。来日大难,民族欲求生存,今后将永不许有一刹那的怠懈!"②

果然,日寇于22日调运伪军增援百灵庙。孙长胜、孙兰峰两位团长率部于23日午夜行动,向百灵庙发起进攻,次日上午九时战斗结束,我军收复百灵庙。25日,《大公报》要闻版头条报道:"我军昨开进百灵庙!"当日"短评"《收复察北!》亦作鼓劲:"匪伪侵扰绥北,系以百灵庙作根据地;其侵扰绥东,系以察北作根据地。现在百灵庙是收复了。……我们要乘此时机收复察北。"③

绥远抗战获胜,意义重大。26日《大公报》发表"社评"对此论述。文章首先说:"国军二十四日晨收复百灵庙,为绥远军事之一大胜利。"进而说:"今欲明国军胜利之意义,应知三点:其一,汉蒙人民之援助。世人论绥事,不可只注意军队,应注意人民,尤应知蒙旗官民援助国军,关系甚大,意义甚深。""其二,将士之决心。""其三,匪伪之无斗志。"④

还应提及的是,《大公报》特派记者范长江此时恰好正在绥远,他深入前线采访,及时而全面地报道了绥远抗战的消息。如11月15日,伪军王英所部在日本飞机配合下向红格尔图发起猛攻。傅作义将军赴平地泉督战,范长江随行。16日《大公报》要闻版头条即刊登范长江由绥远发回的"专电",题为"绥东将士冒雪鏖战",报道称"匪军三千人昨猛攻红格尔图,飞机七架助战,并有野炮多门,六次进犯皆被我军击退"⑤。17日,彭毓斌师长、董其武旅长奉傅作义"出其不意,抄袭敌后"的命令,率部星夜行动,秘密集结在红格尔图以西的丹岱沟一带,与红格尔图的守军里应外合,夹击来犯之敌。18日拂晓,日伪全线崩溃,王英部败退商都。23日,《大公报》要闻版刊登范长江撰写的通讯《绥东战役中五个民族英雄》,将在红格尔图战役中奋勇杀贼、克奏奇功的彭毓斌师长、董其武旅长、张培勋团长、张著团副、苏开元团长的勋绩介绍给全国民众,以彰其风采。红格尔图战役获胜之后,傅作义决定乘胜进攻,将注意力转向百灵庙。25日,《大公报》要闻版以头条位置加框刊登范长江发来的"绥远专电",

---

① 《短评·前方将士的精神》,《大公报》(津版)1936年11月21日。
② 《短评·匪军犯绥受打击后》,《大公报》(津版)1936年11月21日。
③ 《短评·收复察北!》,《大公报》(津版)1936年11月25日。
④ 《社评·绥北大捷之意义》,《大公报》(津版)1936年11月26日。
⑤ 《专电·绥东将士冒雪鏖战》,《大公报》(津版)1936年11月16日。

报道了百灵庙战斗经过及胜利情况,并配发了傅作义、曾延毅将军的相片、百灵庙全景图片以及敌伪侵占百灵庙后的文字资料。

稍后,《大公报》又于12月7日至22日连载范长江的长篇通讯《越过大青山》,详细报道了光复百灵庙的经过。范长江在"前言"中写道:"百灵庙之克复,政治上与军事上皆有其非常的关系,非普通之克复一城一地者可比,而战争的经过,又表示我们英勇的战士若干可歌可泣的事迹。"范长江的通讯称赞这次战役是"超军事的战争",是"全国的胜利"①。

绥远抗战打破了日寇企图控制我国西北各省、切断我与苏联联系的部署,它鼓舞了全国军民抗战的士气,促进了全民族抗战的早期实现。《大公报》在绥远抗战中提出的"无条件抗战"论,是它前一时期"忍辱奋发"论在新形势下的发展,并为即将开始的全面抗战宣传开了一个好头。

2. 两广事变的记事与言论

日寇在华北的军事扩张和经济侵略,使我国的民族危机急剧加深。面对此种局势,广大民众的爱国运动日益高涨,国民党统治集团内部的矛盾也不断激化。1936年5月,国民党中央执行委员会、中常会主席胡汉民猝死,与蒋介石素有矛盾的两广实力派失去了政治依靠。蒋介石立即打出"维护全国统一""精诚团结"的旗号,迫使广东陈济棠,广西李宗仁、白崇禧等人结束他们与南京国民政府的对立状态,而陈、李、白等人随即以"逼请中央领导抗日"为名发动事变。6月1日,国民党西南执行部、西南政务委员会呈文国民党中央、南京国民政府,吁请"中央"领导全国抗日;2日将"呈文"通电全国;4日陈、李、白等联合西南将领数十人通电响应,并成立军事委员会和"抗日救国军",随即发表"抗战动员宣言"。7日和8日,蒋介石致电陈济棠,严禁两广军队擅自行动,一切问题待国民党五届二中全会处置;并威胁称,"军人必须听命党国,否则将以抗命论处"。11日,西南执行部回电蒋介石予以驳斥,并再次逼蒋抗日。蒋介石即着手调兵入湘,内战一触即发。

《大公报》对此十分关注,更十分着急,生怕又一次酿成内战,因而多次呼吁各方"和平解决",并就如何解决提出各种建议。6月8日的"社评"《消释内忧之道》,针对"粤桂自组联军,宣言对外"一事评论称,根据"须确保军队之统一性,方有救国方略可言"的原则,"愿西南军政当局熟察国难之重大,及本身

---

① 长江:《越过大青山》,《大公报》(津版)1936年12月7—22日。

之职责,发言行事,宜努力慎重",不可冒失冲动①。9日,粤桂军北进达郴州、永州,前锋已达祁阳。10日,《大公报》发表题为"悬崖勒马!"的"短评",对此指责道:"两粤军事,不幸竟然发动……此举之为害国家,已洞若观火,不料革命军人对本国利害的判断,也竟不及外人。深愿西南诸氏慎保历史,勿为民族罪人;更不要使我们的子孙读历史的时候痛心流涕!悬崖勒马,此正其时,否则我民族国家将随诸君之意气坠于万劫不复之深渊矣!"②15日发表"社评"继续指责称:"两广之自组联军,根本为减弱国力之举动,无论动机如何,理由何在,国民万难同情。"指出,一国军人必须"拥护军令之统一",必须至少派一人进京"协同主持军委会,翊赞军事委员长"③。

7月9日,国民党五届二中全会开幕,次日《大公报》发表"社评",希望尽早结束"两粤半独立之局面",废止"西南执行部之不必要机关",实行党务统一;并"努力整肃军纪,统一指挥",实行军事统一;同时"愿望于国民大会后政治结社自由之有效的实行"。文章指出:党务统一,军事统一,政治开放,"不独解决两广之内忧,凡内忧皆除,凡内战皆免,庶几中国民族方可敢力为救亡建国而奋斗矣"④。

13日,二中全会决议,撤销国民党中央西南执行部与西南政务委员会,免去陈济棠职务,并对军队进行改组。《大公报》对此十分拥护,连发两篇言论予以支持。14日的"短评"指出,"西南执行部及西南政务委员会两机关,原是割裂中央政权,近年更单纯的变成地方军阀的割据机关",现予撤销,可以使"割裂转入统一"⑤。15日的"社评"引用唐绍仪等国民党中央委员解决两广提案中的话说,两广之事"'勿论其内幕动机如何,自客观事实言之,总为涣散民族精神,摇动政府地位,削弱国家力量之所为。名曰御侮,实足招侮,名曰救国,适以毁国。'此诚常识的至理。苟反对此议者,若非别有作用,则为太不详察事实之人也"。"社评"最后说:"望全国军民各界,应觉悟中国救国御侮,绝无新奇及便宜之方法,惟有群去私崇公,守住此惟一政府,而改革,而进步,而加强,以统一之壁垒,为慎重坚决之应付,庶几其能救亡,此外断无奇策,更无希冀如

---

① 《社评·消释内忧之道》,《大公报》(津版)1936年6月8日。
② 《短评·悬崖勒马!》,《大公报》(津版)1936年6月10日。
③ 《社评·对时局之建议》,《大公报》(津版)1936年6月15日。
④ 《社评·期待于二中全会者》,《大公报》(津版)1936年7月10日。
⑤ 《短评·时局解决办法》,《大公报》(津版)1936年7月14日。

陈济棠者,可以别树异帜,以为救国工作之余地也。"①

7月25日,南京政府又免去李、白在广西的职务,调李宗仁赴南京任军委常委,调白崇禧赴浙江任省政府主席,迫李、白离桂。次日,《大公报》要闻版头条发布此消息,并发表"短评"对南京国民政府的决定表示赞同,认为这样"收拾桂局,最为适宜",并指出:"李白二氏连受新命,则云收雾敛,国基自此固矣。"②

8月11日,蒋介石亲赴广州处理粤事,并"决派居正、程潜等赴桂,对李、白作最后之规劝,就近和平处理桂局"。《大公报》对此追踪报道,不仅在要闻版逐日报道有关蒋氏行踪的新闻,还配之以通讯。如15日《蒋抵粤详纪——对桂仍主和平,约晤李白消除隔阂》即为其中一篇。

9月初,中央代表居正、程潜、朱培德飞抵南宁。《大公报》称"桂局关键在此一行"③。所幸事态进展顺利,"桂提和平初步办法,俟蒋接纳后再详商步骤"④。最终,两广当局放弃另组政府的主张,接受和平解决方案;蒋介石接受其抗战诉求,表示如日本打破中日现状,即可实行全面抗战,并且保证出兵。9月7日《大公报》在"社评"中对此欢呼说,广西(及广东)问题和平解决,"此诚国家之幸",为"良知与常识之胜利"⑤。

3. 有关西安事变的记事与言论

1935年12月9日,北平大、中学生数千人举行了抗日救国示威游行,反对华北自治,反抗日本帝国主义,要求保全中国领土的完整,掀起全国抗日救国新高潮。同时,中国共产党继1935年8月发表《八一宣言》后,又于1936年12月17日在瓦窑堡召开政治局扩大会议,提出了建立抗日民族统一战线的政治主张,在全国各界产生了强烈影响。

眼看日寇铁蹄步步紧逼,耳听国民抗战呼声一阵高过一浪,蒋介石南京国民政府不得不着手进行抗战军事准备。从1935年底开始,蒋介石已通过几条渠道同共产党秘密接触。但由于蒋氏坚持必须先解决共产党的武装,然后以"政治方式"解决其他问题,所以国共两党虽进行了多次秘密谈判,但进展不

---

① 《社评·陈济棠能否拒命》,《大公报》(津版)1936年7月15日。
② 《短评·桂局解决》,《大公报》(津版)1936年7月26日。
③ 《居程朱昨飞抵南宁,桂局关键在此一行》,《大公报》(津版)1936年9月3日。
④ 《桂提和平初步办法》,《大公报》(津版)1936年9月6日。
⑤ 《社评·广西问题和平解决》,《大公报》(津版)1936年9月7日。

大,于是蒋介石便反其道而行,加紧对陕北红军进行军事"围剿"。但是,国民党驻陕西"剿共"的杨虎城十七路军和张学良东北军,出于各方面的考虑,将"剿共"变成"联共"。蒋介石遂恼羞成怒,在和平解决"两广事变"后,于1936年12月4日飞抵西安亲自"督剿",这便激起了震惊中外的西安事变。

1936年12月12日西安事变发生,国内外闻讯震动,局面更加错综复杂。日本帝国主义乘机活动,阴谋扩大中国内战,以便从中渔利。国民党内以何应钦为首的亲日派调兵遣将,企图以"讨伐叛逆"为名,置蒋介石于死地并取而代之。而以宋子文、宋美龄、孔祥熙为首的一派则反对武力"讨伐"西安,主张用和平手段营救蒋介石。各地方实力派从自身利益出发,或支持张、杨扣蒋,或谴责张、杨并要求释放蒋。广大人民群众出于激愤,则要求杀蒋。中共中央仔细分析了这种复杂形势,经过反复研究,认为从中华民族的根本利益出发,必须和平解决西安事变。

西安事变发生后,《大公报》的第一反应是以恢复蒋介石自由为"第一义"。12月14日发表有关西安事变的第一篇"社评"《西安事变之善后》,在"电讯不通,莫知详况"的情况下,开宗明义地提出:"解决时局,避免分崩,恢复蒋委员长自由为第一义。"①"社评"执笔者张季鸾的逻辑推理是这样的:为了避免分崩、维护国家统一,必须有"领袖";而蒋介石是"经过十年风雨考验形成的领袖",故必须以恢复蒋之自由为第一义。

随后,《大公报》提出"和平解决"的希望。16日发表一篇"社评"、一篇"短评"。前者呼吁"在京陕籍人士,宜向中央请愿,顾全地方,非至最后无途径时,务应避免战事,尤请求勿用轰炸"②。后者劝说连年饱经颠沛忧患的东北军及陕军将士,"诉诸自己的良知,毅然矫正乱命"③。

就在《大公报》呼吁"避免战事,尤勿用轰炸"的时候,国民党中央政治会议决定推举何应钦为"讨逆总司令",并下达了对张学良的"讨伐令"。17日《大公报》发表题为"讨伐令下之后"的"社评"说:"吾人为保全陕西地方元气,为减其军队牺牲之计,以为张学良在此最后关头,应知欲免灭亡及永受国民愤恨之计,此时尚余有一路,其路无他,即迅速向蒋委员长陈谢,即日送其离开西安,

---

① 《社评·西安事变之善后》,《大公报》(津版)1936年12月14日。
② 《社评·再论西安事变》,《大公报》(津版)1936年12月16日。
③ 《短评·诉诸良知》,《大公报》(津版)1936年12月16日。

惟此路可以保部下,可以对陕民,惟此路可以为自己留赎咎之余地。"①

《大公报》对西安事变看法的主调是谴责张学良、杨虎城。如16日的"社评"即拿绥远抗战将士为参照系予以谴责,绥远前方将士"月余以来,在冰天雪地中,精忠奋发,伤亡载道,全国同胞莫不衷心钦敬,乃今当前方血战之时,而张学良等劫持全军统帅,以摇动人心,破坏组织。前方将士尤受精神上事实上之重大打击。张等犹自称救国,其如此事实何?"②17日的"社评"则继续谴责张、杨,说他们劫持"领袖"所造成的恶果比绥远汉奸王英、李守信更坏:"张学良自辩为政治主张。此种议论,在全国纯洁爱国之同胞之前已不适用,何则?任何政治主张,不容以破坏国家大局之手段行之。况绥远剿匪正在吃紧,国防安危系于统帅,今劫制统帅,危及国防,无论彼等之心理如何,事实上较王英、李守信辈之祸国其结果更严重十倍,是尚何政治之可论?"③

12月18日,《大公报》发表了这一时期有关西安事变的代表作《给西安军界的公开信》。文章首先论断张学良及东北军发动西安事变是"完全错了,错误的要亡国家,亡自己"。接着说,发动事变的东北军"大概听了许多恶意的幼稚的煽动,竟做下这样大错。你们心里或者还以为自己是爱国,那知道危害国家,再没有这样狠毒严重的了! 你们把全国政治外交的重心,全军的统帅羁禁了,还讲什么救国? ……全世界的舆论认定你们是祸国,是便利外患侵略"。文章将蒋介石抬举到无以复加的程度。最后总结称:

> 我们是靠卖报吃饭的,谁看报也是一元法币一月,所以我们是无私心,我们只是爱中国,爱中国人,只是悲忧目前的危机,馨香祷告逢凶化吉,求大家成功,不要大家失败。今天的事情,关系国家几十年乃至一百年的命运,现在尚仅有大家成功的机会,所以不得不以血泪之辞,贡献给张学良先生与各将士。我想中国民族只有激底的同胞爱与至诚能挽救。我盼望飞机把我们这一封公开的信,快带到西安,请西安大家看看,快快化乖戾之气而为祥和。……我们期待三天以内就要有喜讯,立等着给全国的同胞报喜。④

---

① 《社评·讨伐令下之后》,《大公报》(津版)1936年12月17日。
② 《社评·再论西安事变》,《大公报》(津版)1936年12月16日。
③ 《社评·讨伐令下之后》,《大公报》(津版)1936年12月17日。
④ 《社评·给西安军界的公开信》,《大公报》(津版)1936年12月18日。

这篇出自张季鸾手笔"以血泪之辞"写成的"社评",深得宋美龄重视,并指示将当日的《大公报》刊登"社评"的第二版加印三十万份,派飞机散发到西安。

随后几天,《大公报》每天的"社评"均是有关事变的,或指责"西安一定有许多幼稚的文武青年在思想上有严重错误"①,或说自事变至今"全国各大小都市莫不为愁云所笼罩"②,或"正告各方:救国之基础,为和平统一,故不容赤化,不容分裂"③。

为了详细了解西安事变的实际情况,在事变后的第四天即 12 月 16 日,张季鸾从天津出发赴洛阳。先沿津浦路南下,而后转陇海而至开封,适逢于右任奉南京国民政府之命入陕尝试解决事变,他乃改乘丁氏专车,一同西行至潼关。通过沿途了解的情况,写成通讯《陕变别记》,发表于 24 日《大公报》第三版,报告事变的经过及张、杨表现。

最终,在中共和国际和平势力的调停下,蒋介石接受了张、杨的停止内战、共同抗日等八项条件,西安事变和平解决。12 月 25 日,张学良送蒋介石回南京,《大公报》为此极为兴奋,连续几日的要闻和言论都是一个主题:欢呼胜利,颂扬蒋介石。

如 26 日三版头条为《蒋委员长脱险飞洛,全国民众欢跃若狂》,其中说"蒋委员长昨驻洛阳今日返京","南京闻喜报,顿成不夜城","全国慰问电,如雪片飞来"。下半版在"喜报乍传欢声雷动,举国同庆爆竹齐鸣"标题下,报道全国各地"欢呼蒋介石返京"情况。

同日,《大公报》发表题为"中国历史的新页"的"短评",指出,蒋能"迅速出险","一般认为原因有四:(一)蒋委员长伟大人格的感召,(二)全国民意齐一的力量,(三)中央断然处置之迅赴事机,(四)军人赤诚忠勇表示之坚决"④,完全无视中共和国际社会的作用。27 日的"社评"《迎蒋委员长入京》中,更是颠倒黑白,把西安事变发生的责任强加到中共身上,说什么"陕变之起,我们曾说过西安笼罩着乖戾之气。乖戾就是不和不平,这当然是受恶意的勾煽而来",甚至还说:"检讨其潜伏的病源,加以根本治疗,使得全国在蒋先生领导之下,确实完成和平统一,这大概是今后最急要的一件事了。"

---

① 《社评·祖国利益高于一切》,《大公报》(津版)1936 年 12 月 19 日。
② 《社评·国家进步的表现》,《大公报》(津版)1936 年 12 月 21 日。
③ 《社评·中国不做西班牙》,《大公报》(津版)1936 年 12 月 23 日。
④ 《短评·中国历史的新页》,《大公报》(津版)1936 年 12 月 26 日。

12月28日,《大公报》发表了题为"一言兴邦"的"社评",公布"蒋委员长对张、杨训话",对蒋介石进行再度吹捧,说"蒋公训话之最直接的意义为确立中国之军人道德"。还说,蒋委员长"此次在死生关头所表现之伟大人格,将永成中国军人之模范,定使全国军人一致感动而信守"。进而提出:"吾人望全国各级学校皆应使学生解读此文,此为活历史、活教训,国民一分子,皆能养成如斯之道德观、人生观。为人之道,救国之方,皆尽于此。"①

然而蒋介石回到南京后,便自食其言,一面扣押张学良,一面以大军压迫西安。对此,《大公报》不但不责备蒋介石不守信用,反而说张学良犯了"弥天大罪",理应惩处;说东北军为"叛军",理应讨伐。1937年1月22日的"社评"《对西安负责者之最后警告》首先"警告"张学良:"全局关键在彼等能否自省其犯罪。"文章还要求杨虎城和西北军"悔过自新",接受政府的处分②。如此云云,不仅荒谬,而且可笑。

总之,西安事变发生后,《大公报》将其拥护和吹捧蒋介石的基调提到了空前的高度。在《大公报》看来,蒋介石是中国空前的领袖,领导中国救国建国的重任"非蒋莫属"。这其中的原因是多方面的:有《大公报》主持者尤其是张季鸾与蒋介石私人关系的因素;有他们鲜明资产阶级立场的因素;有他们只看重个人作用,看不到广大人民群众力量的唯心史观的因素;也有他们担心国家分裂、希望团结抗战的爱国主义因素。

4. 西安事变后的记事与言论

西安事变和平解决后,中共中央于1937年2月10日致电国民党中央,提出五项国策:(一)停止一切内战,集中国力,一致对外;(二)保障言论、集会、结社之自由,释放一切政治犯;(三)召集各党、各派、各军的代表会议,集中全国人才,共同救国;(四)迅速完成对日抗战之一切准备工作;(五)改善人民生活。同时声明,若国民党实行上述国策,共产党愿作如下四项保证:(一)在全国范围内停止推翻国民政府之武装暴动之方针;(二)工农政府改名为中华民国特区政府,红军改名为国民革命军,接受南京中央政府与军事委员会之指导;(三)在特区政府区域内,实施普选的、彻底的民主制度;(四)停止没收地主土地之政策,坚决执行抗日民族统一战线之共同纲领。

---

① 《社评·一言兴邦》,《大公报》(津版)1936年12月28日。
② 《社评·对西安负责者之最后警告》,《大公报》(津版)1937年1月22日。

2月16日,国民党五届三中全会开幕的当天,《大公报》天津版发表了范长江采访延安后写的著名通讯《动荡中之西北大局》,透露了中共关于建立抗日民族统一战线的四项保证:"'双十二'以来,全国人对于西北方面之政治了解,要不外'人民阵线''联合阵线''立即抗日'等流行政治宣传,而实际西北领导的理论不但不同于上述各说,而恰与之相反。彼等之政治动向,为反人民阵线的民族统一战线,为在某种政治商讨之下拥护国民政府,与服从蒋委员长之领导。"①而同日上海版刊登这篇通讯时,被国民党新闻检查机关删去了中共四项保证的内容。

在国民党五届三中全会上,宋庆龄、何香凝、冯玉祥等十四名委员向大会提出恢复孙中山先生三大政策的提案,会上通过的决议部分采纳了中共建议的"五项国策"。《大公报》对此也做了积极反应:大会闭幕的2月22日,要闻版头条报道说,"三中全会今晨闭幕,蒋委员长昨发表谈话:开放言论并集中全国人才,酌释政治犯,限制军额军饷"。是日题为"今后之内政外交"的"社评"则阐明了报纸对国事的四点看法,其中第三点即说:"共党鉴于祖国之艰危,及全国舆论之大势,近乃有放弃赤化政策之表示。若令此项趋势果能具体实现,则当为国家之大幸也。"②

2月16日范长江通讯的刊登与2月22日"社评"的发表,表明《大公报》从国家和民族的利益出发,比较赞成国民党当局联合共产党和各民主党派共同抗战——当然有一个前提,就是必须在国民政府领导之下。从中可以看出,在《大公报》的眼中,一切问题的解决都必须出于一个前提,那就是维护和服从蒋介石政府这个"国家中心"。

《大公报》的"国家中心"论是其主持者"言论报国"办报宗旨的产物。从形式上看,"国家中心"论似无可指责,问题在于,新记《大公报》长期以来把蒋介石作为"国家中心"来拥护,故一般人都认为《大公报》的"国家中心"论的要害是拥蒋反共。其实《大公报》的"国家中心"论源远流长,从该报创刊之初便已有端倪:英敛之时期"拥帝反后",主张以光绪帝为国家中心;民初,袁世凯成为中华民国正式总统后,《大公报》便将袁政府视为"正统"、为国家中心;王郅隆时期,《大公报》在府院之争中"亲段""袒段",主张以段祺瑞为首的"内阁"为国

---

① 长江:《动荡中之西北大局》,《大公报》(津版)1937年2月16日。
② 《社评·今后之内政外交》,《大公报》(津版)1937年2月22日。

家中心。最终,到了新记时期,从对新军阀混战的言论立场开始,《大公报》又形成以蒋介石南京政府为国家中心的观念。

1931年元旦,《大公报》发表《民国二十年元旦祝辞》说:"当民国扰攘十九年后,全国国民,无论何人,应不放过此机会,应决心自此树立通常之政轨,应拥护现在已成之政治中心,而监督责备之。"①"九一八事变"后,东北沦陷、国难严重,《大公报》提出要稳定中枢、集中民意、统一指挥,"对日须为整个的行动",某个地区、某个派别、某个人不应有"单独行动"。因而,"一·二八事变"后,《大公报》也呼吁,为维护国家之地位、民族之自由,必须依赖统一的民族精神,尤其要"迅速确立军事中心",在朝在野,围绕中心形成合力。1932年3月10日的"社评"《宜速确立军事中心》即认为,沪战失败的真正原因就是全国没能形成政治、军事、外交的中心:"军事未能统筹全局,确立中心,当局者更迄未示人以事实证明其决心,使人对内感于权力之不集中,对外则显示散漫牵掣无澈底办法之弱点,此沪战失败之真因,抑又现在最大最亟之危机也!"②在解决两广事变时,《大公报》立论的基点仍是将党务、军令统一于南京国民政府之下,并认为只要确立了这个基点,"凡内忧皆除,凡内战皆免"③。

及至西安事变发生后,《大公报》把蒋介石抬举到无以复加的地位,为"国家中心"论的正式提出作了牢固的铺垫。蒋介石从西安归来后,《大公报》便连续发表"社评",正式提出了以蒋介石为国家中心的"国家中心"论。在1937年1月1日的《祝岁之辞》中,《大公报》提出,今后整个国家必须在"政府领袖领导之下,为救国工作。凡爱国人士,俱宜奋勇参加,岂容别有号召";"国防及外交,则吾人以为蒋委员长执行之方针,完全适当。惟望全国同胞,无条件的信任拥护"④。1月7日的"社评"《国人应有坚确的信念》说:"十年以来,事变迭乘,国难严重,幸而政府已有基础,国家已有领袖,此种局面,真不知经过多少牺牲,出过多少代价。无论如何,国民应出全力,维持此局,不容以任何理由,根本推翻。盖以国家外患之严重,与夫人民望治之急切,绝对不堪再乱,更绝对不能再胜另造领袖之负担。吾人于此,绝非无条件主张维持现状,惟认为政府果有缺陷,领袖果有可议,尽可以和平方法,促进改良,不宜出以暴烈手段,

---

① 《民国二十年元旦祝辞》,《大公报》1931年1月1日。
② 《社评·宜速确立军事中心》,《大公报》1932年3月10日。
③ 《社评·期待二中全会者》,《大公报》(津版)1936年7月10日。
④ 《社评·祝岁之辞》,《大公报》(津版)1937年1月1日。

一发而不可收拾。"①1月20日的"社评"《再度诉诸常识与良心》则告诫国民三点:"第一,吾人以为中国今日只有整个的国家民族路线,而不容有其他路线。""第二,既以救亡图存为亟务,则首须认清国家环境困难至此,非维持全国政治统一军事统一,绝对不足以肆应方兴未艾之国难。""第三,欲求国家民族之生存,必须保持统一之规模,而利用统一形态策进国力,尤在于物质心理之双方建设。"②这三点的中心意思就是一个:路线统一、政治统一、军事统一、规模统一,总之统一于蒋介石南京国民政府领导之下。6月11日的"社评"《沈钧儒等一案公判》则说:"本案在今日着重在定是非,明利害,以更促进全国之精诚团结,意见 致。大回忆去年全救会之所号召者,诚不无危险之影响,当时政局虽与今日不同,然燥急之鼓动,庞杂之组织,各党各派合作建立政权之理论,盖不惟不足加强国家之地位,且使国家更艰于指挥与运用。"③"社评"认为,在当前政局下,仅仅提出各党派联合执政还不行,还必须强调统一,及各党各派必须在蒋介石南京国民政府的统一领导之下,才能完成"建国御侮"之大业。

《大公报》强调将全国统一于蒋介石及其领导下的政府之下,还有一个背景,即1937年张季鸾应约到庐山晤蒋。蒋介石在西安事变后休息疗养了一段时间便上班理事,并准备在暑假召集一批大学教授至庐山就国家建设之事征求意见。事前,蒋介石便在庐山会见张季鸾,向他说明暑假谈话的想法。6月5日《大公报》要闻版头条即刊登张季鸾发回的"南京专电",报道了此次会见的情况:

> 本报记者谒蒋院长④于牯岭,顷已归京,兹记谒见印象如下:记者为蒋院长销假视事后报界最初谒见之人,见其精神复原,谨致贺意,蒋先生自谓体气已如常,惟因新愈,起居一切尚加慎重。遂谈及国事,谓国内军事已结束,本人健康已恢复,此正集思广益迈进建设之时……综合记者所得之印象,深感蒋院长情绪紧张,决以全副精神领导建设,现在注意之集中点为求人才、求方案、求办法,望全国后援政府以求实效,而尤渴望全国专门家智识界与政府合作。蒋先生牯岭私邸为一中等建筑,院落尚大,树木不少,时方初夏,牯岭全为浓绿所蔽,记者自蒋先生书斋望四周景色,颇感怡爽,惟察蒋先生似全不注意于此,其沙发及小几上杂置文电,于谈话

---

① 《社评·国人应有坚确的信念》,《大公报》(津版)1937年1月7日。
② 《社评·再度诉诸常识与良心》,《大公报》(津版)1937年1月20日。
③ 《社评·沈钧儒等一案公判》,《大公报》(津版)1937年6月11日。
④ 蒋介石时任国民政府行政院长。

中,不时取小册或纸片以铅笔有所纪录,显露其脑海中每刻不忘国务……记者今晨在下山途中,默祷全国精神的团结自今夏开一新纪元。①

当日"短评"《蒋委员长谈话》则说:

> 蒋院长在牯岭对本报记者的谈话,国人看了以后,感奋自不待言。今年不仅为中国大规模经济建设的第一年,而且将开全国智识的或精神的建设动员之新纪元。中国确在进步中。蒋院长以紧张的情绪,全副的精神,领导建设工作,并集中注意于求人才,求方案,相信全国专门家智识界必能推诚与政府合作,今后全国建设的猛进是可以预期的。中国已踏进自强自救的大道,全国一致努力吧! 光明灿烂的前途已展开在国民的眼底。②

6月23日的"社评"更是明确期望全国各界人士,必须"一致认识,拥护国家中心组织为建国御侮之前提条件。故一切思想行动,凡增加向心力者为是,凡促进离心力者为非"③。也就是说,要御侮,要救国,要建国,就必须拥护蒋介石这个"国家中心"。至此,《大公报》以蒋介石为国家中心的"国家中心"论正式形成。

张季鸾和《大公报》真切地希望,全国朝野能统一在蒋介石南京国民政府之下,集中精力、人才,全力以赴地进行经济建设,"开全国智识的或精神的建设动员的新纪元"。没有料到,仅仅半个月后卢沟桥事变便爆发了,中国进入全面抗战时期。张季鸾和《大公报》便带着这个"国家中心"论踏进全面抗战的烽火。在八年抗战中,"国家中心"论有所发展;在解放战争中,"国家中心"论仍然顽固地起作用,直到这个"中心"被摧垮。

(二) 有关全面抗战爆发的记事与言论

1937年7月8日即卢沟桥事变的第二天,中共中央发出《中共中央为日军进攻卢沟桥通电》指出:"平津危急! 华北危急! 中华民族危急! 只有全民族实行抗战,才是我们的出路!"号召"全中国同胞、政府与军队团结起来,筑成民族统一战线的坚固长城,抵抗日寇的侵掠!"

---

① 《蒋院长对本报记者谈话:集思广益迈进建设》,《大公报》(津版)1937年6月5日。
② 《短评·蒋委员长谈话》,《大公报》(津版)1937年6月5日。
③ 《社评·对于国事之共同认识》,《大公报》(津版)1937年6月23日。

而此时的蒋介石正在庐山召集一些大学教授和各界领袖讨论国家建设工作,注意力集中在国家经济建设上,对日本扩大侵略缺乏应有的思想准备,所以卢沟桥事变后,他还寄希望于局部解决,不把事态扩大,于是指示二十九路军军长宋哲元以"不屈服不扩大之方针,就地抵抗",同时召见英、美、法、德等国驻华使节,要求他们的政府出面干涉日本的侵略行为。

然而日本近卫内阁野心膨胀,于7月11日发表《派兵华北的声明》,从中国东北、朝鲜和日本本土抽调重兵源源不断地进入华北。不到十天,华北的日军即猛增到五个师团。蒋介石见日本如此进军态势,感到"就地抵抗"方针已行不通,遂于7月17日将原定的庐山经济建设谈话会变成抗战谈话会,并在谈话会中表明中国政府对卢沟桥事变的原则立场:"如果临到最后关头,便只有拼全民族的生命,以求国家生存。那时节,再不容许我们中途妥协。""如果战端一开,那就地无分南北,人无分老幼,无论何人,皆有守土抗战之责,皆应抱定牺牲一切之决心。"①中共中央的通电和蒋介石的庐山谈话,标志着中国全面抗战的爆发。

全面抗战爆发后,《大公报》的新闻报道和言论揭载方针有一个变化过程:由"谋求和平解决"转为外交解决与武力抵抗并行,最终确定为"一心抗战,不知其他"。

1. 卢沟桥事变后至平津沦陷前:谋求和平解决

7月9日,《大公报》要闻版头条用"芦沟桥中日军冲突"作标题,报道了日军进攻卢沟桥的消息:"日军猛烈进攻,我军沉着应付,迄昨夜止双方交涉尚无结果,日方正增兵,我军决死守。"②这则报道有三个关键词值得注意:日军猛攻,我军应付,双方交涉无果。当日发表的题为"芦沟桥事件"的"社评",非常清楚地表达了三个意思:其一是澄清日方传播的关于卢沟桥事件的不实消息,向世界说明真相——"此事据称系因日军声言兵士失踪,要求入城搜索,我方以深夜无法查找,彼遂出于攻击,甚且要求我军退出芦沟桥。综合此种情形,纯系日方放肆要挟,有意寻衅。"其二是表明中国国人应有之决心:虽然"中国对日方针固早确定,即不背外交立场,不愿向人挑衅,可避即避,绝不孟浪",但是"退避当有程度,屈让应合界限,若果我避而人逼,我退而人进,则横逆之来,

---

① 转引自秦英君主编:《中国现代史简编》,第258—259页。
② 《芦沟桥中日军冲突》,《大公报》(津版)1937年7月9日。

攻击无端，其势有不容不慷慨自卫，另作打算者。此在今日之非常时期，亦正时刻有其需要，斯又国人所不可不随时警惕抱定决心者也"。其三，指出华北当局对待卢沟桥事件的错误方针："芦沟桥事件，北方当局愿以外交方式求解决，如果不涉及丧权辱国之条件，国人自亦雅不愿事态之扩大。惟衡以国际环境，日本情况，与夫北方现状，来日之大难，隐忧正多，枝枝节节的应付，蒙头盖面的敷衍，终必不适于今后局势。"最后表示："吾人切望中央地方务即商定切合实际之具体方案，预定缓急先后之因应步骤，共同负责，澈底一致，不特内外军政当轴精诚团结，见解从同，并应使社会各方有力人士认清现局，明了利害，以与政府呼应，是非祸福，荣辱毁誉，全国同之，夫然后始可望形成整个力量，以当不测之变。"①这篇由胡政之写的卢沟桥事变后《大公报》的第一篇"社评"（其时张季鸾尚在庐山，准备参加前述由蒋介石召集的庐山谈话会）体现出《大公报》在外敌入侵面前坚定的原则立场。当日的一篇"短评"也说，在此事件前途尚难判断的情况下，"全国同胞，尤其是北方同胞，此时一面要加倍警戒，一面须立定决心，尤须处以镇静，沉着应付！""对外有其一贯的坚定的立场，不惹事、不孟浪，但倘受攻击，当然要自卫。"②

经斡旋，中、日军队约定于7月9日各自撤退，暂停战斗。10日《大公报》的"社评"《芦沟桥案善后问题》再次呼吁华北当局"迅速决大计，上与中央连成一片，下与民众结为一体"，"否则退让复退让，畸形复畸形，士气何堪再用，地方成何体制！"③

次日，即7月10日，日军违约挑衅，企图扩大事态，芦沟桥形势立显严重。11日《大公报》要闻版头条及时报道了这一情况，并发表"短评"《芦沟桥事件逆转》，再次提醒地方和中央当局注意："日方陆续增兵，大局刻刻在增加其严重程度！"④12日发表题为"危机一发的东亚大局"的"社评"说："这两天，日军在芦沟桥的几阵炮声，可以变成远东和平的吊钟，在国际间将要酿出严重的局势，在历史上将要种下百年的浩劫。我们对这次事件推演的局势和结果，简直不忍想象！所以我们衷心祈祷主动方面能够悬崖勒马。"⑤

然而与《大公报》的期望恰恰相反，新近上台的日本近卫文麿内阁为了加

---

① 《社评·芦沟桥事件》，《大公报》（津版）1937年7月9日。
② 《短评·沉着应付！》，《大公报》（津版）1937年7月9日。
③ 《社评·芦沟桥案善后问题》，《大公报》（津版）1937年7月10日。
④ 《短评·芦沟桥事件逆转》，《大公报》（津版）1937年7月11日。
⑤ 《社评·危机一发的东亚大局》，《大公报》（津版）1937年7月12日。

强其所谓的"举国一致内阁"地位,一方面召集全国金融界、新闻界谈话,要求援助,一方面在军事上调兵遣将,极力作扩大侵略规模的布置。12日晚,日军将大批军械由古北口运至北平城外。《大公报》13日要闻版头条报道了这一严峻事态,并发表题为"希望日本政府持重"的"社评",警告日本首相近卫文麿"不要成为政治上的冒险家,因为这一冒险,说不定要成为百年历史的罪人";也希望中国政府密切注视日本动向,不能不做些切实的准备;还希望"全国国民应当信任当轴,沉着镇静,举国一致,各各准备着走我们不能不走的道路"①。同日报纸还发表"短评"《昨天形势》,文中坚定地表示:"人如决心进犯,我必拼命自卫。"②

15日,日本陆军省发布命令继续增派来华军队。同日,日本陆军大臣杉山元在地方官会议上发表演说,极尽对中国诬蔑之能事,扬言用武力压迫以征服中国。16日,《大公报》发表题为"日本诚意何在?"的"社评",对杉山元的谬论进行了驳斥,称日寇侵华给中国人民造成极大伤害,而日本当局不仅"不自反省,仍复加重武力压迫以求征服,将欲解决两国问题,何异火上浇油,缘木求鱼?"③同日发表的"短评"亦指出:"日本在一切布置完竣以后,恐将不免提出重大要求,要求不遂,难保不即刻采取重大行动。"并表明:"苟安必不可求,寸土不容放弃。这是国民一致的要求,因为此外我们也没有第二条路可走!"④

时局日益恶化,张季鸾不待庐山谈话会开幕在即(7月16日),于7月15日赶回上海。而随着张季鸾回沪后,《大公报》言论的基调似乎又有所变化。7月17日,也就是蒋介石发表庐山抗战谈话的当日,《大公报》发表了张所写的题为"时局真相的解释"的"社评",首先说:"现在我们将时局真相再澈底的解释一番,庶几易于澄清国际观点,决定一切是非。"接着解释四点:

> 第一:自八日卢沟桥发生事件之第一瞬间起,以至今日,我们冀察当局,我们中央政府,一直是求和平,不是求战争。……这种态度,现在依然,所以时局关键始终只在日方能否撤兵,能否停攻我们的部队……
>
> 第二:问题之严重化,是从十日左右起,在九日,北平方面认为已可解决,当局间的空气是乐观的,然不料十日又有严重的冲突。接着日本阁议

---

① 《社评·希望日本政府持重》,《大公报》(津版)1937年7月13日。
② 《短评·昨天形势》,《大公报》(津版)1937年7月13日。
③ 《社评·日本诚意何在?》,《大公报》(津版)1937年7月16日。
④ 《短评·国民一致的要求》,《大公报》(津版)1937年7月16日。

> 就决议大举出兵。……十五日夜日本陆军省反正式发表了出兵令。依现状推论,在几天以内,平津间并且平津外,将有数万日军集中,那么这两天的比较沉静,只可解释为等候援兵齐集之后,要有严重动作。
>
> 第三:这两天……中央与冀察当局实际是一个态度,一个意志。……全国同胞须知道,中国决没有一点再屈再退之余地,平津一带同淞沪一样,是中国的心腹,是几百代祖先惨淡经营的国土。日本此时对中国主权更进一步的任何打击,其意义是要中国的命!中国政府与人民固然不求战,并且避战,但到避不了之时,只有拼命自卫。因为要不然就是放弃华北,就是自杀。所以中国绝没有选择之余地,也没有观望之可能。
>
> 第四:我们客观的考察,感觉时局危机刻刻增大。日本除去从满、鲜不断的进兵平津之外,并且下了内地师团的出兵令,这是一个极严重的事实,世界舆论界要认清此点,大家为远东和平努力,再迟就来不及了!①

上述四点归纳起来为四句话:谋求和平为中国政府的一贯态度;由于日本大举出兵而使形势严重恶化;在战争避免不了时,中国政府与中国人民只有拼命自卫;希望世界舆论努力于远东的和平! 四点解释又可归纳为一个主旨:谋求和平,但不放弃作战。这四点解释应当是张季鸾从庐山带回来的,代表了国民政府最高当局之态度,其权威性是显而易见的。间日后,7月19日的"社评"《时局到最紧关头》点明说,以上四点是政府的意思:"我们政府方针是求和,不求战。但无论如何,不能放弃国土,不能坐视我们部队受攻击而不救。"②

20日,《大公报》要闻版头条报道蒋介石17日庐山谈话:

> 蒋委员长十七日在庐山谈话会第二次谈话会时,对芦沟桥事件有所报告。兹纪其要点与演讲辞如下:一、国府政策为求自存与共存,始终爱护和平;二、卢沟桥为北平门户,卢沟桥事件能否结束,就是最后关头的境界;三、临到最后关头,只有坚决牺牲,但吾人只准备应战,而不是求战;四、和平未绝望前,终希望和平解决,但要固守四点最低限度之立场:(一)主权领土完整不受侵害;(二)冀察行政组织不容改变;(三)中央所派官吏不能任人要求撤换;(四)二十九军驻地不受约束。③

---

① 《社评·时局真相的解释》,《大公报》(津版)1937年7月17日。
② 《社评·时局到最紧关头》,《大公报》(津版)1937年7月19日。
③ 《蒋院长演辞昨晚已发表》,《大公报》(津版)1937年7月20日。

当日,《大公报》发表题为"我们的坚决立场"的"社评"对此做了呼应,说:"本月十七日庐山谈话会第三次开会,行政院蒋院长曾有关于时局的演说,历时三刻钟,态度沉着而恳切,听者感动,鼓掌达数分钟不绝。……(演辞)除详述政府所持的一贯的外交方针之外,对于这次卢沟桥事件,仍旧宣称即在最后一分钟间,亦不放弃其经由正当外交机关觅求和平解决的希望,更将中国坚决的立场,坦白直率地披露出来。这可算是中国当局最鲜明的表示。"①同时还发表"短评",对蒋讲话中所抱立场进行赞扬:"蒋院长在庐山演辞昨晚发表,由此可证明政府态度的坚定。全国国民对政府此项方针,都一致的热烈拥护。"②

21日,《大公报》发表"社评",希望国民觉悟三点:(1)此次事变"为国家民族存亡所关,断非仅局部之冲突,一时之利害"。(2)"平和绝非乞怜所能得。惟有整个团结,一致奋斗,以事实证明中国不甘作鱼肉,方可免于作鱼肉耳!"(3)"国民更有须觉悟之点,即必须行动意志完全齐一,且严守纪律,服从指挥,方可能求最后之胜利。"③28日,张季鸾还专门就蒋在庐山谈话中的一句话("在和平根本绝望之前一秒钟,我们还是希望和平的")发表一篇题为"和平绝望的前一秒钟"的"社评",解释蒋的意思。直至平津沦陷前,《大公报》均是根据蒋介石庐山谈话会的精神进行记事与发言,极力宣传在不丧权辱国的前提下谋求和平,并将谋求和平的努力进行到"最后一秒钟"。

2. 平津沦陷后至南京沦陷前:武力抵抗与谋求和平并行

1937年7月底平津沦陷后,日军从北平、天津分三路展开进攻,迅速扩大在华北的攻势:一路沿平绥铁路进攻山西、绥远;一路沿平汉铁路进攻河南;一路沿津浦铁路进攻山东。一则由于日军气势正旺,二则由于蒋介石南京国民政府缺少必要的准备,加上各级将领指挥失误,我国军队在短时间内连连撤守。平绥路方面,南口、张家口、归绥、包头、娘子关、忻口、太原相继失守;平汉路方面,涿州、保定、石家庄、邢台、邯郸依次沦陷;津浦路方面,马厂、沧县、德州、济南、泰安接连被占。不到半年,河北、山西、察哈尔、绥远、山东五省陷落。与此同时,南方军事形势亦不甚乐观,"八一三"淞沪会战爆发后,中国军队在上海苦战近三个月后仍被迫撤离。

面对此种形势,《大公报》的记事与发言方针有所变化,在不放弃谋求和平

---

① 《社评·我们的坚决立场》,《大公报》(津版)1937年7月20日。
② 《短评·举国一致的精神》,《大公报》(津版)1937年7月20日。
③ 《社评·国民应有之觉悟》,《大公报》(津版)1937年7月21日。

宣传的同时,重心转移到做"打气"工作——"鼓励军民抗战"。基于此种态度,《大公报》对华北战场和上海抗战的报道与言论,不仅"闻败勿馁",而且"闻败振奋","专门做打气工作"。每逢战局不利,该报总是及时发表鼓励性言论,坚定人们抗战必胜的信心:"我们感觉,在今日情势之下,'闻败勿馁'还不够,必须做到'闻败振奋'。无论前方后方,大家必须振作起来,兴奋起来,挽回目前的颓势。"①并公开说:"在国家遭逢空前危难,大家皆失去定力的时候,我们若能给民族国家'打一些气',坚定信心,奋发勇力,继续走上争取生存的大路,这工作是万分必要的。"②本着这一认识,《大公报》抓住一切机遇,不断为抗战军民"鼓劲""打气"。

事实上,《大公报》汉版之所以选择于1937年9月18日创刊,就是为纪念国耻日,为抗战军民鼓气。当日发表题为"九一八纪念日论抗战前途"的"社评"指出,中国抗战必胜,日寇侵略必败。"何以言之?""社评"从三个方面分析道:

> 第一:中国早已决定在任何情形下,断不屈服,换句话说,中国民族今天对日本军阀只两句话:或者你们全占了去,或者全吐出来!中国已决心不容再零碎分割,要么全征服,要么全解放。所有九一八以来日本所用的一切辱华欺华名辞,"特殊化""明朗化""局部化""自治化"一类话头,中国决心再不听不理。只是牺牲拼命,拼到中国完全自由独立之日为止。……现在不但是国民党阵营内全国军人,一致奋斗,不屈不挠,就是新编第八路的朱德、彭德怀各军长的部队,也完全在同一的精神与信念之下,为祖国效死。……这样精神统一,这样牺牲壮烈的对外战争,中国历史上是第一次。这没有别的,就是共同认识牺牲必得胜利,屈服就是亡国!中国民族这种决心,今后在任何情形下,断不变更,那么日本军阀,凭什么能征服中国?所以日本不论怎样凶横,在政略上业已一败涂地了。第二……(日本)的军备,固然为征服中国,也同时为对付世界。所以和中国为敌,打这样血战,败也是败,胜也是败。因为实力日减退,经济日动摇,对华商业丧失,世界市场被夺,所以在中国越纠缠,越深入,他对世界缺陷越大。……这也是事实上日本军阀必然失败的理由。第三:中国不

---

① 《短评·切莫错过时机》,《大公报》(汉版)1937年11月8日。
② 王芸生:《再答青年(上)》,《大公报》(汉版)1938年1月23日。

但是消极的抵抗日本侵略,并且在世界上有理想,有主张。中国这一战,是以自己的生命资财,为世界争取新秩序,成立新轨道。中国决心为条约尊严、为国际互助而战。……中国要拼命给世界打出一条光明之路,要与全世界主张和平自由的善良人类,共同奋斗!我们相信中国这种精神,就是世界大多数善良人类的共同精神。……中国能持久必能胜利,能全国总动员,则必能为最大限度之持久!①

张季鸾的这篇社评,立意高远,分析精辟,且语气铿锵,读后令人颇受鼓舞。

11月上旬,在北方重镇太原危急时,敌军又在南方的金山卫登陆,威胁淞沪战线,一时间全国上下既担心太原的安危,又忧虑上海的命运,甚至一部分人已开始怀疑到抗战前途,在情绪上无形中蒙上一层暗淡的厚幕,《大公报》值此之际发表题为"我们的认识"的"社评",以期提高国民对抗战的认识,帮助民众"拨云见天",增加克服困难的勇气。文章分析道:

第一,从根本认识上,我们应该彻底知道:国家是一个弱国,个人是一个弱国的国民,一个弱国的命运,本来是艰难的,做一个弱国民,尤须有担当艰难命运的志愿和勇气。我们这次与强敌拼命,是出于被迫到无路可走的不得已,绝不是我们自信力量已够,而去向敌人挑战。哀兵与悲民,在理是必胜的……但这个最后胜利的取得,必须在经过万分艰难,无数苦斗之后。现在是艰难的起始,苦斗的开头,在这时我们若因一些挫折,便心灰气沮,那根本不配做一个独立国家的国民。

第二,在战争本身上,我们应该澈底知道:阵地的一隅得失,绝不是战争的结论。……我们的阵地虽有若干退失,若我们还有丰富的战斗力,自然仍能继续抗战,并有取得最后胜利的可能。

综合以上两点,我们应该澈底认识,这次战争是以弱敌强,以衰抗暴的战争。在这样的战争中,必然要遭遇到很大的艰苦,在心理上我们应充分准备下担当这份艰苦的勇气,在事实上,我们更应拿出尝取这份艰苦的气力。在目前的战局中,我们不要为阵地一隅得失而心灰气沮,而要坚强的发挥我们的战斗力。②

1937年11月20日,国民政府宣布移驻重庆。值此之时,《大公报》发文打

---

① 《社评·九一八纪念日论抗战前途》,《大公报》(汉版)1937年9月18日。
② 《社评·我们的认识》,《大公报》(汉版)1937年11月10日。

消国民消极的情绪,树立长期抗战的思想准备。21日的"社评"《恭读国府宣言》首先说,"自失太原,退淞沪,接着敌军一面攻济南,一面攻苏嘉,一部分人心上,不免有忧郁之暗影",但国府移渝办公宣言使得这种"忧郁一扫而空"。接着从"统筹全局长期抗战"方面立意说:"国府所在地临时迁移,这就是在事实上表明持久战斗,到底不屈,况且为统筹全局之计,政府移驻上游,便利甚多。"进而指出:"全国军民读此宣言之后,应当一致以政府之决心为决心,而各尽职责,求取胜利。……全体将士,必须更努力,全国民众也必须组织训练,争上前线,一定要做到国府宣言所说:'人人本必死之决心,以其热血与土地凝结为一,任何暴力不能使之分离。'"文章最后总结道:"'重庆'是庆祝复兴,我们谨祝此宣言为中华复兴之开篇!"①11月30日,报纸又就国府移渝办公事再次发表"社评",祝祷三点:"第一,祝国民政府诸院部与中央党部之诸当局诸干部,今后更精勤惕砺,负起这重大责任来!""第二,祝全国忠诚爱国的人们,都拥护及扶助移渝办公之政府!""第三,祝四川各界,特别做政府后援,以保卫并建设四川!"②

一旦遇到我国军队打了胜仗,《大公报》更是紧紧抓住机会,极力宣扬,以彰士气。1937年9月,攻陷大同后的日军将矛头指向太原,9月24日夜,八路军一一五师冒雨在平型关伏击日军一部,打了自卢沟桥事变以来中国军队的第一个大胜仗。次日,《大公报》要闻版头条刊登"南京专电"报道平型关大捷的消息:晋北平型关线上前晚迄今晨大战,我军"将敌第五师团坂垣部大部歼灭,在战略上收全胜之利,敌樱井旅团陷于全灭,毙敌二千人。其余俯首缴械,愿作俘虏者二千五百人。"③并发"短评"《晋北大胜》说:"暴敌太欺人了,仗着火力大,想侧攻雁门关,哪料到以强暴著名的坂垣师团,会被我军生擒缴械?"指出:"这一战的立功军队,是那几军,我们没有宣布的自由,但可以这样说:其中有在南口一带苦战建功的好部队,及新加入前线的某生力军。"④

日军进攻受挫,便改变计划,从左侧突击占领平型关,接着向忻口进犯。中国军队以第二战区副司令长官卫立煌为敌前总指挥,组织忻口会战。敌我

---

① 《社评·恭读国府宣言》,《大公报》(汉版)1937年11月21日。
② 《社评·祝国府在重庆开始办公》,《大公报》(汉版)1937年11月30日。
③ 《晋北我军血战大捷,敌精锐部队全覆灭》,《大公报》(沪版)1937年9月25日。此处为战争宣传需要,所列数据当然有所夸张,后世研究一般认为,在平型关歼灭的日军部队人数在一千左右,俘敌更不可能达到两千五百人。
④ 《短评·晋北大胜》,《大公报》(汉版)1937年9月25日。

双方反复冲杀,伤亡惨重。第九军军长郝梦龄、第五十四师师长刘家骐在指挥作战时壮烈殉国。忻口会战持续二十余天,歼敌约二万余人,创华北战场大规模歼敌的纪录。

10月14日,《大公报》要闻版头条报道了忻口会战的情况,并在第三版发表"短评"《晋北捷报的重要性》,对忻口会战的成绩进行充分肯定,还特别肯定了八路军的战功:"雁北八路军的活动,更可期待。最近新加入晋北线的优良部队不少,此次之胜,不是偶然。"①19日,要闻版报道郝梦龄、刘家骐殉国的消息并刊登两位烈士遗像,同时发表题为"礼赞军神!"的"短评"说:"军、师长的阵亡,全团的牺牲,我们不能哭,只能歌!这些牺牲者,都成了中华万代的军神了!这些勇士,发挥了军人道德的极致,完成了他们的本分,就个人言,更可谓死得其所,死得其时!中国民族今后千代万代生存发展的铁券,就是这些勇忠将士的鲜血所铸成。中国是绝对不亡了!后死的全国军民,要礼赞我们的军神!要一齐踏着军神们的血迹,继续前进!"②

在上海战场,淞沪会战三个月的激战与苦斗中,中国军队表现英勇顽强,涌现出许多可歌可泣的英雄人物和英雄事迹。对此,《大公报》作了及时报道,并屡次发表热情洋溢的"短评""社评"予以颂扬。如10月25日,在腹背受敌的情况下,闸北、江湾、庙行的中国守军被迫撤离,八十八师谢晋元团奉命断后,在焦土废墟上,勇士们奋勇阻敌,明知出路已断而毫无惧色。对此,《大公报》连续两天发表文章,对死守"四行堆栈"的谢团进行讴歌。10月30日的"短评"《八百壮士》写道:"四行巍楼,八百壮士,在敌军占领地中,傲然展着一面祖国军旗,等候着杀敌同尽。……'慷慨殉节易,从容就义难',谢团长与八百壮士,做到'难'了,这是圣贤,不只是战士!"③隔日又发表"社评",对谢晋元团进一步赞扬:"沪闸北四行堆栈中的谢团一营,这几天,轰动全中国以至全世界……军人的绝对牺牲精神……遂成为可泣可歌的佳话。"④

全面抗战三个月,北方丢了冀察,弃了绥远,山西濒危,山东被侵。对此,《大公报》甚为着急,于10月27日发表题为"勉北战场各军"的"社评",首先说:"北方是我们中华民族的故乡,也是我们国家的根本。……我们万万丢不得北

---

① 《短评·晋北捷报的重要性》,《大公报》(汉版)1937年10月14日。
② 《短评·礼赞军神!》,《大公报》(汉版)1937年10月19日。
③ 《短评·八百壮士》,《大公报》(汉版)1937年10月30日。
④ 《社评·闸北孤军奉令退出》,《大公报》(汉版)1937年11月1日。

方,必须保住北方。"在分析北方战场失利的原因时说:"我们的兵个个是好样的,人人是勇敢的,只是有些负指挥责任的高级将官不能尽职。南口的血战,察北的进攻,都有好的战绩,而竟归失败者,是因为一两个将官拆了烂污,津浦线上节节战败,不能算是失败,平汉线上数十万劲旅,那个士兵不是国家的精锐?然而由琉璃河崩溃漳河,这一个长程的失败,完全由于高级将官的指挥乖方。"因而文章希望"千百将官更加尽职","人人都作郝梦龄,切莫学李服膺!"①

这一段时间,《大公报》以范长江为首的战地记者表现十分出色。一篇篇战地通讯详细地报道了前方战况,彰显了我军将士的英勇豪情,并激励了广大军民的抗战斗志。关于华北战场及上海抗战的通讯,从1937年9月18日到12月上旬,仅汉版发表的便达四十余篇,其中重要者参见表3-1。

表3-1　1937年9—12月《大公报》(汉版)所发表的主要战地通讯列表

署　名	篇　名	发　表　日　期
杨士焯	由石家庄到沧州	1937年9月20日
杨纪	战区远足	1937年9月21—23日、26日、28日
小方	娘子关雁门关途中	1937年9月21日、23日
	血战居庸关	1937年9月26—27日、29日
战地特派员	北方前线	1937年9月23—24日、26—28日
秋江	退守雁门关	1937年9月30日、10月1—2日
	南口迂回线上	1937年10月3—4日
	大战平型关	1937年10月5日、7—9日、14日
	退守太原城	1937年11月18—20日
溪映	平型关胜利之光荣回忆	1937年10月20日
	山西的外线战	1937年10月29日、11月17日
王少桐(中央社记者)	晋北前线朱彭会见记	1937年10月21日

---

① 《社评·勉北战场各军》,《大公报》(汉版)1937年10月27日。李服膺时任六十一军军长,1937年8月奉命防守晋北重镇大同,后以"擅自后退"的罪名遭第二战区司令长官阎锡山下令枪毙,时人皆指责其遇敌临阵脱逃,致使大同失守。然而,后续亦有研究者指出,李服膺率部撤出防线是在接到阎锡山撤退的命令之后依令行事,因而李氏实遭冤杀。

续表

署　名	篇　名	发　表　日　期
陆诒	娘子关失陷记——我军苦战经过	1937年11月10日
长江	告别上海——上海退出记之一	1937年11月24—25日
	告别上海——上海退出记之二	1937年11月26—27日

资料来源：作者整理。

《大公报》还注意刊登前方记者通过接触第一线将士，结合自身感受写出来的"战地述评"。其主要篇目有1937年11月1日《北战场给我们的教训》（丁作韶）、11月9日《纸上谈兵录》（杨纪）、11月21日《北战场上》（惜梦）等。这些文章兼具通讯和评论的特点，既生动又深刻。如丁作韶的《北战场给我们的教训》前言即写道：

> 记者从平津到济南，时在九一八的午后，征尘甫卸，即去沧州最前线，既而同军队下退，而桑园、德州、禹城……十月十三日后又转到平汉线，由新乡，而卫辉、汤阴、彰德，最近回到新乡，根据一月多的实地视察及与各军事领袖、各地方民众、各级士兵的谈话，觉得有几点教训是我们上下应当注意的，或者并且是应当力改的。

文章分析北方战场失利的四点教训称：

> 一、在指挥方面，或未免层次过多……指挥的层次这么多，命令过于迟滞，往往遗误戎机，固不用说，最坏的结果，是令出多门，使各军无所适从。……
>
> 二、在战略上，也非变更不可。过去，各军奉到的命令，只是死守。但因为敌人之长，长在炮火，而我之弱，弱在炮火。我军死守，敌军正可以发挥其所长，其结果遂使我军死守变成了守死。再，用兵以士气为主。士气，一鼓作之，再而衰，三而竭。因为死守变成了守死，士气遂大馁。……
>
> 三、在军队上，凡是屡败之兵，即应当调往后方，再以教养，过相当时间后，再调往前方应用。……
>
> 四、在民众上，须赶快下工夫。据前方下来的军士说，民众与军队处于敌对状态。……这有远因有近因。远因是因为民众过去受了军队的苦，现在谋报复。近因是因为战败，且纪律不好，被民众看不起。不与军

队处敌对状态的,就是不与军队合作,军队来了,跑得远远的。在作战区域中的民众,大致都是如此。①

应当说,这四点教训是很中肯的。

3. 南京战后:宣传"一心抗战,不知其他"

抗战初期,《大公报》"谋求和平"的一面,在平津沦陷前仍为其记事立言的主导面。从一定程度上讲,这是对它自身在绥远抗战时形成的"无条件抗战"论的一个倒退。对此,张季鸾在事后说明:

> 我们是无党派的报纸,向来拥护统一,服从国策。在开战以前,从没有一天以言论压迫政府主战,也从没有附和一部分人年来所谓即时抗战论,以使政府为难。今年芦沟桥案发生以来,认为大难临头,更不容伸张私见,所以始终只是拥护蒋委员长在庐山演说之主旨,并阐扬军事上、外交上政府屡次发表之正式声明。所以自抗战发动以来,一面鼓励军民抗战,一面拥护政府在外交上之立场。因此之故,我们亦向不反对国际调解,亦并不反对外交上之多方运用。②

这便揭出了这样一个事实:七七事变后,蒋介石仍然谋求以外交途径和平解决日寇的侵略问题,同时也表明,"谋求和平"论是蒋介石的"公见",并非《大公报》之"私见"。《大公报》因"服从国策"之故,才有"谋求和平"之宣传。

然而半年时间过去了,日本的军事进攻有增无减,中国的外交运用适得其反,由于侵略者对于外交解决中日矛盾毫无诚意,国际社会的调解效果趋近于零。日寇不顾国际反对,在占领上海后,随即兵分三路会攻国民政府首都南京。十分严峻的形势再次警醒《大公报》主持人:国际调解不可能使中国"谋求和平"。于是该报转而发文引导国民放弃调停幻想,一心抗战到底。1937年11月25日的"社评"《最大决心与最低打算》即对此论述道:

> 过去我们过分期待国际迅速有利的变化,过分早看日本国内之动摇,过分含糊我们自己力量的准备。我们今后要澈头澈尾作一番打算,要假设在一切外在条件都没有的情况下,我们单凭自己力量,如何来支持战争。……不幻想,不期待,不留恋,不苟安……这样我们可以"艰难的站

---

① 丁作韶:《北战场给我们的教训》,《大公报》(汉版)1937年11月1日。
② 《社评·最低调的和战论》,《大公报》(汉版)1937年12月8日。

稳",才可以应付敌人任何方法的进攻。①

而同一时期"陶德曼调停"的失败及其严重后果,亦给蒋介石、国民政府乃至张季鸾和《大公报》以深刻教训。陶德曼为时任德国驻华大使,奉柏林希特勒政府之命于1937年10月开始试图调停中日冲突。然而由于日方条件奇苛②,蒋介石难以接受,调解在持续三个月后破产。并且,德人调解不但对制止日军的侵略毫无作用,反倒使和谈谣言一时大起,对中国战局起了很坏的作用。

据说蒋在调停开始时,曾密电汉口,请张季鸾到南京参谋过此事。因而此时,亲历调停失败的张季鸾认为,必须发表"社评"表明中国抗战到底的态度和决心,才能挽回"陶德曼调停"造成的恶劣影响。12月5日即"首都保卫战"开始之日,《大公报》发表了张季鸾写的"短评"《德国调解之声》,说:"中国的立场,是从不拒绝国际调解,所以也不拒绝德国调解。但是事实上,这调解必无希望,因为日本必无诚意,现在竟悍然攻我首都,就是决不中止侵略之最大证明。中国抗战为保卫主权与领土之完整,决不为屈辱丧权的议和。同时,中国最尊重国际信义,凡足以相ада中国对国际信义之要求,中国亦决不承认。……全国军人一致的在蒋委员长统率之下,一心抗战,不知其他。后方大家,不要听谣传,不可乱揣测。"③这篇意在"辟谣"的"短评",揭出"一心抗战,不知其他"的旗帜,甚至还揭出了陶德曼调停的内幕:文中所谓"保卫主权与领土完整"实指日方条件中有巨大的领土要求;所谓"尊重国际信义"则影射日方条件中有反苏、反共、"共同防共"的要求。如此苛刻条件,蒋介石只能选择拒绝。鉴于日寇欺人太甚,《大公报》认为,全国军民从此要坚定一个观念:"一心抗战,不知其他。"

为了进一步"粉碎和谣",坚定军民的抗战信念,12月8日《大公报》发表了出自张季鸾手笔的著名"社评"《最低调的和战论》,该文开篇即言战事之严峻及敌人之嚣张:

> 我们首都,已不幸在敌人围攻中……东京电,敌外务省发言人说,欢迎第三者调解,但同时东京已准备八十万人的游行庆祝,预备于占领我首都之

---

① 《社评·最大决心与最低打算》,《大公报》(汉版)1937年11月25日。
② 日本方面在1937年11月南京战役开始前提出的条件包括:承认内蒙古自治,在华北设立"非军事区"并委派亲日分子任当地行政首脑,上海非军事区扩大,停止反日政策并联手反共反苏,降低日货关税等。
③ 《短评·德国调解之声》,《大公报》(汉版)1937年12月5日。

日举行。大家只就这简单两条消息看看,就可以认识敌人是如何玩弄辱没中国,并可以知道敌人所谓调解……之意义,只是庆祝胜利后的纳降。其最毒者,乃希望我合法的正统政府肯接受他占领我首都后之所谓和议。因为如此,则省得他制造傀儡,并且可以藉我正统政府之力,以自己消灭国内的抗战精神,同时使国际上无法说话。这于他太便利,太合算了。

事实表明,调解已无可能,议和即是屈服。文章指出:

> 我们当此危急存亡之日,请求全国军队、全国各界共同维护住我卫国抗战的最高统帅部之大旗,共同拥护蒋委员长于千辛万苦之中,贯澈迭经声明之国策!倘南京不幸被占,应明白拒绝名为调解实为屈服之一切议论。所有政治上军事上的缺陷,大家诚意扶助领袖,在三民主义之下,不分党派,同心奋斗!……这样,中国就永不亡,民族精神也永不至衰落。时机紧迫,千钧一发,我们贡献这几句愚直之言,特别希望在汉口的政府当局们注意。①

文中的"汉口的政府当局"是指汪精卫于1937年12月6日在汉口主持召开国防最高会议常委会,该会此时准备接受陶德曼调停。张季鸾的这篇"社评"写得悲壮感人,说理透辟,对于打击投降派、驳斥和谣、坚持抗战立场起到了积极作用。

为了更加坚定全国军民的抗战信念,《大公报》又接连发表"社评",申述"一心抗战,不知其他"的观点。12月13日日军攻占南京,《大公报》16日发表题为"诉诸全国军民各界"的"社评"说,"首都失陷,外患的严重紧急,不庸讳言","凡一切有爱国意识的人们,必须知道:现时以集中全国力量,拥护政府抗战,为唯一的救国方法"②。12月下旬,杭州、济南相继沦陷。29日《大公报》发表题为"杭州济南之失陷"的"社评"指出,摆在中国民众面前的只有一条出路,那就是抗战到底:"现在事实上,是敌人赤裸裸的进行征服全中国,因此中国的决心,只有两点,受征服或抗战,这其间,绝无中间性的存在。现在问每一个中国人,一定反对征服,那么结论只有抗战,一切悲苦,一切牺牲,须绝对豫期,不容瞻顾。"③

---

① 《社评·最低调的和战论》,《大公报》(汉版)1937年12月8日。
② 《社评·诉诸全国军民各界》,《大公报》(汉版)1937年12月16日。
③ 《社评·杭州济南之失陷》,《大公报》(汉版)1937年12月29日。

1938年1月11日,日本御前会议发表继续侵华宣言,并颠倒黑白称是中国国民政府"策动抗战",导致"日本政府今后不以国民政府为对手,期望真能与日本提携之新政府成立与发展,而拟与此新政府调整两国国交,并协力建设新中国"。对于这种强盗理论,《大公报》1月18日发表"社评"《东京的强暴宣言》指出:"图穷而匕首现,是中国的一句成语;东京这篇宣言的发表,便是日本'图穷而匕首现'了。""军阀日本要不战而胜中国,中国政府及国民则以武力捍卫其国家。军阀日本要以较小的军力使中国'屈膝',中国政府及国民则全面抗战。军阀日本希望国民政府接受它的亡国条件,中国政府及国民则誓不屈服。"①"全面抗战"观点的揭出,是《大公报》抗战宣传的一个里程碑。《大公报》人的头脑是清醒的:心无旁骛,一心抵抗是一个方面;但是由于敌我力量悬殊太大了,何时能取胜又是另一个方面。因此,《大公报》告诫国民,必须树立起全面持久抗战的思想。1938年3月24日,《大公报》在题为"注意人的问题"的"社评"中说:"这次抗战,是一个全面的持久战,绝非短时所能结束。在这全面的持久战中,最应注意的是人的问题,最要紧的也是人的问题。"②并且进一步补充说,"人的问题"主要有"保护难民""救护伤兵""肃清汉奸"三个方面。

自此以后,《大公报》高扬"全面持久抗战"的旗帜辗转播迁,万难不辞,为民族解放、中国复兴而呐喊。

如果说南京战起之前《大公报》关于战局的记事立言是"闻败勿馁"的话,那么南京战起之后,《大公报》则更注意利用前方的胜利来驳斥"战必亡"的谬论,鼓舞军民"战必胜"的信心。

关于临沂之战的报道与言论即是一例。1938年2月下旬到3月中旬,庞炳勋、张自忠两部在鲁南的临沂与日军血战,给日军以重创。3月19日、20日《大公报》连续两天在要闻版头条位置报道了鲁南大捷的消息。20日发表"短评"《鲁南的大捷》说:"最近鲁南临沂方面的胜利不是一件小事。我们抗战半年多,在过去,总存着一种失败心理,现在开始矫正了这种心理,而要在军事上取胜利了。鲁南的大捷,便是失败到胜利的转变点。"③文章还向此次的出力部队即庞炳勋、张自忠两部表示敬意。21日又发表题为"临沂之战"的"社评",再次对临沂之战给予高度评价并指出其"标志性"意义:"临沂之胜,是抗战开始

---

① 《社评·东京的强暴宣言》,《大公报》(汉版)1938年1月18日。
② 《社评·注意人的问题》,《大公报》(汉版)1938年3月24日。
③ 《短评·鲁南的大捷》,《大公报》(汉版)1938年3月20日。

以来可特书大书的一件事。'八一三'以来，无论南北战线，我们主要的念头，是坚守，是撑持。不少的人们，以为火力悬殊，不易取胜。同时有些人，专提倡游击，以为主力对峙的正式战很困难，只有游击。又有一种议论，是屡战屡败，屡败屡战。其意以为不妨败，只要能继续战。综上所述，可知无形中，殆有不易克服的一种观念，是因火力悬殊之故，我们只能牺牲，能拼命，而不容易胜利。这些观念，到现在确实推翻了，这就是临沂胜利的最大收获。"该"社评"的结论是，临沂之战标志着中国抗战"业已有了胜利的确实途径"①。

对于台儿庄大捷这场抗战以来中国正面战场的最大胜利，《大公报》自然不会错过，予以了高度关注和积极评价。1938年3月下旬至4月上旬，中国军队孙连仲部和汤恩伯部在第五战区司令长官李宗仁指挥下，于山东台儿庄夹击日军，摧毁敌两个精锐师团主力，歼敌一万一千余人，沉重打击了日本侵略者的嚣张气焰，破除了"皇军不可战胜"的神话。从战役打响到结束，《大公报》要闻版头条几乎天天都是关于台儿庄的消息，并发表有关言论多篇。4月初台儿庄初战告捷的消息传来，4月2日《大公报》即发表了题为"北方健儿吐气！"的"社评"，赞扬北方军民的抗战热情和勇敢精神：

> 日本军阀一贯的幻觉，以为中国的抗日意识及力量都在南方，北方人易受愚弄。其实，这完全是日阀的一种错觉，中国这民族国家是单一的，不可分的。北方人，在性格上是沉勇朴质，绝非愚钝，在国家感情上，因受外患最多，痛感最深，爱国爱族，同其热烈。河淮猛士，燕赵悲歌，灿烂的历史更足说明北方人的勇敢牺牲精神。②

为了及时报道这次战役的消息，范长江、陆诒于4月4日赶到徐州，当晚采访了第五战区司令长官李宗仁，又于5日到台儿庄守军孙连仲第二集团军司令部，次日即决战前夕，又赶往离台儿庄只一公里的三十一师指挥所，采访了该师师长池峰城。7日，战役刚一结束，范长江便随池师长进入硝烟四布的台儿庄，并在下午四时给《大公报》发回专电，详细地报道中国军队胜利的战果。当日，《大公报》要闻版头条作了这样的报道："鲁南顽敌成瓮中鳖，两万之众势将聚歼。"4月8日，报纸发表了题为"台儿庄胜利以后"的"社评"，说："台儿庄的光荣捷报，昨日午间，就传遍了全国，欢腾振奋，亿兆同心。此次胜利，当然

---

① 《社评·临沂之战》，《大公报》(汉版)1938年3月21日。
② 《社评·北方健儿吐气！》，《大公报》(汉版)1938年4月2日。

意义极大。敌人打通津浦的毒谋,这一战,受了彻底打击。而敌人板垣矶谷两师团,都是敌军精锐,经此一战,证明我们军队,如运用好,决心坚,便充分可以战胜暴寇。这精神的收获,其价值更是伟大无量。"①此外,报纸还于9日发表惜梦写于庆祝台儿庄胜利次日的通讯《台儿庄歼灭暴敌血战的一幕》,于12日和13日先后发表范长江8日、9日写的两篇通讯《台儿庄血战经过》《慰问台儿庄》。4月26日,《大公报》发表范长江25日发来的战场述评《光辉的战场》,述评台儿庄战役中敌我战斗上的表现,供关心即将开始的徐州会战的读者推测会战之参考。同日发表"社评"《这一战》,评价台儿庄之战说:"这一战,当然不是最后决战,但不失为准决战。因为在日本军阀,这一战,就是他们最后的挣扎,所以这一战的结果,于日本,于中国,都有重大关系。"并说:"这一战我们胜了,就可以充分得到这样证明,从此以后,日阀就在精神上失了立场,只有静候着末日审判了。"②这篇"社评"虽意在鼓励,但也暴露了《大公报》的主持人同当时许多人一样,被几场胜仗冲昏了头脑。虽然一个月之前,他们就已经明确地提出"持久战"的观点,但台儿庄胜利之后便出现了一种侥幸心理。正如毛泽东在《论持久战》中批评的那样:"台儿庄胜利之后,有些人主张徐州战役应是'准决战',说过去的持久战方针应该改变。说什么'这一战,就是敌人的最后挣扎','我们胜了,日阀就在精神上失了立场,只有静候末日审判。'"③这已是在点名批评《大公报》该篇"社评"了。

果然,台儿庄战役后,日寇欲挽回台儿庄失败的颓势,从华北、华中增调大批部队共三十万人夹击徐州。国民政府军事委员会也从各个战场抽调大批援兵约六十万人,准备在徐州与日寇决战。5月中旬,日军切断了陇海路,形成对徐州的包围。中国军队奉命从徐州撤退,至19日徐州失守。

徐州会战失败的现实打破了《大公报》主持人的侥幸心理,于是他们又引导国民树立正确的战争胜负观。徐州失守的当天,《大公报》的"社评"《徐州一带的会战》从正面立论说:"第一要知道,问题不在守徐州,而在求胜利。敌军此次实调集侵华军力之全部而来,敌人目的,也是为决胜,不只争徐州。所以我们对于战局的希望,是我们大军善于运用,以求胜利,徐州如何,反成较小的问题。"④

---

① 《社评·台儿庄胜利以后》,《大公报》(汉版)1938年4月8日。
② 《社评·这一战》,《大公报》(汉版)1938年4月26日。
③ 毛泽东:《论持久战》,《毛泽东选集》第二卷,人民出版社1991年版,第442页。
④ 《社评·徐州一带的会战》,《大公报》(汉版)1938年5月19日。

为了挽回"四二六"社评在读者中造成的不良影响，《大公报》在徐州会战失败后，又连发几篇言论，作些补救工作。6月4日"社评"《今后的战局》说："中国今天第一要义，是维持战斗力与增长战斗力。只要我们战略战术上的运用，与此义相符，就是胜利，反之就算失败。大家要时刻牢记：中国出路，在持久战，现在去决胜时期，还辽远的很，国民对政府用兵的考察，请专注意于战斗力之保持与增长，而较不注重局部战斗进退与得失。"①这是纠正"准决战论"，恢复"持久战论"。6月6日的"社评"《我们的把握》说："徐州之退，我们有军事的理由，一般心理或难免因此受到一些影响，那是最要不得的现象。我们不说空话，愿从事实上说明我们抗战的把握。"接着从"我们的力量"和"国际的环境"两个方面分析了敌我双方面的形势，最后指出："只要大家鼓勇努力，我们必胜！"②这是纠正因徐州会战失败而造成的悲观心理，坚定军民"抗战到底""抗战必胜"的信心。

继徐州会战失败之后，1938年10月，广州、武汉相继沦陷，悲观情绪像瘟疫一样蔓延开来，亲日派又重弹"议和"老调。《大公报》认为这是最具破坏性的，必须及时纠正，以鼓舞军民作艰苦持久战的准备。武汉撤守的一个月后，《大公报》于12月2日发表题为"抗战大局"的"社评"指出：

> 谈到当前的国家大计，最不可想象的是议和。就我们的本身说，要得到荣誉的和平，必须我们有充分战斗的力量。因为不能战的和平，其结果必然是投降。……再就敌人方面说，自从我们广州失守、武汉撤退之后，它真是气焰万丈，狂妄到极点。……这个中华民族的死敌，与我们业已到了彼此不并存的关头！我们中国人如果不甘于子子孙孙做日寇的奴隶，便惟有忍受一切苦难，不怕一切牺牲，战下去！战下去！战下去！……我们要澈底觉悟，现在中国只有战斗求生的一条路，绝对绝对没有和平！③

这篇社评的重点是：坚决抗战，反对投降议和。

接着于9日、19日、23日，《大公报》又连续发表三篇"社评"，发出"吃苦抗战"的号召："中日战争演到这个阶段，真正到了这两个民族主奴存亡的关头。

---

① 《社评·今后的战局》，《大公报》(汉版)1938年6月4日。
② 《社评·我们的把握》，《大公报》(汉版)1938年6月6日。
③ 《社评·抗战大局》，《大公报》(渝版)1938年12月2日。

敌人是在咬牙侵略,我们的应付之道便是吃苦抗战。"①希望国民"少享受""多贡献""勤俭节约""积极生产"。② 强调只有每一个中国人吃苦耐劳,"持久地发展战时经济"③,方能持久抗战,直至最后胜利。

这段时间,《大公报》登载的战地通讯不仅数量多,而且内容十分精彩,向后方民众具体展现了前方将士冒死杀敌的情景,鼓舞了爱国抗战军民的士气。一年时间里,版面刊载战地通讯(含战地述评)近二百篇,择其篇幅较大且有代表性的列表如下。

表3-2　1937年12月—1938年12月《大公报》所发表主要战地通讯列表*

署名	篇　名	发　表　日　期	备　注
樊迪民	一月来的东战场	1937年12月8日	
镇东	一片血腥话皖南	1937年12月18日、19日	
陆诒	毛泽东谈抗战前途——陕北通讯之一	1937年12月20日	
	暂时沉静的西线,保卫绥西的重要性	1938年1月18日、20日	
秋江	返回汾阳途中——晋南前线视察记之一	1937年12月23日	
	劫后的汾阳、介休——晋南前线视察记之二	1937年12月24日	
	陷落半月的平遥——晋南前线视察记之三	1937年12月30日	
	烽火潼关	1938年3月25—26日	
	全面游击战的山西	1938年4月23—24日、29日,6月14日、18日,7月3日、8日、13日、17日	孟秋江此次山西采访历时两个半月,在山西境内回旋了两千里左右的路程。该长篇通讯主要表现敌后部队的战斗与生活

---

① 《社评·论吃苦战斗》,《大公报》(渝版)1938年12月9日。
② 《社评·再论吃苦抗战》,《大公报》(渝版)1938年12月19日。
③ 《社评·抗战中的经济斗争——三论吃苦抗战》,《大公报》(渝版)1938年12月23日。

续 表

署名	篇 名	发 表 日 期	备 注
罗平	忆东战场	1938年1月2日、4日、5日、8日、9日	
	滕县血战——病榻前访问陈师长	1938年3月24日	陈师长即川军的陈离师长。陈离与王铭章师长共同坚守滕县,王战死,陈负伤
长江	中原大战之前夕	1938年1月30日,2月5日、7日	
	川军在山东前线	1938年2月8日、9日、13日、14日、15日	
	淮上观战记	1938年2月17日、20—21日、25日	
	江淮间的运动战初次胜利的战术经验	1938年3月3日	
	皖中战影	1938年3月12—13日、16日	
	台儿庄血战经过	1938年4月12日	
	慰问台儿庄	1938年4月13日	
长江	台儿庄血战故事	1938年4月18日	
	大兵团的运动战	1938年4月22日	
	鲁南运动战的经验	1938年4月23日	
	战况述评·光辉的战场	1938年4月26日、28日	
	胜利的退却——淮北浍河突过记	1938年5月29—31日,6月2日	
朱民威	炮火声中话皖南	1938年3月2—4日	
	三炸罗山——巨鹰歼敌记	1938年10月6日	
长诚	抗战中的西南	1938年3月8日、13—14日、19日、22日、29日、4月20日、27日、5月1日、5月14日、7月3日	

续表

署名	篇　名	发　表　日　期	备　注
惜梦	徐海风云	1938年3月27日、29日、31日,4月2日	
	台儿庄歼灭暴敌血战的一幕	1938年4月9日	
溪映	挺进正太路(一)(二)(三)(四)	1938年7月17日,8月23日、27日,9月6日	
高公	再到江南	1938年9月28日、30日,10月2日	
	战时的湖南	1938年10月17日	
佚名	潢川血战记	1938年10月7日	

资料来源：作者整理。
说明：此外,还有子冈的许多单篇特写不再列出。

4. 高唱"信任政府""拥护领袖"

《大公报》前一阶段形成的"国家中心"论,在抗战全面爆发后有了进一步的发展,其表现是：从1937年7月至1938年10月的一年多时间内,汉口版发表了许多篇高唱"信任政府""拥护领袖"的"社评"。

如前所述,1937年7月17日,蒋介石在庐山谈话会上发表了有关抗战立场的讲话。《大公报》于20日、21日就此连续发表"社评"予以赞扬,并希望全国各界"必须行动意志完全齐一,且严守纪律,服从指挥,方可能求最后之胜利"。10月26日,《大公报》发表题为"全国更需要切实团结"的"社评",特别要求左翼人士抛弃成见,信任蒋介石。"社评"说："我们希望过去组成抗日人民战线最近才与政府合作的一切人士,务必真诚信任政府,信任领袖,不要焦躁或怀疑,更不要倡导异见。我们可以这样说：在这生存死亡的大战中,全国一切,都要统制于最高统帅部之下,一切爱国人士,都应受统帅部的指挥,凡大家的意见行动,不可与统帅部有出入。"①

以李济深、陈铭枢、蔡廷锴、蒋光鼐、陈友仁、徐谦等闽粤实力派为首,以反蒋抗日为号召的中华民族革命同盟为实现举国一致团结抗日的目标,于1937

---
① 《社评·全国更需要切实团结》,《大公报》(汉版)1937年10月26日。

年10月底宣告解散。11月2日,《大公报》发表题为"中华民族革命同盟宣告解散感言"的"社评"说:"我们因此希望一切在过去自有政治组织的爱国人士,精神上都要这样。关于贯澈自卫战争的政略战略上许多问题,大家要扶助并信任政府,要完全服从最高统帅部指导。……归根一句话,要团结,要互信,要澈上澈下,无党无派,都至诚相见,以共同拥护领袖,贯澈这艰难困苦的自卫战争!"①

11月8日,松江失陷,淞沪地区中国军队有被合围的危险。为了避免腹背受敌,以蒋介石为司令长官的第三战区司令部下令上海守军全线撤退。为了防止有人趁机对蒋责难,11日,《大公报》发表题为"中国民族的严重试验"的"社评"说:"全体国民必须原谅政府,不可焦躁,不可怀疑,不可为过甚之责难。大家要决心援助政府,要信任政府,共同维护国家的中枢,守纪律,受指导,尽职分。政治上自成党派的人们,尤其要注意,现在只有国家利益,没有党派利益。大家在言论上、行动上必须诚意接受最高统帅部的指导方针,莫令国民在思想上有任何分歧,这一点在今后特别重要。"②随后又于11月23日发表题为"紧要关头的共同认识"的"社评",更明确地说,中国今天的抗战形势,就好像"一个船在逆流中过险滩","行船最要紧是舵师,中国的舵师是蒋先生"③。

1937年12月12日西安事变一周年之际,《大公报》抓住时机,连续发表"社评"鼓吹信任蒋介石的观点。当日的"社评"《敬慰蒋委员长及全体将士》中,干脆将蒋介石与国家、民族画等号。次日的"社评"《对于一切爱国者的警告》则说:"今天是亟亟需要根据三民主义的革命精神,重新组织系统的理论与方法,而将一切爱国者镕一炉而冶之。中国今后,势不容再谈各党各派,应当只成为一个党、一个派。"④25日又发表题为"蒋委员长脱险纪念"的"社评"说:"全国同胞必须牢记:我们只是心理上拥护他、爱戴他还不够,我们要在行动上切实地迅速地表现出来。"⑤

1938年7月为纪念全面抗战一周年,张季鸾为蒋介石起草了《抗战周年纪念日告全国军民》。在这篇文告中,张季鸾替蒋介石设计了四个口号:"国家至

---

① 《社评·中华民族革命同盟宣告解散感言》,《大公报》(汉版)1937年11月2日。
② 《社评·中国民族的严重试验》,《大公报》(汉版)1937年11月11日。
③ 《社评·紧要关头的共同认识》,《大公报》(汉版)1937年11月23日。
④ 《社评·对于一切爱国者的警告》,《大公报》(汉版)1937年12月13日。
⑤ 《社评·蒋委员长脱险纪念》,《大公报》(汉版)1937年12月25日。

上,民族至上,军事第一,胜利第一。"7月7日,《大公报》全文刊登了蒋介石的这个文告,并发表了题为"抗战第二年开始"的"社评"说:"蒋委员长的《告全国军民书》,实是我们长期抗战的最高指针。"

以上所提到的《大公报》的这些"社评"都出自张季鸾的手笔。发表这些鼓吹信任、拥护蒋介石的言论,大致上有四层用意:其一是为了抗战。国难日益严重,战争日益艰苦,形势日益险恶,在这民族生死存亡之秋,全国各界只有统一指挥、统一行动,才能争取抗战的胜利。故这些文章,凡在鼓吹拥护蒋介石之处,一般都是将"拥护领袖""拥护政府""拥护抗战"相提并论。其二是为了维护"正统"。在国民党各派系中,蒋介石被认为是国民党的"正统",这是《大公报》在新军阀混战中形成的观点,至此时更加明确,因而有"一个党、一个派"之说。其三是为了对付共产党。这是由《大公报》主持人顽固的资产阶级立场所决定的。在国、共两党之间,《大公报》坚决地站在了国民党一边反对共产党,这一阶段有关"拥护领袖""信任政府""一个党、一个派"的鼓吹,为蒋介石强化集权统治增加了舆论力量。其四是为了蒋介石个人。文章中一口一声"蒋先生",可谓亲切之至。称蒋介石为"领袖"尤感不足,还称之为"舵师";要求全国人民对蒋介石拥护还不够,还要爱戴;只是心理上拥护他、爱戴他还不够,还要在行动上表现出来。如此不遗余力鼓吹,除了上述原因外,张季鸾与蒋介石的私人交情恐怕也不能忽视。

(三)全面抗战展开后的记事与言论

全面抗战爆发后,中国抗日军民英勇顽强的抵抗给日本侵略者以沉重的打击,彻底粉碎了其"三个月内灭亡中国"的战略野心。随着战区的扩大和战线的延长,日军出现兵力不足、资源匮乏等严重问题,不得不暂时停止其在正面战场上的战略进攻,转入"以政治诱降为主、军事进攻为辅"的方针,企图一方面以军事手段继续打击中国军队的有生力量并进一步扩大占领区,另一方面通过政治、外交手段"分化抗日统一战线,分裂国共合作,诱降国民政府",以达到整体侵占中国之目的。

中国国内政局也因此变得错综复杂:国民党内部分化,副总裁汪精卫公开投敌;国共两党时有摩擦发生,抗日统一战线出现裂痕;同时在军事战场上,虽有捷报传来,但也不断告急。对这些重大而又复杂的问题,《大公报》的记事与言论亦体现出其自身鲜明的立场与特色。

1. 抨击汉奸汪精卫

1938年11月3日、12月22日,日本近卫内阁连续两次发表所谓"声明",公开对国民政府展开诱降活动。国民党副总裁、国防最高会议副主席汪精卫的公开投敌便是日本诱降的结果。

汪精卫是个老牌的"投降派"。全面抗战爆发后他就极力反对抗战,大肆宣扬"抗战必败""战必大败"等失败主义论调。广州、武汉沦陷后,他对抗战前途更加悲观失望,便产生了公开投敌的念头。近卫声明发表后,汪精卫指定外交部亚洲司司长高宗武、国民党中央法制专门委员会委员梅思平代表他与日本代表影左祯昭、今井武夫在上海进行秘密谈判,并签订了反共卖国的《日华协议记录》。双方商定,一旦协议公开,汪精卫即声明与蒋介石国民政府断绝关系,成立所谓"新政府"。

12月18日,汪精卫率其党羽曾仲鸣等人秘密离开重庆,飞往昆明,次日潜逃越南河内。按照日汪预谋,近卫文麿于12月22日发表第三次声明,提出了所谓"善邻友好、共同防共和经济合作"的三原则。29日,汪精卫发出"艳电",呼吁国民政府接受"第三次近卫声明"。至此,汪精卫的汉奸面目暴露无遗。

《大公报》闻讯后,立即撰文痛斥"第三次近卫声明"的无耻谰言,抨击了汪精卫的可耻行径。在汪精卫潜出重庆的次日,张季鸾在编辑部愤怒地说:"汪这个人真是岂有此理!"还说:"汪的出走,虽是国民党内的事,然而影响着抗战大局,不得不重视!"因不知详情,报上没有发消息。直到12月24日,《大公报》上才登出消息说"汪副总裁出国,现抵河内就医",并以与汪精卫出逃相关联的"第三次近卫声明"为题材,发表了题为"辟近卫之谰言"的"社评",在逐条驳斥了近卫文麿22日声明的各项谬论后说:"中国的国策绝不动摇,暴日若不放弃其亡华霸亚的野心,我们的抗战绝不停止,近卫再有千百篇声明,只有更坚固中国的决心!"[①]26日,蒋介石发表讲话驳斥该声明,27日,《大公报》在"短评"《蒋委员长的重大表示》中说:"委员长痛斥了近卫的声明,代表全中华民族揭破了敌人的野心。"[②]

鉴于汪精卫发表"艳电"的投敌背叛行径,1939年元旦,国民党中央执行委员会宣布永远开除汪精卫的党籍,并撤销其一切职务。次日,《大公报》要闻版

---

① 《社评·辟近卫之谰言》,《大公报》(渝版)1938年12月24日。
② 《短评·蒋委员长的重大表示》,《大公报》(渝版)1938年12月27日。

头条报道了这一消息并发表了题为"汪兆铭违法乱纪案"的"社评",辩证地论述了汪精卫投敌事件,说"新年中有一极可痛而亦可喜之事,便是汪兆铭氏的违反纪律危害党国案"。何谓"可痛"?"在如此紧要的抗战关头,以汪氏这样有历史地位的人,竟有这样的举动,无论如何,均是极可痛惜的事。"又何谓"可喜"?"此事是在敌欲毕露、国策人心均极坚定之时爆发,不致撼动大局。"况且一则"中央将汪氏永远开除党籍,并撤除其一切职务,处分得迅速而严明,党纪国法,两俱昭然";二则"汪氏中途脱离抗战营垒,在客观上,毋宁收澄清内部之效"。① 2月,蒋介石派人携巨款赴河内,企图劝说汪精卫到欧洲游历,遭汪拒绝。3月,军统头子郑介民率人赶到河内实施暗杀计划,不期错击曾仲鸣,汪得以漏网。

由于日本近卫内阁于1939年1月辞职,汪精卫又指使高宗武到东京继续活动,并与日本新任首相平沼骐一郎签订了卖国的《汪-平沼协定》。《大公报》4月5日要闻版头条披露了"汪精卫通敌卖国,为敌划策企图颠覆国民政府"这一轰动性的大新闻,以及骇人听闻的所谓《汪-平沼协定》,并发表题为"汪精卫的大阴谋"的"社评",在对汪精卫的叛逆行为进行谴责之后,发表了两点认识:"(一)汪精卫的通敌叛国,已不是一朝一夕之事,当他在重庆时即已开始策动。(二)汪氏的阴谋,并不是简单的个人活动,是有相当规模组织的。"并指责国民党和国民政府"姑息养奸":"汪氏的阴谋,既策动如此之久,且是有组织的行动,蛛丝马迹,布满沪、港,中央当早有所闻。当汪氏未离重庆之先,疏于防范,已是憾事,'艳电'发表之后,党中只予除籍撤职的处分,并未发动国法,对于附和之人亦未查究,以致任令彼等逍遥法外,继续进行其大阴谋,宽大优容。语云'姑息养奸',正汪事之谓。"进而敦促道:"中央再不容姑息,应速查明事实,发动国法,各治以应得之罪。"②

1939年5月,汪精卫又亲赴日本,拜会平沼骐一郎和日本新内阁主要成员,并与日本达成以"'国民党'为中心,联合各党派,放弃容共抗日政策,建立民国政府"等一系列交易后,于6月回国,在敌占区筹划建立伪政权。8月,日本平沼内阁倒台,阿部信行内阁建立。1939年底,汪精卫又与日本新内阁签订了卖国条约《日支新关系调整要纲》。1940年1月,日本发生政潮,阿部内阁又

---

① 《社评·汪兆铭违法乱纪案》,《大公报》(渝版)1939年1月2日。
② 《社评·汪精卫的大阴谋》,《大公报》(渝版)1939年4月5日。

倒台了。敌国政务，《大公报》本不便多言，便趁机将投靠日本的汉奸汪精卫调侃了一通：

> 汪精卫这无耻怪物，一生惯过毫无把握而看人颜色的生活。现在当了不肖到极点的汉奸，还是在患得患失的过着看人颜色的生活。他自己对抗战没有信心，把近卫当相知，一个发表灭亡中国的"东亚新秩序"声明，一个发表甘心投降的艳电，大唱"二卫双簧"。汪逆满想一逃出重庆，便由近卫把他捧出来。谁知这破败星，发了艳电才五天，便把近卫内阁克倒了。顶到平沼出来，他跑到东京去磕头请教……谁知道等了八个多月，平沼内阁也被他妨得一命呜呼了。……被他的"主子"牵来扯去……阿部内阁又倒亡了。……汪逆还不死心，他非再继续发挥"破败星"的威力以至克倒"日本帝国"不可。①

正当此时，高宗武、陶希圣带着《日支新关系调整要纲》秘密来港，并将其密约全文交《大公报》发表，将汪氏卖国丑态暴露在光天化日之下，史称"高陶事件"。1940年1月22日，《大公报》港版发表独家新闻，要闻版头条登大字标题"高宗武陶希圣携港发表汪兆铭卖国条件全文——集日阀多年梦想之大成！集中外历史卖国之罪恶！从现在卖到将来，从物质卖到思想"，另外第九、十版两版登出汪精卫与日本签订的《日支新关系调整要纲》日文原件照片。

1月23日，《大公报》港版发表陶希圣写的《日本对所谓新政权的条件》；渝版要闻版头条亦刊登消息《敌汪阴谋全盘暴露——所谓'日支新关系调整要纲'集暴阀多年亡华梦想之大成》，并附《日支新关系调整要纲》全文，当日发表题为"敌汪阴谋的大暴露"的"社评"，说："全国同胞应澈底明了，敌人的野心阴谋是如此的深刻狠毒。所谓'东亚新秩序'，所谓'近卫声明'，揭开了它的糖衣，便是所谓'日支新关系调整要纲'的亡国毒药。汪精卫的所谓'和平救国'，就是整个的亡国。这完全说明了一个绝对的真理，就是：与日本军阀做对手，只有打仗，讲'和平'就只有亡国。"②

1939年9月，汪伪在上海制造出大量"和平谣言"，以动摇抗战军心。《大公报》除奉命刊登中央社辟谣的郑重声明，指出"和平谣言无根，显系敌伪故意散播"外，还发表两篇言论予以驳斥：9月24日的"短评"指出："所谓议和之

---

① 《社评·汪逆之无耻》，《大公报》(渝版)1940年1月19日。
② 《社评·敌汪阴谋的大暴露》，《大公报》(渝版)1940年1月23日。

谣,都是从上海来的,那里有汪逆等专门制造,更有投机家们借此做金融投机。……暴日正加紧军事的及政治的进攻,我们的前方将士正在打胜仗,汉奸想投降,我们必抗战,谣言是不值一顾的。"①25日的"社评"说:"近一周来,上海的谣言特别多,再加上外国通讯社辗转传播,更加离奇。"在分析了谣言的出处之后说,"我们如何粉碎敌人的政治进攻并消灭汉奸投机家的谣言?惟一有效的办法是抗战;我们不投降,并且打胜仗!……连打几个胜仗,谣言不辟自息。"②

在日本帝国主义的一手导演下,1940年3月30日,汪记"国民政府"由汪精卫"领班",在南京粉墨登场。《大公报》当日发表题为"汪贼傀儡登场"的"社评"说:"今天南京的一幕剧,毕竟是我们抗战史上的丑事。南京是我们沦陷了的首都,敌人在那里曾大举屠杀我们的同胞,仅经红十字会掩埋的尸体就有二十三万具,而我们的妇女同胞受敌人的奸淫蹂躏,更是我们的千秋万世之羞。这深仇重耻,我们还未曾报雪,而汪贼群奸竟在同胞的血尸之上,敌人的刺刀之下,扮演傀儡丑剧,真是丧尽了天良!"文章呼吁全国同胞紧密团结起来,"报仇雪耻,抗敌诛奸",担负起历史和民族的责任③。

次日,《大公报》二版又刊登《讨汪标语》十条:"(一)消灭汪逆伪组织;(二)汪逆伪组织是敌人政治阴谋的最后把戏;(三)汪逆伪组织是敌人排斥第三国权益的工具;(四)汪逆伪组织是罪犯汉奸的总集团;(五)汪逆伪组织是全世界所不齿的傀儡;(六)汪精卫是被开除党籍的叛徒;(七)汪精卫是国民政府通缉的逃犯;(八)参加汪逆伪组织的都是无耻的败类;(九)建筑无名英雄墓,速铸汪逆夫妇的跪像;(十)加紧锄奸运动。"④

11月30日,日本政府宣布承认它一手扶植起来的汪伪政权,并公布日、汪间签订的《日本与"中华民国"间关于基本关系的条约》(即《日汪基本关系条约》)及附属议定书、《日满华共同宣言》等,这是日本帝国主义要彻底灭亡中国的重要步骤。《大公报》于12月1日要闻版头条报道了这一消息,并发表题为"斥敌伪丑剧,并勖我军民同胞"的"社评",首先指出:"这一幕是继去年十二月三十日的日汪密约,今年三月三十日的日汪傀儡登场的三部曲。至此,暴日已

---

① 《短评·无稽之谣》,《大公报》(渝版)1939年9月24日。
② 《社评·以战辟谣!》,《大公报》(渝版)1939年9月25日。
③ 《社评·汪贼傀儡登场》,《大公报》(渝版)1940年3月30日。
④ 《讨汪标语》,《大公报》(渝版)1940年3月31日。

完成自造傀儡而自行承认的步骤,至此,暴日已充分暴露宰割中国、奴役中国的毒意,其结果却是徒暴其丑而毫无收获。"接着评论说:暴日此时演此丑剧,是"黔驴技穷",是暴日"和平攻势"失败的结果,是我们中国坚决走上以战求胜之路的明证①。

2. 鼓励"持久抗战"

全面抗战爆发阶段,胜利和失败两方面的现实使《大公报》主持人认识到,中国的抗日战争是一场艰苦、持久的战争,"速胜论"和"失败论"同样没有依据,也同样是有害的。故全面抗战展开后,《大公报》对于战场的报道和关于战争的言论一般比较务实,其基调是宣传"持久抗战",引导军民"以自己一点一点的真实努力,汇集而为真实的胜利"②。

(1) 关于南昌会战的记事与言论

南昌会战于1939年3月中旬打响,经过激烈战斗,中国军队伤亡惨重,日军于27日占领南昌。《大公报》在日军攻占南昌后于4月1日发表了一篇题为"南昌撤守与今后战局"的"社评",说明了三点:"(一)现在的战事,由南昌撤守说,是第一期抗战的尾声,由全盘战局说,则是第二期抗战的开始。"(二)武汉撤退后,敌军进犯"停顿的时间达五个月之久,证明敌人是加倍的弱了"。(三)在第二期抗战开始时,要唤起军民注意:"预料中应失的地方都已失掉了,今后的战略应该是确守与反攻。"③言下之意是不宜再抱住"以空间换时间"的观念,也不宜再丢失国土,应该守住没有丢失的并准备收复已经丢失的国土。

(2) 关于第一次长沙会战的报道与言论

长沙为中南地区的军事重镇、第九战区的指挥中心所在地,归该战区指挥的中国军队有五十四个师,因而长沙也自然成为日军进攻的重点。从1939年至1941年,日军曾几次进犯长沙,均遭中国军队重创。

第一次长沙会战自1939年9月中旬开始,到10月中旬结束。从9月下旬起,《大公报》几乎每天都有关于长沙会战的消息。《大公报》记者高公以"本报战地特派员"的身份深入湘北采访并及时报道会战情况。当中国军队追击日军至汨罗江北岸、我军胜利已成定局时,《大公报》于10月6日发表题为"湘北大捷之意义"的"社评"说:"我军此次胜利之价值,实远在台儿庄与鄂北战役之

---

① 《社评·斥敌伪丑剧,并勖我军民同胞》,《大公报》(渝版)1940年12月1日。
② 《社评·湘北会战与我们》,《大公报》(渝版)1941年9月30日。
③ 《社评·南昌撤守与今后战局》,《大公报》(渝版)1939年4月1日。

上。此次湘北之捷,乃我抗战军事之大转机,而为敌我强弱败胜之枢轴。"①当中国军队进一步追逐日军至新墙河边时,《大公报》于10月9日发表"社评",分析"我军胜利的因素"大致有四条:第一,训练提高,经验增多;第二,决心坚固,精神振奋;第三,国难受辱以致愤怒;第四,"国家至上、民族至上的觉悟"提升了②。

(3) 关于桂南会战的报道与言论

桂南会战从1939年11月日军侵占南宁开始,到1940年10月中国军队收复南宁结束,前后进行了近一年的时间,每个阶段的战斗情况在《大公报》的版面上均有反映,除消息、通讯外,有关桂南会战的言论发表了近十篇。这些言论除一般阐明某次战役的意义、颂扬中国将士的业绩外,还有对深层问题的评述。如收复南宁后,1940年11月1日发表的题为"知耻知惧知勉"的"社评","提出知耻知惧知勉三点,与全国同胞共勉"。关于"知耻",文章说:"南宁是于去年十一月二十四日失守的,到现在已将一年。在这将近一年的时间,我们时时作克复南宁的努力。尤其去冬今春间,我们以十余万大军血战于桂南,曾一度传报南宁克复,结果南宁未复,昆仑关反再度失守,使桂南战役于失败中停顿下去。现在这桂南名城重悬国徽,自是一件喜事,但是我们也应知道南宁的归来,是由敌军的放弃,国军是于城焚敌窜之后才与邕宁父老重见的。"关于"知惧",文章说:"南宁收复了,无论如何,这总是我们的胜利;但是我们不可作虚骄之喜,而应感叵测之惧。……敌军又放弃南宁,我们要充分警觉,这绝不是敌人的好意,乃是它的一个大阴谋。"关于"知勉",文章说:"现在的外交大势的确于我们有利,敌人的力量的确业已衰疲,但是我们不可存丝毫侥幸之念,而要知道我们也有许多弱点。要握住有利的形势,争取敌人的衰败,我们必须补缺用长,而知所勉力。"③这三点的评说很有道理,也颇令人深思。

(4) 关于枣宜会战的报道与言论

枣宜会战发生在1940年5、6月间。日军大本营为了确保对武汉的占领,遂调集七个师团在园部和一郎的统一指挥下,向驻守在枣阳、襄阳、宜昌的中国军队发起攻击,以解除这些中国军队对武汉日军的威胁。此次会战,中国参战的军队有六个军团共二十一个军,是自前年武汉会战以后规模最大的一次

---

① 《社评·湘北大捷之意义》,《大公报》(渝版)1939年10月6日。
② 《社评·湘北胜利的因素》,《大公报》(渝版)1939年10月9日。
③ 《社评·知耻知惧知勉》,《大公报》(渝版)1940年11月1日。

会战,因而也异常惨烈艰苦。在争夺枣阳的战斗中,中国军队第一七三师与敌人激战,师长以下大部战死。第三十三集团军总司令张自忠则在襄东截击敌人的战斗中壮烈殉国。《大公报》对这场壮烈的战斗及时作了报道,为悼念张自忠,于7月9日发表题为"悼张自忠将军"的"社评",首先说:"将军之死,乃抗战三年以来第一个殉国之大将,故值得战史上为之振笔特书也。"接着叙述了张自忠的经历、抗战以来的"四大战功"及最后战死的壮烈场景后说:"马革裹尸,大将之荣,将军尤死得其所。吾人居今以论张将军,可以'浑身英勇,绝顶聪明'八个字尽之。夫以将军之勇迈坚战,固属'浑身英勇',而何以谓其'绝顶聪明'?人孰无死,惟其能死得其所,是以为聪明也。"文章最后进行阐发,称:

  呜呼,将军死矣!彼已成功成仁,死而无憾,而尤予全国军民同胞以宝贵之教训。岳武穆感叹宋室之衰,谓应"武将不怕死,文官不爱钱";蒋委员长告国民党同志书,勉以"无私"与"无畏"。张将军真"不怕死",我全军将士应发挥此不怕死之精神,而后方一切大小官吏及社会有责者更应不爱钱!张将军真无畏,愿大家同此无畏,而更无私!有此精神,则顽敌何愁不摧?国家何愁不兴?呜呼,吾人于悲悼张将军之际,而深望张将军之精神能永活于我文武同胞之身也!①

须知,这篇"社评"实则话中有话,另有所指:此时,在国民党统治区的后方,各种腐败现象已经相当严重,《大公报》看在眼里,痛在心上。5月18日"社评"《枣阳克复,豫鄂大捷》中已说:"前线的战士,真对得起国家!后方的人们听见这个大捷报应该作何感想?"并指出,近月来,后方的"政治是那么松懒,经济是那么紊乱,人心是那么萎靡,官吏不尽尽职,商人多在牟不义之利,一般人的坏毛病都在发荣滋长"。呼吁道:"请大家激发天良,不要对不起我们的战士!由上到下,各层各界,都应该紧张情绪,振奋精神,洗尽一切肮脏的思想,剔除一切糟糕的习惯,硬硬朗朗,干干净净的,在独立自由的中国人立场上,好好为抗战建国尽些责任!"②故在这篇悼念张自忠将军的"社评"中,《大公报》又将那些怕死的武将、爱钱的文官拉出来敲打了一下。

(5) 关于第二次长沙会战的报道和言论

  在第一次长沙会战遭遇挫败的日军为了消灭我第九战区的主力,纠集了

---

① 《社评·悼张自忠将军》,《大公报》(渝版)1940年7月9日。
② 《社评·枣阳克复,豫鄂大捷》,《大公报》(渝版)1940年5月18日。

十二万兵力,于1941年9月发动第二次长沙会战。

《大公报》对这次会战很重视,战争打响后即特派记者前往视察,发消息、析战局、写通讯,很是活跃,故对此次会战的情况,《大公报》进行了比较详细的报道。渝馆编辑部负责人王芸生根据战争进展的状况,随时发表言论、进行评述。战争打响十余天,日军采取纵深直入的战略,突破新墙河,强渡汨罗江,直逼长沙。9月30日,《大公报》的"社评"《湘北会战与我们》,在分析了敌人参战部队的番号后提醒说:"敌军这次蠢动,共发现五个师团的番号,约达十万人,而皆是比较精锐之众。"断定"这次湘北之役,可能成为一个大会战",希望中国参战部队克服麻痹轻敌的思想,"振奋精神,以自己一点一点的真实努力,汇集而为真实的胜利"①。10月初,中国军队全线反攻取得初步战果,《大公报》3日发表"社评",再次强调要克服侥幸心理和麻痹情绪,用切实的努力争取胜利:"湘北大捷使我们认识自我努力的必要",抗战四年的胜利,就是靠我军一次又一次大大小小的战争打出来的。抗战最后胜利的取得,不靠天,不靠地,全靠自己,靠自己"真实努力!"②

(6) 有关"疲劳轰炸"的报道与言论

这一阶段,日寇除在正面战场上不断地发动攻势外,还派遣飞机对重庆进行"疲劳轰炸"。《大公报》馆和重庆人民一样,生命财产受到严重威胁和极大损失。面对敌人的残暴,《大公报》没有表现出一点点对抗战决心的动摇。相反,工作和生活条件愈是艰苦,《大公报》抗战的意志愈是坚强。

1939年5月3日、4日,敌机连续两天大规模轰炸重庆市区,《大公报》工厂被炸毁,工友王凤山被炸死。对此,5月4日的"社评"《血火中奋斗》说:"这次重庆的空袭,投下的多是烧夷弹,被轰炸的都是平民商业区,这完全证明敌人的卑怯与残暴。敌人这种手段,能动摇我们的决心吗?绝对不。我们眼见敌人的残暴行为,新仇旧恨,齐上心头,只有更增加我们的勇气和决心。答复这种卑怯残暴的敌人,只有抗战,只有报仇,给敌人以无情的打击!"③

1941年7—8月,天高气爽,正是重庆的无雾期,敌机趁机持续轰炸。《大公报》渝馆虽然损失惨重,但是不仅没有因此而停刊,而且想尽办法鼓舞人民、打击敌人。如本书绪论所述,1941年8月19日《大公报》发表的"社评"《我们

---

① 《社评·湘北会战与我们》,《大公报》(渝版)1941年9月30日。
② 《社评·湘北大捷的意义》,《大公报》(渝版)1941年10月3日。
③ 《社评·血火中奋斗》,《大公报》(渝版)1939年5月4日。

在割稻子!》便很能代表这一阶段《大公报》的风格和精神,那就是坚持抗战、不屈不挠,无论什么情况下,都是在"想个说法打击敌人"。

3. 对待国共摩擦

一方面随着日寇新侵华方针的实施,一方面随着敌后战场的开辟、八路军与新四军及其他人民抗日武装力量的发展壮大,国民党和国民政府的政策也在发生变化。其主要标志是1939年1月国民党在重庆召开五届五中全会,会上提出两个"中心议题",一是关于"抗日问题",一是关于"国共关系问题"。对于后者,会议提出了把"容共、防共、限共、反共"作为处理国共关系的基本方针,并成立了"防共委员会"。此后,国共摩擦不断发生,严重破坏了抗日民族统一战线,削弱了抗战力量。这种情况引起了《大公报》的担忧,当国共摩擦发生时,它或在双方间打圆场,或遇事作应付,希望事态不要扩大。同时,由于"国家中心"论的作祟,《大公报》有时仅据一面之词便对中共有所指责,并主张按"国家中心"的原则解决国共摩擦。

(1) 对"皖南事变"的记事与言论

1941年1月发生的"皖南事变"是蒋介石国民党蓄意制造的以消灭新四军为目的的严重事件。

事变发生后的1月17日,蒋介石发出命令,宣布新四军为"叛军",取消其番号,并将军长叶挺"革职",交"军法审判"。同日,国民党军委会发言人在重庆就皖南事变向报界宣称:"此次事件,完全为整饬军纪问题,新编第四军之受处分,为其违反军纪,不遵调遣,且袭击前方抗战各部,实行叛变之结果。"这完全是颠倒是非。周恩来得知蒋介石17日命令后,一方面提出抗议,一方面指示重庆《新华日报》拒登军委会的"通令"和"发言人"谈话。

《大公报》于18日照发中央社的消息,刊登了《军委会通令》和《军委会发言人谈话》,并于21日为皖南事变发表题为"关于新四军事件"的"社评",首先根据《军委会通令》,何应钦、白崇禧的"皓电"及"统帅部限令"等国民党一方提供的信息叙述"此次新四军事件的综合经过"之后,肯定地说:"这事实,至为不幸;而就军纪军令而言,统帅部的处置是无可置议的。"这是表态拥护蒋介石对新四军的处置。接着"就此事件一述纯国民的感想",称:"爱国的建军原则,必须是单一的。组织是一个,军令是一个,而意旨更必须是一个。一个军队不容有纷歧的组织,不容有多系的军令,更绝对不容有两个意旨;否则,那军队就是绝对不能作战,尤其不能对外作战。"这是重申"一个军队""一个军令"的老调。

随后又说:"我们必须切记,国家这点统一规模,是经过二十几年的内战,流了大量的血,付了无数的牺牲,才产生出来的。我们更须切记,假使我们国家没有这点统一规模,我们根本就没有发动这次民族自卫战争的资格。这样艰难得来的国家统帅权,我们全体国民必然要坚决维护!"这是要求大家维护蒋介石的统帅权。文章最后以貌似"中正"的态度总结道:

> 就法律论,军令系统绝对不容破坏,军纪必须整肃。就政治论,则必须保持公道与相安两个要素。中国共产党在西安事变时的表现,是极合乎国家民族利益之公的,我们敢信中共现时必仍然信守国家至上、民族至上的原则。在信守国家至上、民族至上的原则之下,任何党派的政治主张容或因求治之急而近于激,非但可谅,亦且可敬,政府惟有努力于政治效能的增进,以餍足国人之望,国民党尤其要贯澈孙先生"天下为公"的伟训,努力造成清明公道的政治。就政治观点以论新四军事件,这部分军队原质本有微异,而且是抗战发动后才加入国军的战斗序列的,我们虽不必请求政府对之另眼看待,却极希望统帅部之慎重处理,于整肃军纪之外,不可偶或羼入感情的成分。我们恳切希望叶挺氏个人能邀得宽大的处分,更恳切希望中央小心翼翼的处理此问题,勿使有节外的牵连与蔓延!①

这篇"社评"既表示了拥护"统帅部的处置",又申述了"一个军队、一个军纪"的观点,但通篇没有使用"叛军""叛变"等词汇,最后还说了几句共产党的好话,请求宽大处理叶挺。

这里要特别指出,《大公报》这篇"社评"的发表是有背景的,其中提出"就政治论,则必须保持公道与相安两个要素"的观点,便颇耐人玩味。原来早在17日晚上,《新华日报》的潘梓年和石西民便根据周恩来的指示,连夜到重庆几家同《新华日报》关系较好的报馆《新民报》《新蜀报》《国民公报》《大公报》说明皖南事变真相,表示中国共产党为了国家民族的利益,将坚持团结抗战,尽力防止分裂,希望朋友们支持正义,抵制中央社歪曲事实、诬蔑新四军的稿子②。这样,18日《新民报》等几家报纸虽然登了中央社的稿子,但都不像《中央日报》《扫荡报》等国民党报纸那样用大字标题放在显著地位。国民党中宣部长张道藩又对各报馆施加压力说:"这样大的事情,难道就不能发表一点意见吗?"于

---

① 《社评·关于新四军事件》,《大公报》(渝版)1941年1月21日。
② 方汉奇主编:《中国新闻事业通史》第二卷,中国人民大学出版社1996年版,第671页。

是,21日以后,以上几家报纸都开始发表评述皖南事变的社论①。《大公报》的这篇"社评"也是21日才发表出来的。

1月28日,蒋介石在中枢纪念周作报告,谈到整饬军纪加强抗战时,又提出"制裁新四军"的事。次日,《大公报》发表"社评",再次作解释说,整饬军纪是必要的,但是新四军不属"制裁"之列,"现在的新四军问题,性质决然不同。因为没有人反对抗战,也没有人去降敌,只是国家要求军队听命遵纪的问题"。如果新四军确实"违命犯纪","国家予以制裁,是当然的",但不能过分,并且"整饬军纪"的目的是为了"准备反攻",打击敌寇②。

为了抗议国民党制造皖南事变,中共方面的七位国民参政员拒绝出席3月2日在重庆开幕的第二届国民参政会第一次大会。3月9日,《大公报》同时发表了蒋介石在参政会上所作的反共演说及中共参政员提出的十二条对皖南事变的善后条件。次日又根据蒋介石演说的精神,发表了题为"关于共产党问题"的"社评",表示了三点看法:第一,对蒋介石说的"希望共产党反省,贯彻团结抗战的初衷,以争取胜利的早临"表示"完全赞同";第二,认为蒋介石提出的"军队国家化"问题是"绝对真理,亦绝对必要";第三,希望政府处理共产党问题,在政治上应开诚布公、表里一致③。

综上可见,《大公报》对皖南事变发表的言论,采取的是临事应付的态度。

(2) 对"晋南战事"的记事与言论

1941年5月,日寇为了迫使蒋介石投降,调集六个师团又三个旅团的兵力,向山西南部黄河北岸的中条山地区发起攻击。当时在中条山地区的国民党部队有七个军共计二十个师二十五万之众,但由于他们的主要任务是防范共产党的八路军,对日本人的进攻毫无准备,所以遭到惨败,三周之内不仅丢了阵地,而且阵亡四万余,被俘三万五千人。日寇在发动军事进攻的同时,又发动了挑拨中国抗战军队关系的谣言攻势,说什么"八路军不愿和中央军配合作战""乘机扩大地盘""打通国际路线""另立中央政府"等。《中央日报》等报纸照抄日寇谣言,与敌人相呼应,污蔑八路军。蒋介石尤嫌不够,还特意指使第二侍从室主任陈布雷嘱托张季鸾、王芸生出来"说说话"。于是,《大公报》于5月21日发表了一篇王芸生写的"社评",题目为"为晋南战事作一种呼吁"。

---

① 重庆日报社编著:《抗战时期重庆的新闻界》,重庆出版社1995年版,第173页。
② 《社评·整饬军纪,准备反攻》,《大公报》(渝版)1941年1月29日。
③ 《社评·关于共产党问题》,《大公报》(渝版)1941年3月9日。

"社评"首先引述了在晋南战事中占了些便宜的敌人对八路军造的谣言后说:"这些说法,固然大部出自敌人的捏造,惟既播之中外,其事实真相,自为中外人士尤其我们忠良军民各界所亟愿闻知,因此我们热诚希望第十八集团军能给这些说法以有力的反证。第十八集团军要反证这些说法,最有力的方法,就是会同中央各友军一致对敌人作战,共同保卫我们的中条山,粉碎敌人的'扫荡'!"接着又说:

> 以上所举各项说法,我们皆不愿相信。晋南战役,业已经过半个月之久,我军苦战,全国关切,而十八集团军集中晋北,迄今尚未与友军协同作战,则系事实。我们相信统帅部必然已有命令,要十八集团军参加战斗,因此我们竭诚呼吁:凡在山西境内的国军,务必协同一致,共同战斗,歼灭敌军!……十八集团军向主团结抗战,并常将其衷曲向国人呼诉,全国同胞皆知十八集团军是抗日的,是会打游击战的,现当晋境敌军求逞之际,近在咫尺的十八集团军,岂能坐视敌军猖獗而不抗?岂能坐视国军苦战而不援?①

《大公报》的"社评"发表后,引起正在重庆的周恩来的高度重视。当晚,周恩来提笔给张季鸾、王芸生写了一封长信,一方面驳斥敌寇的谣言,一方面拟借《大公报》的版面宣传八路军的抗战业绩和共产党团结抗战的诚意。周恩来的信写得非常委婉,主要谈了三个方面的问题:一是驳斥《大公报》"社评"中所说的八路军不抗战、不配合友军的"事实""并非事实",说:

> 在贵报社论发表一周前,晋南白晋公路一段即为第十八集团军部队袭占,停止通车;其他地区战事正在发展,只因远在敌后,电讯联络困难,此间遂不得按时报道。而中枢及前线旬余军事有效磋商与夫配合作战之计划,皆因军机所限,既不便且不得公诸报端,亦不宜在此函告,于是愤于造谣者流曾公开向人指摘第十八集团军拒绝与友军配合作战,我曾为此事一再向中枢请求更正,不意市虎之言亦影响于贵报,当自承同业联络之差。唯环境限人,贤者能谅我等处境之苦。

二是列举八路军在晋南、华北、江南诸多作战的事例,并说:

> 我们可负责向贵报及全国军民同胞声明:只要和日寇打仗,十八集团

---

① 《社评·为晋南战事作一种呼吁》,《大公报》(渝版)1941年5月21日。

军永远不会放弃配合友军作战的任务,并且会给敌人以致命的打击的。

最后,周恩来对《大公报》提出希望:尊重事实,发挥监督之责,并"能一本大公,将此信公诸读者,使贵报的希望得到回应,敌人的谣言从此揭穿"①。

张季鸾、王芸生在收到周恩来的信后也十分重视,不仅于5月23日全文发表了周恩来的信,而且同时发表了张季鸾写的长篇"社评"《读周恩来先生的信》,谈了读周恩来信后的感想:

> 读周先生的来信,关于此点得到圆满答复,就是十八集团军一定协同作战。我们知道周先生这几年对于促成团结抗战,尽力之处特多。在现时,几乎是政府与延安间惟一有力的联系。此次给本报的信,我们不但相信其有根据,有权威,并且相信他正为此事而努力。

文章还重点谈了对处理好国共关系的希望:"最好藉此次在晋协同作战为起点,对于统帅部与十八集团军之间的许多应妥善处理的事情,都协商解决,从新再建团结的壁垒。"

应该说,《大公报》的这一建议是对的,也是及时的。但是对如何解决此事,张季鸾仍然回到"国家中心"的立场上。他说:"我们以为此事并不难,其所企求中共诸君考虑者,只对于建国的根本认识之一点,此根本一点,如认识一致,则相信一切问题皆不难迎刃而解"。"根本一点"是什么呢?就是拥护"现在的国家中心"。最后,他希望"最好毛泽东先生能来重庆,与蒋委员长澈底讨论几天",对于国家前途的基本认识达成一致的谅解。并说:"这种团结抗战的新示威,其打击敌人的力量,比什么都伟大。"②

三、有关外交的记事与言论

国民革命军是喊着"打倒列强"的口号开始北伐的,北伐成功后的"废除不平等条约"运动也取得了一连串的胜利,着实让人兴奋了一阵子。然而《大公报》在高兴之余,也曾经发表"社评"给政府浇过冷水,提醒蒋介石对涉及国际

---

① 《"敌所欲者我不为,敌所不欲我为之"——周恩来先生致本报的信》,《大公报》(渝版)1941年5月23日。
② 《社评·读周恩来先生的信》,《大公报》(渝版)1941年5月23日。

问题的处置,不要操之过急(对此第七章第三节已有论述)。果不其然,"废约"运动很快出现另一面的结果,那就是列强对南京国民政府在相当时间内的不予承认,致使中国在国际上处于孤立境地。1931年"九一八事变"之后,蒋介石出于策略考虑,决定暂停"废约",修复与列强的关系,但是由于种种原因,效果很不理想。也正因此,在1937年"七七事变"后,中国一度在国际上基本处于无援状态。《大公报》认为这种状况必须改变:早在1936年9月1日纪念本报续刊十周年时,《大公报》刊文检讨以往做得不够、今后须加强的六个方面的工作,其中第二点就是做国民外交工作,说"近代报纸,本有国民外交之意义,以拥护国家利益为其主要使命"①。所以全面抗战爆发后,《大公报》充分发挥自身国际见识领域的优势和民间舆论的身份,在国际外交宣传方面为中国的抗战事业贡献力量。

纵观太平洋战争爆发前《大公报》在国际宣传方面的记事与言论,主要表现可归纳为:稳住德国中立,争取苏联援华,催促美英"弃绥"。

(一)稳住德国中立

"九一八事变"后,德国一直是站在中立的立场上对中国进行援助的,最主要的是帮助南京国民政府训练现代化军队并提供现代化武器装备。1933年到1937年,德国对中国的援助更有良好表现,不仅提供价值两亿八千万马克的德械装备订单,还派遣大量德国军事顾问为中国军队建设出谋划策,成为苏联援华之前中国的主要外援力量。

当然,德国对中国的援助是有目的的,一是希望得到中国的钨矿、锑矿等战略物资,二是希望中国牵制苏联。日本扩大侵华规模,冲击了德国的在华利益,引起德国对日的不满情绪,但又不愿意公开得罪这位"盟友",所以在中日战争全面开始后宣布"中立"。后来,随着日本不断施压,希特勒经再三考量,决定以出面调停中日战争的方式解除德国的外交困境。也正因此,在陶德曼调停期间,蒋介石明明知道日本缺乏诚意,但是为顾及德国的"面子",还是同意调解。

如前所述,由于日方条件奇苛,蒋介石难以接受,调解最终破产。"调停"失败后,希特勒便毫不犹豫地选择"弃华联日"政策,于1938年3月发表"袒日"

---

① 《本报复刊十年纪念之辞》,《大公报》(津版)1936年9月1日。

演说,接着承认所谓"满洲国"。4月27日,德外交部国务秘书召见中国驻德大使程天放,通报了德国准备召回在华军事顾问团的意向,并停止一切对华出口的军火输出。对此,《大公报》十分惋惜,甚至直到这年年底还发文申述中德友谊,说"两国关系,原来很好。……就到今天,在理论上也还没有将德日同看。……就中国而言,从未有反德情绪之发生;相反的,在双方人民间,毋宁维系着有许多好感"。即使"自从今年三月希特勒氏发表左袒日本的演说,接着承认满洲伪国以后,两国关系发生大的变化",中国还是希望德国在中日间继续保持"中立":"一个国家的国策,不能轻易变更,所以中国不能期待德国因中国之故而变更其对日政策,但至少你们应当消极一点、中立一点,不要打击中国。"① 如此低伏的态度,简直就是在乞求德国!《大公报》为抗日计期望保持德国之"中立",其殷切可见一斑。

(二)争取苏联援华

1. 赞成签订《中苏不侵犯条约》

出于反对"赤化"的原因,长期以来《大公报》一直对苏联持敌视态度,不大主张中国与之接近。但是在1931年"九一八事变"后,一方面是基于中日民族矛盾的凸显,另一方面是对苏联经济建设经验和成就的看好,《大公报》对苏联的看法明显发生变化,在讨论是否与苏联复交的问题上,《大公报》即代表舆论界"投了赞成票"。1932年12月12日中苏恢复邦交完成时,《大公报》对此予以了赞扬。

1937年的卢沟桥事变将中国人民推向灾难的深渊。为了解救危局,南京国民政府展开积极外交,以寻求西方各国的援助。但是由于此时欧洲局势的变幻莫测,很少有西方国家愿意引火烧身、援助中国。正在这种绝望的外交困局中,苏联伸出了援助之手。

当然,苏联援助中国也是出于自身利益的考虑。在"九一八事变"后,日本占领中国东北,下一步目标就是向北入侵苏联。因此,苏联也谋求改善对华关系,主动建议中苏"结盟",以实现其通过中国抗战有效牵制日本,使其无力实施北上侵犯苏联远东地区的东方战略。所以,中苏有关援华的谈判进展顺利。卢沟桥事变后的第四十四天,即1937年8月21日,中国外长王宠惠和苏驻华

---

① 《社评·中德关系》,《大公报》(渝版)1938年12月15日。

大使鲍格莫洛夫签署了《中苏互不侵犯条约》。

《大公报》对《中苏互不侵犯条约》的签订持十分欢迎的态度。8月30日要闻版对此予以报道称:"中苏不侵犯条约公布,(该条约)不以战争解决国际纠纷,不助第三国攻击缔约国。"当日发表了题为"中苏不侵犯条约公布"的"社评",首先说中国一贯求和平,苏联欣然与中国签订互不侵犯条约,与中国的意愿完全吻合,因而对"中苏不侵犯条约表示诚挚的欢迎"。还说,中国与苏联签订的互不侵犯条约,其性质与文字,根本上是"消极"的,"只在消极的不侵犯,而无积极的互相援助"。实际上,条约是包含有积极的互相援助内容的:根据这个条约,苏联不仅对中国的抗战给予道义支持,也提供了大量军事援助,包括武器弹药和战斗员。这对中国的抗战,无疑是雪中送炭。故"社评"由此论述道:"中苏不侵犯条约,其精神与文字一致,它是世界和平的一环,和平机构的一种。我们本着和平的意图,愿同世界任何国缔结同样的条约。"①这是在向全世界表示了中国的和平愿望,并呼吁有更多国家支援我们的反侵略战争。

1937年12月6日,由于德国调停中日战争,且条件中包括中日共同反苏反共的条款,因而传言甚嚣尘上,《大公报》发表张季鸾写的"社评",就"守约"一事向苏联乃至全世界作了进一步的表示:

> 中国要恪守国际信义。中国是和平国家,在国际上负有种种条约上之义务,而对于这些义务,无论国步怎样艰难,一定信守不渝。……譬如中苏订有互不侵犯条约,中国在事实上精神上,就一定遵守到底。无论日本如何压迫中国,中国一定不会附和日本。这几年,中国政府,一直拒绝参加所谓共同防共,而那时候中苏间并没有互不侵犯条约,现在相约不侵,更当然尊重信义。②

2. 拉住苏联这个"盟友"

《中苏互不侵犯条约》签订后,中国有了唯一一个有条约保障的大国"盟友"。然而在风云变幻的20世纪三四十年代,"盟友"是可以随时离去甚至成为"敌人"的。为拉住苏联这个"盟友",《大公报》可以说使出了浑身解数。其手段大致有二,一是"动之以情",不住地赞美苏联,诉说中苏友谊;二是"晓之以理",不停诉说日本对苏联的威胁,让苏联坚定地站在中国一边打击日本。

---

① 《社评·中苏不侵犯条约公布》,《大公报》(沪版)1937年8月30日。
② 《社评·国家主权与国际信义》,《大公报》(汉版)1937年12月6日。

(1) "动之以情"

1938年9月6日,值中国驻苏大使杨杰上任并向斯大林递交国书之际,《大公报》发表题为"中苏友好的前途"的"社评",在引用杨大使所言中苏两国"建立于两国人民共同美德与彼此利益上之关系,将永续增长,而带来全人类幸福"这句话后,文章表示,中苏的国交,是孙中山先生、列宁先生两大领袖的遗产,是有必然的承久性,也是很有前途的。中苏的关系,不但就中苏本身说,是很重要,就是从亚洲未来的全局上看,一样是很重要①。为了巩固和发展与苏联的友谊,1940年,张季鸾还特地向蒋介石推荐邵力子为中国驻苏大使。邵力子早年曾与陈独秀等人在上海发起建立马克思主义研究会并转入上海共产主义小组,在国民党内也始终是主张国共合作抗日的左派人士。张季鸾认为,此时邵是出任驻苏大使最合适的人选。

此后邵力子果然出任驻苏大使,临行前,《大公报》于1940年5月14日晚设宴为之饯行,并请立法院长孙科等作陪。5月16日,报纸发表题为"送邵大使——中苏关系的新考察"的"社评",首先强调中苏邦交的重要性:"本来中苏关系,是很重要的,而现在更增加其重要。……我们处于大火燎原之时代中,一面防备欧亚两把火连成一片,而愿现居中立地位的强大友邦们,能协力先扑灭远东的侵略之焰,一面则更愿意为亚洲为世界寻找光明之路,而有所尽力。我以为现阶段的中苏外交,已经到了应当讨论这些远大问题的时机,而不能仅以维持友善为满足了。"然后提出邵力子是驻苏大使的合适人选:"中苏外交的重要如此,自需要极适当的人物担任其事,那么,邵大使确是最胜任之人。"在叙述了邵的光辉历史后总结说:"我们深信邵大使此行,必能善尽其使命。"②

1939年2月1日,《大公报》就苏联人民委员会主席莫洛托夫宣布苏联第三次五年计划(1938—1942年)一事发表题为"苏联的坚强发展"的"社评",赞扬苏联在建设中取得的成就:

> 苏联自一九二九年第一个五年计划开始,过去十年,于完成两个五年计划的过程中,把革命后的苏联,从虚弱贫困中,建设成一个崭新而强盛的国家。这不单纯是一个奇迹,而是苏联人潋上潋下的吃苦耐劳,一斧一锄,一天一天流汗使劲而建筑成的。现在苏联第三个五年计划开始,这是

---

① 《社评·中苏友好的前途》,《大公报》(汉版)1938年9月6日。
② 《社评·送邵大使——中苏关系的新考察》,《大公报》(渝版)1940年5月16日。

说苏联正在坚强发展,这个趋势,将使苏联国家益臻巩固,且将使苏联真正构成世界和平大局的一根重要柱石。

文章还特别指出,苏联的发展使得日本十分嫉恨,也十分畏惧,"所以它对苏联是满心的阴谋毒计,但目前却希望能获得妥协",进而说:

> 为苏联计,绝不要听暴日的虚声恫吓,凭藉坚实的形势,站定坚决的立场,贯澈自己的主张,绝不让步,则暴日必毫无办法,而归于屈服。有中国在这里与暴日缠战,苏联尽管强硬,而且是愈强硬愈有办法。①

3月12日,苏联共产党第十八届全国代表大会召开,《大公报》发表"短评"《祝苏联共党代表大会》称:"苏联的坚强存在,是世界和平的一根柱石,是野心侵略的一个威胁。"②隔日又发表"社评"《读史达林报告》,说"苏联领袖史达林先生的长篇报告,是现代国际政治的重要文献",还说:"苏联的存在,是一个最坚强的事实,无论她的朋友或敌人,都不能否认。……倒退二十年,提起'苏联',多数人尚畏之恨之如洪水猛兽;然到现在,苏联这国家,在大家的认识中,已成为有力的和平象征。"③

1939年11月7日是十月革命二十二周年,《大公报》发表题为"祝十月革命二十二周年"的"社评",对苏联革命和建设给予高度评价:

> 十月革命,在世界历史上的伟大意义,是尽人皆知的,而苏联自十月革命以来所经历的艰辛,尤其值得追念。苏联的诞生,是在上次欧洲大战帝俄溃败的时候,列宁先生领导他的同志及民众,对内推翻腐败的帝俄,对外忍辱休战,而从事社会主义的新国家的建立。苏联诞生之初,内奸林立,外敌围攻,苏联皆在万分艰危中一一予以克服。在建设期中,苏联是忍饥耐寒,咬牙苦干,完成了两个五年计划。试想苏联的诞生与发展,是受着严重的围攻与极度的冷遇,她在万分艰难危险中,在被人诅咒、遭人嫉视之中,而发育成长。……现在欧洲又掀起战争的波浪,苏联则屹立不摇,更得到长足的发展,这是进一步证明苏联的成功。

接着文章还感谢了苏联对中国抗日战争的同情和援助:

---

① 《社评·苏联的坚强发展》,《大公报》(渝版)1939年2月1日。
② 《短评·祝苏联共党代表大会》,《大公报》(渝版)1939年3月12日。
③ 《社评·读史达林报告》,《大公报》(渝版)1939年3月14日。

兹当庆祝苏联的建国纪念之日,我们中国特别存念并尊重与苏联的友谊。中国现在是被侵略的国家,我们正在为民族解放而斗争。在我们的抗战之中,许多友邦同情我们,援助我们,苏联是其中主要的一个。①

1940年11月7日是苏联二十三周年国庆。《大公报》又发表"社评"《祝苏联国庆》,高度评价苏联建国二十三年取得的成就,并再次强调两国的传统友谊:"我们这两大邻邦的友谊,是孙中山先生与列宁先生植其基础,而苏联放弃对华不平等条约特权为其起点。中国人民,对这一点传统的友谊是十分宝贵的。在最近中国对日抗战的三年中,中苏两国根据互不侵犯条约,增进亲睦,而在远东军事形势上,也曾收到互助的效果。"②

1941年11月7日二十四周年国庆日时,苏联正忙于抵抗纳粹德国的侵略,《大公报》虽然没有继续发表"社评",但是国际版头条报道"苏军对德战场上各线坚稳",刊登国府主席林森为庆祝苏联国庆给苏联主席加里宁的贺电,其中"祝苏联早奏庸功痛击暴敌"。还专载孙科为苏联二十四周年国庆纪念而作的文章《预祝苏联抗战胜利》。并发表"短评"《祝苏联国庆》,称赞苏军在欧洲战场的英勇,感谢苏联对中国抗战的支持。

(2)"晓之以理"

1937年10月4日,张季鸾在《大公报》上发表题为"日本就要进攻苏联"的"社评",开头便说:"全世界爱好和平的文明人类要注意:日本除大举攻占中国、杀戮中国人之外,还加紧的准备着进攻苏联的战争。这个战争,在今冬或其以前就要爆发。"③然而过了两个月,日本还未进攻苏联,张季鸾转而又于12月8日发表一篇"短评"《苏俄怎么样?》,反过来指责苏联近年的态度是"万全主义"。催促苏俄应先发制人,抢先对日本动手④。其急切希望苏联"下水"帮中国分担战争压力的心态可谓跃然纸上。

终于,"不负"张氏切望,1938年七八月间,日本、苏联之间发生了"张鼓峰事件",日军一度强占了苏联与中国东北边界处的争议区域张鼓峰,苏联则予以反击。《大公报》抓紧从中"鼓噪",很希望日苏矛盾进一步激化。从8月1日到事情解决的12日,《大公报》除了要闻版的新闻报道外,还发表多篇言论"推

---

① 《社评·祝十月革命二十二周年》,《大公报》(渝版)1939年11月7日。
② 《社评·祝苏联国庆》,《大公报》(渝版)1940年11月7日。
③ 《社评·日本就要进攻苏联》,《大公报》(汉版)1937年10月4日。
④ 《短评·苏俄怎么样?》,《大公报》(汉版)1937年12月8日。

波助澜"。1日"社评"《张高峰事件的扩大》称:"日本这个侵略势力,其实是纸老虎,但大家放任他,却是受其个个击破之祸。凡我们友邦,都一定应当拒绝恫吓,共同打击他,制裁他!"①4日"社评"《苏日问题的前途》则宣称苏联同中国一样,不侵占别人一寸土地,也不容忍别人侵占自己的一寸土地。日本在张鼓峰战斗数日就是侵略,苏联应战是在自卫,即使"演成大规模的战斗,在苏联也是决不退缩的"。还向国民政府进言说:"受侵自卫的苏联膺惩暴日,今天却是战略上绝好的时机。"②5日"社评"《世界爱好和平人士注意》呼吁全世界爱好和平的国家支持苏联和中国加入严惩日阀的行列中来,称:"日本为何敢于如此,就是这一年来侵略中国,而不受干涉,所以更增加其猖狂。"希望"诸民治大国,要自重其在国联机构下的义务,对于远东的大混乱,要同中国、同苏联共同奋斗,以扑灭世界上一重要乱源。"③6日"社评"《张高峰事件的重大意义》总结说这次战争意义极其重大:"暴露日本丑态""表现苏联英姿""加强中国信念""唤起世界公论"④。

"张鼓峰事件"最终由于日本屈服退兵而没有酿成"大战",《大公报》对此颇有些不甘心,于8月8日、12日发表两篇"社评",指出日、苏必有大冲突,苏联不可放松警惕。8日"社评"《揭穿后壁的苏日关系观》称:"日本本以征服中国为国策,而为进攻苏联之故,更感觉要先屈服中国。这多年利诱威吓,想教中国做他进攻苏联的附庸,中国不肯,因而,日本仇华之心更切,去年乃决定先打中国。……所以日本之决心攻苏联,是早定的,问题只在时期。"⑤对此,苏联必须有清楚的认识。12日的"社评"《暴日屈膝了!》则说"日本的阴险诡谲及无信义,真是超一等",世界人民也一定不可放松警惕;还说"日本对俄一向没有好意,一向是敌人……苏联应该特别注意!"⑥

这些言论的主旨很明确,即苏联一定不能放松打击日本。《大公报》这样做,一则是出于对日寇的痛恨,另一方面便是激发苏联的对日仇恨,希望借苏联的力量打击日本军阀。

然而至1939年9月,战局却出乎《大公报》意料之外地在西方扩大了,且苏

---

① 《社评·张高峰事件的扩大》,《大公报》(汉版)1938年8月1日。
② 《社评·苏日问题的前途》,《大公报》(汉版)1938年8月4日。
③ 《社评·世界爱好和平人士注意》,《大公报》(汉版)1938年8月5日。
④ 《社评·张高峰事件的重大意义》,《大公报》(汉版)1938年8月6日。
⑤ 《社评·揭穿后壁的苏日关系观》,《大公报》(汉版)1938年8月8日。
⑥ 《社评·暴日屈膝了!》,《大公报》(汉版)1938年8月12日。

联在战局中的表现更令《大公报》疑惑难解:纳粹德国兵不血刃占领捷克斯洛伐克后,与苏联签订了互不侵犯条约;德国随即又向波兰发动突然袭击,苏联亦进军波兰,进而与德国瓜分波兰。欧洲的局势不仅异常紧张,而且变化多端,这使《大公报》的言论主持人眼花缭乱,开始不知如何分析、从何说起,但是,很快,张季鸾等人找到了立言准则:世界局势纵有千变万化,中国舆论立言自有一定之规,即凡是世界上发生与苏联有关的事,《大公报》均要作"拉拢"工作,以激发苏联对日本的"警惕"和"仇恨",使其成为中国抗日的同盟军。以此为准则评述那些此前难以评述的国际问题,《大公报》的言论主持人可谓游刃有余:

1939年3月,德国军队开进捷克斯洛伐克首都布拉格,为避免东西两线腹背受敌,于8月主动向苏联提出签订互不侵犯条约。苏联为赢得备战时间,同意与德国签约。《苏德互不侵犯条约》的签订,使德、意、日三国的反共协定成为一张废纸,日本对此大为恼火。于是,《大公报》便以日寇心态变化立论,于8月25日发表王芸生写的题为"弃妇怨"的"社评",将日本比喻为希特勒的"弃妇",嘲笑日本帝国主义为其盟友所遗弃。文章首先说:"德苏互不侵略协定业已签字,对于这件事,精神上受打击最大的是暴日。"文章在大量列举了日本报刊和日本政界人士对《苏德互不侵犯条约》的反应后说,"暴日是被德国所遗弃了",因而它们只能发出一阵阵类似"弃妇的悲怨"①。这篇"社评"虽然没有说到问题的实质,但嬉笑怒骂,冷嘲热讽,倒也痛快。8月28日,又发表一篇题为"欧局变化与中国"的"社评",从中国抗日的立场立论,认为《苏德互不侵犯条约》的签订是"苏联外交的成功",也帮了中国抗战的大忙。因为"苏联国防的最大烦闷,是东、西两面敌人。现在解除了西面的威胁,以专力对付东面。这当然是苏联的绝大胜算",也减轻一些中国抗战的压力②。这篇"社评"尚能言之成理,基本上接近了问题的实质——毛泽东在谈到《苏德互不侵犯条约》时也是如是说:"这个协定打破了张伯伦、达拉第等国际反动资产阶级挑动苏德战争的阴谋,打破了德意日反共集团对于苏联的包围……在东方,则打击了日本,援助了中国,增强了中国抗战派的地位,打击了中国的投降派。"③间日,《大公报》又发表一篇"社评"补充说:"目前的国际变化尽管大,对于我们并无毫厘之差。

---

① 《社评·弃妇怨》,《大公报》(渝版)1939年8月25日。
② 《社评·欧局变化与中国》,《大公报》(渝版)1939年8月28日。
③ 毛泽东:《关于国际形势对新华日报记者的谈话》,《毛泽东选集》第二卷,第580页。

英美法苏,都是我们的好朋友,并不因为最近的国际变化而有丝毫的增减。"①

9月17日,苏联宣布进军波兰,世人为之震惊。这令当时处于《大公报》言论第一线的王芸生一时难以措辞,一度到军事委员会下属的国际问题研究所向国际问题专家王芃生求助。后经张季鸾提示,方才转移立论方向,回避了苏德瓜分波兰的事实。于是,一篇题为"苏联、波兰、欧局与远东"的"社评"见诸9月19日的《大公报》报端。"社评"说,波兰的失败是咎由自取。波兰由国际联盟而复国,却不忠于国际联盟;靠条约而生存,而不忠于条约;趁希特勒东进而打劫,愚而不智,贪而无义,是"一个不忠不智不义的国家"。还说,波兰事件说明,"东欧之事没有苏联的参加,是不能成功的。……苏军进入波兰将以保护其同族为止,而仍取中立立场"。进而指出"远东无问题",其理由是"中国不是波兰":"中国最守条约,最尊国联";亲苏抗日,恩怨分明;中苏始终亲睦,我不负苏联,相信苏联不会负我;苏联不愚,不会帮助日本侵略中国;苏联不畏惧日本,更不会屈服于日本。所以远东无问题,"只有中国抗战的一个大主题"②。这篇"社评",一骂波兰,二强调中苏亲睦,三坚持抗日,基本回答了这个棘手的问题。

三天后的9月22日,《大公报》又发表张季鸾撰写的署名"记录者"的专文《千变欧局一杯茶》,采用对话的形式对苏联进军波兰一事做了进一步的解释。文中处处为苏联开脱:

> 起初人们对于苏联出兵不知道怎样去解释,现在则已明了苏联完全为了她自己的生存利益,虽英、法亦无间言。试看苏联的作风,对波的领土要求是有历史的根据、地理的基础与民族的界线。红军到处,人民箪食壶浆以迎,简直是列宁民族政策的高度成功。苏联对于东欧各国又一一保证中立。苏军误会开进了罗马尼亚边界,马上道歉退出。这样一种作风,与纳粹的作风比较,动荡的巴尔干和动荡的欧洲人心将何去何从,何向何背,似乎不待智者而后知之!……苏联今后倘以按兵不动的姿态坐镇东欧,德国绝不敢随便去惹他,因为在不可胜的千万红军以外,那里有着更不可胜的一种主义,是比了莫斯科的历史的火焰更容易燃烧的东西,也是比了希特勒的夸耀的新武器更可怕的东西。③

---

① 《社评·以不变应万变》,《大公报》(渝版)1939年8月30日。
② 《社评·苏联、波兰、欧局与远东》,《大公报》(渝版)1939年9月19日。
③ 记录者:《千变欧局一杯茶》,《大公报》(渝版)1939年9月22日。

张季鸾的文章比王芸生的"社评"前进了一步——我们无意用现在的眼光重新审视苏联进军波兰这一历史事件,但《大公报》对苏联行动的评述,对回击国民党右翼势力中出现的反苏反共暗流、打击以汪精卫为首的投降派在当时是发挥了积极作用的。

随着欧洲大战的爆发与日本在远东扩张野心的越发明显,美日关系在此阶段走向恶化。因而,这一时期日本国内报纸的宣传有一种新的倾向,即希望日本能争取苏联经济援助,并"希望藉苏联之供给,以抵制美国的可能的经济制裁"。对此,《大公报》即刻发表"社论"提醒苏联警惕日本的新动向,称现在的日本执政者"一贯的敌视苏联国家之存在与其发展";"苏联对日本,向来有深切的认识……相信苏联决不会情愿帮助其敌人";"中国人民现在确实很希望苏联对日不要大意,要警戒,要慎重。简单的讲,中国人民希望苏联对日,不必以这种新的姿态周旋,应当与美国平行合作"①。

然而,尽管《大公报》代表中国民众苦口婆心地劝说,甚至一再"示好"挽留,但是苏联基于自身利益,还是在中国抗战十分艰苦的时候,违反《中苏互不侵犯条约》,于1941年4月13日与日本签订了《苏日中立条约》。除《条约》规定"双方保证维护两国间的和平友好关系,相互尊重领土完整和不可侵犯,如缔约一方成为第三者的一国或几国的战争对象时,另一方在整个冲突过程中保持中立"外,还特别发表声明:"苏联誓言尊重'满洲国'的领土完整和不可侵犯,日本誓言尊重'蒙古人民共和国'的领土完整和不可侵犯。"这不仅是对中国内政的无端干涉,而且自此苏联对华援助亦逐渐减少。

国民政府外交部长王宠惠于日苏条约签字后第二天即发表声明。据《大公报》4月15日要闻版头条《苏日宣言妨我主权,王外长声明其无效》中载:

> 本月十三日苏联与日本签订中立协定时所发表之共同宣言,内称日本尊重所谓"蒙古人民共和国"领土之完整与不可侵犯性,苏联尊重所谓"满洲国"领土之完整与不可侵犯性。查东北四省及外蒙之为中华民国之一部,而为中华民国之领土,无待赘言。中国政府与人民对于第三国间所为妨害中国领土与行政完整之任何约定,决不能承认,并郑重声明,苏日两国公布之共同宣言,对于中国绝对无效。②

---

① 《社评·苏日关系》,《大公报》(渝版)1939年11月10日。
② 《苏日宣言妨我主权,王外长声明其无效》,《大公报》(渝版)1941年4月15日。

《大公报》对中国外交当局的态度予以积极支持。4月15日,不仅在要闻版头条刊登王宠惠的声明,而且还发表题为"苏日中立条约"的"社评"对该条约展开批评,说这个条约,第一,"等于苏联便利日本对华侵战,便利日本南进在太平洋上与英美开战。故这个约文中虽一再出现'和平'字样,而其实际却正与'和平'背道而驰"。第二,"在逻辑上,就自然妨碍了中苏邦交"。第三,"尤其可憾的,是苏日共同宣言的互相尊重所谓'满洲国'及'蒙古人民共和国'的领土完整与神圣不可侵犯性",……东北四省与外蒙古为中国的领土,苏日共同宣言破坏了中苏协约,妨害了中国主权①。次日,报纸再次发表"社评",从积极方面立论,在谴责了日本的宣传浅薄可笑后,发表感想说:以往太相信苏联了,尤其"相信列宁扶助东方被压迫民族政策",可是到头来,他们"支配国际关系的要素,绝对是一元,就是国家本位的利害关系"。并说,中国"今后更要绝对提高自主自决自力自卫的精神,并作一切险恶的打算,更要时时警觉,万不可以国家命运丝毫寄托于某友邦或某某友邦可能的援助之上"②。这是明明白白地批评苏联这个"友邦"只顾自身利益,不惜牺牲"盟友"。《苏日中立条约》的签订,使得《大公报》的"拉苏"工作至此画上了一个休止符。

有意思的是,时间刚过两个月,1941年6月22日,希特勒撕毁《苏德互不侵犯条约》,悍然发动了对苏联的进攻。《大公报》于次日二版头条报道了这一消息,并发表题为"德国进攻苏联"的"社评",将对苏联的所有不满情绪一股脑地发泄了出来:"第一,居今定论,当前年此时,英、法最后求苏联合作,而苏联订了《苏德互不侵犯条约》,放弃了英、法。这一着,不少的人称颂为苏联和平政策之伟大胜利者,到今天证明毕竟犯了错误。……苏联当局不能透澈看破国际侵略势力的本质,以为苏联可以旁观而坐大,这不能不说是犯了重大错误。"这是翻《苏德互不侵犯条约》的"旧账"。"第二,现在战幕既开,过去的事,不暇多论,应当论今后之事。那么,我们愿诚恳的警告苏联朋友,一误不可再误,既误于西,万不可再误于东! 不错,苏日现有中立条约,而苏联愿订此约之目的,恐即在防备德国攻苏之日,希望日本中立。那么,我们愿苏联朋友万勿再作此类迷梦!《德苏互不侵犯条约》可以撕毁,试问凭什么能相信日本?"③这是继续批评《苏日中立条约》,提醒苏联警惕日本成为德国第二。当然,也表

---

① 《社评·苏日中立条约》,《大公报》(渝版)1941年4月15日。
② 《社评·敌人宣传浅薄可笑》,《大公报》(渝版)1941年4月16日。
③ 《社评·德国进攻苏联》,《大公报》(渝版)1941年6月23日。

示:"我们在苏联蒙受侵略的今天,愿诚恳的表示中国人民对苏联人民的同情,并保证对苏联在患难中的友谊。……在远东大局上,随时与苏联合作,为反侵略而努力。"既出了气,又表示了友谊,文章写得无懈可击。

(三)催促英美"弃绥"

1. 批评英美的绥靖政策

中国的全面抗战爆发之初,美、英采取了两面政策:它们一方面从保护其在华利益和利用中国拖住日本、借以削弱其争霸世界对手的目的出发,给中国的抗日战争予一定限度的道义支持和物质援助;另一方面,它们又不想过分地介入战争而得罪日本人,甚至企图把日本侵略的祸水引向苏联,因此又在"中立"和"不干涉"的幌子下纵容日本的侵略行为。对英美的这种态度,《大公报》予以强烈谴责。

1937年9月,日本占领我北方数省和南方国际大都市上海后依然不肯罢手,向首都南京逼近,中国抗战形势极其紧迫。24日,《大公报》发表一篇以"血泪凝成"的"社评"《不干涉还待何时?》,请求英美出面干预。文章首先用事实向世界揭露日寇罪行:

> (日本侵略者)要杀绝中国人民。苏州河上,有多少难民帆船,京沪杭各大小站有多少难民列车,被他们炸坏了!低空扫射的暴机,纵瞎了眼,也认清是非战斗员,不是军队,他们丝毫表示过慈悲吗?北方大小城邑乡镇,一个不剩的被轰炸。太湖流域,也是这样。我们千百万民众,逃无可逃。暴日最意得的,特别是轰炸都市,最近尤其屡次袭击南京、广州、徐州、太原。暴日的志愿,现在证明是要一寸一尺的把中国都毁坏尽,把人民都杀害尽。

接着呼吁:

> 欧美各文明大国听着!现在是你们联合干涉的时机了!因为现在干涉,很容易,并不要你们打仗。何以故?因为仗归我们打,我们牺牲,不累朋友,只要你们各大国站在一条线上说话。大家要知道!日本军阀,人道公约,都不在眼中,却要计算武力数字。欧美大国,若能联合行动,确实使日本感觉孤立了,日阀一打算盘,知道不行了,他的残暴,就会立时收拾起来。……中国自任最大的牺牲,而世界得事半功倍的收获。这样不费气力,就可以解除世界平和最大的威胁,从此便可以缩军,可以共同恢复世

界经济繁荣,增进人类共同利益,现在不干,尚待何时?……全世界文明国民联合起来,援助中国,制裁残暴无人道、贪婪无止境的军阀日本!①

虽然1937年10月6日的国联大会认定日本的军事行动违背了《九国公约》和《巴黎非战公约》,但是,中国政府坚持"谴责日本侵略者""拒绝援助日本"等项要求却未为大会采纳,反而把皮球踢给了《九国公约》签字国会议。11月3日,《九国公约》签字国在比利时首都布鲁塞尔举行会议,中国希望《九国公约》签字国和国际联盟能履行责任,"制止日本之侵略行为"。但是,由于英、美、法等大国仍持中立态度,且日本仍拒绝参加会议,致使会议只能空喊"调解"。对此,11月5日《大公报》发表"社评"《比京会议与调解中日问题》称:"对于比京会议的调解,原则上当然不应反对,且宁愿期待其有成。但是,如果调解的内容,是要叫中国屈辱,要替日本军阀撕毁《九国公约》第一条犯罪之行为加以公式的承认,那不但中国国民不能容许、国民政府不会接受,就是《九国公约》各签字国顾念着公约的立场,也断断不应出此。"②

由于英、美、法等国家一味对日本绥靖,会议开了近十天,不仅没有满足中国的丝毫要求,反而向有利于日本的方面发展。11月12日《大公报》发表"社评",对英、美、法表示不满:"在此紧急与机微的阶段中,我们特别对美英法三大国,实在不能不贡献几句忠言。就是:根据这几天的调解声浪,显然证明各国对日本还认识不透。而这样与虎谋皮的做法,结果一定是空虚,徒然增长日本的气焰,便利日本加紧进攻中国!"③11月24日,《九国公约》签字国会议结束时通过的《〈九国公约〉会议报告书》,只是重申《九国公约》的原则及和平的重要性,不分是非地建议中日双方停战。中国政府求助于国际组织的希望破灭,并且由于日本自始至终拒绝参加会议,所有的会议决议对日本没有丝毫的约束力。

《九国公约》会议后,《大公报》虽说对国际外援一度彻底绝望,但是对英美远东绥靖政策的批判还在继续,并不断提醒英美,继续"绥靖"只能是养虎为患、助纣为虐,到头来伤及自己。1938年12月8日,日本外相有田八郎召见驻东京的英国大使克莱琪及美国大使格鲁,狂妄地提出修改《九国公约》的要求。鉴于英美对日本的危害依旧认识不足,《大公报》提醒英美一定要坚持原则,绝不能满足日本的无理要求:"《九国公约》的原则及精神必须维持,这个原则一

---

① 《社评·不干涉还待何时?》,《大公报》(汉版)1937年9月24日。
② 《社评·比京会议与调解中日问题》,《大公报》(汉版)1937年11月5日。
③ 《社评·美英法与虎谋皮》,《大公报》(汉版)1937年11月12日。

被推翻,远东局面将全变更。英美若接受了暴日这个要求,便是自承退出远东,任暴日独霸,而实行其强盗式的'东亚新秩序'!"①

1938年8月,英国首相张伯伦、法国总理达拉第、纳粹德国元首希特勒和意大利首相墨索里尼在德国慕尼黑举行会议,达成了以牺牲捷克斯洛伐克的利益满足希特勒领土野心的所谓"慕尼黑协定"。在绥靖思想指导下,英、美打算以慕尼黑协议为蓝本,提出召开太平洋会议解决中日冲突,搞一次远东"绥靖"。对此,《大公报》发表"社评"指出其危害:"慕尼黑会议以后,国际大势有了更明显的变化。"主要表现有,大国以大欺小的做法,使得"弱小国家起危亡之惧,争看强霸的颜色"。文章指出,也不要过于悲观,"只要英美能合作,同时改善英苏关系,民主阵线结成,黩武主义是不足畏的"②。

2. 促使英美转变态度

(1) 促使英美认识日本的侵略本质

对于英美,《大公报》一方面批评它们的绥靖政策,一方面帮助它们认清日本的侵略本性,促使其迅速觉悟,和中国一道打击日本侵略者,铲除东方的最大"乱源"。

1938年9月国联开会,启用《盟约》第十七条解决中日争端。21日,《大公报》在"社评"中指出,必须给日本侵略行为定性:"日本乃破坏《盟约》、搅乱和平之罪魁,其侵略中国,无任何条约的根据,更无民族问题可以藉口,故纯为赤裸裸的以一国家而企图征服另一国家之侵略战争。"并提醒英美说,日本是一个贪得无厌的国家,其侵占中国之后便是苏联、欧洲与美国。"奉劝英法苏各大会员国,及会外之美国,务必切实联合行动,以制裁日本,安定远东。"③

几天后,《大公报》又发表"社评"说:既然国联认定日本发动侵华战争是侵略行为,那么"从现在起,日本之侵华战争,'已视为对于所有国联其他会员之战争行为',换句话说:从现在起,日本在国联认定之下,是全体会员国的共同敌人!"④

即便在可耻的《慕尼黑协定》出笼后,《大公报》依旧不忘做英美的转化工作,于12月3日发文对"世界各民主国"说:希特勒没有什么可怕的,日本也没

---

① 《社评·〈九国公约〉能修改吗?》,《大公报》(渝版)1938年12月10日。
② 《社评·国际大势》,《大公报》(渝版)1938年12月3日。
③ 《社评·国联发动第十七条》,《大公报》(汉版)1938年9月21日。
④ 《社评·国联决议适用第十六条》,《大公报》(汉版)1938年9月29日。

有什么可惧的,因为"在这个信义荡然凶焰高吐的局面中,我们可以看出两种值得安慰的情形。一、苏联是在奋斗;二、美国还撑着国际信义的一面壁垒"。呼吁英美合作,改善英苏关系,结成民主阵线。还说:"我们中国,现在正与东方的黩武主义者拼战。各民主大国不要轻视这个战争的意义,援助中国,打倒暴日,将是民主主义对抗黩武主义的一个主要胜利!"①

(2) 欢迎援华政策

1939年1月2日,鉴于日本屡次践踏《九国公约》,美国政府向日本提出二次照会,参议院外交委员会主席毕德门向报界发表谈话称,日本倘无满意答复,美政府即当以报复手段加诸该国。《大公报》抓住这一机会,极力促成英美对日政策的转变。如1月4日二版几乎用整版篇幅刊登这一消息:头条说"敌势疲惫增调困难,国际反感日益重大";接下来是"美国之巨吼,英国亦将对日提出照会,两国均在考虑对日采取经济报复";专载栏发表《美国严正声明,第二次照会详文》;电讯栏报道称:"停止军火输日,菲律宾加拿大先实行。"该日"社评"《望英美联合行动》说,美国照会发出后,在英国方面立即引起良好印象,因而趁机呼吁:"希望英美政治家,自觉其责任与势力之大,更促进英美系密切合作,贯澈积极政策,步步进展,以达于联合行动之成功。"②

1940年以后,世界局势发生变化。一方面希特勒占领法国后,英国立即成了德国进攻的主要目标;另一方面日本在太平洋上积极部署"南进"军事,美国时刻有遭袭击的危险。至此,美、英确确实实地认识到轴心国的侵略本质,也认识到中国抗日战争的意义,并且开始向中国伸出援助之手。1940年12月29日,美国总统罗斯福发表了谈话,表示对纳粹"不能姑息",决定在道义和物资上支持世界被侵略民族的反法西斯战争,这对苦战中的中国可谓极大的鼓舞。《大公报》也发表了一系列评论与报道。

1941年1月1日,《大公报》国际要闻版头条报道说:"炉边爆弹震动了侵略国家,美将对我贷借军火,罗斯福演说系东西洋并重,美决以武力维护远东权益。"

1月2日发表题为《炉边炸弹破春晓》的"社评",对罗斯福的谈话以极高评价:"罗斯福总统在新大陆上发表了一篇《炉边闲话》,这是一个爆弹,而为一九

---

① 《社评·国际大势》,《大公报》(渝版)1938年12月3日。
② 《社评·望英美联合行动》,《大公报》(渝版)1939年1月4日。

四一破晓的第一声。""罗斯福的这一爆弹,震碎了侵略集团的胆魄,安定了民主国家的信念,在漫漫长夜的边缘,揭露了一片曙光!"①

3日,二版转三版刊登《罗斯福总统〈炉边闲话〉全文》。

5日,国际要闻版头条刊登《美第十七届国会开幕,举世瞩目华府》。

8日,二版头条刊登《美总统作狮子吼,决与侵略国搏斗》。

11日,二版电讯栏刊登《美援助中英计划昨日提交国会》;专载栏刊登《一月六日美国会席上,美总统咨文全文》(国际宣传处译);发表"社评"《反侵略运动与美国议会》,称美国总统发表声明支援反侵略国家的斗争,"这种精神太伟大了。历史使命使美国成为民主国家的坚垒,反侵略阵营的奥援。我们愿祝罗斯福总统成功,北美合众国胜利;当然也就是一切反侵略国家的成功与胜利!"②

20日,发表题为"贺罗斯福总统三任荣典"的"社评",在分析了美国面临的世界形势后说:"我们可能预想的是:美国人民在罗斯福总统的领导之下,全面参加这个世界大斗争,加紧支援反侵略国家,加速完成两洋舰队,打倒黩武主义,扫灭独霸主义,重现一个和平繁荣文明进步的世界。美国现在是世界反侵略的最后一个坚垒,它必然是争取反侵略胜利的最后一个力量。"③

3月15日,罗斯福正式发表援助中、英等国的演说,《大公报》于16、17日两日在第二版上分别以"美总统谈话,援华计划圆满进行中""美总统讲美必援华"为题及时报道此事。18日发表题为"美国援华与远东前途"的"社评"说:"美总统明言,中国必能得到美国之援助。这是我国抗战四年所得到美国当局第一次最肯定最正式的一句话。我们深知,这句话是不轻易说的,因为其中有战机之故。美国朝野多年同情中国,而不愿激刺日本,这一点我们也能体谅。"即原谅了美国前一段对中国抗战的"暧昧"态度。文章接着阐明美国援华的意义:"现在图穷匕见,美国总统宣布这样重大的诺言,这是说明美总统的热心卓识业已战胜国内的孤立派,同时说明美国人民业已决心与抵抗侵略的民族共同奋斗,也就是说明,中国在精神上业已正式取得美国伟大的支持。……从抵抗侵略的中国看,今天以后,在精神上中国已经不是单独抗战,而有了强有力的伴侣。这一点,确有划时代的意义,其影响之大,正不必多论了。"④《大公报》

---

① 《社评·炉边炸弹破春晓》,《大公报》(渝版)1941年1月2日。
② 《社评·反侵略运动与美国议会》,《大公报》(渝版)1941年1月11日。
③ 《社评·贺罗斯福总统三任荣典》,《大公报》(渝版)1941年1月20日。
④ 《社评·美国援华与远东前途》,《大公报》(渝版)1941年3月18日。

的兴奋之情、感激之情溢于言表! 3 月 20 日,《大公报》又发表了题为"再评罗斯福总统的演说"的"社评",称:"就实际意义讲,军火租借法案成立之后,美国的中立已不存在,事实上业已参加了两洋战争",且"其可能性太平洋较富于大西洋";并说:"中、美两大国家,在太平洋上业已紧紧握手,日本军阀一定要倒毙在这双巨手之下!"①

四、有关社会服务的记事与言论

1936 年 9 月 1 日,在《本报复刊十年纪念之辞》中,张季鸾谈到今后须加强的工作时,将"社会服务"列为其中之一,他反思道:"现代报业,除刊行报纸外,应为社会实际服务。凡社会应倡行之事,报纸宜为其先锋或助手。同人于此,限于人力财力,未能有所发扬。"并承诺今后应进行弥补。如前所述,从事社会服务是《大公报》自创办以来的光荣传统,从英记到王记再到新记,世世相传;新记前期的《大公报》视社会服务为报纸天职,有不俗的表现,新记中期则又有新的发展。随着战事推移,新记中期的《大公报》馆虽然舍弃了一个又一个事业,经济上遭受了巨大的损失,但是其服务社会的热情依旧,并且还表现出一个明显的特点,就是强烈的时代特征。除了救灾、赈灾等一般意义的民瘼民生报道外,还有与抗战密切相关的支前、劳军、救伤等活动的组织与报道,所有的活动均进行得有声有色,效果良好。

(一)组织与抗战相关的社会活动

1. 汉口馆主办救伤义演

抗战初期,武汉的文艺界是非常红火的,尤其是以郭沫若为厅长的国民政府军委会政治部第三厅于 1938 年 4 月 1 日成立之后,各种文艺形式的抗日宣传活动很好地开展了起来。在抗战宣传中,戏剧发挥的作用尤大,三厅就直接组建了九个抗敌演剧队,到各战区宣传演出。

《大公报》汉口馆也组织了一个剧团——"大公剧团",负责人为马季良。马季良,笔名唐纳,曾为上海电影界活跃人物,1936 年应聘参加《大公报》上

---

① 《社评·再评罗斯福总统的演说》,《大公报》(渝版)1941 年 3 月 20 日。

海馆工作,任影剧副刊编辑,在该版上发表了大量影评文章。"八一三"之后,马季良到了武汉,次年春受张季鸾之托,筹备组建大公剧团。马季良受命之后,一方面着手编写剧本,一方面开始物色演员。经过短短两个月的准备,三幕国防剧《中国万岁》编写完毕,演员、导演一应俱全。开排之前,《大公报》馆于1938年5月12日举行茶会,宣布公演的有关事宜。据《大公报》次日消息:

> 本报为扩大救护各战场负伤将士捐款运动起见,特倡办大公剧团,将在本市公演《中国万岁》三幕国防剧,现已组织就绪,特于昨日下午三时假普海春餐厅举行茶会,招待戏剧界诸先进,及全体团员,到会者有田汉、洪深、阳翰笙、孙师毅、马彦祥、史东山、应云卫、凌鹤、辛汉文、郑君里、黎莉莉、舒绣纹及本报张季鸾、曹谷冰、王芸生等暨全体团员共六十余人。由本报曹谷冰主席,报告倡办大公剧团之目的,嗣由张季鸾阐述所以发起救济伤兵募款公演之缘由及倡办大公剧团之意义,继由洪深、凌鹤、辛汉文、阳翰笙、田汉、应云卫等先生演讲。……后由王芸生代表本报致谢辞。①

茶会之后的一个星期天,张季鸾还曾偕王芸生过江,专程到珞珈山拜访了住在武汉大学校园里的三厅厅长郭沫若。对于此事,郭沫若在《洪波曲》中记载道:"我记得是五月中旬的事,他(指张季鸾——引者注)是和王芸生两人同来,立群还亲自做过饺子来款待他们的。张季鸾和我们的友谊应该说是双倍的。他和我是日本的先后同学,同属于大高俱乐部(日本帝大及高等学校的同学所组成),而且同是拿笔杆的人。他和立群,可又算得别有渊源了。"郭沫若的夫人于立群的大姐于立忱在天津加入《大公报》,不久得了肺病,由《大公报》资助赴日本就医。"张季鸾和立忱是有情愫的,曾经写过很多信给立忱,信都写得很长,而且缠绵缱绻,竭尽了倾倒之忱。魏晋体的毛笔字颇为典丽,署名却都是'幼林'。幼即是季,林即是鸾的音变,是毫无疑问的。"抗战爆发前,于立忱从日本回到上海,两个月后自缢身亡。郭沫若继续写道:"据立群告诉我,立忱死后,张季鸾在营葬上曾经帮过一些忙,还有意建立墓碑,结果因抗战爆发,没有实现。"②据郭沫若记载,张季鸾此次来访"是有意思的,并不是专门来游山玩水",而是劝郭不要"脚踏两边船,应该死心地踏上一边",即踏上蒋的一

---

① 《本报发起募款救伤兵,组织大公剧团》,《大公报》(汉版)1938年5月13日。
② 郭沫若:《洪波曲》,人民文学出版社1982年版,第144—145页。

第二次为代收川贵旱灾、黔省灾荒捐款。1937年4月20日，津版《本报代收川省旱灾捐款启事》中说："川灾惨重，待救孔急。本报沪馆受川灾救济协会之托，自即日起代收捐款，汇交朱子桥先生散放。津馆亦决定同时收转，寄沪馆随同汇川。所有捐款人台衔及款数仍照历次成例在报端发表以昭大信，尚乞各界踊跃捐输，共襄善举，则数百千万灾黎受惠多矣。"为了使全国各界了解川灾严重程度，《大公报》还特地请在重庆《国民公报》任总编辑的杜协民以《大公报》特派员身份飞蓉视察。4月27日三版"头条"刊登杜氏发来的"成都专电"说："本报特派员抵蓉后，遍晤各方人士，得悉川灾情形，确甚严重，一方面是天旱不能播种，秋收殆已绝望，一方面是过去川省不良政治所酿成之结果，使一般川民经济濒于绝境。"刚好财政部特派黔灾查赈专员延国符路过重庆，贵州籍的杜协民便乘此机会，"与延君同行"，实地考察贵州灾情。他们于5月2日由重庆乘汽车启行，3日下午二时就到达贵阳，9日由贵阳乘汽车出发，循黔滇公路西行，经过清镇、平坝、安顺、镇宁、关索、岭南、普安、盘县，又由盘县回到安南之沙子岭，循南龙公路到安龙。复由安龙循原路回贵阳，计程往返一周，经过灾区十余县。杜氏说："这样走马观花似的视察，明知不能看到灾荒惨状的全貌，但是百闻总不如一见，单就这次所见到所听到的来说，已足够我们怵目惊心了。"杜氏一路考察所见所闻，除发专电作概述性报道外，还撰通讯作具体描述。

5月13日，《大公报》三版刊登杜发来的"重庆专电"，指出，川灾情愈严重化，农民将相率离乡。18日，三版刊登"贵阳专电"，载记者考察十余县，沿途所见灾区惨状，不忍卒述。29日，四版刊登杜协民写的长篇通讯《黔行印象》。该通讯共四篇，载于5月29—31日、6月2日，详细记录贵州的灾情及灾荒形成的原因，并提出救济灾荒的基本办法。通讯不仅见诸报端，引起社会重视，还提交政府，作为制定救灾计划的依据。此项劝赈至7月23日止，津馆共收国币60 710.91元。

第三次是为川甘各省灾童乞赈。1937年6月15日，津版刊登《本报为灾童乞赈启事》："川甘各省灾情惨重，而被遗弃之男女幼童转徙流亡，厥状尤惨，若不赶速设法收容救济，势必造成全数死亡之大悲剧。本馆谨掬诚向全国各界为此无告之灾童吁请赈济，务求立颁仁浆，共图挽救，翘企慈云，曷胜盼祷之至。"此项募捐的结果未见披露。

第四次是为救"黄灾"呼吁。1938年5月19日，侵华日军攻陷徐州，并沿陇海线西犯，郑州危急，武汉震动。为阻止日军西进，6月9日，国民政府决定

"以水代兵",下令扒开位于河南省郑州市区北郊17公里处的黄河南岸的渡口——花园口。花园口决堤确实使日军放弃了通过平汉线攻取武汉的计划,但是它造成的损失却是巨大的。花园口决堤共导致几十万同胞死于水灾和饥饿,至于后患,更是无穷。对于此次"黄灾"造成的原因,《大公报》还不便明说,只能如实报道灾情,含泪喊救灾。7月26日,二版"本报特讯"载:黄灾区域益扩大,洪流已入安徽境,灾民十万迁移陕西。29日发表题为《救黄灾!》的社评说:"今年黄河忽演出空前未有的巨灾……雨水与炮火弥浸了黄河岸,赵口花园口便决了口。……至本月二十二日已扩至二百一十七公尺,水面宽涨至二十五公里,大溜南倾,由豫至皖,大有夺淮入海之势。""从救济黄灾言,因受敌军的阻碍,筑堤堵口,难于施工,目前最紧最切的是救人,我们所应积极努力的在此。黄河决口之后,多少难民,庐墓荡然,生命困于水中。"[1]并对如何"集中全力救人"提出三点建议。

第五次为代收重庆空袭救济金。1941年6月5日晚,敌机空袭重庆市区,因防空洞通风差,造成窒息而死者461人,伤者291人的惨剧。6月7日,《大公报》渝版《启事》说:"单独妥筹抚恤救济,殊非本报能力所及",只得向社会乞助,本报愿代收。此项活动结果不得而知。

这里还要说明的一点是《大公报》每一则劳军、赈灾"启事",不是一般的敷衍文字,而是一段段声情并茂的抒情散文,字里行间饱含着对前线军人的敬仰、对灾民的同情,表现了对社会负责任的报人的良知。有些募捐活动虽然效果不理想,但是《大公报》人可贵的大公精神值得铭记。

五、副刊、专刊与特刊

1938年3月27日,中华全国文艺界抗敌协会在汉口成立的时候,其《发起旨趣》强调指出:文艺是激励人民发动大众最有力的武器。抗日战争的形势要求一切爱国的文艺工作者"团结起来,像前线战士用他们的枪一样,用我们的笔,来发动民众,捍卫祖国,粉碎寇敌,争取胜利"。在抗战时期,《大公报》不仅创办多个文艺性副刊,而且主题非常集中,就是:用文艺为武器发动民众,打击

---

[1] 《社评·救黄灾!》,《大公报》(汉版)1938年7月29日。

敌人,争取抗战的胜利。战斗性是《大公报》这一时期副刊的一个共同特点。

(一)《战线》上的战斗

《战线》是新记《大公报》办得比较有生气的一个文艺性副刊,1937年9月18日在汉版上创刊,后随汉口版撤至重庆,在渝版上继续刊行,至1943年10月31日停刊,共出版996期。

《战线》自始至终由陈纪滢主编。陈纪滢不是《大公报》的"专职报人",用他自己的话来讲,"始终是个'票友记者'",但是他与《大公报》关系至深,对《大公报》感情至厚。"九一八事变"以前,陈纪滢在哈尔滨邮政管理局工作期间,与挚友、哈尔滨《国际日报》经理赵惜梦一道,先是《大公报》的忠实读者,后成了国闻通信社和《大公报》的兼职工作人员。那时,《大公报》在东北销数达3.5万份,相当于当地一家大报的总发行量,陈纪滢出力不小。

1932年秋天,陈纪滢流落关内,先在天津暂住,适逢《大公报》副刊编辑缺人,他一度坐过副刊编辑的办公桌。1933年,为纪念"九一八事变"两周年,他受胡政之和张季鸾指派,以《大公报》特派记者的身份潜回东北作秘密采访,撰写了《沦陷二年之东北概观》《沦陷半年之热河实况》《伪"满洲国"一年来政情之一斑》等3篇调查记,刊登在当年的《九一八纪念特刊》上。后来,他到了上海,仍回邮局工作。《大公报》上海版创办后,陈纪滢又成了上海《大公报》馆的常客。"八一三事变"前,他就到了汉口,曹谷冰奉胡政之之命来汉口筹备《大公报》汉馆时,他与赵惜梦一道为曹的工作提供了不少方便,《大光报》后来盘给《大公报》的那套设备就是他于1934年冬受赵惜梦之命在上海闸北明精机器厂购买的。

《大公报》汉版创办后,身为汉口邮政局汉景街第一支局襄办的陈纪滢便成了《大公报》的客串编辑,主编副刊《战线》。1938年10月初,新疆召开全疆第三次代表大会,督办盛世才邀请内地各界权威人士莅临观光。张季鸾在被邀之列,因武汉战局紧张,馆务不能分身,于是委派陈纪滢代表前往。陈纪滢在新疆迪化待了整整一个月,除随时为《大公报》发专电外,还写了《新疆行》《新疆的民族大会》《新疆十四民族各代表访问记》等一系列通讯。

11月5日,陈纪滢从迪化抵达重庆。张季鸾曾劝他脱离邮政局,以全部时间和精力从事新闻事业,但他是邮政科班出身,不肯放弃邮局的岗位,仍然只作《大公报》兼职编辑和记者。陈纪滢先任川东邮政管理局机密组组长,1940

年后调至国家邮汇局经济研究处。一开始,他隔天到李子坝《大公报》馆去一次,后来,报馆专门派一报差担任他与报馆之间的交通,取稿送稿。《战线》停刊后,陈纪滢不时为《大公报》写点通讯之类的文字。

抗战胜利后,陈纪滢被国民政府任命为哈尔滨市的接收大员(哈尔滨文化指导委员会主任委员),兼做《大公报》的特派记者,直到1949年随着国民党政府撤至台湾。

陈纪滢"客串"《大公报》编辑、记者前后达10多年之久,仅主编副刊《战线》就有6年,成为《大公报》连续主编一个副刊时间最长的人。《大公报》善用社外人士,从陈纪滢与《大公报》的关系中便可见一斑。陈纪滢在台湾出版了三部有关《大公报》的著作,即《胡政之与大公报》《报人张季鸾》《抗战时期的大公报》,虽然这些书的史料错误甚多,深度亦有限,甚至立场有偏颇之处,但反映了陈纪滢对他兼职过的《大公报》感情至深,在记述《大公报》的历史这一点上,是有贡献的。

《大公报》汉口版创刊之时,因为战事的原因,篇幅较之津版、沪版大为减少,仅出版一张半,新闻日渐增多,广告又不能过度减少,因而版面十分紧张。不少从华北和华东迁到武汉复刊的报纸,一般都纷纷压缩副刊,而《大公报》依然保持了副刊的版面。只是由于篇幅所限,原来津版上的专门性副刊基本上全部停刊,仅出版了一个文艺副刊《战线》。在谈到《战线》创刊时的情形时,陈纪滢后来追忆说:"当本报在汉口发行时(二十六年九一八),当时的武汉报纸已受战事的影响,把篇幅由三大张缩为一大张,素被人轻视的报屁股自然在淘汰之列。……本报发刊以前,我就向馆方建议,应该有一种文艺副刊,而且为了希望多刊载一些具有战斗性的文章和吸引大部分青年作家起见,特把本刊取名《战线》。"①

陈纪滢认为,报纸的新闻版面是读者关心的所在,副刊则是读者灵魂寄托的所在。因此,他说,文艺副刊上的稿件虽然不是新闻,实具有新闻性,同时它是文艺作品,又具有永久性。他进而主张,报纸副刊"要有时代意义",并解释说,所谓时代意义,就是写实,就是反对开倒车和做出世的想象,就是作者用文艺的笔写他所处的时代和社会。所以陈纪滢编辑副刊最大的特色,就是注意时代性,强调文艺和时代的结合,报纸的文艺副刊应该"领导新闻的文化运

---

① 《迎春——并答读者作者》,《大公报》(汉版)1940年1月3日。

动"。《战线》就是他这种理论的体现。他对《战线》的作者们说,在这中华民族的文化命脉遭受敌人摧残之时,我们的文艺工作者要破除"为文艺而文艺"这种不正确的观念,要走出亭子间,以笔为武器,写出各种富有时代感的战斗性的文艺作品,鼓励军民反抗侵略的勇气和争取胜利的信心。

《战线》的创刊号上,陈纪滢署名"编者"在《我们的信念和态度》中写道:

> 自从十九世纪产生了一个"为文艺而文艺"的口号后,一些从事文艺的作家们,便拿它当作金科玉律。一方面显示自己的超然,一方面把文艺变成了特殊阶级的专利品。这种普遍的现象虽然也曾随着时代的轮转而变换它的外壳,但是实质上,这种不正确文艺的洪观,依然跟着时代的尾巴残留着。……现在我们眼巴巴地瞅着敌人的炮火摧毁我们的文化机关,灭绝我们的文化命脉,我们是不是还躲在亭子间写些丢开时代,凭着天才幻想出来的不关痛痒的文艺作品呢?我们是不是还以特殊阶级自居而卖弄风雅呢?不,决不!我们不能逃避这个时代,我们决不再梦呓,再幻想,再以超人自居,我们无论在前方在后方,都被反抗的战神主宰了我们的灵肉,我们每个人实际上已踏进了战时的生活境域。所以我们随地可以发现我们的文艺资料,我们只要抓住一点,就能构成一篇作品的骨干。我们拿这种真实的作品,不但可以击破患着"色盲"症者的迷梦,而且更一步的使每个战斗员加强了反抗侵略的勇气,这是我们唯一的信念和使命!也可以说是起码的一个希望。①

故此,《战线》的突出特点就是强烈的时代感和战斗性。

《战线》的时代感和战斗性,首先表现在它所发表的作品全是以抗战为题材的。翻开将近一千期的《战线》,一股强烈的抗战必胜的激情扑面而来。《战线》上所发表的文艺作品,没有消极,不见颓废,都是在配合正张为抗战做"打气"工作。

鼓舞斗志,赞美英雄,是《战线》所载文艺作品的一个中心内容。

1937年10月底,上海抗战的最后阶段,为掩护大部队撤离,八十八师谢晋元团奉命断后。在断垣废墟上,八百壮士视死如归,死守四行堆栈,表现了勇士的精神。《大公报》副刊《战线》上刊载文艺作品,对这种精神进行热情讴歌

---

① 《我们的信念和态度》,《大公报》(汉版)1937年9月18日。

和赞美。11月1日,《战线》上刊登的高兰的朗诵诗《向八百壮士致敬礼》是其代表①。另外,欧阳凡海以上海抗战为题材的散文《闸北打了起来》被"文协"评为"抗战以来的优秀作品",《战线》于1938年7月25日予以全文刊载。

前方的战士视死如归的精神值得赞颂,后方的母送子、妻送夫参军的事迹亦值得崇敬。对后者的歌颂也是《战线》上的一个方面。1937年10月26日,《战线》上发表的曼洛的特写《一位值得崇拜的母亲——孟县三次壮丁出发记》,就是描写一位母亲在大儿子于抗战前线受伤住院的情况下,毅然将新婚的二儿子送上前线的动人场面。

暴露敌人的凶残是《战线》的又一个主要内容。这方面的代表作是青年作者布德先后发表的两篇报告文学。一篇题为《第三百零三个》,发表于1938年8月23日、24日的《战线》上,意在号召来华作战的日本士兵认清日本军阀的残忍、歹毒和侵略本质,赶快"觉悟"。另一篇题为《第十一及第一》,发表于1939年4月17日、18日、20日的《战线》上。这是对一个伪军"反正"的描写。从这里面,可以知道伪军是怎样受着敌人的压迫,和他们怎样地向往着祖国。同时更启示人们,必须加强前方政治工作,才能争取伪军"反正";能争取伪军"反正",可以粉碎敌人"以华制华"的迷梦。

《战线》的时代感和战斗性还体现在作品语言的通俗化上。陈纪滢特别强调"文艺的通俗化",强调"用通俗的文艺作品教育工农士兵"。他说:"文艺作品特别需要深入浅出。我们过去的洋化文艺作品,已经过时了,新文言体的小说也不时兴了。今后必须要趋向口语化,写大众'喜闻乐见'而且容易懂得的文字,才能适应和领导新的文化运动,尤其是报纸副刊上的文字,必须这样才能夺取非文艺爱好者的读者。"②《战线》上发表的作品形式多种多样,报告文学、短篇小说、散文、诗歌、特写、木刻、戏剧等,无论哪一种形式,都做到了语言的通俗化。为了使作者明白抗战文艺通俗化的重要性,陈纪滢还多次组织《战线》的"通俗文艺特辑",以作示范。

1939年10月2日发行的《战线》第382号为"通俗诗歌特辑"。陈纪滢在《编者的话》中说:"我们很注意'文艺通俗化'这一问题。我们曾为文提倡,也曾刊布过一些文章,但未免太少了。尤其是在几个专门刊载文艺刊物不能普

---

① 高兰:《向八百壮士致敬礼》,《大公报》(汉版)1937年11月1日。
② 王文彬编:《中国报纸的副刊》,第37—38页。

遍地散布到前方和后方的今日,需要我们担当起这个任务。所以本刊预备今后每月至少要有一两次关于这类文章的特辑,盼各方好友赐稿。"这一期上刊载了老向的"民众读物诗歌"《讨汪》。这首通俗诗歌分"抗敌除奸""汪逆私逃""精卫不祥""汪逆投敌""捕拿汉奸"几部分,采用顺口溜的形式,将汪精卫的丑态揭露得淋漓尽致①。这一期还刊登有李健章、罗四维写的《抗战歌谣》。

同年11月20日《战线》"通俗文艺专辑"(第二号)刊登了文俊写的歌颂抗战英雄冯则勇的通俗唱词《冯则勇》、光未然写的《黄河大合唱》的第二支歌《黄河颂》、谢润声写的豫西山调《牧羊曲》及提菩写的顺口溜《打东洋》。

虽然《大公报》当时声望甚高,为《战线》写文章的作者很多,但是陈纪滢仍然注意开发稿源,尤其注意向前方将士和后方支前救亡人员约稿。《战线》创刊之时,陈纪滢就在报上宣布:"我们希望士兵、官佐能够爬在沟壕里完成作品。同时希望参加救护、运输、慰劳的人们,把每天亲身经历的事情,也片段的写出来。"有人文化程度不高,不善于描写,也不要紧,"只把事实朴实的写给我们"也行。"希望在后方的非战斗员而实际已担起救亡任务的人们,每天把所接触的可歌可泣的事情,能用各种不同的体裁写来。""我们不但希望老作家们在这时期特别努力,更希望无名作家不要忽视自己的责任。"②在其努力下,在《战线》的周围团结了一大批爱国的文艺工作者,陈纪滢在以后回忆时说,重庆时期,《战线》的作者主要有三大类:

其一是大学的教师和学生,尤其是西南联大和西北大学的。西南联大教授沈从文先生是《战线》最大的稿源之一。沈从文寄来的大批稿件,都是他的学生或他的朋友拜托他寄的。后来他移居自贡,时间比较富裕,也亲笔为《战线》写点东西。

其二是战区作家和文艺青年。抗战时期,众多爱国的文化人怀着满腔激情,奔赴各战区从事文化宣传工作,或办报刊,或以戏剧等文艺形式进行抗战宣传。这些人中有相当多的是《大公报》副刊《战线》(当然还有《文艺》)的作者,他们把前方所见所闻写成不同形式的文艺作品,寄给《大公报》。经常在《战线》上发表作品的有王西彦、沙汀、黎烈文、覃子豪、臧克家、田涛、碧野、姚雪垠、黑丁、曾光、王余杞、刘白羽、光未然等,尤以臧克家、碧野、田涛、姚雪垠、

---

① 老向:《讨汪》,《大公报》(渝版)1939年10月2日。
② 《我们的信念和态度》,《大公报》(汉版)1937年9月18日。

黑丁、曾光的文章为最多。

其三是在重庆的作家，他们更是《战线》的常客和热情的支持者，其中以臧云远、方殷、高兰、王语今、铁弦、罗荪、孙陵、徐步、张志渊、白薇、厉杨、李岳南、曹靖华、马彦祥、阳翰笙等人发表的作品为最多。

陈纪滢认为，报纸的文艺副刊应担负起领导时代文化运动的责任，他要求《战线》的作者必须是一名走在时代前列的战士。他说："我们这一群，素来以文艺工作自任的一群，今天仍是有祖国的孩子，仍是一名不屈不挠的战士，我们没有吉波西人流亡的悲哀，我们只有斯巴达人的卫国精神，我们要拿起这枝铁笔，戳破敌人想征服我们文化工作的痴梦，发挥更大的威力，帮助抗战，抛掉一切失败主义的情绪，唤起民众，鼓励士气，争取抗战最后胜利！"①

《战线》还经常邀集作者座谈，围绕文艺为抗战服务这一中心问题从理论与实践的结合上进行讨论。1938年7月7日，《战线》出版《七七周年纪念特刊》，编者在《文艺抗战一周年》中说："文艺工作者在过去一年中所表现的工作，概括地说有三点值得提出：第一，从'七七'抗战后，全国文艺工作者跟随着政治上的进步，停止了十几年来的有关文艺的自我斗争，形成了大团结，和国家对抗战的一切设施配合起来；第二，在文字上，在题材上是完全把握着现实，充分地发挥了它的暴露性；第三，把文艺孕育在实际的战争生活中，从实际的战争生活中换取了文艺的成果。"谈到今后的工作，编者说："第一，要集中力量，用文艺做抗战建国的宣传。""第二……我们既应以通俗文艺教育工农士兵，同时也应该提高文化水准。""第三，更严肃地担起文艺抗战建国的使命。"要摆脱"罗曼蒂克的色彩"，"要严肃起来"②。这一期刊登的《这一年的笔》（老舍）、朗诵诗《这一年》（高兰）、诗《新的卢沟桥》（纪滢）、《抗战才一年》（罗荪）及光未然为抗战周年写的歌词《为独立、自由、幸福的新中国奋斗！》等作品，都是抗战文艺的典范。

1939年1月，陈纪滢邀请《战线》和香港版本报《文艺》副刊部分作者和爱护这两个副刊的文艺界朋友近30人召开茶会。与会者踊跃发言，扣住"目前文艺工作者努力的方向"这个议题谈了各自的看法，对如何办好《战线》《文艺》提出了一些宝贵的意见。《大公报》对这次座谈会很重视，不仅陈纪滢、子冈、

---

① 《寄本刊读者与作者》，《大公报》（渝版）1938年12月1日。
② 《文艺抗战一周年》，《大公报》（汉版）1938年7月7日。

谢贻徵、徐盈等人参加,而且王芸生还亲自到会①。

为了对抗战以来的文艺工作进行理论总结,以期对抗战文艺的健康发展起些指导作用,《战线》还于 1939 年底专门邀请几位名作家写了几篇"概括性的检讨文章",陆续发表出来,其中主要有《再论现阶段通俗文艺的缺陷及其克服》(向林冰)、《抗战第二期的诗过程》(王冰洋)、《论现阶段的木刻与漫画》(陈烟桥)、《抗战戏剧发展的检讨》(马彦祥)、《检讨过去一年间的抗战电影》(潘子农)。

1940 年 1 月,趁欢迎新从各地到战时首都来的诗人王亚平、光未然、高兰的机会,《战线》邀请力扬、丘琴、臧云远、方殷、戈矛、老舍、常任侠、沙雁等人座谈。大家对诗歌的语汇、形式、音韵,诗歌发展的前途等问题,广泛地发表了意见,对抗战诗歌创作起到了一定的推动作用。

由于抗战时期纸张和印刷的困难,《大公报》重庆版的副刊《战线》的篇幅和出版时间均不能固定,在断断续续中维持出版,变成了一个不定期的副刊。为了尽量满足作者和读者的要求,编辑陈纪滢在张季鸾、王芸生、曹谷冰等人的支持下,采取了一些应急措施。据陈纪滢自己事后总结所说,为解决《战线》篇幅小、时间不固定和稿源旺盛的矛盾,主要采取了两项临时性措施:

其一,在新闻版内刊登文艺作品。在新闻版内刊登的一般都是些较有分量的名家作品,如冰心的三篇《再寄小读者》、老舍的《不成问题的问题》,其他如郭沫若、茅盾、胡风、萧军等人都有作品在新闻版内刊出过。

其二,加张出副刊。加张的条件是有足够的广告。广告多,需要加半张时,副刊便可有一版的地位。广告越多,对副刊越有利。那时《大公报》影响大,广告时常拥挤不堪,因而也为《战线》的出版提供了方便。

总之,《大公报》汉版、渝版上的文艺副刊《战线》确实成了中国抗战宣传全局上的一条重要"战线",为动员民众抗击侵略者、打败侵略者发挥了一定作用。

(二) 在《文艺》战线上

《文艺》1935 年 9 月 1 日由萧乾创刊于天津版,1936 年 4 月,上海版创刊,在上海版继续出版,仍然由萧乾编辑。随着抗战形势的日趋严峻,《文艺》上的

---

① 见《本刊作者联欢杂记》,《大公报》(渝版)1939 年 1 月 16 日。

"抗战"味也越来越浓。8月16日《文艺》第198期就出版了"戏剧特刊",刊登白光的独幕话剧《演不出的戏》。剧情是这样的:一个大剧团准备在一个晚上演出三个短剧《民族之光》《沈阳之夜》《白山黑水曲》。大幕拉开,因为《沈阳之夜》里面有××(东洋)人,还有一句"东北是我们的"台词,便被禁止演出。后来,其他两出戏也被禁止演出,因为"我们的戏是爱国的"。观众愤怒了,演员气愤了:"自己的国都不准我们爱么!""我们都身受到亡国的惨痛了!"从东北逃来的女演员张紫对导演说:"别人用飞机大炮来压迫我们,我们只在舞台上面喊两声'反抗',有什么用?……现在,我觉悟了!过去,关外不能保,逃到南边来,想用戏剧的力量做一份救亡的工作。谁知南方也不是自由的天地!连演戏都要遭到禁止,还有什么希望呢?"最后,原来相互之间有些小矛盾的演员们,都一致表示愿意随同张紫一道回东北去,和日本人拼命。

上海公共租界捕房因《大公报》刊登这个剧本,以"妨害秩序"的罪名向租界法院起诉。张季鸾亲自出庭受审,因萧乾在编辑稿件时,将剧本中的"东洋人"的"东洋"两字全部打成××,后被法院宣判无罪。

1938年之后,《文艺》又成了香港版上的一个主要的副刊。如果说《文艺》是《大公报》一个跨越时期最多的副刊,那么这一时期则是它最光辉的时期。之所以这样说,在于它作为抗战的"帅字旗下的一名小兵",表现出了鲜明的战斗性和进步性。

如果说这一时期的《文艺》是抗日战场上的一名勇敢的战士的话,那么可以这样讲,是萧乾把他引向战场,为他披上战袍,是杨刚把他扶上战马,催他驰骋疆场。

1. 萧乾把《文艺》引上抗日战场

从"八一三事变"起,《大公报》沪版一下子从十四版缩成四版,副刊《文艺》首当其冲,在裁减之列。尽管萧乾随外勤记者一道去了卢沟桥和淞沪战线,但胡政之一眼便看出了他不是做战地记者的料。于是萧乾也和其他许多同人一样,拿了报馆发给的三个月薪金,自谋生路去了。

萧乾离开上海,经香港、广州,于1937年9月流浪到武汉。此时《大公报》汉版已经创刊,挤出版面创办的《战线》已有陈纪滢主持。萧乾只得随杨振声、沈从文两位先生流亡到昆明。不久,胡政之函告萧乾,说副刊《文艺》在作者和读者中产生过较大影响,现在许多读者要求《文艺》复刊,请他在昆明遥编,在汉版上刊行。1937年10月3日,《文艺》在汉版上恢复,复刊序号为372期。

这一期只刊登了一篇文章,就是巴金的《给山川均先生》。汉版上的《文艺》为周刊,至1938年3月6日为止,共出版23期(第372—394期)。

1938年夏天,即在从上海被遣散后快一年的时候,萧乾突然收到胡政之电汇来的旅费和一封信,除对遣散一事深表歉疚外,还说今后报馆处境无论如何困难,再也不使同人星散了,希望萧乾收到川资后,立即到香港重整旗鼓。

萧乾于8月初到了香港,参加了《大公报》香港版筹备的最后阶段的工作。不久,港版创刊,《文艺》也随之在港版上正式复刊了。

《文艺》复刊后,要做的第一件事就是寻找以前的作者。萧乾说,天津和上海时期的《文艺》"主要是发表作品的园地,讨论问题的论坛",现在"它的首要任务是充当邮箱。全面抗战展开后,过去一道写文章的朋友们都各奔前程了:有的去了延安,有的去了敌后,有的仍滞留上海,也有的像我那样转到大后方。那时文艺界迫切需要的是通声息,读者也很急于知道作家们的行踪"①。

在《大公报》香港版创刊之后,萧乾立即刊出《寻朋友——并为〈文艺〉索文》,即给李蕤、田涛、炎午、祖春、文井、振亚、以圭、伯箫、力夫、黄照等人的公开信。萧乾在信中写道:"两周前,我由西南一座山城来到了香港,今后,我将有一个较固定的地址了。同时,三年来你们所爱护支持的那个刊物——《文艺》,已于八一三周年日在港版《大公报》上复刊了,想来必是你所乐闻的罢。……这刊物在太平年月,驼载的是坚实健康作品,在战时,它自然也得积极参与全国文化的总动员,展示新的姿态。"并说:"但这只是我的愿望。实现这愿望,还得靠你们和各地的朋友们。同时,我也在盼着你们的来信。"②萧乾在寻找朋友的同时,对《文艺》今后的发展明确地表示了两点:一是鉴于抗战的新形势,准备引导《文艺》参加全国文化抗战的行列,并在抗战宣传中展示其新的姿态;二是希望《文艺》的老作者们予以理解,予以支持,"《文艺》过去从不登萎靡文章,现在仅仅那样就不够了,我们要把文章变成信念和力量"。

最先给萧乾来信取得联络的是在延安的严文井。1938年10月12日,萧乾在《文艺》上发表了严文井的《陕北来信》。严文井在信中主要介绍了"鲁艺"的情况,还谈了住窑洞吃小米的香甜滋味。信末说,在延安"生活无虑,精神愉快"。这封信刊出后,各地作家纷纷来信,有南阳的姚雪垠,鄂北的田涛,山东

---

① 萧乾:《鱼饵·论坛·阵地——记〈大公报·文艺〉,1935—1939》,《新文学史料》1979年第2期。
② 萧乾:《寻朋友——并为〈文艺〉索文》,《大公报》(汉版)1938年8月15日。

的吴伯箫以及卞之琳、蔺风尊(柳杞)、丁玲、刘白羽等。萧乾马上在《文艺》上专辟"作家行踪"栏,用以摘登作家来信。"作家行踪"栏目报道了大量活跃在各战区的作家近况,其中尤以延安作家最多。1939年3月24日,《文艺》上发表了在延安鲁迅艺术学院任文学系主任的陈荒煤的来信,介绍了许多延安作家的近况。信中还介绍了延安近来编辑出版《文艺战线》的情况。

萧乾同各战区尤其是延安的作家取得联系之后,为《文艺》"展示新的姿态"创造了有利条件。刊登这些"投笔从戎"的作家寄来的文章,是萧乾主编的香港《文艺》副刊展示的第一个新姿。据穆紫在《延安文学在香港〈大公报〉》一文的统计,从1938年8月至1939年8月,《文艺》上发表的延安作品共44篇。这些反映延安和各根据地人民斗争生活的文艺作品,形式有散文、特写、小说和诗歌等,其中不乏上乘佳作。

由陆荆、陈璞、陈远高、野火集体创作,野火执笔的《抗大生活》(发表于1938年2月23日、24日)是一篇直接反映延安生活的优秀散文。该文生动而详细地描写了抗日军政大学的学习和生活,全文分7个部分,介绍了抗大生活的早操、吃饭、上课、讨论会、娱乐晚会、课外活动、卫生所等,无论是内容还是表达,堪称佳作。

裴琴的《两个日本青年朋友》(发表于1939年3月20日)是一篇别开生面的特写。文章表现两个日本战俘在八路军俘虏政策的感召下,迅速觉悟,在八路军中,不仅生活愉快,而且积极参加了反战工作,用日语写了许多反战歌曲。这篇文章发表后,在国统区产生了强烈的反响。不少人认为延安政权"能把敌人变为朋友,实在太高明太可爱了"。据萧乾后来回忆说:"自那以后,刊物就特别注意这种国际题材。像吉士的《记史沫特莱》、陈畸的《给非国民鹿地亘》;刊物还出过一期'侵略者的老家'特辑,其中有一篇十分鼓舞人心:《日本有二千万革命党》。这些文章在争取友人,瓦解敌人,坚定人民大众对抗战的信念上,是起了作用的。"①

刘白羽的《蓝河上》(发表于1939年4月5—7日、11—14日、18—19日、24—28日,5月3日)是一篇反映根据地人民火热斗争生活的小说。吴伯箫的《潞安风物》,从1939年6月至7月连载16期,是一篇优秀的有分量的散文,记录了他从陕北到太行山前线路经潞安的见闻,歌颂了根据地军民的勤劳、质朴

---

① 萧乾:《鱼饵·论坛·阵地——记〈大公报·文艺〉,1935—1939》,《新文学资料》1979年第2期。

和敢于斗争的精神。黄钢的《两个除夕》(发表于 1939 年 8 月 4 日)是一篇思想性十分鲜明的散文,叙述了在汉口过除夕与在延安过除夕的两种不同情形、不同心境,还描写了毛泽东与群众共度除夕的动人场面。欧利文的《延安的月色》(发表于 1939 年 8 月 16 日)是一篇抒情散文。作者为抗大学生,该文写他在下课后,在月色中散步时的所见所闻。地上延河水,水中延安月,月下延安人,作者面对这一切,深情地说:"延安,这古老的名城,现时正为许多的青年人憧憬着。"此外,还有严文井的《春天——一个小鬼的故事》(发表于 1939 年 3 月 8 日)、黑丁的《我怀念吕梁山》(发表于 1939 年 8 月 18 日),都是这一时期经萧乾之手发表于《文艺》上的力作。

萧乾主编的香港《文艺》副刊所展示的第二个新姿是创办《文艺》的综合版。为什么要创办综合版?1939 年 9 月萧乾离开香港前往英国前夕,在那篇"谨向本刊作者读者辞行"的《一个副刊编者的自白》中说,报纸副刊的读者,他们需要的知识是多方面的,"如果我们的专家肯动手写点大众化的东西,它的前途必是无限量"。这实际上是充分发挥报纸副刊读者面广的优势,请各方面的专家写点大众化的东西,加强民众对抗战的信念。

每周星期天的《文艺》为综合版。在综合版上,凡是能鼓舞抗战军民士气的,不论是军事、政治还是经济问题,都可以谈,都可以登。揭露日本本国的黑暗和虚弱,抨击日本军阀的罪恶,也是综合版的一个重要内容,如《狐狸精附了体——战时日本童工的剪影》(下村千秋文,高行译,发表于 1939 年 3 月 11 日)、《死亡线上战栗着的日本大学生》(发表于 1939 年 4 月 1 日)等文。1939 年初,《文艺》综合版还系统地发表过几篇分析"日本这一年"的文章,综述一年来"日本在华北华东的经济侵略",着重揭露了"日制大亚细亚主义"的罪恶。在综合版上,当然还有如"书报简评"这样一些传统栏目。1939 年 7 月 9 日,综合版的"书报简评"栏中发表了楼菲的文章,详细地评论了延安文艺战线社出版的第 3 号《文艺战线》。文章开头写道:"在烽火中成长,在战斗的生活里发展,能够以血肉的生活呈现了现实之全貌的,只有值得特别推崇的《文艺战线》这一份刊物。……步调是一致的,是真正的《文艺战线》的姿态;叫喊是一致的,是广大的民族的呼声。然而,这儿的一致,并不是'同一',也并不是'差不多';而是以一致的步调,一致的叫喊,掘出了某一角现实的血肉。这证明了我们现实主义的作家们,深入后方,跑上战场,跟民族的脉搏呼吸在一起,跟民族的灵魂凝结在一起,闪耀着怎样的光辉,获得怎样优秀的收获了。"接着,该文主要述评了刘白羽、梁彦、白晓光、骆方、贾嘉、卞之琳、柳青等人的小说、诗歌和散文①。

总之,为了把《文艺》办成宣传抗战的阵地,萧乾不仅发了宣言,而且付诸行动。正如杨刚在《重申〈文艺〉意旨》一文所说的那样:《文艺》"从'七七事变'那一天起,它就披上了战袍,环上了甲胄。"在抗战这面大纛之下,"《文艺》站住了它两年多以来的岗位"②。这是对萧乾在抗战爆发后在《大公报》香港版上恢复《文艺》并使之走向抗战前沿所做贡献的中肯评价。

2. 杨刚使《文艺》成为抗日哨位上的勇士

萧乾1939年赴英之前向胡政之推荐杨刚来接替他编辑《文艺》。据说,胡政之开始不同意,他考虑请北方的一位作家,认为那位作家"稳重",说杨刚是"赤色分子",担心日后给报纸带来麻烦。然而,萧乾坚持自己的意见,说:"我们认识已经十年了,我只晓得她进步,爱国,她笔头快,判断力远比我强。三六年你不是说过'兼容并蓄'吗?如果把你那位请来,刊物会马上回到三三年以前的学院派的老样子,而今天已经抗战了!我保证所有多年来同刊物保持联系的作家们,都会同报纸分道扬镳。"③胡政之听了萧乾的分析,觉得有道理,决定聘用杨刚,让萧乾把她请来。

确实,萧乾与杨刚相识已经十年了。他们俩是燕京大学的同学,杨刚念英语,萧乾学新闻,1929年他们相识于一个诗歌朗诵会上,到1939年正好10年。萧乾与杨刚相识之后,过从密切,以姐弟相称,从写作到人生,无话不谈。杨刚1930年加入中国共产党,而萧乾是个典型的"未带地图的旅人","是一匹野马",然而,这没有成为他们加深友谊的障碍。走出校门之后,萧乾进了《大公报》,虽被遣散一次,然相对来说,生活还比较平稳。而杨刚由于性情刚烈,于1932年离校前因与党小组长发生争执而被开除党籍。1933年春她来到了上海,积极参加左翼作家联盟的活动,一年之后又回到北平,进行文学创作,1936年起担任北平通俗读物编辑社创办的《大众知识》半月刊的编辑。抗战爆发后,她毅然离开小家庭,于1938年初抵达上海"孤岛",经过组织审查之后,是年重新加入中国共产党。经过四哥杨潮的介绍,杨刚进入塔斯社,做英文翻译工作,并利用塔斯社雇员比较安全的环境和安定的工作条件,完成党组织分配

---

① 楼菲:《书报简评·文艺战线》,《大公报》(港版)1939年7月9日。
② 《重申〈文艺〉意旨》,《大公报》(港版)1939年9月4日。
③ 萧乾:《鱼饵·论坛·阵地——记〈大公报·文艺〉,1935—1939》,《新文学资料》1979年第2期。

的一些革命工作。

杨刚接到萧乾的电报之后,心情是高兴的。对于担任《大公报》的副刊编辑,她是很愿意的。她的第一部(也是唯一的)长篇小说《伟大》正是由萧乾编辑,在《大公报》的副刊《文艺》上连载的。她也清楚,《文艺》在她的好友萧乾的辛勤耕耘下,在文艺界和广大读者心目中,美名远播,尤其是抗战以来,《文艺》更展新姿。在请示党组织批准之后,杨刚于1939年8月下旬抵达香港。8月31日早晨,在九龙码头送走萧乾;9月1日,杨刚便走马上任,成了《大公报》的副刊编辑。

对于杨刚的到来,胡政之是既高兴又担心。高兴的是《大公报》添了新生力量,杨刚的力气和能力,他是看中的;杨刚的虎气和泼辣,他是欣赏的;杨刚的一片爱国热情,他更是佩服的。担心的是《大公报》请进一个被燕京大学校长司徒雷登称之为"赤色分子"的副刊主编,今后"麻烦之事"在所难免,再说,要驾驭这个有"浩烈之徒"名声的女性,并非易事。胡政之找杨刚谈话,向她讲明《大公报》"不党、不卖、不私、不盲"的办报方针和超然传统,告诫她"不许过激"。

杨刚此时已过而立之年,比起和党小组长争吵的时候要成熟一些了。她仔细地研究了胡政之、《大公报》及其副刊,反复推敲了萧乾西行之前留下辞行的文章《一个副刊编者的自白》(刊载于1939年9月1日)。她既看到了《大公报》亲蒋抑共的阶级倾向,又注意了其鲜明的爱国主义态度和坚定的抗战立场;她既看到了胡政之作为"老报人"的一面,又注意到他作为"爱国者"的一面;她既看到了《文艺》"尽量不登杂文",不参加文艺界争论的"传统"和不偏不倚的绅士风度,又注意到了《文艺》在读者心目中的地位,更注意到了《文艺》在香港《大公报》上恢复之后的重大进步。通过分析,杨刚认为,《大公报》的《文艺》副刊(还有《学生界》副刊)是进行抗战宣传的不可多得的阵地,她决定在萧乾工作的基础上,把《文艺》的进步性和战斗性再向前推进一步。

在萧乾的告别词发表后的第四天,1939年9月4日,杨刚在《文艺》上登出了《重申〈文艺〉意旨》,首先肯定《文艺》已经是一名"披上了战袍,环上了甲胄"的抗日战士。并说:"对这风雷豹变的局势所造成的国家需要,只有扎着稳步子去替它寻求满足,它永不会忘记它是民族生活的一个关节,帅字旗下的一名小兵(可不是热血最少的)。它有了许多兄弟们,它张开坦白的手心,还要抓紧更多弟兄的热手。"然后宣布今后的编辑方针:"一切有心滚进这个大时代的人,他既肯把耳鼓贴在地层上听了战马的蹄骤,又听见了大地的暗语,就让他把这些语言有心的写出来。……总之,凡可以称为文章的东西,在《文艺》的哨位上应该是一位击不倒的勇士。他可以明攻,暗袭,奇劫,各中要害。《文艺》一向在抗战上没有躲避宣传,今天也无所谓标榜。"①杨刚说她编辑《文艺》是以"抗战宣传"为宗旨的,上面发表的一篇篇文章,应该是一颗颗击中敌寇要害的子弹。这就清楚地表明,杨刚要进一步改变《大公报·文艺》的"绅士"形象,而使之变成一名打击敌人而不被敌人打倒的"勇士"。

从 1939 年 9 月至 1941 年 12 月,《大公报》香港版的副刊《文艺》(还有《学生界》)在杨刚的主持下,的确犹如跨上战马的勇士,纵横于抗战宣传的战场,洋溢着勃勃生机。

第一,增加发表延安作品及敌后游击区作品,大力宣传中国共产党及其领导下的军民的抗战业绩。据穆紫统计,《大公报》港版《文艺》上共发表延安作品 118 篇,萧乾主编一年间发表 44 篇,剩下 74 篇由杨刚编辑发表。

1939 年 12 月 13 日发表的《贺龙将军》,是沙汀长篇报告文学中的一部分。这篇文章通过贺龙生活片段的描述,表现了这位著名的八路军将领的思想深度和平易近人的作风。这是《文艺》上发表的直接描写八路军将领的第一篇作品。

1940 年 2 月 19 日至 3 月 18 日连载的《沁州行》是吴伯箫又一篇长篇散文,同《潞安风物》一样,作者通过沁州之行所见所闻的记叙,歌颂了根据地军民的斗争精神与质朴美德。

3 月 17 日发表的《记延安文协代表大会》是庄栋的一篇长篇通讯。文章分三大部分详细地报道了延安文协代表大会的盛况:一是新年、新春、新文化;二是崭新的陕北文化阵营;三是为建立中华民族的新文化而奋斗。

6 月 6 日发表的散文《我是怎样来陕北的》,是杨刚特约丁玲写的。抗战爆发后,许多热血青年纷纷奔赴延安,寻求救国救民的真理。国民党政府对此怀有嫉恨,设关置卡予以阻挠,甚至将投奔延安的青年加以逮捕,投入集中营。丁玲在文章中介绍了她如何摆脱盯梢,辗转迁播,克服重重阻力和困难,奔赴陕北的经历。这篇文章的发表为即将奔赴延安的国统区青年人无疑提供了若干有益的经验。

---

① 《重申〈文艺〉意旨》,《大公报》(港版)1939 年 9 月 4 日。

7月13日开始发表的《夜歌》、11月23日发表的《我们的历史在奔跳着》、1941年5月5日发表的《叫喊》均为何其芳的诗歌。其中《夜歌》分四次刊登,为《文艺》三年中发表的最长的诗作。何其芳的这些具备新诗风的诗作,反映了一个青年诗人在时代风云的召唤下向人民贴近的努力,虽然在艺术上显得稚嫩一些,但诗人在诗中表达的感情是真诚的、健康的,在《文艺》上发表后,对国统区的青年的影响也是积极的。

1941年1月连载的《抗战期中的"日后"文艺》,是沙汀写的长篇通讯。该文对延安的文艺活动进行了系统总结,对"延安文协分会""鲁迅文艺工作团""西北战地服务团"等文艺团体及其主要成员进行了详细介绍。在总结"文协分会"活动时,沙汀着重介绍了吴伯箫、何其芳、卞之琳、萧三等在晋西北、冀中、晋东南各根据地的工作。在谈到鲁艺工作团时,沙汀介绍了几个具有写作才能的青年作家即梅行、黄钢、杨明、葛陵等,以及工作团的领导人荒煤。沙汀还介绍了丁玲、吴奚如领导的西北战地服务团。文章最后说:"像上面举出的几位作家所走过的道路,因为工作是多方面的,方法也是多方面的,我们不能够,而且也不应该要求一切作家都像他们那样,但在创作的意义上,我个人却毫不迟疑地在他们身上多寄托更大的希望。"

1月27日至2月7日发表的《刘呐鸥之路》,是黄钢写的著名的报告文学。文章叙述了刘呐鸥由追求享受到沦为汉奸以及最后被刺杀的全过程,指出刘呐鸥之路是一条极危险的路,虽然作品中的人物不是以延安为背景的,然而是黄钢到延安之后,立足于新的生活高度来写的。这样的作品发表的意义其实已远远地超出了"文艺"的范围。

第二,开展文艺问题的公开讨论,引导战时文艺发展的方向。杨刚认为,报纸副刊应该"是实际工作与生活的前哨",不能只做无足轻重的"报屁股"。杨刚通过开展关于文艺问题的公开讨论,使《文艺》成为战时文艺运动的前哨。

1939年10月,《文艺》副刊在香港文艺界发起了"民族文艺"问题的讨论。这次讨论是借鲁迅先生逝世三周年纪念之机而提出来的。《文艺》出面召集座谈会,许地山、刘火子、黄文俞、郁风、刘恩慕等10余人参加了座谈,与会者从不同的角度阐述了对"民族文学"的理解,认为当今的民族文学应该是"抗战的内容,民族的形式"。讨论会上,不少发言者认为,对这类重大的而又极能引人产生兴趣的问题,展开讨论是必要的,并希望像《大公报》这样有声望的报纸副刊今后多召集一些这样的讨论会。座谈会纪要在《文艺》上发表后,引起了强烈反响,"民族文学"一时成为香港文艺界的中心议题。于是杨刚又拟出了"文艺之民族形式的创造问题""新文艺外来影响的估价和清算"两个题目,把讨论引向深入。《文艺》还特别拿出五个版次发表讨论文章。黄文俞、杜埃、黄药眠、袁水拍等人均有文章发表,参与讨论。《文艺》发动的这场关于"民族文学"的讨论对香港文艺向着抗日救亡方向发展,起到了积极的引导作用。

1940年10月1日出版的《文艺青年》第2期发表了杨刚写的《反对新式风花雪月——对香港文艺青年的一个挑战》,由此而引起了一场"反对新式风花雪月"的讨论。当时,内地抗日战场硝烟弥漫,而在香港流行着一种危险的论调,说香港是个"世外桃源"。这不仅麻醉着香港人民,也与整个反法西斯战争的大局很不协调。许多幼稚的文学青年受这种论调的影响,也出现了一种值得注意的倾向,许多文章都是在"怀乡病"下写出来的。杨刚说:这些"写文章的人的情绪,大都在一个'我'字的统率之下,写出种种的音调。多半的人是中了怀乡病的,想着故乡"。这类文章"除了对祖国的呼唤在某方面能够引起相当的共鸣而比较有意义外,别的都可以风花雪月式的自我娱乐概尽。风花雪月,怜我怜卿,正是这类文章的酒底,不过改了新的样子,故统名之曰新式风花雪月"①。

杨刚的文章发表后,香港文坛立即作出反响,展开讨论。在近3个月的讨论中,香港有10余家报纸参加,共刊载90多篇讨论文章。在讨论最热烈时,《大公报》的《文艺》于11月13日起用一周时间举行关于"新式风花雪月"的讨论笔会,敬请香港文协的许地山、乔木(乔冠华)、黄绳诸先生执笔撰文。

这场关于"新式风花雪月"的讨论,虽然在批评香港文学青年方面有过火之处,但是对推动广大青年跳出个人感情的小圈子、投身到民族救亡的壮烈生活中去,在感受民族的痛苦、人民的痛苦的过程中征服自我、超越自我起到了较大的推动作用。

总之,在一次次讨论中,《大公报·文艺》逐渐展示出了勇士的风貌!

1941年底,香港被日军占领,《大公报》港版停刊。杨刚在东江游击根据地生活、工作几个月后,根据党组织的意见,她来到了桂林星子岩下的《大公报》桂林馆。胡政之热情地欢迎了她,并请她继续主持《文艺》副刊的工作。1942

---

① 杨刚:《反对新式风花雪月——对香港文艺青年的一个挑战》,《文艺青年》第2期,1940年7月1日。转引自文通学社编:《历史的轨迹》,广东人民出版社1987年版,第99、100—101页。

年6月1日,杨刚从张篷舟手中接过《文艺》,并于当日发表《归来献辞》,重申编辑方针:"我们走过了一条道路,现在,这条道路依然是一切真实的写作者,真实地生活在民族战争中的人们所共走的。我们没有理由脱离它,也不能脱离。或者,近在国人的身边,我们将有幸歌颂更多的壮烈和英勇,同时,也不能面对战争所带来的种种灾难和苦痛,闭上眼睛装着无情。一切的现实,一切的人生需要挖掘得更深、更广,我们走进苦痛的底层,为了能够站在苦痛的上面。这些,我们依赖着师友和读者,依赖着一切真实地生活着的人们更多的力量、精神和热情。"这就是说,《文艺》将一如既往,走香港时期开辟的路!

（三）多种多样的特刊

国难方殷,社会生活处于非常状态,《大公报》不可能像天津时期那样每周有固定的周刊,四平八稳,按部就班。但是,为适应社会各界之需,这一时期,《大公报》还是克服困难,出版了许多特刊。多种多样的特刊在版面上出现,是这一时期《大公报》附页上的一个明显特点。

从1938年到1944年,仅《大公报》汉版和渝版上出版的特刊就有30多个。按年统计,1936年1个,1937年1个,1938年8个,1939年12个,1940年4个,1941年6个。

这些特刊,大致有这样四方面的内容:纪念重大节日,纪念重大事变,配合政府的重大举措,配合社会各界开展的各项社会活动。虽然名目繁多,但其主题只有一个,就是动员一切力量、调动一切积极因素,争取抗战的胜利。

这些特刊一般都是刊登社会名流、国府政军要人的文章和题词。例如太平洋战争爆发后,蒋介石为布置东南亚抗战防务,于1942年2月中旬访问新德里,并与印度当局商讨中印合作的有关问题,其中有中印文化合作一项。3月17日,《大公报》出版《中印文化合作运动特刊》,刊登有吴铁城的文章《中印两大民族之历史使命》,陈立夫的文章《东方文化之两大柱石》,以及商震题词"唇齿之情掎角之势,合作交欢胜利可制",张治中题词"发扬东方文化,敦睦中印邦谊"。即使像《重庆市第一届运动大会特刊》,也是不离抗战主题,刊载有刘峙的文章《雪"病夫"之耻》,董守义的文章《我们用什么来纪念体育节》,以及孔祥熙题词"自强不息",张伯苓题词"锻炼个人体格,促进民族健康"等。

此外,《大公报》还根据抗战需要,临时设置专栏。比如,为了揭露日寇暴行,从1938年2月20日起,在第四版辟"敌寇万恶录"专栏,每周三、周日载文,至3月9日止,共出6期。前言说:"敌寇在我国内的种种暴行,是万恶无赦的。这一方面是暴露敌寇的人格破产,走上了绝境;一方面则给我们每个同胞加强了抗战的信念,为国为家,都要复仇！现在敌寇已把奸、淫、掠、掳,当成拿手好戏,在各侵占地扮演,对它这种万恶的罪行,应该记录,藉使全世界爱好和平,主持正义的人士知晓,并唤醒国人,起来复仇！"六期载文如次:2月20日,载《陷落后的南京》(袁霭瑞);2月23日,载《暴行片段录》(抗军);2月27日,载《上海地狱——敌寇的行乐所》(章国康);3月2日,载《虎口余生追记》(徐惕三);3月6日,载《沦陷后的安阳》(张向远);3月9日,载《非人道的戏谑——在广德玩弄算命的瞎子》(姜薏)。

第三章
夹缝求生——新记后期的《大公报》
（1941年9月—1949年6月）

1941年9月张季鸾的逝世，对于《大公报》来说确实是"塌天之祸"，引起的震动大大超过了1935年12月吴鼎昌的离开。由于张季鸾的病逝，《大公报》内在组织结构上由"双轮车"变成"独轮车"，即胡、张二人共同支撑事业变为由胡政之一人独撑。胡政之纵有天大的本事，也有些力不从心，难免顾此失彼、左支右绌。加之抗战以来辗转南北，报馆财产遭受了严重损失，他"时感捉襟见肘之窘"①。具体表现在两个方面：其一，对外与包括蒋介石在内的政府官员之间的沟通出现很大问题，从此报纸与政府不时发生摩擦甚至冲突。正如胡政之所说："报馆之所以能在极端混乱的时局中安然度过者，张先生的交际天才和崇高人格掩护的力量，也不在小。至今张先生去世后，我们还时时感到失去掩护的痛苦。"②其二，报馆内凝聚力明显减弱。也如胡政之所言：《大公报》同人"精神合谐，工作合拍，简直如一个人一般"，"张先生即是凝结这种和谐关系的一根栋梁"③。

与此同时，随着抗日战争由相持转入反攻阶段并最终胜利，国内阶级矛盾逐渐上升为主要矛盾，国共两党的斗争愈发凸显。以自由主义和中间道路为诉求的《大公报》从原本同时受到国共看重的报纸，一下子变成双方夹击的对象，陷入两边挨骂、夹缝中求生存的尴尬境地。记事与言论不时遇到"左右不是""左右为难"的问题。

胡政之独木难支，心力交瘁，最后于1949年4月14日撒手人寰。随着胡政之的离去，新记《大公报》的历程结束了，老《大公报》的历史也宣告结束了。

---

① 《社评·献告　季鸾先生公葬典礼》，《大公报》（渝版）1942年9月6日。
② 胡政之：《回首一十七年》，《大公园地》1943年9月5日第7期。
③ 胡政之：《回首一十七年》，《大公园地》1943年9月5日第7期。

一、"独轮车"趔趄前行

（一）董监事联合办事处成立

1941年9月初，胡政之从桂林赶往重庆途中路经贵阳，在此得知张季鸾病逝，之后即与时任贵州省政府主席的吴鼎昌商量决定成立董监事联合办事处，对渝、港、桂三馆实行"集体领导"，由胡政之任联合办事处主任委员。由于董监事联合办事处的其他成员无论是资历还是能力，与胡政之都不在一个层次上，所以名义上"集体领导"，实际上由胡政之一人独撑。

在9月15日《大公报》同人公祭张季鸾仪式上，胡政之宣布了《本报董事会决议案》：（一）设立董监事联合办事处；（二）以胡政之、李子宽、王芸生三董事，曹谷冰、金诚夫二监事为委员，胡董事为主任委员；（三）由董监事联合办事处总揽全社事务。同时还宣布正式成立社评委员会，由胡政之、王芸生、曹谷冰、李纯青、孔昭恺、赵恩源、金诚夫、徐铸成、杨历樵、蒋荫恩、王文彬为委员，王芸生为主任委员。胡政之宣布后，各委员即于张季鸾灵前就职。

董监事联合办事处成立后，具体做了以下几件事情：

（1）为了便于统一管理，陆续制定、颁布了一些必要的规章制度。如1941年10月制定了《职员薪给规则》，规定了职员的月薪等级、特别费核给、年终酬金、生活津贴、年资薪的标准。又如1942年重新修订了《〈大公报〉工友请假规则》《〈大公报〉社职员任用及考核规则》等。

（2）为了使渝、港、桂三馆同人保持联系、交流感情、增进了解、加强团结，1943年5月20日，经联合办事处决定，报社同人读物《大公园地》在重庆复刊，三十二开本，每期至少十六页，记载报社情况及同人活动动态，并注明"不供社外人阅读"，该内刊出至1944年8月20日第十五期停刊。第一期刊有曹谷冰写的《〈大公园地〉发刊词》，在叙述了新记《大公报》自1926年天津续刊到抗战以来四处迁徙的经过后说：

> 以上经过，因为我同人之所熟知，兹琐琐述之者，亦以见抗战以来，本社事业牺牲之重大，与夫本社机构变动之剧烈，并见创办人诸公经历之艰辛，应付之匪易。而就我同人之关系言，由最初十年之"有若家人"，经过

六年来之迭次搬迁,尤不禁有"兄弟离散"之感,近年交通日益不便,一般情绪,又复迥异畴昔,欲如向日之保持密切联络,复不可得,是则藉本社内部读物《大公园地》刊行,以报道各馆之情况,并沟通同人之情愫,殆亦有其必要矣。①

(3) 规定"社训"和"社庆日"。1943年9月6日是张季鸾逝世两周年忌日,渝馆同人下午二时在李子坝季鸾堂举行社祭,由胡政之主祭。礼毕,胡政之宣布了董事会新近制定的《〈大公报〉同人公约》五条。其中第一条规定"本社以'不私不盲'四字为社训",第四条规定"本社以每年九月一日为社庆日"。

胡政之对于"社庆日"和"社训"的两项规定,是经过深思后做出的。

确定每年9月1日为社庆日的意图很清楚,即虽然承认现行的《大公报》是英敛之所创办报纸的延续,但新记《大公报》本身另有其始,这个"始"就是1926年9月1日,即新记《大公报》续刊的日子,明确地说,是胡政之在吴鼎昌、张季鸾的大力襄赞下"收回老巢"的日子。对此,《同人公约》写得很清楚,确定9月1日为社庆日的主要旨趣,在于纪念新记《大公报》"创办人吴达诠、胡政之、张季鸾三先生"。

关于确定"不私不盲"为《大公报》社"社训",胡政之解释说:"记得民国十五年九月一日本报的第一篇社评里面,我们就曾经说明本报的基本立场,提出'不党、不私、不卖、不盲'八个字。而现在我们的社训'不私、不盲',就是将以上八个字归纳起来说的。'不党'可以归纳入'不私','不卖'可以归纳入'不盲'。"并且强调说:"这'不私、不盲'四个字,一方面是本报的最高言论方针,另一方面,也可以说是本社同人对人对事的指导原则。"这就清楚地表明,从"四不"到"二不"不是删改,更不是重打锣鼓另开张,而只是一种行文表述上的变化。如果硬要说有所不同的话,那就是包括胡政之在内的该报管理层更看重这个方针了,将原来设定的"本社同人志趣"提升为"社训",既是"本报的最高言论方针",又是"本社同人对人对事的指导原则"②。

如果往深处看,变"四不"为"二不",并以此为社训,充分表现了胡政之的高明:既保留了原来三位创办者认可、社会广为熟知、长期行之有效的"同人志趣"之内涵,又创造出一种新的行文表述,更有着一般人难以揣摩的含义。为

---

① 曹谷冰:《〈大公园地〉发刊词》,《大公园地》1943年5月20日第1期。
② 胡政之:《本社"社训"和"同人公约"要义》,《大公园地》1943年9月20日第8期。

了说清楚这个问题,有必要分析一下胡政之这个时期的心理活动。

自1937年淞沪抗战时胡政之、张季鸾两人从上海分手后,张主持汉、渝两馆,胡主持港、桂两馆,虽然在重大问题上互相通气、商量决定,但俨然已成两个系统。或者说,新记《大公报》的中期实际上处于胡、张两人分治的状态。张季鸾病逝后,新记《大公报》事业的全副担子历史性地压在胡政之一人肩上。如前所论,新记《大公报》这挂马车由最初吴、胡、张三人驾辕的"三套车",经过胡、张二人驾辕的"双轮车",到现在变成胡政之一人驾辕的"独驾车"。无论是从责任感、事业心,还是从个性秉性讲,撑起《大公报》这份家业,胡政之责无旁贷。事实上,自从胡政之独驾"新记"后,他的精神又恢复到从前的状态,这是一方面的情况。另一方面,作为法律专业出身的现代报业家,胡政之感觉到,经过长时间"分治并行"的新记《大公报》,如今一旦"合二为一",必须有一套新的制度才能有效运作。这种心态首先体现于1943年10月20日胡政之在李子坝季鸾堂对《大公报》渝馆编辑部同人的讲话中:"我以往因为在香港做报,以后桂林馆新创,又在那儿主持,在渝的时间极少,和同人见面的机会不多。"①言下之意,就是其作为新记《大公报》总经理兼副总编辑,此前长期未能过问渝馆事务。现在新记《大公报》馆分治的状态要结束了,离散的"兄弟"又合为一处了。为了把这个"家"管理好,使这份"家业"在原来基础上进一步发展,立新规势在必行,除了前面董监事联合办事处制定的那些规章制度外,在办报指导思想上和企业文化方面也应有一些新的提法。

"社训"的设定和"社庆日"的确立一样,是胡政之作为一个现代化报业大家重视并加强企业文化建设的举措。当然,也不能排除这其中或许含有胡政之内心深处的几丝"私"念,他自己曾说:"中国人向来最不容易合作,而'文人相轻'尤为'自古已然';吴张两先生同我都是各有个性,都可说是文人";虽然他们的修养比一般人好,平时相处,"各人都能尊重个性,也能发挥个性"②,但是他们毕竟不是圣人,更不是"神",人性中的"恶因"、文人的"痼疾"在某些特定场合也会有所流露。据曹世瑛回忆,徐铸成曾对他讲:"胡政之一向是倾全力办报,事无巨细'皆独任艰巨',而张(季鸾)则声名远播海内外。胡对此每不免有不平之色,在和同事的谈话中,常有不自觉的流露。"③徐铸成的话时常带

---

① 胡政之:《在重庆对编辑工作人员的讲话》,王瑾、胡玫编:《胡政之文集》(下),第1081页。
② 政之:《社庆日追念张季鸾先生》,《大公报》(沪版)1946年9月1日。
③ 曹世瑛、汤恒:《报界巨子胡政之》,查良镛等:《胡政之:一笔一天下,一报一世界》,第86页。

有感情色彩,不可全信,但是可以视作参考。我们梳理胡政之和张季鸾上海分别后的办报路径可以看出,张季鸾紧跟中国政治中心办报,先后主持汉版、渝版,报纸风生水起,他的名字朝野尽知,甚至远播海外,用胡政之的话说是"遐迩知名"①,汉版、渝版的影响也越来越大。相比之下,胡政之主持的港版、桂版的成绩就差一些,尤其费尽九牛二虎之力办起来的港版,由于"水土不服",销路一直不好,胡政之自己也有些心灰意冷。据老报人回忆,胡政之在港期间,远不如以前那样精神抖擞、斗志昂扬了。他居住在半山的坚道,整天宅居家中,权力下放,经、编两部的工作基本交给金诚夫和徐铸成处理。后来到了桂林,他也是整天待在被称为"胡公馆"的小洋楼里,深居简出,不大过问报馆的具体事务,对渝馆更是"不加闻问"②。

　　我们无意将胡政之与张季鸾两人的成就大小进行比较:胡、张二人绝对是中国现代新闻史上两颗闪闪发光的明珠,其贡献不分伯仲。所不同的是两人对办报路径的认知和选择,这种差异在1935年讨论创办上海版时就已经出现了。张季鸾提出创办沪版,除了"九一八事变"后华北局势紧迫外,还有一个原因,就是认为在中国办报纸,特别是办政论性的大报,必须靠近政治中心。而胡政之则认为,要办一张具有独立品格的民营报纸,应该与政治中心保持一定的距离。实践证明,张季鸾的办报路径选择比较符合中国国情和当时的实际:1936年创办沪版,实行报馆重心南移;1937年之后,报纸更是随着国家政治中心的转移而转移,先后创办汉馆、渝馆,并名声日隆。然而从创建基业看,出力甚大的是胡政之,外界却只看见张季鸾主持下汉、渝两馆的报纸出版及其影响,而很难看到基业创设中的艰难。所以当汉版、渝版获得巨大成绩时,胡政之内心除了同张季鸾一样高兴外,恐怕难免也有几丝妒意。这是正常人的反应,是人性使然,无可厚非。

　　简言之,变"四不"为"二不"并使之成为"社训",同规定9月1日为"社庆日"一样,是新记《大公报》进入"胡政之独掌时代"的一种标志③。

---

① 胡政之:《对桂林馆编辑部同人的讲话》,王瑾、胡玫编:《胡政之文集》(下),第1074页。
② 徐铸成:《胡政之与旧〈大公报〉》,《报海旧闻》,第98页。
③ 王芸生、曹谷冰在《1926至1949的旧大公报》一文中称:"揭开内幕一看,原来吴、胡、张三人和他们所经营的旧〈大公报〉早已党于蒋介石了,因此必须删去'不党'。这时胡政之继张季鸾为国民参政员已一年多,蒋介石政府即将发表他为中国访英团的团员之一,他和蒋介石的关系进一步拉近。胡政之这时大概业已打定主意,要用大公报大大地卖一笔钱,因此也以删去'不卖'为便。"(见《文史资料选辑》第25辑,第38页)

（二）发满一万五千号

1. 强化内部建设

张季鸾离去后的两年间，胡政之一方面忙于料理张季鸾的后事，一方面着手进行报馆内部整顿和建设工作，除了前面所说的企业文化建设外，还开展了两方面的工作。

其一，重视员工的思想建设。作为《大公报》社硕果仅存的创办人和在职老板，胡政之多次向报馆员工训话，讲述报史、传授经验、阐述传统，以增进员工对报馆历史的了解、对报馆精神的继承和各自业务能力的提高。胡政之尤其喜欢给报馆同人讲解本报的历史，对此他说：经过几十年的奋斗发展，特别是"经过八年的困苦，本报的历史，也就特别宝贵"①。报史有理论、有业务，更有精神。

这方面的内容主要集中在1943年的四次讲话中：

6月13日，胡政之对桂馆经理部同人讲话，主要讲了"新闻事业努力的途径"。他指出，成功的报纸"必须领导社会前进"，"亦必须随同社会前进，否则，这张报纸必遭淘汰。办报与开铺子不同，不能靠老牌子的原因即在于此"。他指出，新闻记者无论是学业上还是事业上，必须不断进步。并为此提出三点要求："第一，无我的精神。""第二，要注意健康。""第三，爱管闲事的态度。"最后还对大家说："我希望大家重视自己的职业，重视自己。须知新闻事业最能训练头脑，一个新闻记者不但具有丰富的人生经验，且具有敏锐的观察力、判断力。新闻记者多闻广知之外，且能道出一件事物的所以然，又善于应付环境，因此一个新闻记者的能力，远过于任何一种人。"②

关于记者的"学习"和"进步"的问题，胡政之后来又多次予以强调。如7月5日对桂馆经理部同人说："报纸是一种进步的事业，与普通商店绝对不同。普通一个店铺，招牌打出去了，便可以享受数十年甚至百年的利益。但是报纸却不然，必须随时代而进步。"③10月20日，又对渝馆编辑人员说："报纸事业是一种经常地需求进步的事业，且永无休息的时候。"所以，做报的人就必须不断地学习，"应该知道'不进则退'的道理"，"事业要求进步，个人也更要求进

---

① 胡政之：《对天津馆编辑部同人的讲话》，《大公园地》1947年8月5日复刊第7期。
② 胡政之：《对桂林馆编辑部同人的讲话》，王瑾、胡玫编：《胡政之文集》（下），第1074—1077页。
③ 胡政之：《对桂林馆经理部同人的讲话》，王瑾、胡玫编：《胡政之文集》（下），第1077页。

步"。尤其是国家进入建设时代后,报纸要专业化,报人要学习掌握各种专业知识。写社评要"对各种问题分头专门化";外勤记者"并非满街乱跑,乃是向被访者提得出问题来",因此,必须"对某种问题有些研究"①。

9月5日,胡政之在《大公园地》上发表《回首一十七年》,纪念本报复刊兼怀念张季鸾先生。这篇文章详细回顾了新记《大公报》十七年发展奋斗的历程,基本上就是新记《大公报》的一部简史,成为在职《大公报》人的必读文件,日后甚至成为胡政之的"遗言"②。

10月20日,《大公报》渝馆编辑部在李子坝季鸾堂开会,胡政之以总经理身份致辞,不仅对当年报纸的编辑工作作重要指示,还结合《大公报》的情况,对整个中国报业的发展做了理论总结:

> 中国素来做报的方法有两种,一种是商业性的,与政治没有联系,且以不问政治为标榜,专从生意经上打算;另一种是政治性的,自然与政治有了关系,为某党某派做宣传工作。但是办报的人并不将报纸本身当作一种事业,等到宣传的目的达到了以后,报纸也就跟着衰歇了。但自从我们接办了《大公报》以后,替中国报界辟了一条新路径。我们的报纸与政治有联系,尤其是抗战一起,我们的报纸和国家的命运几乎联在一块,报纸和政治的密切关系,可谓达到了极点。但同时我们仍把报纸当做营业做,并没有和实际政治发生分外的联系。我们的最高目的是要使报纸有政治意识而不参加实际政治,要当营业做而不单是大家混饭吃就算了事。这样努力一二十年以后,使报纸真能代表国民说话。③

这不仅是对当时《大公报》人的报史教育,而且成了中国新闻思想史的经典论述。这一思想,他在1947年7月21日对津馆编辑部同人讲话时又讲过:

> 我国过去的报纸大致可以分为两派:一派专为表达所属政党的政治主张;一派则完全着眼于生意。……我对以上两派都觉得无聊,都不以为然。我认为一份理想的报纸,要兼顾营业与事业。营业能独立,始能站在超然的地位,不为他人所左右。本报自民国十五年接办以来,即未尝与任

---

① 胡政之:《在重庆对编辑工作人员的讲话》,王瑾、胡玫编:《胡政之文集》(下),第1080—1083页。
② 1949年4月14日胡政之病逝。15日,为悼念胡政之,《大公报》沪版以"胡政之先生遗言"为名发表了这篇胡政之1943年9月5日写的《回首一十七年》。
③ 胡政之:《在重庆对编辑工作人员的讲话》,王瑾、胡玫编:《胡政之文集》(下),第1080页。

何党派或个人发生金钱上的关系,本报的精神也就在这一点。①

其二,提高员工的福利待遇。这一时期全面抗战已经进入后期,物资十分匮乏,民众生活非常艰难。为增强内部凝聚力,胡政之十分关心员工,注意改善和充实员工的物资和文化生活。

1943年10月,报馆成立同人福利委员会,通过会章十四条。在福利委员会成立大会上,孔昭恺代表报馆董监事联合办事处作了题为"谈本馆福利事业"的报告。报告首先说明了报馆重视同人福利的传统:"本报之对同人福利之提倡,也不自今日始。"在回顾了报馆提倡同人福利的历史后,重点汇报了渝、桂两馆的福利设施:

> 一、员工医药费之补助。馆中聘有中西医顾问,以便员工疾病就诊,所有药费由馆补助七成。二、津沪籍之员工接济留居津沪眷属之汇款除原额外,其薪水汇额由馆津贴一半。三、员工消费合作社于去年四月成立。四、体育会于前年(一九四一)成立,有篮球、排球、乒乓球诸项设备,悉由馆供给,每月另有津贴。五、国剧研究社于去年春成立,设备悉由馆供给,每月另有津贴。六、工徒补习班,课本用具概由馆供给。七、淋浴,员工每人每日一次。②

报告最后指出,福利事业是公共的组织,必须大家爱护扶持,才能真正得到益处。

此外,福利委员会下设进修部、俱乐部、服务部。三个部都制订了相应的简则。

由此可知,《大公报》的福利工作不仅完善,而且是比较成功的。它不仅解决了员工同人生活上的困难,而且充实了他们的业余生活,对提高员工思想、业务方面的修养,加强报馆内部的凝聚力,"加速公务之推动与事业之发展",都起到了较大的作用。

2. 谋求事业发展

1944年6月1日,《大公报》渝版增出国外版,只登新闻,不登广告,航运至

---

① 曹世瑛记:《胡总经理对津馆编辑部新旧同仁的谈话》,《大公园地》1947年8月5日复刊第7期。
② 孔昭恺:《谈本馆福利事业》,《大公园地》1943年第10期。转引自方汉奇等:《〈大公报〉百年史(1902.06.17—2002.06.17)》,第282页。

国外发行。

6月25日,《大公报》驻英办事处成立,地址在伦敦舰队街(Fleet Street)四十号,由萧乾主持。萧乾1939年10月应伦敦大学东方学院之聘由港至英讲授汉文,并兼任《大公报》驻英特派员。1942年他辞去东方学院教职,到剑桥大学专心研究英国文学两年。1944年1月胡政之访英时,约见了结束读书生活的萧乾,并聘他为驻英专任特派员,主持《大公报》驻英办事处的工作。

这两件事可以说意义重大,或者说是标志性的。胡政之即评价说:"向来中国的报不出国门,但《大公报》却发行了海外航空版,并经印度转播各处,支撑到抗战胜利,各方准备复员。"①把《大公报》推向世界是胡政之的远大理想,据李侠文后来回忆,胡政之常说:"如果他不能把事业推到世界去,他自己不能认为成功。"他之所以1948年在报馆财力人力都不算很富裕的情况下恢复港版,除了当时政局变化的原因外,还有一点就是胡政之的恢宏理想使然。"港版复刊,(胡政之)期望至大,认为这是使事业向海外推展的起点。"②

然而正当《大公报》谋求走向世界的时候,湘北战事发生并向南蔓延,以致桂林震动。1944年5月28日,广西当局下令居民迅速疏散,《大公报》桂馆按联合办事处事先商量的计划,立即组织撤退。到六月中旬长沙失守时,已把大小机器五架、铜模十副以及纸张用具等启运渝馆,同时疏散员工五分之二。6月27日,桂版《大公晚报》宣布停刊,员工眷属先行赴融县长安镇暂居;日报维持出版,但篇幅缩小,由对开减成四开。7月31日,根据桂林当局命令,《大公报》桂馆又遭职员二十二人离开市区,报馆仅留四五十人坚持工作。进入9月,号称六十万人的战时"文化城"桂林已经成了一座空城,人口稀少、百业停顿,在此出版报纸已没有必要。桂馆同人可抽身者尽量调赴渝馆,滞留长沙的眷属也分批入黔转渝。9月11日,当得知敌军已渡黄沙河,直逼桂林市郊的全州时,《大公报》桂林版被迫于1944年9月12日停刊。当日发表"社评"《敬告读者》说:"我们今日虽暂时停刊,但我们全体员工,决不忘我们应负之职责,我们必将始终握住这支秃笔,为国族尽其绵力。"③桂版停刊后,留下王文彬等十数人处理后事,金诚夫、徐铸成等人迅速离桂赴渝。

---

① 胡政之讲,曾敏之笔记:《认清时代·维护事业——三十六年十一月二十七日对渝馆编辑部同人的讲话》,《大公园地》1947年12月20日复刊第16期。
② 李侠文:《精神·事业·做人》,查良镛等:《胡政之:一笔一天下,一报一世界》,第163页。
③ 《社评·敬告读者》,《大公报》(桂版)1944年9月12日。

港、桂两馆的人员先后来渝，渝馆一时间人浮于事。但胡政之认为，此时的中国战场上日本侵略者虽然还在逞凶，世界反法西斯战争的胜利却已初见端倪。因此他脑子里此时已经在着手"绘制"战后《大公报》发展的蓝图，自然需要把人才贮存起来。再者，1937年津、沪两版停刊时就地遣散两馆员工，一度引起一些离职员工的不满，现在胡政之也不愿重蹈覆辙，再遭怨恨，所以尽管非常困难，《大公报》社没有遣散一人。

为容纳港、桂两馆来人，胡政之决定在嘉陵江边兴建一栋宿舍，同时将编辑部的人员集中起来分成两组，每组工作一周，休整一周，由孔昭恺、赵恩源分任编辑主任。此外还尽量扩大业务范围，使每个人都有事可做，都有用武之地。其主要举措有两项：

其一，发行晚刊。1944年9月1日起发行渝版《大公晚报》，始由曹谷冰、李子宽分管，桂馆人员全部到渝后，由徐铸成主持。编辑部主要是原桂版《大公晚报》的一班人。渝版《大公晚报》的风格一如桂版时期的《大公晚报》，新闻和副刊都比较活泼，调子也比日报要"左"一点。据说，重庆《大公晚报》出版后引起了国民党官方的不满，陈布雷曾对人说，实在不明白《大公报》馆为什么要出这样一份晚报。在报社内的一次会议上，王芸生也有微词，说《大公报》好像一个蓄电瓶，好不容易蓄满了电，却让晚报在那里不断漏电①。

虽然王芸生、徐铸成之间对办报方针有些不同意见，但是此时还能各尽其职，发展事业。1943年，《大公报》渝馆有新的发展，日报销售达九万一千五百余份，晚报三万二千余份，创重庆报业史上空前纪录②。

其二，编辑"《大公报》小丛书"，由杨历樵主持。从1945年1月至9月，共出版十二辑，具体情况见表3-3。

表3-3 "《大公报》小丛书"在1945年1—9月的出版情况

辑　数	书　　名	出　版　日　期
第一辑	伦敦，华盛顿，莫斯科——和平的伙伴	1945年1月22日
第二辑	国际和平机构如何建立？	1945年2月10日
第三辑	中印公路是怎样打通的？	1945年3月1日

① 罗承勋：《大公报的晚报》，周雨编：《大公报人忆旧》，第156页。
② 曹谷冰、金诚夫：《抗战时期的大公报》，周雨编：《大公报人忆旧》，第14页。

续　表

辑　数	书　　名	出 版 日 期
第四辑	台湾经济生活	1945 年 3 月 27 日
第五辑	如何处置德国	1945 年 4 月 9 日
第六辑	旅美观感	1945 年 4 月 29 日
第七辑	太平洋战线（上卷）	1945 年 5 月 25 日
第八辑	旧金山会议实录（上卷）	1945 年 6 月 9 日
第九辑	太平洋战线（下卷）	1945 年 7 月 8 日
第十辑	旧金山会议实录（下卷）	1945 年 7 月 27 日
第十一辑	法兰西第四共和国的诞生	1945 年 8 月 17 日
第十二辑	胜利与复兴	1945 年 9 月 15 日

3. 积极从事社会活动

胡政之说，张季鸾在世时主要负责了《大公报》的对外联络，尤其是与政府的联络；张季鸾逝世后，"这么一个艰巨的工作，仍临在我的肩上。每次想到，常觉伤感而惶惧"①。即使惶惧，胡政之也尽力去做。

1943 年 9 月，胡政之当选国民参政会委员，递补张季鸾遗缺；11 月，胡政之又进入"宪政实施协进会"；当年国民政府组织访英团，胡政之亦以报界代表的身份参加，并在访英结束后又赴美游历近一个月。在美期间，胡政之曾访问《纽约时报》《每日新闻》、合众社等新闻媒体机构，以及《时代》《生活》《幸福》三家杂志的发行人鲁斯（Henry Luce），并被邀请出席纽约外籍记者协会会议还发表了演说；胡政之还曾拜谒过美国总统罗斯福（Franklin D. Roosevelt），并于 1944 年 3 月 4 日参加了白宫记者协会第二十届年会晚宴。访美行程结束后，胡政之借道加拿大渥太华，于 3 月 27 日返抵重庆。这次访问英美，收获颇大，对如何将《大公报》进一步推向现代化，胡政之有了许多新的想法。正如他 1944 年 1 月 7 日在英国伦敦写给报社同人的信中所说："本报在国际上声誉之高，复出意外。如何配合国策，善尽言责，窃以为亟须与同人详商。"②他之所以尽量缩短行程，也是为了尽快回国制定报纸今后的发展规划。

---

① 政之：《社庆日追念张季鸾先生》，《大公报》（沪版）1946 年 9 月 1 日。
② 《访英归简——本报胡总经理致本报同人简》，《大公报》（渝版）1944 年 2 月 6 日。

此外，由于《大公报》对抗战所做的巨大贡献，到了1945年4月，胡政之又作为中国代表团的团员之一赴美国旧金山出席在这里举行的联合国创立大会。会议于6月26日闭幕后，他没有随团回国，而是以《大公报》总经理的身份在美国逗留了一段时间并在此期间用向国民政府购买的二十万美元外汇定购了美国华尔德·史考脱厂轮转印报机三部和部分通讯器材、卷筒纸及办公用具。因费用不够，又接受了旅美华侨李国钦入股美金五万元。可以说，在抗战的最后阶段，胡政之贮备了人员，购买了设备，已开始准备在抗战胜利后大展宏图。

4. 迎接一个喜庆日子

1945年8月12日是《大公报》又一个喜庆日子——发行一万五千号纪念日。一则由于抗战胜利在望，百事待举，报务太忙；二则胡政之因公滞美，所以此次大庆既没有出版纪念专刊，也没有举办隆重的庆祝活动，只是当天下午由全社同人在大礼堂开了一次纪念会。纪念会由曹谷冰主持，已经调任国民政府文官长的吴鼎昌①以创办人的身份出席并致词。他结合国家形势说，之前《大公报》为抗战胜利做了贡献，今后要为国家建设作贡献。纪念会场上充满了空前的喜悦气氛，会后还表演了游艺节目。此次活动的情况，次日三版作了简要报道："本报发行一万五千号，员工同人昨开会庆祝，创办人吴达诠莅会致词。"

发满一万五千号纪念庆典，虽然很简单，但是意义重大，既对过去的历史进行了总结，又对今后的发展作了动员。纪念会开过不久，随着日本于8月15日宣布无条件投降，负责恢复沪、津两馆的干部同人便先后分别启程。

（三）沪、津两馆恢复

胡政之出访之前对报馆今后的发展早已做好计划：抗战胜利后，即由李子宽、徐铸成率员东下上海，曹谷冰、孔昭恺、徐盈等北上平津，去筹备恢复战前所有的事业。随着8月15日日本天皇发布"终战诏书"，宣布无条件投降，《大公报》的恢复工作亦按照计划展开。

1. "重来上海"

发行一万五千号纪念庆典结束后不久，李子宽、徐铸成便直飞上海，派往上海的编、经两部其他人员亦乘船陆续抵沪。

---

① 《中央社讯：新任国府文官长吴鼎昌定于二月一日视事》，《大公报》（渝版）1945年1月28日。

如前,《大公报》沪版1937年12月14日停刊后,李子宽留沪善后,徐铸成一度滞留上海,在胡政之安排下前往《文汇报》主持编辑部工作,《文汇报》停刊后又于1939年8月赴香港,回《大公报》工作,历任港版编辑主任、桂版总编辑、渝版晚报总编辑。而李子宽则于1941年9月张季鸾病逝后、董监事联合办事处成立时前往重庆参加管理工作。现在两人奉社命回上海恢复沪版,可谓如鱼得水、得其所哉。

由于战火,《大公报》沪馆战前的财产全部损失。李子宽、徐铸成回沪后,只找到了一架侥幸保存下来,但已经被拆散了的卷筒机,沪版复刊的一切设备都得重新置办。印刷厂需要的机器设备可从重庆装箱运来,必要的办公设备能花钱购置,然而最不好办的是经、编两部办公及印刷厂所需要的房屋。

抗战胜利后,大搞"五子登科"(金子、房子、车子、女子、票子)的政府各部门"复员官员"正在上海四处"抢房子",一家民间报馆要找到合适的房屋谈何容易?李、徐首先在南京东路212号找到一处房子作为经理部用房,而编辑部和印刷厂排字房本应连在一起,因而一时难有合适处所,连换几次才安定下来:开始在《新闻报》馆;因《新闻报》要筹备复刊,一个月后搬至沪西大西路;由于此处房屋结构太差,冬天不易防寒,三个月后迁至新开河,即民国路261号。这就是《大公报》同人所谓的沪馆恢复期"编辑部三迁"的故事。

《大公报》沪版1945年11月1日复刊,李子宽任沪馆经理,徐铸成任总编辑,杨历樵任要闻版编辑兼翻译主任。复刊号上发表了题为"重来上海"的长篇"社评"。首先说:"今天,我们重来上海,和苦别八年的读者见面,不禁无限酸辛,涌上心头。"接着重点就抗战胜利后的建国原则谈了四点看法,并在最后宣言道:

> 我们是一张民间报,自十五年改组复刊后,承全国各界的爱护,得有今日。二十年来,饱经忧患,同人等不揣谫陋,始终固守"不私、不盲"的社训,对建国大业,尽其平凡之努力。现在我们也随着国家复员而复员,上海版今日首先复刊,我们今后当一本过去不畏强权、不媚时尚的传统,继续为国家服务,为社会服务。对于言论记载,当力求翔实,以副国内外的热望。我们希望全国同胞,上海各界贤达,像过去一样,随时爱护我们,鞭

挞我们,更愿大家充分利用我们这张报纸,宣达民隐,诛恶扬善,以培养建国的风尚,奠定民主的基础。①

沪版复刊之初,日出一大张四版;至1946年4月28日起改出一张半六版;同年6月13日起改出两大张八版;9月18日起又增为两张半十版;10月11日又扩大为三大张十二版;至1947年2月16日才因受纸张进口影响,被当局限令减为两张半。

2."重见北方父老"

负责恢复沪版的人员从重庆出发后,恢复津版的人马也分批启程。孔昭恺、徐盈打前站,打算从重庆直飞天津办理旧产接收手续;彭子冈、曹世瑛等部分同人则于1945年9月14日乘民生公司的"民联"轮东下,先到南京,然后设法赴津。据曹世瑛回忆说,乘"民联"轮23日到南京后才知道北上的火车不通,正在无可奈何时碰到了本报赴天津采访日本向中国投降仪式的张鸿增,并设法弄到两张飞机票,他得以与张一道于27日到达天津,彭子冈等则逗留南京,作宁、沪采访,于10月中旬才抵津市。

曹世瑛到津时,孔昭恺、徐盈因在渝等候飞机还没有到达,直到10月13日,孔、徐二人才搭乘战后第一任天津市长张廷谔的专机抵达津市。孔昭恺、徐盈抵津后,立即以《大公报》的代表身份同国民党天津党政接收委员会交涉,顺利接收四面钟对过的旧址(第一特区罗斯福路211号,天津沦陷后,此处被日商昌和洋行占用)。至于原法租界电灯房后的馆舍(第一区中经路二路161号,原法租界三十号路161号)在1937年8月5日津版停刊后,被原经理部少数人就地改办正文印刷局,报馆收回亦不成问题。

津馆的房屋问题解决后,徐盈便偕彭子冈进驻北平,立即着手恢复北平办事处的工作。此时的北平仍然是华北政治、军事的中心,军事调处执行部、北平行辕等机关都设在这里,以至于冠盖往来不停,战云变幻不定,各方新闻记者云集。《大公报》领导人的目光自然也盯在这儿——董监事联合办事处派徐盈为恢复津馆的先行者,说明他们是将北平办事处与津馆事业一并考虑的。事实上,北平办事处的恢复甚至先于津版复刊,主任徐盈,成员主要有彭子冈、谭文瑞和张高峰。

11月24日恢复津馆的主帅曹谷冰抵达天津时,北平办事处已开始工作,

---

① 《社评·重来上海》,《大公报》(沪版)1945年11月1日。

恢复津馆的事宜也大体就绪。12月1日,《大公报》津版复刊出版。曹谷冰为经理,孔昭恺为编辑主任,贺善徽为要闻版编辑,傅冬菊为副刊编辑,曹世瑛为外勤课主任。在津版复刊号上发表了题为"重见北方父老"的"社评",二版还发表了《由抗战到胜利八年来之本报》,叙述了《大公报》抗战八年的主要经历。

(四)总管理处成立

1945年11月3日,胡政之由美国返抵重庆。

胡政之春季离渝之际,《大公报》正为抗战的最后胜利奔走繁忙;冬季回国之时,《大公报》沪版已经恢复,津版的恢复也正在紧锣密鼓的筹备之中。他储备在渝馆的人员、资金以及此次在美国订购的机器、购买的办公用品都将派上大用场。胡政之的精神亦为之一振,喜悦之情溢于言表。他不止一次地同王芸生、曹谷冰、金诚夫、李侠文等人畅叙他对战后《大公报》发展的设想,分析认为,抗战胜利之后,中国国内存在的最大问题是国共两党的对峙,并认为国共两党的斗争并非短时期就可以结束,共产党虽然在政治上颇得民心,力量在抗战中也有了很大发展,但是还没有立即打败国民党的军事实力;蒋介石有美国的援助,因而国民党政府的统治虽然声誉不佳,但也不至于很快垮台。在这种新的对立的政治格局中,以"不私、不盲"为社训的《大公报》的业务经营是很有发展前途的。为了进一步集中权力、便利调度,胡政之打算撤销董监事联合办事处,成立《大公报》社总管理处,领导上海、天津、重庆三馆的业务,并计划创办广州馆。四个分馆分别占据华东、华北、华西、华南四大据点,使《大公报》成为中国报界"盟主",而后从中国走向世界。

1946年元旦,胡政之在上海宣布成立《大公报》社总管理处,牌子挂在南京东路212号。随后飞渝,以"社会贤达"的资格出席了在重庆召开的政治协商会议。出席会议的代表三十八人,其中国民党代表八名,共产党代表七名、中国民主同盟代表九名、中国青年党代表五名,以及无党派代表九名,胡政之属于无党派人士。政治协商会议通过了关于政府组织问题、和平建国纲领问题、国民大会问题、宪法草案问题和军事问题等五项协议,这五项协议既不同于中共的新民主主义革命纲领,也有异于国民党的一党专政独裁制度,基本上有利于民族资产阶级。这对胡政之当然是一个鼓舞,更坚定了他对《大公报》发展的设想。

政协会议闭幕后,胡政之返回上海,2月中旬又由沪飞津,并在亲自检查了津馆的工作后，前往北平进行了一系列活动，至3月上旬返回上海。胡政之对渝、沪、津三馆的工作进行了一番考察后，于3月在上海草拟了《〈大公报〉社总管理处规程》，初步拟定了人事安排。按照胡政之的指示，在国民政府宣布还都南京前夕的1946年4月13日，王芸生率领部分同人自渝飞沪，将《大公报》的言论中心从重庆转移到了上海，至此沪馆成了《大公报》总馆。

7月13日，董事会开会通过了胡政之草拟的《〈大公报〉社总管理处规程》并宣布实施。该规程一共十五条，其中第一条："本报因业务上需要设总管理处于上海，由总经理主持之。"这就明文规定了大权归胡政之掌握。第二条："本处任务：1. 综经各馆业务暨附属各种出版事宜并决定编辑言论方针；2. 统筹各馆经济事宜；3. 核准各馆预算决算，办理本公司总预算决算；4. 稽核各馆账目及现金；5. 决定本处职员及各馆主任以上职员之进退及调查并考核全体职员之成绩，分别奖惩；6. 核定国内外直属办事处工作及特派员之遴选；7. 统筹各馆购料事宜；8. 其他为各馆共同需要各项之统筹办理。"这表明总管理处总揽了经营的一切权力。第三条："本处设以下各部：1. 总务部；2. 业务部；3. 编审部；4. 营运委员会。"第四、五、六、七条则分别规定了各部机构及任务①。

会后，由胡政之提名，总管理处及各馆、直辖办事处负责人作如下调整。

总管理处主要负责人：总经理胡政之，总编辑王芸生；副总经理曹谷冰、金诚夫，副总编辑张琴南；总务部主任叶德真，业务部主任袁光中，编审部主任王芸生（兼），设计委员会主任费彝民，调查研究室政治组主任胡政之（兼），经济组主任方显廷。

各馆主要负责人：天津馆经理金诚夫，编辑主任赵恩源；上海馆经理李子宽，编辑主任许君远；重庆馆经理王文彬，编辑主任金慎夫。

国内外直辖办事处主任及特派员：南京办事处主任孔昭恺，驻英办事处特派员黎秀石，驻美办事处特派员朱启平，驻新加坡办事处特派员郭史翼。

关于人事变动，需要说明的几点是：

其一，沪馆、津馆相继恢复后，渝馆经理始为金诚夫，编辑主任始为李侠文。总管理处成立后，曹谷冰由津调沪任副总经理，金诚夫任总管理处副总经理兼任津馆经理，渝馆经理由王文彬继任。王芸生离渝飞沪之前，已决定

---

① 《总管理处充实内部组织》，《大公园地》1947年5月5日复刊第1期。

渝版编辑主任李侠文调沪，因而嘱金诚夫另行物色人选。金正着急时，想到了比自己小十二岁、此时正在上海《文汇报》任编辑主任的金慎夫，于是一封信寄到上海。慎夫收到诚夫的邀请信后，一则兄命难违，二则新近工作上正碰到些不愉快，故立即决定乘船西上，接替李侠文出任《大公报》渝版编辑主任。

其二，徐铸成上年奉命回上海恢复沪馆前，就收到《文汇报》负责人严宝礼的急电，称其正谋恢复《文汇报》，请徐与他再度合作。徐因正筹划《大公报》沪版复刊事宜便推辞了。《文汇报》在日本投降后的第二天便匆忙复刊，但由于准备不足，尤其是言论主持者明显的偏右立场，致使报纸从复刊到是年年底表现出严重的脱离时代倾向，以致销量不佳。因此，《大公报》沪版恢复后，徐铸成一方面做好本职工作，一方面还抽时间帮助严宝礼重新物色人员，改变《文汇报》的面貌，并不时为之撰写重要社论，故《文汇报》自1946年初开始，版面上发生了新的变化。最终，在王芸生抵沪的当日，徐铸成便离开了《大公报》，到《文汇报》任总编辑去了。

徐铸成离开《大公报》具有较深的历史根源，王芸生抵沪只不过是一个"爆发点"。从资历讲，徐铸成是当年国闻通信社的"老人"，王芸生则相对浅一点；从能力讲，在人才济济的《大公报》内，他们两人都算是佼佼者。然而长期以来，徐、王两人之间芥蒂横生。笔者无意去判辨徐、王谁是谁非，但有一点可以肯定，就是这一矛盾最主要地出现在人事关系上：虽然王芸生进《大公报》比徐铸成要晚一些，但是因撰写《六十年来中国与日本》而显露出惊人的才华，不仅迅速被提升为编辑主任，而且"插"到徐的前面成了张季鸾的"接班人"。虽然张季鸾依旧对徐十分器重，但是徐的自我压抑感恐怕难以避免。两人不在一个馆工作则已，若不得已到了一个馆共事，则大有"一山不容二虎"之势。1944年桂版停刊，徐铸成到了重庆即感到压抑，他日后回忆时直言不讳地说："我在重庆一年，几乎是闭门谢客，同业都少来往，以便'以小事大'。"据他自己讲，胡政之曾告诫过他与金诚夫，说"谷冰多疑，芸生有傲气"，叫他们到渝后要小心才是。1945年8月，当董监事联合办事处决定派他和李子宽赴沪负责筹备上海版复刊时，他写道："我离开重庆时的心境，真有些像京戏唱词中所常引用的'套话'：'踏破铁笼飞翠凤，挣开金锁走蛟龙。'"他还写道："一年以后，我得知二十万美金官价外汇事，也因为胡先生认为我控制的沪版，内容太左，我就一怒向政之先生提出辞呈。从此和一直把她当作安身立业的'家',永远告别了。"①徐的这番话似乎很经不起推敲——"二十万美金外汇事"是一年半以前的事;至于版面太"左"也不是问题,毕竟抗战时期的港版、桂版也如此,况且1944年他从桂到渝后主持渝版《大公晚报》,内容也明显偏"左"的,当时胡政之就在他身边,从没有责备过他"左"。可见他离开《大公报》的根本原因还是不能与王芸生同处一馆。

此外,关于国内外直辖办事处的恢复或设置情况如下:

南京办事处于1945年10月恢复,王文彬为主任;次年4月,王调任渝馆经理,孔昭恺继任,地址在华侨路豆菜桥豆菜园3号。

驻英办事处于1944年6月设置,地址在伦敦舰队街40号,萧乾任特派员。1946年2月萧乾离英回国,特派员一职由黎秀石接任。

驻美方面,《大公报》虽早有严仁颖、章丹枫、杨刚等人在美采访,有的甚至有特派员身份,但一直没有设立办事处。1946年4月,朱启平奉社命从上海启程赴美,正式设立《大公报》驻美办事处,地址在纽约市时代广场时代大厦七层楼一小间。

驻新加坡办事处于1946年6月设立,主任郭史翼,地址在温彻斯特大厦二楼28号。

另外,1946年总管理处将《大公报》社增资变更登记,是年12月23日获准发给执照。

总之,总管理处的机构设置、人事安排,基本上都是按胡政之的意见进行的。总管理处的成立、《总管理处规程》的宣布实施,表明经过内部调整后,胡政之在事业上要"大展宏图"了。

(五)"最后开创"

胡政之的构想虽然很美好,但此时却已不可能实现了,主要原因是此时他的思维出了一个根本性的错误,即对国共两党斗争的形势完全估计错了。1947年8月25日,胡政之在沪馆社评委员会上讲话时说:"许久以来,我们有一个看法,就是国民党要以军事力量消灭共产党是不可能的。……同时也使我相信,共产党要以军事力量打垮国民党是同样的不可能。双方都有弱点,双

---

① 徐铸成:《报人张季鸾先生传》,第179页。

方都没有充分的时间去从事打倒对方所必需的种种布置。"①但是,时局的发展大大出乎胡政之的预料。抗战胜利后短短的两年间,国民党疯狂的腐败、蒋介石政府的糜烂一发而不可收拾,致使政治江河日下、军事一败涂地;而共产党得到了广大人民的热烈拥护,发展十分迅速。人民解放军粉碎了国民党军队的全面进攻和重点进攻之后,于1947年秋天分三路南下,迅速转入战略反攻。蒋介石国民党及其政权已呈瓦解之势,共产党夺取全国政权亦已指日可待。胡政之很快便发觉他以前对形势的分析和对《大公报》发展的规划完全是错误的,于是紧急采取紧缩的办法,打消了创办广州版的计划,仅维持津、沪、渝三馆,并尤其重点抓好沪馆这个基地。

1946年11月,胡政之带着十分矛盾的心情参加了国民党一手包办的"国民大会"。他十分清楚,共产党坚决反对、拒不参加的"国民大会"在人民群众心目中是个什么形象;他亦知道,如不去参加,可能会使他自己在读者当中保持一个良好的形象。但他又明白,他是所谓"社会贤达",其代表资格是"钦点御批"的,硬不参加的后果是可以想见的。但大会开幕式之后,他便跑回上海,此后再未去开会。之后,在一次社评委员会上,他向各位同人诉说衷肠道:"为了《大公报》的存在,我个人只好牺牲。没有别的办法。希望你们了解我的苦衷,参加国民大会不是我的本意。我是被迫的。"据在场的李纯青讲,胡政之讲这番话时面色惨淡,两眼红润,声调近乎嘶哑,可见他的内心确实很痛苦②。这种心态很有代表性,如周恩来1946年12月在延安作报告时所说:"关于国大,有些无党派的人被蒋套住。……胡政之说:不参加,《大公报》会受压迫,参加了又怕没销路。"③

"国民大会"后,胡政之彻底消沉了。他以一个老报人的敏感,感觉到蒋介石国民党及其政府必然灭亡,也估计到自己参加"国民大会"不可能见谅于共产党,只得把希望寄托于"第三条道路"。

然而,到了1947年底,鼓噪一时的第三条道路彻底破产。处于两种命运、两个前途大决战的中国,国共两方都不允许走第三条道路。胡政之的幻想又

---

① 梅焕藻记:《北行观感(胡总经理八月二十五日在社评会议席上谈话)》,《大公园地》1947年8月25日复刊第9期。
② 李纯青:《战后〈大公报〉见闻》,《笔耕五十年》,生活・读书・新知三联书店1994年版,第523—539页。
③ 周恩来:《一年来的谈判及前途》,《周恩来选集》(上),人民出版社1997年版,第260页。

一次破灭,但是他不甘心,强烈的事业心依然鼓动着他理想的风帆。他估计,崇尚自由主义、鼓吹"第三条道路"的《大公报》今后必然既不见容于共产党,也不见容于国民党,于是把视野再一次投向了香港,希望由香港扩展到新加坡,再扩展到美国。1948年元旦,胡政之花了很大的人力和财力筹办的《大公报纽约双周》在美国创刊。《大公报纽约双周》的主要内容是两周内《大公报》重要"社评"的英文稿。但胡政之并不以此为满足,1月25日,他又以千金一掷的决心和气魄率领费彝民、李侠文、马廷栋、王文耀等人赴香港,着手《大公报》港版的复刊工作。

也许胡政之冥冥中知道,他此次赴港是否能全身回沪尚不可知,故临行前作了一番仿佛"交代后事"的安排。1月24日,他在沪馆召集同人茶会,代表公司宣布赠给成绩显著的张琴南、李纯青、许君远、严仁颖、曹世瑛、叶德真、左芝藩、樊更生、于潼等九个人以劳力股权。据1946年9月8日天津版报道,孔昭恺等十一人获得股权消息后说:"本报为团体事业,自民国十五年新记公司接办以后,吴达诠、胡政之、张季鸾三创办人中,胡、张二氏即系以劳力取得股权。其后曹谷冰、金诚夫……亦以同样情形,取得股权。"据此,新记公司的"劳力股"从胡政之、张季鸾二人算起,先后赠送过五次,共二十九人①,这次是最后一批。

恢复港版最大的困难是缺少外汇。当时,国民党政府腐败,致使国统区经济陷于崩溃,于是发行金圆券搜掠金钞。报馆将所有的金钞献出,换回了一天天贬值的金圆券。为了解决燃眉之急,胡政之只得接受了港人王宽诚先生入股的美金两万元。外汇解决了,房子又成问题,随着内地涌进香港的人口渐多,香港物价日涨,又闹房荒。胡政之率人来港后,再次租用战前用过的利源东街那家小印刷所的二楼,供编、经两部办公。地方狭小,连办公桌也摆不下,有的几人共一个桌,轮流着用。同人生活用房就更加困难,胡政之与同人"同住、同食、同劳动",大家也就不便有怨言。据李侠文回忆说:"他住在宿舍顶楼一个小房间里,起居饮食都没有人特别照顾,来回报馆与宿舍之间都是坐巴士,有一次在巴士上给我碰见,人多找不到空位,他站在车上,一手抓住扶手,

---

① 王芸生、曹谷冰认为,公司成立之初,以吴鼎昌的金钱股与胡政之、张季鸾的"劳力股"相结合,成为这个企业的公司性质。后来又增设"荣誉股"的名义,赠送股票给职工。并列出了先后获此"荣誉股"的名单,从曹谷冰到于潼,计27人。见《1926至1949的旧大公报》,《文史资料选辑》第25辑,第35页。

一手拿着一小包花生米,逐粒送入口中,肥胖的身躯在车行中摇晃,悠然自得。"①

为了尽快恢复港版,胡政之与大家埋头苦干,不知疲倦。经历五次试版,终于在1948年3月15日正式复刊。据胡政之说,之所以选择这个日子,是为了纪念1941年3月15日创刊的桂林版。据当事人李侠文回忆,那天,胡政之整夜没有合眼,一直等到拂晓开机,当他看到从印刷机上取出来的第一份报纸时,兴奋地连声说:"恭喜!恭喜!"这是他心血的结晶啊,在场同人看了,无不动容。李侠文在回忆文章中继续写道:"在他的鼓舞下,同人不怕环境恶劣,不怕工作繁重,把一件几乎是不可能的事情办到了,我从这里多少体会到什么叫做'创业艰难'。"②

港版复刊号上发表了胡政之亲笔写的《〈大公报〉港版复刊辞》。他在这篇复刊词中,主要对于"本报自身"说明了三点。第一点,阐述本报的性质:"本报是民间组织,营业性质,现在总社在沪,天津、重庆均有分版,台湾以上海纸版航空递寄,到台印行,连同香港本版,一共虽有五个单位,事业却是整体的。……因为《大公报》是整体的,言论方针是各版一致的。"第二点,介绍本报的历史,尤其是八年抗战时期的艰苦奋斗史,强调本报"书生办报"的特质,说:"我们在八年抗战中,事业由黄河流域而到长江流域,由长江流域而到珠江流域,一切都是团体行动,不知道经历了多少艰难困苦。"并说:"这并不是同人有什么过人之能,实在我们觉得,在历史上书生向来都有一股傻气,我们之所以能在如此艰难困苦的环境之下团结了同人,吸收了若干青年同事,就是我们不敢妄自菲薄,想代表中国读书人一点不屈不挠的正气。"关于今后的打算,胡政之写道:自从胜利以后,《大公报》在匆促之间、渝馆照常发刊的情况下,恢复沪、津各版,航寄台湾印行,其艰难困苦当为识者所共喻。"尽管如此,我们还是本着书生以文章报国的本心,恢复港版,想要利用经济比较安定的环境,加强我们为国家民族服务。"第三点也是最重要的一点,是说明在港复刊的理由:

> 现在政治的不安,经济的动荡,差不多成了全世界的一般现象。两极端的政治思想热烈的斗争着,相互的激荡着。最受苦的,是爱好和平的,倾心自由的善良人群,这些人的环境与中国民众所处的地位正复相同。……按照现在的世界情势,实在需要以人类全体利益为理想的伟大

---

① 李侠文:《我所认识的张季鸾、胡政之两先生》,周雨编:《大公报人忆旧》,第266页。
② 李侠文:《我所认识的张季鸾、胡政之两先生》,周雨编:《大公报人忆旧》,第266页。

人物,才可以求致世界的和平。不幸而世界上能掌握人类整个运命的政治家们都免不了囿于旧世界的范畴,以眼前的利害为转移,以本国或本民族的发展为极旨,偏狭、自私,全世界都充满了猜疑、怨恨、恐惧和烦闷的心理。大家各有幻想,这样发展下去,除了酿成人类的浩劫,毁灭千百年积累而成的文化的大悲剧之外,恐怕是没有别的路可走了。

这一段话反映了作为"民主个人主义者"的胡政之在第二次世界大战之后,面临着世界性的社会主义阵营与资本主义阵营的激烈斗争和中国大陆上共产党与国民党之间的大决战,看不到前途、找不到出路而陷于深深的苦恼和烦闷的心态。他接着写道:"中国几千年来立国精神就是忠恕和平,与世无争,一直到现在,我们的国民思想还是只求其与人和平相处。……我们这种意思虽然是微弱的,但在国际上一定有许多人与我们共鸣,所以我们愿意在中国的国门边上与世界爱好和平的有志之士共同努力。这又是我们在香港来复刊的理由。"[1]老《大公报》人李侠文先生说,胡政之的报业理想是把《大公报》的事业推向世界,他之所以1948年在报馆财力人力都不算很富裕的情况下恢复港版,除了当时政局变化的原因外,还有一点就是其恢宏的理想使然。"港版复刊,期望至大,认为这是使事业向海外推展的起点。"[2]这话固然没错,但笔者以为,胡政之此时恢复港版的主要目的还是"求生存",想把《大公报》的根保存下去:"民国二十七年的《大公报》香港版,只是为了应付抗战的临时组织,这次复刊却是希望在香港长期努力。"[3]胡政之自己的话已经说得很清楚了。

事实上,恢复《大公报》港馆事业,简直就成了胡政之身后的一座丰碑。现在,中国和世界读者还能看到《大公报》,这一功劳独归胡政之。

港版复刊后,新记公司《大公报》有沪、津、渝、港四版同时发行,总销量最高时达每日二十余万份。

(六)"灾难与胜利俱来"

胡政之和《大公报》人满以为随着世界反法西斯战争和中国抗日战争的胜利,中国报人的道路会一片光明,但没想到"灾祸踵至,防不胜防"[4]。

---

[1] 《社评·〈大公报〉港版复刊词》,《大公报》(港版)1948年3月15日。
[2] 李侠文:《精神·事业·做人》,查良镛等:《胡政之:一笔一天下,一报一世界》,第163页。
[3] 《社评·〈大公报〉港版复刊词》,《大公报》(港版)1948年3月15日。
[4] 《社评·向社会争新闻自由》,《大公报》(沪版)1947年4月18日。

1."灾祸踵至"

这接踵而至的灾祸是从哪里来的？胡政之告诉大家说："灾难与抗战胜利俱来。"对这个问题，他多次进行具体分析。1947年6月18日，他在沪馆编辑会议席上谈到"全国大规模捉人"、本报几个分馆均有记者被捕时说："从今天起，我报的地位更将困难微妙，这是可以断言的。第一，乱局的趋势显然是延长扩大，决定性的变化仍旧渺茫。换句话说，民主自由根本没有存在，更有待我们的争取。在争取的过程中，横逆之来，毋宁是当然的。……第二，斗争既烈，当局者受情感的支配，'镇压'的手段想见越来越凶。"①7月9日，他在沪馆编辑部会议上进一步分析给报纸带来厄运的几个具体因素："自从五月二十日南京游行学生被打事件发生以来，我报可以说遭逢了多事之秋。""抗战最初发生的时候，大敌当前，情势紧急，我报的方针是唤起民众，抗战到底，因此对政府的措施，拥护多而批评少。"现在，胜利来临，"我们是民间报纸，当然要回到民间的独立的立场"，对政府的政策，对的就拥护，不对的就批评，比如"对于接收的种种弊端曾经无情地予以揭发"。"我们的揭发得罪了一部分有特殊势力的人"，"我们平日是是非非，被批评的人已经不高兴，现在同人中既有少数表现出不必要的骄矜，他们便更加觉得不顺眼。另一方面，当局者面临军事上、政治上、经济上种种危机，徘徊歧途，烦恼特甚。眼看别人家逢迎备至，而我们翘然独异，自然也是一百个不高兴，破坏我们的人见有机可乘，遂进谗言，因此有五月二十日以后的种种"。几股势力时而分别暗袭，时而纠合一气明攻，因此，"胜利之后，我报的困难只会加多，不会减少"。胡政之说："抗战的后期，我记得曾经一再提醒同人说，报的困难将随胜利以俱来。"②

胡政之认为，虽然"报灾"来自多方面，政府的、社会的、同行的，但主要是来自政府的灾难，具体而言，又分别来自"武"和"文"的两个方面，权且称之为"武灾"和"文灾"。

(1)"武灾"：警察封报抓人

1947年4月18日，《大公报》"社评"《向社会争新闻自由》中说，"月来各地迭次发生打报馆事件。……自一月杪迄今，有消息可稽的，全国被打报馆已达九家。出事地点，近在苏州无锡，远在长春。南至福建，西至成都，中有武汉。

---

① 梅焕藻记：《报人自处之道——胡总经理六月十八日在编辑会议席上谈话》，《大公园地》1947年7月5日复刊第5期。
② 梅焕藻记：《沪馆编辑部会议胡总经理谈话全文》，《大公园地》1947年7月20日复刊第6期。

不幸事件是全国性的。""被打的报馆九家其中有七家是民营的。"为何民营报馆遭难多？因为"民营报馆也许自由空气多些，刊载新闻的尺度稍宽。编者偶尔疏忽，或暴露黑暗的胆子大了一点，则灾祸踵至，防不胜防。一般民营报馆，多数是资本不厚，远权势，重读者；其经营方针，天然要忠实记载，勇敢发言，始克挣扎生存。这个矛盾，又无形中成了易被欺压而难克服的弱点"。"社评"呼吁社会对于站在正义立场的报纸，应加以支持和爱护，否则中国的民间报纸亡，则正义亡。在上述形势下，作为以"敢言"著称的民营报，《大公报》自然频遭"武灾"。

第一灾，1943年春报纸被限令停刊，记者张高峰被抓。2月1日，《大公报》二版刊登青年记者张高峰在河南采写的通讯《豫灾实录》，如实报道河南严重灾情和民众的苦难生活，以及当地政府不顾人民死活，加重征收赋税的恶行。次日又发表总编辑王芸生以此为依据撰写的一篇题为"看重庆，念中原！"的"社评"，将灾区人民的苦难与重庆阔人豪奢加以比较后深情地说："河南的灾民卖田卖人甚至饿死，还照纳国课，为什么政府就不可以征发豪商的资产并限制一般富有者'满不在乎'的购买力？看重庆，念中原，实在令人感慨万千！"①

两文相继发表后，在社会上引起强烈反响，也惹怒了最高当局。"社评"发表的当晚，国民党重庆新闻检查所即派人送来军委会惩罚令，限令《大公报》停刊三天。据王芸生向陈布雷打听得知："委员长根本不相信河南有灾，说省政府虚报灾情。说什么'赤地千里''哀鸿遍野''嗷嗷待哺'等等，委员长就骂是谎报滥调，并且严令河南的征实不得缓免。"②

重庆限令停报，河南下令抓人。1943年3月，通讯《豫灾实录》作者张高峰被河南漯河警备司令部以"共产党嫌疑"罪名逮捕。张高峰在通讯文末注明，本文"元月十七日于豫西叶县"所作，而此地恰是三十一集团军汤恩伯司令部所在地，汤恩伯大怒，下令将张高峰押解到叶县。押解路上，张高峰遭到毒打，逼他交出"同党"。因禁三个月，查无实据，只得放人，但又不能轻易放过。张高峰在漯河警备司令部方城七十八军军部三十一集团军总司令部被"管束"一段时间后，又被遣送到皖西北临泉县鲁苏豫皖边区做限制性"工作"，不准离开汤恩伯部管辖区，直到1944年夏才得以脱险回到重庆。

---

① 《社评·看重庆，念中原！》，《大公报》1943年2月2日。
② 王芝琛：《一代报人王芸生》，长江文艺出版社2004年版，第95页。

第二灾，1947年5月31日《大公报》驻广州特派员陈凡亦被广东省保安司令部以同样罪名逮捕。五月三十一日中山大学学生罢课游行时，陈凡步随学生行列采访新闻，中途目击血案，回寓撰发电报，当夜睡梦中即被"检查户口者"逮捕。

第三灾，同年6月1日凌晨三时，国民党重庆警备司令部派人包围渝馆，以"共党嫌疑，煽动学潮"的罪名，逮捕了渝馆采访课主任曾敏之与记者李光诒、张学孔、方蒙、廖毓泉、蒲希平、廖忠管等七人（李光诒之妻袁纹亦被捕，当天获释）。

对此时《大公报》所受的报灾，沪版6月5日发表"社评"梳理道："从六月一日天未亮的时候起，本报连续遭遇了三件不幸：（一）重庆本报八位记者曾敏之等被捕；（二）本报驻广州特派员陈凡被捕；（三）天津六月一日又行新闻检查，本报津版特受苛遇，凡属专电特稿大半检扣。这固然是《大公报》的不幸，其实更是国家的不幸。"进而控诉道："现今在政府区域内已无中共与民盟的报纸，而独立立场的民间报纸的自由天地也日趋狭窄。新闻记者的职务就在追逐新闻，抗战之时，出入战场，生死度外。今天各地学校里发生问题，新闻记者自然要注意学校新闻。今天情形，只要是独立报纸的记者到各学校采访新闻，就有被认为阴谋鼓动学潮而遭逮捕的可能。"①

这一段时间，总经理胡政之甚至成了"救灾突击手"，动用各种关系"捞人"。胡政之承诺道，对于"个人遭遇拘捕，只要没有党派关系，报馆绝对负责营救，这是可以请大家放心的"②。胡政之如是说，亦如是做。粤、渝出事时，幸好胡政之在南京开参政会，得以设法营救。渝馆的蒲希平、廖毓泉、廖忠管于6月4日获释；李光诒于6月7日获释；张学孔、陈凡、曾敏之分别于6月13日、16日、17日获释，方蒙最后于7月4日获释。对广州陈凡的营救颇费周折，据胡政之说："最初给广州当局去电要求释放，回电不着边际。后来我径电罗卓英主席的秘书长邱誉先生，声明必要时自愿亲到广州作质保证陈君出来之后，随传随到，这才达到营救的目的。"③为营救同人，胡政之不仅是千方百计，而且奋不顾身，宁愿自己去当人质。

---

① 《社评·逮捕记者与检查新闻》，《大公报》（沪版）1947年6月5日。
② 胡政之讲，曾敏之笔记：《认清时代·维护事业——三十六年十一月二十七日对渝馆编辑部同人谈话》，《大公园地》1947年12月20日复刊第16期。
③ 梅焕藻记：《报人自处之道——胡总经理六月十八日在编辑会议席上谈话》，《大公园地》1947年7月5日复刊第5期。

(2)"文灾":罗列罪名,置人死地

《大公报》遭受"文灾"的典型案例则是《中央日报》发起的"三查王芸生"。

1947年12月16日,《大公报》津版发表题为"何必防闲学生活动——评教部修正学生自治会规则"的"社评"(沪版发表时间为29日)说:"教育部……这次修正学生自治会规则,在文字和精神上都充满了防闲的意味。"进一步指出:"统观这一套规则,全文精神所注,显然以防闲今天的学生活动为其中心意旨。由这里似乎不难测知当局干涉学生活动乃至统制全盘教育的风向气候了。"①这篇"社评"发表后,引起国民党中央机关报南京《中央日报》的不满,12月30日发表社论指责《大公报》"社评""淆乱是非,颠倒黑白,危害青年,破坏学术之研究",并指名道姓地骂王芸生:"至于《大公报》王芸生之流,其主义为民族失败主义,其方略为国家分裂主义。主义与方略俱备,现在又有行动了。他底行动就是继以所谓'劝募寒衣运动'为烟幕,这一行动之后而起的是掀动学潮。学生讲民主,不能自外于法律。学生不能享有特权,学校并非租界。……《大公报》不是租界,王芸生之流何能自外于法律?爱国人民岂能坐视彼随意发表谰言,助长动乱,危害国家?"②其实,《大公报》的那篇不是王芸生写的,而是李纯青写的。可见《中央日报》,或者说国民党对学生运动神经过敏:本来是一篇普通的"社评",硬要上升到"助长动乱,危害国家"的高度。

《中央日报》的叫骂对王芸生刺激颇重,他曾在上海几个集会上对《中央日报》表示抗议。为了减轻王芸生的压力,胡政之于1948年1月1日在《大公报》上发表署名文章《两点说明》,其中第二点说:

> 《大公报》原是书生论政的组织……立论是不私不盲,发言是团体负责,我们的"社评"是由社评委员会开会共同讨论的意见,根据结果,指定一人执笔。过去我和张季鸾先生及另外一二同人分担撰述的时候,社外许多朋友欢喜知道某篇文章是出谁人手笔,季鸾总向人解释,《大公报》的社评是不署名的,反正都是《大公报》说的话,你们不必管它是出于何人之手。这几句话,就可说明《大公报》"社评"言责在于社的本身。近年我们的团体大了,执笔的人也较前加多,所以我们的言论都是共同的意见,整

---

① 《社评·何必防闲学生活动——评教部修正学生自治会规则》,《大公报》(津版)1947年12月16日。
② 《社论·爱护学校,爱惜自己!》,《中央日报》1947年12月30日。

体的负责。①

胡政之为王芸生"扛了一把",使《中央日报》碰了一个"软钉子"。

1948年7月10日,王芸生撰写题为"由《新民报》停刊谈《出版法》"的"社评"说,内政部根据《出版法》第三十二条之规定,责令南京《新民报》永远停刊,指出:"《出版法》……是袁政府时代的产物,国民政府立法院虽略有修正,而大体因仍其旧,实是一件憾事。"并说:"现代民主宪政国家,人民可以公开抨击政府施政,在野党在宪政轨道中尤其以推翻政府为其能事,那非但不犯法,且是一种特权。"②

该文发表后,国民党《中央日报》于16日发表社论《在野党的特权》,说《大公报》本月十日"社评"提出一种理论,认为"在野党以推翻政府为能事,那非但不犯法,且是一种特权'"。进而抨击王芸生:"我们深知王芸生君心目中有许多妙论,不料这一篇'社评'已经含有三个妙论在内,待我们一一指将出来。""新华社咒骂我政府为袁世凯政府,所以,王芸生君在这篇'社评'中指现行出版法为袁政府时代的产物,以影射我政府为袁政府。"可见"王芸生是新华社的应声虫"③。这是《中央日报》继去年12月30日《爱护学校,爱护自己!》的社论之后的第二篇"查王芸生"的社论,给王芸生扣上"新华社的应声虫"的"大帽子"。

18日,王芸生在报上发表署名文章《答南京〈中央日报〉两点》,对《中央日报》的攻击予以反击,指出社论作者的手段卑劣:"有意省略了'在宪政轨道中'六个字,于是就扯到'武力暴动推翻政府'了。于是《中央日报》社论就说:'我们要告诉王芸生君:这依宪法以改组内阁不能与武力暴动推翻政府相提并论'。请阅《大公报》社评的原文,何尝与'武力暴动'相提并论?"④

王芸生的署名文章发表后,《中央日报》变本加厉,于7月19日发表了陶希圣写的题为"王芸生之第三查"的社论:

> 我们大可发起三查运动来检讨王芸生君。我们的第一查,查出自一九四六年七月至一九四七年三月,王芸生君致力于国际干涉运动,为莫斯

---

① 胡政之:《两点说明》,《大公报》(沪版)1948年1月1日。
② 《社评·由〈新民报〉停刊谈〈出版法〉》,《大公报》(沪版)1948年7月10日。
③ 《在野党的特权》,《中央日报》1948年7月16日。
④ 王芸生:《答南京〈中央日报〉两点》,《大公报》(沪版)1948年7月18日。

科会议作准备。经过了《大公报》九个月的准备,苏联外长莫洛托夫在莫斯科会议上提议苏美英三国共同干涉中国。……我们的第二查,查出自一九四七年三月以后,到今日,王芸生君以《大公报》贡献于反美扶日运动……今天我们等待着第三查。本月十日中国共产党中央委员会通过了一个决议,响应共产国际谴责南斯拉夫共产党的决议……我们等待着王芸生君谴责南斯拉夫共产党特别是狄托元帅的论文和通讯在《大公报》发表,作为他效忠共产国际的证明。①

《中央日报》"三查王芸生",火力猛而密,其他一些报纸也加入到对王芸生发动的围攻中。此时,胡政之重病在身,卧床不起,自然不能为王芸生"挡剑"。一场"文灾"几乎使王芸生"灭顶"。于是,他很少到报社,把自己关在家里,整天坐卧不安。

总编辑遭受如此大灾,在《大公报》史上是绝无仅有的。尤其是出自陶希圣手笔的《王芸生之第三查》,显然是代表了蒋介石的意思,这对王芸生构成了很大威胁。如前所述,"这也使王芸生感觉到一件事,就是他再也不能在国民党统治区继续混下去了,最后只有一走了"②。

2. 为了生存

胡政之独掌《大公报》后,宏伟计划还未正式实施,却报灾踵至。胡政之不得不改变策略,收缩战线,慎言发展,只求生存。他多次告诫同人:在当下局面下,《大公报》明里暗里受到的压迫已极,除了前面所列举武的镇压、文的围攻外,还有政策上的限制,如大量减少白报纸配给,使得办报"不得不以高价向黑市买用,这是极痛苦的事"。"在这样的国家环境",《大公报》的第一要务就是设法生存下去。他沉痛地说:"我已是退休之年了,可以撒手。可是过去二十余年来积多少同人心血而成的事业,谁也不能因求一时的痛快而毁掉它!……试想,《大公报》如垮台,中国可有第二个《大公报》?"③

在个人与报纸生命的最后几年中,胡政之考虑的中心问题只有一个,就是如何保存《大公报》。其具体做法除了复刊港版之外,还有两项:其一是呼吁政

---

① 《王芸生之三查》,《中央日报》1948年7月19日。
② 王芸生、曹谷冰:《1926至1949的旧大公报(续完)》,《文史资料选辑》第28辑,中华书局1962年版,第202页。
③ 胡政之讲,曾敏之笔记:《认清时代·维护事业——三十六年十一月二十七日对渝馆编辑部同人谈话》,《大公园地》1947年12月20日复刊第16期。

府,给报界一点"自由",其二是告诫同人克制发言、谨慎处事,以免惹祸上身。

(1) 呼吁政府:"取消新闻检查,开放言论自由"

视新闻言论自由若生命的新记《大公报》,抗战时期在"国家至上,民族至上"观念的支配下,容忍了国民党的新闻检查,并原则上认为,在抗战非常时期,政府有检查新闻的必要;同时又指出,政府实行新闻检查制度是战时的权宜之计,"战后一定可以废止",并且一定应当废止。

其实,早在抗战中后期,《大公报》就对国民政府的所谓"战时新闻检查制度"产生了反感。尤其是经过了"拥护修明政治案""看重庆,念中原"和"爱恨悔运动"等几次冲突(这几次冲突在本章第二节有详述,此处不赘)之后,《大公报》这种反感情绪愈发增强,因而屡次著文对新闻检查制度和新闻垄断现象进行抨击,指出其中的流弊。

1945年初,美国新闻界的代表福勒斯特(Wilbur Forrest)、麦吉尔(Ralph McGill)、亚更曼(Ackerman Carl William)为推动世界新闻自由运动,组成"新闻自由访问团"访问中国期间,两次访问曾经荣获过密苏里新闻奖章的《大公报》。趁此机会,《大公报》在福勒斯特等人到来和离去之时,分别发表《欢迎新闻自由!》《送别新闻自由的使者》两篇"社评",好好地倾吐了一番这几年来委曲求全地"忍受"新闻检查所积郁于心中的闷气。文章说,政府实行的这种新闻检查制度,我们只是暂时忍受,"到战后绝对不能容许有其继续存在",还说"新闻自由"这几个字,浅浅看来,好像只是为新闻记者谋便利、求保障,其实是为人类世界保障和平、增加幸福,是民主政治的精髓。

因此,抗战胜利后,《大公报》呼吁政府在政治民主化上做的第一件事,就是取消新闻检查,开放言论自由。1945年9月1日,《大公报》发表题为"政府可先做一件事"的"社评",主张为了表明中国开始了政治民主化进程,也为了给国共团结商谈布置些好环境,制造些好空气,"我们建议政府先做一件事,就是:取消新闻检查,开放言论自由。检查新闻,管制言论,本来是反自由的,反民主的,我们不该有此制度。但是,我们竟行之有年,大家能够忍受,以至谅解,因为是限于'战时'二字。现在抗战胜利了,'战时'可以让它过去了",请"政府此刻宣布取消新闻检查,开放言论自由",为国共和谈"布置了好环境,制造了好空气"①。值得一提的是,同日《新华日报》也发表了《为笔的解放而斗

---

① 《社评·政府可先做一件事》,《大公报》(渝版)1945年9月1日。

争》的社论,抨击国民党长期实行的原稿审查制度,要求废除新闻检查。

在新闻界的强烈要求下,国民政府被迫宣布从10月1日起在除收复区外的国统区内取消战时新闻出版检查制度。《大公报》对此持欢迎和赞赏态度,认为"这真是中国新闻界值得大笔特书的一件事",当日发表的"社评"提出,希望以此成为中国新闻言论自由的开始。"社评"说,在中国封建社会,高度的皇权政治、儒家的"讳"的道德律、残酷的思想专制,三重枷锁自然使得新闻言论自由无从产生,中国的古代报纸只是一种宣达皇权的官文书,而不是揭载舆论的新闻纸。中国之有近代报纸,始自清末,然在满清帝制下,固然也无新闻自由。入民国后,政治未上轨道,连年内乱,也未曾有过新闻言论自由。"在这种情况之下,所以中国报纸实是一种畸形的存在,所有较重要的报纸大都设在受外国保护的租界内,因此也就形成了中国报纸的畸形自由。在租界内的报纸,只要不侵犯外国人,可以随意批评以至谩骂政府、官吏及个人,而非国家法律所能干涉。""社评"认为:"那看起来很自由,而实际上是一种非常变态的现象。"现在政府取消新闻检查了,新闻言论自由了,政府、报人、读者都有责任"善护这新闻言论自由之苗,使之发扬光大,使之成为国家进步、政治民主的动力。……政府既经解除了对新闻言论的束缚,则今后就要表里如一,始终尊重新闻言论自由,而不作法外的干涉。报人既已得到新闻言论自由,就要善用慎用此自由,为人群服务,促国家进步。读者也要以一等国民的襟怀,来评判报纸,监督报纸,而不使之走入滥用自由的歧路。"①

10月13日,《大公报》发表"社评",又提出一个要求,即在"新闻检查取消之后",还应废除"新闻垄断制度和歧视制度"。

所谓"新闻垄断制度"主要是指国民党中央社的新闻垄断。全面抗战爆发后,中央社不仅垄断了政治新闻、军事新闻的发布权,甚至连社会新闻也垄断了,成了国统区唯一一家公布和报道新闻的总汇。有了这个"新闻总汇",报纸就没有了"采访自由""传递自由"以及"发布自由",也就没有了新闻自由。1946年5月21日,外电批评《大公报》所登战讯不正确,对此《大公报》反驳道:"《大公报》所登的战讯若不正确,我们只有难过,却不能负责,因为战讯根本就出于军方所公布。"②故而《大公报》指出:"新闻自由是一个世界性的运动,其目

---

① 《社评·新闻言论自由之始》,《大公报》(渝版)1945年10月1日。
② 《社评·论宣传休战》,《大公报》(沪版)1946年5月29日。

的在增进人类彼此间的了解与进步,以期消弭战争于无形;而在我们中国,更是促进民主建设的一大助力。"政府不仅应取消检查制度,放宽自由尺度,培植新闻事业,而且应该"至少在技术上还得大刀阔斧改善一番。……一切不必要的限制都应当一笔勾销"①,即打破新闻垄断权。

所谓"歧视制度"是指当时民营报纸受歧视的情况。《大公报》对此可谓感同身受,深深感到,在中国,民间报纸受歧视,其表现主要有二:其一,在国民党庞大的党报体系面前,民营报馆失去平等竞争的权利。国民党在全国取得统治权之后,其新闻政策与北洋军阀有很大的不同。北洋军阀主要靠恩威并用的两手逼迫和收买一些御用报纸,打着"民间"的招牌,为自己说话,真正公开的官办报纸并不多。而国民党上台后,利用公权,凭借着强大的行政手段和雄厚的经济实力,很快就建立了自己庞大的党报体系。国民政府的新闻管理政策是绝对向自己的机关报倾斜的。这样,可怜几家民营报纸与规模巨大的国民党党报之间的竞争就必然是不平等的。这主要包括:(1)新闻来源的不平等。重大的政治、军事新闻根本上依赖官方公布,党报得消息快,民报得消息慢。(2)新闻传递不平等。民营记者即使采访到重要新闻,到邮局拍电报时也是官方记者优先,并且在战争时期,国民政府明文禁止民营报纸自设电台,电讯事业完全掌控在"国家"手中。由于民间报纸"不准自设电台,在统制电信事业的国家中,新闻事业必永受桎梏之苦"②。(3)白报纸的分配不平等。国民党政府垄断白报纸的分配和供应,民营报馆明显受歧视待遇,并且一般民营报馆资本不厚,外汇短缺,不可能直接进口,只得忍受这种歧视待遇。如《大公报》沪馆1947年6月"配纸不足用,加之海关腐败,纸取不出来,在黑市场购纸竟用了二十亿元,全月收支达到三十亿元,借款的数目达到十五亿元,负着一分三的息钱,真是困难极了"③。其二,民营报纸在两极的夹缝中两面受攻。长期以来,《大公报》以"不党、不卖、不私、不盲"为办报方针,但是在国共两极政治格局下,难以维持:

> 《大公报》一非"国特",二不"尾巴",在这天下滔滔,不归于杨则归于墨的情势之下,《大公报》实在落于一条极狭极狭的夹缝当中,我们诅咒内战,愤恨内战,要安定,要进步。同一立场,两面受攻。一面飞来红帽子,使我们

---

① 《社评·新闻检查取消之后》,《大公报》(渝版)1945年10月13日。
② 《社评·论宣传休战》,《大公报》(沪版)1946年5月29日。
③ 严仁颖记:《胡总经理对津馆经理部同人的谈话》,《大公园地》1947年8月5日复刊第7期。

苦笑。另一面又骂你是"帮闲",骂你是"法西斯帮凶",更使我们莫明其妙。①

(2) 告诫同人:克制发言,谨慎处事

1945年底胡政之从美国归来后,立马感到国内的政治氛围对新闻事业发展很不利:"就事业上讲,抗战胜利了,我们当然希望国家步入建设,本报得以贡献意见。事实却与愿望相反,内战战火燃烧的愈来愈烈,报业也陷入更艰苦的境地。"②特务、警察随便捉人封报,《大公报》几个分馆连续出事,闹得人心惶惶,他感觉到事态的严重性,于是于1947年分别在几个分馆对同人发表讲话,告诫同人认清形势,克制发言,谨慎处事,以求平安渡过难关。

6月18日,胡政之在沪馆编辑部会议上讲话时,从渝、粤两个分馆的记者被抓事件说起:"当局者受情感的支配,'镇压'的手段想见越来越凶。中国政界习惯,官家只有错捉没有错放。"他强调说:"我们今日的处境的的确确够得上'孤危'二字。"③进而分析道,由于站在民间立场发言,对政府不可能事事顺从,事事说好,只能依据报人良心,是是非非。政府听惯好话,听到批评,当然很不高兴,处处为难我们;"在党治之下,全国各大报均趋于统一、变成清一色"的环境下,各报众口一词,恭维不已,"唯有本报是个例外,不肯听话。许多不利于本报的宣传都由是产生,于是我们便陷于孤立而危险的境地"。④

胡政之说,由于"我们的揭发得罪了一部分有特殊势力的人",这些人当然也不会放过我们。比如南京的《救国日报》,"该报主持人也是接收人员之一。如同大家所知道的,《救国日报》是靠谩骂《大公报》过日子的。该报攻击我们,起初还是个人的行为,后来其他的接收人员,见有'纸盘'可以利用,便推波助澜,从而极力支持之"⑤。

再者,《大公报》在国内外地位提高了,必然引来同行的若干嫉妒和诽谤,伺机攻击,使本报处于"孤危"境地。

"在这'孤危'的局面中,我们做报的人究竟应当如何自处呢?"胡政之告诫

---

① 《社评·论宣传休战》,《大公报》(沪版)1946年5月29日。
② 胡政之讲,曾敏之笔记:《认清时代·维护事业——三十六年十一月二十七日对渝馆编辑部同人谈话》,《大公园地》1947年12月20日复刊第16期。
③ 梅焕藻记:《报人自处之道——胡总经理六月十八日在编辑会议席上谈话》,《大公园地》1947年7月5日复刊第5期。
④ 曹世瑛记:《胡总经理对津馆编辑部新旧同仁的谈话》,《大公园地》1947年8月5日复刊第7期。
⑤ 梅焕藻记:《沪馆编辑部会议胡总经理谈话全文》,《大公园地》1947年7月20日复刊第6期。

同人，主要应做到以下几点：

其一，多交朋友，少树敌人。胡政之在1947年7月21日对津馆编辑部同人的讲话中言："本报名满天下而谤毁随之。""同人与外间接触，一方面由于报馆的声光而受人恭维，一方面由于对报馆嫉恨而被人仇视。"他要求同人，把"这种情形，都应该置之度外"，做到"毁誉不能动"：

> 受人恭维，那是尊重你背后的事业，不可太看重，以为自己了不起；受人毁谤亦不可神经过敏。……总之，从事新闻事业应该心存恕道，处处要为他人着想。要多交朋友，少树敌人。平日到处结怨，一朝有事攻击全来。对公事的批评还要慎重，对于个人隐私切忌揭发，否则必遭深恨，落井下石更须深戒。……外勤同仁写稿，应该特别小心。①

如何才能多交朋友，少树敌人？胡政之提出，第一是"执笔为文，要有诚意"。他说，做报的人首先"应当效法宗教家的悲天悯人"，应当竭力避免不自觉地陷于嬉笑怒骂。嬉笑怒骂虽然逞快一时，但不合报人身份，也最易招忌。其次，在今日的乱世，私仇万万不可结。立言记事，不但要严肃，而且要讲求技巧。"我们切不可有丝毫疏忽，以致在处理新闻或是撰写评论的时候不必要的开罪于人，使人感觉到我们故意和他为难，故意要陷他于绝境。"②他谆谆告诫同人："本报同人皆以做报为唯一的终身职业，效忠于言论报国，在国家至上民族至上的大原则之下，立言纪事，绝不与任何团体或个人修私怨，但遇伤害国家民族利益之事，无论发动于何方，本报必斥击不遗余力。"③

其二，要有"忍耐和静功"。1947年6月18日，胡政之在沪馆编辑部会议上讲话时说，"乱局的趋势显然是延长扩大，决定性的变化仍旧渺茫。换句话说，民主自由根本没有存在，更有待我们的争取。在争取的过程中，横逆之来毋宁是当然的"。因此，记者、编辑"忍耐的能力和镇静的功夫是必要的"④。

胡政之从另一个角度分析说，在这个多事之秋，很多人感情苦闷，于是便遇事"找岔子，求发泄"。在这种形势下办报，"编辑部诸位同仁，不可不特别注

---

① 严仁颖记：《胡总经理对津馆经理部同人的谈话》，《大公园地》1947年8月5日复刊第7期。
② 梅焕藻记：《报人自处之道——胡总经理六月十八日在编辑会议席上谈话》，《大公园地》1947年7月5日复刊第5期。
③ 《社评·今后之〈大公报〉》，《大公报》（渝版）1941年9月16日。
④ 梅焕藻记：《报人自处之道——胡总经理六月十八日在编辑会议席上谈话》，《大公园地》1947年7月5日复刊第5期。

意。写稿标题,以及个人的行为,务须处处当心,一切向'稳'字做去。"①

渝馆"六一"不幸事件发生后,胡政之评论道:"我认为并非意外。……当时,我以为同事中有的初出校门,对中国政治认识不够,易出乱子。……青年记者初出活动,当然具有满腔正义感,但是应该知道,自己是处在什么样的国家,什么样的时代。中国数千年来是一个文章国家,人们爱写文章发空话,而不重实际做事。""抗战胜利以后,国是日非,仍然有许多人发议论,发牢骚,求痛快。"他还补充说:"'六一'之前,我写信给王文彬先生,即认为有些同事可虑,太爱空发牢骚,未认清环境。……当权者懂得别人加予他的讽刺,决不姑容。……加上政府中那批以文章起家、赖宣传得势的官员们,他们全懂得新闻记者所用的技术,我们怎能一味走偏锋求痛快?"②

其三,要"细密、谨慎"。胡政之说,现在形势严峻,"反动力量很大,反动局面依然厉害,希望大家了解时代,认清环境,谨慎工作"③。胡政之批评《大公晚报》上"许多尖锐刻薄的文字,不知有多少人曾经对我指出其不妥,甚至有人说上海不能控制重庆。我也未尝不一再去信重庆,希望改善,可惜同人未予深切注意。从事新闻事业根本是带有危险性的,何况中国还在乱局之中?何况中国还没有民主,没有自由?"他反复强调:"立言记事,态度要严肃。批评一件事要堂堂正正,光明磊落,切忌嬉笑怒骂,逞快一时。"④

他要求年轻人要在这方面加强修养。"现在报馆的事业一天天扩张,同人也渐渐多起来,于是发现了人才与地位不相当的现象。譬如一个只能挑二十斤重的人,叫他挑五十斤的重量,当然负担不起。如果自己知道挑不动,要小心翼翼地努力去挑,这还不误事,还有些人,自己还不感觉自己能力不够,还要站在很高的地位,那就耽误事了。"他尖锐地指出:"教育修养不足的人,今后要谨慎合作,努力研究,时代是最无情的。"⑤

其四,自我戒骄矜。胡政之说:"近十年来,由于内外环境,我报不但在国

---

① 曹世瑛记:《胡总经理对津馆编辑部新旧同仁的谈话》,《大公园地》1947年8月5日复刊第7期。
② 胡政之讲,曾敏之笔记:《认清时代·维护事业——三十六年十一月二十七日对渝馆编辑部同人谈话》,《大公园地》1947年12月20日复刊第16期。
③ 胡政之讲,曾敏之笔记:《认清时代·维护事业——三十六年十一月二十七日对渝馆编辑部同人谈话》,《大公园地》1947年12月20日复刊第16期。
④ 梅焕藻记:《沪馆编辑部会议胡总经理谈话全文》,《大公园地》1947年7月20日复刊第6期。
⑤ 严仁颖记:《胡总经理对津馆经理部同人的谈话》,《大公园地》1947年8月5日复刊第7期。

内著声光,就在国外也薄有虚名。我报国内外的地位高了,同人中便不免有少数不自觉而骄矜。"这种"骄矜"之气害自己,更害报社。因而,他特别要求《大公报》的同人"处事接物要谦虚,以免招致同业间或任何其他方面的嫉妒,我们执笔为文,万万要设身处地,切不可使任何人感觉到我报声光的压迫"①。

其五,要警惕内部产生对立心理。1947年10月,胡政之在沪馆编辑部会上讲话时说:"我从美国回来,在南京听说有人向最高当局进谗言,说《大公报》报馆里面有共党分子,当局虽不相信,却也认为外勤同事或驻外人员中不免有之。一切的怨毒都证明了我的预料,即胜利之后我报的困难只会加多,不会减少。"这里,胡政之的表达虽然含蓄,但意思却很清楚,即"最高当局"已经知道本报外勤记者和驻外机构中混入了共产党,希望相关分馆负责人务必格外小心。他还提出,应防止有人在报馆内制造对立:"我们要警戒着内部,千万不可有对立的心理。要知左右是相对的,不是绝对的,而且相反适足相成。"②胡政之还指出:"我们知道,他(最高当局)读报十分仔细。最近沪版地方通信中刊载一条开封通信被他用笔圈好,指为替共党宣传,要求纠正。"概言之,胡政之认为,在如此环境下办报,务必特别小心,千万不可"一味偏锋求痛快"③,而毁掉几十年积攒和发展起来的事业。

3. 中国报人之梦

《大公报》创刊以来,从英记经王记至新记,始终不渝追求新闻自由,以便履行好报纸天职。在抗战胜利之初,迫于形势,国民党政府发文废止新闻检查。随着内战爆发,新闻检查依旧,"废止"成了"废纸"。据《大公报》1947年6月7日沪版"短评"《如此新闻检查》说:

> 据本报津馆报告,天津的新闻检查如此:(一)名曰新闻检查,社评也得送检;既经检删之后,字句破碎,稍加修整,不变原意,便受到警告。(二)纯用中央社稿,并须照用中央社的标题,如另写标题,便不答应。(三)各地拍来关于拘捕学生的电讯,一律不准登。……(四)本报渝粤记者九人被捕,不准登载,一面捉人,一面封嘴。(五)并无检查标准,检查人

---

① 梅焕藻记:《沪馆编辑部会议胡总经理谈话全文》,《大公园地》1947年7月20日复刊第6期。
② 梅焕藻记:《沪馆编辑部会议胡总经理谈话全文》,《大公园地》1947年7月20日复刊第6期。
③ 胡政之讲,曾敏之笔记:《认清时代·维护事业——三十六年十一月二十七日对渝馆编辑部同人谈话》,《大公园地》1947年12月20日复刊第16期。

的红笔就是命令。①

事业发展无出路,报馆生存遭威胁。在此种困境中,《大公报》乃于1948年9月1日发表了一篇题为"九一之梦"的"社评",通过梦的形式表达了他们对中国新闻事业理想状态的构想:

> 这是一个教育发达的社会,人人读书识字,很少有文盲。报纸成了人们的第二食物,每天非看报不可。人们不仅要在报纸上增益见闻与知识,更要在报纸上得到关于处理和推进社会人群各种事务的意见,而且也要在报纸上发表自己的意见。这样,报纸不仅是人们的食物,而且更真切的成了人们生活所需要的一种工具。每天早晨睁开眼睛,第一件事几乎就是看报。……这白纸上印黑字的报,真是人间的恩物呵。

这是说,报纸成了每个人的生活必需品。

> 报是五颜六色的。这不是说报纸的颜色,而是说报纸的内容。种种样样的报纸,数不清的种类,有的属于政府党,有的属于在野各党派,有的代表大企业家的利益,也有的代表中产阶级或勤劳大众的利益。这许多报纸,七嘴八舌,各说各的话,只要言之成理,百无禁忌。除了触犯了刑法上诽谤律,要防被侵害者控诉而被法庭究讯外,此外绝不会有封报馆、打报馆、抓记者甚至要杀记者的事。就因为这样,记者们不必服膺中国圣人的三讳主义。他们不必"为尊者讳",国家元首也是人民的公仆,他们可以随便批评或指摘;他们不必"为亲者讳",那倒无所谓"大义灭亲",因为真理面前,只论是非,不管亲疏,其父攘羊,而子证之,一点也不算稀奇,他们也不必"为贤者讳",(即使)举国皆曰好人,他若一旦做了糊涂事,报纸照样群起而攻之。

这是说,报纸是多元的,并且享受充分的言论自由,尤其是批评自由,起到舆论监督的作用。

> 某报一篇社评,万众传诵,但因戆直太甚,大触当道之怒,因此有人建议:"这样的报,居心捣乱,把它封了吧!"谁知当道并不听此谗言,却谓:"防民之口,甚于防川。"国家事就是众人的事,人人得而议论,我怎么可以

---

① 《短评·如此新闻检查》,《大公报》(沪版)1947年6月7日。

> 堵众人的嘴不使讲话呢？李世民治国有三鉴，我更可以报为鉴。报纸的言论，错误的不去理它，有理的我就采行，不更有益于国吗？而且美国杰弗逊总统曾经说过：若报纸与政府两者必须舍一取一，我宁取报纸而舍政府，可见贤政治家对报纸的重视。中国的顾亭林（顾炎武）先生也曾说过"清议亡，而干戈至矣"的话，可见没有了舆论，国家就要乱了。报馆是封不得的。这段故事，传闻遐迩，成了这个国家的美谈。

这是说，当局应该有强烈的民主意识，重视舆论，且竭力保护报纸的言论自由。

> 类似左拉的故事，这里也曾发生过。一个记者曾为一件大黑案，与地方豪劣对簿公庭，经过种种奋斗，结果正义胜利了。自从这件事发生后，"新闻记者"几乎与"正义"成为异音的同义字。这个记者受到如此的荣誉，但他的报馆却并未被捣毁。

这是说，中国应该是一个法制社会，国家的法律是保护坚持正义立场的报纸的。

> 由于人们太重视报纸，对报纸太有好感，所以报馆特别多，凡是像样的报纸，销路起码以百万份计。……又因为报馆多，所以记者也多，因此新闻界人才辈出，常有新人出现。

这是说，新闻事业应该特别发达，报馆林立，新闻界人才辈出。

> 今天是记者节。这节日，不仅记者们高兴，成千成万的读者更高兴。在记者们举行纪念会时，广大的读者群，男男女女，老老少少，都赶来参加。……"谁说新闻记者是无冕之王？我们今天给他们加冕！"读者们一倡万应，于是各把手上的报纸折叠成王冠模样，给老老少少、男男女女、高高矮矮、胖胖瘦瘦的记者们每人戴上一顶王冠，冠上平排写上"真""正"二字。这"真""正"二字，用意很好，给记者戴上，就是说他是真正的记者，不是掺假的记者或打了折扣的记者；而且更代表的是，"真理"与"正义"。加冕既毕，万众欢呼。①

这是说记者应真诚地服务读者，读者应衷心爱戴记者。在读者眼中，记者成了真正的"无冕之王"，成了"真理"与"正义"的代表！

《大公报》对中国新闻事业的这一番构想，是以西方资产阶级民主、自由的

---

① 《社评·九一之梦》，《大公报》（沪版）1948年9月1日。

政治观为基础的。这番构想,如同晋人陶渊明笔下的"桃花源"一样,在旧中国,尤其在国民党一党专制年代是根本不可能实现的,因而也只能是个"梦"。

二、有关内政的记事与言论

1941年,总编辑张季鸾走了,《大公报》人依然按照季鸾先生的既定方针建言论事。正如在为张季鸾逝世一周年所发表的"社评"中所说:"这一年来,世局开展,国步艰难。《大公报》在先生的遗范成规的指导之下,争取盟友,诛斥敌奸,献替国是,皆曾效其驽骀,而守法尽忠,安分勤职,尤硜硜不敢或怠。"①

(一)抗战后期的记事与言论

1941年12月7日,日本海军偷袭珍珠港,太平洋战争爆发。美、英立即于次日对日宣战。9日,与日本交战已达四年半之久的国民政府亦正式对日宣战,中国的抗日战争由此成为世界反法西斯战争的重要组成部分,由过去的单独对日作战转变为和英、美等同盟国互相支援、并肩作战,整个世界局势发生了有利于中国抗战的重大变化。《大公报》指出:"国际大势已定,国家此后之存亡兴废,端视我们自己在内政上的努力如何以为定。"②然而,就在中国抗战进入走向胜利的后期阶段时,国民政府却已陷入重重危机之中:经济上,垄断资本恶性膨胀,少数人大发国难之财,经济萧条,物价飞涨,广大工人、农民、士兵穷困不堪;政治上,官僚机构臃肿糜烂,许多官员拿钱不干活,甚至贪污腐化,专制主义日益严重,人民群众怨声载道;军事上,"曲线救国"论像瘟疫一样在部分军官中蔓延,一些人产生厌战情绪,致使军队战斗力大减,战场上连连失利。与此同时,国共之间的摩擦不断发生,且日趋激烈。故《大公报》也把很大一部分精力放在了国内时政方面。

1. 提倡"紧缩通货"

抗战前,中国的垄断资本就已经实现了对金融业的垄断。至抗战中后期,不但金融业领域更为严重,垄断甚至还扩展到国民经济的各个部门。蒋介石

---

① 《社评·献告 季鸾先生公葬典礼》,《大公报》(渝版)1942年9月6日。
② 《社评·拥护修明政治案》,《大公报》(渝版)1941年12月22日。

政府以抗战为名,利用发行公债、增加税收、通货膨胀、外汇管制、买卖黄金、专卖制度、统购统销等手段,掠夺了巨额财富,使国家垄断资本迅速膨胀起来。同时,以孔祥熙、宋子文为首的大官僚,凭借手中的权力,利用经办国家垄断资本企业的机会聚敛财富,使私人官僚资本也迅速膨胀起来。这样一来,民族资本企业遭受重大打击,整个国民经济的协调发展遭受破坏,整个国统区的经济每况愈下。

《大公报》作为民族资产阶级的报纸,无论从民族资产阶级和城市小资产阶级的利益出发,还是从抗战前途和整个民族利益出发,对国民政府的国家垄断资本和私人官僚资本都表现出了相当程度的厌恶,"尤其对通货膨胀、物价高涨表示了担忧"①。早在1940年夏天四川粮价跳动的时候,王芸生就曾于6月29日在《大公报》渝版上发表了题为"天时人事之雨"的"社评",主张用"曹操借人头"的办法,杀几个囤积居奇的奸商,以平抑粮价。到了1941年末,国统区的经济形势更加恶化。此时张季鸾已经病逝,王芸生同蒋介石的关系远没有张季鸾那样深,并且王的观点也比较倾向小资产阶级和民族资产阶级,故而《大公报》的言论明显表现出与国民党官僚资本相矛盾的情绪。这种情绪主要体现在《大公报》渝版上发表的一连串论紧缩政策的"社评"上。

1941年12月2日的"社评"《收缩通货及信用之紧急处置》首先说:"现在物价之涨,已明显的成为恶性循环。事势急迫,已需要政府及各界群策群力,用救急的手段来处置。我们觉得不应当再讳疾忌医,而应当大声疾呼,指明危机的根本所在,在于通货及信用之膨胀。"文章在分析了膨胀的原因后接着说:"当前紧要的事情有两桩:一是收缩钞券,一是收缩信用,而根本便是收缩事业。我们不能再说一面抗战,一面建设。我们要等抗战胜利后,再谈建设。在抗战过程中,财政收支不能平衡,而要减少发钞,是不容易实行的事,但停止事业的扩充,限止资本的活动,便可以间接减少发钞的需要。只要有决心,并非不能办。"②这里指出了制止通货膨胀的根本办法在"收缩事业"。3日的"社评"《由明年度预算谈紧缩》则进一步指出:"紧缩之政,要先从中央做起:一、莫设新机关;二、少办新事业;三、现有的机关也要加以调整与紧缩。"文章详尽列举了官吏兼差冗滥、机关庞大重叠的若干例子,希望"政府一定要下

---

① 王芸生、曹谷冰:《1926到1949的旧大公报(续二)》,《文史资料》第27辑,第240页。
② 《社评·收缩通货及信用之紧急处置》,《大公报》(渝版)1941年12月2日。

大决心,来纠正这种风气,那不但节省了国家的开支,同时也可收到修明政治之效"。并最后总结说:"抗战已到决定阶段,军事稳,外交好,而较弱的一环是财政。我们为了撑过艰难的阶段,争取胜利的光明,紧缩公私生活,乃是目前救国工作的第一义。"①这是从争取抗战胜利的高度,提请政府下大决心实行紧缩政策。

这两篇"社评"发表后,在社会上引起了较大反响,读者纷纷来信表示赞同。比如12月6日《大公报》在"读者投书"栏中就刊登了两封与报纸持相同观点的读者来信,一封是《关于收缩通货及信用》,另一封是《巴沧二孔庙可以停修》。

太平洋战争爆发后,《大公报》于12月13日发表了题为"太平洋战争爆发后关于我国经济财政的几点建议"的"社评",提出制止通货膨胀,必须"彻底管理银行":

> 近来操纵物价的投机事业,大都是通过银行的金融资本,所以管理银行资本,乃是当前的最急务。试思抗战以来通货增发了多少倍,银行存款增加了多少倍,两相对照,大相悬殊,这事难解而亦易解。大家都在吵法币不回笼,其实就是回了笼也被银行转移到囤积投机的事业上去了。这情形,在银行的帐簿上或许看不见全貌,因为他们会用种种名目,如信托部或什么公司等名义去经营投机了。这情形,不仅商业银行有,就连国家银行也不免。……管理银行,国家银行也得管理,对商业银行的管理尤其要严格。老实说,现在的立法,需要和他们为难,就把现有的商业银行关掉一半,也不算多。②

这篇"社评",尤其是其中关于银行利用国库的钱以所谓"信托部""公司"的名义经营投机事业的论述,正好触到了官僚资本操纵者的痛处。

12月16日的"社评"《太平洋战争爆发后之中国财政经济》进一步说,太平洋战争爆发以后,有些商人预料各种消费品之类来源阻断、补充困难,于是抬高售价,这种做法"简直是趁火打劫"。进而尖锐指出:"我们要明白这种偷安发财的坏念头,其对于中国抗战经济所给予的打击,比之敌人的轰炸更凶。敌

---

① 《社评·由明年度预算谈紧缩》,《大公报》(渝版)1941年12月3日。
② 《社评·太平洋战争爆发后关于我国经济财政的几点建议》,《大公报》(渝版)1941年12月13日。

人滥炸所破坏我们的财富,真是微不足道。我们现在的财政经济的困难,尽是我们自己想享乐想发财这念头所造成的恶果。"①

《大公报》这一系列论紧缩的"社评"发表后,一方面得到许多人的同情和拥护,另一方面也遭到某些人怀疑和反对。如有人来信说:"消费诚然要节约,但事业何以要紧缩?"还有来信讲:"投机事业诚然要取缔,但生产事业何以也要收缩?"对此,《大公报》于12月29日发表题为《事业紧缩与消费节约》的"社评",专门就"消费要节约,事业也定要紧缩"的问题进行了论述:"我们要节约消费,是节约制成品。但制成品已经制成,对于国防往往已失去效用。要保全抗战资源,要增加抗战资源,要趁早、趁原料品尚未经过成制手续的时候。因之,只有收缩事业才能有效。"②

此后,《大公报》又连续发表"社评",从不同的角度对"紧缩"的主张进行了申论。1942年1月3日的"社评"《为什么要紧缩建设事业?》从"军事统一,胜利第一,意志集中,力量集中"的"国策"高度论述了紧缩建设事业的必要性:

> 既然军事胜利是第一,生产建设当然列为次要;既然意志力量要集中,当然不应该分散在发财与事业上边去。现在事业膨胀的趋势,在人才资源力处处缺乏的环境下,随时随地正与抗战的需要竞争着有限的资源。不急的事业多扩充一分,即抗战力量减少一分。我们的国策清清楚楚没有错,我们的主张也正与国策相合。③

1月10日的"社评"《信用紧缩的着手处》认为,信用紧缩应该找到一个能把握工商企业的全貌,因而能间接支配一切事业与一切消费的枢机着手,这个枢机"只有金融业"。接着,1月12日的"社评"《信用统制的机构与技术》便主张将四个国家银行合并成一个名实相符的"中央银行",或者联合成为一个准备银行。因为"政府只有一个,金融政策只有一个,不应用四份机构去执行"④。1月20日的"社评"《通货收缩与预算平衡》主张从精简机构着手,达到"紧缩财政"的目的:

> 各机关也应当明白,就是政府支出经费用人,为的是办事,不是为赡

---

① 《社评·太平洋战争爆发后之中国财政经济》,《大公报》(渝版)1941年12月16日。
② 《社评·事业紧缩与消费节约》,《大公报》(渝版)1941年12月29日。
③ 《社评·为什么要紧缩建设事业?》,《大公报》(渝版)1942年1月3日。
④ 《社评·信用统制的机构与技术》,《大公报》(渝版)1942年1月12日。

> 养闲员,有饭大家吃。所以办事效率的高低,事业的成败,应当是机关工作的判断标准。现在,我们正坐了这一毛病,机关多而经费少,人员多而俸给少,着手的事业多而成功少。这三"少"之"少",就是因为三"多"之"多"。痛快的裁机关,减人员,减事业,而同时增加每一机关的经费,每一人员的俸给,其结果是办事效率增高,而成功可期……要紧缩预算,先得澈底更改政治机构。理财理财,我们先得理理事!①

1月26日的"社评"《申论紧缩》对宣传"紧缩论"以来的社会反应进行了归纳,并就要办的一部分紧缩工作的实行,提出了若干具体建议,作为此次宣传的小结。

《大公报》关于"紧缩"问题连续发表十篇"社评",在当时形成了一种舆论。社会谈"节约"成为一种时尚,并且在蒋介石的文告中、国民党会议的决议中以及国民参政会的议案中,都曾出现了"节约""紧缩"一类的词语。但是操纵国民政府的"四大家族"以及大大小小的投机官商,正是要依靠膨胀政策来发展私人官僚资本,《大公报》紧缩政策论的宣传,只是空喊一阵而已,根本没有实行,也不可能实行,因而既没有解决重庆的物价问题,更没有解决国统区的经济腐败问题。正如西南联大杨西孟、戴世光、李树青、鲍觉民、伍启元五位教授两年后在《大公报》发表的《我们对于物价问题的再度呼吁》中所说的那样:

> 两年以前,我们发表《我们对于当前物价问题的意见》,对于物价问题曾经提出解决的办法,并指出"今日后方经济社会的演变已经到了一个严重的阶段……若不及时澈底解决,待其影响已成,恶象环生,将来纵有更大的决心与加倍努力,亦将失之过晚,追悔无及"。现在经过了整整的两年,物价问题始终没有得到澈底的解决,而且早已达到"恶象环生"的境地。②

即使如此,《大公报》的良苦用心不容抹杀。

2. 主张"修明政治"

应该说,全面抗战初期国民党和国民政府在政治上还比较开明:文官忧国事,武将赴疆场,甚至慷慨就义、壮烈殉国者亦不乏其人。但是到了抗战中后

---

① 《社评·通货收缩与预算平衡》,《大公报》(渝版)1942年1月20日。
② 西南联大杨西孟、戴世光、李树青等:《我们对于物价问题的再度呼吁》,《大公报》(渝版)1944年5月16日。

期,在经济腐败的同时,政治腐败也日甚一日。官僚机构臃肿,办事效率低下,为官者以权谋私,结党营私,贪污腐化,草菅人命。这些人置民族利益、抗战前途于不顾,萦升官发财、个人进退于脑海。

心系民族利益、民众利益的《大公报》对国民党黑暗的官场表现出相当的反感。早在张季鸾逝世之前的1940年8月20日,《大公报》就发表过一篇题为"如何达到清明政治?"的"社评",对官场上的不正之风进行批评:

> 我们也与现代的许多国家一样,缺乏真正俊伟的多数政治家,有远识,有魅力,有风格,为了国家的利益,完全忘却小己的荣利名位,在领袖领导之下,去忠恳诚恳的去为国家民族服务。反之,以权位荣利为目的而从政的人,却太多了。这种人,他们缺乏内发的崇高的志愿,缺乏任何应变处常的修养,所以要求他们"蓬生麻中,不扶自直"是不容易的,而"白沙在泥,与之俱黑",却倒每是事实。

这些问题的出现,关键是吏治腐败:

> 因为我们的上层政治没有做到理想的清明,致使用人登庸之道,私过于公。现在一个慎重出处洁身自好的青年,欲求自用,无不感觉依规章法令走考选之途,迂而且难,若由私人关系吹嘘援引,反速而且易,而规章法令有时反成为植私树党的护符。①

如果说上述"社评"只是一般地罗列了一些现象,还没有往细处、深处说,那么到1941年底,王芸生则抓住了一根往细处、深处说的"导火线",据其回忆,1941年12月8日太平洋战争爆发时,胡政之陷于香港,在形势紧张时,王芸生去找陈布雷,请其设法救胡出来。陈布雷旋告知王芸生说"蒋委员长已电知香港机构让胡先生尽速乘飞机出来"云云。《大公报》即派人到珊瑚坝飞机场守候迎接。12月9日由香港飞渝的最后一班飞机降落,机门打开,并无胡政之,却见"大批箱笼、几条洋狗和老妈从飞机上下来,由穿着男子西装的孔二小姐接运而去"。王芸生得报,甚是气愤。恰巧这时国民党在开五届九中全会,为缓和人民对国民党腐败统治的厌恶情绪,于12月21日通过了一个《增进行政效能,厉行法治制度,以修明政治案》,王芸生抓住机会,借题发挥,于12月22日在《大公报》上发表了一篇题为"拥护修明政治案"的"社评",反话正说,在

---

① 《社评·如何达到清明政治?》,《大公报》(渝版)1940年8月20日。

拥护国民党决议案的口号下,将国民党官场的腐败狠狠地抨击了一番。"社评"首先说:

> 看政治现况,政府机构既缠夹不清,人事制度也形貌不全。稍负时望的人,因为负担太重,为兼差忙得要死,而做不成事;一些略有才具的人,正因为法多而疏,人杂情重,而公然作恶;至于一般挂名唱诺之辈,不负责,领干薪,开起会来,则人多嘴杂,莫衷一是。当然谈不到办法与效率。为今之计,所有政府机关,一要全部厘清其系统,二要逐个考核其执掌,系统紊乱或重复的,就毅然将其裁并,执掌空洞的,就决然把它撤销。

这里首先提出了裁并重复机关、裁减冗员的问题,接着提出了"最要紧的一点,就是肃官箴,儆官邪":

> 譬如最近太平洋战事爆发,逃难的飞机竟装来了箱笼、老妈与洋狗,而多少应该内渡的人尚危悬海外。善于持盈保泰者,本应该敛锋谦退,现竟这样不识大体。又如某部长在重庆已有几处住宅,最近竟用六十五万元公款买了一所公馆。国家升平时代,为壮观瞻,原不妨为一部之长置备漂亮的官舍,现当国家如此艰难之时,他的衙门还是箕踞办公,而个人如此排场享受,于心怎安?……另闻此君于私行上尚有不检之事,不堪揭举。总之,非分妄为之事,荡检逾闲之行,以掌政府枢要之人,竟公然为之而无忌。此等事例,已传遍重庆,乃一不见于监察院的弹章,二不见于舆论的抗言,直使是非模糊,正义泯灭。

这里不仅揭载了"飞机洋狗事件",而且又亮出了一个私行不检、利用公款购置私宅的"某部长"——指外交部长郭泰祺。郭氏1932年起出任中国驻英公使,1941年4月回国任外交部长。文章最后说:

> 现当国家艰难之会,正政府奋发之时,本报同人为国载笔,在过去数年中,所以未敢坦率指摘内政,深恐暴露弱点,沮国人之气,损政府威望;现在国际大势已定,国家此后之存亡兴废,端视我们自己在内政上的努力如何以为定;中央既有修明政治的决心与英断,全国人心,闻风而振,本报岂惜这一张烂纸,而不为国家效驰驱,而不为政府作后盾?①

---

① 《社评·拥护修明政治案》,《大公报》(渝版)1941年12月22日。

《大公报》这篇确有所指的"社评"发表后,社会上顿时沸沸扬扬。"飞机洋狗事件"和"某部长轶事丑闻"成为重庆街头巷尾人们议论的重要话题。为了向国民有所交代,蒋介石在正在进行的国民党五届九中全会上当即提议将郭泰祺撤职,以宋子文继任。另外关于文中所说的"老妈洋狗"问题,交通部长张嘉璈出面于12月29日致函《大公报》进行了一番辩解:

> 是日,香港与九龙间交通断绝,电话亦因轰炸不通,其未经来公司接洽之乘客,无法通知。……起飞前,时已拂晓,因敌机来侦之故,不能再待,惟飞机尚有余位,故本公司留港人员因此亦有搭机回渝,并将在站之中央银行公物尽量装载填空,随即起飞,决无私人携带大宗箱笼老妈之事,亦无到站不能搭机之乘客。至美机师两人,因有空位,顺便将洋狗四只,计三十公斤,携带来渝,确有其事。……查所称各节,确属实在情形,贵报社评所述殊与事实不符,除美籍机师携洋狗一层,殊属不合,已由本部严予申儆外,相应函请查照,即予更正,以正视听,是所至盼。①

虽然如此,仍然难以平息广大人民对国民党腐败政治的激愤之情。1941年底到1942年初,在遵义的浙江大学和在昆明的西南联合大学的爱国学生先后举行游行示威,抗议"飞机洋狗事件"。蒋介石恐怕风潮扩大,遂让陈布雷叫王芸生再写一篇"社评",劝学生不要闹事。于是1942年1月22日《大公报》上发表了一篇题为"青年与政治"的"社评",主要对一个月前的《拥护修明政治案》进行委婉的辩解。"社评"称:

> 关于飞机载狗之事,已经交通部张部长来函声述,据确切查明系外籍机师所为,已严予申儆,箱笼等件是中央银行的公物。本报既于上月三十日揭载于报端,而此函又为中央政府主管官吏的负责文件,则社会自能明察真相之所在。……据最近所闻,竟有若干学校之学生因诵该文而荒废学业,作越轨之举动。此种无益于国家有害于学业之事,若万一蔓延,或将使抗战以来一般青年日趋严肃笃实之学风濒于隳弃。因此,使我们深感立言之难,而为之心疚。②

王芸生这里说的"深感立言之难",当然是话中有话:在巨大压力之下,作此违

---

① 《交通部来函》,《大公报》(渝版)1941年12月30日。
② 《社评·青年与政治》,《大公报》(渝版)1942年1月22日。

心之论,个中苦涩滋味,只有作者自己知道。这篇"社评"发表后,编辑部曾收到一些青年的来函,质问《大公报》的言论为何出尔反尔、前后两歧。

王芸生虽然窝了一肚子火,但是他并没有屈服,接下来一连串提倡"修明政治"、揭露墨吏的"社评"遂见诸《大公报》版面。

1942年2月2日的"社评"《调整机构提高效率》揭露国民党政府政治机构的弊端:"我们考论中国政治组织,是衙门多而效率低,空的衙门多而做的衙门少。今日中国政治组织上有三冗,冗事、冗官、冗衙门。而冗衙门,中央尤甚于地方。"文章自古论到今说,国民政府战时政治机构,和外国战时内阁紧凑的情况相比,则完全是两回事:

> 行政院应负实际政治责任,但行政院之上又有中央政治会议,现在的国防最高委员会,同时并存的还有军事委员会,高高在上的更有中常会。行政院要负责办实际政治而无其权,中执会名义上有其权而不负实际政治责任,所以结果行政院既没有当机立断迅赴事机的权能,中常会又往往与实际政务隔阂。国家政治重心,没有一个紧凑的机构可以寄托,其下的机关组织自然也就散漫紊乱。①

3月5日的"社评"《罢土木,汰冗滥》,则根据"读者投书"反映巴县政府征工裹粮,误违农时,消耗民力,费靡国用而大修其衙门的情况②,指出"中国历代衰敝之世,除了天灾人祸外,往往有发自朝廷的两种浪费,一是兴土木,二是增冗员",并着重分析了国难时期兴土木、增冗员的危害:"在这时代,各种衙门应以茅茨土阶为荣,各级官长之菲饮食,卑宫室,也是应有的道德。罢土木,尽可能少兴浪费的建设,应该无所异议吧?""至于仕途的冗滥,实有两种大害:一是扯低了行政效率,三个和尚没水吃,人多了反倒不做事,二便是耗费国帑。"③

时有中央信托局职员林世良贪污公款案,涉及方面广、贪污金额大("不止三千万")、作案时间长。《大公报》抓住该案例,于8月19日发表题为"从林世良案说起"的"社评"说:此案虽然是一个贪污的案子,但是"关系国法官箴"。为什么这样论?因为"官吏贪污之事,可说是古今中外,无时不有,无地不有,问题只看法律是否有灵"。"国家政事繁赜,百僚有司,难保尽是循良之士,所

---

① 《社评·调整机构提高效率》,《大公报》(渝版)1942年2月2日。
② 《读者投书·关于巴县征工修衙门》,《大公报》(渝版)1942年3月4日。
③ 《社评·罢土木,汰冗滥》,《大公报》(渝版)1942年3月5日。

以发生贪污案件,并不足为国家之羞,而有了贪污官吏宽纵不惩,才是政府之耻。"文章由此展开来论:

> 我们纵览历史,旷观当世,大概可以这样说:同是贪污之事,在治世大致都明究法办,不稍宽纵,在末世就盈目不视,充耳不闻,即使有人揭举,而在究办途中,也必庇护关说,使国法失灵。同是贪污之案,在文明国家,就尽法明纪,使奸宄无所逃遁;在陋野国家,就毁法乱纪,百鬼昼行。同是污瑕不免,而是否加以涤除,则可藉以观测一个国家的兴衰文野。①

行文至此,结论不言自明:中华民国似为"野蛮国家",民国政府似已进入"末世"。作者、编者之"胆大",到了相当的程度。

政治黑暗,仕途污浊,官场腐败,极大地妨碍了抗战的进行。1944年12月19日,《大公报》发表题为"为国家求饶"的"社评","向官僚及国难商人们,为国家有所请求"。"社评"先对"官僚"们说:

> 这些人,既无主义,又无理想,做官只为个人的利禄与妻妾子女的供奉。也谈不到操守,只要有钱可捞,什么坏事都敢做,他们做官的秘诀是"推""拖""骗",而归结一个字,就是"混"。天大的事,他们都能推得开,拖得了,骗得了;大事化小,小事化无,什么大问题,他们都这样混下去,永没有一个真正的解决。只有升官发财,他们绝不放松。对上不惜奴颜婢膝,逢迎希宠;对下则趾高气扬,颐指气使;而对同侪的人则又排挤倾轧,争风吃醋,无所不用其极。……平心说,官僚未必卖国,而其误国之罪则不可恕。……我们抗战所以那么艰苦,到现在还难关重重,一大部分原因,就因为有这类官僚在那时鬼混的缘故。现在国家已到最艰苦困难的关头,我们不能不向他们诚心诚意的求饶,你们该已"混"够了!……为了整个国家民族的存亡兴废,为了子孙万代的生存自由,我们不得不再向你们乞求:请你们饶了国家吧!

再对"国难商人"说:

> 国难商人们,这几年财也发够了。他们囤货居奇,丧天害理,把物价抬得这么高,把后方经济搅得这么乱,国家吃他们的苦,一般军民同胞也都吃够了他们的苦,而他们穷奢极欲,挥金如土,只知一己的享乐,而把国

---

① 《社评·从林世良案说起》,《大公报》(渝版)1942年8月19日。

家抗战都置诸脑后。现在,我们也要诚恳的乞求他们,时至今日,你们应该罢手了,请你们饶了国家吧!

文章最后指出,那些"非官非商、亦官亦商以及潜伏在大团体里的混食虫们","他们有的在机关,有的在军队,有的在社团,利用势力,假公济私,把公款经商囤货,走私漏税,一般商人做不了的买卖他们都敢做,一般商人发不了的财他们都能发;他们也许嘴里还仁义道德,像个人样,而实际的罪恶却暗无天日。……放手吧!饶了国家吧!"①这篇"社评"写得十分沉重而又十分激愤,将国民党的官场和商场中的丑恶,将官商勾结的罪恶揭露得淋漓尽致。

3. 发起"爱、恨、悔运动"

早在1934年,蒋介石为了从精神上"根除"共产主义,以及消除国民党内滋长起来的腐败现象,就发起所谓"新生活运动",试图以儒家的"礼义廉耻"为基础,吸取近代西方国家的"公共道德""卫生习惯"等文明要素,以革新国人精神面貌。《大公报》对蒋氏此举十分赞赏,并寄托了很大希望,发表文章进行鼓吹。然而,虽然政府和舆论界文章发了不少,口号也喊了不少,但是运动实效甚微。即使抗战军兴、国难当头,各种歪风邪气依然有增无减,这与抗战救国大业太不相符,《大公报》对此十分痛心。于是1942年2月19日,趁"新生活运动八周年"之际,《大公报》发表了题为"全国动员实行战时生活"的"社评",列举与"国家至上""胜利第一"精神不相符的五类"时代的罪人":"因循敷衍把今天的事摆到明天办的官吏""急惰自私拥有工具原料而不积极生产的工业家""贪得无厌囤积居奇而发国难财的商贾""奢华浪费听见海上战事爆发而即挥巨款出高价到商店购消费品的太太小姐们""消闲松懒一切吃饭不做事或做事不尽职者"。说这些都是"罪人","都应受到战时生活规律的制裁";"至于违法乱纪便私害公之辈,当然更是应受到刑章惩戒的罪人"②。文章同时提出,应该全国动员,实行"战时生活",以提高国民道德。次日,又发表"社评"《时代精神在那里?》指出:"蒋委员长提倡新生活运动,经过八个整年的历史,用意就在鼓铸一种时代精神。"但是眼下社会上却"蔓延着一种可憎的风气,就是投机发财"。"社评"提出:如果"要砥砺一种刚健弘毅、刻苦负责、实事求是的精神,以代替现时一部分泄泄沓沓的人心"的话,"便得先将投机发财、走私舞弊的机会

---

① 《社评·为国家求饶》,《大公报》(渝版)1944年12月19日。
② 《社评·全国动员实行战时生活》,《大公报》(渝版)1942年2月19日。

——杜塞。没有这些邪欲的诱惑,才谈得到时代精神的发动。"①

1942年下半年,重庆各界文化劳军运动委员会发起劳军捐款活动,经过几个月的筹备和宣传,情绪虽然热烈,然实际效果太差,捐款的数目太少:那些有钱人,纵使煤炭贵如金,他们依然燃着熊熊的室炉;纵使布帛稀如珍,他们也一样成匹成匹地抢购。面对这种情况,《大公报》12月28日发表题为"天寒岁暮念灾黎"的"社评",作大声疾呼:

> 当此岁暮天寒之际,我们愿特别提醒大家顾念到缺衣少食的灾民。我们不但呼吁政府与同胞速给千千万万的灾民以救助,更愿藉此唤出人类最本能的同情心。人不怕有偶然的过失或无心的罪恶,而最可怕的是同情心的泪没。心上挂钩,肚内画圈,都是后天的习染,惟有利他的同情心才是人类最可宝贵的真情。②

1943年3月的一天,王芸生约谷春帆和西南联大教授林同济到家中餐叙,商量写一些什么文章以振作人心、挽日甚一日的"颓风"。据王芸生回忆:三人大致认为应该用一种哲学精神,才可以打动人心。于是,选定"爱""恨""悔"三个字来写文章。认为耶稣济世是由于爱,马克思倡社会革命是由于恨,佛陀普度众生是由于悔。爱、恨、悔都可以产生改造社会的力量③。

3月29日,借黄花岗起义纪念和三民主义青年团第一次全国代表大会在重庆开幕的日子,《大公报》发表了王芸生写的题为"我们还需要加点劲!"的"社评",作为发动"爱、恨、悔运动"的开场文章。"社评"说:

> 我们近来常常这样想:国家遭逢空前大战,关系国族生死存亡,且大战近六年,牺牲极广大,非坚苦奋斗不得求胜图存,为什么一些事情还不够进步甚至社会风气还不够振肃呢?因此我们感觉,我们或许需要一种运动,把沉闷萎疲的人心加以激荡,给要努力做事且要做好的人们加些勇气。这一种运动,就是我们需要加点劲!大凡一种运动,皆不是凭空而来的,都有其必备的客观环境,而在心理上的动力则有两种:一是由于大恨,恨之极,能够形成运动;那如同马克斯的社会革命运动,是恨腐败社会;我们国父的辛亥革命运动,是恨恶浊的满清。一是由于大爱,爱之极,也能

---

① 《社评·时代精神在那里?》,《大公报》(渝版)1942年2月20日。
② 《社评·天寒岁暮念灾黎》,《大公报》(渝版)1942年12月28日。
③ 王芸生、曹谷冰:《1926至1949的旧大公报(续二)》,《文史资料选辑》第27辑,第249页。

够形成运动；那如同佛陀的大慈大悲，耶稣的博爱牺牲，都是极爱众生，极爱人类，发生了动力。在当前抗战大环境之下，有多少当恨之人与当恨之事，又有多少当爱之事与当爱之理？恨所当恨，爱所当爱，人同此心，心同此理，本已呼之欲出，只要揭出人心的隐微，自会靡然成风，成为一种风气，一种运动。

文章给运动提出"爱、恨、悔"三种精神元素，并具体解释说：

我们要爱，爱国、爱族、爱人、爱事、爱理；凡我所爱的，生死以之，爱护到底！我们要恨，恨敌人、恨汉奸、恨一切口是心非、损人利己、对人无同情、对国无热爱、贪赃枉法，以及作事不尽职的人！我们要悔，要忏悔自己，上自各位领袖，下至庶民，人人都要低首于自己的良心面前，忏悔三天，省察自己的言行，检视自己的内心，痛切忏悔自己的大小一切的过失！"良心呵！请饶恕了我吧！我一切都悔改了！"①

3月31日，《大公报》又发表了王芸生写的题为"提高人的因素"的"社评"，以心物二元论来分析人生，指出开展"爱、恨、悔运动"，就是要"提高人的因素"。说"上帝造人，赋与人类三种性能：（一）情欲，是兽的境界；（二）理智，是人的境界；（三）悟觉，是神的境界。这三种性能，随时在矛盾中冲突奋斗，在冲突奋斗中沉沦、平衡或升华。情欲使人贪得犯罪，当它发展到危险关头，理智跃起直追，勒马于悬崖，那是人性拯救了兽欲。""怎样激发人性而不使沉沦于兽境？我们认为需要发挥爱、恨、悔三种精神元素，爱所当爱，恨所当恨，悔所应悔。由内心的爱，内心的恨，内心的悔，发为蓬勃热烈的运动，蔚成沛然莫御的风气；把人的因素提高了，将可冲破一切艰难坎坷，宏开无穷的国运！"②

总之，王芸生当时的想法，是要凭借在《大公报》上连续发表这一类的文章，发起一个新的狂飙运动，"把一些沉闷萎疲的人心激荡起来。划一根火柴，把人心照亮；撒一把火种，使人们的心灵深处冒起浓烟"。果然，上述两篇"社评"发表后，"得到不少读者的共鸣，投函寄文，来相商讨"③。读者的积极响应大大增强了《大公报》提倡"爱、恨、悔运动"的信心，于是接下来又发表了一系

---

① 《社评·我们还需要加点劲！》，《大公报》（渝版）1943年3月29日。
② 《社评·提高人的因素》，《大公报》（渝版）1943年3月31日。
③ 《社评·提供一个行为的基准》，《大公报》（渝版）1943年4月7日。

列文章。其中主要有：一篇"社评"《提供一个行为的基准》(4月7日)；两篇"星期论文"《请自悔始！》(林同济,4月18日)、《爱恨悔的辩证道理》(萧一山,5月10日)；数则"读者来稿",如《拿出我们的劲来！》(纪子培,4月1日第三版)、《我一切都悔改了！》(周贯仁,4月2日第三版)、《我所认识的爱、恨、悔》(绳晖,4月9日第三版)、《你的心！》(周贯仁,4月12日第三版)、《不要遗弃我们：我们悔了！》(余膺白,4月19日第二版)、《一个军官的忏悔》(陈匡平,4月20日第三版)、《我们需要整个工作的忏悔》(力尘,4月21日第二版)、《你我——让社会来公审吧！》(方炎,4月29日第二版)、《"定向"与"用劲"》(黄兹,5月6日第三版)等。

然而正在此如火如荼之际,"爱、恨、悔运动"却戛然而止。对此,据王芸生、曹谷冰后来说：

> 这类文章叫喊恨坏人,恨贪官污吏,呼吁上自领袖,下至庶民,都要忏悔。当局看不顺眼,听不入耳,也怕真把人心激动起来,于他们有碍。怎么办？他们把吴敬恒①这个老宝贝搬出来了。在一个星期一的"中央纪念周"上,吴敬恒讲话,说："《大公报》宣传爱恨悔,有些形迹可疑。因为孙总理的学说只讲仁爱,从不讲恨。恨是马克思的学说,大公报恐怕是替共产党作宣传。"当天王芸生接到陈布雷的通知："请《大公报》不要再发表谈爱恨悔的文章了。"②

从5月10日以后,《大公报》便不再刊登这类文章,"爱、恨、悔运动"就这样夭折了。

一年多时间内,《大公报》与蒋介石及其国民党政府之间,连续发生了"拥护修明政治案""看重庆,念中原"和发起"爱、恨、悔运动"三次冲突,蒋介石由此对《大公报》十分恼火。1944年1月30日,《大公报》在"星期论文"栏刊登了国民党中宣部副部长程沧波写的题为"论传记之学"的文章,本是一篇纯学术性的作品。但据说次日国民党中央党部总理纪念周上却遭到蒋介石的严厉斥责③。其实,国民党没有不许党员或部长给党外报刊写文章的纪律规定,这件事或许反映了蒋介石当时对《大公报》的厌恶和惶恐心态。

---

① 即国民党元老吴稚晖,曾任国民政府委员、国民党中央政治委员会委员、国防最高会议常委等职,是国民党内著名右派。
② 王芸生、曹谷冰：《1926至1949的旧大公报(续二)》,《文史资料选辑》第27辑,第251页。
③ 王芸生、曹谷冰：《1926至1949的旧大公报(续二)》,《文史资料选辑》第27辑,第252页。

4. 所谓"欢迎共产党的转变"

1943年5月22日,苏联领导人斯大林为了消除英美疑虑,改善与同盟国的关系,争取"在最短时间内击溃希特勒",宣布解散共产国际。此事在中国引起一阵反共浪潮。国统区有人借第三国际解散为题,发动全国所谓"民众团体"要求解散中国共产党;国民党五届十一中全会通过所谓《政治解决案》,国民党参政员接受何应钦诬蔑八路军的军事报告,并通过反共决议案;对此,共产党参政员声明退席,以示抗议。在新的日趋激烈的国共摩擦中,《大公报》的报道和言论不多,行动也不是很积极,然而观点很鲜明:在为数不多的几篇"社评"中,有一个明确的观点,就是希望中共放弃"世界革命"的理论,服从"国家至上"的原则。

5月24日《大公报》第三版头条在"加强同盟国家团结,第三国际自动解散"的标题下报道了共产国际解散的消息。26日发表题为"论第三国际之解散"的"社评",首先对这个消息表示"恳挚而热烈的欢迎",接着在解释第三国际为什么要解散时说:第三国际是为"世界革命"而存在的,而"今天谈世界革命,似颇不合时宜"了。因为"第一,现在人民所从事的是战争,是反侵略战争。在同盟国内的共产党,最大及唯一任务,乃援助本国政府,拥护祖国,反对侵略。这就不是世界革命的形势,所以第三国际也就无须存在了。"即在《大公报》看来,反法西斯战争不属于世界革命范畴。"第二,自史达林先生执政以来,国家本位的社会主义的理论及建设均已获得实际成功,托罗斯基派的世界革命理论已归清算,苏联国内爱国的民族主义也在抬头。这次抗德战争中,苏联人民所表现的爱国情绪何等忠勇!可以说,今日的苏联也与抗战的中国一样,是'国家至上','胜利第一'。国际主义的形式慢慢不适用了,'工人无祖国'的口号落伍了,世界革命的远景淡漠下去了。"《大公报》认为,此时的苏联放弃了"世界革命"的理论,实行的是"爱国的民族主义"。"第三,共产国际已有自知之明……共产国际已趋向于尊重各民族的独立性及特殊性。……照上述三点观察,我们认为共产国际的解散,很合理,也很自然,不问其原因如何,动机如何,其结论将归宿于:放弃世界革命,而代之以'国家至上','胜利第一'。"①在《大公报》看来,共产国际的解散,就意味着"世界革命"的放弃;共产国际解散之后,各国共产党就要来一个"转变",就要放弃阶级斗争和无产阶级

---

① 《社评·论第三国际之解散》,《大公报》(渝版)1943年5月26日。

专政的理论,而改弦更张,遵奉"国家至上""胜利第一"的原则。在这里,《大公报》虽然没有说要"解散中国共产党",而是要求共产党来一个所谓"转变",但是这个"转变"的含义却是很明确的,即转变到与国民党"不分彼此",与地主、资本家"不分阶级"的立场上来,并与他们"团结一致"。说白了,就是无条件地拥护和服从蒋介石国民政府这个"国家中心"。

1944 年 6 月至 7 月,"中外记者西北参观访问团"参观延安。记者团在延安期间,曾两次受到毛泽东接见。《大公报》记者孔昭恺作为记者团成员参与了所有的活动,在参观过程中,他写的通讯《西北纪行》共九篇,其中第八篇为长篇通讯,专记延安见闻,题目是"中共、十八集团军与陕甘宁边区"。其内容主要有:"十年来之中共"(具体写了"几点改变""新民主主义论""党性的增强""整风运动""毛泽东先生访问记")、"关于十八集团军"、"陕甘宁边区的政治"、"陕甘宁边区的生产运动"、"供给制与公务员生活"、"陕甘宁边区的教育与文化"、"在延安的日本人"、"陕北四十三天"。这篇通讯发表于 7 月 29 日到 8 月 6 日的《大公报》上。在通讯发表即将完毕的 8 月 5 日,《大公报》又发表了王芸生写的《延安视察的感想》作为《大公报》的感想①。尽管孔昭恺的通讯说了许多延安的好话,但是王芸生的这篇"社评"的根本立场还是站在国民党政府一边,希望共产党不要"另起炉灶"。

1944 年 9 月 5 日至 18 日,三届三次国民参政会在重庆举行。会议的中心议题是促进宪政与经济建设。蒋介石在会上致训词,并作《一年来军事外交政治及经济等情形》的报告,重申用"政治方法"解决"中共问题"。9 月 15 日,中共参政员林祖涵作了《关于国共谈判的报告》,提出废除国民党一党专政和成立联合政府的主张。国民党参政员张治中也作了《关于解决国共第三次摩擦的谈判经过的报告》。对此,9 月 16 日《大公报》发表题为"中共问题之公开:民主统一的进步"的"社评",对国共双方代表在参政会上公开观点、展开争论的这种形式进行了一番赞扬。文章首先说:"好! 公开了好! 无论什么事只要肯公开就好!"接着说:"昨天的公开大会,紧张热烈,结果大家是愉快的,一贯洋溢着民主议政的风度。上午林祖涵先生的报告,以中共代表的身分向象征代表全国朝野各方的议会侃侃而谈,实是自有中共以来的第一次。林氏的报告,热烈坦白,有感情而不刺激,虽略略带有宣传的气息,而无害于民主风度。下午张治

---

① 《社评·延安视察的感想》,《大公报》(渝版)1944 年 8 月 5 日。

中部长的报告,直率坦白,虽略略带有责问的口气,也不大伤感情。"《大公报》虽然认为"公开"是解决中共问题的最好方式。但是,当最后谈到解决中共问题的条件时,提出第一条仍是"要求中共尊重国家的统一,服从国民政府的军令政令"①。这实质上还是要求中共拥护国民党政府这个"国家中心"。

5. 希望"在大艰难中作大努力"

1944年是世界反法西斯战争胜利发展的一年,然而在中国的抗日战场上,反倒是国民党军队大溃败的一年。由于美军在太平洋战场不断发起进攻并取得胜利,日军在太平洋的处境越来越艰难。为了援救侵入南洋的孤军、破坏美国空军在中国大陆的主要基地、摧毁中国国民党军队继续抗战的意志,日军于1944年春向中国正面战场发动了自全面抗战以来的第二次大规模进攻,企图打通由中国东北直到越南的"大陆交通线"。由于国统区经济的崩溃、国民党政治的腐败,军队的战斗力也随之急剧下降,在日军新的进攻面前既无招架之功,更无反击之力,有时甚至是望风而逃。从4月到12月的七个半月中,竟丧失了河南、湖南、广西、广东四省及福建的大部和贵州的一部,计失国土二十万平方公里,城市一百四十六座;损失空军基地七个,飞机场三十多个,部队几十万;六千余万人民沦于日军铁蹄之下。对此,《大公报》甚感焦虑,它不断地发新闻、写社评,为前线部队鼓劲,希望他们"在大艰难中作大努力"。

(1) 有关豫中战事的记事与言论

4月17日,日军从豫中的中牟出动,渡过黄泛区发动攻击。驻守河南的中国第一战区司令长官蒋鼎文和副司令长官汤恩伯,虽拥四十万大军,但对日军进攻没有采取任何积极防御措施,一遇日军来攻便不战而退。19日,日军占领郑州、新郑、洧川,进攻许昌。同时,豫北日军亦突破河防阵地连陷广武、汜水、密县等地。4月25日,《大公报》的"社评"《论豫中战事》提醒当局注意,称这将是国内战场的大会战,并判断此次日军发动豫中战事的企图是打通平汉线南段的交通,希望前线军队不可轻敌。在分析了东方战场的具体情况后,《大公报》说:"我们中国军队抵抗日寇快七年了,相信我们中国军队一定能够打好仗,打胜仗;同时也盼望盟军及时策应,迫攻日寇,粉碎敌寇一切决战准备,早日实现最后胜利的大反攻!"②

---

① 《社评·中共问题之公开,民主统一的进步》,《大公报》(渝版)1944年9月16日。
② 《社评·论豫中战事》,《大公报》(渝版)1944年4月25日。

然而,前方阵地不断"显有变动",《大公报》只得用世界大战的大势来给前方军队打气。5月1日,日军占领许昌,又以主力攻郏县、临汝,准备向洛阳进攻。5月7日,《大公报》发表题为"大战概观与我们"的"社评",在分析世界大战的形势后说:"大战前途绝对乐观,胜利也不会太远,但我们的处境相当艰难,责任甚为重大,需要警惕,应该乐观,更需要茹苦含辛,努力奋斗!"12日的"社评"《当前的河南战事》说,虽然敌军发动河南攻势以来连连得手,"打通平汉线,已相去不远",但是中国军队千万不能丧气,对胜负还不能下最后判断,"概观世界大战的全局,今年将是决定大势的一年。欧洲第二战场已呼之欲出,太平洋在今秋也必有大战,在这时,日寇在中国战场上挣扎,我们必尽一切努力打得好,打得像样,乃至把敌人这一攻势打碎,给今年的大战打一个头功,那才是真光荣,真胜利!"①

(2) 有关湖南战事的记事与言论

5月下旬,日军集中三十六万兵力,从洞庭湖两侧地区对湖南发动进攻。已有三次长沙会战战绩的中国第九战区各部有二三十万兵力,利用既设阵地节节阻敌,仍挡不住日军攻势。5月29日、30日两天,《大公报》连续在第二版头条位置报道了湖南战事。6月2日发表题为"论豫湘战事"的"社评",在谈到湖南战事时说:"这次湖南之战,实在关系重大,战事展开之后,一定要有许多艰难辛烈的战斗,我们却非打胜仗不可。"②并对第九战区各部队寄予厚望。第九战区将士也确实不负其期望,于6月18日长沙失守后,又会同第四战区的部队在衡阳与日军决战,并在艰苦作战中打退敌军多次进攻。7月19日,《大公报》的"社评"称:"这次的湖南战役原是中原战事的延长",并提出一个远大设想,即"收拾中原与提携北方",希望有关方面"把握住这一转机,及时收拾中原的人心,就提携了整个的北方,也就为掌握战局收复失土做了一项极大的工作"③。29日,要闻版头条刊登消息:"衡阳我军坚守月余,蒋委员长特电嘉勉";8月4日,又发表题为"感激衡阳守军!"的"社评"说:"我们真感谢衡阳守军!……他们以必死决心,作浴血战斗,抗住了敌人的凶锋,昂扬了国军的士气,安定了全国的人心,更坚定了上下一致的信念。"④

---

① 《社评·当前的河南战事》,《大公报》(渝版)1944年5月12日。
② 《社评·论豫湘战事》,《大公报》(渝版)1944年6月2日。
③ 《社评·收拾中原与提携北方》,《大公报》(渝版)1944年7月19日。
④ 《社评·感激衡阳守军!》,《大公报》(渝版)1944年8月4日。

在衡阳抗战中,空军有突出表现,《大公报》对此亦予以足够关注,7月17日刊登通讯《志航大队歼敌记》(刘毅夫),报道志航大队歼敌事迹;8月12日通讯《在湖南作战的空军英雄群》(朱民威),专题介绍司徒福、高又新、刘尊、刘宝琳、张唐天、项世端六位空军英雄;直到9月12日至13日,还刊登通讯《衡阳四十七天——空军一孤军陈祥荣的经历》(刘毅夫),专门介绍陈祥荣的事迹:陈祥荣为志航大队的分队长,湘战中被迫降落,逃至衡阳,与守城官兵共同生活到衡阳陷落的最后一天。14日《大公报》发表题为"读《衡阳四十七天》"的"社评"称:刘毅夫的文章所描写的"是一个伟大壮烈的战斗场面,也是衡阳之战的一个真相报告。这篇文字,因为有生动壮烈的事实,充满慷慨悲歌的感情,所以异常感人"①。

在孤军奋战四十七日后,驻守衡阳的第十军弹尽粮绝,军长方先觉等一批高级军官被迫于8月8日以保全伤兵的条件向日军投降,衡阳失守。《大公报》11日要闻版引用中央社消息报道说:"衡阳守军壮烈殉职,外线各面我续猛攻中。"12日发表题为"衡阳的战绩永在!"的"社评"说:"衡阳陷落了!"然"衡阳的战绩是永在的!"②

(3) 有关桂柳会战及其后的记事与言论

日军占领衡阳后,又纠集十万人马,从湖南、广东、越南三个方面向广西进犯,桂柳会战开始。9月23日,《大公报》发表题为"在大艰难中作大努力"的"社评"说:"今天的局面真是艰难了。七年多的大战打得人困马乏。我们明明胜利在望,而摆在面前的却是极为艰难且带有若干危险性的局面;敌人明明失败不远,它却垂死挣扎,执拗死缠,咬住我们不放。这局面,真是尴尬,真是令人着急。"接着提出"在大艰难中作大努力"的五条:"(一)提早结束训政,加速民主化。""(二)政治解决党派问题,加强全国团结。""(三)增进中苏邦交,以完成联合国的阵容。""(四)当前一件最该决心努力的事,是改善士兵生活。""(五)最后一点,也是最先可以实行的,政府的机构与人事应该及时调整一新。"③

11月10日、11日,桂林、柳州相继失守。11月20日《大公报》发表"社评"《军事与大局》说:"抗战必能胜利,这是大势的必然。但同是胜利,也可以胜利

---

① 《社评·读〈衡阳四十七天〉》,《大公报》(渝版)1944年9月14日。
② 《社评·衡阳的战绩永在!》,《大公报》(渝版)1944年8月12日。
③ 《社评·在大艰难中作大努力》,《大公报》(渝版)1944年9月23日。

得很难看。若要胜利得像样子,就必须打得像样子。努力打仗,甚是要紧。"①这是担心日后"胜利得很难看"。但是,国民党军队此时已很难如《大公报》希望的那样"努力打仗"了,白崇禧既已火烧桂、柳而逃,日军迅速进入贵州境内,于12月5日占领独山。蒋介石甚至已密令准备火烧贵阳,一时间重庆人心惶惶,《大公报》亦忧心如焚。王芸生于12月3日晚写了一篇题为"最近的战局观"的"社评",提出了一些主张,被新闻检查所检扣,不许发表,经过修改,缓和口气,仍不许发表。王芸生抗检,将该"社评"于12月4日晚发表出来了。

这篇"社评"说:"桂、柳沦陷以后,敌锋西指,目前到了贵州境。战局的这一变化,使后方人心为之震荡。在这时候,人人关切国内的战局,也人人不免有些不安。在这时候,我们愿意说说我们的最近的战局观。"接着明确提出:在全面抗战七年半之后,切不可再用"以空间换时间"的战法。"我们在抗战前期,尽可'以空间换时间',但到了转折关键,我们也应该有我们的史达林格勒。……我们的史达林格勒就应该在贵州南部。"文章强调指出,在关键时刻,必须敢打仗,打硬仗,打大仗,打具有转折意义的胜仗,并提出有关军事方面的六项建议:"(一)维持报纸的信用。……唯有老老实实的发表真实的消息,更足以安定人心。""(二)统一军令。现当战局重大之际,我们希望统帅部进驻贵阳。如此,充分表示出我们的战斗精神是前进的,不是后退的,就可以振人心,作士气。""(三)动员党、政、民"一起为战争出力。"(四)加强机动力",保证前线给养。"(五)安顿难民。""(六)明耻教战。……追究桂柳两名城轻易丢失者的责任。"最后用"假设"的方式,提出了三个应解决的根本问题:

(一)假使政府宣布政治彻底革新,凡国人皆曰可去之人尽量去之,而代以新锐有为之人,本战时需要,调整机构,容纳党外人员参加国务院及政策,必能一新天下耳目,振起政治生机。(二)假使政府在民主统一团结抗战的大原则上宣布党派问题解决了,必能大增抗战力量,大长国家威望。(三)假使政府宣布与热诚助我的盟邦更进步的合作,在加强共同作战的前提下彼此紧紧握手,必能增进盟谊,一振外交大势,加速最后胜利。②

这三个问题,即两个内政问题、一个外交问题,都是根本性的问题,王芸生明知

---

① 《社评·军事与大局》,《大公报》(渝版)1944年11月20日。
② 《社评·最后的战局观》,《大公报》(渝版)1944年12月4日。

蒋委员长不肯如此去做,也做不到,所以采用了"假设"的行文。"文人论政"的艰难,由这篇"社评"的发表亦可见一斑。

国民党的部队未战先溃,日军长驱进入贵州独山。时值隆冬,入侵独山的日军衣衫单薄,碰到朔风大雪,冷不可耐,在独山逗留三天,便于12月8日退去。当时国民党的报刊上出现"克复独山"的欢呼。对此《大公报》于12月11日发表了一篇题为"别忘了痛!"的"社评"说:"我们谨向军民同胞高吼一声:'别忘了痛!'"并提出了"提高军事警惕性"等三项建议①。12月22日,又发表王芸生写的题为"晁错与马谡"的"社评",在引用了汉景帝杀晁错而败七国之兵,诸葛亮斩马谡以正军法的史例后说:"当国事机微,历史关头,除权相以解除反对者的精神武装,戮败将以服军民之心,是大英断,是甚必要。"据王芸生自己说:"除权相"是要求罢免财政部长孔祥熙,"戮败将"是主张杀军政部长何应钦等。该篇"社评"首句写道:"写社评找不到题目,偶然想起两段历史尚值得一谈,或可有温故知新之助。"②借古喻今,用心良苦,如此激烈的言论,亦见该报依旧保持着"敢言"风格。

6. 为胜利而着急

1945年是世界反法西斯战争取得最后胜利的一年。欧洲战局势如破竹,苏联红军攻入德境,于5月攻克柏林,纳粹德国无条件投降;太平洋的上空,美国空军亦把日军打得焦头烂额。同时,为战后和平做准备的联合国创建大会于4月至6月在美国旧金山召开,中国作为同盟国的主要成员参加了旧金山会议。然而在胜利到来的最后时刻,中国战场上的国民党军队却在从河南溃败到贵州后,龟缩在川黔山地内,不能参加对日寇的最后反攻,军事上的"惨胜"已成定局。国统区经济崩溃,国民党政治腐败,民主运动日趋高涨。《大公报》认为这与世界胜利大势很不合拍,因而颇为着急。

6月1日,《大公报》发表题为"着急两点"的"社评"说:"现在已到我们军事主动之时,我们着急之点也在此。我们能主动,我们便能大获胜利,早获胜利。假使我们不能主动,则使敌人在被动中得以收缩集中,则将来在江浙,在华北,以至在东北,再一步步的向它作攻坚战,那可就太费力了。"这一点是为国民党军事被动而着急。"召开国民大会,实施宪政,还政于民。这是把握国家局面的一个关键。……

---

① 《社评·别忘了痛!》,《大公报》(渝版)1944年12月11日。
② 《社评·晁错与马谡》,《大公报》(渝版)1944年12月22日。

国民大会开得好,则国家统一团结,政治宪政民主;国民大会若开得不好,则其结果可能是相反的。"①这一点是为国民党不能把握国家的局面而着急。

6月13日,《大公报》发表题为"胜利逼人"的"社评"说,胜利之来,真有轰雷闪电之势;为了迎接这逼人而来的胜利,重申了6月1日"社评"中着急的两点:"第一,准备军事力量,在自己的战场上,到处作主力的反攻,就能加速敌人的崩溃,善收战果。第二,要切实掌握国家的统一与团结,才能使胜利不成空谈,使国家立于巩固的地位。"并说:"国家的统一与团结,非走政治解决之路不可,就必须多方设法,走通此路。"怎样政治解决呢？文章认为要做到两条:其一,"尤论是国民党或共产党,一切措施都不可以党为出发点,应该以国家为出发点。"其二,"要变不要乱。……什么叫乱？就是自乱步骤,甚至演为内战。或许是杞人忧天,但是我们希望朝野上下,全国一致,都要有一个坚决的概念,就是:反内战。"②

而实际情况也的的确确令人着急。一方面,在军事上,自1942年后,中国的抗战进入第六个年头,人力物力消耗殆尽,前方武器缺乏,将士筋疲力尽;后方党政官员腐败日益严重,不法商人乘机大发国难财,大大伤了前方将士的心;加之国军军纪不严,与老百姓关系紧张,无论是行军打仗还是撤下来休整,均得不到民众的必要支持。尤其是太平洋战争打响后,很多将士则把抗战胜利的希望寄托在他人身上,自己作战反而不如以前那样"拼命"。对此,《大公报》的"社评"尖锐指出:"太平洋战争爆发以后,中国就中了一种依赖外援的毒素。"没能"尽最善的努力",创造"接受外援的最低条件"③。所以几年来,中国正面战场上的确没有打过一次像样的胜仗,战争一败再败,阵地不断转移,从豫湘一直退到云贵。以上几个方面问题,《大公报》不断发文予以呼吁,但是作用不大。最终,在日本投降前的最后两个月,中国军队仍不能及时打出去参加最后的反攻,国民政府只能捡到个"不像样的胜利",一个"惨胜"④。

另一方面,国共间的摩擦虽然在三届三次国民参政会后暂告一段落,但未根本解决。随着抗战胜利的日益临近,双方摩擦又有所增加。《大公报》为抗战胜利后可能又起内战而忧心忡忡。美国总统罗斯福亦担心中国这样的局面

---

① 《社评·着急两点》,《大公报》(渝版)1945年6月1日。
② 《社评·胜利逼人》,《大公报》(渝版)1945年6月13日。
③ 《社评·今天!》,《大公报》(渝版)1944年12月8日。
④ 《日本惨败,中国惨胜》,《大公报》(渝版)1945年8月15日。

对太平洋战场不利,于是采取各种补救措施:用魏德迈(Albert Wedemeyer)代替与蒋介石有矛盾的史迪威(Joseph Stilwell)担任盟军中国战区参谋长;由赫尔利(Patrick Hurley)代替高斯(Clarence Gauss)出任美国驻华大使;派员到中国协调国共关系等。《大公报》对此也很着急,多次呼吁国共团结。1945年2月初,周恩来陪着苏联代表到重庆,《大公报》趁机发表"社评"进行呼吁:"周恩来先生又来到重庆,大家都在伫候佳音,期待好消息;但是究竟如何,连我们做报的人也要忍不住来问一声:'团结的消息怎样了?'""这不仅是我们掌握胜利的关键所在,也关系着今后百年的国运,我们希望赶快有好消息发表,赶快有好事实出现,以慰全国军民的喁喁之望。"①

然而呼吁的效果近于零。在1945年7月抗战胜利近在眉梢之时,国共之间发生了"淳化事件"②。8月3日,《大公报》发表了题为"论淳化事件,并附述我们对国事的意见"的"社评",在引用了国共双方的四个文件③后说:

> 这几个文件告诉国人,在陕西的淳化中央军与十八集团军曾有武装冲突,因此使人们警觉到内战的危险。内战,是一个大不祥的名词。中国抗战,是在统一与团结的规模中进行的,现当抗战第九年代大敌将溃胜利在望之时,又听到内战这个名词,真是不幸。国家到今日,人人都不讳言我们的统一与团结还有问题,所以人人希望国家能够统一团结。至于内战这个不祥的名词,人人听了心惊胆怕,但实际说来,内战形式是存在的。

在谈到"淳化事件的真相"时,文章断言:"两军都有前进","不是一方未动,而另一方去进攻的"。并呼吁:"冲突务须立刻停止;停止了务须不要再起;即组织一个社会公正人士的团体,并请几位盟友参加,前往现地调查,以明真相,兼谋避免再起冲突之道。"然后谈了对国事的意见:"(一)我们绝对反对内战。""(二)为了完成国家的统一与团结,最正确、最平坦的道路是民主与宪政。民主宪政之路,必然要国民政府结束训政,国民党还政于民,开国民大会,制颁宪

---

① 《社评·团结的消息怎样了?》,《大公报》(渝版)1945年2月7日。
② 淳化事件为抗战后期国民党顽固派制造的反共事件。1945年7月21日,国民党胡宗南部突袭侵占中共陕甘宁边区关中分区的淳化县爷台山及其附近村庄,并继续向北进犯。八路军忍无可忍,于8月8日发起反击,10日收复爷台山。
③ 四个文件为:(1)《朱德总司令彭德怀副总司令七月二十三日的通电》;(2)《七月二十七日重庆报载邵秘书长力子的谈话》;(3)《贺龙徐向前等七人七月二十六日的通电》;(4)《八月二日〈新华日报〉社论〈吁请调查淳化事述真相〉》。

法,选举民主政府,改组军队,使之国家化。"①这篇"社评"的重点不在辨别"淳化事件"谁是谁非上,而在申述反对内战的观点。可见,内战危机像魔鬼一样笼罩在《大公报》人的心头。

中国人民的抗战随着世界反法西斯战争的胜利而胜利。1945年8月15日日本宣布投降,《大公报》当日在第二版头条位置用八栏特大标题"日本投降矣!"报道了这天大的喜讯;次日发表题为《日本投降了》的"社评",文前引杜甫的《闻官军收河南河北》七律。该诗开头两句"剑外忽传收蓟北,初闻涕泪满衣裳",正是全中国人民此时此刻的心情。经过八年艰苦、英勇、不屈不挠的战斗和流血牺牲,"日本投降了!抗战结束了!在八年苦战之余,得见这胜利的伟大日子到来,我们真是欢欣,真是感激,在笑靥上淌下泪来!"然而,"由抗战到胜利,历时八年多。……近两年来,任何人都知道,胜利是必然能得到了,但大家却又有一种悄然的深忧",就是胜利后"我们如何使国家不乱呢?""今天日本投降……人人在忧虑内乱。"②这个"内乱",自然是指国共两党的"兵争"。

(二)有关抗战胜利后的记事与言论

抗日战争胜利后,国内外的形势发生极大变化。从国内看,其主要矛盾已由中国人民同日本帝国主义之间的矛盾转化为中国共产党、广大人民群众同国民党及其官僚资产阶级之间的矛盾。一方面,共产党和它领导的武装力量在抗战中大大地发展壮大起来;另一方面,蒋介石在美国人的支持下,急不可耐地要发动内战消灭共产党,以除心腹大患。在抗战胜利后近一年的时间内,这一主要矛盾集中表现在:胜利果实是一家独占还是两家分享?是要真正和平还是搞假和平真备战?在此形势下,《大公报》记事立言是如何下笔的呢?1946年9月1日,《大公报》在"社评"《我们的节日》中回顾抗战胜利以来的言论方针时如是说:

> 在全国腾欢之际,我们警戒着全国人心大开闸,在胜利复员之时,我们痛指乱抢乱收之糟糕,在团结动摇之际,我们大声疾呼,切勿分裂;我们尤其彻始彻终反对内战,而切望国家走上和平、统一、民主、进步之路。这时期的

---

① 《社评·论淳化事件,并附述我们对国事的意见》,《大公报》(渝版)1945年8月3日。
② 《社评·日本投降了》,《大公报》(渝版)1945年8月16日。

本报言论方针是要国家光荣存在,是反内战,要民主、进步,要民生、建设。①

可见其基本立场,仍然是"国家中心",其主要呼吁为"反内战""要民主"。

1. 主张和平息战,反对武力解决

如前所述,《大公报》在抗战胜利前就预感到了内战的危机,并断言在赶走日寇之后,紧接着的便是一场"国共相争",于是不断发文,为解决国共之争提出了一系列原则:"无论是国民党共产党或其他未来的党,都必须放下军队,作为宪政的政党"②;"召开国民大会,实施宪政,还政于民。……由一党专政过渡到民主宪政",由此实现国家的"统一与团结"③。"无论是国民党还是共产党,一切措施,都不可以党为出发点,应该以国家为出发点","走政治解决之路";"要变不要乱","朝野上下,全国一致,都要有一个坚决的概念,就是:反内战"④;为了避免内战,必须"改组军队,使之国家化"⑤。可见,《大公报》呼吁避免内战日,尚在日寇未降时。现在日寇投降了,国共两党的矛盾突出了,《大公报》"息战"的呼声自然更高了,具体表现为:瞩望"重庆谈判",欢迎"马帅调停",赞同"政治协商"。

(1) 瞩望"重庆谈判"

抗战胜利对于蒋介石国民党政府来讲,正如《大公报》所言,是一个"不像样的胜利",是一个"惨胜"。如前所述,国民党军队在日军的最后进攻下,从河南溃败到贵州,正惊魂未定,胜利却突然降临,令蒋介石又喜又惊又急:喜的是抗战终于胜利了,惊的是胜利来得如此突然,急的是他还没有做好接收胜利果实的准备。蒋介石需要时间把远在西南、西北的军队调到前线。为了拖延和争取时间,蒋介石采取了两项举措:一是电令八路军、新四军"原地驻防待命",二是三次电请毛泽东赴重庆共商"国家大计"。邀请毛泽东前来谈判,既可抓住"和平"这面大旗,在政治上争取主动,又可以利用谈判赢得时间,独占抗战果实,并做好发动内战的准备。

《大公报》的言论主持人是否了解蒋介石的真实想法尚不得而知,但是有两点是可以肯定的:其一,邀请毛泽东来渝谈判的想法,《大公报》早已有之。

---

① 《社评·我们的节日》,《大公报》(渝版)1946年9月1日。
② 《社评·应该赶快团结了》,《大公报》(渝版)1945年2月20日。
③ 《社评·着急两点》,《大公报》(渝版)1945年6月1日。
④ 《社评·胜利逼人》,《大公报》1945年6月13日。
⑤ 《社评·论淳化事件,并附述我们对国事的意见》,《大公报》1945年8月3日。

1941年5月23日,张季鸾便在《读周恩来先生的信》中提出,为解决国共之间的摩擦,"最好毛泽东先生能来重庆,与蒋委员长彻底讨论几天"。其二,对于蒋介石邀请毛泽东赴渝谈判一事,在重庆新闻界《大公报》知道得最早,在"社评"中论及此事也最早。据王抡楦在《重庆谈判期间的〈中央日报〉》一文中说,此事《中央日报》事前毫无所知,直到8月15日深夜收到中央社的新闻稿时才知道,社长胡建中、总编辑陈训悆才连忙商讨对此事的宣传,以致16日《中央日报》只发了中央社新闻稿,登了蒋电全文[①]。然而《大公报》除此之外,还在"社评"中论及了此事。社评结尾处,特意宣布了一条大新闻:

> 在我们欣庆胜利到来之时,国内也有一个令人兴奋的新闻,就是,蒋主席致电毛泽东先生,请其克日来渝,共商国是。这真令人兴奋欣慰。……蒋主席既掬诚相邀,期共商讨,毛先生自然也应该不吝一行,以定国是。果使国家的统一与团结完成于一席谈,那真是喜上加喜,不但八年抗战为不虚,且将奠定国家建设的千年大计!忠贞爱国的中国人,都在翘待毛先生的惠然肯来了![②]

《大公报》这条独家新闻的获得可能与吴鼎昌有关。吴鼎昌1935年进入蒋介石的"人才内阁"任实业部长,抗战期间出任贵州省主席,1944年调任国民政府文官长,成为蒋介石的高级幕僚。日本投降甫定,他便向蒋介石提出了邀请毛泽东谈判的建议,并为蒋代拟电文(即下文中的寒电)[③]。因此,可能吴此前已将此事透露给了《大公报》。其三,《大公报》对毛泽东是否来渝,以及毛蒋谈判的成败,最为关切。这一点在8月16日的"社评"中已经有所流露,此后愈发强烈。

这里还要指出的是,《大公报》在抗战胜利后的第一篇"社评"中,将蒋介石电邀毛泽东来渝这一举措完全从正面进行了充分肯定和高度评价,为蒋介石在政治上争取主动助了一臂之力。《大公报》是真心诚意地希望国、共两党最高领导人通过和平协商,消除分歧,免内战于谈判桌上,但客观上是迎合了蒋介石的政治需要。这一点与"九一八事变"时的情况有点类似。

---

① 王抡楦:《重庆谈判期间的〈中央日报〉》,《重庆文史资料选辑》第一辑,内部资料1979年版,第72—80页。
② 《社评·日本投降了》,《大公报》1945年8月16日。
③ 吴鼎昌代拟的"寒电":"延安毛泽东先生勋鉴:倭寇投降,世界永久和平局面为期实现,举凡国际国内各种重要问题,亟待解决。特请先生克日惠临陪都,共同商讨。事关国家大计,幸勿吝驾。"见《蒋主席电毛泽东氏,请来陪都共商国是》,《大公报》(渝版)1945年8月16日。

8月16日,毛泽东复电蒋介石说:"未、寒电悉。朱德总司令本日午有一电给你,陈述敝方意见,待你表示意见后,我将考虑和你会见的问题。"①其中所提朱德的电报,向蒋介石提出了关于接受日军投降以及国内民主问题的六项要求。20日,蒋介石收到毛、朱电报后,又发哿电给延安解释说:"此次受降办法,系由盟军总部所规定,先行各战区,均予依照办理,中国战区②亦然",并责备"朱总司令对于执行命令,往往未能贯彻",进而敦请毛泽东早日赴渝:"如何以建国之功收抗战之果,甚有赖于先生之惠然一行,共定大计,则受益拜惠,岂仅个人而已哉!特再驰电奉邀,务肯惠诺,为感。"21日,《大公报》发表题为"读蒋主席再致延安电"的"社评",对蒋介石哿电予以全面支持。文章首先为蒋指责朱德的事帮腔,说"这次战争不是中国一国的战争,也不是中国一国打胜的",接受日本投降事宜,是中美英苏共同议定的。"蒋主席电毛先生说,由盟军总部所规定的受降办法,'未便以朱总司令之电,破坏我对盟军共同之信守',应请延安方面特别考虑尊重。我们愿意特别呼吁一点:国家胜利了,在受降之际,无论如何,应维持一致的步骤。"接着将"团结出问题"的责任全部推向延安:

> 抗战胜利了,但在胜利的欢欣中,人人都在悬注延安的态度。国家必须统一,不统一则胜利不完全,而建国更困难。全国必须团结,不团结则有内乱的危险,更无从使国家走上民主建设的大路。这一星期来,人人为胜利欢欣,也人人为团结悬念。日前得见蒋主席致毛先生的寒电,大家为之兴奋,希望能由此启开政治解决之门。现在又读到蒋主席致毛先生的哿电,更感到一片祥和之气,真使人既感慨,又兴奋。……我们相信全国同胞的心情都与蒋主席相同,殷切盼望毛先生不吝此一行,以定国家之大计。

最后向社会表示一点希望:"大家既然都希望毛泽东先生能够前来重庆,就先要保持一个能使毛先生到来的空气与环境,凡是可能刺激感情的言论与宣传,各方面都应该持重莫发。"③

同日,《新华日报》发表题为"蒋介石先生哿电书后"的社论,有针对性地说:

---

① 《蒋主席昨再电延安,恳毛泽东来商大计》,《大公报》(渝版)1945年8月21日。
② 1941年12月7日,太平洋战争爆发。为了击败法西斯联盟,中国与美、英、苏等国形成了反法西斯军事同盟。1942年1月2日,成立了以蒋介石为最高长官的中国战区,统一指挥包括中国、泰国、印度支那等地在内的盟国军队,共同抗击日军侵略。
③ 《社评·读蒋主席再致延安电》,《大公报》(渝版)1945年8月21日。

> 每一个中国人都希望中国能以团结一致的姿态来接受战果,我们深有同感。中国需要团结,这是每个人的心底冀求,但是说一句最平凡的真理:要团结先要民主。像目前这样一只手叉住了对方的咽喉,暗中拳打脚踢,而面孔上浮着奸笑来说"快来团结,快来团结"的做法,三岁的孩子也会知道不公平不合理和不可能团结得拢来的。①

当日,还发表莫一尘的文章《解决问题的关键》也说道:"蒋委员长愿意和毛泽东先生共商国是,本来是很好的,但必须有一个先决条件,就是政府当局马上实行各种民主改革,承认各党派的合法地位,给人民各种自由权利。这个问题不解决,一切谈判都将是空的,毛先生来了也有没有用。"并针对《大公报》的社评说:"有些报纸的言论,非常强调毛先生出来,好像只要他一出来,就可以解决一切问题。"尖锐指出:"这如果不是有意歪曲,就是一种皮毛之见。"②

22日,毛泽东第二次复电蒋介石,决定"特派周恩来同志前来"。23日,蒋介石第三次发电毛泽东,认为周氏前来不能解决问题,希望毛亲自来:"惟目前各种问题,均待与先生面商,时机紧迫,仍盼先生能与恩来先生惠然偕临。"并说已派飞机到延安迎迓。看来,蒋介石是非把毛泽东邀至重庆不可。24日,毛泽东急电蒋介石,表示"俟飞机到"与周恩来"立即赴渝进谒"。28日,毛泽东偕周恩来、王若飞飞抵重庆,与蒋介石等开始了举世瞩目的"重庆谈判"。

8月29日,《大公报》要闻版头条报道了毛泽东抵渝的消息:"毛泽东昨抵渝,周恩来、王若飞偕来,蒋主席昨晚宴于山洞。"并随文配发毛泽东木刻头像。由于当时《大公报》馆没有毛的照片,这幅毛泽东木刻头像系由该报编辑陈伟球手刻而成。毛图像下,刊登"本报讯",报道毛泽东在机场接见中外记者并发表书面谈话的情况。

是日,要闻版二条发表了彭子冈执笔的"特写"《毛泽东先生到重庆》,她描写道:"毛泽东先生,五十二岁了,灰色通草帽,灰蓝色的中山装,蓄发,似乎与惯常见过的肖像相似,身材中上,衣服宽大得很,这个在九年前经过四川境的人,今天踏到了抗战首都的土地了。"还说"他的手指被香烟烧得焦黄"。毛泽东进了张治中公馆,"宽了外衣,又露出里面的簇新白绸衬衫。他打碎了一只盖碗茶杯,广漆地板的客厅里的一切,显然对他很生疏。他完全像

---

① 《蒋介石先生哿电书后》,卓兆恒等选编:《重庆谈判资料》,四川人民出版社1980年版,第80—81页。
② 莫一尘:《解决问颐的关键》,《新华日报》1945年8月21日。

一位来自乡野的书生"①。

　　当日,《大公报》的"社评"题目是"毛泽东先生来了!",文章首先说:"昨日下午三点多钟,毛泽东先生到了重庆。毛泽东先生来了!中国人听了高兴,世界人听了高兴,无疑问的,大家都认为这是中国的一件大喜事。"喜在何处?"社评"说:"说来有趣,中国传统的小说、戏剧,内容演述无穷无尽的离合悲欢,最后结果一定是一幕大团圆。……现在毛泽东先生来到重庆,他与蒋主席有十九年的阔别,经长期内争,八年抗战,多少离合悲欢,今于国家大胜利之日,一旦重行握手,真是一幕空前的大团圆!认真的演这幕大团圆的喜剧吧,要知道,这是中国人民所最嗜好的!"②虽为肤浅之论,却也真诚,真诚中还带有几分天真!

　　重庆谈判期间,毛泽东与《大公报》有关人士进行了多次接触和交谈。9月5日,毛泽东在红岩村接见《大公报》的总编辑王芸生、编辑主任孔昭恺、采访主任王文彬,表明了"统一之政令军令必需建立于民主政治之基础上"的观点。他说:"只有包括各党各派,无党无派代表人士之政治会议,始能解决当前国事,民主统一之联合政府始能带给全国人民以幸福。"③

　　9月20日,《大公报》总编辑王芸生代表《大公报》在李子坝季鸾堂设宴招待毛泽东、周恩来、董必武。席间谈论国事,王芸生重提所谓共产党"不要另起炉灶"的论调。为何说是"重提"呢?如前所述,1944年8月5日,为配合发表本报记者孔昭恺的长篇通讯《中共十八集团军与陕甘宁边区》,王芸生专门写了一篇"社评"《延安视察的感想》,其中感想之二就是"必坚持拥护国家统一,而反对任何形式之分裂",提出希望中共要"爱护"蒋委员长和国民政府这个"国家中心","绝不可轻谋另起炉灶"④。10月3日,在"社评"《向人民申说!向世界控诉!》中谈到民主和宪政时,他又强调要"循正路而行",不可轻易设想"推翻这个国家中心,而另起炉灶"⑤。如今,他当着毛泽东的面又如是说,毛泽东幽默而不失严肃地说:"不是我们要另起炉灶,而是国民党的炉灶里不许我

---

① 子冈:《特写·毛泽东先生到重庆》,《大公报》(渝版)1945年8月29日。颇为讽刺的是,"文革"期间,这篇"特写"成为作者"污蔑、丑化伟大领袖毛主席的罪证"。
② 《社评·毛泽东先生来了!》,《大公报》(渝版)1945年8月29日。
③ 《毛泽东对本报记者谈,愿团结商谈早获结果》,《大公报》(渝版)1945年9月6日。
④ 《社评·延安视察的感想》,《大公报》(渝版)1944年8月5日。
⑤ 《社评·向人民申说!向世界控诉!》,《大公报》(渝版)1944年10月3日。

们造饭。"①

10月8日,国民政府军委会政治部部长张治中在军委会礼堂宴请毛泽东、周恩来、王若飞等人。这是重庆会谈协定签字前夕张治中设宴为毛泽东饯行,毛泽东在席间发表了演说,强调和平、民主、团结、统一、富强是今后的方针,要用统一的国家迎接新局面。《大公报》采访主任王文彬参加了这次宴会,并将宴会情况及毛泽东演说要点写成新闻稿发表于10月9日《大公报》。

10月10日,《国共双方代表会谈纪要》(即《双十协定》)签字。11日,蒋介石再次与毛泽东会晤,并派张治中送毛泽东于当日从重庆飞返延安。王若飞随毛同返,周恩来留重庆继续商谈。12日,《大公报》发表了题为"团结会谈的初步成就"的"社评",首先说:

> 毛泽东先生自八月二十八日来重庆,于昨天飞返延安,在这四十几天中,政府与中共方面曾有多次的会谈。因为团结问题所包括范围甚广,关系国家的命运至大,所以这一会谈为全国人心所焦切关心。这一会谈,以毛先生之来与去为一标志,已获得一些初步的成就,发表双方代表会谈纪要。我们检读《政府与中共代表会谈纪要》一过,思绪起落,虽百感丛集,却一时难以一言说出满意或失望。我们实在对团结会谈太关切了,也太瞩望了,所以此刻读到一字一句的正式发表,只觉有极大的希望,而不必轻下断语。

接着将会谈纪要的十二项目分为三大类:第一类是双方完全同意的,是属于人民基本自由与基本权利方面的;第二类是双方部分同意而待继续扩大商谈的,是属于政治民主化方面的;第三类是现实的军政问题。并说:

> 综合以上三类问题,第一类无问题,应该至诚至速的付诸实施。第二类问题是政治上的大问题,皆关建国根本,前提同,认识同,虽有歧见,希望能由政治协商会议这一机构商得一套共同的办法。第三类是最现实最棘手的问题,复杂难决;但必须求得一个安顿,求得一个解决,才能真正避免内战的危险。

"社评"最后说:"我们对团结会谈所涉及的这一串问题,有一个看法,以为应该由安定现实建设民主着手。现实问题本是最棘手的,也是危险的。惟其

---

① 王芝琛:《一代报人王芸生》,第114页。

棘手,所以难解决;惟其危险,所以须解决。"①

对此次蒋、毛会谈,《大公报》寄予了满腔的希望,"团结""祥和"的话说了不少,但是双方诉求迥异、分歧太大,谈判的最后结果叫《大公报》"一时难以一言说出满意或失望"。

事实上,重庆谈判期间,国共双方便有战事发生。谈判期间的9月中旬,国共已打了一场上党战役;谈判结束不久的10月下旬,又打了一场邯郸战役。邯郸战役后,《大公报》再也忍不住了,于10月29日发表"社评"《谁忍再见内战!》说:"毛泽东先生刚刚离开重庆,回到延安,就传来了内战的警报。""内战!是一个多么不祥的名词!谁忍再见内战!谁敢发动内战!甚至谁愿再听这个不祥的名词!无论如何,我们不容再有内战。再打内战,不但胜利成空,我们将召亡国灭种之祸!中国的人民坚决反对内战,谁发动内战,谁就违背了全国民意,谁就必为全国人民所共弃!我们愿大声疾呼:万莫玩火!赶快悬崖勒马,国家民族的命运已达到危险,请赶快勒马吧!"②

11月8日,《大公报》还刊登一篇转载文章《不要内战——重庆二十七种杂志③的呼吁》,其首句即说:"我们二十七种杂志联合起来呼吁,一句话,四个大字:不要内战!"④

(2) 欢迎"马帅调停"

大战结束前,美国人从推进太平洋战事的角度出发,采取措施在国共之间展开"调停";日本宣布投降后,美国又从部署战后世界冷战格局着想,大量援助蒋介石,帮助其进行大规模内战的准备,但顾及国际舆论影响,加之争取时间方面的考虑,表面上仍充当"和事佬",派五星上将马歇尔(George Marshall)来华"调处"国共冲突。启程前夕,马歇尔同美国国务卿就如何对待蒋介石政府的问题进行磋商,一致决议:不论蒋介石在国共冲突中是否作出"合理的让步",都要支持并帮助他把军队从西南运送到华北。

1945年12月20日,马歇尔抵上海,22日飞重庆。当时,胡政之从美国访

---

① 《社评·团结会谈的初步成就》,《大公报》(渝版)1945年10月12日。
② 《社评·谁忍再见内战!》,《大公报》(渝版)1945年10月29日。
③ 27种杂志,即《中华论坛》《文艺杂志》《希望杂志》《中学生》《民主世界》《青年知识》《中苏文化》《民主星期刊》《东方杂志》《中山文化教育季刊》《民主与科学》《现代妇女》《中国农村》《民主教育》《国讯旬刊》《中原》《民宪半月刊》《新中华》《中国学生学报》《再生》《宪政月刊》《文汇周报》《自由导报》《学生杂志》《文哨》《抗战文艺》《职业妇女》。
④ 《转载·不要内战——重庆二十七种杂志的呼吁》,《大公报》(渝版)1945年11月8日。

问归来不久,《大公报》因而对马歇尔的到来表现出了一定的热情,认为国共"息战"总算有望了。21日《大公报》不仅报道了马歇尔抵沪的消息,而且发表了"短评"《欢迎马歇尔将军》,说:"马将军之来,时机甚好,对于中国统一团结之促进,必能发生良好的影响。"①所谓"时机甚好",是指政治协商会即将召开,国共双方准备"无条件停战"。24日,又发表胡政之以同样题目写的"社评",对马歇尔进行了一番宣扬,并要求各关系方面觉悟愧悔,立止兵争,诚意团结,实现民主,厉行建设。

1946年1月,马歇尔开始参与国共关于停止国内军事冲突的谈判。1月7日成立了由张群(后为张治中)、周恩来、马歇尔组成的三人军事小组。1月10日,由张群、周恩来联合签署了《关于停止国内军事冲突的命令和声明》,规定:"一切战斗行动,立刻停止;破坏与阻止一切交通线之行动必须停止;为实行停战协定,应即在北平设一军事调处执行部。该部由委员三人组成,一人代表中国国民政府,一人代表中国共产党,一人代表美国。"②同时,蒋介石、毛泽东分别向国共两军发出"停战令"。1月11日,《大公报》要闻版头条报道这则新闻:"停止冲突命令发出,政协会议昨晨开幕。蒋主席亲临主持致开幕词:宣布人民享有身体、信仰、言论、出版、集会、结社之自由,司法与警察以外机关不得拘捕审讯及处罚人民,各政党在法律之前一律平等,并得在法律范围以内公开活动,各地推行地方自治,依法实行由下而上之普选,释放政治犯。"

当日的"社评"《停止冲突令发出》说:"停止冲突的办法,终于政治协商会议开幕之前数分钟商妥,当天发布命令;此项命令为政府与中共代表共同商定,具有甚大的约束力量。……这真是国内的大喜事!我们期待停止冲突令下之后,各地冲突尽快的停止;如何实现国内的统一与民主?政治协商会议也要力求获得圆满的结果,交由政府实施,以慰人民之望。"还说:"马歇尔元帅曾助世界赢得战争,现在又助中国赢得和平,真是盖世的功勋。"③

《大公报》人把"停止冲突令发出"看作"国内的大喜事"。但是他们欢喜得太早,也欢喜得过于盲目。蒋介石一面下"停战令",一面下作战令,加上美国帮助运送军队,尽管中共做了诸多让步,但"战"还是"停"不下来。

之前,《大公报》对待国共摩擦的立场,总是站在政府一边指责共产党,如

---

① 《短评·欢迎马歇尔将军》,《大公报》(津版)1945年12月21日。
② 卓兆恒等编:《停战谈判资料》,四川人民出版社1981年版,第5页。
③ 《社评·停止冲突令发出》,《大公报》(渝版)1946年1月11日。

前所说的 1945 年 10 月 29 日"社评"《谁忍再见内战!》把内战的责任完全推给共产党,直到 11 月 20 日的"社评"还在说什么"政府很有避免冲突的诚意,但事势演进,停不了手。共产党天天宣传不要内战,而他的手就未曾停过。……说尽管说,打尽管打,边说边打,边打边谈。而且是谈有时停,而打不停,断续的谈,不停的打"①。事实上,想发动内战的恰是蒋介石,蒋介石国民党急于在美国人的帮助下,在最短时间内消灭共产党,这便使得《大公报》难以发言。1946 年 5 月 21 日全面内战爆发前夕,《大公报》发表了一篇题为"我们反对武力解决!"的"社评",很能反映该报言论主持者此时的心态。文章先说:"当前的国家局面,真令人太息痛恨! 所谓和平谈判,已沉闷得进入睡眠状态;军事行动的锣鼓,却加紧的敲打起来。……说'政治解决',高叫'民主',图穷而匕首见,还是武力解决! 还是打! 打! 打! '民主','民主',真是天晓得;中国的民主希望,已被你们打成炮灰了!"后说:"目前的战乱局面,真是令人痛恨,令人愤怒! 我们愿意喊出人民心底的一个呼声,我们反对武力解决! 你们不要迷信武力万能。我们可以坚定的告诉你们一件事,就是武力绝不能解决问题。动武力,讲打,最后不论谁打倒谁,必然都是武力统一……动武力,讲打,顶多打出一个秦始皇来,顶多打出一个拿破仑来,然而秦始皇与拿破仑的帝业又如何?"②虔诚希望"和平息战"的《大公报》书生们,这次被蒋介石和马歇尔联合起来耍了一阵,着实地白"欢喜"了一场。

6 月 26 日,蒋介石下令大举进攻中原解放区,全国性的内战由此开始。8 月 10 日,马歇尔和新任驻华大使司徒雷登联合发表公告,宣布"调停"失败。马歇尔年底返美,关于调停失败的责任,《大公报》12 月 9 日发表题为"从中共对马帅的答复说起"的"社评"说:"国共关系为什么终于演到如此的境地,因而使国事终于不得和谐解决? 我们不能不承认有:(一)思想(二)心理与(三)实际利害的三个原因。"③应该说,"社评"关于国共两党谈判破灭原因的分析是有道理的,但其态度还是明显偏向国民党一方的。

(3) 赞同"政治协商"

内战全面爆发前,迫于中国共产党及全国人民强烈的民主要求和国际舆论的压力,蒋介石被迫同意按《双十协定》的规定召开政治协商会议(史称"旧

---

① 《社评·请先停手》,《大公报》(渝版)1945 年 11 月 20 日。
② 《社评·我们反对武力解决!》,《大公报》(沪版)1946 年 5 月 20 日。
③ 《社评·从中共对马帅的答复说起》,《大公报》(沪版)1946 年 12 月 9 日。

政协")。这一度使《大公报》对"息战和平"有了几分希望。

1946年1月10日，政治协商会议在渝开幕。当日《大公报》二版头条报道此事，并发表题为"勉政治协商会议"的"社评"说："我们特别警告政治协商会议的各位代表，无论你代表的是那党那派，都必须一律以国家为重，不得执拗于各自党派的利益。大家一定要知道，这是国家解决问题难得的机会，是千载一时。当此时机，若是不能解决问题，甚至失败了，其后果恐将是国家大糜烂，那可太严重了。"①由于之前的教训，对政协的召开，《大公报》是喜中有忧，期望不是太高，发言也比较谨慎。

政协开会二十二天，在共产党和民主党派、无党派人士的努力下，会议通过了关于政府组织问题、和平建国纲领问题、国民大会问题、宪法草案问题和军事问题等五项协议。这五项协议有利于人民和民主而不利于独裁与内战。胡政之以无党派人士的资格出席了政协会议。1月31日政协会议闭幕，次日《大公报》要闻版头条报道："协商会议成功闭幕，五大问题协议案一致通过。"2月2日发表题为"政治协商会议的成就"的"社评"，对政协会议进行了充分肯定。首先说："政治协商会议得以终获成就，各党派态度的妥协都值得赞美。共产党是第二大党，在会议中对若干问题不固执己见，而使各项问题得到妥协，甚为难能。尤其国民党，在各项问题上几乎大部处于给予的地位，却能着眼时代、着眼国家，使过去的难解之结，都一个个解开了，特别值得赞扬。"在全面肯定了会议各项协议后说："我们应该向国民党道贺。国民党领导国民革命，已大部分成功，领导国家抗战已获完全胜利。现在卸了一肩，减轻了责任。别的党派相对的分了责任。以后国事若搞不好，国人就不能专责国民党了。由今天起，各党派都要痛感责任，忠实于其本身的任务。"②这篇"社评"是王芸生写的，据他以后回忆说："写这篇文章时，认为问题真个完全解决，因此就急忙安慰国民党，给各党派加压力，实在把事情看得太简单了。"③

《大公报》的确把事情看得太简单了。

就在政协开会期间，重庆就发生过沧白堂事件。"政治协商会议陪都各界协进会"借用临江路的沧白纪念堂，每天请参加政治协商会议的代表轮流到会报告，并听取人民的陈述。然而这种活动遭到了国民党特务的破坏，他们用石

---

① 《社评·勉政治协商会议》，《大公报》(沪版)1946年1月10日。
② 《社评·政治协商会议的成就》，《大公报》(沪版)1946年2月2日。
③ 王芸生、曹谷冰：《1926至1949的旧大公报(续完)》，《文史资料选辑》第28辑，第164—165页。

块砸会场,或在会场起哄。《大公报》记者曾敏之的通讯《民主巨流中的一湾臭水》暴露了这股"臭水暗流"。

政协会议决议的墨迹未干,重庆又发生"较场口事件"。2月10日,重庆各界在较场口举行"政治协商会议成功庆祝大会",国民党特务冲进会场,大打出手,殴伤李公朴、郭沫若、施复亮等代表。2月15日《大公报》不仅报道了这一消息,而且沪版发表了题为"民主的习惯"的"社评":

> 看看最近发生的一些事情,大家一定会感觉到我们太缺乏民主的习惯了。……沧白堂的演讲和较场口的开会,平常得很,有什么不顺眼的地方?这种事件以后多着呢,除非你投生到另一个世界去,否则你得顺应时代的巨流,恪守民主的原则,尊重你自己,尊重别人,而别人才会尊重你。沧白堂的石块和较场口的铁条,打不了四亿人民,更打不退世界的潮流。我们应该趁早铲除内在的劣根性,放开眼光,拓大心胸,竖起脊骨去做人,做这个时代的人。如果心理上先蒙上一层阴影,对于闹嚷嚷、活泼泼的人民行动看不惯,一定要以拳头铁条打击别人表达意见的自由,那可就太危险了。以小喻大,则重庆沧白堂的石块与较场口的铁条,可能就是国家大乱的缩影。①

2. 警告国民党"莫失尽人心"

抗战胜利后,本来已经腐朽的国民党更加速了它腐败堕落的进程,很快成了一个"烂瓢西瓜",这便使《大公报》痛心疾首,于是向国民党发了警告:莫失尽人心!

蒋介石国民党政府对突如其来的抗战胜利毫无思想准备,对胜利后各种事宜的应对不知所措。1945年9月2日,日本投降的签字仪式在美国战舰密苏里号上举行,《大公报》次日发表题为"迎胜利日"的"社评",向国民政府提出:"从中国的立场看胜利,我们应有自知之明,八年战争的无限痛苦,原因何在?今天迎接胜利,要以冷静的头脑深思远虑。不要骄傲,我们无可骄傲;不要快乐,我们还要奋斗。……对中国民族复兴及国家翻身,只完成了第一阶段。……今天我们无可骄傲,还要以临战精神从事和平建设。"②9月9日,中国战区日军投降签字仪式在南京举行,次日《大公报》要闻版头条报道了这一

---

① 《社评·民主的习惯》,《大公报》(沪版)1946年2月15日。
② 《社评·迎胜利日》,《大公报》(渝版)1945年9月3日。

消息,并发表题为"由抗战到建国"的"社评",文章首先提出一个惊世命题:"谨防胜利到来后的人心大开闸!"何以言之? 因为"中国人长于忍,长于混,而短于干,短于建设"。抗战八年,"有不少的人实在是'混'胜了的。国家既在抗战,无可奈何,混吧! 混了八年多,居然混胜了。且有不少的人在混浑了的水里摸着大鱼"①。在《大公报》看来,抗战虽已胜利,但建国刚刚开始,"人心开不得闸",要防止社会风气及道德人心的颓废与堕落。

果然不出所料,国民政府派往收复区的"接收大员"们如蝗虫涌向江浙,南京、上海的人民首先遭了殃:天上飞下来的,地下钻出来的,抢金子、车子、女子、房子、票子,大闹"五子登科"。9月14日,《大公报》发表"社评"《收复失土不要失去人心》,在历数了国民政府官员们收复工作中的种种"勾当"后警告说:"收复失土,接收敌伪所攫夺的财产,迎接我们受苦的同胞,把他们从水深火热中拯起,登之衽席,这是抗战一项任务,既庄严,又神圣。肮脏的手,漆黑的心,都请远远离开,不要染污这一庄严神圣的任务!"②不仅接收大员"大抢出手",国民政府的货币兑换政策同样令收复区民众苦不堪言。9月27日《大公报》又发表题为"莫失尽人心!"的"社评",进一步警告说:

> 在热烘烘乱嚷嚷中,这二十几天时间,几乎把京沪一带的人心丢光了。有早已伏在那里的,也有由后方去的,只要人人有来头,就人人捷手先抢。一部汽车有几十人抢,一所房子有许多机关争;而长长的铁路,大大的矿场,却很少人过问。尽管是一部分或仅少数人,但八年长夜,一旦天亮,国旗飘扬,爆竹声喧,这些人也被欢迎在内吗? 尤其因为币制迟迟无规定办法,更形成了收复区之乱,更加重了收复区人民的苦。由后方去的人,满箱满笼的关金法币,成了武器,成了法宝,伪币与法币的比价无定,物价一日三迁,大大的苦了收复区同胞,大大的发了后方去的人。可怜收复区同胞,他们盼到天亮,望见了祖国的旌旗,他们喜极如狂,但睡了几夜觉之后,发觉了他们多已破家荡产,手上所仅有的财产筹码——伪币,差不多已分文不值。卖房子吧,卖财产吧,累世的财富转眼转移到手里握有关金法币的人。……在十几天前我们就曾著文呼吁"收复失土不要失去人心",现在我们要呼吁"莫失尽人心"了。③

---

① 《社评·由抗战到建国》,《大公报》(渝版)1945年9月10日。
② 《社评·收复失土不要失去人心》,《大公报》(渝版)1945年9月14日。
③ 《社评·莫失尽人心!》,《大公报》(渝版)1945年9月27日。

然而《大公报》的几句呼声和警告远不足以惊醒"劫收"得如醉如狂的国民政府大员。"劫收"潮涌处,人民遭难批,《大公报》派往南京的特派员张鸿增根据采访所得,撰写了一篇通讯《休说重庆来!》,记叙了复员来南京的"重庆人"的所作所为。通讯开头这样写道:"和他们带来的法币关金的购买力一样,'重庆人'在收复区的老百姓眼里在跌价,江东父老对我们这般凯旋的人们最初是刮目相看,再而冷眼静观,现在差不多已经摇头蹙额了。"①为使此问题能引起有关当局的重视,10月24日《大公报》在发表这篇通讯的同日,发表了王芸生写的"社评"《为江浙人民呼吁》,文章首先尖锐地指出,由于国民党接收大员的腐败,"有极大部分的人受到了胜利的灾难"。接着具体展开叙说:

> (江浙)那一带地方归回祖国的怀抱已两个月,家家户户,老老少少,谁都为胜利感泣过,谁都为胜利狂欢过,现在呢?他们仍然过着胜利的日子,却有很多的人发现自己破了产,纵然省吃俭用,生活也要成问题。物价在跳涨,市场在一种变态繁荣中,工商业要破产。这变化太大了,人人从日常生活中都切肤的感到这变化。这变化是什么呢?是随着胜利而来的财富大转移。……是用伪币的人的财富转移到用关金法币的人的手里,购买力与享受欲都跑到关金法币这一边来。在京沪吃洋澄湖大蟹,在夫子庙征歌选色,在崇树杰阁上空婆娑醉舞的,都是腰缠法币的人。……在胜利到来之初,重庆人到京沪一带,是多么被仰座,被亲爱,简直是一切光荣的象征。现在呢?时间真是快呵!变化也真是快呵!才只短短两个月,京沪一带人深深的由生活体味中厌恶了甚至憎恨了由重庆去的人。据说,京沪间最近流行着一种口碑,京沪在怕着两种人,(一)是由天上飞下来的,(二)是从地下钻出来的。其言虽谑,甚堪玩味。②

张鸿增的通讯和王芸生写的"社评"也是"其言虽谑,甚堪玩味",然而,国民党政府的官员们是听不进耳的。

国统区特务横行,殴打、绑架进步民主人士事件不断,是国民党失尽人心的又一个重要原因。1945年昆明的"一二·一惨案"、前面提到的1946年2月重庆较场口事件、同年6月的南京下关惨案以及7月份发生的民主斗士李公

---

① 张鸿增:《休说重庆来!》,《大公报》(渝版)1945年10月24日。
② 《社评·为江浙人民呼吁》,《大公报》(渝版)1945年10月24日。

朴、闻一多相继被暗杀事件，都是国民党特务所为。对此，《大公报》表示极大的愤慨，认为这与民主背道而驰，是一种最卑鄙最可耻的行为。

在下关惨案中，《大公报》记者高集受重伤。惨案发生后的次日，即6月21日，《大公报》二版头条发表南京专电，报道了事件经过，并发表了题为"反对干涉，拥护民主"的"社评"，对国民政府进行了严厉批评。"社评"说："在政治的基本观念上，政府有一个原则错了。孙中山先生痛心中国人被骂为一盘散沙，提倡民族主义，推大了固有的家庭主义，倡言'组织即力量'，并为建国定下一个'训政时期'。这原则演绎到后来，组织变成特务，训政就是统制干涉，回到封建专制的路上去。欲以封建专制的形态，迎纳世界的民主思潮，不啻南辕而北辙。"文章在分析了政治方面与经济方面的"干涉"后说："一个原则错了，满脑子是'官'，又是管制，又是教训，这样把国家带上与人民对立的封建专制的死路去了。我们希望政府憣然悔悟，放弃干涉政策，尊重四万五千万的主人翁，给人民应有的自由，让民间生产发展，这样，才不致同归于尽！"①

7月18日，《大公报》发表题为"李公朴闻一多案感言"的"社评"说：

> 由于两氏之死，使我们发生无限的感慨。暗杀，是人类一种最卑鄙而可耻的行为。……李闻二氏，都是无拳无勇的文人，是平民老百姓，在某些人看来，或者轻于鸿毛，而遭如此凶死，其意义却有如泰山之重。假使两氏之死，是有政治背景，则前方兵争，后方暗杀，那岂不是国家大乱的象征？……当今的中国，就是怕乱，而偏偏到处是乱的象征，而且随时在开辟乱源。想想命运多蹇的中国，若不能摆脱掉这个"乱"字，那就太可忧可惧了！②

接收大员"大抢出手""五子登科"，人民遭受"胜利的灾难"，《大公报》警告国民党"莫失尽人心"；特务流氓"大打出手"，破坏民主，《大公报》感叹"命运多蹇的中国"，又将大乱临头了！

（三）全面内战中的记事与言论

尽管《大公报》在全国欢腾之际大声疾呼"切勿分裂""反对内战"，然而残酷的现实是国内战火又起，并且很快在全国范围内展开。一方面由于《大公

---

① 《社评·反对干涉，拥护民主》，《大公报》(沪版)1946年6月21日。
② 《社评·李公朴闻一多案感言》，《大公报》(渝版)1946年7月18日。

报"的领导人"反对内战,对军事消息的刊载因而采取消极态度,连个地图也轻易不登"①;另一方面由于他们陷入深深的烦闷之中,思想无出路,所以全面内战爆发后,《大公报》版面上基本上没有关于战局的内容。在烦闷中继续探求出路,是《大公报》在全面内战爆发后记事与言论的基本状况。

1."一个现实的梦"

虽然马歇尔宣布"调停"失败是在1946年8月10日,但是实际上,全国内战早已打起来了。对此,11月4日《大公报》沪版发表了王芸生写的题为"做一个现实的梦"的"社评",无奈地把现实中无法实现的东西寄托于梦中:

> (一)全国并无枪炮之声,全国人都过着和平的日子,绝无士兵或人民流血牺牲或转徙流亡。……(二)国民政府业已改组,毛泽东、周恩来、张君劢、曾琦、莫德惠等都在国府委员会席上与蒋主席、孙科、宋子文等环坐讨论国事了。行政院亦已改组,各党派都有人为部长,是一个举国一致内阁的规模。(三)根据整军方案,国军与共军多已整编,两个军队的痕迹虽然还没有完全泯灭,但是业已向"军队国家化"的理想跨了一大步,两相敌对的情绪差不多已完全消失。(四)五五宪草,早经政协小组修正完毕,其内容完全依照政协决议的原则而加以条理化。……中华民国从此产生了一部比较合于理想与现实的民主宪法。公布之后,全国翕然。(五)改组后的国民政府,一面在逐步做着整军的工作,同时根据宪法,在筹备普选。……大选完成,我们有了民选的大总统及议会,中国从此开始了宪政。(六)盟军共同作战的任务早已完成,中国境内无外国军队。(七)一年来的中国外交,独立自主,举世尊重。……(八)战后一年,法币已整理就绪,物价稳定,又兼各地丰收,粮价下跌,人民贫困大减,建设多在着手。……各地工商业多欣欣向荣,展望不远的将来,更是一片光明。②

这八点,可谓名副其实的梦想,在当时的中国是不可能实现的。人民希望和平,期盼安居乐业,而现实是内战在全国展开。12月11日,《大公报》沪版社评《国家的烦闷,人民的烦闷》直言不讳地道出了一连串的烦闷:"国民大会在议宪,半个中国在打仗。这一个对照,就给人以极大的烦闷。""今天事,大多数人民或对议宪不甚感觉兴趣;虽渴望和平安定,而亦无可奈何;甚至对打仗双方

---

① 胡政之:《在上海馆编辑部会议上的讲话》,《大公园地》1947年7月20日复刊第6期。
② 《社评·做一个现实的梦》,《大公报》(沪版)1946年11月4日。

无所爱憎,或只有憎,然亦无可奈何。就算打下去吧,何时打完? 是一大烦闷。打完了,国家能好吗? 又是一大烦闷。"文章对国民党:

> 国民党,是有光荣传统的党,是主政党。……国家搞不好,历史有责任,众人有责任,而主政近二十年的政府党自然也有责任。远的不说,胜利一年来,黄金时机几乎完全糟蹋。党派团结不扰来,尚非完全一党之责。而在国民政府治下,胜利的接收既大失人望,而一年来,财政日益麓,经济日益危,民生日益苦,政治也日益低效。法律条条无效,贪污无啥稀奇,事情一切难得办好。这成什么样子?……岂不烦闷煞人!①

2. 不满"国民大会"

召开国民大会,本来是重庆政治协商会议的决议,但是政协决议明文规定,国民大会应有各党派和社会贤达的代表参加,必须在政协各项协议付诸实施之后,在改组后的政府领导下才能召开。然而1946年10月11日,即国民党军队占领张家口的当天,蒋介石下令召开所谓"国民大会"。中共坚决反对国民党政府召开分裂的"国民大会"。民盟也坚决表示"不怕一切威胁利诱","决不参加一党国大"。许多无党派人士和国民党内部的民主派代表也纷纷拒绝参加"国大"。

如前所述,虽然胡政之出席了"国大"开幕式,但《大公报》对由国民党一手包办的"国民大会"是不赞成的,甚至是反感的。10月14日,《大公报》发表题为"为国民大会设想"的"社评",首先指出:"国军攻克了张家口,紧接着国府就颁布了国民大会召集令。这从政府方面看,是一个军事胜利紧接着一个政治僵局,这是很欠斟酌的。"接着说:"在政府方面,或者以为在这个军事优势下,则各党派容易就范,纵使各党派不来,则国大也照样召开,也能够到足开会人数。"然而如果真的"开一个差不多没有反对意见的国民大会。……那个国民大会的结果及其影响,是可想而知的"。文章最后说:"要开国民大会,一定要在和平环境团结气氛中开,否则,若一面打仗,全国分裂,一面开会,议制宪法,那实在是不可想象的事。为国民大会设想,就必须以和平协商开路,大开政治之门。"②这些意见是较为中肯的,但是蒋介石不纳民意、一意孤行,不顾中共和其他民主党派的坚决反对,坚持如期召开"国大"。《大公报》感到了时局的严

---

① 《社评·国家的烦闷,人民的烦闷》,《大公报》(沪版)1946年12月11日。
② 《社评·为国民大会设想》,《大公报》(沪版)1946年10月14日。

重性,于10月18日再次发表题为"时局关键千钧一发"的"社评",作最后的呼吁,"我们万分希望政府务要贯彻和平的本旨,坚决以政治解决;我们万分希望中共所争在民主原则,而不在斗气。……(在此关键时刻)必不可放弃和平到达民主的机会";"万分希望第三方面人士,依照人民的意思,本着国家的利益,努力斡旋,务使当前的危局转为祥和"。并指出:"目前关键,真如千钧一发,此线一断,国运民命将沉沦于万丈深渊!"①

然而政治家们并没有听从《大公报》书生们的"劝告",《大公报》书生们由此进一步陷入深深的苦闷中。"国民大会"前后,《大公报》同人即感到胡政之"情绪殊劣"。11月15日大会开幕的当日,《大公报》发表的一篇"社评"首先指出会议的"缺憾":"经过多少神经战,国民大会今天终于在南京开幕了。中共、民盟已声明决定不参加,在全体代表的成分中,虽有极少数的小党派及几个无党派的份子参加,然而无论如何,不是圆满而毫无缺憾的。"接着说出会议的"隐忧":"人民多少年来希望,由国民党的训政转到宪政,实现民主。现在开国民大会制宪,一俟宪法产生,即将举行普选,国民党还政于民,实施宪政了。当此重大时会,全国人民俱应欢欣鼓舞;然而,大家的情绪并不怎样兴奋,且不免怀着若干隐忧。就因为这个大会的基础并未打得坚固,而国家的统一民主,还不一定能够由这个大会获得。"文章最后提出两点"希望":"第一,国大开幕,应该不是和平告终,破裂完成。""第二,关于宪法的内容,政府曾经迭次声明决以政协决议的宪草原则为蓝本,现在还应设法由政协小组审议,一切不失政协原议的精神。"②这篇"社评"虽然含有对蒋政府的强烈不满,但是基本态度还是为之"补台"。然而蒋介石对这些"补台"意见熟视无睹,大会期间纵容右翼顽固分子在会上吵吵嚷嚷,反对政协决议的宪草原则,立法院少数右翼分子与之相呼应,大放厥词。对此,《大公报》于11月20日发表文章《一个可怕的观念》予以驳斥:

> 国民党内部有不甘容纳政协宪草原则的表露,立法院中也大有难色。立法院审议宪草曾发生大激辩,某立法委员更讲出"相信我们的主义,才能做我们的国民"的话。这话严重极了,这话就代表着一个很为可怕的观念。由此观念出发并发展,那就注定了一党力图独霸,而国家终于破裂。

---

① 《社评·时局关键千钧一发》,《大公报》(沪版)1946年10月18日。
② 《社评·国民大会开幕,特致两点希望》,《大公报》(沪版)1946年11月15日。

"相信我们的主义,才能做我们的国民"。这样,同面貌同内心的一群结合成一个国家了;那么,那些不相信"我们"的主义、不能做"我们"的国民的那大群"他们"怎么样呢?岂不就被拒于"我们"一群的国家之外,而势所必至,使那大群"他们"而另成一个或数个国家了吗?国家岂不就由此观念而碎裂了吗?①

这篇"社评"写得很有力度,切中国民党顽固派的要害,暴露了蒋介石国民党口头上讲民主、实际上行专制的两面派嘴脸。

11月25日,大会按照蒋介石的意思通过了《中华民国宪法》,随即宣布闭会。这部宪法虽然抄袭了欧美资产阶级宪法中一些"自由""平等"条款,并糅合了一些政协宪草决议的词句,但实质上仍是《五五宪草》的翻版,完全违背了宪政原则的基本要求。《大公报》12月26日发表题为"国民大会闭幕了"的"社评",对"蒋记宪法"进行批评:"这部宪法的最大缺点,还不在它的本身,而是这次的制宪国大缺少了一个和平团结的规模。一个主要党派未参加,而半个中国还在打着内战,因此大大减损了这部宪法的尊严性。"②"一个主要的党派"自然是指共产党。《大公报》认为共产党未参加,是国民大会和宪法最大的缺点,这进一步说明,该报已经明确认识到共产党当时在国家政治生活中占有举足轻重的地位。

3. 声援"第二条战线"

所谓"第二条战线"是解放战争时期出现的学潮。毛泽东1947年5月30日为新华社写的评论《蒋介石政府已处在全民的包围中》中说:"中国境内已有了两条战线。蒋介石进犯军和人民解放军的战争,这是第一条战线。现在又出现了第二条战线,这就是伟大的正义的学生运动和蒋介石反动政府之间的尖锐斗争。"③"第二条战线"随着人民解放战争的发展而形成,与第一条战线一样,给国民党政府以沉重打击。《大公报》旗帜鲜明地支持"第二条战线"的斗争。

1946年12月底到1947年1月初,北平、天津、上海、南京等十几个大城市的五十万学生相继举行罢课和游行示威,抗议美国士兵强奸北京大学女生沈

---

① 《社评·一个可怕的观念》,《大公报》(沪版)1946年11月20日。
② 《社评·国民大会闭幕了》,《大公报》(沪版)1946年12月26日。
③ 毛泽东:《蒋介石政府已处在全民的包围中》,《毛泽东选集》第四卷,人民出版社1991年版,第1224—1225页。

崇的无耻暴行,要求美军撤出中国。但是,国民党的报纸及一些"御用报纸"纷纷为美国士兵开脱,有的甚至丧尽天良地向沈崇泼污水,还说学生们的示威活动是"小题大做"。《大公报》不仅及时报道了学生们的抗议示威活动,而且连续发表"短评""社评"表示声援。12月30日的"短评"《抗议美兵暴行》说:"北平美兵对女生暴行事件,只有大学生起来抗议,这说明一般社会的沉默。然而世间本来也有沉默的抗议。至于学生,血是热的,其动机也是单纯的。几个大学今日罢课一天表示抗议,这也是热血沸腾的证明。"并指出:"仿佛有人说学生们是小题大做。其实未必有人希望学生们一定'大做',然而也切莫就认定这类暴行是'小题'。"①如果说这篇"短评"仅仅只是就事论事的话,那么1947年1月6日的"社评"《从学生的抗议示威说起》则将问题展开来说:"因为在北平发生了美兵强奸北大一女生的事件,惹起了全国学生的怒火。北平、天津、上海、南京各地的学生相继罢课游行示威,以抗议美兵这一暴行,一致喊出'撤退美军'的要求。"并说:"美兵这种行为,是暴行,是犯罪的,必须加以惩处;各地学生激于义愤,起而抗议,是应该的。把这两点连起来看,我们就会感觉到这不是一件偶然发生的小事,其中实在包含着当前中国的一个大问题。一个美兵的犯罪行为,虽然可以解释为偶然的事件,学生们纷纷游行示威,也有人认为是小题大做了;但若听听青年大群要求撤退美军的呼喊,自然就会感到这不是一个小问题了。"②这表明《大公报》对学生反美运动,不仅仅是同情,更有着推波助澜之意。

　　1947年5月,全国爆发"反饥饿、反内战、反迫害"的学生运动。对这样的学生运动,《大公报》亦十分关心。当时王芸生正在平津,他多次到平津各高校演讲,客观上对学生运动也是一种鼓励。《大公报》津版对学生运动亦作了详细报道,从其标题就可见编辑的心情。如5月19日要闻版消息:"恍如'五四'重演,北平学生校外宣传被打,十余校昨成立后援会,向行辕抗议并慰问受伤学生,今后一切行动由后援会决定。"将眼前学生运动与"五四"并提,突出其爱国性;爱国学生被打,则说明了当局的反动性。20日,国民党政府出动军警,同时在南京、平津殴打、逮捕学生,造成"五二〇血案"。当日《大公报》津版要闻版几乎一整版报道全国各地学生运动,其中一则"本报讯"的题目为"今日学运

---

① 《短评·抗议美兵暴行》,《大公报》(渝版)1946年12月30日。
② 《社评·从学生的抗议示威说起》,《大公报》(沪版)1947年1月6日。

无异'五四'",报道了北大校长胡适在行辕的讲话,称现在学生运动和"五四"运动面对的事实是一样的,有些事情不但青年人不满意,就是我们中年人也是不满意的。比如在现在这样逮捕人,实在令人感到很遗憾。次日《大公报》津版发表题为"演变中的学潮"的"社评",说学生"争民主,争和平,已如日月经天,江河行地,成为全国人民普遍的呼声",并希望政府"首须理解学生,须尊重学生的立场,持大体,尚容忍,而无取乎任何方式的干涉或压迫。因为干涉压迫的结果,只有使学潮激荡横决,以至不可收拾"①。第三版整版都是报道平津和南京的流血事件。同日沪版发表"短评"《南京的不幸事件》,指出"五二〇血案"完全是蒋介石及国民党政府蓄意镇压所为,是"南京警察为着执行命令,禁阻学生游行,发生了不幸事件"②。

5月22日,《大公报》津版在第三版发表王芸生的署名文章《我看学潮》,公开表示同情与支持学生。王芸生说:"由京沪抢米到平津学潮,使人人可以觉到我们的社会的动荡与不安。在这时,青年学生发出'反内战,反饥饿'的吼声,这不单是青年学生的要求,实是全国善良人民的共同呼声。"并进一步记述道:"十八日中午,我在太庙对北平同业谈新闻写作,有一位青年军官旁听,会后他问我:'对最近学潮有何感想?'我答复一句话:'我同情。'我何以同情学生呢? 因为我还保持着一颗青年的心,我还能理解青年。今天的中国青年,是被威严的烦闷围困着。他们首先为国家烦闷,胜利后的中国为什么要在连绵不休的内战中趋于毁灭? 其次他们为自己烦闷。……毕业即失业,前途茫茫,漆黑一片,竟无出路。再其次,他们再看看他的家乡以及社会大群,兵荒困苦,大家不得聊生,这更使他们烦闷。在这个时代大现实之下,青年们发出'反内战,反饥饿'的吼声,悲悯痛苦,兼而有之,我怎能不同情他们?"③王芸生的态度是鲜明的。

为了限制学生运动,国民党政府教育部于1947年12月特别修改了《学生自治会规则》。12月16日,《大公报》津版发表了李纯青写的题为"何必防闲学生活动?"的"社评",对此提出了批评:"通观这套规则,全文精神所注,显然以防闲今天的学生运动为其中心意旨。由这里似乎不难测知当局干涉

---

① 《社评·演变中的学潮》,《大公报》(津版)1947年5月21日。
② 《短评·南京的不幸事件》,《大公报》(沪版)1947年5月20日。
③ 王芸生:《我看学潮》,《大公报》(津版)1947年5月22日。

学生活动乃至统制全盘教育的风向气候了。"①29日,《大公报》沪版转载了这篇"社评"。

1948年5—6月,上海学生界掀起"反美抗日"运动的高潮,将内政问题转化为外交问题,《大公报》更是明言支持。由此,《中央日报》掀起前述"三查王芸生运动"。《中央日报》几次向《大公报》发难、向王芸生开火,从反面说明了《大公报》和王芸生在声援"第二条战线"、同情爱国学生运动的行动中,其思想于烦闷中已经开始有了某些新的变化,并产生了巨大影响。

4. 倡导"第三条道路"

报刊中大量出现宣传"第三条道路"(又称"中间路线""自由主义""改良主义"等)的内容是解放战争时期国统区报界一个非常引人注目的现象。这些宣传"第三条道路"的报刊以1947年底为界,前后有一个变化:1947年底以前主要是以民盟为代表的一些民主党派主办的报刊,宣传一种除国民党、共产党之外的政治主张,这种主张反映了民族资产阶级和上层小资产阶级的思想倾向。持这种政治主张的人,向往英美国家的议会政治,既不满意国民党的专制统治,又不希望中国在共产党领导下实行人民民主专政。然而1947年10月,国民党政府宣布中国民主同盟为"非法"团体,使"第三条道路"的主张成为泡影。当国民党在军事上遭到惨败、人民解放军转入反攻之后,宣传"第三条道路"的报刊又日益增多,情况也变得复杂起来:其中除前一阶段的主张外,还有些以鼓吹"第三条道路"为幌子,企图挽救蒋介石国民党统治行将覆灭的命运,有些则反映了美国对蒋介石政府的失望,企图扶植资产阶级自由主义者组成新的政党取而代之。

就其政治主张和思想体系来看,《大公报》基本上属于前一阶段的情况。从1928年元旦发表《岁首之辞》到1946年11月4日刊登《做了一个现实的梦》,《大公报》一直把西方自由资产阶级民主宪政作为自己的政治理想,只是从来没有打出"第三条道路"或者"中间路线"的旗号。解放战争时期,随着宣传"第三条道路"报刊的出现,《大公报》上也曾几次出现过类似的文章,据当时的社评委员李纯青讲:"(抗战胜利后)《大公报》曾想走中间路线。这只是几个人,在一段时间内,发表过一些文章,并没有占据《大公报》的主张。思想概念上也有点模糊——或者叫自由主义,或者叫改良主义,在这个人身

---

① 《社评·何必防闲学生活动?》,《大公报》(津版)1947年12月16日。

上是受美国宣传民主个人主义的影响，在另一个人身上，又偏爱着英国工党路线。"①李纯青所谓的这"另一个人"，当是指萧乾。

1946年夏天，《大公报》驻英特派员萧乾回到上海，任社评委员，负责撰写国际方面的社评。萧乾在英伦生活近七年之久，一踏上祖国的大地，面对的是熄而又起的内战战火，"当时真有些像是坠入五里雾中"②。思想正茫然的王芸生与萧乾长谈后，嘱他结合旅英见闻撰一篇"社评"。于是出自萧乾手笔的《英国工党执政一年》，便以"社评"形式出现在8月28日的《大公报》沪版上，成为《大公报》宣扬改良主义道路的先声。英国工党在"二战"结束前后取代保守党上台执政，萧乾的文章认为，工党的改良主义使英国避免了"赤化"，还说由于英国"工党执政一年"的影响，欧洲人纷纷偏爱缓进的改良主义，而保守派与共产派两极端都受到人民的拒绝。文章还主张把英国工党的改良主义搬到亚洲和中国来③。

10月1日，《大公报》沪版又发表一篇题为"世界需要中道而行"的"社评"，宣传"中间道路"。文章在叙说了战后的世界是两极对抗、苏美冲突、人类随时处于战争的威胁之中后说："我们相信美苏矛盾有一条中道可走、应走。"何谓"中道"？文章说：

> 由人类的欲望想，每个人对政治所要求的不外一张选举票，一碗饭。美国给人民一张选举票，苏联给人民一碗饭，聪明的人类应该选择美苏的中道，有票且有饭。就是说，给一张空虚的选举票，人不会满足；单给一碗饭，人也不会满足。理想社会须兼有美苏之长。美苏以外的国家及其人民，都希望如此。我们认为这是中道。

文章希望中国做"中间国家"，既不做美国的"卫星"，也不做苏联的"附庸"，选择"中道而行"④。

1947年底至1948年初，王芸生遭《新华日报》和《中央日报》夹击而无所适从。重庆《新华日报》斥他为"法西斯的帮凶"，南京《中央日报》则骂他是"《新华日报》的应声虫"。左右为难的王芸生决定打出"自由主义"的旗帜，

---

① 李纯青：《战后〈大公报〉见闻》，《笔耕五十年》，生活·读书·新知三联书店1994年版，第523—539页。
② 鲍霁编：《萧乾研究资料》，北京十月文艺出版社1988年版，第199页。
③ 《社评·英国工党执政一年》，《大公报》（沪版）1946年8月28日。
④ 《社评·世界需要中道而行》，《大公报》（沪版）1946年10月1日。

鼓吹"中道而行",指派萧乾执笔,起草了一篇自由主义宣言式的"社评"。于是有了 1948 年 1 月 8 日《大公报》上《自由主义者的信念——辟妥协·骑墙·中间路线》这一长篇"社评"的发表。

这篇"社评"洋洋四千余言,对自由主义作了详细解说:自由主义就是"夹于左右红白之间有一簇难以分类的人物","其主张不趋极端,所以既没有口号标语吸引群众,连其本身也没有组织",即人们所谓的"中间路线",但又不是"妥协,骑墙"。文章详细论述了自由主义的五点基本信念:(一)"政治自由与经济平等并重的";(二)"相信理性与公平,也即是反对意气、霸气与武器";(三)"以大多数的幸福为前提";(四)"赞成民主的多党竞争制,也即是反对任何一党专政";(五)"认为任何革命必须与改造并驾齐驱"①。

王芸生事后说,打出"自由主义"旗号,只是他在受到共产党斥责和国民党诟骂后,思想苦闷之时所采取的一种寻求排解的"精神胜利法"而已。但是马歇尔和司徒雷登则十分认真地把《大公报》及其总经理胡政之纳入"中国的民主个人主义"之列进行拉拢。据李侠文回忆,在胡政之赴香港恢复《大公报》港版之前来到南京,急于物色"民主个人主义"者来取代蒋介石独裁统治的司徒雷登还郑重其事地派秘书傅泾波来访,说"准备了洋房汽车招待他,并试探他是否有意出任行政院长。他谢绝了司徒雷登的接待,自己跑回《大公报》驻南京办事处去睡帆布床"②。

(四)国共决战时期的记事与言论

由于内战形势所致,《大公报》各馆之间彼此失去联络,因而总管理处对各分馆不能进行言论方针的指导。港版于 1948 年 11 月 10 日宣布"改性";继之津版于 1949 年 1 月 16 日停刊,不久换名《进步日报》出版;再继之 6 月 17 日沪版宣言新生;9 月 18 日,渝馆被国民党西南长官公署"温和接管"。各版言论立场差别较大,又加之主持言论方针的总编辑王芸生 1948 年 11 月 5 日离开上海总馆后,思想变化很大,且无固定住所,所以在国共决战时期,《大公报》没有以前那样比较统一的报道方针与言论方针。

依照《大公报》总编辑所在版的言论为报纸言论的惯例,看王芸生这一年

---

① 《社评·自由主义者的信念——辟妥协·骑墙·中间路线》,《大公报》(沪版)1948 年 1 月 8 日。
② 李侠文:《我所认识的胡政之先生》,查良镛等:《胡政之:一笔一天下,一报一世界》,第 218 页。

中从上海到香港,从香港至北平,从北平又返回上海的言论,可以明显地感觉到一个中心思想,就是弃旧迎新。

1. "把可诅咒的旧东西甩掉"

什么是"可诅咒的旧东西"?在此时的《大公报》和王芸生看来,眼前最可诅咒的"旧东西"莫过于蒋介石国民党这个曾经的"国家中心"。

1948年11月10日,《大公报》港版发表王芸生写的"社评"《和平无望》后,便发生了质变。自此至1949年2月,港版笔政在王芸生亲自主持下发表了一连串文章,抨击国民党昏聩无能的统治。

随着国民党军事失败和政治破产,国统区的经济也陷入总崩溃的绝境。由于党、政、军费用支出急剧增加,即便横征暴敛也入不敷出。工业倒闭,农村破产,生产停顿,国民党政府为了弥补赤字,只得无限制地印发钞票。空前的通货膨胀引起币值猛贬、物价暴涨、民不聊生。1948年7月,一美元值法币六百四十三万余元,一百元法币只能买五百分之一两大米。对此,美联社一度评论称中国的法币现在是世界上最不值钱的纸币。有鉴于此,国民党政府于1948年8月19日宣布实行"币制改革",即以金圆券换法币。其中第一条规定:发行二十亿"金圆券"作为本位币,限期以金圆券一比法币三百万比例收兑法币。其实,金圆券与法币一样,并没有任何金属货币作准备,所谓以金圆券换法币,实际上是以一种纸票兑换另一种纸票而已。由于国统区日益缩小和财政来源更加枯竭,金圆券的币值急剧下跌,国民党这项"平抑物价"的措施很快破产。

11月11日,《大公报》港版发表王芸生写的题为"这是通货膨胀的恶果"的"社评"说:"坏局面一天天的加甚严重了。京沪小民抢米风潮的蔓延,是在说明这坏局面的严重。……一种局面,迫得小民拿出最不得已的求生力量去拼命抢米,可说是不能再坏了。"何以至此?文章明确道:"这是通货膨胀的结果。"并进一步指出:"法币本已膨胀了十年,人民业已困苦不堪;到法币改为金圆券,据说二亿金圆即等于全部的旧法币,现在的发行大概已经足了二十亿圆的定额。金圆券出世才只两个多月,较比旧法币就膨胀了十倍,当然要出现严重的后果。"①

11月13日,港版再次发表王芸生写的题为"政府宣告金圆券贬值"的"社评",为国民党的币制改革"送终":"币制改革之初,原定金圆券最高发行额为

---

① 《社评·这是通货膨胀的恶果》,《大公报》(港版)1948年11月11日。

二十亿元,不得超过。现在才短短不足三个月,二十亿即已发足,就是比旧法币已膨胀了十倍,此刻行政院公布的《修正金圆券发行办法》中已经没有了发行最高额的限制。这就是说,金圆券要在二十亿以上继续增发了。中国的膨胀浩劫仍要继续扩大,人民的生活更要困苦,更要不安定。"[①]

国民党政府这次"平抑物价"措施的破产,暴露了它的官吏腐败已到了无可收拾的地步。如此重大的经济举措,实施前竟有泄密的蛛丝马迹,有的政府官员由于职务便利事先知道政府将要实行"币制改革",便抢先抛售股票获取暴利。早在8月21日,《大公报》沪馆记者季崇威就在报上揭露了南京某官员于19日上午匆忙由南京赶到上海抛售永安纺织印染公司三千万股,获取暴利四千五百亿元的丑闻,掀起了一股不大不小的风波:蒋经国奉国民政府行政院之命,赴上海执行经济管制任务,开展"打虎"行动。财政部秘书陶启明被枪毙,上海工商界巨子荣鸿元等六十四人被拘捕,上海警备司令部课长张亚民、第六稽查大队队长戚再玉被处决。但是追查到孔祥熙的大公子孔令侃经营的扬子公司时,"打虎"行动就搁浅了。"只打苍蝇,不打老虎",腐败之风必难刹住,政权危机势在不保。

至1948年底中国人民解放军陆续发起"三大战役"之后,国民党政权的垮台已成定局。在内外交困、压力重重的情况下,1949年1月21日蒋介石无可奈何地以"因故不能视事"的名义宣告"引退",由副总统李宗仁代理总统。蒋介石用"引退"一词而非"去职"或"辞职",接替他职务的李宗仁仍用"代总统"的名义,这表明他人虽离开了南京,但仍然可以统驭南京政府的军政,并且随时可以"复出"。对此,《大公报》港版于1949年1月22日发表王芸生写的题为"蒋宣告引退"的"社评","谨以人民舆论的立场"发表了两点"切要的主张":"第一,蒋既宣告引退……应该是下野,不是且战且退的转移阵地。因此,为了国家,为了人民,也为蒋氏个人,他这次的走应该是斩钉截铁的走,无论今后如何演变,不必再管国事,以免横生枝节。"这是要求蒋介石彻底地"退",不要耍以"退"为进的阴谋,更不能只是将指挥中心由南京转移到奉化溪口而已。"第二,……李宗仁所代理的南京政府,应该立即迅速做到下列三件事:(一)下令所有前方国军立即无条件停战。(二)下令中央政府及各地方政府,停止一切战争施政及战斗行为,妥善维持地方秩序,妥善照料人民生活。(三)通告中

[①]《社评·政府宣告金圆券贬值》,《大公报》(港版)1948年11月13日。

共,接受本月十四日毛泽东宣布的八项和平条件,谈判和平。"文章最后说:"李宗仁氏暨孙科内阁应该了然,当前的事势,已到了国民党结束其政权之时。"①这实际上是敦促李宗仁、孙科向中共投降。

为了进一步使一些中间势力认清蒋介石之流的面目,王芸生还以"旧闻记者"之名在港版的"旧闻新谈"专栏发表系列文章,予以揭露。

如1月25日发表的《蒋介石的襟度》,还蒋以独裁者真面目。文章写道:"蒋介石这个人,今后的归宿虽还有些尾声,而其为人已大致可以论定了。蒋的襟度是:刚愎自用,唯我独尊,反民主,反自由,并且嫉视人民。"接着列举"近十年来,若干旧闻"以资证明:

> 一九四三年九月,国民党的十一中全会决议了一张支票:"抗战胜利一年之后,实施宪政",于是谈论宪政的议论风起云涌,民主人士的座谈会常在举行,呼民主要自由的声音洋洋盈耳,蒋甚厌之。陈布雷与"旧闻记者"谈起此事,说:"委座对所谓民主人士们的起哄很讨厌,近来火气更大,今天委座提到此事,忽然一拍胸膛说:什么民主,什么自由,没有我姓蒋的,中华民国要成什么样子?"我听了大为咋舌,这不就是曹孟德所说的"天下无孤,不知几人称帝称王"的话吗?这不但反民主,反自由,唯我独尊,简直就是"朕即国家"了。

为了说明蒋氏"刚愎自用",王芸生联系到1942年《大公报》因报道河南大旱灾所受到的迫害,写道:"蒋这样的无视民命,除了刚愎任性之外,还有一个'嫉视人民'的观念深潜心底。"说蒋介石连"抗战须依赖广大人民"这样的话都反感,"厌听带有'人民'名词的话语,厌看印有'人民'字样的报纸"。文章最后说:"他越是反民主,反自由,嫉视人民,结果他就失败在要民主争自由的人民手上!"②

2. "迎接新的光明"

随着共产党与国民党、新与旧、光明与黑暗的决斗胜负已成定局,《大公报》和王芸生弃旧迎新的态度也愈加鲜明。1949年元旦,《大公报》港版发表王芸生写的题为"展望中华民国三十八年"的"社评",这是一篇典型的弃旧迎新的文章,对"弃旧"和"迎新"做了进一步的解释。文章首先说:"今天东方一亮,

---

① 《社评·蒋宣告引退》,《大公报》(港版)1949年1月22日。
② 旧闻记者:《旧闻新谈·蒋介石的襟度》,《大公报》(港版)1949年1月25日。

中华民国卅八年就来到了,卅七年就过去了。这来到的是新的到来,那过去的是旧的过去。新的应该发荣滋长,旧的应该是永远的过去。那过去的是战争的痛苦,人民的魔难,是八年抗战三年内战的战争痛苦,两千多年专制封主高压下的人民魔难。这到来的应该是和平、民主、自由、平等、进步与繁荣的新中国。"经过八年抗战、三年内战之后,"现在,大势了然了:一贯作威作福的,到了末日;一向贪婪腐败的,终于没落而沉沦;从来顽固凶暴的,业已中心忐忑,不知所措;一生只知唯我独尊奴役众人的,已然众叛亲离,颓然即倒。"现在"应该是彻底结束旧的,划然开创新的"。并强调说:"这所谓旧的,不仅是眼前的,更应该是两千多年以来的中国封建传统。"因为中国的封建传统太根深蒂固了,"所谓'民国',就未曾真正尊重过人民,更不必说由人民来做国家的主人。……谁爬到统治者的高位子上,谁就是专制封主"。因此,结束旧的,就是要发动人民,挥动利斧巨锄,将封建传统"砍倒掘净"。王芸生最后说:"中华民国卅七年业已过去了,一切可诅咒的旧东西都应该把它甩掉;中华民国卅八年业已到来,我们要迎接一切新的光明。"并说:"新的统治应该不折不扣的是属于人民的了。"①

1949年5月27日,王芸生回到解放后的上海。走时一介书生,回时一身戎装。两旬之后,《大公报》沪版发表了王芸生写的《〈大公报〉新生宣言》,表明《大公报》从此获得新生,为人民所有。新生之后的《大公报》更是为迎接新中国的诞生而摇旗呐喊。

三、有关外交的记事与言论

（一）加入世界反法西斯同盟的记事与言论

1. 支持对德、意、日宣战

1941年12月7日日军偷袭珍珠港,拉开了太平洋战争的战幕。12月8日,美、英对日宣战。当天,与日本交战已经四年半之久的中国国民政府随美、英之后,决定立即对德、意宣战。从此,中国抗日战争与世界反法西斯战争融为一体,成为其重要组成部分。这种局面是《大公报》盼望已久的,故在美、英

---

① 《社评·展望中华民国三十八年》,《大公报》(港版)1949年1月1日。

宣布对日作战的次日,《大公报》便做出强烈反应：12月9日,《大公报》要闻版头条报道:"暴日对英美宣战,太平洋大战爆发,英美昨日立即宣布应战。我国决定对日宣战,蒋委员长电美英苏当局。"当日还发表题为"太平洋大战爆发,暴日走上切腹之路"的"社评"指出:"从此全世界的主要国家皆成交战国家,形成真正的世界大战。"并强调:"当此关头,中、英、美、苏、荷等反侵略国家应一致对德、意、日宣战,以争取反侵略国家的一致胜利。中国自然应对日德意宣战;美国于对日作战之时,纳粹一定在大西洋方面寻衅,所以不能疏忽对德意的防备;至于苏联,也不要单认德国为敌人,要知道暴日更是敌人,所以苏联也必须迅速对日本宣战。"最后,文章重申:"我们以中国舆论的立场,对于英美政府及人民这种坚持正义不避任何危险的光明行为,愿表示衷诚的敬佩,因此我们要求国民政府速决大计,与日、德、意三侵略国宣战。"①

12月9日,中国政府发布对日意德宣战的布告。10日《大公报》要闻版头条报道该消息:"日本军阀夙以征服亚洲并独霸太平洋为其国策,数年以来,中国不顾一切牺牲,继续抗战,其目的不仅所以为保卫中国之独立生存,实欲打破日本之侵略野心……维护世界和平。……残暴成性之日本,执迷不悟,且更悍然向我英美诸友邦开衅,扩大其战争侵略行动,甘为破坏全人类和平与正义之戎首,逞其侵略无厌之野心。举凡尊重信义之国家,咸属忍无可忍,兹特正式对日意德宣战,昭告中外。"同日发表"社评"《太平洋大战与中国》说,我们国民政府业于昨天对日德意三侵略国宣战。在太平洋大战爆发的今日,全世界主要国家皆卷入战争漩涡,天然就是反侵略国家打成一片而共同作战之时。中国决心同世界反侵略国家"结成一体""打成一片而作共同作战",争取反侵略战争的最后胜利②。

12月10日,蒋介石发表告全国同胞书,号召"吾全国同胞自今伊始,更须紧张严肃,各竭其能,各尽其责,共作最大最后之奋斗"③。11日,《大公报》对此予以肯定性报道:"蒋委员长激励军民：我国将与英美苏并肩作战,奋发苦斗,消灭人类之蟊贼。"还刊登"中央社"专电:"罗斯福总统演说,美国必胜;痛斥暴日之奸诈丑行,并称德意已认为对美作战。"当日,《大公报》发表题为"太平洋战展望"的"社评"分析说:

---

① 《社评·太平洋大战爆发,暴日走上切腹之路》,《大公报》(渝版)1941年12月9日。
② 《社评·太平洋大战与中国》,《大公报》(渝版)1941年12月10日。
③ 转引自秦英君主编:《中国现代史简编》,第343页。

> 现在的日本攻势,已可看出它的战略要点。它深入重洋,去攻击夏威夷,是要使美国感觉敌人已打到国门,急于作守势的防御,而不把大舰队西调。这样它把美国舰队牵制在夏威夷以东,以便它全力争夺新加坡。……美国不要为日本的佯攻所迷,要以赴援新加坡为第一要义,美国的大舰队应该直接进攻日本本部,乃是救新加坡并制胜全局的要着。①

为了有效地开展世界反法西斯战争,蒋介石于 1941 年 12 月 9 日正式宣布对日作战的同时,致电美、英、苏三国首脑,建议立即在反轴心各国间组织某种联合军事会议并得到罗斯福的赞同。1942 年 1 月 1 日,中、美、英、苏等二十六国在华盛顿签署《联合国家共同宣言》,表示赞成《大西洋宪章》②所包含原则;各签字国保证使用其全部军事与经济资源,对德、意、日及其附从国作战到底,决不单独与敌国缔结停战协定或和约。中国作为世界反法西斯同盟四个领衔国之一签署该宣言,开创了中国外交的新局面。对此,《大公报》给予了高度重视,于 1 月 4 日在要闻版头条报道:"反侵略国共同宣言:美英苏中荷等二十六国签订,赞同罗丘宣言,消灭兽性武力,每一政府竭力对抗与之作战之敌,与签字国合作并不与敌国单独媾和。"次日又发表"社评"对此予以高度评价:"这个宣言的内容虽只简单两条,而意义却异常重大,实际就是一个反侵略大同盟。"并说:"我们早就主持一点,认为所谓反共轴心或三国同盟是一伙侵略强盗,主张反侵略国家站在一条战线上共同抵抗侵略。""世界大势,壁垒分明,反侵略国家已建立了共患难同生死的关系,今后就只有共同奋斗,以争必胜。"③

2. 高度评价中国战区成立

为了使中国能继续有效地拖住日本在华的大量军队,减轻美英在太平洋和东南亚地区的军事压力,以达到最后击败暴日之目的,《共同宣言》签字后,由美国总统罗斯福提议、中国国民政府军事委员会委员长蒋介石同意,正式成立盟军,成立中国战区。1942 年 1 月 3 日,中国战区正式建立,区域包括中国及盟国军队可以到达之越南及泰国国境。蒋介石任战区最高统帅,美国中将

---

① 《社评·太平洋战展望》,《大公报》(渝版)1941 年 12 月 11 日。
② 《大西洋宪章》即 1941 年 8 月 14 日美国罗斯福总统和英国首相丘吉尔会谈后所发表的文件。其主要内容有:不扩张领土和使用武力,尊重各民族的权利,促进各国经济合作,保障国际和平与安全。《大西洋宪章》奠定了不久后建立的世界反法西斯同盟的基础。
③ 《社评·反侵略同盟与中国》,《大公报》(渝版)1942 年 1 月 5 日。

史迪威任参谋长。对此,《大公报》兴奋不已,1月5日要闻版在"盟军东线布署"标题下报道称:"反轴心国之第一最高区域统帅部及西南太平洋区之统帅部业已组成。魏菲尔上将任西南太平洋区域陆海空军总司令,勃勒特少将副之。至于中国战区(包括越南、泰国及将来可为同盟国所控制之区域)之陆海空军最高统帅,则推由蒋委员长担任。"同日还发表"社评"说,从今往后,"我们已经正式踏上世界政治舞台,今后世界战时与战后的大大小小问题我们都得参加"。如果"参加得力",有可能"一跃而为列强之一员"。当然,《大公报》人的头脑是冷静的、清醒的,同时说中国"一跃而为列强之一员"的前提,是参与世界诸事"得力",否则"将永远做一个三四等国家",并且严肃提醒朝野,对此"应该以极大的警惕,做今后的努力"①。

(1) 有关蒋介石访印的记事与言论

蒋介石就任中国战区最高长官后所做的第一件大事就是访问印度以协调远东防务,并与英国驻印度总督和英军总司令魏菲尔讨论对日防御以保障援华物资的供应和交通畅通等问题,同时调解英国殖民当局与以甘地和尼赫鲁为首的争取印度民族独立的力量之间的矛盾,以使英国能够把印度的人力、物力和财力充分调动起来,全力抗击日本侵略。

蒋介石和夫人宋美龄1942年2月9日抵达新德里,对蒋的印度之行,《大公报》评价甚高:

> 中国最高统帅蒋委员长本月九日到了新德里,去访问亚洲第二大族的印度。这一消息,俨若一声春雷,震惊了大地。……蒋委员长是四万五千万中华民族的领袖,千万抗战大军的统帅,现当太平洋战局紧张之时,抽万几之暇,移泰岳之重,去远访印度,自然有极重大的意义。……我们相信,蒋委员长访印之行,在中英印军事合作上一定要产生决定的作用与重大的结果。②

21日,蒋介石结束在印度的访问,离印前发表《告印民书》。据《大公报》报道,蒋介石希望"中印两国应同为人类自由努力。目前世局中无中立旁观之可能。深信英国将予印人以政治实权"③。

---

① 《社评·反侵略同盟与中国》,《大公报》(渝版)1942年1月5日。
② 《社评·由蒋委员长印度之行瞻望今后的亚洲大局》,《大公报》(渝版)1942年2月14日。
③ 《蒋委员长告印民书》,《大公报》(渝版)1942年2月23日。

（2）有关中国远征军的记事与言论

1942年1月，中国国民政府应英国政府的请求，并为保证滇缅公路的畅通，根据《中英共同防御滇缅路协定》编成了"中国赴缅远征军"，由罗卓英、杜聿明任正、副司令官，于蒋介石访印之后挥戈赴缅抗日。对于中国远征军在缅甸作战的情况，《大公报》极为重视，为了及时报道战况，专派记者进入缅甸、印度和新加坡，不仅随时刊登消息和通讯以报道战况，而且根据战争进展情况及时发表"短评"或者"社评"。

早在1月初，中国军事委员会发言人在记者会上宣布中国军队为协助盟军作战，将奉命入缅时，《大公报》便发表"短评"《国军入缅》说："太平洋战事爆发后，我军先策应港九英军作战，现又开入缅甸，准备与英军并肩御敌，说明中英军事合作计划已在逐步实施，也就是同盟国的军事合作益加密切。……国军正式出国作战，此为首次。"①3月，刚刚进入缅甸的中国第五军第二〇〇师在同古伏击日军，旗开得胜。《大公报》于3月22日发表"短评"，对"我军扬威缅前线"，重创日军、初战告捷的事迹予以赞扬："我入缅大军出现西汤河前线，展开缅甸战事之新页，不胜欣慰。入缅我军原止于缅甸东北部，现得南开，策应盟军，任务虽然加重，但这是我们所朝夕企盼的，正恨其实现之不早。"②4月中旬，远征军新三十八师激战两昼夜击溃日军，克复仁安羌，解英军于重围之中，取得辉煌战绩。4月22日，《大公报》特发表题为"欣闻入缅国军之捷报"的"社评"说："我们听了这个消息，真是无限的喜慰。"并认为此次胜利使缅甸的战局"峰回路转，气象一新"③。然而4月29日战势急转直下，日军占领腊戍，切断远征军后路，接着连陷缅北重镇八莫、密支那，远征军陷入险境。对此，《大公报》于5月1日发表题为"缅甸战局与罗斯福演说"的"社评"批评道："这种严重情势的演成，也无须讳言，是中英军力都相当单薄。缅甸是英国的属领，英军之单薄，一由于继马来与缅南的败退，士气较差，二由于'西线第一'的观念作祟，未能及时增援。"文章还顺便"敲打"罗斯福，希望他赶紧兑现援助中国的诺言：罗斯福总统曾说"不论日军有何进展，余可向中国英勇之人民进言，必有方法，以飞机军火接济蒋委员长统率之部队，俾克在此次战争中与侵略者相抗衡"。"社评"说："我们绝对信赖罗斯福总统这句话，希望相当强大的空军

---

① 《短评·国军入缅》，《大公报》（渝版）1942年1月3日。
② 《短评·我军杀敌缅南》，《大公报》（渝版）1942年3月22日。
③ 《社评·欣闻入缅国军之捷报》，《大公报》（渝版）1942年4月22日。

赶快飞到滇缅路之间,还赶得及转折缅甸的战局。"①

虽然因种种原因,中国第一次赴缅抗日远征军最终以失利告终,但是它在世界反侵略战史上都是可圈可点的。远征军司令官罗卓英取道印度于6月23日归抵重庆,《大公报》以此为由头发表"短评",将中国军队赴缅作战一事好好地赞扬了一番:

> 国军入缅,是助盟邦作战,是急兄弟之难。义之所在,不计成败利钝,赴汤蹈火而不辞。国军入缅,就正发挥了我们的传统道德与无畏精神。东瓜之战,敌人谓为向所未见之激战;仁安羌之役,为救盟军,致疏腊戍之防,直是从井救人。大仁大勇,虽败犹荣。况就全局以观,国军在缅的数月苦战,使敌人未能迅速掌握缅甸,我们争取了时间,敌人偿付了代价,其结果是掩护了友军,屏障了印度,也更保卫了云南。所以国军入缅,在战略上并未失败,在战迹上更是赫赫有声。②

《大公报》还在"星期论文"栏发表专家文章,阐述国军赴缅作战的意义。如1942年5月31日,"星期论文"《国军援缅的意义和其功用》(王芸生)说,"甲、从中国为同盟国一员的立场看:第一,中国出兵援助,是为着支持同盟国的大势,而挺身赴援,履行同盟军应尽的义务";第二,中国是在战场甚广、失地待复、兵力不足的情况下援缅,此时视人之急,救人之危,"如此仗义急难之作战精神,实为同盟军争取共同胜利所不可缺之要素"。"乙、从中国本身立场看:第一,由立己立人、济弱扶倾的中国传统精神,结晶升华为国父的大亚洲主义。……第二,敌既占有越暹,今更侵入缅甸,即我为保障云南计,亦不能不出兵援缅。"③

中国远征军本来是应英国之请赴缅协助作战的,可是在中国军队英勇抵抗日军的时候,英国军队却只顾撤退。《大公报》对英国军队在战场上的恶劣表现十分不满,多次通过记事与言论提出批评,说他们在日军攻击面前,仿佛只知道"撤退"和"转移",不知道"抵抗",更不知道"进攻";中国军队几次奉命前去解救英军,而英军不仅不抵抗日军,反而丢下中国前去的援军于不顾,只管自己逃命。1942年3月9日,仰光英军撤守,爪哇守军全降,《大公报》为此

---

① 《社评·缅甸战局与罗斯福演说》,《大公报》(渝版)1942年5月1日。
② 《短评·敬慰罗卓英将军》,《大公报》(渝版)1942年6月27日。
③ 王芸生:《星期论文·国军援缅的意义和其功用》,《大公报》(渝版)1942年5月31日。

发表"社评"批评道:"香港、新加坡与仰光,是英帝国在远东的三大据点。……(三据点皆失)那不能不说是英帝国之防范太疏。"并要求英军对失败的教训做一番检讨,说:"现在事已至此,缅甸已大部与印度隔绝,实际成为中国云南省的外卫,希望太平洋作战会议下一英断,把缅甸划入中国战区,把防卫上中缅甸的责任交给中国。"①

1943年4月,中国在云南重建远征军一部,称滇西远征军;另一部至印度,称中国驻印军。1943年10月至1944年5月,中国驻印军和滇西远征军先后发起缅北滇西作战,歼灭日军三万余人。1945年1月27日,两军在畹町会师。3月,完成了打通滇缅公路的任务后撤回国内。对于中国第二次远征作战,《大公报》依然十分重视,先后刊登了郭史翼、黄仁宇、吕德润、黎秀石等社内外人士对印缅战事的通讯报道,这些从前方发回的专电,尤其是通讯,详细报道了我国军队在前方的作战、生活情况。据不完全统计,从1943年6月27日至1945年2月21日,《大公报》发表前线发回的通讯四十多篇,其中仅吕德润一人就有二十余篇。同时,报纸还根据战事发展不时配发言论予以评论。如1944年6月27日,中美联军完全攻占孟拱,取得孟拱大捷。29日《大公报》发表题为"孟拱之捷"的"社评"说:

> 我们应该问一问,为什么缅北的中美联军会攻略如意而马到成功?看孟拱之捷,我们不可仅喜溢情外,应该分析一下胜利的条件,学习一些胜利的宝贵经验!我们以为缅战胜利的功劳,第一该归于"有必胜之将"。史迪威将军胆识过人,意志坚强,智勇冠三军;一切困难最后都被他所克服,这自然极不容易。但这位老将军的最大成功之点,还在"仁"字。②

据王芸生回忆说,这篇"社评"发表的当天,陈布雷曾致函王芸生说"介公颇不谓然","并谓对美军称颂宜持'保留态度'"。原来是蒋介石当时一方面见其军权太大,认为其"企图完全掌握这部分中国军队(远征军),以美国军官代替中国军官,建立成一支殖民地式的军队",另一方面因其"扬言要将一部分美援分给中国共产党领导的八路军,对蒋介石施加压力"③,而导致蒋介石对史迪威深

---

① 《社评·仰光陷落》,《大公报》(渝版)1942年3月11日。
② 《社评·孟拱之捷》,《大公报》(渝版)1944年6月29日。
③ 王芸生、曹谷冰:《1926至1949的旧大公报(续二)》,《文史资料选辑》第27辑,第258页。

感不满乃至憎恨。

1945年1月27日,中国远征军与中国驻印军在芒友胜利会师,中印公路全部打通。3月8日,我军占领腊戌,印军前锋进入瓦城,10日《大公报》发表"社评"《腊戌瓦城解放以后》说:"我军于八日占领腊戌,同时英军亦攻入瓦城。这相距一百五十余哩的两大城市,差不多于同日解放,从此缅中战事告一段落,东南亚全盘的军事局势,也将因而进入一新阶段。"①这篇"社评"为中国第二次远征军的胜利作结。

3. 批评英美的"欧洲第一"观念

美英一直都有"重欧轻亚"的观念,对日本军阀的侵略野心估计不足、打击不力,客观上纵容其作恶。《大公报》对这种错误的观念,从全面抗战爆发开始就曾发声批评。太平洋战争爆发后,美国虽自食恶果,但这一错误观念依旧难改。在中国对德、意、日宣战,中国战区成立后,中国已成为世界反法西斯阵线的重要一员,并担负起一定责任,《大公报》因而对这种错误观点予以更加强烈和频繁的批评。

1941年12月10日,《大公报》发表的太平洋战争爆发后的第一篇"社评"《太平洋大战与中国》中即有一句正说的反话:"中国对日德意三轴心国同时宣战,就是把侵略团体看作一体,一切反侵略国家俱应以此同一观点毫无区别的对日德意侵略集团宣战。"②这句话一则批评美英"重欧轻亚"的战略观念,指出轻视日本的战略已经酿成恶果;二则提出今后应克服这种错误观念,"毫无区别地对日德意侵略集团宣战"。

1942年3月初,美国派遣大批军队进入英国助英作战,《大公报》抓住此事发表"社评"说:"据报大批美军抵伦敦,我们对于这消息的感想是忧喜参半,喜的是同盟国合作密切,忧的是美英当局仍怀着'西线第一'的成见,将会贻误东方的战局。"并指出:"衡量全局,太平洋战局更是迫切,所以希望美国能有更大的兵力派到太平洋方面来,而且越快越好。"③

4月底,日军占领腊戌,切断中国远征军后路,远征军的处境十分危险。《大公报》于5月1日发表"社评"严厉指出,"缅甸战局到今天的情形",一个主要原因是英政府"'西线第一'的观念作祟,未能及时增援"。同时也希望美国

---

① 《社评·腊戌瓦城解放以后》,《大公报》(渝版)1945年3月10日。
② 《社评·太平洋大战与中国》,《大公报》(渝版)1941年12月10日。
③ 《社评·闻美军续抵英岛》,《大公报》(渝版)1942年3月6日。

总统罗斯福兑现自己的诺言,以"相当强大的空军赶快飞到滇缅路之间……转捩缅甸的战局"①。

太平洋战争爆发初期,盟军在东南亚战场打得一度很不理想。1944年12月8日,《大公报》趁太平洋战争爆发三周年之际发表题为"今天!"的"社评",检讨盟军战略上的问题,认为其中最主要的是"欧洲第一"观念的根深蒂固,指出:"今天这种形势的造成,完全是'欧洲第一'的结果。我们曾再三提出警告,日本凶顽,莫给它时间!但到今天,联合国家也还蹈覆着这一有害于东方战局的战略。"②

特别是英国军队,在整个东南亚战场简直是不堪一击,对此《大公报》一笔一笔都记录在案。1941年12月20日要闻版头条称:"敌军在香港登陆,英防军力抗中形势已严重";27日二版"中央社讯":"敌军侵占香港,水源断绝,英军停止抵抗。"对于英国抵抗不到一周而丢了香港,《大公报》发表"社评"指责说,由于英军作战不利,致使香港岛及九龙租界上中国华侨陷入敌手、财产物资遭到毁坏,尤其是优秀人才没有撤出,令人"十分惋惜"③。1942年2月16日要闻版头条称:"星洲英军停止抵抗,昨日下午遣使向敌方投降。"17日要闻版头条称:"英方宣布星洲弃守,巨港陷敌,荷印益紧。"还引"中央社伦敦十五日路透社电"说,"官方正式宣布,新加坡守军业已停止抵抗"。

英军自己打不好,还怨天尤人,甚至一味指责别人。1944年9月2日,英国首相丘吉尔在英下院报告战局时说:"予所必须引为深切遗憾者,即美国虽以过分之援助给予中国,该大国仍遭受严重之军事挫败。"丘氏这一胡言惹恼了《大公报》,该报连发两篇"社评",对丘吉尔的谬论进行驳斥。9月26日的"社评"《究论目前中国的局势》说:

> 若追问这不能令人满意的现象是怎样造成的,我们是中国人,我们罪孽深重,我们中国人都应该挺胸承认,中国应负百分之百的责任……但是,中国既是与联合国共同作战,而日本又是我们主要的共同敌人之一,至今日寇尚在挣扎逞凶,中国也正相当陷于困顿,中国以外的联合国是否也有几分责任呢?……老实说,这局势也是盟军的"欧洲第一"的战略所造成!④

---

① 《社评·缅甸战局与罗斯福演说》,《大公报》(渝版)1942年5月1日。
② 《社评·今天!》,《大公报》(渝版)1944年12月8日。
③ 《社评·哀香港》,《大公报》(渝版)1941年12月27日。
④ 《社评·究论目前中国的局势》,《大公报》(渝版)1944年9月26日。

10月3日发表题为"向人民申说！向世界控诉！"的长篇"社评"，大发议论，控诉丘吉尔对中国战事的无理指责，文章称中国军队东征西讨，对得起盟友，而盟友始终持"欧洲第一"观念，实在对不起中国：

> 中国今日军力之弱，是经过了七年以上的大战的结果。中国对这结果应负百分之百的责任，而在道义与盟谊上，英美也非全无责任。中英美既为盟邦而联合作战，当然要有一种联合战略，而在太平洋战争初期英美连连失败之时，中国抗战的确为英国掩护了印度，为美国掩护了夏威夷及本土，同时中国军队东攻港边，西入缅甸，以策应并协助英军。尤其缅甸战役，中国牺牲了五六万精兵，较英军损失尤大，中国总算对得起盟邦。但到太平洋战争稳定下来之后，英美所决定的联合战略却是"欧洲第一"，先打德国，撂下日本叫中国抗。中国军事到今天之如此吃力，英美的联合战略不是毫无责任。

至于"过分美援"事，"社评"说：

> 美国《租借法案》的供应，中国的确有一份；但我们可以沉痛的告诉世界：中国所得到的并未"过分"！美国曾约略公布过租借法案的数字，大致说来，英国所得占百分之三十以上，而中国只得百分之一二！这如何说是"过分"？英国作战时期较中国为短，所得的美国援助较中国特多，英国的军事何尝不多次失利？①

《大公报》对丘吉尔演说的驳斥是很有力度的。该报接着于10月6日又发表题为《赶快开辟亚洲第二战场》的"社评"说："兹以中国军事的需要，我们谨以中国舆论界一分子的资格"，郑重提出一个紧急呼吁：请英、美抛弃"重欧轻亚"的观念，"赶快开辟亚洲大陆的第二战场！"②10月9日又发表"社评"，陈述"开辟亚洲第二战场的十点理由"。

4. 关注西方战场

《大公报》虽然对美、英的"欧洲第一"的战略原则有不小的意见，但是作为世界反法西斯盟国重要成员的舆论界，依然十分重视欧洲战场的进展，对美、英、苏反击德、意法西斯战争的胜利给予崇高评价。1942年9月底至10月初，苏联斯大林格勒保卫战正激烈之时，《大公报》发表题为"史达林格勒彪炳战史"的"社评"

---

① 《社评·向人民申说！向世界控诉！》，《大公报》（渝版）1944年10月3日。
② 《社评·赶快开辟亚洲第二战场》，《大公报》（渝版）1944年10月6日。

说:"保卫史达林格勒一战的光辉,是世界战史出色的一页。……苏联军民所表现的英雄气概,及其所创造的军事奇迹,真可谓声震山岳,气壮斗牛。"并说:

> 这奇迹何以能出现？问题的核心,决不是一个谜。威尔基先生巡回了苏联的前线,默视而探悉了其所欲知的后方一切,曾深受感动,喟然说了这样一句话:"余在此始知'人民战争'一词的涵义。"这条战争原理的运用,本是苏联所特长的战术。……保卫史达林格勒的战士,包括着全部市民,甚至妇孺老弱,无不抱必死之心,甘愿与城共存亡,这旺盛而普遍深入的敌忾心理,就是史达林格勒壮烈之战的基础。①

"社评"认为"人民战争"原理的运用是苏联特有的战术,这看到了问题的本质。

至1943年1月,斯大林格勒保卫战的胜利已成定局,《大公报》不仅连续几天在国际版头条报道了战况,而且于20日发表题为"苏德战局在整个翻身"的"社评",高兴地说:

> 新年以来,苏军的气势益盛,由南路中路至北路,全线次第发动猛攻,可以说,苏、德战局已在整个儿翻身。……当苏联捷报纷飞之际,我们觉得盟国应该也在各战场发动反攻,使各方捷报交织起来,以加速轴心的崩溃。因此,我们热望四国军略会议早日组织,确立联合国家的统一战略。在西方要加紧肃清北非残敌,切实准备开辟欧洲第二战场,以配合苏联的攻势。同时,也不要忘记了太平洋上的敌人,从速作反攻日本的准备,以争取反轴心战的全盘胜利！②

用苏联的胜利激励英美,希望他们尽快肃清北非残敌,开辟欧洲第二战场的建议是很有见地的。

1943年7月,美、英军队从西西里岛登陆,推动意大利国内发生政变,法西斯领导人墨索里尼被捕。在墨索里尼被捕第三天的7月27日,《大公报》就发表题为"墨索里尼的下台"的"社评"说:墨索里尼下台了,"意大利投降已是时间问题,轴心国家即将散伙,欧洲战场可能顿然改观"。并说:"细看墨索里尼的成败得失,我们至少可得到两个教训。第一,墨索里尼创造法西斯主义,违背历史的潮流,阻挠进化。这主义现已衰落了,死亡了,可见历史的洪流,反对

---

① 《社评·史达林格勒彪炳战史》,《大公报》(渝版)1942年10月1日。
② 《社评·苏德战局在整个翻身》,《大公报》(渝版)1943年1月20日。

不得,遏止不得。""第二,墨索里尼善投机,不知己,自见不明。……投机有幸有不幸,悖入而悖出。为人或立国,实不该专门讲究投机。"①次日又发表"社评"《再论墨索里尼的下台》,对轴心国的法西斯主义进行清算:"墨索里尼滚下台去了,根深蒂固的法西斯政权崩溃了,轴心理论的鼻祖曳尾而逃了。……一叶知秋,墨索里尼之倒,应象征着轴心的总崩溃已不在远。"并断言,"欧洲战局可能由此而急转直下"②。9月3日,政变中组建的意大利新政权向美、英投降,《大公报》于9月10日发表题为"历史之鉴——论意大利的投降"的"社评"说,意大利的投降"是历史之鉴":"墨索里尼是意大利的凶徒,扭转历史的进步法则,把意大利的民族主义变成帝国主义,把民主主义倒转为法西斯主义,多行不义,为意大利惹来凶祸。"且"墨索里尼的方针,不自量力,而嗜侵略,一度侥幸获逞,又复野心膨胀,一味投机,乃为国家招来今日的悲剧。"文章接着说:"意大利投降"后,"欧洲决战的日子确已不远,希特勒的被打倒,也已为期不远了。"最后劝告日本军阀"效法意大利作无条件投降"③。

为了及时报道西方战场的消息,《大公报》派出得力记者赴欧美采访。这一时期活动在西方的《大公报》记者主要有严仁颖和萧乾。

严仁颖是《大公报》第一个驻美特派记者。在严仁颖之前,《大公报》上刊登的美国通讯主要有林语堂写的七封《美国通信》。严仁颖1942年初到美,1944年离美回国,在美三年时间,为《大公报》写了不少美国通讯。其中主要的有:《美国的报纸》(发表于1942年3月26日)、《中国学生在美国》(5月5日)、《赛珍珠女士会见记》(8月7日)、《好莱坞的中国热》(11月6日)等。严仁颖1944年离美回国后,《大公报》的驻美记者先后有章丹枫、杨刚、朱启平、张鸿增等。

萧乾是《大公报》第一个驻英特派记者,也是采访欧洲战场的唯一一位中国记者。在《大公报》的支持和资助下,萧乾于1939年秋赴英国伦敦大学东方学院任教,并兼任《大公报》驻英特派员;1942年辞去东方学院教职,到剑桥大学皇家学院读研究生。次年,胡政之作为中国访英代表团成员到英国,劝他放弃学位,专门从事新闻工作,并准备在欧洲第二战场开辟后赴欧洲大陆采访。他后来回忆称,一方面"在剑桥成天披了件黑色道袍扮演中古僧侣的生活就不合我那好动的性格";另一方面,他还考虑,"没能在本国的战场上跑跑,一直是

---

① 《社评·墨索里尼的下台》,《大公报》(渝版)1943年7月27日。
② 《社评·再论墨索里尼的下台》,《大公报》(渝版)1943年7月28日。
③ 《社评·历史之鉴——论意大利的投降》,《大公报》(渝版)1943年9月10日。

我记者生涯中一大憾事,在西欧当个战地记者也未尝不是一种弥补"①。于是他毅然接受了胡政之的建议,于1944年6月请了三名助手,在伦敦舰队街40号挂起了《大公报》驻英办事处的牌子;当年秋天领到随军记者证后,萧乾即穿上棕黄色军装,佩戴绣有"中国:战地记者"字样的肩章,随英军第四军挺进莱茵地区。

1945年3月,萧乾由莱茵前线返回伦敦;4月抵达美国旧金山,采访在那里召开的联合国成立大会;9月返欧采访纳粹投降之后的德国,次年春启程回国。在此近七年时间内,《大公报》发表了萧乾的许多通讯,其中著名的有:《话说当今之英格兰》十二篇,这组系列通讯全方位地描述了战时的英国社会;《西欧堡垒观察哨》六篇,从不同的角度描写欧洲战事;《南德的暮秋》四篇,描写德国巴伐利亚省美、法占领区的情况;以及《一个中立国的启示——瑞士之行》等。萧乾回国后,《大公报》派驻英国的记者先后有黎秀石、马廷栋等。

(二) 有关跻身世界"四强"的记事与言论

如前所说,美国对于中国的抗日战争经历了一个从绥靖到同情再到支持的演变过程。虽然罗斯福总统1940年12月29日发表的炉边谈话中明确表示援助中国的抗日战争,但是将此宣言真正付诸行动还是在太平洋战争爆发后。据《美中关系白皮书》统计,从1941年5月至战争结束,美国援华的租借物资及劳务总计约为8.46亿美元,其中枪炮弹药、飞机、坦克、车辆、船舰及各种军用装备价值为5.17亿美元,其余基本为工农业商品和各类劳务开支。此外还有为数不少的战斗参与人员②。虽说美国的援助不是"无私"的,很大程度上是出于自身利益的考虑,但是这些援助对中国抗战胜利还是起到了很大的作用。

此外,"二战"期间美国还在关键时刻、关键问题上"拉一把"中国,提高了中国的国际地位。1942年《中美新约》的签订、1943年中国参与签署《普遍安全宣言》、同年参加"开罗会议"、1945年成为《联合国宪章》第一签字国等,均为重要的例子。对于美国的这些支援,《大公报》均持欢迎、赞扬态度,并予以高度评价。

1. 欣见中美、中英新约的签订

1943年1月11日,《中美新约》(即《中美关于取消美国在华治外法权及处理有关问题之条约》)及换文,由中国驻美大使魏道明和美国国务卿赫尔

---

① 萧乾:《胡社长与我》,查良铺等:《胡政之:一笔一天下,一报一世界》,第287页。
② 参见任东来:《评美国对华军事"租借"援助》,中美关系史丛书编辑委员会、复旦大学历史系编:《中美关系史论文集》(第2辑),重庆出版社1988年版,第341页。

(Cordell Hull)在华盛顿签署。同日《中英新约》(即《中英关于取消英国在华治外法权及其有关特权条约》)及换文,由国民政府外交部长宋子文和英国驻华大使薛穆在重庆签署①。在美英的影响下,其他各国也相继宣布放弃在华特权,与中国订立平等新约。至此,持续百年的中国废除不平等条约运动基本完成。可见中美、中英新约的订立,是中国在废除不平等条约历程中的重要里程碑,也是战时中国国际地位提高的重要表现。《大公报》对此欢欣鼓舞。

这里有个小曲折。在《中美新约》正式签订前夕,美国国务院于1943年1月2日发表一个题为"战争与和平"的白皮书,叙述自1931年至1941年十年间的美国外交政策。文件中对战后是否将东北四省交还中国有错误主张,《大公报》仅在刊登"电传摘要"后便怒不可遏,于1月6日发表"社评"予以严厉驳斥:"中国不惜赌国运而抗战,其目的是什么?中国抗战当然是为了驱逐敌人,收复失地,尤其是要收复事变起点的东北。"战争起于中国东北,中国是最先的抗战国家,"为什么联合国家人士中竟会有战后不将东四省交还中国的主张?"文章强调说:

> 东北四省与中国不可分,东北四省不收复,就是中国的抗战目的还未达到,中国就必然不放弃战争。而就世界的意义说,这次大战的根源既在中国的东北,则中国的东北问题就必须达到公正合理的解决。假使这一点办不到,或被歪曲,则这次联合国家所标举的正义公道等等,都成了弥天的大谎,也就是人类的浩劫未已,战祸必然再起!②

三日后,《大公报》又发"社评",再次强调"正义公道",说:"在得到澈底胜利之后,还要得到公道的和平。"提醒美国人说:"上次大战之后,未满二十年大战又起,为什么?少数野心国家蓄意破坏和平,固然是一个原因;而凡尔赛的和平不尽公道,也是一个原因。中国就是在凡尔赛会议受到委屈的一个国家,前车已覆,这次万不可再蹈其覆辙。"并严正声明:"中国的失土必须完全收复,以恢复其领土完整;中国的权利必须完全无损,以维持其主权独立。中国民族的生存要有保障,中国国家的尊荣要无损伤。"③这是提醒美国人,战后必须主

---

① 中美、中英新约废止的特权约计九类:一、治外法权;二、使馆界及驻兵区;三、租界;四、特别法庭;五、外籍引水等特权;六、军舰行驶之特权;七、英籍海关总税务司之特权;八、沿海贸易与内河航行权;九、影响中国主权之其他问题。
② 《社评·读美国白皮书并论东北四省与中国之不可分》,《大公报》(渝版)1943年1月6日。
③ 《社评·读罗斯福总统国会演说,中国要求澈底的胜利与公道的和平》,《大公报》(渝版)1943年1月9日。

持公道。

然而峰回路转,两日后,中美、中英新约签字。1月12日《大公报》要闻版头条对此报道称:"中国对外关系史之新页,中美中英新约缔成,昨日分在重庆华盛顿签字,蒋委员长宋部长电美英领袖为贺。"并刊登《中美条约概要》《中英条约全文》,发表题为"贺中美中英平等新约——中外关系史上光明的新页"的"社评",说:"中美、中英的新约既经缔成,中国已结束了百年的耻辱历史,成为自由平等的国家,中国人也已成为自由平等的国民。"高兴之余,更对国民提出奋发要求:"这是我们的光荣,而同时也是我们的负担。因为做一个自由平等的国民,在精神道德上及在生存能力上,均须具有自由平等的资格与水准。换句话,就是人家承认我们是自由平等的国家,我们先得真配作自由平等的国民。"文章特别强调,一定要格外努力自强自立,"不负盟邦对于我们的尊重与好意"①。

《大公报》似乎意犹未尽,隔日又发表"社评",进一步强调在国际上平等地位的取得不能靠友邦"赐予",还得靠自己的努力,说"这两个公道的条约,把'租界''领事裁判权''驻兵权''内河航行权'等各种由不平等条约产生的名词送进中国的博物馆。从兹以后,中国恢复了完整的国权。半殖民地或次殖民地的污辱,付诸历史的长流流去了,自由平等的光辉从晨曦里簇拥而来。……这无疑是国人快慰的一件大事,但是不宜于作太过轻率的乐观。美国英国虽把平等交还了中国,惟交还的精神重于物质,形式多于内容"。"我们不能把得自美英的一部分平等,误作中国已得到平等的全部",要真正"建立平等的国际关系",达到"中国国民革命的目的"和"中国抗战的主要要求","尤其应该认识要求国家的生存,必须战胜敌人"②。不靠自身的努力去战胜敌人,别人还是看不起你、不平等地对待你的。

2. 赞赏参与签署《普遍安全宣言》

1943年10月30日,中、美、英、苏四国在莫斯科签署《关于普遍安全的宣言》③,决定成立普遍性的国际安全组织即后来的联合国,并确定了成立联合国的基

---

① 《社评·贺中美中英平等新约——中外关系史上光明的新页》,《大公报》(渝版)1943年1月12日。
② 《社评·充实平等的内容》,《大公报》(渝版)1943年1月14日。
③ 宣言的主要内容:一、四国对轴心国继续敌对行动,直至他们无条件投降;二、四国同意采取措施,保证由战争迅速有序地过渡到和平,并建立与维持国际和平与安全,使全世界用于军备的人力与资源达于最小限度;三、四国承认有必要根据爱好和平国家主权平等的原则,建立一普遍性的国际组织;四、四国在普遍安全制度建立以前,将就此磋商,代表国际社会采取共同行动,以维持国际和平与安全;五、四国约定在战争终止后,将不在其他国家领土内使用军事力量,并对战后军备管制达成一实际可行的普遍协议等。

本原则。中国参加这一宣言的发起与签字,也就确立了联合国安理会常任理事国的地位。11月2日,《大公报》要闻版头条对此报道说:"莫斯科会议伟大成就,美英苏中联合宣言,团结作战,迅速实现共同胜利,密切合作,建立广泛国际组织。"虽然创建联合国只是处于动议阶段,《大公报》没有多言,但从报道的语气和遣词看,《大公报》将拟定公布《普遍安全宣言》视为"伟大成就",可见其对于中国能参与此事,从内心是赞赏的。

3. 拥护"开罗会议"及其宣言

1943年11月23日至26日,由中国、英国、美国三国领导人在埃及开罗举行会议,商讨反攻日本的战略及战后国际局势的安排、制定盟军合作反攻缅甸的战略及援华方案,会后公布的《开罗宣言》要求日本无条件投降,归还一切侵占的土地,并规定了战后东亚的新局势。开罗会议确立了中国世界四强的地位,对中国在国际社会上的地位意义重大。

12月1日,《开罗宣言》公布。3日《大公报》要闻版头条报道:"中、美、英三国领袖会见成功,开罗会议重大声明——决不以松弛之压力加诸日本,剥夺日本在太平洋所占岛屿,东北四省台澎等地归还中国,在相当时期使朝鲜自由独立。"当日发表题为"开罗会议的伟大成功,中美英三国领袖议定对日本的处分"的"社评"表示:"我们绝对拥护中美英三国领袖的一致决议,并认为这是处分日本及解决远东问题的最光明正大的方针。"并补述了两点要求:(一)应把1879年被日本侵占的琉球群岛归还中国;(二)应把南库页岛归还苏联。"这样清算之后,日本就恢复了本来面目,使它返还一八五三年毕理将军打开日本门户时的地位,就是公公道道的实现了'日本人之日本'。"①

4. 欢呼中国成为《联合国宪章》第一签字国

根据1942年1月1日中、美、英、苏等二十六国在华盛顿签署的《联合国家共同宣言》精神,1945年4月25日至6月26日,来自全球五十个国家的代表参加了在美国旧金山举行的联合国国际组织会议,通过《联合国宪章》和《国际法院规约》。中国在四个创始邀请国中,英文首字母顺序最靠前,《宪章》签署时,"我国序列最先"②。而《大公报》为突出中国抗战功绩,对此解释说:以中国抵抗侵略最先,特准为签署《联合国宪章》之第一国。还说这是世界爱好和

---

① 《社评·开罗会议的伟大成功,中美英三国领袖议定对日本的处分》,《大公报》(渝版)1943年12月3日。
② 《中央社讯》,《大公报》1945年6月27日。

平的人民对中国抗战精神的肯定。长时间积极鼓吹抗战的《大公报》更是欢呼不已,因而对于旧金山会议格外予以关注。

1945年3月26日,国民政府行政院宣布中国出席旧金山会议代表团组成。次日,《大公报》要闻版头条刊登旧金山会议我国代表团人员名单:宋子文、顾维钧、王宠惠、魏道明、胡适、吴贻芳、李璜、张君劢、董必武、胡霖。当日发表题为"旧金山会议代表团发表"的"社评",首先肯定"国民政府于代表人选,曾为周至的考虑,公平的选择",并分析每位代表的长处;然后指出,此次旧金山会议"将以谋千百年的大计,谋全人类的幸福,所以非常重要";最后,文章希望我国代表团诸代表认识责任重大,"发挥智慧,竭尽公诚,为国家为人类善尽其责任。毋负政府的付托,毋负人民的期待!"①

为及时报道旧金山会议新闻,胡政之电召驻英特派员萧乾由莱茵河前线赶赴旧金山,采访旧金山会议的新闻。旧金山会议两个月时间内,除中间一段时间因要报道国民党六大开幕和欧洲战场德国投降两件大事外,其余时间《大公报》要闻版和国际版的头条基本上都是有关旧金山会议的新闻。特别值得注意的是,由于有特派员萧乾跟会,该报新闻记载除了用中央社专电外,还有"本报特派员专电"。

言论当然也是必不可少的。旧金山会议开幕时,《大公报》发表"社评"《祝旧金山会议》,首先表示:"赤诚祝祷此会之圆满成功,并愿历史将永志一九四五年四月二十五日为人类解放的一天!"然后设问一个严肃问题:"这次的世界大战缘何而生?"答案为:是人类之愚,侵略罪恶,更"是上次大战后的和平安排有欠妥善"。文章因此提出"应建立一个国际民主的世界和平机构"②,就是即将成立的联合国。

会议进行到第五天,欧、亚两战场的战事如火如荼,胜利频传,而会议内"消息纷纷,问题纷纷",一些与会者为"当不当会议主席"等事情计较不已。《大公报》于是发表一篇题为"向旧金山会议提醒几点"的"社评",告诫道:(1)切莫忘记罗斯福总统③;(2)会议要有理想、有灵魂;(3)国家应无论大小

---

① 《社评·旧金山会议代表团发表》,《大公报》(渝版)1945年3月27日。
② 《社评·祝旧金山会议》,《大公报》(渝版)1945年4月25日。
③ 对反法西斯战争作出巨大贡献的美国总统罗斯福于1945年4月12日病逝,副总统杜鲁门继任。《大公报》4月14日发表《社评·敬悼罗斯福总统》称:"罗斯福总统已弃世人而去,他所亲手缔造的胜利与和平却留待联合国家的人民来完成。我们永远不忘罗斯福总统所给予人类的恩惠,我们也应该永远为他的崇高理想而尽力!"故这里重提罗斯福,实为警告那些计较个人名利的人。

强弱一律平等。

会议进入后期,中国在联合国中"四强"或"五强"之一的地位已经基本确立,《大公报》发表一篇题为"中国代表团在旧金山"的"社评",提醒中国代表团要保持清醒头脑,正确认识自己,千万不要忘乎所以,处事一定注意分寸:"中国现居四强之列,但我们自己绝不作自我陶醉,中国实在尚未具备强国的实际力量。这是事实。因此,中国代表团也就不能过分违背大国的实利,而作坚强有效的主张",更不可"妄以远东领导者自居"①。

会议闭幕时,《大公报》发表"社评"《旧金山会议的成就》说,"起草世界宪章的旧金山会议,聚五十国代表于一堂,研讨两月,已经完成此项辉煌而崇高的工作",还说"美、英、苏、中、法五国为世界机构中最具权力的安全理事会常任理事,且具有否决之权",希望今后五国"善尽此项重大责任",加强"五国之紧密团结"②。

由上可见,《大公报》对于旧金山会议的每一次言论不仅及时,而且很有见地,分寸拿捏得也很到位。

(三) 有关《波茨坦宣言》和《中苏友好同盟条约》的记事与言论

1. 不满于《波茨坦宣言》的发表方式

还在《大公报》为旧金山会议而高兴的时候,紧接着却发生了一件令其既兴奋又恼怒的事情,就是"波茨坦会议"的召开和《波茨坦宣言》的发表。

1945年5月8日,德国法西斯无条件投降,欧洲反法西斯战争胜利结束,但远东的对日作战还在激烈进行。为了商讨对战后德国的处置问题、解决战后欧洲的安排问题,以及争取苏联尽早对日作战,美、英、苏三国首脑杜鲁门、丘吉尔(1945年7月28日以后是新任首相艾德礼[Clement Attlee])和斯大林于1945年7月17日至8月2日在柏林近郊的波茨坦举行会晤。无论是对于世界反法西斯战争,还是对于中国的抗日战争,这本来是一件大好事。但是美英苏三国表现出明显的强权主义,讨论有关中国的问题而不与中国商量,甚至对中国保密,完全不把中国当回事,甚至将中国玩弄于股掌之中。《大公报》对此颇为不满。

---

① 《社评·中国代表团在旧金山》,《大公报》(渝版)1945年6月9日。
② 《社评·旧金山会议的成就》,《大公报》(渝版)1945年6月27日。

会议开幕时，《大公报》于7月18日要闻版头条作了这样的报道："柏林会议开幕。史达林到达先访杜鲁门，苏参加对日战争为重要议题。"时间、地点、主要人物以及会议主题，在标题上标示得清清楚楚。次日，发表题为"有感于波茨坦会议"的"社评"说："杜、邱、史三领袖的会议，已于本月十七日之夕开幕于柏林区的波茨坦城。在德国投降才逾两月的今日，美英苏三强聚会于这个古城，实在令人不胜历史兴亡之感。""中国不列席波茨坦会议，而在精神上却异常关切。关切什么？一、希望波茨坦会议能够加速胜利，把日本早击溃，和平早实现；二、中国虽勉居强国之列，自知国力不足，我们绝无奢望，只希望实现开罗会议的约言，于战胜之日收复我们的失土。"这段话明显透露出不满的情绪。讨论有关中国抗日和中国利益的问题，却不邀请中国参加，使中国只能在精神上表示"异常关切"；此时距离倡导维护中国权益的"开罗会议"不远，距离确定联合国"五强"的旧金山会议更近，"社评"在感慨"历史兴亡"之余，也只能希望美、英、苏在保证把日本早日击败的同时，不要忘记"开罗会议"的决议，把属于中国的领土归还给中国。

更令人气恼的是，美、英、苏三国首脑在波茨坦达成的决定却要由"美、英、中三国首脑"联名发表。这固然是由于苏联在《苏日中立条约》没有废止、苏联尚未对日宣战的情况下加入这一促日投降的宣言并不合适，尚可理解。问题是美、英、苏三国首脑事先根本未同中国政府打招呼，只是发表前临时通知蒋介石，而蒋别无选择，只能表态同意。对这种强加于人的强权做派，《大公报》内心深埋愤懑，但是又"有求于人"，不便发泄。

7月26日，"美、英、中三国首脑"联名发表《波茨坦会谈宣言》。7月28日，《大公报》要闻版头条报道美、英、中对日公告全文，概述宣言内容后说，予敌最后抉择机会，无条件投降或毁灭。三国武力受所有联合国支持。明示条件为：占领日本迄其自新；实施《开罗宣言》；完全解除武装；摧毁作战工业；裁判战罪人犯。同版刊登"旧金山专电"，报道日本："冥顽不灵，依然要作战到底。"

其后一则"中央社柏林专电"则揭示了"三国公告商定经过"："蒋主席、杜鲁门总统及丘吉尔首相对日本发出最后通牒形式之公告，嘱其于'无条件投降'或'即时彻底之毁灭'两者间择一而从。三国公告由杜鲁门总统报界联络秘书于此间发表。距离蒋主席同意与杜鲁门总统、丘吉尔首相联名发表公告之答复仅仅数小时。""公告草本曾送达蒋主席，蒋主席即时复电同意此举。"鉴于当时形势，《大公报》对三强欺人做法的不满，一方面在报道中用叙事的方式予以表达,一方面在当日发表的"社评"中委婉地进行解说:以美、英、中三国名义发表的对日声明,要求日本无条件投降。日本明知,"苏联必闻知其事,名义虽为中美英三国联合声明,事实上苏联必在同意之列。日本阴谋分化联合国,及阻止苏联参加对日之战,业已失败了"①。

2. 愤怒于《中苏友好同盟条约》的条款

由于日本拒绝接受《波茨坦宣言》,故美国于8月6日向日本广岛投下第一颗原子弹;8月8日,苏联也对日宣战了。

由于抗日战争进入最后决战阶段,《大公报》对《波茨坦宣言》发表一事无暇顾及,而把主要精力全部集中到对日作战的战场上,对美、苏向日发起总攻的举动表示由衷的欢迎。

8月7日,要闻版头条:"杜鲁门总统发表声明,将以新炸弹夷平日本,利用原子力量爆炸极烈,巨机五百余架再炸日本。"

8日,要闻版头条:"原子炸弹初显威力,广岛一炸日寇震惊,美将用以全面攻日本。"

9日,要闻版头条:"苏联对日本宣战,莫洛托夫昨晚通告佐藤尚武,自今晨起苏日进入交战状态。"

10日更是发表"社评",对美、苏行动予以高度评价,首先说:"大时代展开了!在中国抗战第九年代的第八月,大时代展开了!"评价美国原子弹说:"这第一枚原子弹,给予日本的打击甚大。……高尔夫球大小的原子弹,毁灭了十分之六的广岛。这不可抗的伟力,降下了死亡和毁灭。日本军阀还想顽抗吗?""原子弹就建了缩短这次战争的大功,大大减少人类的死亡。"还对原子弹的发明予以评价称:"原子弹丢在日本头上的实验,使战争冒险者再不敢起,所以原子弹虽是杀人的武器,而实际却是确保人类和平的福音,这是大时代的发现!"对于苏联对日宣战,文章评价道:"苏联参战的消息,与原子弹爆炸一样,给日本以决定的绝望,给全世界以新生的希望。"并且详细回顾了中国抗战初期得到苏联援助的事实,述说了中国人盼望苏联对日宣战由来已久的心情:"自中国抗战之始,苏联的同情就在中国这方面。在抗战初期,中国曾接受了苏联精神及物资的大量援助,而中国人民自始就在希望着苏联参战。……其后,苏联受纳粹袭击,卷入战争,苦战四年,卒至捣碎柏林,中国人又燃起苏联

---

① 《社评·三国对日联合声明》,《大公报》(渝版)1945年7月28日。

参加远东之战的希望。……现在,苏联果然参战了,是八年来中国人的希望实现了,人人都在充溢着欣喜与感激之情!"文章最后说:"大时代展开了! 苏联大军已于昨晨开始行动,第二枚原子弹又于昨午降落于日本的长崎。打倒这最后一个帝国主义,人类就应该进入建设和平幸福的时代了!"①

然而就在日本天皇裕仁公开宣布决定接受《波茨坦宣言》、无条件投降的前一天,1945年8月14日,苏联与中国签订了《中苏友好同盟条约》。该条约以中、苏共同对日作战至完全胜利、防止日本再度侵略为目的,有效期为三十年。但是该条约及其附件②中有中苏共管"两路"、共用"两港"的规定:东北之中东、南满铁路(合并为"中长铁路")由中、苏共管三十年;大连为自由港,由苏籍人员担任港口主任,苏联在此出入口货物均免关税;旅顺军港,中、苏共用三十年,苏联有权在此驻扎海、陆、空军,该区民事行政权属于中国,但主要民政人员之任免,需经苏方同意。另外,还规定战后外蒙古举行公民投票,如民意赞成独立,中国承认外蒙古独立。

8月27日,《大公报》要闻版头条位置在"中苏盟好条约公布"的标题下刊登了这个条约的提要及全文。当日发表题为"中苏友好同盟条约"的"社评",一方面肯定"这个条约,决定了今后三十年的远东大势,所以其意义异常重大",一方面又说,这是中国付出的"一种代价"。所谓"一种代价",是指关于东北"两路""两港"的条款。在具体谈到这些条款时,"社评"说:"这是我们对苏联的给予。从收回东北的观点上说,不能说是完满无缺。"在追溯了李鸿章与帝俄签订《中俄密约》的历史后,文章颇有感慨地说:"历史真是开不得头!"接着说,这个《中苏友好同盟条约》"并不完全如我们所希望的,也并不坏于我们所预料的。"这篇"社评"是王芸生写的,看得出,他下笔时心情是十分矛盾的:既认识到了这个条约对中国抗战建国的重要性,又感到"两路""两港"条款太不合理,感到苏联这个"朋友"真有点乘人之危。但是此时的局势不容许他有更大的发作,只能到此为止,把愤怒强压心底,并自己安慰自己:"宇宙间本无完满无缺的事,而上帝也绝不赐人以完满无缺的福。"③

---

① 《社评·大时代展开了!》,《大公报》(渝版)1945年8月10日。
② 《中苏友好同盟条约》的附件有:《关于中国长春铁路之协定》《关于大连之协定》《关于旅顺口之协定》《关于中苏此次共同对日作战苏联军队进入东三省后苏联军总司令与中国行政当局关系之协定》《关于外蒙古之换文》。
③ 《社评·中苏友好同盟条约》,《大公报》(渝版)1945年8月27日。

（四）有关日本受降签字的记事与言论

中国人民经过八年的流血牺牲、英勇奋斗，终于战胜了穷凶极恶的日本侵略者。作为有民族责任感和历史责任感的报纸，《大公报》自然要把这个对中国人民犯下滔天罪行、给中华民族带来巨大灾难的侵略者签字投降的历史时刻记载下来，报道给中国和世界人民，留存给中国和世界反法西斯战史。因此，它对日本投降仪式特别关注，无论是同盟国受降，还是中国战区受降，《大公报》均有特派员赶赴现场详细报道，并发表言论予以评说。

1. 同盟国受降的记载与言论

日本天皇1945年8月15日发布诏书，宣布接受《波茨坦宣言》无条件投降后，又于17日发布敕谕，命令所有武装部队停止一切战斗行动，向同盟国投降。28日清晨，首批美军自空中和海上两路在日本本土登陆。30日下午二时，盟国将日本无条件投降的签字仪式定于9月2日上午九时在美国海军密苏里号战舰上举行。

1945年9月2日，这对于爱好和平的中国人民来说，是一个值得永远纪念的日子。为了记下这一庄严的时刻，《大公报》派出了有丰富国际采访经验的记者朱启平和黎秀石为特派员赶往现场。朱启平于太平洋战争爆发后被派往关岛担任美国太平洋舰队随军记者，8月30日便随美国太平洋舰队进入东京湾；黎秀石1945年6月被派往英国太平洋舰队做战地记者，8月底随英舰队进入东京湾。

朱启平、黎秀石不负使命，很好地完成了报社交予的任务。尤其是朱启平，因为他持有美军随军记者证，为采访提供了极大的方便。在受降典礼之前，他就往报馆发回专电，作前期报道。

8月28日，《大公报》要闻版刊登"本报特派员专电"："盟舰待命入东京湾，美空运部队今降落日本，日代表登美舰接受训令，麦克阿瑟总部即移设日本。"

8月31日，要闻版刊登通讯《驶入东京湾——本报记者在美舰上见闻》。

9月1日，要闻版刊登"本报特派员专电"《横须贺的占领》，报道美舰开进横须贺港的情况。

9月2日上午九时，日本代表在停泊于东京湾的美舰密苏里号上签字投降。朱启平站在离签字桌仅有两三丈远的临时搭建的木台上，清楚地目睹了日本侵略者投降签字的整个过程。9月3日，《大公报》要闻版刊登朱启平2日在密苏里号上发来的专电,详细报告日本投降签字仪式的情况。朱启平写道:"本报记者于国人经八年英勇抗战之后,今日于此亲见由独脚之日本外相重光(葵)及日本前驻津司令官、现任日本陆军参谋总长梅津美次郎率领之日本代表团,登上美国超级战舰米苏里号签日本投降条款。"中国代表徐永昌上将继美国代表之后于日本降书上签字。"全部典礼约共费时三十分钟。"

当日,朱启平心情非常激动,仪式结束后与同人黎秀石合影留念,当晚就在美军军舰上撰写了著名长篇通讯《落日》,用饱含激情的笔墨详细生动地描写了他目睹的中国和其他反法西斯盟国接受日本投降仪式的全过程,其中穿插了几个有趣而有意义的小故事。这篇通讯成为中国新闻通讯写作史上的典范,下面引用文中几处精彩的片段:

> 中华民国三十四年九月二日上午九时十分,我在日本东京湾内美国超级战斗舰米苏里号上,离开日本签降代表约两三丈的地方,看见他们代表日本签字,向联合国投降。
>
> 这签字,洗尽了中华民族七十年来的奇耻大辱。这一幕,简单,庄严肃穆。
>
> ……
>
> 各国代表态度,美国的最安闲,中国的最严肃,英国的最欢愉,苏联的最威武。全体签字毕,麦氏和各国首席签字代表离场,退入将领指挥室。那时是九点十八分,"九一八"!
>
> ……
>
> 我听见一个不到二十岁满脸孩子气的水兵十分郑重地对他一位伴儿说:"今天这一幕,我将来可以讲给孙子孙女听。"
>
> 这水兵的话是对的,我们将来可以讲给子孙听。可是,我们别忘了百万将士流血成仁,千万民众痛苦牺牲,胜利虽最后到来,代价却十分重大。我们的国势犹弱,问题仍多,真需要民主团结才能善保和发扬这胜利的成果。否则,或者我们没面目和孙子孙女讲了。
>
> 旧耻已去尽,中国应新生。①

日本投降后,朱启平从东京湾里美舰上乘小艇登陆,几次到横须贺、横滨、

---

① 朱启平:《落日——记日本签字投降的一幕》,《大公报》(沪版)1945 年 11 月 2 日。

东京和富士山附近旅行,共约十二天。回国后,他又写了长篇通讯《日本投降是临时休战》,回顾了在日本旅游的见闻。这篇通讯提出的"日本投降是临时休战"的观点十分令人警醒:"日本投降了,可是日本政府及大部分人认为是临时休战,忍辱负重,以图再起。"①

黎秀石的工作也很努力、很出色。他到东京湾后,于8月26日随几个英美记者登陆东京,看到战败后的东京一片凄凉,颇有感触,便将见闻写成通讯《东京死寂之夜——本报记者入东京所见》发往重庆。文中写道:街道上"除几盏路灯外,看不见人影,几里长的建筑物倒在地上"②。随后又于9月5日、6日连续发回两篇通讯,结合在日本的见闻,提出一些十分值得注意的现象——《蒙上糖衣的日本政治》说日本政治"外表好像向民主大道前进,内幕仍受着反动势力把持"③。《日本人在想些什么?》指出日本人"承认战败,惟甚少悔祸之意,感觉对中国犯了极大错误,想保持若干工业,不愿做农业国"④。

9月9日,《大公报》还发表一篇本报记者对徐永昌的专访,题目是"访徐永昌",其中"徐氏谈赴日受降经过"时说:"执笔签字时心中无限感触。"徐氏还特别指出"盟国管制日本尚须具体方案"⑤。

朱启平、黎秀石的通讯,以及对徐永昌的专访,所报道的现象、提出的问题,播下了《大公报》不满"美国扶持日本"情绪的种子,此是后话。

日本投降签字后,《大公报》于9月3日发表题为"迎胜利日"的"社评",首先说:"战争过去了。新历史的一页,已于昨天日本签署投降时开始了。我们八年来所努力争取与忍耐期待的胜利日,终于到来了。"接着冷静地分析说:"从中国的立场看胜利,我们应有自知之明,八年战争的无限痛苦,原因何在?今天迎接胜利,要以冷静的头脑深思远虑。不要骄傲,我们无可骄傲;不要快乐,我们还要奋斗。我们胜利的象征,只是公理战胜强权。对中国民族复兴及国家翻身,只完成了第一阶段。……今天我们无可骄傲,还要以临战精神从事和平建设。"⑥的确,一则中国的抗战胜利是"惨胜",二则内战战火已露火苗,没有什么值得骄傲的。《大公报》人此时的心情可谓五味杂陈。

---

① 朱启平:《日本投降是临时休战》,《大公报》(渝版)1945年10月2—4日。
② 黎秀石:《东京死寂之夜——本报记者入东京所见》,《大公报》(渝版)1945年9月9日。
③ 黎秀石:《蒙上糖衣的日本政治》,《大公报》(渝版)1945年9月7日。
④ 黎秀石:《日本人在想些什么?》,《大公报》(渝版)1945年9月8日。
⑤ 《访徐永昌》,《大公报》(渝版)1945年9月9日。
⑥ 《社评·迎胜利日》,《大公报》(渝版)1945年9月3日。

2. 有关中国战区受降的记载与言论

按照安排,同盟国在东京湾接受日本签字投降后一周,中国战区受降典礼于1945年9月9日在中国南京举行。中国战区受降分为两个步骤:先于芷江洽降,后在南京受降。

(1) 关于芷江洽降的记载

1945年8月21日,一架日军运输机在一队中国空军P-51战斗机押送下载着日军投降代表今井武夫一行,奉日本中国派遣军总司令官冈村宁次之命飞往湖南芷江,向中国军民投降,并交出日军在中国战区的兵力分布图,在记载着投降详细规定的备忘录上签字,此即为"芷江洽降",标志着日本侵华战争的结束。《大公报》对此有详细记载。

8月16日,《大公报》要闻版刊登"中央社讯":"蒋委员长电冈村宁次,指示日军投降原则,令速派代表赴玉山接受何总司令命令。"①

18日,要闻版刊登"中央社专电":"冈村宁次电复蒋委员长,遵令派遣侵华代表接洽投降。"由于玉山机场跑道被雨水损坏,当日蒋介石电告冈村宁次,洽降地改为湖南芷江,并通知洽降使节于21日到达芷江,须携带中国大陆、台湾及北纬16度以北越南地区所有日军之战斗序列、兵力位置等表册,代表人数不得超过五人。

中国政府之所以选芷江这个并不出名的地方商讨受降细节,其主要原因是芷江建有当时的远东第二大军用机场——芷江机场,是保卫陪都重庆的军事重镇,同时也是抗日战争取得转折性胜利的雪峰山会战(即芷江保卫战)的战略总部。

21日,要闻版刊登"中央社讯"电:"今日芷江盛典,日军举行投降仪式。"报道说,8月20日,何应钦及随员由重庆飞抵芷江。

22日,要闻版几乎全部都是有关芷江洽降的消息,如"今井一行昨抵芷江;何总长致冈村备忘录;在京设前进指挥所,派员同返,签降书前先派军接收京沪平,正式降书俟盟国受降后签订"等。

同日还刊登"中央社"电:"接受日军投降,各区军事长官规定——京沪汤

---

① 1945年8月15日,日本政府宣布无条件投降。当日,蒋介石以中国战区盟军最高统帅名义,电令日本中国派遣军总司令冈村宁次:"日本政府已正式宣布无条件投降。该指挥官应即通令所属日军停止一切军事行动,并迅速派代表至玉山接受中国陆军总司令何应钦之命令。"并要求冈村迅速答复。

恩伯,平津孙连仲,武汉孙蔚如,热察绥傅作义,广州香港张发奎,越南北部卢汉。"

24日,要闻版再次刊登"中央社"电,称23日下午,洽降会议结束后,何应钦召见了日本乞降代表今井武夫,并告之日本投降书签字地点定为南京。

为采访"芷江洽降"这一重大新闻,《大公报》派顾建平为特派员于21日下午从昆明飞到芷江。顾建平以特派员发回的两篇通讯报告洽降会议详情。《芷江受降会谈一幕》(刊于23日三版)分时报道从上午十一时到下午九时的芷江洽降事项,《芷江观光》(刊于25日三版)则报道了许多洽降过程中的细节和事实。

(2) 关于南京受降的记载与言论

据《大公报》8月28日"芷江专电"称:芷江洽降后,冷欣等一行于8月27日飞抵南京,设立负责办理全国受降事宜的中国陆军总司令部前进指挥所。《大公报》遣张鸿增为特派员,也抵达南京采访报道。又据《大公报》9月9日头条称:9月8日,中国陆军总司令何应钦飞抵南京,撤销前进指挥所设前方司令部。

至9月9日上午九时,受降典礼在南京陆军总部大礼堂举行,冈村宁次在日本投降书上签字,何应钦代表蒋介石受降。仪式结束后,何应钦发表广播演说,称:"中国战区日军投降签字已于本日上午九时在南京顺利完成。这是中国历史上最有意义的一个日子,这是八年抗战艰苦奋斗的结果。"①

《大公报》特派员张鸿增在参加完南京受降观礼后发专电说,受降签字"会场布置富丽堂皇,全部用具将保管陈列馆"②。他还采写了两篇通讯,一篇是《日军签降一幕》,一篇是《京沪见闻》,均刊登在9月10日《大公报》第三版。

9月10日,《大公报》发表了一篇题为"由抗战到建国"的"社评"说:"抗战胜利了,我们应该想想胜利以后的事。"笔锋一转,表示,若想想胜利以后的事,心情格外沉重。沉重的原因主要有三:第一,"中国人长于忍,长于混,而短于干,短于建设。"抗战八年,"有不少的人实在是'混'胜了的。……且有不少的人在混浑了的水里摸着大鱼。"现在建国,不能忍,"尤其不能混"。第二,"八年抗战,自然给人以不少磨炼与陶铸,但我们也不可不承认抗战也给人以反面的

---

① 《签字典礼后何总司令播讲》,《大公报》(渝版)1945年9月10日。
② 《本报记者南京观礼》,《大公报》(渝版)1945年9月10日。

变化",因此,要防止社会风气及道德人心的颓废与堕落。第三,"抗战中受了折磨吃了苦的人们,想回家、想休息、想补偿;沾了光发了国难财的人们"要挥霍。"这两种人好坏极端,却可能走上同一条路,就是趋于宴逸与享受。"文章最后说:"抗战虽已胜利,我们还是不能松懈,尤其人心开不得闸。"抗战胜利了,《大公报》似乎没有一丝轻松的感觉,反而心情沉重:"我们今天特著此文的用意,就是打破这种轻松的心理。"①

(五) 有关战后与美苏关系的记事与言论

1. 警告苏联:"撤出东北"

1945年2月4日至11日,即世界反法西斯战争即将取得胜利之际,美国、英国和苏联三个大国在黑海北部克里米亚半岛的雅尔塔举行了一次关于制定战后世界新秩序和大国利益分配问题的关键性秘密首脑会议。会后签订了《苏美英三国关于日本的协定》,又称《雅尔塔协定》②,划定了战后远东势力范围。《雅尔塔协定》是在没有中国参加的情况下签订的,是美苏讨价还价的结果。1945年6月15日,美国总统杜鲁门指令驻华大使赫尔利将密约精神通报给了蒋介石,逼蒋介石认可。还在旧金山会议期间,苏联代表团团长莫洛托夫便向中国代表团团长宋子文提出邀请中国政府派出代表到莫斯科一行,签订中苏友好条约。

宋子文从美国回国不久,便奉蒋介石之命飞往苏联。6月30日《大公报》二版载"中央社讯",报道宋氏访苏成行,27日由渝出发;8月初,新任外交部长王世杰飞抵苏联;8月14日,《中苏友好同盟条约》签字。可见《中苏友好同盟条约》是苏美等大国事先策划好了的,中国只是"听从安排"罢了。

经美国总统杜鲁门提议,1946年2月11日,即《雅尔塔协定》签订一年之际,华盛顿、伦敦和莫斯科三地同时发布该协定全文。《大公报》将该秘密协定和《中苏友好同盟条约》两个文件对照,发现原来后者是对前者的照抄。如果

---

① 《社评·由抗战到建国》,《大公报》1945年9月10日。
② 《雅尔塔协定》中涉及中国利益的内容主要包括:在德国投降及欧洲战争结束后两个月或三个月内苏联将参加同盟国方面对日作战。其条件为:(1) 外蒙古(蒙古人民共和国)的现状须予维持。(2) 由日本1904年背信弃义进攻所破坏的俄国以前权益须予恢复,即(甲) 库页岛南部及邻近一切岛屿须交还苏联。(乙) 大连商港须国际化,苏联在该港的优越权益须予保证,苏联之租用旅顺港为海军基地须予恢复。(丙) 对担任通往大连之出路的中东铁路和南满铁路应设立一苏中合办的公司以共同经营之;谅解,苏联的优越权益须予保证而中国须保持在满洲的全部主权。(3) 千岛群岛须交予苏联。

说《中苏友好同盟条约》签订时,《大公报》只是对其中某些具体条款有意见,愤懑情绪尚未完全喷发,那么此时这种情绪的宣泄便不可阻止了。

2月12日,《大公报》在刊登《雅尔塔协定》时加了这样的说明:"雅尔塔会议一周年,三国秘密协定公布,内为苏对日宣战条件:保存外蒙独立,千岛群岛让苏,恢复苏在日俄战中所失权利。"16日发表题为"读《雅尔塔秘密协定》有感"的"社评",首先点名批评了之前再三推崇的美国已故总统罗斯福,说签订这个秘密协定"一定是出于罗斯福总统的'苦心'"。接着提出一个问题:"罗斯福为什么签这个协定?"罗斯福是以牺牲中国利益为代价,作为"苏联对日宣战的保证"。并详细列出秘密协定上的条款,严厉指出:"这几项,除了南库页岛及千岛群岛属于日本的范围外,其余各项皆属于中国的范围。罗、邱、史三巨头作如此重大的决定,且直接涉及中国的领土主权,在签订之前曾否取得中国的同意呢?""未经征得中国同意而三巨头就如此决定了,不啻代为主持,这可见中国是处于受支配被处分的地位。"①

24日"星期论文"栏发表署名傅斯年、任鸿隽、陈衡哲、王云五等二十人的文章《我们对于雅尔达秘密协定的抗议》说:

> 苏联在雅尔达会议的要求,完全违反对侵略的法西斯国家共同作战的目的,违反列宁先生与孙中山先生共同建设的中苏友爱的新基础,违反苏联多次的对外宣言,尤其是对华放弃帝俄时代不平等条约的宣言,违反对《大西洋宪章》以来各重要文件的精神。苏联所标揭的是打倒帝国主义,然则今日苏联要求恢复其俄罗斯帝国之权利,又何以自解?苏联乘人之难,提出这种要求,其异于帝俄对于中国之行为者何在?②

此外,《大公报》还于21日发表了一篇题为"东北的阴云"的"社评",单独提出一个"东北问题",说"东北的阴云正在扩展,几乎要遮满了中国的晴空"。这一片"阴云",是下列这些事交织成的:(一)在东北的苏军逾期未撤退;(二)国民政府接收东北的工作,已进行五个多月,只接收了少数几个城市;(三)盛传苏联对东北经济有新要求;(四)张莘夫(经济部专员)由抚顺至沈阳的火车上被拖下杀害;(五)又传有所谓"东蒙古人民共和国"的酝酿;(六)《雅尔达秘密协

---

① 《社评·读〈雅尔塔秘密协定〉有感》,《大公报》(沪版)1946年2月16日。
② 傅斯年、任鸿隽、陈衡哲等:《星期论文·我们对于雅尔达秘密协定的抗议》,《大公报》(沪版)1946年2月24日。

定》的发表；（七）中共中央发言人发表谈话，要求国民政府承认东北民主联军和各项自治权。这七点将外交与内政搅在一起，使一个本来很复杂的问题变得更加复杂。

实际上，被日本占领达十四年之久的东北是东北抗日联军在苏联红军的支援下从日寇手中收复的，并且在日本投降前，八路军总部已命令吕正操、张学思等部分别进入热河、辽宁、吉林等省，配合东北抗日联军和苏联红军消灭日军。随后中共中央派员进入东北，成立了以彭真为书记的中共中央东北局，组建了以林彪为司令员、彭真为政委的东北民主联军。当时的东北，尚无国民党的一兵一卒。但是蒋介石在美国的支持下，决心把东北从民主联军和暂缓撤离的苏联红军手中"接收"过来，于是一方面要求苏联立即撤兵，一方面指责共产党"抢占"了东北。

《大公报》的上述"社评"要求苏联军队必须按"条约"规定，在日本投降三个月后撤离东北是正确的，但却包含一个非常错误的观点，即认为只有国民政府接收了东北，才算是"对外保独立"，这一错误观点完全适应了蒋介石抢占东北的需要。

事实也是如此。2月22日，重庆国民党特务借"东北问题"和"张莘夫事件"煽动不明真相的学生举行反苏游行。队伍从沙坪坝出发，一路呼喊"请苏军依约撤出东北"等口号。队伍行至民生路时，混杂在游行队伍里的特务分子趁机捣毁了重庆《新华日报》营业部，打伤工作人员。当晚，在重庆的周恩来举行记者招待会，揭露事实真相，指明此事件纯系特工人员、反动分子所为，与学生无关。24日，《大公报》在第二版报道了"《新华日报》营业部被捣毁"的消息和周恩来在记者招待会上的讲话，26日发表题为"热情与理智"的"社评"说：

> 近来国人的视线集中在东北问题上，爱国的热情陡然昂扬，这绝对是好现象。但有一点，大家必须注意，就是热情必须与理智平衡，不可以兴奋的热情遮盖了应有的理智。譬如前几天重庆的学生游行，是爱国热情的表现，但有捣毁《新华日报》营业部的事，便大大的不应该。游行的学生并无此行为，这是很理智的；却另有群众出此暴举，那便不理智了。假使其中竟有策动者，那非但不理智，而且近于阴险了。……在大众热情高张之时，也会助长顽固份子的气焰，发生夹带的流弊。①

---

① 《社评·热情与理智》，《大公报》（沪版）1946年2月26日。

2. 反美情绪滋长

战争结束后,美国对外政策的指导思想就是迅速建立起一个"西方阵线",以便在即将开始的冷战中与苏联对抗,因此新的战争危险依然存在。美国的这一战后政策,自然成了向往世界和平的《大公报》批评的对象。《大公报》原来的亲美情绪很快被反美情绪所替代。

(1) 反对扶持日本

《大公报》批评美国冷战思维和做法的文章,最早见于1946年9月24日的"社评"《一个政策,两个世界》。这篇"社评"是为华莱士(Henry Wallace)因发表主张与苏联和谐的演说而被迫辞掉美国商务部长职务一事而写的。"社评"说:"今天世界情势如此不安,前途展望如此黯淡,美国政策是有极大关系的。……美国政府当前的作法,是在国际大会上与苏联争,在世界任何角落上向苏联防,甚至还有些人在呼号备战。"文章认为,从华莱士不同意杜鲁门的主张而被勒令辞职的事件可以看出,以防苏为中心的美国政府外交政策已告稳定。"这一个政策的稳定,就决定今后国际大势将走向两个世界:一个美英集团的世界,另一个是苏联集团的世界。这两个世界最后是不是要来一个大碰撞,那就要看人类的命运如何了"①。这篇由华莱士的辞职引出对美国外交政策批评的"社评",对国际大势的观察是完全正确的。

当然,《大公报》对美国冷战做法全面而深刻的认识,是随着美国对日政策和行为错误的暴露而加深的,并以此为中心形成一股不小的反美情绪。

日本投降后,美国代表联合国管制日本。这个联合国中的"首席"、战后以"国际警察"面目出现的美国,本应根据《波茨坦宣言》和日本投降文书的精神解除日本的武装、彻底消灭日本军国主义,使之成为一个和平民主的国家。然而它却南辕北辙,为了冷战的需要,利用管制日本的便利大力扶植日本军国主义复活,把它作为反苏、反共的前沿阵地。对此《大公报》于10月4日发表李纯青写的题为"怀疑美国的对日政策"的"社评",批评美国的对日政策,说:"美国管制日本,是受联合国之托,以实现联合国家的共同目的。这个共同目的是:管制日本,消灭其侵略性,使其成为和平民主的国家,不再成为战争的份子,不再为远东和平的威胁。"但是,"美国为她的一种世界政策,不惜培养日本的反动势力。……日本军国主义,正以美国政策为温床,在滋生潜长。……近一个

---

① 《社评·一个政策,两个世界》,《大公报》(沪版)1946年9月24日。

世纪来,中国受了七十多年的日本侵略。……中国人民对日本军阀丑恶的记忆太深,现已感觉美国在帮助我们的敌人,甚至在培养其重行侵略的可能,这是中国人民认为万万不可的"①。《大公报》这篇批评美国对日政策的"社评",言辞是很尖锐的,内容也是很深刻的。

1947年2月27日,王芸生参加中国赴日记者团赴日考察,至3月15日回国。在日半个月间,他亲眼看到了美军司令麦克阿瑟为了反苏需要在日本复活军国主义的事实。回国后他以"日本半月"为题写了十二篇文章,发表于3月22日至4月15日的《大公报》,以亲眼所见事实向国人报告:由于美国的扶持,"日本正在走着一条暗淡险巇的路,它将给日本民族的命运一个新的摆布,对于远东全局又是一个满含迷惑性的谜"。文章指出:

> 麦克阿瑟元帅是受十一个盟国的委托,根据《波茨坦宣言》及日本投降文书的精神,去管制日本、解除日本的武装(精神的及物质的),使不再为世界和平之害,使日本建设为一个和平民主的国家。……但同时,麦帅更有一个理想,就是:建设民主的日本,同时防阻共产主义(这是麦帅所曾一再公开表示过的)。因此日本的民主须与社会主义隔离,而且还需要有防阻共产主义侵袭的相当力量。在这一点上,麦帅对于日本的价值有了较高的估量,因此,他一方面在管制日本,另一方面也在培育日本。

文章具体罗列了相应的"扶日"政策:"给日本保留相当高的工业水准",警察"原封未动","庞大的渔船队驰骋海上",几百万退伍军人在乡间还存在明的暗的组织。上述组织,"一旦有事,都是武力。在曾经遭受日本几十年侵略惨祸的中国人看来,这是可怕的后患"②。最后,王芸生在感想中写道:"日本人几乎是举国一致的在走着一条路。这条路,是服从美国,甘做反苏的一只棋子。他们这样做,可以讨得强大的美国的欢心,可以在盟军管制下受到宽待,讨些便宜,以便投机复兴。这投机是极冒险的,可能走向另一悲剧。"③

《大公报》还发表"社评",直接抨击美国扶持日本军国主义的不当做法。3月22日的"社评"《对日本早订和约的呼吁》首先说,麦克阿瑟接见新闻记者时提出,要早日与日本签订和约,解除对日本的武力占领和武力管制。"社评"认

---

① 《社评·怀疑美国的对日政策》,《大公报》(沪版)1946年10月4日。
② 王芸生:《日本半月(一):暗淡险巇的前路》,《大公报》(沪版)1947年3月22日。
③ 王芸生:《日本半月(十二):一串感想》,《大公报》(沪版)1947年4月15日。

为,麦氏此举的动机主要是想减轻美国的经济负担,而不是对日本的改造已经完成。希望"麦帅贯彻《波茨坦宣言》的精神,彻底消灭日本的封建余孽及军国主义分子,把日本确置于和平民主的新生基础之上"①。

4月25日的"社评"《战败国可成天堂》尖锐地指出,美国在日本执行的是"爱你的敌人"的"耶稣方针"。在麦克阿瑟看来,"东条及日本军阀主义对日本功德不朽,日本是上帝的新宠儿",因而"美国正准备把日本造成天堂"。文章设问道:

> 这是人类的新福音吗? 不,谁都知道不是福音。"将欲取之,必先与之。"中国人最懂得这个道理。戳穿说,美国所关心的日本政治与日本工业,纯然基于美国的战略要求;而这种要求又是受了一种现人类最不幸的政治意识——美苏对立——所支配。为这种意识所驱策,天下生灵已扰攘不安,除了几个大国,没有一国不在受灾殃,没有一个灵魂不在痛苦呻吟,没有一颗心不在怨恨诅咒。②

可以说,《大公报》的这篇"社评"对美国战后政策的剖析真可谓入木三分!

6月28日,《大公报》再次发表题为"对日认识的歧途"的"社评",指出:

> 麦帅之所以不顾远东各国利益,一味宠护日本,人人皆知,那是美国假想在对苏战争时,以日本为美国战略之一环,而施行的政策。这个假想根本就未必正确,相信美苏战争大不智,为美苏战争给日本开方便之门,实际受害的并不是强大的苏联,而是远东邻接日本诸弱国。……因此,远东国家无不反对美国扶植日本的政策。……中国对日本问题,不应袖手旁观,更不可惟美国之马首是瞻。宽大是一回事,谋国又是一回事。宽大是对过去的,对未来可能的威胁,实无宽大之理。③

1947年4月30日,王芸生请假北归。此时平津学潮汹涌,王芸生因而在平津演讲五次,四次涉及日本问题。5月15日,王芸生应邀在北京大学讲《日本问题再认识》,16日在燕京大学再讲日本问题,17日在清华大学讲《漫谈国事》,23日在天津南开大学讲《我对国事的看法》。这一连串的演讲的一个中心议题就是揭发美国扶植日本军国主义复活的勾当。

---

① 《社评·对日本早订和约的呼吁》,《大公报》(沪版)1947年3月21日。
② 《社评·战败国可成天堂》,《大公报》(沪版)1947年4月23日。
③ 《社评·对日认识的歧途》,《大公报》(沪版)1947年6月28日。

10月16日《大公报》转载王芸生发表在黄炎培主编的《国讯周刊》第433期上的文章《麦克阿瑟手上的一颗石子》。文章在谈到麦克阿瑟为什么要扶植日本时说:"日本有一句成语,叫做'一石两鸟'。尔今日本,正是麦克阿瑟手上的一颗石子。他拿这颗石子,预备打两只鸟:(一)对付苏联;(二)警备中国。一旦有事之时,美国军舰装着日本的'关东军',重在我们的东北登陆,一面与苏联战,一面也就对中国直接执行'防共'以至'剿共'的任务。"①该文用"一石两鸟"揭示了美国扶植日本的险恶用心,可谓形象。

(2)反感利用"美援"要挟中国

正当《大公报》不满美国扶持日本政策、复活日本军国主义的时候,1947年7月上旬,第二次世界大战时期曾经担任中国战区美军司令官的魏德迈来到中国。

魏德迈此次是作为美国总统杜鲁门的特使来中国的,其任务是"调查"中国,即"对中国目前及未来的政治、经济、心理和军事情况作一估计",以便决定美国的援华政策。《大公报》对美国要"调查"中国这一态度深感不满,7月15日,发表题为"魏德迈调查中韩"的"社评",批评美国以日本为核心、以中韩为前卫对付苏联的远东政策:

> 就整个远东看,中韩并在调查之列,中国若还是一个胜利大国,似颇不伦不类。在逻辑上,韩国问题是最尖锐的对苏问题。魏将军来远东调查中韩,连带使我们想起了麦克阿瑟元帅管制下的日本。在白宫看来,日本似乎已没有问题。……为什么魏将军要调查韩国呢?韩国密迩日本,在对苏战略上是日本的前卫,也是日本的延长。调查中国,自然也放在以日本为核心的这一圈里面。……日本既没问题,美国的远东棋局,今后大概将以日本做主"子"了。②

7月22日,魏德迈一行飞抵南京。《大公报》23日发表"社评"《魏德迈将军到南京》,提出三点希望:(一)希望魏将军继续马歇尔的精神,考虑中国问题的出发点应该是帮助中国和平统一与民主建设;(二)希望美国从结束中国人民痛苦的出发点,多给中国以实际有效的援助;(三)希望美国帮助中国的地方建设③。25日,美国使团谒见蒋介石。7月26日,《大公报》发表"社评"《与

---

① 王芸生:《麦克阿瑟手上的一颗石子》,《大公报》(沪版)1947年10月16日。
② 《社评·魏德迈调查中韩》,《大公报》(沪版)1947年7月15日。
③ 《社评·魏德迈将军到南京》,《大公报》(沪版)1947年7月23日。

魏德迈将军谈对华政策》，谈了两点感想："第一，……我们希望不要把中国拢在美国的战略圈内，对华政策的出发点应该是中美互利的，协助中国获致和平统一与民主进步。中国人民的自尊心，已不愿中国做美国的随从，尤其不愿美国把中国置于日本的臀后。"第二点，中美商贸政策不应该是一边倒，使中国成为美国商品倾销地。"纵使中国把门户洞开，无条件欢迎美货来倾销，一如洪水泛滥，顶到中国人民根本丧失购买力时，则滚滚美货也将成为无人过问的粪土。"①关于后一点，早在1946年11月4日美国与中国签订表面"平等"的《中美商约》②时，《大公报》便发表"社评"对此表示不满，说："在实质上，我们觉得它几乎是一个新的不平等条约。"具体指出："中国这样门户大开，是完全符合了美国的'门户开放'政策。美国的高度工业品大量涌来，美国的高度生产力与高度生活力都大量涌来，试想想，我们的工业将如何建设？我们的经济将成何形状？我们人民生活将处何境遇？"③故此时《大公报》又对魏德迈重新郑重表明，"社评"提出的这两点无疑都是正确的。

魏德迈在中国"调查"时，态度傲慢，趾高气扬，中国各界对此十分气愤。8月17日，魏德迈离开上海至南京，准备起草调查报告，《大公报》沪版发表"短评"《可谓国耻》，将魏德迈在华的傲慢和国民党政府官员的奴颜好好地数落了一番："魏使团来中国，俨然似执行职务的检查官，又像救苦救难的万应灵膏。魏使团在板着面孔的搜集证据，而我们各种各样的人偏又有各种各样的希望以至要求。在有自尊心的人看来，已经很难为情的了。"况且魏氏随便骂人，骂"青年翻译官"、骂"若干教授"。对此"短评"说："中国的苦难应该由中国人承受，我们的问题本不该求别人解决。人贫不可志短，今天我们国家一贫二乱，连人的志气也短了，岂不可悲！"④24日，魏氏离华返美，临行前发表"临别赠言"，对是否提供"美援"未作明确表示，反倒把中国人羞辱了一顿。魏氏说，他见到了许多中国人的沮丧的失败主义，使他很失望。对此，《大公报》沪版发表"短评"《魏德迈临别赠言》说："他（魏德曼）却责备许多中国人的冷漠，不设法自行解决问题，

---

① 《社评·与魏德迈将军谈对华政策》，《大公报》（沪版）1947年7月26日。
② 即《中美友好通商航海条约》，系中国近代史上签订的最后一个不平等条约。该条约由美国首先提出了约稿，与中国国民政府秘密商谈后签订。条约虽然规定双方享有对等权利，但实际上由于当时中国远洋运输不发达及生产落后，根本无法与美国平等地实现其中规定的权利，反而因此向美国开放了全部领土，造成了实质上的不平等。
③ 《社评·评中美商约》，《大公报》（沪版）1946年11月6日。
④ 《短评·可谓国耻》，《大公报》（沪版）1947年8月24日。

反以甚多的时间及努力,追求外来的援助。其言不失为严正,有自尊心的中国人听来,应该感到惭愧!"①《大公报》对少数国人的责备,也是很中肯的。

魏德迈回国后的1948年5、6月间,中国人民"反对美国扶持日本"的运动达到高潮。美国驻沪总领事卡波特发表演说辱骂上海学生,美国驻华大使司徒雷登也发表声明,对中国学生的"反美扶日"运动表示"遗憾"。平、津、沪及全国学生、教授纷纷通电或致函,对司徒雷登表示抗议。《大公报》对爱国师生的反美行动及时予以报道,并连续发表社评和专论或召开座谈会,传播"反美扶日"的爱国思想。6月5日,《大公报》发表"社评"对中国人民反美情绪的由来和发展进行了剖析:中国民众"反美的蔓延滋长"的主要原因,首先是美国"国防至上"的观念,"一切国际行为莫不从基地、从战略上着想",而"中国人民之不愿本国为美国的前方阵地,正如英国人民之不甘使英伦三岛沦为美国在大西洋上的一条航空母舰一样"。其次是美国"露骨的民族自大狂","一切都成为美国当政者的手段",因而招致反感。此外,美国"领袖欲的外在表现,不知不觉的会干涉他国内政","为了对苏斗争,她不惜出尔反尔的随时修改国际诺言"。具体而言,最不为中国人民容忍的是美国扶持日本的政策和做法:把日本变成为"美国完整之一部分",成为对抗苏联的前沿阵地。"社评"坚定表示:"《大公报》就不赞成美国扶植日本,而且这一贯的言论已继续了两年。"最后声明说:"我们反对美国政府逾限扶植日本的政策,但却并不反美。""同时要声明,我们并非袒苏。我们对美国朋友不客气的陈说,并不等于说苏联一切全对。尤其像她在我们东北的一些作为,如拆运机器,不还旅大等,我们也是一直反对的。"②这确实是事实,《大公报》这一时期对美、苏的基本态度的确如此。

四、有关社会服务的记事与言论

社会服务是《大公报》的光荣传统,源于英记,始终坚持,并且每一个时期都有新的创举。虽然由于种种原因,这个时期的募捐活动越来越困难,但是该报依然一如既往地以极大的热情从事这方面的工作,视"服务社会"为报纸的

---

① 《短评·魏德迈临别赠言》,《大公报》(沪版)1947年8月25日。
② 《社评·反美情绪的分析》,《大公报》(沪版)1948年6月5日。

本职工作之一。本时期的社会服务主要分"劳军募金"和"救灾募捐"两类。

(一) 关于劳军募金活动的记事与言论

"新记"后期,反侵略战争还在艰苦地进行,《大公报》发起或参与的劳军献金活动也还在努力进行,其发起或参与的劳军募金活动主要有以下几次。

第一次,1942年代收"文化劳军献金"。

1942年12月2日,渝版一版刊登《启事》说:"本馆依据《陪都各界文化劳军运动委员会通知》及《代收读者文化劳军献金办法》,定于本月二日起至二十日止,代收'文化劳军献金'。"

为何开展这次文化劳军活动?《大公报》当日的"社评"《请读者赞助文化劳军献金》中说:"世界大战打得天翻地覆,人类的是非善恶,就要在这一次战争中见到最后分晓。"在抗日战争中,前方牺牲多、贡献大、生活苦,后方的人"谁能想象他们是食未必饱,衣未必暖,而在文化生活上更是饥渴得像在沙漠上寻不到一滴露水一样?凡是中国同胞,必然感激我们的战士,必然尊敬我们的战士,我们应该崇功报德,尤其应该替战士解决切身的饥渴问题。这是我们责无旁贷的事,也是我们非如此做而良心不安的事"。因而,"本报今天对读者诸君特作呼吁,提出请求,请诸君无分老幼男女,各节余资……为战士供应文化食粮,藉以解除战士的精神苦痛,提高战士的战斗精神"①。

此次"文化劳军献金",至12月25日止,共收款计六万零二百二十三元二角四分②。对此,《大公报》在12月28日的"社评"《天寒岁暮念灾黎》中表示了深深的遗憾:"念到战士,重庆刚才举行过文化劳军献金,这经过几个月筹备的劳军献金,情绪虽极热烈,数目实在戋戋,在甲第连云巨富丛集的重庆,共醵资五百万,每名战士只摊到一元钱,这数目实在不算太多。"又说:"但无论如何,总算业已表示了重庆人敬礼战士的心。"③

第二次,1946年的鞋袜劳军活动。

全国慰劳总会定于1943年6月30日为"鞋袜劳军舆论日"。当日《大公报》渝版发表题为"本报敬募劳军献金"的"社评"说:"全国慰劳总会定今日为鞋袜劳军舆论日,我们敬愿为此而作宣扬的努力;又本报受全国慰劳总会的委

---

① 《社评·请读者赞助文化劳军献金》,《大公报》(渝版)1942年12月2日。
② 《本报代收文化劳军献金报告》,《大公报》(渝版)1942年12月26日。
③ 《社评·天寒岁暮念灾黎》,《大公报》(渝版)1942年12月28日。

托,经募劳军献金,我们敬愿效此微劳,本报谨首先捐献国币一万元,以为抛砖引玉之倡。"然后论述道:"我们认为劳军献金这一件事异常有意义,这不但是直接的爱国家助战士,而对于战时社会更富有教育的意义。人的最大恶德莫过于泪没了同情心,国民的最大罪过莫过于失掉了祖国爱,劳军献金就恰恰是使人发扬同情心,表现祖国爱。……这在教育上的作用实在大极了。"文章最后发出号召:"同胞们! 我们是否有同情心? 我们是否有祖国爱? 请先在劳军献金上表现! 本报同人在敬候为诸君收转献金,并伫盼每日在报上记载的献金数字继长增高,以为我们后方同胞表现宝贵同情与伟大祖国爱的测验!"①

此外,当年7月1日为"鞋袜劳军妇女日",各界妇女将参加大会,各尽其能、献金劳军。《大公报》亦对现场情况进行了报道。

第三次,1943年代收湘鄂劳军捐款。

1943年12月16日,《大公报》发起"代收湘鄂军捐款"活动。17日发表"社评"《慰劳战士以安良心》:"湘鄂之捷,是国家的光荣,也是全国同胞的光荣。就在这时候,全国慰劳总会发动劳军运动,这正是我们慰劳前方战士以安自己良心的机会。本报愿扯开胜利的喉咙,向各界同胞呼吁献金劳军;同时本报也在伸着胜利之手接受读者诸君的献金,以便转献于全国慰劳总会。有良心的人们,赶快献金吧!"②

据1944年2月11日第三版消息,此项劳军捐款本报代收五十九万余元。

第四次,1944年发起慰劳湖南前线将士捐款。

1944年5月下旬日军占领河南后,集中兵力从洞庭湖两侧地区对湖南发动进攻,从6月到7月,从长沙到衡阳,湖南各个战场战事激烈,已有三次长沙会战战绩的中国守军打得很艰苦,也很勇敢。为了感恩湖南前线的抗战将士,《大公报》发起"慰劳湖南前线将士捐款"活动。为了把这次捐款劳军活动开展好,于6月20日发表题为"把后方人心献给前方将士——请读者献金慰劳湖南战士!"的"社评",首先说:"湖南的战事实在关系重大,湖南的将士也实在对得起国家! ……湖南的战事,到现在已打了二十五天。"接着号召说,在这种时候,"至少至少我们应该把后方的人心献给前方将士,至少至少我们应该出钱代心,感谢战士,慰劳战士,藉此使前方后方发生一种联系"。"前方作战的将

---

① 《社评·本报敬募劳军献金》,《大公报》(渝版)1943年6月30日。
② 《社评·慰劳战士以安良心》,《大公报》(渝版)1943年12月17日。

士是好战士,我们后方的同胞也应该是好国民!现在本报谨呼吁好国民出钱献心,慰劳我们的好战士!请读者送钱来,本报愿尽代为收转之劳!"并表示说:"本报谨先献国币十万元,以为抛砖引玉之倡!"①相对前几次,此次募捐活动发动得好、效果佳。据7月9日《大公报》三版载,至7月8日,慰劳湖南将士捐款共收二百七十余万元。

在北方战场连连失利的情况下,湖南守军顽强抗击日寇的战绩,对全国抗战军民是一个极大的鼓舞。为鼓励湖南前线将士,《大公报》决定在前阶段募捐成绩的基础上,再次发力,于7月10日发表题为"前方打仗,后方献金"的"社评"说:"前方将士正在打仗,紧张万分;后方人民到处献金,也应该热烈万分。前方打仗,是为了抵抗暴敌,保卫国家;后方献金,是为了慰劳战士,略表寸心。打仗的拼命,出钱的献心,其事已有难易之别,假使出钱的不踊跃,等于说后方人都昧了良心。""社评"列举了后方献金的感人事迹:"冯玉祥将军几个月来奔走四川各县,到处发掘人心,结果献金热潮洋溢各地,献金数字更番比赛,且有不少可歌可泣的故事。本报呼吁献金,慰劳湖南将士,半个月来收款二百八十余万;昨天重庆更有一个热烈的场面,七七劳军献金大会轰动山城,骄阳之下,汗流浃背,献金的数字达到八千万元。"文章最后提出建议:"(一)劳军要快,把人民献金一涓一点都尽情用到前方,实惠战士。……(二)慰劳总会应把募得之数,先直接存入国库,以待分配,似不必存入银行,以免成为游资。(三)所受献金以及分配情况的账目应登报公布,以为征信。"并呼吁说:"我们相信技术办得好,将更可鼓励人们献金的热情。"②

该"社评"发表后,产生巨大反响。次日,全国慰劳总会致函《大公报》说:"七月十日贵报'社评'《前方打仗,后方献金》,其中关于献金劳军技术建议三点,具见关怀将士,热心慰劳,至为敬佩。"认为"此次劳军献金之意义,一方面为纪念'七七',慰劳七年来为国奋斗之全体将士,一方面慰劳最近之中原、湘北鄂西、滇西、缅甸、衡阳、粤北各战场将士及盟军将士"。③

据8月29日《大公报》三版报道,此次劳军献金活动,除慰劳总会募捐到近

---

① 《社评·把后方人心献给前方将士——请读者献金慰劳湖南战士!》,《大公报》(渝版)1944年6月20日。
② 《社评·前方打仗,后方献金》,《大公报》(渝版)1944年7月10日。
③ 《来函·慰劳总会致函本报,说明办理劳军献金情形》,《大公报》(渝版)1944年7月11日。

亿元外①，本报代收劳军捐款共计七百六十五万余元。

第五次，代收过境国军慰问金及慰问品。

1944年底，桂、柳沦陷，战局转紧，增援部队源源东开，途过渝郊者甚众，中国妇女慰劳会派员慰劳，并致函《大公报》馆，希望得到帮助："士兵长途跋涉，备尝辛劳。天寒路冻，尚有赤足而行军者。希望发起募捐，以实物为主，衣物、布鞋、毛巾、毛棉制品，皆所欢迎。"《大公报》收函后，立即决定代收慰劳过境部队慰劳金及慰劳物品。

为了搞好这次活动，《大公报》连发两篇"社评"。12月5日的"社评"《请重庆市民慰劳过境国军》，先介绍情况：桂、柳沦陷后，敌军突进贵州境内，军事沉重。奉命开赴前线增援部队路过渝郊。后说明理由："国军辛苦，世界第一。吃未必饱，穿未必暖，可能是在严寒状态下作战。试问，我们对他们有无责任？"最后发动说："我们要他们打胜仗，必须懂得一个道理：军队是鱼，人民是水。重庆是首都所在，殷实之家麕集，富绅巨室可慨捐万金，寻常市民也可募一双布鞋或一条毛巾。须知，今日是争取必胜的关头，我们再不激天良，出物力，尚待何时？"②

但四天过去，献金情况不是很理想。于是9日《大公报》再发"社评"《箪食壶浆以劳国军，人民起来帮助军队》，先报告近几天陪都各界捐金的情况说：四日来，已收得代金五百八十余万元及大批实物。这证明大家已开始掏出良心，贡献给国军、贡献给胜利的前途，但是这还远远不够，因而"我们希望陪都各界急起动员，作全国的榜样。更希望政府积极动员民众，领导民众，充分发挥军民一体的抗战精神。……战局虽微露转机，而大敌依然压境，惟有全国上下，彻底合作，彻底动员，彻底悔悟，才能打破当前的难关，重奠胜利的基础！"③

最终在《大公报》的努力下，此项活动效果甚佳。据《大公报》1945年1月27日三版报道，慰劳国军款物，本报续收一百六十余万元，连前共收四千二百余万元。

第六次，代收湘西将士慰劳金。

1945年5月14日，《大公报》一版刊登《本报代收湘西将士慰劳金启事》说："全国慰劳总会以湘西反攻捷报传来举国振奋，为激励前方士气，发扬后方

---

① 7月22日《大公报》三版"中央社讯"分配七七献金办法："慰劳总会昨日议定，先拨五千万元慰劳陆空军，未征之四千余万元决催缴。"
② 《社评·请重庆市民慰劳过境国军》，《大公报》(渝版)1944年12月5日。
③ 《社评·箪食壶浆以劳国军，人民起来帮助军队》，《大公报》(渝版)1944年12月9日。

民气起见,特发动慰劳湘西将士运动,并嘱托本报代收慰劳金。兹定即日起至本月底代收,并呼请各界踊跃捐献,藉表敬爱将士,拥护抗战之热诚。"①在渝有关团体对于慰劳湘西战士一事也很重视,全国慰劳总会、陪都金融工商青年劳工各界领袖于15日开会商讨扩大征募及慰劳团体人选。

此次活动不仅仅是募捐,而且还要派员上前线慰劳战士。为此《大公报》专门发表题为"慰劳湘西战士"的"社评",首先说明特意派员慰劳湘西战士的原因:

> 我们军队在湘西打了胜仗,捷报传来,正值世界人士浸沉在欧战胜利的狂欢中。此中国战场一角的胜利,似乎还没有得到应得的重视。我们愿再指明,湘西会战的确是一个硬仗,胜利完全凭着艰苦的努力,流血流汗得来,绝非侥幸。现在全国慰劳总会发起慰劳湘西战士,崇功报德,这是应有之义,安居后方的同胞应该一致响应,踊跃输将。

在详述了湘西会战的经过和胜利的来之不易后,专门阐述前方劳军的意义:"我们要给他们以温情的慰藉,鼓励他们打更好的仗。……劳军不能与其他一般捐献混为一谈,或感觉捐献过多;我们不是日夕盼望最后胜利吗?劳军次数多,正是胜仗多,胜利多了,最后胜利才能实现呵!"②

由于募捐不甚理想,《大公报》于5月30日再次发表"社评"予以催促:"湘西豫鄂前线慰劳团,一周内即将出发,而本报代收的慰劳金,迄今还不过数十万元。说来真惭愧。"③

然即便这样,捐款依旧不理想。据《大公报》6月5日三版报道,慰劳将士捐款,本报续代收六十九万元。连之前共代收二百九十九万七千五百九十八元七角二分。

第七次,也即最后一次代收劳军捐款。

《大公报》最后一次代收"劳军献金"是日本宣布投降后。1945年8月19日一版刊登《本报代收胜利劳军献金启事》:全国慰劳总会以日本投降、胜利到来,特举办"庆祝胜利劳军运动",为了扩大慰劳全国将士,嘱托《大公报》即日起代收"胜利劳军献金"。

此项捐款实际情况,报上不见披露,仅据9月26日三版"本报讯":"庆祝劳

---

① 《本报代收湘西将士慰劳金启事》,《大公报》(渝版)1945年5月14日。
② 《社评·慰劳湘西战士》,《大公报》(渝版)1945年5月14日。
③ 《社评·慰劳团快出发了!》,《大公报》(渝版)1945年5月30日。

军,陪都各界昨热烈献金。大会中实收八千万余元,本报社献金五十万元。"

(二) 救灾募捐活动的记事与言论

1. 抗战后期的救灾募捐

第一次,代收拯救河南灾黎捐款。

1942年,河南连遭水旱灾害。1943年2月1日,《大公报》二版刊登战地通讯员张高峰写的通讯《豫灾实录》,"记者首先告诉读者,今日的河南已有成千成万的人正以树皮(树叶吃光了)与野草维持着那可怜的生命,'兵役第一'的光荣再没有人提起,'哀鸿遍野'不过是吃饱穿暖了的人们形容豫灾的凄楚字眼"。记者通过实地考察,报道说:

> 河南是地瘠民贫的省份,抗战以来三面临敌,人民加倍艰苦,偏在这抗战进入最艰难阶段,又遭天灾。今春三四月间,豫西遭雹灾,黑霜灾,豫南豫中有风灾,豫东有的地方遭蝗灾。入夏以来,全省三月不雨。秋交有雨,入秋又不雨,大旱成灾。……八九月间临泛各县黄水溢堤,汪洋泛滥,大旱之后复遭水淹,灾情更重,河南就这样的变成人间地狱了。

不仅如此,地方政府不仅不减免税收,还趁征粮之机拼命勒索农民。"大灾之年比去年还逼得紧。交不上粮,就把人抓到县政府关起来,几天不给饭吃,还要痛打一顿,放回来叫卖地纳粮。"次日,该报发表了一篇为民请命的"社评",题目是"看重庆,念中原!"。这篇依据《豫灾实录》撰写的"社评"说:

> 河南灾情之重,人民遭遇之惨……三千万同胞,大都已深陷在饥馑死亡的地狱。饿死的暴骨失肉,逃亡的扶老携幼,妻离子散,挤人丛,挨棍打,未必能得到赈济委员会的登记证。吃杂草的毒发而死,吃干树皮的忍不住刺喉绞肠之苦。把妻女驮运到遥远的人肉市场,未必能换到几斗粮食。这惨绝人寰的描写,实在令人不忍卒读。……尤其令人不忍的,灾荒如此,粮课依然。县衙提人逼掯,饿着肚纳粮,卖了田纳粮。忆童时读杜甫所咏叹的《石壕吏》,辄为之掩卷太息,乃不意竟依稀见之于今日的事实。今天报载"中央社"鲁山电,谓:"豫省三十一年度之征实征购,虽在灾情严重下,进行亦颇顺利。"并谓,"据省田管处负责人说,征购情形极为良好,各地人民均罄其所有,贡献国家。"这"罄其所有"四个字,实出诸血泪之笔!

社评进一步写道:对比重庆,虽然物价跳涨,阔佬依旧豪奢享受。希望重庆人

"深切自省,莫太征逐物欲,在这灯红酒绿百货上市准备过年之时,应该勉抑酒食之欲,稍节馈赠之资,以移赈河南灾民。如此,还可以稍稍减轻我们的罪戾,略略安慰我们的良心!"最后提出:"读者诸君如欲捐款赈救河南同胞,本报愿尽收转之劳。"①

同日,《大公报》还在三版刊登"本报讯"《振济豫灾——本报代收捐款均经转送》,报告近日所收捐款转送情况。此项募捐至7月21日止,共代收二百一十九万余元。

第二次,代收鲁灾捐款。

1943年3月2日,《大公报》二版刊登"鲁救灾筹振会"报告《山东灾情概况》,详述灾情后说:"灾黎待赈迫切……民众之死亡,自上年春期即无粮可食,多半以野菜充饥……食者多面黄肌瘦,四肢无力,抱病而死者,比比皆是。"②同日"本报讯"载:"振济鲁灾,鲁灾筹振会呼吁,本报明日起代收鲁灾捐款。"

至6月30日止,《大公报》共代收此项捐款六十七万余元。

第三次,代收粤灾赈款。

1943年6月5日,《大公报》一版刊登《本报代收粤灾赈款启事》:"本报近接惠潮梅粮食紧急救济委员会来函,以惠潮梅各属经年荒歉,今年复遭旱灾,灾情奇重,亟待赈救,嘱托代收捐款,以宏救济,兹谨向各界吁请慨解仁囊,共谋振救。"③此次活动的结果报上未有披露。

第四次,代收印灾赈款。

渝馆受印灾筹赈会嘱托,决定从1943年11月4日至15日代收印灾赈款。同时渝版还发表题为"赈助印灾"的"社评",阐述赈救印灾之意义。其结果不知。

第五次,代收湘省战地同胞赈款。

1944年1月16日,渝馆受湘灾筹赈会委托,代收湘灾赈款。为了搞好此次赈灾活动,《大公报》还于17日发表题为"救济湘省战地同胞"的"社评"说,战区人民抗战做出了贡献,做出了牺牲,呼吁后方各界发扬同情之心,踊跃捐款,《大公报》愿任代为收转之劳④。其结果可能很不理想,故报上也未披露。

---

① 《社评·看重庆,念中原!》,《大公报》(渝版)1943年2月2日。
② 《山东灾情概况》,《大公报》(渝版)1943年3月2日。
③ 《本报代收粤灾赈款启事》,《大公报》(渝版)1943年6月5日。
④ 《社评·救济湘省战地同胞》,《大公报》(渝版)1944年1月17日。

由于种种原因,这一时期的救灾募捐活动,除救助豫灾之外,其余几次效果皆不佳,然而《大公报》是尽了心力的。

2. 抗战胜利后的救灾募捐

第一次,1946年救灾募捐。

1946年,一方面内战再起,一方面全国性灾荒。面对灾民,《大公报》疾呼赈救。于6月8日发表题为"救灾!"的"社评"说:"救灾!救灾!急如星火!……全国饥荒遍及十九省,受灾人口三千万。如短期内不能改善,将有四百万人无法生存。"在号召读者慷慨捐输后强调说:"这种救灾运动,并不仅仅是像平常一样的一种慈善事业,这是整个民族的大测验,我们这民族如果还有些微生气,如果还知道什么是人类同情心,如果还懂得一点民族的尊严,和所谓胜利国的体面,如果还有意保种图存,我们对于这样严重的全国性的灾荒,便不容熟视无睹,更不应袖手旁观。"文章最后说:"本报同人一方对国事怀重忧,一方对这些灾区同胞自愧心余力绌,除先捐国币一百万元以为抛砖之献外,特自昨日起,开始代收振灾捐款,略尽为灾胞服务的一点心意。"①

6月22日,发表"社评"《速救湘灾》:"我国南北各省近多灾患,湘豫桂粤诸省灾情盖极普遍。其中尤以湘省被灾特重,情状特惨。本市(天津市)各界人士,对于救灾向极热心。"这次对于湘灾,先后成立两个团体从事赈济,并于21日开会宣布赈济相关事宜:

> 昨天会场上的报告,可以说是一字一泪,听了真是使人感动。我们做报的目的,一方面是谋人类的幸福进步,一方面是言论报国,今天国事糟到这步田地,而不能挽救,我们不仅惭愧,且极痛心,所以愿在减少同胞痛苦方面有所尽力。本报沪津两馆同人鉴于湘豫粤贵诸省灾情惨重,特各捐国币一百万元,勉尽绵薄,敬对各省被灾同胞表示深切的同情,并自本月七日及十四日起先后代收振灾款分别汇寄各省切实散发,以宏救灾。津馆代收第一周间,承各界慷慨捐输,得款四百余万,昨已委托中国银行汇交湖南省参议会。②

此项捐款,至7月31日止,共收二千六百七十九万余元。

下半年,滇西灾荒甚重。9月11日《大公报》发表"社评"《请注意滇西的灾荒!》道:"滇西正在闹着灾荒。其严重的程度比国内任何其他灾区都有过之而

---

① 《社评·救灾!》,《大公报》(沪版)1946年6月8日。
② 《社评·速救湘灾》,《大公报》(津版)1946年6月22日。

无不及。"文章特别指出：

> 今天国内到处是灾荒，对于滇西这一块边陲地方，也许未必会引起人人注意。我们愿意为这几十万灾民呼吁，希望负责当局加紧努力振救，同时也盼望在都市过着舒适生活的人们发挥同情心，设法对他们予以救助。……我们这个国家实在也多灾多难，灾荒总是不断发生。由湘、桂、粤、赣、苏北，一直到华北、东北，一大串饥馑、水灾、兵燹，不知多少同胞在垂死挣扎。最痛心的是这些灾难，并不是全由天然不可抗的力量而来，大半是人们的努力不够，甚至是滥用力量所造成。到了今天，抗战结束一年，国内战火弥漫，生命财产无所保障，生产多陷停滞，任何建设都无从进行。老百姓究竟犯了什么罪，要吃这种苦？我们举国上下应该早早激发天良了，我们今后要全力与灾荒搏斗，减少以至消灭灾荒，但万万不要助长灾荒或制造灾荒了。①

第二次，1947年为民生呼吁。

1947年5月13日，《大公报》发表"社评"《为河北人民留一线生路》说："现在是北方大厮杀的高涨，战争重心虽移晋鲁，然而河北人民却决不感觉一点轻松。更可忧惧的是，河北全省旱象已成，麦收无望。……人祸天灾交织成了河北人民的悲惨命运。挣扎呻吟在大苦难中的人民，当然渴望和平；纵令和平一时不能实现，政府当局定要打仗，但也总须为人民留一线生路。"在叙述了"征粮征兵"给人民带来的苦难后说："这悲剧搬演，应该由谁负责？相信在老百姓的心里，是什么都明白的。"②

6月22日，《大公报》三版刊登特派员戈衍棣的通讯《平保沿线灾情视察记：保定·定兴·涿县》，详细报道北平至保定沿线的灾情，呼吁政府迅速救济灾民。

第三次，1949年的救灾行动。

1949年1月5日，据"本报讯"，天津同善会与《大公报》津馆合作救济天津郊区毁家难胞，筹设收容所三处，一处设于河北三区安徽会馆后济生学校内，一处设于三区小王庄兰桥胡同济生小学分校内，另一处借设六区第十保保公所内，凡郊区难民在计会局登记者，均可向上开三处投宿。每处拟暂收容二百至三百人，每日每大口施放五元，小口施放四元，以两月为限。

此外，《大公报》津馆还代收读者所捐款物，陆续交同善会转发。

---

① 《社评·请注意滇西的灾荒！》，《大公报》(津版)1946年9月11日。
② 《社评·为河北人民留一线生路》，《大公报》(津版)1947年5月13日。

五、特刊、副刊与周刊

新记《大公报》后期所处的社会环境十分复杂：国际上，过去的友邦、盟国或变为乘人之危的"打劫者"，或成为敌人的"扶持人"；国内一起抗击外敌的国共合作破裂，战火重开。《大公报》正张上的记载言论随形势的变化不断变化，副刊、周刊只能在形式上不断调整，力图恢复抗战前的规模。

（一）特刊：数量锐减

所谓特刊，一般都是因社会各界的一时之需而创办的，具有临时性、短期性、多样性等特征，用以补充因战事导致周刊不能正常出版的不足，因而特刊在新记《大公报》中期的盛行可以说是国难特殊形势下的产物。这种"兴盛"在本时期得到一定程度的延续，只是随着形势的变化，特刊数量也呈现递减态势。据不完全统计：1942年十四个，1943年六个，1944年一个，1945年至1949年则不再出现。

这个时期特刊的内容，与前一时期一样，为临时配合社会各界开展的各项社会活动而创办，单从名称上看就一目了然，比如1942年的十四个特刊，参见下表。

表 3-4 1942 年《大公报》特刊情况表

特 刊 名 称	发 表 情 况	备 注
新生活运动八周年纪念特刊	1942年2月20日四版	顾名思义，为纪念新生活运动八周年创办，仅出版1期
工作竞赛特刊	1942年3月13日四版	工作竞赛推行委员会主编
中印文化合作运动特刊	1942年3月17日六版	本专刊为蒋介石访问印度而创办。太平洋战争爆发后，作为中国战区最高司令长官的蒋介石访问新德里，与印度当局商讨中印合作的有关问题，其中有中印文化合作一项，《大公报》以此创办该专刊

续　表

特刊名称	发表情况	备注
陪都各界慰劳归国侨胞大会特刊	1942年4月10日四版	
孔学会成立大会特刊	1942年4月22日四版	
东北四省抗敌协会成立纪念专刊	1942年5月31日四版	
国际合作节专刊	1942年7月4日四版	
军政部扩大兵役宣传周特刊	1942年7月7日十版	
"八一四"空军节特刊	1942年8月14日四版	
第一区植物油制炼工业同业公会成立大会特刊	1942年9月1日四版	
重庆市第一届运动大会特刊	1942年9月9日五版	
社会行政特刊	1942年10月11日四版	
忠义献机特刊	1942年10月12日四版	10月11日，重庆举行"忠义号"献机命名典礼。
重庆市会计师公会第十周年纪念特刊	1942年11月8日六版	

与以往的特刊一样，上述特刊版面上多是刊登名人、国府政军要人的文章和题词。例如2月20日《新生活运动八周年纪念特刊》，所刊文章有《励行新生活，争取抗战胜利》（冯玉祥）、《新思想与新生活》（梁寒操），所刊题词有王世杰的"明德新民"、张厉生的"礼义廉耻国之根本　身体力行日新又新"、张嘉璈的"八方景从"、贺国光的"皇皇新运　四维以张　淬厉民族　发愤图强　于兹八稔　懋绩丕彰　内安外攘　中华重光"、康泽的"新生活运动是一个以道德的复活来求民族复兴的运动"等。即使如9月9日《重庆市第一届运动大会特刊》这样体育性的特刊也是如此，刊有刘峙的文章《雪"病夫"之耻》、董守义的文章《我们用什么来纪念体育节》，以及孔祥熙的题词"自强不息"、张伯苓的题词

"锻炼个人体格,促进民族健康"等。有些特刊还请名人或领导人题写刊名,如7月7日《军政部扩大兵役宣传周特刊》是请国府主席林森题写刊名,9月1日《第一区植物油制炼工业同业公会成立大会特刊》是请经济部长翁文灏题写刊名。

(二)副刊:综合性替代文艺性

新记《大公报》副刊性质的变化,很大程度上是随编辑的特长和爱好而变化的。前期,何心冷是个杂家,他主持的副刊,无论是《艺林》《铜锣》,还是《小公园》,均为综合性;中期,萧乾、杨刚爱好文艺,他们主持的副刊《战线》《文艺》均为文艺性的。1943年10月,杨刚奉调到重庆,主编渝、桂两地的《文艺》副刊,并兼任《大公报》外交记者。一方面由于杨刚将自己的主要精力集中于做外交记者,一方面由于《文艺》改为周刊后,刊期长、篇幅小,再加上皖南事变后重庆文艺界情况复杂,杨刚自己处境困难,故这一时期《大公报》的《文艺》副刊与香港时期比较起来影响要小得多。1945年12月9日,津版创刊的《文艺》也是周刊,标明"津新×期"。1946年10月13日,又创刊《星期文艺》,每周日出版,主要刊登文艺家的作品和理论研究文章。

随着时间的推移和报纸篇幅的增减,《大公报》的文艺性副刊逐渐为综合性副刊所取代。如复员后的沪版,1946年6月14日创刊《大公园》,即为包括游艺内容在内的综合性副刊,始为间日刊,后为周三刊。初由孙家晋主编,1946年10月起由陈伟球负责,1948年9月以后由刘北汜兼编。

这个变化在复员后的津版上表现得比较明显。1946年8月1日,津版第六版创刊综合性副刊《大公园地》,成为《大公报》津版综合性副刊的代表,并且此副刊从形式到内容均有何心冷《小公园》的风格。《大公园地》每日出版,除长篇连载外,辟各种小专栏如"天津人语""新闻旧事""四十年间""世界珍闻录"。其中"新闻旧事"是专门介绍报界旧闻的,如8月4日第四号就介绍了"蚊虫报纸""英国新闻之父""臣记者""专电"等词语的由来。《大公园地》上的文章与何氏《小公园》有相似的风格,比如8月10日第10号刊登署名"不才"的《今日中国》写道:"特使,来来往往;战事,停停打打;金钞,涨涨跌跌;物价,起起落落;奸商,欢欢喜喜;人民,哭哭啼啼。"[1]短短六句话三十六个

---

[1] 不才:《大公园地·今日中国》,《大公报》(津版)1946年8月1日。

字,从六个方面描写出"今日中国"的社会现实,对"今日中国"的现实作了辛辣的讽刺。

(三)周刊:围绕建国和民生创办

这个时期的周刊主要围绕文化和生活两个主题创办。比如复员后的沪版,围绕这两个主题,先后创办了以下专业性周刊:(一)《家庭》,1946年10月21日创刊,刘新渼主编。(二)《工业》,1946年10月10日创刊,最初由杜文思主编,杜辞职后,由潘际垌负责。(三)《时代青年》,1946年10月14日创刊,由李纯青负责。(四)《经济周刊》,1946年7月2日创刊,由寿昌主编。(五)《星期文艺》,1946年10月13日创刊,由沈从文主编,1947年5月25日起改为靳以主编。(六)《现代儿童》,1947年5月3日创刊,由白榆主编。(七)《戏剧与电影》,原由本报自编,1946年10月10日改由洪深主编。(八)《出版界》,1946年10月20日创刊,由潘际垌主编。(九)《医药与健康》,1946年6月20日创刊,由戈绍龙主编。(十)《图画》,1946年10月12日创刊,由张篷舟主编,1947年4月26日停刊。(十一)《现代人生》,1946年6月15日创刊,由戈绍龙主编,同年10月7日停刊。(十二)《自然科学》,1946年10月12日创刊,由汪敬熙主编,1947年7月26日停刊。(十三)《现代思潮》,1946年10月11日创刊,由周太玄主编,1947年9月26日停刊。(十四)《文史》,1946年10月16日创刊,1947年10月起移津版刊行。(十五)《图书》,1947年1月7日创刊,由袁同礼、赵万里主编,同年10月起移津版刊行。(十六)《法律》,1947年5月9日创刊,由中国律务团主编,同年9月26日停刊。

至1947年10月1日,各种副刊周刊调整如下:

星期日,《星期文艺》《大公园》;

星期一,《时代青年》《经济周刊》;

星期二,《医药与健康》《大公园》;

星期三,《戏剧与电影》《家庭》;

星期四,《出版界》《大公园》;

星期五,《工业》《文艺》;

星期六,《现代儿童》《大公园》。

复员后的津版,基本也是如此。

之后,由于有些周刊的兴灭,1948年9月7日又刊登《启事》,宣布即日起

各周刊内容更动如下:

星期日,《星期文艺》;

星期一,《图书周刊》;

星期二,《电影与戏剧》;

星期三,《经济周刊》;

星期四,《医学周刊》;

星期五,《文综》;

星期六,《时代青年》;

《家庭》(双周刊);

邮刊、电信每月出刊一次。

至1949年1月15日津版停刊,各类副刊、周刊情况见下表3-5。

表3-5 截至1949年1月15日《大公报》各类周刊、副刊发表情况

周刊、副刊名称	发表总期数	停刊日期
大公园地	384	1949年1月15日
医学周刊	113	1949年1月9日
星期文艺	112	1949年1月2日
图书周刊	78	1948年12月31日
文综	12	1948年12月18日
经济周刊(新字)	60	1948年12月16日
电影与戏剧	15	1948年12月11日
时代青年	47	1948年12月4日
文艺(新字)	147	1948年12月3日
家庭	70	1948年11月27日

六、总经理胡政之病逝与新记《大公报》的终结

1. 胡政之在痛苦中走了

1948年3月10日,胡政之在《大公报》港版的编辑会议上说:"我已经是六

十岁的人了,自信老而不朽,庸而不昏,愿意继续努力。但是这次香港复刊,恐怕是我对事业的最后一次开创。"①胡政之讲这句话主观上表达了他对时局的看法,却没想到真的应验在他自身的生命上。此次飞港恢复港版,一则生活条件十分艰苦,二则心情也非常不佳,他满怀的是悲观、焦虑和茫然,费钱费力不说,业务前途毫无把握。在这种心态下连续工作,对胡政之身体的摧残是可想而知的。

4月24日夜晚,胡政之在港馆伏案工作时,忽然膀胱膨胀,小便闭塞,病症暴发。港馆同人李侠文等急延一位医生为他诊治,确诊为肝硬化。此后两天,胡政之在他那间小房中卧床休息,同人前去探视时,他对自己的病不很在意,要大家专心工作,不要为他分心。但鉴于其严重的病情,港馆决定请他回沪治疗。

4月27日,港馆同人到启德机场为胡政之送行。"大家看他上了飞机,飞机开到滑道另一边才散去。"李侠文和马廷栋"一直等到那架空中霸王升空入云,出海远去。两人相对默然,心中有一种莫名的伤感"②。他们或许回忆起3月10日胡政之在港馆第一次编辑会议上的讲话,似乎感到他们的总经理、新记公司的最后一位老板在叮嘱后事。

胡政之拖着沉疴之躯飞回上海,从此一病不起,卧床经年,于1949年4月14日寂然逝世,终年六十岁整。此时离上海解放只有一个多月,国民党忙于撤离,共产党忙于接管,《大公报》沪馆在新旧交替中穷于应付。吴鼎昌于1948年12月29日刊登《启事》,宣布自1949年元旦起辞去《大公报》董事;总编辑王芸生不在上海,代理总经理曹谷冰③忙得不可开交。因此胡政之的逝世时,与当年张季鸾病逝时完全是两种场景,没有政府的"褒扬令",没有各界要人的挽联、挽诗和挽词,没有来自四面八方的唁电、唁函,也没有盛大的追悼活动。在他瞑目的第二天,《大公报》沪版公开发表了他自己1943年9月5日为纪念张季鸾逝世二周年而写的《回首一十七年》,以此来表示同人对他的怀念之情。张季鸾死后,陈布雷在悼念文章中曾说张季鸾死得太早,死非其时,还有许多事情要他去做,他死不起:"季鸾先生实不忍死,他所不忍恝置的,第一是国家,第二是

---

① 胡政之:《在港馆第一次编辑会议上讲话》,《大公园地》1948年3月10日复刊第19期。
② 李侠文:《精神·事业·做人》,《大公报》(港版)1949年4月21日。
③ 鉴于胡政之的病症自始即很险恶,董事会于1948年5月推曹谷冰代理总经理。

《大公报》。"①如照陈布雷的说法,则此时的胡政之更是死非其时,死不瞑目。

仅就与《大公报》的关系而言,在吴、胡、张三人当中,胡政之最深。新记公司成立之前,他就一度出任过《大公报》的经理兼总编辑。"新记"续刊《大公报》后,先是吴鼎昌1935年辞去社长之职,继而张季鸾1941年搁下总编之笔,只剩下胡政之一个人把《大公报》这份家业支撑到最后。胡政之独掌《大公报》后雄心勃勃,大有发展事业的宏伟计划,但是,随着政局的发展,他只得转为"守势",以保存现有事业为指导思想。但是短短几年间,三位创业者及众同人二十多年用心血积累起来的事业,也难以为继了。

从家庭方面来看,胡政之临终前的情景同样惨淡。他中年丧偶,1938年续弦顾维钧的侄女顾俊琦为妻。据王芸生、曹谷冰回忆,这位后妻对《大公报》这份财产看得很重。胡政之在新记公司拥有七千五百股权,却只留一百股在自己的名下作为象征,而将七千四百股过户在顾俊琦的名下。1941年9月,《大公报》董监事联合办事处成立时,顾俊琦以办事处秘书的名义参加董监事会议。1946年总管理处成立,她又当上了新记公司的监察人。这样就激化了她与胡政之前妻子女之间的矛盾。胡政之有一未出嫁的女儿胡燕,曾任渝馆会计课主任,后回上海。胡病期间,胡燕侍奉汤药,与其继母为《大公报》的股权日夜争吵,闹得胡政之不得安生。胡政之为求安宁而不可得,只得恳求其妻让出一千股股权给女儿。我们现在看到的《〈大公报〉股份有限公司股东姓名暨股权清册》上写着:胡政之一百股,顾俊琦六千四百股,胡燕一千股②。至此,家庭争吵的风波平息了,胡政之却也离开了。胡政之生前说:"我是快六十岁的人了,从(民国)元年起就加入《大共和日报》工作,到现在三十多年了。我的生活力求简单,在上海影戏都不看。我们要在苦的生活中,才能求得进步。"③一辈子生活简朴、吃苦求进步的胡政之,临终前被家人因"钱"吵得不得安宁,其痛苦可想而知。

2. 胡政之走后

有学者说:"在一定的意义上,胡政之的死,就是《大公报》的死。"④此话有

---

① 《社评·献告　季鸾先生公葬典礼》,《大公报》(渝版)1942年9月6日。
② 王芸生、曹谷冰:《1926至1949的旧大公报》,《文史资料选辑》第25辑,第50页。
③ 胡政之:《对津馆经理部同人讲话》,《大公园地》1947年8月5日复刊第7期。
④ 谢泳语,转引自傅国涌:《〈大公报〉三巨子:胡政之、张季鸾和王芸生》,"《大公报》一百周年报庆丛书"编委会:《〈大公报〉一百年》,复旦大学出版社2002年版。

一定的合理性。其实早在1941年底太平洋战争爆发时,胡政之危悬香港,最后一班由港至渝的飞机降落后胡政之还没有下来,王芸生就已叫苦:"张季鸾已经走了,胡政之假使就此完结,《大公报》还怎么往下办?"①这个八年前的焦急之余的抱怨,在1949年得到印证。

(1) 港版自转向

就在胡政之病倒离开香港一百九十三天后的1948年11月10日,《大公报》港版上刊登了出自王芸生手笔的一篇题为《和平无望》的"社评",在分析自"东北军事剧变""币制改革失败""教授上书呼吁和平"遭蒋斥责等国内形势后说:"事势如此,和平无望。"怎样才能求得和平?文章分析说:

> 和平既已不可遽得,且也不能廉价取得,那么我们便惟有忍痛挣扎,以争取真实而持久的和平了。大局板荡,生民涂炭,身在水火,忧心曷极?但要知道,真正的历史创造者,并不是稀世的英雄,而是亿万生民。亿万生民的求生力量,才是人类历史的真正动力。违逆了人民大众的生存轨道,必无治,摧折人民大众的求生欲望,必乱;明白了这基本的道理,则如何拨乱以返治,自可不言而喻。看目前中国的乱局,人民真是痛苦极了,目前纵然和平无望,人民大众终会走上合理生存之道。我们挥泪跋涉,总希望这条真实而持久的和平之路已在不远!②

虽然王芸生在遣词用字上比较含蓄,但文章的意思还是很明白的,就是宣布《大公报》港版将转向"真实而持久的和平之路"。

王芸生的这篇"社评"成为新记《大公报》港版绝唱,从此香港《大公报》便不姓"新记"了。为了弥补港馆恢复以来造成的赔累,王芸生与费彝民商量决定将胡政之从美国购回的两部卷筒机运到广州,变卖还欠账,"这是政之先生生前绝对料想不到的"③。

王芸生何故来香港,为胡政之拼老命复刊却仅仅生存了八个月还差五天的新记《大公报》港版画上终止符?

自进入《大公报》后,王芸生一方面深受张季鸾"国家中心"论的影响,把自己和蒋介石这个"国家中心"捆在一起,在国共斗争中自觉不自觉地为国民党

---

① 王芸生、曹谷冰:《1926至1949的旧大公报(续二)》,《文史资料选辑》第27辑,第243页。
② 《社评·和平无望》,《大公报》(港版)1948年11月10日。
③ 李侠文:《我所认识的胡政之先生》,查良镛等:《胡政之:一笔一天下,一报一世界》,第217页。

帮腔。尤其是抗战胜利之后的一段时间,王芸生无视蒋介石背信弃义、多次向解放区发动进攻的事实,在《大公报》上发表《质中共》《可耻的长春之战》等"社评",替蒋介石效劳,被《新华日报》斥为"法西斯的有力帮凶"。另一方面,正义感和爱国心又使得王芸生对国民党政府的腐败和专制产生不满和憎恶,对战后的美国重新扶植日本以作为其亚洲"桥头堡"的行径表示担忧和谴责,对"反内战、反饥饿、反迫害"的学生运动表示理解和同情,而被《中央日报》骂为"新华社的应声虫",并掀起了一个"三查王芸生运动"(后文详述)。

处于《新华日报》和《中央日报》围攻中的王芸生无疑陷入了深深的苦闷、犹豫和彷徨之中,尤其是《中央日报》7月19日的社论《王芸生之第三查》发表后,情况更加严重。这篇社论是陶希圣执笔写的,显然是蒋介石的意思,所以对王芸生构成了很大威胁。据王芸生、曹谷冰事后说:"这也使王芸生感觉到一件事,就是他再也不能在国民党统治区继续混下去了,最后只有一走了。"①

正当王芸生把自己关在家中,苦苦地思索《大公报》和他个人的出路时,杨刚来了。杨刚是1948年9月从美国回到香港的,并从党组织那里接受了一个重要任务,即推动《大公报》转向,以免这份著名的报纸成为蒋介石政权的殉葬品。杨刚的突然来临,令王芸生惊中有喜。王芸生与这位同人虽然共事时间不长,但对其政治态度的印象是深刻的,对她的政治身份也能猜得八九不离十。此次杨刚甫归国门,迅速飞沪,此来何意,王芸生大约心知肚明。

除杨刚外,同时找王芸生交谈的还有李纯青。李纯青1934年加入中国共产党,1937年在上海进入《大公报》任日文翻译,抗战期间历任《大公报》港版、渝版社评委员。抗战胜利后奉派至沪馆,一方面写社评,一方面编辑《时代青年》周刊。此时,李纯青亦受中共上海地下党组织委派,做王芸生的思想工作,并向他转达了毛泽东主席对他参加新政协会议的口头邀请。王芸生听后,十分感动。他感谢共产党不计前嫌,随即表示:"甘愿接受共产党的领导,包括我本人和我能代表的《大公报》。"并与杨刚、李纯青秘密商定,"发出电报,指定在天津、在重庆、在香港的(《大公报》)人到上海举行会议,决定由香港《大公报》首先表态,逐步转到公开拥护中国共产党的领导、中国人民解放军解放全中国,彻底反对国民党政权。"由于事关重大,并有较大的危险性,他们"没有与曹

---

① 王芸生、曹谷冰:《1926至1949的旧大公报(续完)》,《文史资料选辑》第28辑,第202页。

谷冰、金诚夫、李子宽等《大公报》高层人士商量过,重病在身的胡政之也全然不知"①。1948年11月5日,王芸生只身离沪,经台至港;杨刚、李纯青、萧乾等人分批离沪赴港。这便有了11月10日港版上那篇题为"和平无望"的"社评"。

(2) 津版被叫停

在胡政之生命之火即将熄灭之际的1949年1月14日,《大公报》津版亦被勒令停刊。

1948年冬平津战役打响之后,中共中央对如何对待天津旧有报刊,尤其是天津《大公报》十分重视,责成中宣部把原在《大公报》工作过的部分同志召集到当时党中央所在地河北平山西柏坡。杨刚在策划《大公报》港版转向后,随即奉命于11月27日离港奔赴西柏坡。另外奉召前来的还有宦乡和孟秋江。众人在毛泽东、周恩来的亲自主持下,研究解放后对天津《大公报》的处理问题,并形成了如下几条决定:(1) 按私营企业对待,党和政府不予接管;(2) 发动《大公报》津馆全体职工对《大公报》"拥蒋反共"的反动政治立场和"小骂大捧"的手法进行揭露和批判;(3) 在原天津《大公报》的基础上进行改组易名,继续出版;(4) 按巴黎公社原则由全体职工普选成立临时管理委员会,实行民主管理;(5) 在揭发批判《大公报》的基础上,以全社职工同人名义发表宣言,代发刊词,公诸社会,借以肃清《大公报》在广大读者中的思想影响。毛泽东还亲自提出并决定了《进步日报》这个报名,当有人觉得这个报名革命味道不足时,毛泽东解释说,办报的自我检讨、自我批评就是进步,看报的也要进步。解放了,大家都要进步嘛!② 根据毛泽东的指示精神,1949年1月15日天津解放后,中共中央就处理《大公报》等报刊的问题于19日、23日连续两次给天津市委和总前委发出指示。19日的指示说:"对《大公报》可告以因系全国性报纸已请平津前线司令部转向中央请示,尚未得复,同时经过其内部人员设法使其资财不致逃匿,以待杨刚等前来由该报内部解决,实行革命,然后重新登记,以便利用原有资财班底改名发刊。"③ 23日的指示说:"《大公报》不要让它先出版,可即以接收其中官僚资本股份名义找该报经理公开谈判改组,指出该报过去

---

① 李纯青:《战后〈大公报〉见闻》,《笔耕五十年》,第523—539页。
② 邹什:《天津解放后第一张民营报纸——〈进步日报〉》,《新闻大学》1994年第1期。方汉奇等:《〈大公报〉百年史(1902.06.17—2002.06.17)》,第326页。
③ 《中共中央关于天津旧有报纸处理办法给天津市委的指示(1949年1月19日)》,中国社会科学院新闻研究所编:《中国共产党新闻工作文件汇编》(上),第268—269页。

对蒋一贯小骂大帮忙,如不改组不能出版,以便和徐盈、杨刚等'里应外合'。"①

1949年1月14日,解放军发起对天津的总攻,《大公报》天津馆所在地四面钟附近都落了炮弹。当晚,在隆隆炮火声中,在闪烁的烛光下,津馆同人编辑了《大公报》津版最后一号的报纸,由职工轮流手摇,印出了两千份。这最后一号是"16246号",报道了天津解放的消息。

天津解放后,天津市军管会接管了国民党的《民国日报》,出版了中共天津市委机关报《天津日报》。其他旧有报纸一律停刊待命。当时《大公报》津馆虽有中共地下党员五人(杨邦祺[李定]、胡邦定、李光诒、傅冬菊、刘桂果),但因没有建立组织,互相之间不知道身份,更不了解上级组织的意图。正当大伙茫然之时,杨刚、宦乡、孟秋江三人随解放军进入天津市并来到报馆,始以原《大公报》同人的身份和报馆员工交换有关报纸前途的意见。不久,杨刚通过组织关系联络到了五位地下党员,向他们传达了中央关于改组天津《大公报》、出版《进步日报》的决定,并共同研究了有关改组的方法和具体步骤。同时,原《大公报》北平办事处的徐盈、子冈以及平津战役打响以前从上海到北平的高集也赶到天津。

《大公报》津馆的改组工作大致分两个阶段进行:第一阶段,从2月3日开始,由原编辑部联谊会召开扩大会议,发动群众揭露、批判《大公报》的政治立场和政治手段。杨刚、徐盈、高集等人参加了大会,徐盈、赵恩源等二十余人作了揭露和批判,并作了自我检讨。在揭露、批判的基础上,成立了"原天津《大公报》改革计划委员会",负责起草《进步日报》章程和职工同人宣言,推荐《进步日报》领导机构人选。第二阶段,拟定宣言,研究具体计划和选举《进步日报》行政、业务领导班子。改革计划委员会经过四天开会研究,议定了宣言和新的组织原则。2月19日举行全馆职工大会,经过二百三十八位职工普选,选举出了由张琴南、杨刚、宦乡、徐盈、孟秋江、李纯青、高集、李光诒和彭子冈九人组成的临时管理委员会。临管会是报社最高权力机关,由宦乡担任主任,张琴南担任副主任。临管会下设编辑、经理两大部门。编辑部由宦乡兼任总编辑,李纯青为副总编辑,杨刚为主笔,下设四个部,高集为新闻编辑部主任,孟秋江为采访通讯部主任,李光诒为社会服务部主任,赵恩源、曹世瑛为研究部

---

① 《中共中央对于天津〈大公报〉〈新星报〉〈益世报〉三报处理办法复天津市委电(1949年1月23日)》,中国社会科学院新闻研究所编:《中国共产党新闻工作文件汇编》(上),第270页。

正、副主任；经理部由徐盈兼任经理。在选举和确定行政、业务领导班子的同时，中共《进步日报》党组和党支部也建立起来，党组成员为杨刚、宦乡、李纯青、孟秋江、徐盈、李光诒和彭子冈，杨刚任党组书记，李光诒任党支部书记。组织人事确定后，筹备出版《进步日报》的工作正式开启。由于原《大公报》津馆的房屋、机器设备、图书资料基本上完整地保存下来了，仓库还有一批白报纸，万事齐备，故仅仅用一周时间，1949 年 2 月 27 日，天津《进步日报》便创刊出版了。

《进步日报》仍以民营名义出版。报社内虽建立有党的组织，但它仍然自主经营，经济上自负盈亏，不领取任何方面的补助和津贴。故它既不同于解放前的私营报纸，也不同于解放后党的机关报。

在《进步日报》的创刊号上刊登了张琴南、杨刚、徐盈、高集、彭子冈、赵恩源、李光诒等人签名的《〈进步日报〉职工同人宣言》（代发刊辞）及《进步日报是如何产生的》（前天津《大公报》改革计划委员会的报告）两个纲领性文件。

《同人宣言》用三分之二的篇幅揭露了"《大公报》的真实面目"："在北洋军阀时代，《大公报》是依附于军阀官僚买办统治集团而生长起来的，等到蒋介石代替了北洋军阀，建立了卖国独裁的反动政权以后，它就很快的投到蒋介石门下，成为国民党政学系的机关报。"并列举了近几十年来《大公报》和蒋介石政权结成"分解不开的关系"的事例。在谈到《大公报》主持人"善于在所谓的'社论'宣传上运用狡诈手段"时，《同人宣言》写道：

> 他们懂得，如果完全正面为罪恶昭著的反动统治者说话，是徒劳无功的，因此，他们总是竭力装成"在野派"的身份，用"在野派"的口气来说出官家要说而不便直说的话。……小骂大捧是《大公报》的得意手法。它所骂的是无关痛痒的枝节问题，和二三等的法西斯小喽啰，它所捧的是反动统治者的基本政策和统据国家地位的法西斯匪首，即其所谓"国家中心"。长期处于言论不自由的情况下的读者，看了《大公报》的小骂，觉得很舒服，无形中却受了它的"大捧"的麻痹。《大公报》以"小骂"作为欺骗读者的资本，也以"小骂"来向他们的主人要索更多的代价。……因此，《大公报》在蒋介石御用宣传机关中，取得特殊优异的地位，成为反动政权一日不可缺少的帮手。

在谈到同人在《大公报》工作的感受时，《同人宣言》写道："同人等过去在这样一张报纸中工作,实在百端痛苦。我们愈深切的看出它的本质,就愈觉得难于忍受。"《同人宣言》的作者强调说:"至于我们自己,虽曾努力想通过这张报纸发表些有利于人民的言论和报道,但不仅因此而个人受到排挤、歧视和警告,并且所写的东西经过删削限制而透露到版上时,也只能被利用来作为这张报纸反动实质的拥护。这尤其使我们痛心疾首,不能不向广大读者深表愧憾。"文章最后说:"总之,我们的一切经历使我们不能不下个断语:《大公报》实在是彻头彻尾的一张反动报纸,名为'大公',实则大私于独夫,名曰无党无派,实则是坚决地站在反人民的立场上,做国民党反动派的帮凶。"①

《〈进步日报〉是如何产生的》一文则详细介绍了前天津《大公报》改组成为《进步日报》的过程。

上述两篇文章表明,当年相关党组织作出彻底否定《大公报》而易名出版《进步日报》的决策,完全是根据对新记《大公报》的看法而来的。现在看来,这些看法应当是不完全准确的。正如当时参与《宣言》署名的李光诒所说:"那篇《宣言》等于是一份宣判《大公报》死刑的判决书。"②对于这些明显谬误的看法,当时的临管会成员之一的李纯青为纪念抗战胜利四十周年而撰写的论文《抗战时期的〈大公报〉》,以其亲身经历和感受有针对性地进行了逐一辩驳。

《进步日报》出版三个月之后,杨刚又奉中共中央之命偕同王芸生进入上海,接管《大公报》总馆,同时决定调李纯青赴沪主持上海《大公报》的编辑部工作。不久,又调宦乡到外交部出任欧非司司长,《进步日报》领导层作了一次大的调整,改由孟秋江任党组书记兼经理,徐盈为临管会主任,张琴南为总编辑,李光诒、赵恩源为副总编辑。其后,徐盈调宗教事务管理局任副局长,《进步日报》改为社长制,由孟秋江任社长。

(3) 沪版新生

1949年2月27日,王芸生与中国文化界的其他知名人士陈叔通、柳亚子、叶圣陶、郑振铎、马寅初、曹禺等人,在共产党组织的安排下,从香港登上"华中"轮,启程北归。这一天正是天津《大公报》易名《进步日报》出版的日子。他们一行人于3月18日到达北平。据李纯青回忆说:"上海解放前夕,我在北平遇见王芸生,他抖擞精神,把我拉到一边,说:'周公(周恩来)告诉我:《大公报》

---

① 《〈进步日报〉职工同人宣言》,《进步日报》1949年2月27日。
② 《〈进步日报〉——从创建到合并》,天津日报社新闻研究室编:《新闻史料》第18辑,天津日报社1988年版,第7页。

不必改名了,你随军南下,继续主持上海《大公报》。《大公报》还是民间报纸,你们自己经营,我们不来干预,当然,有困难我们还是要帮助的。'"①

按照中国共产党有关方面的安排,5月27日,王芸生与杨刚随同解放军进入上海。此时胡政之刚去世一个多月,馆中亦多有悲痛氛围。王芸生在北平得知胡氏病逝的消息时也很痛苦,所以他对同人们的心情是体会得到的,因而在安慰之余方才按计划开始紧张地工作。经过二十天的准备,在距离胡政之逝世后两个月的1949年6月17日,也就是《大公报》创刊四十七年的日子,沪版发表了王芸生写的《〈大公报〉新生宣言》,宣布该报从此新生,在精神上"属于人民"。因为沪馆是总馆,沪版"新生",也就意味着《大公报》整体"新生"。

《新生宣言》首先阐述了上海解放的意义,接着检讨了《大公报》的历史:

> 《大公报》有将近五十年的历史,创于清末开明贵族之手,民国初年曾落入安福系政客的掌握,一九二六年大革命开始之年续刊,一部资本出于官僚,政治意识渊源于封建政客及新兴资产阶级。《大公报》的根源如此,它的政治属性自然不会跳出这个范畴。……在过去二十几年的人民革命浪潮中,《大公报》虽然不断若隐若现的表露着某些进步的姿态,而细加分析,在每个大阶段,它基本上都站在反动方面。在大革命破裂之后蒋介石的"剿匪"时代,《大公报》是跟着喧嚷"剿匪"的。在九一八事变东北沦陷之后,《大公报》是主张缓"抗"与"攘外必先安内"的。在对日抗战初期,《大公报》站在民族主义立场,为抗战尽了些力;但是由于它反对抗日民族统一战线,极力宣扬"国家中心论",把蒋介石捧上独裁的宝座,经常宣传"军令政令统一"的说法,以压制八路军和新四军的发展,因此,在抗战中期和后期,《大公报》的领导思想在抗日问题上有些摇摆。到抗战已近胜利之时,《大公报》还不赞成联合政府的理论,而想替国民党维持独霸的局面。《大公报》曾赞成政协的决议,但到国民党反动派撕毁政协决议时,《大公报》的负责人反而参加伪"国大"去制"宪"。蒋介石既撕毁政协决议,又勾结美帝发动"戡乱"内战,人民解放战争已于东北开始之时,《大公报》却发表了《可耻的长春之战》"社评",为蒋介石也即是为美帝撑腰。当人民革命浪潮已把反动势力震荡得摇摇欲坠之时,《大公报》又提倡所

---

① 李纯青:《战后〈大公报〉见闻》,《笔耕五十年》,第523—539页。

谓"自由主义""中间路线",以自别于反动统治阶级;其实人民与反人民之间绝无所谓"中",而所谓"自由主义"既根源于买办资产阶级,这"金外絮中"的外衣更是混淆是非,起着麻痹人民的作用。……这绝对不是偶然的,《大公报》基本上属于官僚资产阶级,与过去的反动政权是难以分离的,总的方向是跟着国民党反动统治走的。其基本性格既然如此,因此在国际关系上,基本上是亲美反苏的。

文章接着检讨说:

《大公报》同人对过去的错误,内心是愧疚的,今当新生,提高警惕,痛感责任,黾勉前进,努力为人民服务。从今天开始,上海《大公报》从机构到版面,都经过重大改革,内容固期崭然一新,机构也已民主化。今后的《大公报》,从经济观点上说,是私营企业,而在精神上,是属于人民的。……诚恳请求广大读者给我们帮助,给我们督责。

王芸生执笔的这篇《新生宣言》与杨刚执笔的那篇《同人宣言》相比较,虽然自我声讨的调门降了许多,但是仍然将其定性为"官僚资产阶级"的,并且在政治上扣上一个大帽子:"在每个大阶段,它基本上都站在反动方面。"①

实际情况并非如此。(1)从原始资本来源看。1926年9月《大公报》续刊时,用的是吴鼎昌筹措的五万元。现在关于这五万元的来历,主要有两种说法,一种说法是吴鼎昌"独资"的,另一种说法是吴鼎昌动用的"四行"(盐业、金城、大陆、中南四家银行)总管理处的经济研究经费,是"公款"。不管是"独资"还是"公款",这五万元都属于民族资本。因为"北四行"(上述四家北方银行)都是私人开设的,是民族资产阶级发展的产物;而吴鼎昌虽然做过官,但此时的他身无官职,只以盐业银行总经理身份闲住天津。(2)从资产增值的数量看。《大公报》续刊十年后,资产增为五十万元;二十年后,即1946年资本为六亿法币,1948年财产为六十万美元,其中五万为旅美华侨李国钦入股。当时较大的民族资本家,不算其公司资本,个人财产以千万元计者大有人在。《大公报》虽然也要追求利润,但的确不是专为盈利,报馆内的所谓财产,不变资本只有几架印刷机。(3)从经营方式看。《大公报》虽然在一段时间有几个分馆,但这主要是战火造成的,而不是为了发展营业。《大公报》的营业主要是生产、出

---

① 《〈大公报〉新生宣言》,《大公报》(沪版)1949年6月17日。

售自己的产品——报纸,靠竞争扩大发行量。新记公司是个有限股份公司,持股人主要是《大公报》馆内的职工,不仅高级干部,甚至中级职员、工厂里有功的老工友也同样做了公司的股东。以上三点,说明新记公司是一家进步的民族资产阶级企业,《大公报》是一张代表民族资产阶级的报纸,而非"官僚资产阶级"的报纸。(4)从政治态度上看,该报的政治思想是追求自由、民主和宪政,反对专制、独裁和法西斯,尤其在民族矛盾面前,它坚定地站在国家、民族的立场上,反对侵略,力主抗战。可以肯定地说,《大公报》是一张进步的报纸,一张爱国的报纸,而非"反动"的报纸。

(4)渝版的变迁

《大公报》总管理处在沪成立时,渝馆经理为王文彬,编辑主任为金慎夫。但金慎夫与《大公报》只有一年的合同,已于1947年6月离渝回沪,所遗编辑主任一职由顾建平继任。在王文彬、顾建平主持下,《大公报》渝版明显向"左"倾斜,因而遭到国民党一次又一次迫害。

1947年重庆"六一"大搜捕中,不少学生、教授、记者被捕,《大公报》渝馆的外勤记者除丁涪海一人因外出幸免外,其余六人全部被捕,他们是曾敏之、李光诒、张学礼、方蒙、廖毓泉、蒲希平。被捕的还有英文翻译廖忠管以及李光诒之妻袁纹,一共八人。除袁纹当天获释,其余七人关押月余,经胡政之与重庆有关方面交涉才先后获得释放。11月下旬,为了帮助渝馆解决问题,胡政之又专程飞渝,对渝馆编辑部同人发表了《认清时代·维护事业》的讲话,称:"我离开重庆虽然很久,人不在这里,而精神却系住这个地方。……(对于抗战)渝馆曾有大劳绩、大贡献,值得我们永远葆爱。我更有一点私心,因为我是四川人,三十年来在新闻界混饭吃,人到老大,终有一点乡土观念,也希望自己的事业在故乡留下纪念,故对渝馆怀有特别的感情。"他希望渝馆诸位同人能保持过去的光荣与声誉,认清时代,维护《大公报》的事业。他特别地希望刚刚走出学校大门的青年人认清中国特别的政治,做事"细密,谨慎",不能因求一时的痛快而毁掉事业①。通篇讲话,没有责备,句句语重心长。

然而,时局不以胡政之的意志为转移。1948年12月,重庆市社会局长陈去惑奉国民党重庆绥靖公署的指示,在重庆地方法院起诉《大公报》渝版,开列

---

① 《认清时代·维护事业——三十六年十一月二十七日对渝馆编辑部同人谈话》,《大公园地》1947年12月20日复刊第16期。

十项"罪状"①,要求予以停刊三日的处分。王文彬请雷国能、高步腾两位律师辩护。案子拖了半年之久,结果不了了之。

1949年1月21日,蒋介石宣布"引退",《大公报》渝版发表王文彬写的题为"蒋总统引退了"的"社评",指责蒋对内战有不可逃卸的责任,并说:"现在打了三年,旧的腐败崩溃,不可收拾,新的蓬勃而起,锐不可当。中国大势已注定了要新陈代谢,无法强阻。"这实际宣告了蒋政权的末路,自然引起反动派的强烈反扑。5月27日晚,国民党重庆警备司令部派特务警宪一百余人包围《大公报》渝馆,搜了一夜,次日晨将编辑主任顾建平捕走,于"中美合作所"监狱关押至10月8日才释出。

人民解放军渡过长江,解放了南京、上海、武汉及苏、浙、闽、皖、赣、鄂等省的大部地区,为进军华南和西南创造了有利条件。重庆国民党军、政、特也更收紧了对重庆的统治,尤其加紧了对新闻舆论的控制,对在西南地区影响很大的《大公报》渝版更是不会放过。8月15日,国民党中央从广州密电西南军政长官张群,令其封闭《大公报》渝馆。张群基于各方面的考虑,与临时来渝的国民党中宣部副部长任卓宣商量之后,决定对《大公报》渝馆进行"温和接管",即只要该馆与香港、上海的《大公报》、天津的《进步日报》断绝关系,版面不出"差错",就不予"过分"干涉。

8月20日,国民党西南长官公署秘书长张笃伦将经理王文彬、副经理段继达及编辑、记者十余人邀至张公馆,逼王文彬等人表态与上海总馆及香港、天津方面脱离关系。9月1日,渝版借记者节发表了"表态社评"《信条与愿望》说:"消极方面,任何报人都应有起码的信条:(一)不作虚伪报道;(二)不因私害公;(三)不讳言错误;(四)不轻于毁誉;(五)不盲从人家;(六)不作违

---

① 所谓十项"罪证"是:(1) 1948年2月25日刊《严寒东北》(高峰通讯),有"违反政令,称'共匪'为共军,夸大东北危机"罪嫌。(2) 同年4月20日刊《杯酒一席谈》(何永佶文),内有"政府得到美援,并未应用于国家,为一般中饱分子贪污了,又带到美国去置产业,并谓毛泽东是革命者",有"毁谤政府,为'匪'辩护"罪嫌。(3) 同年6月23日刊《干枯东北》(高峰),罪名"毁谤政府,夸大危机"。(4) 同年7月11日社论《由新民报停刊谈出版法》,有"为《新民报》辩护其为'匪'宣传之事实,淆乱视听"罪嫌。(5) 同年7月8日刊《跌在糟肉里》(高峰通讯),罪名为"刺激学潮"。(6) 同年7月15日刊毛健吾等联名请求法院立即修正违宪刊出版法,题为"反对政府违宪,摧残新闻自由,并为南京新民报被停刊抗议",罪名为"故意载此反对政府言论,刺激人心"。(7) 同年8月16日本报讯《山东学生在京乞讨度日》,罪名为"刺激学潮"。(8) 同年11月6日刊《武汉有和谣》,有"故意刊载和谣,扰乱军心人心"之罪嫌。(9) 同年11月16日本报讯《碾庄地区战事持续,宿县郊外搏斗激烈》,有"夸大'匪军'力量"罪嫌。(10) 同年11月25日刊《"共匪"广播声明反对美援》,罪名为"故意转载此类消息,为'匪'张目"。

心之论。""积极方面,每个记者都应该有点抱负:(一)坚持公是公非;(二)鼓励好人,制裁坏人;(三)表扬建设工作;(四)促进生产事业;(五)做到老,学到老。"文章最后说:"至于本社事业,已因战局转移而割裂,各自独立经营。无论经济与人事,均已经完全隔绝,但本报同人仍遵循'不私不盲'的社训,坚守民间报业的立场,只论社会公是公非,绝不攻击个人阴私,也不特别讨好任何人,对于国家前途,仍本多年一贯主张,热望国家独立,人民自由,政治上走向民主,经济上力求平等,建设上不断进步,以复兴国族光荣,改善人民生活。这是我们共同的愿望,也是我们今日过节的感想。"①以此作为敷衍。

然而国民党当局仍不满足,9月17日,张群委派川康兴业公司总稽核、原国民党中宣部新闻处处长彭革陈及国民党中央通讯社编辑主任唐际清率领人马,进驻《大公报》渝馆。彭任社长兼发行人,唐任总编辑。王文彬只得离开报社到北碚相辉学院(战时复旦大学旧址)新闻系任教。9月18日《大公报》渝版刊出《本报紧要启事》称:"本报与总管理处关系早已隔绝,与其他各版言论编辑违背创办宗旨更渺不相涉。今后本报仍紧守民间报纸之立场,本'不私不盲'之社训,独立经营。兹经在渝董监会商决定,正式宣布与总管理处脱离关系。"②同时刊登《王文彬启事》,声明自9月18日辞去《大公报》馆任职,偕眷赴北碚居住。当天下午,全馆职员在季鸾堂挂有季鸾、政之两位先生的遗像前举行了简单肃穆的送迎茶会,之后王文彬离馆,彭革陈、唐际清正式视事。至此"温和接管"毕。11月30日,重庆解放。彭革陈、唐际清等人于29日撤离,12月2日,王文彬重新回到《大公报》重庆馆主持工作。重庆《大公报》继续出版发行。

鉴于经营民营报馆碰到许多不可克服的困难,经总管理处批准,《大公报》渝馆于1951年11月交给中共重庆市委,改为公私合营,仍用《大公报》名称继续出版。

至此,新记《大公报》的历史全部结束。

---

① 《社评·信条与愿望》,《大公报》(渝版)1949年9月1日。
② 《本报紧要启事》,《大公报》(渝版)1949年9月18日。

参 考 文 献

一、日记、文集、回忆录、传记

方豪编录:《英敛之先生日记遗稿》,沈云龙主编:《近代中国史料丛刊续编》第三辑,文海出版社有限公司1974年版。

周萍萍编:《英敛之集》,广西师范大学出版社2013年版。

张季鸾:《季鸾文存》,大公报馆1947年版。

王瑾、胡玫编:《胡政之文集》,天津人民出版社2007年版。

王芸生:《芸生文存》,大公报馆1937年版。

徐铸成:《报人张季鸾先生传》,生活·读书·新知三联书店1986年初版,2018年修订版。

陈纪滢:《报人张季鸾》,文友出版社1967年版。

陈纪滢:《胡政之与大公报》,掌故月刊社1974年版。

李云祯、牛济主编:《张季鸾先生纪念文集》,陕西人民教育出版社1991年版。

胡玫、王瑾编:《回忆胡政之》,天津人民出版社2009年版。

王芝琛:《一代报人王芸生》,长江文艺出版社2004年版。

徐铸成:《报海旧闻》,上海人民出版社1981年版。

孔昭恺:《旧大公报坐科记》,中国文史出版社1991年版。

周雨编:《大公报人忆旧》,中国文史出版社1991年版。

"大公报一百周年报庆丛书"编委会编:"大公报一百周年报庆丛书"十册:《大公报一百年》《大公报一百年新闻案例选》《大公报一百年头条新闻选》《大公报一百年社评选》《大公报一百年副刊文萃》《大公报历史人物》《大公报寰球特写选》《大公报特约专家文选》《大公报小故事》《我与大公报》,大公报出版有限公司2002年版。

方蒙:《范长江传》,中国新闻出版社1989年版。

沈谱编:《范长江新闻文集》,中国新闻出版社1989年版。

萧乾:《我这两辈子》,人民日报出版社1995年版。

张高峰遗稿,张刃整理:《大公报人张高峰》,北岳文艺出版社2018年版。

王芸生、曹谷冰:《英敛之时代的旧大公报》,《文史资料选辑》第9辑,中华书局1960年版。

王芸生、曹谷冰:《1926至1949的旧大公报》,《文史资料选辑》第25—28辑,中华书局1962年版。

二、论著

方汉奇等:《〈大公报〉百年史(1902.06.17—2002.06.17)》,中国人民大学出版社2004年版。

吴廷俊:《新记〈大公报〉史稿》,武汉出版社1994年版。

周雨:《大公报史》,江苏古籍出版社1993年版。

贾晓慧:《大公报新论——20世纪30年代〈大公报〉与中国现代化》,天津人民出版社2002年版。

俞凡:《新记〈大公报〉再研究》,中国社会科学出版社2016年版。

於渊渊:《"公论"论公——以英记〈大公报〉言论为中心的研究》,华中科技大学2013年博士学位论文。

沈静:《大公精神的承续与衰退——以王记〈大公报〉(1916—1925)言论为核心的研究》,华中科技大学2015年博士学位论文。

方豪:《英敛之先生年谱及其思想》,李东华主编:《方豪晚年论文辑》,辅仁大学出版社2010年版。

图书在版编目(CIP)数据

《大公报》全史:1902—1949.1:上下册,报史/吴廷俊著. —上海:复旦大学出版社,2023.5
ISBN 978-7-309-16393-3

Ⅰ.①大… Ⅱ.①吴… Ⅲ.①《大公报》-新闻事业史 Ⅳ.①G219.296

中国版本图书馆 CIP 数据核字(2022)第 160160 号